Bonnart inv. et del. *Herisset Sculp.*

Geometria plura præsidia præstat Architecturæ. Vitruv. l.1.c.1.

LA THEORIE ET LA PRATIQUE
DE LA
COUPE DES PIERRES
ET DES BOIS,
POUR LA CONSTRUCTION DES VOUTES
Et autres Parties des Bâtimens Civils & Militaires,
OU
TRAITÉ DE STEREOTOMIE
A L'USAGE DE L'ARCHITECTURE,

Par M. FREZIER, Chevalier de l'Ordre Militaire de Saint Louis, Ingenieur ordinaire du Roy en Chef à Landau.

TOME PREMIER.

A STRASBOURG,
Chez JEAN DANIEL DOULSSEKER le Fils, Marchand Libraire à l'entrée de la Ruë dite Flader-Gafs,

A PARIS,
Chez L. H. GUERIN l'aîné, Ruë St. Jacques, vis-à-vis St. Yves.

M DCC XXXVII.

AVERTISSEMENT.

Avant que de commencer à lire, il faut corriger à la marge, avec la plume ou du crayon, les fautes marquées ci-après dans l'*Errata*; parce que les unes rendent le difcours inintelligible, & les autres le raifonnement faux; il en eft de même des additions à faire pour remplacer les omiffions.

Il eft des fautes qu'on n'y a pas compris, parce que le Lecteur peut les corriger de foi-même, comme font celles de la fuite des chiffres, des cottes des Problêmes, Chapitres, &c. aux pages 151, 156, 159, 174, 191, 194, 196, 319, 323.

Je prie le Lecteur de fupléer à celles qui auront pû m'échaper, tant dans l'impreffion que dans la gravure des Planches, en confideration de ce que l'impreffion a été faite loin de moi, & que les occupations de mon état, qui font continuelles pendant l'Eté, m'ont empêché de revoir avec attention l'Imprimé tel qu'il eft.

ERRATA

Pages.	Lignes.	Fautes.	Corrections.
IX	32	autres	Auteurs
3	37	passent	posent
7	18	Stereometrie	Stereotomie
20	34	le diametre	le demi diametre
24	1	un axe	un angle
31	en marge	Planche 2	Planche 1
39	34	Ellipse	Eglise
42	30	celles	elles
49	32	Ellipse	Ellipsimbre
53	25	d'Ellipse	d'Eglise
60	8	comme	par exemple
89	21	Quelque	Quelle que
90	19	quelques	quels que
212	11	lesquels	sur lesquels
ibid.	27	a B	a P
223	8	obligantes	obligantes
228	20	est connuë, ajoutez	étant donnez,
272	4	dessein	discours
282	8	coin	coins
296	35	égale	égal
390	20	d'arc	d'arcs
393	1 & 2	d'allignement	d'alignement
394	25	cherche	CERCHE
400	31	arc	axe
401	22	lavigare	levigare

OMISSIONS.

Page 21 en marge vis-à-vis la ligne 6. ajoutez, *Voyez le Problème à la page* 223

Page 213 ligne 3. après X *x* (*ajoutez*) au point G, qui représente le centre de la Sphére, duquel & avec le même rayon on décrira des arcs, qui couperont la ligne X *x*.

TRANSPOSITION.

La Page 377 devoit commencer par la Démonstration qui a été mise à la page 286, ligne 31.

DISCOURS

A MONSEIGNEUR
LE MARQUIS D'ASFELD,
MARECHAL DE FRANCE,
CHEVALIER DE L'ORDRE DE LA TOISON D'OR,

Commandeur de l'Ordre de Saint Louis, Gouverneur des Ville & Citadelle de Strasbourg, Directeur General des Fortifications de France, General des Armées du Roy.

ONSEIGNEUR,

J'ai l'honneur de VOUS présenter le Fruit du loisir que m'ont laissé les Saisons, qui interrompent les Tra-

EPITRE.

vaux des Fortifications. Occupé pendant les Etés à exécuter Vos ordres pour augmenter les Forces d'une Place des plus confidérables de la Frontiere, j'ai paßé quelques parties des Hyvers, depuis mon second retour de l'Amerique, à mediter sur les moyens de faire avec justeße, solidité & propreté toutes sortes de Voûtes, de quelque figure qu'on les puiße propofer, ayant reconnu par ma propre experience, que cette partie de l'Architecture, qui est fans contredit la plus difficile, étoit souvent neceßaire à un Ingenieur. Et comme les Auteurs qui ont traité de cette matiere, se sont bornez à dreßer des Ouvriers dans une routine quelquefois peu exacte, je me fuis propofé d'inftruire ceux qui les conduifent, des raifons Geometriques des Traits qu'on y met en œuvre, perfuadé qu'il convient à un Officier d'avoir autant de fuperiorité de Science, que d'autorité fur les Artifans qu'il employe dans les Travaux du Roy. La Theorie eft l'ame des Arts auffi-bien que des Sciences; Le Grand Prince qui Vous a prépofé aux Fortifications du Royaume, a fait voir qu'Il étoit convaincu de cette verité, lorfqu'il vous a choifi préferablement aux Officiers du Corps des Ingenieurs pour les diriger. Il fçavoit qu'une profonde intelligence dans l'Art de la Guerre étoit la premiere Theorie des Fortifications; fur ce principe, Il a jugé que perfonne ne pouvoit mieux que Vous décider de

EPITRE.

leur convenance, & de leur position suivant la situation des Lieux, & que les Ingenieurs ne devoient agir qu'en consequence de cette premiere détermination.

Il avoit connu par Lui-même en Espagne votre Capacité dans l'Art d'attaquer les Places fortes, par les Sieges que Vous y avez faits sous ses yeux, & que vous avez heureusement conduit à une prompte fin, comme à Castel-David & à Portalegre, que vous avez emporté l'Epée à la main ; à Xativa & à Denia, que vous avez emporté d'Assaut, malgré la résistance la plus opiniâtre qu'on ait fait depuis plusieurs siecles ; de même qu'à Alcira, & aux Ville & Château d'Alicante, sans compter le Siege de Barcelone, où Vous avez eu beaucoup de part. Dans toutes ces occasions ce Prince avoit reconnu le fruit des Leçons des grands Maitres, que Vous aviez pris dans les Sieges, où vous avez servi avec distinction dès votre Jeunesse, comme à Luxembourg, à Mons, à Namur, à Traerbach, à Brisack, aux deux Sieges de Landau & à Fribourg. Il n'étoit pas moins sûr de votre capacité dans l'Art de deffendre ; informé que dans la vigoureuse résistance que fit Monsieur votre Frere à Bonn, dans laquelle il a glorieusement terminé sa vie, vous ne repoussâtes pas seulement les Ennemis à l'attaque du chemin couvert, mais vous les chassâtes d'une Demie-Lune dont ils s'étoient emparez. Il sçavoit

EPITRE.

encore combien Vous vous étiez distingué à la Deffense de Namur dans plusieurs Actions qui avoient roulé sur Vous, & particulierement aux deux assauts du Château, où vous repoussâtes les Ennemis qui y étoient entrez & s'étoient emparez d'un Corps de Cazernes.

Enfin, après avoir acquis par une brillante experience la connoissance de l'usage des Fortifications, Vous avez laissé à l'Espagne un precieux Monument de votre Science dans l'Art de fortifier, par les beaux Ouvrages que vous avez fait faire à Tortose, qui ont rendu cette Place, de l'aveu même de Sa Majesté Catholique, une des plus fortes de son Royaume; c'est ainsi qu'il s'en est expliqué dans l'énumeration des Services importans que vous lui avez rendus.

Ce seroit icy le lieu de parler de la Conquête du Royaume de Mayorque, que Vous lui avez soumis en un mois de tems, & d'entrer dans le détail des Actions Héroïques qui vous ont merité les marques de sa reconnoissance, par les honneurs de la Toison d'Or, & d'autres Dignités Militaires en France; mais arrêté par votre ordre qui m'impose silence, & par la brièveté d'une Epitre, je me vois forcé avec douleur d'abandonner cette ample & belle matiere aux Historiens de la vie de Philippe Quint & de Louis XIV, qui profiteront de ce qui auroit pû rendre

la lecture

la lecture de cette Epitre interessante à toute sorte de Lecteurs.

Les curieux du Blazon y auroient trouvé pourquoi on voit les Armes du Royaume de Valence au milieu de votre Ecusson. Les Gens d'une vertu épurée y auroient vû avec plaisir des Traits d'une Grandeur d'ame à l'épreuve de tout interrêt, même du plus legitime. Les Politiques y auroient vû l'art de ramener les Rebelles à l'obéïssance de leur Souverain, & de concilier dans le Gouvernement la crainte & l'affection des Sujets par une exacte observance de la Justice & des Loix, qui peuvent contribuer à la tranquillité publique, en menageant le Sang des Peuples, & en préferant les voyes de la Clémence à la gloire des Actions d'éclat. Les Grands Capitaines y auroient vû des moyens ingenieux de prévenir une Déroute. Les Generaux y auroient remarqué ceux de faire subsister les Armées, & de trouver dans des Païs peu abondans les Munitions & les Provisions des Sieges, sans lesquelles les Entreprises les mieux concertées sont sujettes à échoüer. En effet après que l'Armée Navale des Ennemis eut enlevé notre Convoy, si M. le Duc d'Orleans n'avoit pas trouvé les ressources de Vivres & de Munitions de Guerre, que Vous aviez rassemblé sans ordre par un excès de prévoyance, & la nombreuse Artillerie que vous aviez fait fondre de votre

EPITRE.

propre mouvement, auroit-il pû faire le Siege de Tortose, & fermer aux Ennemis, par la prise de cette Place, l'entrée des Royaumes de Valence & de Murcie, qui leur étoit ouverte par la perte de la Bataille de Zaragoça? Enfin les bons Critiques de l'Histoire s'y seroient confirmez dans la juste défiance où l'on doit être sur ce qu'avancent de certains Ecrivains, qui hazardent sur de frivoles récits des Faits, dont la fausseté décrédite l'Histoire ; telle est dans la Préface d'un Commentaire celui de la Bataille d'Almanza. Sans citer ici les Témoins oculaires, qui sont en aussi grand nombre que les hommes, qui ont eu part à cette action, j'aurois pû produire un témoignage, qui vaut seul tous ceux qu'on peut rassembler de l'une & de l'autre Armée; c'est celui du Roy d'Espagne, qui bien informé de la part que Vous aviez au gain de cette Bataille, s'explique en ces termes sur la maniere dont vous y avez contribué, dans les Lettres-Patentes, dont Sa Majesté Vous a gratifié le 30. Avril 1715. datées de Buen-Retiro. ,, L'Armée des Ennemis (c'est S. M. C. qui
,, parle) ayant attaqué celle des deux Couronnes à Al-
,, manza le 25. Avril 1707. & fait plier la droite
,, de notre premiere Ligne par le grand feu de leur Infan-
,, terie soutenu de leur Cavalerie, Vous, qui comman-
,, diez la droite de la seconde Ligne, les chargeâtes avec
,, tant de valeur que vous mîtes leur gauche en déroute,

EPITRE.

„ d'où vous marchâtes contre leur droite, & malgré
„ la bonne contenance avec laquelle elle se retiroit, vous
„ les chargeâtes si à propos que vous l'obligeâtes de pren-
„ dre la fuite, ce qui acheva le gain de la Bataille. „ Le
jour suivant vous leur fîtes prisonniers de Guerre cinq
Bataillons Anglois, cinq Hollandois & trois Portugais,
&c. Si l'on compare ce récit d'un Roy à celui d'un Particulier, qui a écrit sur de mauvais Mémoires, on verra
combien on doit être en garde contre les surprises dans
l'étude de l'Histoire. Je suis charmé, MONSEIGNEUR,
d'avoir trouvé l'occasion de mettre en évidence la vérité de ce Fait; mais je le serois beaucoup plus si Vous
me permettiez de donner place ici à un grand nombre
d'autres de pareille nature, qui ont été justement récom-
pensez de la plus haute Dignité de l'Etat Militaire;
ajoûtons enfin qu'ils ont été glorieusement terminez par
la prise de Philisbourg, que vous avez acquis à la France,
malgré les obstacles de la Nature & de l'Art, en présence
des Forces de l'Empire, rassemblées sous la conduite d'un
des plus Grands Généraux de notre siecle, Vous ouvrant
une route au travers du Feu & des Eaux d'un Fleuve
débordé. J'espere, MONSEIGNEUR, que Vous me par-
donnerez d'avoir passé les bornes étroites que vous aviez
prescrites à cette Epitre, quand vous ferez attention que
ce seroit trop mortifier l'amour propre d'un Subalterne,

EPITRE.

que de l'empêcher de publier la Gloire de son Commandant; il semble qu'il en réjaillit un peu sur lui, & qu'il est honnorable d'être sous les Ordres d'un Géneral qui commande par de bons Titres; il m'en reste encore assez à dire pour me croire en droit de me plaindre d'être obligé de passer sous silence des Actions dignes de l'Ancienne Vertu Romaine; ce n'est pas sans peine que je sacrifie le plaisir de les raconter au devoir de l'obéissance. Je Vous prie du moins, MONSEIGNEUR, de m'en tenir compte, comme d'une marque de ma parfaite soumission à vos Ordres, & du profond respect avec lequel je suis,

MONSEIGNEUR,

Votre très-humble &
très-obéissant Serviteur
FREZIER.

DISCOURS PRELIMINAIRES,

PREMIEREMENT,

SUR L'UTILITÉ DE LA THEORIE
Dans les Arts relatifs à l'Architecture.

E me propose dans cet Ouvrage de donner la Theorie des Sections des Corps, autant qu'elle est necessaire à la démonstration de l'usage qu'on en peut faire en Architecture pour la construction des Voutes, & la *COUPE DES PIERRES ET DES BOIS*, ce que personne n'avoit encore fait ; & parce que je prends une route differente de ceux qui ont traité de cette Matiere, qui se sont tellement bornez à la Pratique, qu'ils semblent mépriser la Theorie, ou l'ignorer : je vais tâcher d'en établir l'utilité.

VITRUVE, qu'on peut citer pour un bon Connoisseur dans les Arts, parce qu'il est reconnu pour un fameux Architecte, & qu'il étoit de plus Ingenieur d'Auguste, y distinguoit deux choses, (*) sçavoir, l'Ouvrage &

(*) *Ex duabus rebus singulas Artes esse compositas, ex opere & ejus* RATIOCINATIONE; *ex his autem unam proprium esse eorum, qui singulis rebus sunt exercitati id est operis effectus ; alterum commune cum omnibus Doctis,* id est RATIOCINATIO.

le *Raisonnement*; l'une, dit-il, est l'affaire des Gens qui en ont fait apprentissage; l'autre est du ressort des Sçavans. Tout le monde ne pense pas aussi juste que lui; une grande partie des hommes connoissent si peu la nature des Arts, qu'ils croyent que l'on ne peut s'y rendre habile que par l'experience; ils regardent la Theorie comme une occupation vaine, qui n'a pour objet que des chimeres, dont les Arts ne retirent aucun avantage. (*) On a vû, disent-ils, de Grands Hommes dans l'Architecture Civile, & même dans la Militaire, qui se sont distinguez par leurs Ouvrages sans être Geometres ni Algebristes, donc on peut se passer de ces Sciences pour devenir habile dans les Arts.

Pour répondre à ce faux raisonnement, que bien des gens tâchent de faire valoir par l'intérêt qu'ils ont de l'établir, je dirai qu'absolument parlant, à la réserve de la nourriture, les hommes peuvent se passer de tout, même d'habits dans les Païs froids, témoins les anciens Gaulois nos Ancêtres, & plusieurs Nations de Sauvages; mais puisque la Nature nous a destinez au travail, & que moyennant un peu d'application elle nous donne l'industrie d'ajouter une infinité d'agrémens & de commoditez aux Ouvrages de ceux qui nous ont précedé, & de concilier la beauté & la solidité des Edifices, qui nous garantissent des injures de l'air & des insultes de nos ennemis, il semble que ce n'est pas agir en hommes raisonnables, que d'attendre que l'experience nous fasse sentir nos besoins; mais que nous devons réflechir aux moyens de pourvoir à ceux, qui peuvent nous arriver dans l'exécution de nos desseins, & de combiner ces moyens de tant de manieres differentes, que nous choisissions toujours les plus sûrs, les plus courts & les plus faciles, ce qui est réservé à la seule Theorie.

Galli super Umbilicum erant nudi. Tite-Live l. 22. c. 46.

Qu'on me permette ici une comparaison pour rendre cette verité plus sensible; avant qu'on eût formé les Grands Chemins par des Chaussées droites, solides, & de largeur commode, on communiquoit comme aujourd'hui d'une Ville à une autre, mais on demeuroit bien plus long-tems en chemin, on éprouvoit une plus longue fatigue, on étoit sujet à demeurer embourbé, & souvent à s'égarer.

Avant qu'on eût consulté la Geometrie & la Mechanique en Architecture, on faisoit des Voutes des mêmes Materiaux qu'aujourd'hui; mais on ne pouvoit s'assûrer de l'équilibre de l'effort de leur *Poussée*, & de la résistance des *Piédroits* qu'il tend à renverser; de sorte que ne sçachant garder un milieu convenable entre le trop & le trop peu de leur épais-

(*) Voyez les *Pensées critiques sur les Mathematiques* par CARTAUD, qui ose avancer que les Mathematiques ont peu contribué à la perfection des beaux Arts. à Paris 1734.

PRELIMINAIRE.

seur, on étoit sujet à y consommer une dépense superfluë en materiaux, ou à les voir s'écrouler par trop de foiblesse : l'experience nous en fournit encore assez souvent des exemples, à la honte de ceux qui se mêlent de construction sans connoissance de Geometrie ni de Mechanique, & au grand dommage de celui qui fait bâtir. On faisoit aussi des Ceintres de differentes especes, Circulaires, Surbaissez, Surhaussez & Rampans ; mais on ignoroit quelle étoit la Courbe, qui leur convenoit le mieux dans les circonstances des Termes donnez. On rencontroit dans l'exécution des difficultez qu'on n'avoit pas prévû, & qu'on ne sçavoit résoudre que comme le nœud Gordien, en démolissant & recoupant plusieurs fois les parties de Voutes qui ne quadroient pas, jusqu'à ce que l'œil fût moins offensé de leur difformité, d'où il résultoit beaucoup de perte de tems & de Materiaux ; & parce que le tâtonnement n'a de succès que par hazard, de tels ouvrages duroient peu, coûtoient beaucoup de façon, & satisfaisoient rarement la vûë & l'esprit des Connoisseurs.

D'où vient donc que les Praticiens méprisent la Theorie, & la comptent pour rien au prix de l'experience qu'ils ne cessent de vanter ? j'en trouve deux raisons : la premiere, c'est pour détourner la honte qu'ils ont de ne pouvoir rendre d'autre raison de leurs Ouvrages, que celle de l'imitation de ceux qui passent pour bons, & de la convenance qu'ils ont remarqué dans la pratique, sentant bien qu'ils ne sont pas assez éclairez pour remonter à la cause. Cette raison est tirée de la vanité du cœur humain ; l'homme pour s'élever sur ses égaux affecte de mépriser les choses qui lui manquent, & cherche à faire parade du peu qu'il possede ; de-là vient, qu'on se méprise réciproquement dans le monde, & que la science, dont la beauté & l'utilité sont peu connuës de la multitude, n'est pas élevée au rang qu'elle doit tenir audessus de la seule pratique ; l'inattention & souvent le défaut de lumiere des gens en place favorisent les faux jugemens que l'on porte sur le mérite de la routine ; puisqu'on voit, que la peine de travailler à acquerir des connoissances utiles aux besoins de la vie, ou à l'ornement de l'esprit, est ordinairement très-inutile pour la fortune ; c'en seroit assez pour énerver toute émulation, arrêter les progrès des Arts, & rappeller la barbarie des Siecles d'ignorance, si la Nature n'avoit pourvû à l'aveugle injustice des hommes. Elle a attaché à cette peine la récompense d'une satisfaction intérieure, (*) qui est seule capable de la soutenir contre les dédains d'une stupide indifference, ou d'une présomptueuse ignorance. En effet sans les attraits des Sciences, & un certain amour de la Vertu, qu'est-ce qui pourroit engager un homme sensé à consacrer ses veilles sans intérêt, au seul bien du Public, qui fourmille de gens plus disposez à la critique qu'à la-reconnoissance, à

(*) *Virtutum præmium in ipsis & recte facta merces est.*

relever les moindres fautes, qu'à leur faire grace en faveur de ce qui doit plus mériter leur attention & leur applaudissement?

La seconde raison de ceux qui préferent la seule Pratique à la Theorie, peut être sincerement déduite du fond de leur ignorance, parce qu'ils lui attribuent les effets de la Theorie qui leur est inconnuë. Daviler, fameux Auteur en Architecture, nous en fournit une preuve, & un exemple comique à la page 237. *La severité des Régles de Geometrie*, dit-il, *est inferieure à la Pratique, comme LA METHODE DES CHERCHES RALONGE'ES VAUT MIEUX QUE LES FIGURES GEOMETRIQUES, d'autant qu'en cet Art la Pratique est préferable à la Theorie*: On ne peut s'empêcher de rire d'une pareille décision, qui montre évidemment que le Juge n'entend pas l'état de la question, & qu'il veut fronder ce qu'il ne connoit pas; en effet, s'il avoit sçû que la *Cherche ralongée* tirée du plein ceintre, du surhaussé ou du surbaissé, étoit une Ellipse très Geometrique, il n'auroit pas tenu ce langage ridicule. La plûpart des gens sans Theorie parlent & pensent comme lui; parce que faute de principes ils n'arrivent qu'avec de grands efforts & une longue suite de pratique à quelques foibles connoissances des choses, qui sont les plus aisées à ceux qui ont de la Theorie; de-là vient qu'ils font grand cas des moindres, & se croyent de grands hommes pour s'être frayé quelques routes un peu aisées dans la Pratique, quoique ces prétendus Inventeurs ne puissent s'assûrer de la justesse ni de la réüssite de leurs operations tâtonnées, dont il ne voyent ni la difference des cas, ni la preuve; de sorte qu'ils croyent souvent avoir bien réüssi, lors même qu'ils n'ont fait qu'approcher de la verité, & qu'ils n'ont pas pris la voye la plus sûre & la plus courte; cependant parce qu'ils ne connoissent pas d'autre moyen pour y parvenir que l'experience, ils ne pensent pas qu'il y ait de meilleur maître, appuyez sur le proverbe qu'ils citent à tout propos, *Experientia rerum magistra*.

Je ne prétends pas ici diminuer le mérite de l'experience, j'en connois la necessité en plusieurs choses; par exemple, en Physique elle fait appercevoir des objets & des effets sur lesquels on n'étoit pas prévenu par le raisonnement; personne ne doute qu'elle ne soit indispensablement necessaire dans les Arts qui dépendent de l'habitude, & dans ceux qui sont Problématiques, comme la Guerre; mais elle l'est beaucoup moins dans ceux qui émanent des Sciences, c'est un guide équivoque, comme le bâton d'un aveugle, qui ne lui sert à se conduire que très-imparfaitement, en ce qu'il ne lui indique pas si bien les objets qu'il ne puisse prendre l'un pour l'autre, & se précipiter si le cas y arrive.

Cette distinction indique ce que l'on doit penser sur la Science

& l'Experience nécessaire à un Ingenieur; puisque son Etat tient à la Guerre & aux Arts dépendans des Mathematiques; ce seroit mal décider contre la Theorie, que de citer des Gens élevez aux dignitez par les Actions militaires, quoique bornez à une simple routine de construction; les récompenses dûës à la Valeur n'annoncent qu'une partie du mérite d'un Homme de guerre, laquelle ne suffit pas pour un Ingenieur. Ceux de l'Antiquité étoient sçavans; leurs merveilleuses inventions dans les Sieges nous le prouvent assez; & quoique depuis la décadence des Romains les Sciences ayent en quelque façon fait divorce avec la Guerre (car il n'est plus de ces hommes propres à être sur le Trône de la Justice, & à la Tête des Armées) cette séparation n'aura jamais lieu à l'égard des Ingenieurs; c'est chez eux que doit subsister cet ancien accord de la Science & de la Guerre; s'ils ont besoin de la bravoure, du bon sens & de l'experience d'un Guerrier, ils ont encore besoin de la science d'un Mathematicien. Sans la Geometrie, la Mechanique & l'Hidraulique de quoi sont-ils capables dans la construction des Forteresses & Places de guerre, que d'imiter ce qu'ils ont vû, & copier souvent des fautes? les traces de l'aveugle experience ne sont pas rares, il n'y a gueres de Ville où l'on n'en reconnoisse quelques-unes.

Neque enim Ingenium sine Disciplina, aut Disciplina sine Ingenio perfectum artificium potest efficere. Vitr.

J'AVANCERAI de plus, que les Sciences necessaires à la Construction ne sont pas inutiles à la Guerre; elles ouvrent l'esprit, fournissent des moyens industrieux pour les manœuvres & les ouvrages necessaires à l'Attaque & à la Deffense des Places, que la seule valeur ne sçauroit exécuter sans ce secours. ARCHIMEDE étoit un Mathematicien de pure spéculation, qui n'auroit pas daigné descendre à la Pratique, s'il n'avoit été engagé par les sollicitations du Roy HIERON son Parent, de faire usage de ses connoissances pour l'invention des Machines de guerre; cependant ses coups d'essai furent si bien des coups de maitre, qu'au Siege de Syracuse il dérouta, par la force de la Theorie, toute l'experience de ces Ingenieurs Romains, qui avoient fait valoir avec de grands succès leur habilité dans la conquête des Places les plus fortes; ses nouvelles Machines eurent tant d'effet, qu'il intimida & rebuta l'Armée de Marcellus, au point, que ce General renonça aux Approches & aux Assauts, forcé de se réduire à chercher par la longueur du Siege, ce qu'il ne pouvoit obtenir par la force contre l'ingenieuse résistance que lui faisoit Archimede. On peut lui en attribuer tout l'honneur, car Plutarque dit, qu'il étoit l'unique Auteur de la deffense, que les Syracusains n'étoient que comme le corps & les membres, dont lui seul étoit l'ame, qui mettoit tout en mouvement, sans qu'on fit usage d'autres Armes que des siennes; cependant ce grand homme, ajoute-t'il, ne se glorifioit point de ces heureufes nouveautez, il ne les regardoit que comme des *Jeux de la Geometrie*, qu'il eſtimoit ſi peu en comparaiſon de la Theorie, qu'il crut ſe faire plus d'honneur d'en laiſſer des Ecrits, que la deſcription de ces merveilleuſes Machines, dont l'invention & l'uſage lui avoit acquis tant de gloire & un ſi grand Nom, qu'il paſſoit pour un homme *doüé non de Science humaine, mais de Sageſſe toute Divine*. Diſons-le ſans déguiſer, la ſeule experience ne fait que de ſerviles imitateurs, qui étant embaraſſez dans les moindres choſes, & n'ayant de reſſource que dans le recüeil de leur Porte-feüilles, donnent comme des aveugles dans le faux pour les projets, l'exécution & le toiſé.

<small>Plutarque in vita Marcelli.</small>

Je dirai cependant ſans vouloir favoriſer l'ignorance, qu'un Ingenieur doit ſe borner à l'étude de ce qui peut être utile à la Pratique, ſans ſe livrer à de vaines curioſitez, de peur qu'entraîné par l'amorce du plaiſir des Découvertes, plus capables de flatter ſa vanité que de le conduire à une plus grande perfection des Arts, il ne ſoit ſouvent diſtrait & tenté de negliger ſon devoir; il doit ſes premiers ſoins à la ſolidité & à la propreté des Ouvrages dont il eſt chargé, & éviter l'écüeil du mépris, que les hautes Sciences inſpirent, pour des occupations, qui ſont à la portée des eſprits les plus bornez; il lui ſuffit d'être en état d'entendre & de mettre à profit les ouvrages des Sçavans & des Academies des Sciences, qui ont quelque rapport aux Arts neceſſaires à la conſtruction des Places, remettant les études aux hyvers & autres tems de loiſir que nous laiſſe le Service du Roy.

<small>Satis abundè is videtur feciſſe, qui ex ſingulis Doctrinæ Partes & RATIONES earum mediocriter habet notas, eaſq; quæ neceſſaria ſunt ad Architecturam, ut ſi quid de his rebus & Artib. iudicare & probare opus fuerit, ne deſtituatur vel deficiat. Vitr. l. 1. c. 1.</small>

Parmi les connoiſſances qui nous ſont neceſſaires, celle de la Coupe des Pierres, quoiqu'une des plus negligées, n'eſt pas une des moins importantes. J'ai reconnu par ma propre expérience qu'elle étoit auſſi indiſpenſablement neceſſaire à un Ingenieur qu'à un Architecte; parce qu'il peut être envoyé comme moi dans des Colonies éloignées, & même dans des Provinces où l'on manque d'Ouvriers capables d'exécuter certaines parties de Fortifications, où il faut de l'intelligence dans l'*Appareil*. L'épreuve que je venois d'en faire à mon ſecond retour de l'Amerique me fit naître l'idée d'en compoſer un Traité; invité à cette entrepriſe, premierement par l'extrême rareté des Livres ſur cette matiere, ſecondement par la maniere imparfaite dont elle a été traitée juſqu'à préſent. J'en dreſſois le projet, lorſque j'appris qu'un Architecte en alloit publier un, en effet, quelques mois après, celui de M. de La Rue parut; mais comme il n'eſt fait, de même que celui du P. Deran (qui étoit pour ainſi dire le ſeul) que pour conduire la main ſans éclairer l'eſprit, je reconnus qu'il n'étoit pas aſſez Méthodique pour remplir l'attente du public, qui ſouhaitoit depuis long-tems un Ouvrage plus Geometrique; j'en fus convaincu lorſque les perſonnes à qui j'avois communiqué mon Plan, m'engagerent à y travailler & à le suivre; parce que la difference en est si grande, qu'on peut dire, que ce n'est pas multiplier les mêmes especes de Livres. Ceux que je viens de citer sont faits pour les Ouvriers, & celui-ci pour les gens qui les doivent conduire, comme les Ingenieurs & les Architectes, que l'on doit supposer initiez dans la Geometrie.

Je sçai que la routine & une certaine Geometrie naturelle tiennent lieu de science aux Appareilleurs dans les cas ordinaires; mais j'ai éprouvé qu'elle leur devenoit inutile dans ceux qui ne sont pas énoncez dans les Livres, comme je le ferai remarquer lorsqu'il en sera question, & qu'ils seroient arrêtez tout court, si l'Ingenieur n'étoit en état d'y suppléer. Il doit donc prévenir la honteuse necessité de se livrer à l'ignorance des plus experimentez, qui n'en viennent à bout qu'à force de tâtonner & démolir plusieurs fois, finissant enfin par quelque difformité ou défaut de solidité. Ces cas ne sont pas si rares qu'on se l'imagine, puisqu'ils me sont arrivez; il n'est pas non plus extraordinaire d'en trouver des vestiges, non seulement dans les racordemens des vieux ouvrages avec des nouveaux, mais encore dans ceux qui sont faits de suite.

Je supposerai si l'on veut, que les Entrepreneurs fournissent de bons Appareilleurs; ne convient-il pas à la dignité d'Ingenieur d'être en état de connoître & d'examiner ce qu'ils font, pour ordonner & décider de la meilleure construction, & ne pas souffrir des fautes qu'ils peuvent faire malicieusement, ou pour faire servir des pierres de rebut, ou pour s'épargner un peu plus de soin? D'ailleurs cette matiere est assez interessante pour mériter l'attention d'une juste curiosité; on en pourra juger par ce qui suit.

SECOND DISCOURS.
Exposition & Division du Sujet dont il s'agit.

L'IDE'E que l'on a attaché au Nom de la *Coupe des Pierres*, n'est pas ce qui se présente d'abord à l'esprit; ce mot ne signifie pas précisément l'ouvrage de l'Artisan qui taille la Pierre, mais la Science du Mathematicien, qui le conduit dans le dessein qu'il a de former une Voute, ou un Corps d'une certaine figure par l'assemblage de plusieurs petites parties; il faut en effet plus d'industrie qu'on ne pense pour qu'elles soient faites de façon, que, quoique d'inégales figures & grandeurs, elles concourrent chacune en particulier à former exactement une surface Réguliere ou régulierement Irréguliere, & qu'elles soient disposées de maniere qu'elles se soutiennent en l'air, en s'appuyant réciproquement les unes sur les autres, sans autre liaison que celle de leur propre pésanteur; car les liaisons de mortier ou de ciment doivent toujours être comptées pour rien. Par où l'on voit que cette Science tient ses principes, premierement de la Geometrie, pour la connoissance des Lignes & Surfaces courbes & droites, & les Corps solides, qui doivent être divisez.

Secondement de la Mechanique & de la Statique, pour mettre l'équilibre entre les portions des Solides, qui composent les Voutes, ensorte qu'ils se soutiennent mutuellement sur les appuis qu'on leur fixe.

Notre dessein n'est pas ici de considerer les Voutes comme un amas de corps pésans, qui font differens efforts les uns sur les autres, cette Theorie quoique très-curieuse & très-utile, peut être réduite pour la Pratique au petit nombre de propositions démontrées par Mrs. de la Hire, Parent, Couplet & Belidor, touchant la poussée des Voutes, à quoi l'on peut ajouter quelques observations sur les Édifices qui subsistent depuis long-tems, quoiqu'un peu hors des régles du calcul, soit par la bonne qualité des Materiaux qui font corps, lorsqu'on leur donne le tems de se lier, soit par la differente pésanteur de ceux des Voutes & de leur Piédroits, à quoi il faut avoir égard dans les calculs; car si l'un est d'une pierre legere & l'autre plus pésante, la Poussée augmente ou diminuë à l'égard des Piédroits.

Nous ne considerons donc ici la Coupe des Pierres, que comme rélative à la Geometrie, supposant seulement qu'un Corps Conique, Piramidal, ou fait en Coin, ne peut se faire un passage au-travers d'un trou, qui n'est pas si grand à son petit orifice que la base du corps qu'on y introduit. Cela supposé cette science se réduira:

1.° A connoitre les Lignes courbes formées par la division des Solides, Concaves & Convexes coupez par des Surfaces planes, ou par des Surfaces courbes; c'est ce que l'on pourroit appeller d'un seul mot d'origine Grecque la *Tomomorphie*, ou *Figure des Sections*, s'il étoit permis de forger des mots nouveaux pour éviter les Periphrases.

2.° A décrire ces Lignes courbes sur des Surfaces planes, lorsqu'il est possible & necessaire, ou sur des Surfaces courbes; lorsqu'elles ne peuvent s'adapter sur un Plan dans toute leur étenduë, ce que l'on pourroit appeller la *Tomographie*, ou *Description des Sections*.

PRELIMINAIRE.

3.° A trouver des moyens faciles pour repréfenter les Solides & leurs divifions fur des Surfaces planes autant qu'il eft poffible de le faire; or comme ils ne peuvent y être exprimez que très-imparfaitement, ces moyens fe réduifent, 1.° à la projection faite fur un Plan par des lignes abaiffées parallelement entr'elles, & perpendiculairement au Plan de la Defcription, ce qu'on appelle fur un plan horifontal *Ichnographie*, & fur un plan vertical *Ortographie*. 2.° A la defcription des furfaces rangées féparément, & dans toute leur étenduë fur un plan, ce qu'on appelle *Développement*, & qu'on pourroit appeller *Epipedographie*. 3.° A la defcription des Angles des plans ou furfaces quelconques des Solides entr'elles, ce qu'on pourroit appeller la *Goniographie*, *Defcription des Angles*.

4.° A faire ufage de toutes ces fortes de repréfentations, pour parvenir à une fection des corps convenable à la conftruction des Voutes, en appliquant les modeles des Angles & des Surfaces fur des Solides, le plus fouvent faits en Parallelepipedes, pour les tailler & les réduire aux figures requifes, en abattant les parties excédentes, ce qui eft proprement l'Art de la *Coupe des Pierres ou des Bois*, c'eft-à-dire, celui de faire des fections, qu'on pourroit appeller la *Tomotechnie*.

Ainsi en réfumant ces mots imaginez pour donner une idée nette & fimple du fujet dont il s'agit, nous traitons dans la premiere partie de cet Ouvrage de la *Science*, & dans la feconde de *l'Art* de la Stereotomie, c'eft-à-dire, des fections des Solides.

Nous divifons la premiere partie en deux Livres, l'un de la *Tomomorphie*, ou figures des Sections, l'autre de la *Tomographie*, ou defcription des Sections.

La feconde auffi en deux Livres, dont l'un eft la *Stereographie*, ou defcription des Solides, & l'autre de la *Tomotechnie*, ou l'Art de faire des Sections.

Tels font les Sujets des quatre Livres de cet Ouvrage, fuivant l'ordre qui nous a paru le plus fimple & le plus naturel; ce que nous tâcherons d'expliquer & de prouver par des démonftrations, qui ne fuppofent d'autre connoiffance des parties des Mathematiques, que celle de la Geometrie Elementaire telle qu'elle eft dans Euclide, & les autres qui l'ont fuivi.

Je fçai qu'aujourd'hui la Geometrie Lineaire n'eft plus gueres à la mode, & que pour fe donner un air de Science, il faut faire parade de l'Analyfe; cependant „ l'ancienne Geometrie (dit un Sçavant) „ (*) quoique moins fublime, moins piquante, même moins agréable. (*) Fontenelle, Eloge d'Ozanam Mém. de l'Acad.

x **DISCOURS**

„ *eſt plus indiſpenſablement neceſſaire, & plus ſenſiblement utile* ; c'eſt elle
„ ſeule qui fournit à la nouvelle des fondemens ſolides„ particulierement
dans la matiere dont il s'agit, où le calcul Algebrique ne pourroit
être utile qu'entre les mains de ceux qui y ſont plus avancez, que ne
le ſont ordinairement la plûpart des gens qui ſe mêlent d'Architecture,
pour qui nous avons entrepris cet Ouvrage. D'ailleurs elle conduit
plus naturellement à la pratique des *Traits* de la Coupe des Solides, &
fait ſelon moi plus d'impreſſion dans la mémoire, où les Surfaces &
les Lignes ſe gravent plus profondément que les préceptes des formu-
les Algebriques. Les Sçavans n'ont pas beſoin d'un petit Ouvrage,
qui ne ſeroit qu'un jeu pour eux; animez par l'ambition de la gloire
des découvertes, ils ne s'occupent que des choſes difficiles, ſans s'em-
barraſſer de leur utilité dans les Arts; ſur quoi M. de Fontenelle
fait cette judicieuſe remarque, que la Geometrie eſt aſſez étenduë,
mais qu'elle n'eſt pas aſſez appliquée aux uſages; or puiſqu'ils n'ont
pas traité notre matiere, j'ai cru rendre ſervice à ceux qui en ſont curieux, de leur en donner les principes dans un recüeil, compris dans le
premier Tome, qui eſt ſuffiſant pour leur épargner la longue, en-
nuïeuſe & peu inſtructive lecture des grands Volumes in-folio, où
elle eſt plus embroüillée par le détail de la Pratique que par le fond
de la difficulté ; ils en pourront tirer d'eux-mêmes la ſolution des Problêmes, qu'on appelle *les Traits* de la Coupe des Pierres; cependant
en faveur de ceux qui aiment les Ouvrages faits, nous y avons ajoûté
leur conſtruction dans la quatriéme partie, qui contiendra beaucoup
plus de matiere en moins de Volume que les Livres du P. Deran &
de M. de la Rue; j'eſpere auſſi que la lecture en ſera plus agréable,
parce qu'on y trouvera les Démonſtrations, qui ne ſeront qu'une application des Theorémes & des Problémes contenus dans les trois premiers Livres. Au reſte je n'ai recherché d'autre agrément dans la
diction que celui du raiſonnement. Dans ce genre d'écrire on doit
être plus occupé des choſes que des mots; un Lecteur raiſonnable n'exige
que de la netteté, & une diction intelligible ; c'eſt à quoi je me ſuis
le plus attaché ; peut-être n'aurai-je pas toujours réüſſi, dans un
long Ouvrage il ſe gliſſe toujours quelque faute ; je le prie auſſi de par-
donner celles de l'Impreſſion, qui n'a pas été faite ſous mes yeux.

Il me reſte à donner quelque choſe à la curioſité que l'on peut
avoir touchant l'origine de la Coupe des Pierres, ſur laquelle je vais
expoſer mes conjectures pour conclure ce Diſcours Préliminaire.

Hiſt. de
l'Acad.

TROISIEME DISCOURS.
De l'Origine de la Coupe des Pierres, & de l'Usage qu'on en doit faire.

LE Bois est la matiere la plus naturelle & la plus commode pour la construction des Bâtimens necessaires à l'habitation des Hommes; mais le désir commun à tous ceux qui font des Edifices considerables, d'en établir la durée pour un long-tems, l'idée que les ouvrages de bois sont sujets à tomber en caducité par la pourriture, & la crainte qu'ils ne soient ravagez par les incendies, ont fait préferer les Pierres au Bois, où on a pû les lui substituer. Dans cette vûë on n'a ménagé ni la peine ni les grandes dépenses pour les arracher des entrailles de la terre, les transporter & les tailler.

La necessité a aussi forcé les hommes dans plusieurs Contrées d'employer des Pierres au lieu de Bois; parce que la nature leur a fourni plus de Carrieres que de Forêts. Cependant la maniere de bâtir avec des arbres a parû si naturelle, qu'on a regardé comme une beauté l'imitation de cette structure. C'est de-là que nous est venu l'usage des Colomnes dans l'Architecture antique, & celui des Pilliers ronds & des *Perches* dans la Gotique.

Pour rendre cette imitation plus parfaite, les Anciens faisoient leurs Colomnes, autant qu'ils pouvoient, d'une seule piece, comme sont les troncs des arbres; ils en usoient de même pour leurs Architraves, qu'ils substituoient aux principales poutres que les colomnes devoient porter. Il reste des vestiges des Edifices des Egyptiens, des Grecs & des Romains, qui font voir qu'ils y employoient des Pierres d'une grandeur énorme.

Dans les derniers Siecles on a abandonné ces manieres de bâtir trop difficiles par l'immensité des poids qu'il falloit transporter, & par la dépense des sommes extraordinaires qu'ils consommoient; on leur a préferé l'assemblage de plusieurs Pierres d'une grosseur plus maniable, & sans s'écarter du goût des Anciens, on a continué d'imiter les troncs d'arbres par des colomnes; mais on les a fait de *Tambours*, c'est-à-dire, de tranches de Cylindre; on a de même imité les poutres par des Architraves; mais on les a fait de *Claveaux*, qui se soutiennent en l'air, comme si le tout n'étoit que d'une Piece continuë; cependant comme cette situation est trop forcée, & que la poussée en est grande, les Architectes les ont appuyées par des Arcades, qui leur ont parû plus solides, & quoique par cette construction les Colomnes & les Architraves deviennent inutiles, ils les employent toujours pour ornement; ce goût est aujourd'hui le goût dominant dans l'Europe, imité de quelques Monumens de l'Antiquité Romaine, que l'on a repris pour modele après un long intervale d'un goût d'Architecture toute différente.

Les proportions des Colomnes Antiques avoient parû dans les Gaules & d'autres endroits de l'Europe trop massives & trop courtes, on leur substituoit des Groupes de Perches extrêmement longues & menuës, & la difficulté d'imiter avec des Pierres la situation horisontale des Poutres avoit fait rejetter les Architraves, à la place desquelles on faisoit passer d'une Perche à son opposée, des Arcs de Pierre saillans sous les voutes, qui se croisoient & se rassembloient de differentes façons, imitant en cela les Tonnelles en Berceau, que l'on fait de branches d'arbres pliées en rond d'un côté à l'autre.

Le contour même des Berceaux cylindriques leur ayant parû aussi trop pesant, c'est-à-dire, faisant trop d'effort pour écarter les murs, les Architectes de ces tems faisoient leurs Ceintres par deux arcs de cercles égaux, mais de differens centres, dans le dessein d'en tenir les pentes plus rapides, & par ce moyen diminuer cet effort en les rendant aussi plus minces & plus légeres: ils les traversoient encore par d'autres parties de voutes, qui formoient quantité d'angles saillans dont les arêtes étoient cachées & fortifiées par des *Nervures d'Ogives*, des *Arcs doubleaux*, des *Tiercerons*, & des *Formerets*, dont ils formoient une infinité de compartimens, aboutissans souvent à des culs de lampes suspendus en l'air. Toutes ces naissances entrelassées, & les intersections des Moulures demandoient une grande intelligence dans l'Art de la Coupe des Pierres; d'où je conjecture, que c'est à l'Architecture *Gotique* que nous devons rapporter l'Origine, ou du moins l'Adolescence de cet Art Ma raison est, qu'outre qu'il ne nous reste pas de Monumens antiques où il ait été mis en usage, que pour des traits assez simples, c'est que dans l'énumeration que Vitruve fait des connoissances necessaires à un Architecte, il ne parle point de celle de *la Coupe des Pierres*; en effet la noble simplicité de l'Architecture des Anciens n'exerçoit pas beaucoup le sçavoir-faire des Appareilleurs, qui n'avoient presque que des Voutes Cylindriques ou Spheriques à conduire. La forma-

PRELIMINAIRE.

tion au contraire d'un grand nombre de figures biſarres & difficiles, qui ſe preſentoient à tous momens dans l'Architecture Gotique, leur a donné lieu d'en imaginer d'autres, pour tirer party de l'irrégularité des emplacemens des Bâtimens, ou ſuppléer au deffant de place. Les Angles, par exemple, qui ne paroiſſent pas des lieux propres à y pratiquer des Portes, n'ont pas empêché qu'on n'y ait vouté des paſſages, ſans les émouſſer, ce qui paroit du premier abord contraire à la ſolidité ; on a fait porter en l'air des Cabinets ſur des *Trompes* pour laiſſer une place libre audeſſous ; on a ſoutenu des Eſcaliers d'une infinité de façons, & l'on a imaginé tant de choſes inconnuës aux Anciens, qu'on a trouvé aſſez de matiere pour en compoſer des Livres.

PHILIBERT de LORME, Aumônier d'HENRI II, eſt, dit-on, le premier qui en ait écrit, non pas exprés, mais par occaſion dans ſon Traité d'Architecture, qu'il publia en 1567. on voit que cette date n'eſt pas fort ancienne ; MATURIN JOUSSE produiſit quelques Traits dans ſon Livre intitulé *Secrets d'Architecture*, imprimé à la Fléche en 1642. le P. DERAN, l'année ſuivante mit cet Art dans toute ſon étenduë pour les Ouvriers ; BOSSE, (la même année) donna un ſiſtême tout different, qu'il tenoit de DESARGUES, lequel, par ſon obſcurité & la nouveauté de ſon langage, ne fut pas goûté. Enfin M. de la RUE en 1728. a redonné une partie des Traits du P. DERAN, avec quelques autres nouveaux. Tous ces Auteurs n'ont produit qu'une ſimple pratique dénuée de toutes preuves. Le P. DECHALLES en 1672 fut le premier, & a été le ſeul juſqu'à préſent, qui y ait ajouté des Démonſtrations ; mais ſon Traité *de Lapidum Sectione*, inſeré dans ſon grand cours de Mathematiques en Latin, n'eſt preſque qu'un extrait du P. DERAN, dont il a quelquefois copié juſqu'aux fautes, comme nous le ferons voir dans ſon lieu.

APRES avoir vû tous ces differens Ouvrages, il m'a paru qu'il reſtoit encore quelque choſe de mieux à faire.

PREMIEREMENT, qu'il étoit à propos de donner une connoiſſance exacte de la nature des Lignes Courbes, qui ſe forment aux arêtes des voutes, tant à leurs Faces qu'à l'interſection des Doëles, de celles qui ſont compoſées de pluſieurs parties qui ſe croiſent, pour ſçavoir les tracer ſur des plans, lorſqu'il eſt poſſible, ou ſur des ſurfaces courbes, lorſque ces lignes ſont à double Courbure, en quoi conſiſte la *premiere nouveauté* de ce Traité.

La ſeconde ſera la Correction des erreurs de pluſieurs des anciens Traits.

La troisième celle de la Construction de plusieurs Traits changez, & de quelques-uns qui n'ont pas encore paru.

Je puis compter pour quatriéme nouveauté les démonstrations des Traits, parce que le P. Dechalles ne m'a précedé qu'en Latin, mais non pas en François, de sorte que pour me servir de l'expression de Jousse, les *Secrets d'Architecture* y sont tout-à-fait dévoilez.

La nouveauté de cet Art & les difficultez qu'il contient engageoient les Architectes des deux derniers siecles à chercher des occasions de faire parade de leur Science, persuadez que rien ne pouvoit mieux les rendre recommandables, que ces Ouvrages hardis, où l'on ne pouvoit s'empêcher d'admirer la Coupe des Pierres; de sorte qu'ils affectoient d'en faire même sans necessité. J'ai vû le tiers d'une Tour quarrée, qu'on pouvoit faire porter de fond, soutenuë par la seule coupe d'une Platebande Rampante, qui en élevoit un Angle en l'air, & beaucoup de semblables témeritez.

Les Architectes de notre tems ne trouvant plus tant de raison de se faire admirer par une Science devenuë plus commune, ou peut-être devenus plus sages, ont banni toutes ces hardiesses bisarres, qui n'ont d'autre beauté, que celle de leur exécution, & qui non seulement ne contribuent en rien à la décoration des Edifices, mais leur sont encore préjudiciables, en ce qu'elles en augmentent les efforts & la charge; en effet il ne convient de mettre en œuvre les Traits de Porte-à-faux comme les Trompes, que lorsqu'on y est absolument contraint, ou pour quelque Degagement, ou pour éviter la dépense & l'incommodité de prendre la place dès les fondemens.

J'ajouterai encore, qu'il faut plûtôt consulter le bon goût que d'affecter de la rareté, & de la difficulté dans les Ouvrages, à quoi semblent pencher nos Architectes modernes, qui courent à la nouveauté : La rencontre & l'intersection de differentes voutes n'est pas toujours d'un bon effet. Un Arc de cloitre, par exemple, de ceintre circulaire peu concave, traversé de lunettes, & surmonté d'un cû-de four, tel qu'on en voit à une Chapelle de l'Eglise de St. Sulpice, ne fait pas si bien qu'une voute moins composée. Des Lunettes Cylindriques, qui traversent une portion de Voute Spheroïde, ou Voute de Four surbaissée, ne se présente pas bien de près; parce que les arêtes d'Enfourchement paroissent *Déversées*, c'est-à-dire, penchées à droite & à gauche, comme on peut le remarquer à la même Eglise de St. Sulpice; cette difformité diminuë, lorsque la Lunette est vûë de bas en haut, & de plus loin, comme à St. Roch; mais elle n'est pas ôtée totalement, & on ne le peut par la nature de la Courbe, qui n'est pas dans un plan, comme on le verra dans le cours du premier Livre.

Enfin on peut encore remarquer, que les Voutes Spheriques, traversées par deux berceaux, qui se croisent, ont un air Nud & imparfait, si elles ne sont divisées par une Corniche Horisontale, qui retranche le Segment de Sphere, & le mette, pour ainsi dire, à part des Panaches; on en apperçoit le besoin au Noviciat des Jesuites à Paris. Il seroit trop long de rechercher de semblables concours de voutes, qui ne satisfont pas le coup d'œil sans le secours de quelque correctif, quoique faites solidement & dans les régles de la bonne Construction.

Ces remarques sont plus utiles à l'Architecture Civile qu'à la Militaire, où l'on semble negliger la beauté pour la solidité; il ne seroit pas cependant mauvais que les Ingenieurs fissent une étude de l'Architecture Civile; elle leur est necessaire à la construction des Bâtimens Militaires, dont ils sont chargez dans les Villes de Guerre, comme Casernes, Magasins, Hôpitaux, Logemens de l'Etat-Major, & même quelquefois des Eglises des Forts & Citadelles, qui sont de même espece que les Bâtimens Civils, dont ils ne different que de nom, ils peuvent même lorsque la Cour le juge à propos, prendre la conduite des Bâtimens Civils publics; mais ils ne doivent jamais se mêler de ceux des Particuliers, de quelque Qualité qu'ils puissent être; premierement parce qu'étant Officiers du Roy, à sa solde dans le repos comme dans le travail, (*) il est de l'équité qu'ils disposent du loisir qu'ils peuvent avoir à s'instruire au Cabinet des Sciences qui leur sont necessaires, & des faits Historiques des Sieges, qui peuvent leur fournir des idées propres à les mettre en état de servir utilement à differentes destinations. En second lieu, parce que rien n'avillit tant les Ingenieurs, que ces sortes d'occupations qui les font soupçonner de vûës d'intérêt, & les compromettent avec des Ouvriers ou Gens à gages, qui rejettent sur l'Ingenieur les fautes émanées de leur ignorance, ou du caprice du Proprietaire; les exemples fréquens qu'on en voit devroient corriger les gens trop officieux. Enfin parce qu'en se mêlant d'Architecture Civile, ils semblent sortir de l'Etat Militaire & nourrir le dédain, que les Gens d'épée ont pour ceux qui se mêlent des Arts Mechaniques; ce n'est pas qu'il n'y ait dans le Service des occupations peu nobles, l'Officier d'Infanterie doit descendre aux petits soins de la propreté des Soldats & des Casernes, celui de Cavalerie à celle des Ecuries & des Chevaux, celui de Marine au Radoub & à la construction des Vaisseaux,

(*) *Annua æra habet, annuam operam edes; an is æquum censes, militia semestri solidum te stipendium accipere?* Tite-Live,l 5.n.4.

celui d'Artillerie aux Charronages & aux Forges, & l'Ingenieur à tous les Arts qui ont du rapport à celui de bâtir; ces fonctions auroient par elles-mêmes quelque chose de vile suivant le préjugé du monde, si l'on n'étoit convenu dans les régles de l'honneur, qu'il n'y a rien d'abject de tout ce qui concerne le Service du Roy dans l'Etat Militaire; les Ingenieurs doivent se renfermer dans ces bornes, & laisser l'Architecture Civile à ceux qui en font profession.

TRAITÉ

TRAITÉ
DE
STEREOTOMIE
A L'USAGE DE L'ARCHITECTURE.

LIVRE PREMIER.
DE LA FIGURE DES SECTIONS DES CORPS,
Coupez par des Plans, ou Pénetrez par des Solides.

POURQUOI la Connoissance en est necessaire dans l'Architecture.

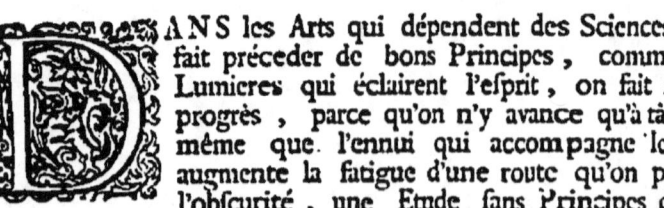ANS les Arts qui dépendent des Sciences, si l'on ne fait préceder de bons Principes, comme autant de Lumieres qui éclairent l'esprit, on fait rarement du progrès, parce qu'on n'y avance qu'à tâtons; & de même que l'ennui qui accompagne les ténebres, augmente la fatigue d'une route qu'on parcourt dans l'obscurité, une Etude sans Principes devient pénible & capable de rebuter, lorsque la necessité de s'instruire ne fournit pas de la persévérance.

Tome I.   A

C'est pour cette raiſon (ſi je ne me trompe) que les Livres que nous avons ſur la Coupe des Pierres, n'ont rendu cette matiere ni facile ni agréable aux Lecteurs, & que bien des Gens qui ont voulu en tâter, s'en ſont rebutez : En effet, il n'eſt pas étonnant qu'une lecture ſoit laſſante & preſqu'inſupportable, où l'on ne trouve qu'un tiſſu de pratiques ſeches, ſurchargées d'operations, dont on ne voit ni la fin ni la raiſon, ſi l'on n'eſt déja en état de la pénetrer : ajoutez à cela la complication d'une infinité de lignes ſurchargées de chiffres, pour les indiquer, & de meſures qu'il faut porter ici & là, ſans ſçavoir à quel propos ; enfin où il n'y a aucune verité à connoitre par les inſtructions de l'Auteur, qu'il faut croire ſur ſa bonne foy, ne donnant d'autre preuve de la juſteſſe de ſon operation, que le témoignage de la gravure des Planches de ſon Livre ; il n'eſt pas étonnant, dis-je, qu'une telle conduite ne mène qu'au dégoût, & que cet Art acceſſible aux moindres Ecoliers de Geometrie, paroiſſe hériſſé d'épines qui en deffendent les approches.

Pour lever ces difficultez nous avons cru qu'il falloit donner une notion claire de la figure des Voutes, & des parties qui les compoſent, en les comparant à celle des corps Ronds, qui ſont connus de tout le monde, la Sphère, le Cône & le Cylindre, l'Anneau & l'Hélice coupez & diviſez par des Plans, ou par d'autres corps qui peuvent les pénetrer. Et lorſque la figure des voutes eſt irréguliere, nous avons tâché de la déſigner par une generation ſi expreſſive, qu'on peut la concevoir facilement. Ainſi l'on a déja pour point de vûë la figure qu'on ſe propoſe de faire, telle qu'elle doit être lorſque la voute eſt achevée, ce qu'il falloit en quelque façon deviner dans le Livre du P. Deran, à quoi M. de La Rue, qui a ſenti ce défaut a tâché de remedier par quelques deſſeins en Perſpective, qui aident beaucoup l'imagination : mais parce qu'on ne peut exprimer qu'à pluſieurs repriſes toutes les faces d'un Solide ſur un Plan, il reſte encore beaucoup à ſuppléer à ces ſortes de repréſentations.

La figure des voutes étant bien conçûë, il n'eſt point de meilleur moyen de faire connoitre celle des parties, dont elles doivent être compoſées, pour ſubſiſter & former un Tout uniforme & ſolide, que d'en venir à l'examen des Sections formées par la diviſion des Corps, faite de maniere qu'ils n'en ſoient pas détruits ni défigurez. Une comparaiſon familiere expliquera nettement ce diſcours.

Je me repréſente, par exemple, un Melon, qui eſt ordinairement une moitié de Sphéroïde, je la coupe par tranches ſuivant la longueur de ſes côtes ſur une table, où cette moitié eſt poſée à plat, & je vois que pourvû que j'empéche les deux premieres tranches de glisser, la moitié du Melon subsistera en son entier, quoique coupée en plusieurs tranches à fond. Non content de l'avoir coupé en long, je la recoupe en travers, & je vois, que si j'empéche encore les premiers morceaux de glisser sur la table, cette moitié de Sphéroïde ne se défigure point, & subsiste encore dans sa rondeur, sans tomber en pieces; d'où je conclus, que si je fais de semblables morceaux avec de la Pierre ou du bois, & que je les rassemble dans le même ordre, je pourrai former cette figure de Melon, que les Geometres appellent une Sphéroïde. Mais pour former ces parties, il faut que j'aïe recours à une science qui m'apprenne quelle sera la figure que le passage de mon couteau formera dans le Melon, à chaque division que j'en ferai, & comme il n'importe que je me serve d'un couteau ou d'une feüille de Fer-blanc, ou d'un autre corps mince de figure plane, je puis appeller cette coupure *la Section d'un Plan*, ou faite par un plan; j'examine ensuite quelle sera cette Section en tournant differemment la feüille de Fer-blanc, qui me sert de couteau; je vois par la seule Geometrie naturelle, que si je coupe le Melon en travers, la Section sera un demi-cercle, & un cercle entier, si le Melon étoit entier; je connois donc dès ce moment, que toutes les tranches en travers contiennent une portion de cercle plus ou moins grande, suivant que les tranches en longueur sont plus ou moins épaisses; je vois aussi que ma coupure en long fait un ovale, & je conclus que chacune des tranches dans ce sens est une portion d'ovale plus ou moins grande, suivant l'épaisseur des coupures en travers, & plus ou moins courbe à mesure qu'elle s'approche des bouts du melon ou du milieu, étant évident qu'elle se creuse vers les bouts, & s'applatit vers le milieu. Je pousse ma curiosité plus loin; si au lieu de la trace plane de mon couteau je l'enfonce de biais, & le fais tourner sur la pointe immobile au fond, pendant que je le tourne en rond du côté du manche, comme pour faire un trou en pain de sucre renversé, je vois que je puis ôter & remettre cette piece & ses semblables; si j'en veux faire de concentriques à celle-ci, qui s'emboiteront comme des Cornets les unes dans les autres sans que le Melon soit défiguré, quand même je les couperois encore en travers & en long, en passant toujours par le même point du milieu avec la feüille de Fer-blanc, pourvû que j'empéche les premiers morceaux, qui passent sur la Table, de glisser.

Je connois donc que je puis diviser ce Melon en portions Cóniques, s'il est bien rond, ou en Cóniques un peu alongées comme des cornets applatis, s'il est oblong; & cependant faire ensorte que le tout subsiste dans sa forme, ce qui me conduit à l'examen de la difference de ces Cónes, & de la Section qu'ils peuvent faire par leur pénétration dans le Sphéroïde, sur quoi je commence à m'appercevoir qu'une telle Section n'a plus la simplicité de celle de la Sphère, ou du Sphéroïde coupé par des plans, & que j'ai besoin du secours de la Geometrie pour la connoître.

De ce petit exemple de comparaison des Corps coupez par differentes Sections, il suit naturellement qu'on doit en distinguer de deux sortes.

Les unes faites par des Plans qui peuvent couper les Solides suivant differentes inclinaisons à leurs axes & à leurs cotez, & produire differentes figures.

Les autres par des Corps qui pénetrent d'autres Corps semblables ou differens ; comme dans cet exemple le Cône pénetre le Sphéroïde. Les Courbes qui sont formées par ces Sections sont l'objet principal de notre Ouvrage ; parce qu'elles se forment effectivement dans les Ceintres des Voutes sur leurs Faces, ou dans les rencontres de celles qui se croisent ; car chacune de celles qu'on met en usage dans l'Architecture est comparable à quelque corps régulier, comme nous l'allons expliquer.

De la Figure des Voutes en General, rapportée à celle des Corps Réguliers.

LES Voutes peuvent être considerées comme des Solides *simples*, qui ont une principale surface, d'où elles tirent leur dénomination.

Ou comme *composées* de differentes surfaces, qui se croisent, ou qui se rencontrent.

La surface qui donne le nom aux Voutes est celle qui doit être vûë par-dessous, qu'il a plû aux Architectes d'appeller *Doële*, par Analogie aux doëles des tonneaux, auxquels la plûpart ont quelque rapport ; ce n'est pas que les voutes soient necessairement courbes, car il y en a de planes ; mais celles-ci ont toujours si peu d'étenduë, qu'elles semblent n'être pas assez considerables pour entrer en compte dans l'énumeration des differentes especes de Voutes.

Parmi les Voutes simples il y en a de *Régulieres* Circulaires, dont les unes sont, 1.° des moitiez de Cylindres, 2.° des moitiez de Cónes, 3.° d'autres enfin des Hemisphères ou portions de Sphères.

La seconde espece des Voutes simples est de celles qui sont *regulierement Irrégulieres*, dont les unes imitent le Cylindre, les autres la Sphère, les autres le Cóne, telles sont celles dont le Ceintre n'est ni circulaire ni Elliptique, mais de quelqu'autre Courbe Geometrique ou Mechanique, comme pourroit être la *Chaînette* ou la *Parabole*, qui lui ressemble fort, & qui est la plus convenable pour mettre en équilibre des voussoirs égaux. Telles sont encore les voutes *Annulaires*, qu'on appelle *sur le noyau*, lesquelles sont des Cylindres courbez sur leur axe, ou les mêmes tournez en *Hélice*, c'est-à-dire, en *Vis*, qui s'élevent audessus du Plan sur lequel elles posent ; telles sont aussi les Voutes Sphériques surhaussées, ou surbaissées, ou sur un plan Elliptique, qui sont des *Spéroïdes*, & d'autres qui peuvent être des Cónoïdes.

La troisiéme espece des Voutes simples est celle des *Irrégulieres*, qui participent plus ou moins de chacune de ces figures, de maniere qu'elles peuvent toujours être comparées en quelques choses aux Cónes, aux Sphères ou aux Cylindres, & tenir en même tems des unes & des autres, telles sont la plûpart des *arrieres Vaussures*.

Les Voutes *Composées* ne sont qu'un assemblage de ces sortes de figures situées differemment les unes à l'égard des autres, & contiguës par des jonctions angulaires, qu'il a plû aux Architectes d'appeller *Enfourchemens*, parce que les Pierres qui servent aux jonctions ont deux branches, comme une fourche.

En un mot nous ne concevons aucune figure de Voute, qu'on ne puisse rapporter à la Sphère, au Cóne & au Cylindre, & c'est dans ce rapport que nous faisons consister leur *difference essentielle*.

Quant aux differences accidentelles elles seront toujours produites par la differente position de leurs faces, comme celles des Sections des corps par la differente position des plans coupans, & celles de leurs arêtes d'Enfourchemens, comme celles des Courbes formées à la surface des corps qui se pénetrent, en quoi consiste la principale difficulté de l'Architecture des Voutes.

Des Variations accidentelles aux Voutes, comparées à celles des Sections des Corps.

S'IL ne s'agissoit dans la Coupe des Pierres que de former des Corps réguliers, il ne seroit pas fort necessaire de s'embarrasser de la figure des sections des Corps, un très-petit nombre suffiroit; mais parce que la principale difficulté vient des irrégularitez de leurs Angles Rectilignes, Curvilignes, & Mixtes, à la jonction des Surfaces Planes ou Courbes, qui les croisent ou qui les terminent, on peut dire, que la Theorie des Sections est la base de cet Art.

Pour rendre ce discours sensible nous pouvons donner pour exemple les variations qui arrivent à une Voute en Berceau circulaire, laquelle est une moitié de Cylindre, par la seule position du mur, qui le termine par un bout, où se forme son Ceintre de face. Supposant ce mur à Plomb & perpendiculaire à la direction du Berceau, si on vient à le démolir pour le refaire en *Talud*, il arrivera deux changemens, l'un à la Courbure du Ceintre de face, qui ne sera plus Circulaire, mais Elliptique, l'autre aux angles des pierres, qui composent cet arc, lesquels ne seront plus droits verticalement, mais changeront continuellement à chaque lit, devenant toujours plus aigus depuis l'imposte jusqu'à la clef, où ils seront égaux à l'inclinaison du mur à l'horison, c'est-à-dire, au Talud. Si au lieu de refaire ce mur en Talud on le tourne de *Biais*, c'est-à-dire, obliquement à la direction du Berceau, il arrivera de méme deux changemens, l'un à l'Arc de Face, qui de Circulaire deviendra Elliptique, d'une Ellipse plus ou moins alongée, suivant l'obliquité du mur; l'autre aux lits des pierres, dont les angles, au lieu d'étre droits horisontalement, comme auparavant, deviendront aigus d'un côté, & obtus de l'autre, augmentant continuellement d'un côté à l'autre à chaque lit de Voussoir. Si on faisoit le mur *Biais & en Talud*, il se feroit encore un autre changement dans le ceintre & dans les angles des pierres angulaires, qu'on appelle Ecoiçons. Par où l'on voit, que sans toucher à la Voute, la courbe du ceintre & les angles des lits des voussoirs peuvent changer de trois manieres par le seul changement de position du mur, qui est une surface plane; telle est parfaitement la section d'un Cylindre par un plan, sans en faire l'application au Berceau.

Il est aisé de concevoir, que si au lieu d'un mur de face droit on en faisoit un courbe, comme une portion de Tour creuse, ou convexe, ou si l'on y faisoit aboutir une autre voute; les courbes de leur jonction ou enfourchemens pourroient infiniment varier aussi bien que les angles des surfaces coupées par plusieurs lits de voussoirs, qui pourroient être Rectilignes, Mixtes ou Curvilignes, d'une infinité d'ouvertures, & de Courbures différentes.

Pour nous énoncer en termes convenables à la Theorie, nous considerons le mur comme une surface plane, que nous appellons un *Plan*, & la voute comme un Cylindre, Cône ou Sphère, selon qu'il convient à la figure, & au lieu de dire une face Biaise en Talud ou à Plomb, nous dirons qu'un Cylindre est coupé par un plan perpendiculairement ou obliquement, ce changement d'expression signifie toujours la même chose. Cela supposé.

Pour traiter cette matiere par des principes, il faudroit commencer par les élemens des Sections Coniques; mais parce que ce prélude nous meneroit trop loin, & que les Livres qui en traitent sont très-communs, nous avons cru pouvoir nous dispenser d'une rigoureuse methode, en nous contentant de l'énoncé des propositions, qui sont necessaires à l'intelligence de notre Doctrine de Stereometrie, supposant le Lecteur instruit des Elemens de Geometrie, & capable d'entendre les Démonstrations fondées sur les propositions, que l'on y trouve ordinairement, soit dans ceux d'Euclide, ou dans les autres Auteurs que nous n'avons pas cité. Nous avons cependant tâché de donner une introduction aux Sections Coniques, suffisante au sujet dont il s'agit; afin qu'on ne soit pas obligé d'avoir recours à d'autres Livres.

TRAITE

PREMIERE PARTIE.
Des Sections des Corps coupez par des Plans.

CHAPITRE I.
Des Sections de la Sphère.

DE quelque maniere qu'on puisse couper une Sphère par un Plan, la Section sera toujours un Cercle. La seule Geometrie naturelle, & l'uniformité de la Sphère, nous font sentir cette verité; il suffit seulement de remarquer que lorsqu'elle est coupée par le centre, la section est la plus grande qu'on y puisse faire, d'où vient qu'on l'appelle *un grand Cercle*, ou, selon quelques-uns, *un cercle Majeur*, pour éviter l'équivoque du mot de *grand*, qui peut s'appliquer à une petite section comparée à une plus petite.

Les autres sections seront toutes plus petites que celle qui passe par le centre, mais inégalement, selon qu'elles s'approcheront ou s'éloigneront du centre de la Sphère; ensorte qu'elles peuvent tellement diminuer, qu'elles se réduisent à rien au point où le plan, au lieu de couper, ne fait plus que toucher la Sphère; & cette diminution se fait dans le rapport des Sinus des Arcs. Tous ces cercles inégaux sont compris sous le nom de *Petits Cercles* ou *Cercles Mineurs*.

DEFINITION.

1. Le point qui est à la surface de la Sphère, également éloigné de tous ceux de la circonference d'un cercle, s'appelle *le Pole* de ce cercle, qui n'est pas le même que le point de son centre; parce qu'il n'est pas dans le même plan que la circonference, mais hors de ce plan dans la surface de la Sphère.

Et

DE STEREOTOMIE. Liv. I.

Et parce qu'on peut trouver deux points diamétralement opposez, qui ayent la même proprieté à l'égard du même cercle, il suit que chaque cercle a deux Poles. La ligne droite qui passe par ces deux Poles, & par conséquent par le centre du cercle, s'appelle *l'Axe* de la sphère.

Corollaire I.

2. D'où il suit, que les cercles, qui ne sont pas parallèles, n'ont pas les mêmes Poles, & qu'on peut considerer sur une sphère autant de Poles qu'il y a de sections inclinées entr'elles, & par conséquent autant d'Axes; ainsi sur la sphère Armillaire, qui représente la Terre ou le Ciel, les Poles du Monde ne sont pas les mêmes que ceux de l'Ecliptique; parce que les Poles du Monde sont ceux de l'Equateur, auquel l'Ecliptique est inclinée de $23\frac{1}{2}$ degrez.

La section AfBg, qui est représentée ici en perspective, est un *Cercle majeur*; parce qu'elle passe par le centre C de la sphère. Fig. 1.

La section DcEF, est un *Cercle mineur*; parce que son centre c est éloigné du centre C de la sphère. Les Poles de la section AB sont les points P & p, éloignez de A & de B, comme de f & de g; parce qu'ils sont par-tout éloignez d'un quart de cercle de la circonference du cercle majeur.

Il n'en est pas de même des points O & o, qui sont les Poles du Cercle Mineur DE; chacun d'eux est bien également éloigné des points de la circonference, mais ces éloignemens ne sont pas égaux entr'eux, puisque les arcs OD ou OE sont plus petits que les arcs oD & oE, par la supposition, que DE ne passe pas par le centre C de la sphère.

Corollaire II.

3. D'où il suit que si un Cercle Majeur passe par le Pole d'un autre Cercle Majeur, son Pole sera aussi réciproquement à la circonference de celui-ci; ainsi les points A & B seroient les Poles du cercle, qui passeroit par les points Pp perpendiculairement au plan du cercle PApB, tels sont, par exemple, l'Equateur & le Meridien, ou l'Horison & un des Cercles Verticaux. On peut voir là-dessus les Sphériques de Theodose.

La partie de Sphère $b l$Ki s'appelle un *Segment*. La partie SuVt, qui est une portion de sphère coupée par deux plans parallèles entr'eux, s'appelle un *Segment tronqué*, & sa Surface une *Zone*, ou *Couronne de Sphère*.

Si une Sphère est coupée par trois ou plusieurs plans inclinez entr'eux, qui passent par le centre C, il se fait une Pyramide Triangulaire, ou de plusieurs côtez, dont le contour de la base est un triangle Sphérique, ou qui peut être divisé en Triangles Sphériques, composez d'Arcs de Cercles Majeurs, comme on pourra le remarquer dans les voutes sphériques fermées en Polygone, tel est le secteur q m n p.

CHAPITRE II.
Des Sections des Cônes coupez par des Plans.

4. ON distingue de deux sortes de Cônes, l'une de ceux qu'on appelle *Droits*; parce que leur axe est droit, c'est-à-dire, perpendiculaire sur leur Base, comme SC sur BgA.

Fig. 2.

L'AUTRE de ceux qu'on appelle *Scalenes*, comme le cône b s a, dont l'axe S c est oblique au plan du cercle b d a e, qui est sa base.

Fig. 3.

DE quelque espece que soit un cône, Droit ou Scalene, les sections formées par des plans, qui les coupent, sont toujours de même nature, excepté certains cas dont nous parlerons ci-après.

5. UNE surface plane peut couper un cône de cinq manieres différentes, qui produisent autant d'especes de figures.

6. *Premierement*. Si un cône est coupé par un plan, qui passe par son sommet, la figure de la section est toujours un *Triangle* Rectiligne, soit que le plan passe par l'Axe SC ou qu'il n'y passe pas. Dans le premier cas la section s'appelle le *Triangle par l'Axe*, comme BSA; dans le second cas on l'appelle simplement *Section Triangulaire*, comme s d e. On ne peut faire dans le cône d'autre section rectiligne.

Fig. 2.

Fig. 3.

7. *Secondement*. Si l'on coupe un cône par un plan DF parallele à sa Base BA, la Section sera un cercle; parce que la Base BgA est toujours supposée Circulaire. Or il est aisé de voir qu'une telle section fait des figures semblables, depuis le sommet du cône jusqu'à sa base.

8. *Troisiémement*. Si l'on coupe un Cône Droit par un plan incliné à son Axe CS, comme DE ou D e, ou un Cône Scalene par un plan

Fig. 2.

incliné au plan de la Baſe, enſorte qu'il rencontre les deux côtez SB, SA, la ſection eſt appellée une *Ellipſe*, telle eſt DRE*r* (*Fig.* 6.) où *Fig.* 6. l'on voit la partie inferieure du Cône, & ſa partie ſuperieure (*Fig.* 7.) *Fig.* 7. retranchée par cette ſection, l'une & l'autre repreſentée en perſpective pour aider à l'imagination, & ſuppléer à ce qu'on n'a pû exprimer à la Fig. 2. qui ſert pour toutes les ſections.

9. QUOIQUE cette propoſition ſoit généralement vraie, elle ſouffre une exception dans les Cônes ſcalenes; car ſi le plan coupant le Cône obliquement à ſon Axe, & perpendiculairement au Triangle par l'Axe, fait avec les côtez, des angles égaux à ceux qu'ils font avec la baſe; mais en ſens contraire, la ſection ne ſera plus une Ellipſe, mais un Cercle; telle eſt la ſection g*f* dans le Cône ſcalene S*ba*, ſuppoſé que *Fig.* 3. l'angle S*gf* ſoit égal à l'angle S*ba*, ce que l'on appelle *Section ſouſcontraire*.

10. *Quatriémement.* Si un cône eſt coupé par un plan DP ou *dp*, pa- *Fig.* 2. & rallelement à un des côtez SA, & que le triangle par l'axe coupe l'or- 8. donnée Q*q* perpendiculairement, (*Fig.* 8.) la ſection ſera une *Parabole*, & telle qu'elle paroit en perſpective Fig. 8. en QD*q* ſur le cône, ou *Fig.* 9. en QS*q*, (*Fig.* 9.) hors du cône.

11. *Cinquiémement*, ſi un Cône eſt coupé par un plan parallele à l'Axe SC, ou incliné à cet Axe, de maniere qu'il coupe encore l'autre, *Fig.* 2. ſuppoſé qu'on le prolonge audelà du ſommet S, comme LD, qui rencontre AS prolongé en *x*, ou, ce qui eſt la même choſe, ſi le plan qui coupe un cône, coupe auſſi ſon égal & oppoſé au ſommet, com- *Fig.* 4. me le plan paſſant par M*m* (*Fig.* 4.) coupe les cônes oppoſez ESF, GSI, la ſection s'appelle une *Hyperbole*, telle eſt la courbe *bd*A & *b*DH ſur le Cône, ou (*Fig.* 5.) B*da* ou LD*n* hors du Cône. *Fig.* 5.

COROLLAIRE I.

12. D'où il ſuit, 1.° que le changement d'obliquité des plans, dont les ſections forment les Ellipſes & les Hyperboles, change auſſi la figure de ces ſections ſans changer leur nature, en les alongeant plus ou moins, comme on peut le voir par les inégalitez des lignes DE & D*e*, qui ſont les grands axes, c'eſt-à-dire, les longueurs diffe- *Fig.* 2. rentes de deux Ellipſes, de même que les lignes DK, DH & DI ſont ceux des Hyperboles differemment ouvertes.

COROLLAIRE II.

13. 2.° Que les Ellipſes peuvent être alongées infiniment depuis la poſition du plan, coupant le cône perpendiculairement à un côté,

jusqu'à ce qu'elle devienne parallele à ce même côté, comme en DP ; alors la section change de nature & devient une *Parabole*, ce qui fait dire à quelques Mathematiciens, que la Parabole est une Ellipse alongée à l'infini.

2.° Que les Ellipses peuvent être infiniment resserrées & rétressies jusqu'à ce qu'elles deviennent sans largeur, c'est-à-dire, que le petit axe soit réduit à zéro, comme il est visible par les changemens de position, qui peuvent se faire, depuis la perpendiculaire à un côté tiré du point D, en remontant vers le sommet S, comme en D*e*, jusqu'à ce que le plan ne coupe plus le cône, mais qu'il le touche seulement suivant la ligne BS.

3.° En continuant aussi à changer la position du plan coupant, depuis la ligne DP, jusqu'à ce qu'il tombe sur DB, on resserre de plus en plus l'hyperbole, & au contraire, depuis la position où il touche DB jusqu'à DP, elle s'ouvre de plus en plus, jusqu'à ce qu'elle se confonde avec la Parabole ; ainsi la Parabole est comme le passage de l'Ellipse à l'Hyperbole ; de sorte qu'on peut la considerer comme une Ellipse dont le grand axe est infini, ou comme une Hyperbole dont le diametre transverse est infini.

COROLLAIRE III.

14. 3.° Que les Ellipses & les hyperboles semblables sont faites par des sections de plan paralleles entr'eux, comme D*e*, *d*L pour les Ellipses, & D*i*, *d*H pour les hyperboles, ou par des plans, dont les positions à l'égard de l'axe & de la base sont semblables ; parce que les figures semblables sont celles dont les côtez, les axes & les ordonnées sont proportionels, ou décrits sur un même plan & sur un même axe.

COROLLAIRE.

15. Que toutes les paraboles étant faites par des plans paralleles à un côté, elles ne sont pas variables, mais toutes semblables entr'elles, de sorte qu'elles ne peuvent changer que de grandeur ; car *dp* & DP étant paralleles à SA, *dp* sera parallele à DP, axe de la Parabole ; & quoique l'un soit plus long que l'autre dans le Cône terminé par la Base AB, il faut les considerer comme pouvant être prolongez aussi bien que le cône.

Quoique nous établissions ici comme des définitions des sections coniques, les differentes manieres dont on peut couper le cône pour qu'il en résulte des Cercles, Ellipses, Paraboles & Hyperboles, on peut en démontrer la verité en faisant voir que les courbes, auxquelles on a donné ces noms, étant considerées hors du cône, sont les mêmes dans le cône; mais comme il ne nous convient pas d'entrer dans une matiere qui nous meneroit trop loin, & qui a été traitée par un grand nombre d'Auteurs, il nous suffit d'avancer ces veritez comme des Axiomes, sur lesquels nous devons fonder nos raisonnemens : Ceux qui voudront s'en instruire plus particulierement peuvent consulter les Traitez des sections côniques; il nous paroit seulement à propos, en faveur de ceux qui n'ont étudié que les Elemens ordinaires de la Geometrie, ou il n'est pas parlé d'autre courbe que du cercle, d'expliquer quelques termes, & d'exposer quelques proprietez des autres sections côniques.

Définitions des Points & des Lignes remarquables dans les Sections Côniques.

16. D<small>ANS</small> trois des sections côniques on considere un point qu'on appelle *Centre*, sçavoir dans le cercle, dans l'Ellipse, & dans l'Hyperbole; mais il n'y en a point dans la Parabole.

17. T<small>OUT</small> le monde sçait, que le centre du cercle est également éloigné de tous les points de la circonference; il n'en n'est pas de même dans l'Ellipse, il n'est équidistant de la circonference qu'à l'égard de quatre points opposez, mais il est au milieu de tous les diametres; ainsi le centre C (*Fig. 7.*) divise en deux également les *Diametres* inégaux *e d, m T, i t*. Fig. 7.

L<small>E</small> plus grand de tous les diametres s'appelle *le Grand Axe*; le plus petit, *le Petit Axe*; ces deux sont perpendiculaires entr'eux, mais non pas les autres, comme nous le dirons ci-après.

18. D<small>ANS</small> l'hyperbole le point appellé *Centre* n'est pas au dedans de la Courbe, mais au dehors, entre les deux sections des cônes égaux opposez au sommet, comme en C (*Fig. 4.*) & en c (*Fig. 5.*) où est le milieu de la plus courte ligne D d, qu'on puisse mener d'une section à l'autre, qu'on appelle *l'Axe Transverse*, ou *l'Axe Déterminé*, ou *le premier Axe*, & la ligne qui lui est perpendiculaire S s, & double de la distance du milieu C. au sommet S, est appelé le *second Axe*, le premier s'appelle quelquefois *grand Axe*, & le second *petit*; mais cette dénomination est impropre, parce que le second axe peut devenir plus

grand que le premier dans tous les cas où l'angle DS*d* est aigu; les autres lignes menées d'une hyperbole à l'autre par le centre C, comme PR, (*Fig.* 5.) sont appellées *Diametres*.

19. QUANT à la Parabole il n'y a point de centre; parce qu'il n'y a aucune division égale à faire dans aucun Diametre, ni dedans ni dehors de la section; au dedans, parce qu'étant ouverte & ses Diametres étant infinis, en ce qu'ils ne coupent la courbe que par une de leurs extremitez où est leur *Origine*, ils ne peuvent être coupez en deux également; ni au dehors, parce qu'il ne peut y avoir deux termes, puisque le plan coupant le cône étant prolongé, ne peut couper l'opposé au sommet, à cause qu'il est parallele à son côté.

Apol. l. 2.
p. 28.
20. ON appelle *Diametre* toute ligne droite qui en coupe également deux autres paralleles entr'elles, terminées de deux côtez à une circonference; & *Axe*, le diametre qui les coupe perpendiculairement, & passe par le sommet principal de la section; ainsi, par exemple, dans la parabole (*Fig.* 9.) la ligne T*u* est un Diametre; parce qu'elle coupe en deux également en *o* les deux paralleles *rs*, zR, & SP est un axe, parce qu'il passe par le sommet principal S de la courbe, & coupe la ligne Z*q*, en deux également, & particulierement en P, de même que D*d* dans l'hyperbole, (*Fig.* 5.) & DE dans l'Ellipse, *Fig* 6.

Fig. 9.
Fig. 5.
21. LES lignes perpendiculaires aux Axes sont appellées *Ordonnées*, comme P*q*, *p*Q (*Fig.* 9.) *or* OR (*Fig.* 5.) pour l'Hyperbole, & CR *or* (*Fig.* 6.) pour l'Ellipse. On appelle du même nom les lignes obliques aux autres Diametres, qui sont coupées en deux également, comme (*Fig.* 9.) ZR, *rs* paralleles entr'elles dont nous venons de parler, ne faisant attention qu'à leur moitié ZO, *ro*.

22. LA principale marque des ordonnées est celle d'être *paralleles à la Tangeante*, qui passe par l'extremité du Diametre, auquel elles sont ordonnées; ainsi (*Fig.* 9.) si T*n* est une Tangeante au point T, extremité du Diametre T*u*, & qu'on lui mene une parallele *o r* ou OZ, ces deux lignes *or* & OZ sont des ordonnées au diametre T*u*; il en sera de même dans l'Ellipse & dans l'Hyperbole; on les appelle aussi *Appliquées*, en Latin *Ordinatim applicata*.

Fig. 9.
LES parties des Axes ou des autres Diametres, qui sont comprises entre l'extremité T, (*Fig.* 9.) & les points *o* & O, où ils sont coupez par les ordonnées, s'appellent *Abscises*, du Latin *abscindere*; ainsi T*o* & TO sont des Abscises du Diametre T*u* & S*p*, SP celles de l'Axe.

23. LES Abscises & les Appliquées, considerées les unes à l'égard des autres, s'appellent *Co-ordonnées*.

DE STEREOTOMIE. Liv. I.

Les diametres T*m*, *ti* (*Fig. 7.*) qui se croisent, de maniere qu'ils sont paralleles aux Tangeantes TL, *tl*, qui passe par les extremitez T & *t* sont appellez *Conjuguez*. La même chose doit s'entendre pour les Hyperboles.

Fig. 7.
Apol. l. 2.
p. 20.

24. La partie d'un Axe prolongé hors de la section, comme DY (*Fig. 6.*) comprise entre l'ordonnée *to* à cet axe, menée du point d'attouchement *t* d'une tangente *t*Y, & le point de rencontre Y de l'axe & de la tangente s'appelle *Soustangeante*.

Fig. 6.

25. La troisiéme proportionelle à deux Diametres conjuguez est appellée *Parametre*, de celui qui est le premier terme dans l'Ellipse & dans l'Hyperbole ; & pour la parabole c'est la troisiéme proportionelle à l'Abscise & à l'Ordonnée, ou à la Soustangeante & à la Tangeante.

26. La ligne droite qui est la rencontre du plan de la base du cône, prolongée s'il le faut, & d'un autre plan passant par le sommet parallelement à une section cônique, est appellée *Directrice* ; telles sont les lignes *e*I pour l'Ellipse, (*Fig. 6.*) KL pour l'Hyperbole, (*Fig. 4.*) & A*g* pour la Parabole, (*Fig. 8.*) La premiere de ces lignes est toute hors du cône, la seconde toute au dedans, & la troisiéme est Tangeante à la Base du cône.

Fig. 6. 4.
8.

On appelle aussi *Directrice* une ligne qui est dans le même plan qu'une section, & perpendiculaire à un axe, à certaine distance de son sommet, comme D*i* est la Directrice de la Parabole QS*q*, (*Fig. 9.*) si elle est éloignée du sommet S au dehors, autant que le Foyer F est au dedans ; plus loin de l'Ellipse, & plus près pour l'Hyperbole.

27. Outre ces lignes communes à toutes les sections côniques, il y en a encore de particulieres à l'Hyperbole, qu'on appelle *Asymptotes*, ce sont des lignes droites AY *ay*, (*Fig. 5.*) qui passent par le centre C des sections opposées, & qui en approchent continuellement sans jamais les rencontrer, proprieté merveilleuse, & difficile à concevoir, quoique la verité en soit démontrée. Ces lignes sont les intersections de deux plans, qui touchent la base du cône aux extremitez L & K de la directrice, & passent par le sommet S du cône.

Fig. 5.
Fig. 4.

28. Les points qu'on appelle *Foyers* méritent encore d'être considerez, à cause de leurs grandes proprietez, pour la description des sections côniques ; leur situation est sur un premier axe, à quelque distance de son extremité.

29. Dans l'Ellipse il y en a deux sur le grand axe, desquels si l'on

16 TRAITÉ

tire des lignes droites, qui se joignent à un point quelconque de la circonference, leur somme est toujours égale à la longueur de ce grand Axe; si les points F & f (*Fig. 7.*) sont les Foyers de l'Ellipse, A *t* T *i* la somme des lignes *fg* & F*g* est égale à l'Axe A *a*.

Fig. 7.

30. Dans les Hyperboles opposées il y en a aussi deux F & f sur le principal axe prolongé *d* D, (*Fig. 5.*) desquels si l'on mene deux lignes FP*f*P au même point P de la courbe, pris où l'on voudra, la différence P*q* de ces deux lignes est égale au principal Axe. *Voyez les Traitez des Sections Coniques de* M. de L'HOPITAL, *Article* 73.

Fig. 5.

Fig. 9.

31. Dans la parabole il n'y en a qu'un en F sur l'axe SP (*Fig. 9.*) duquel si on mene une ligne F*h* à un point quelconque de la parabole QS*q*, cette ligne sera égale à la ligne *hi*, menée du même point à la directrice D*i*, parallelement à l'axe DP.

Exposition de quelques proprietez des Lignes menées au-dedans & dehors des Sections Coniques, dont la connoissance fournit differens moyens de les décrire, dans certaines circonstances de Lignes & de Points donnez.

32. SI l'on tire deux lignes paralleles au dedans d'une section Conique terminées à sa circonference de part & d'autre, & qu'on les divise en deux également, la ligne qui passe par leur milieu, & qui se termine à sa section est un *Diametre*, cette propriété est une suite de la définition que nous avons donné des lignes appellées Diametres.

Des Abscises & des Ordonnées des Sections Coniques.

Nous avons dit que le triangle étoit la premiere section du cône; mais comme elle est rectiligne il n'en est pas question ici, où nous ne parlons que des courbes. Cependant nous remarquerons en passant, qu'elle a ses abscises & ses ordonnées, qui ont un certain rapport. Si l'on fait *y*F paralleles à CA, (*Fig. 2.*) S*y* sera une abscise, & *y*F une ordonnée à l'axe SC du triangle RSA, on trouvera donc que

Fig. 2.

Le Rectangle fait de son abscise S*y*, par la moitié de sa base CA, est

égal

DE STEREOTOMIE. Liv. I.

égal au Rectangle fait de son Ordonnée yF par son Axe ; car à cause *Fig. 10.* des paralleles Sy:yF :: SC:CA; donc S$y \times$ CA $= y$F $\times$ SC.

33. Dans le cercle le Rectangle fait des Abscises, l'une par l'autre, est égal au quarré de l'ordonnée AO $\times$ OB (*Fig. 10.*) $= \overline{OR}^2$, cela est démontré dans les élemens de la Geometrie d'Eucl. L. 3. pr. 35.

34. Dans l'Ellipse les *Quarrez des ordonnées sont entr'eux, comme les Rectangles des Abscises*, si ADB est une demie Ellipse $\overline{or}^2 : \overline{CD}^2$ ou $\overline{or}^2 : \overline{CE}^2$ dans la demie Ellipse AFB :: AO $\times$ OB : AC $\times$ CB : cette proprieté est démontrée dans tous les traitez des sections coniques.

35. Dans la Parabole les *Quarrez des Ordonnées* or, OR (*Fig. 8.*) sont *Fig. 8.* entr'eux comme les *abscises* Do, DO, ainsi $\overline{OR}^2 : \overline{or}^2 :: $ DO : Do.

36. Dans l'Hyperbole le rapport des Quarrez des Ordonnées entr'eux, & aux Rectangles des Abscises est le même que dans l'Ellipse, en ajoutant aux abscises le Diametre qui est au dehors de l'Hyperbole entre les sections opposées ; ainsi $\overline{or}^2 : \overline{Ft}^2 :: $ D$o \times o$d : DF $\times$ Fd. *Fig. 5.*

COROLLAIRE I.

37. D'où il suit que les ordonnées également éloignées du centre d'une section qui en a un, sont égales entr'elles, puisqu'elles ont un même rapport à des rectangles égaux $\overline{eo}^2$ (*Fig. 7.*). mO $\times$ OT :: $\overline{no}^2$: *Fig. 7.* $mo \times o$T ; mais à cause de OC $=o$C par la supposition mO $\times$ OT $= mo \times o$T, donc eO $= n o$.

38. Dans la parabole la proposition doit s'appliquer aux Ordonnées équidistantes d'un Diametre, comme si $or = o$S, on aura $rx = $ Sy, *Fig. 9.* (*Fig. 9.*) ce qui est clair, parce que la figure rxyS est un Parallelograme.

COROLLAIRE II.

39. Dans toutes les sections coniques les lignes paralleles à un Diametre TO, équidistantes du point d'attouchement T d'une Tangeante AD (*Fig. 11.*) comprises entre la tangeante & la courbe, comme Br, Cv, *Fig. 11.* AR, DG sont égales entr'elles ; car si par les points r & R on mène des paralleles à la tangeante AD, ces lignes seront des Ordonnées au diametre TO, qui les coupe en deux également au point O & o ; donc le parallelograme T$orB = T o $VC, & le parallelograme TORA $=$ TOGD ; donc V$r = $ CB, & AR $=$ DG.

Tome I.   C

COROLLAIRE III.

40. Si deux ou plusieurs lignes paralleles eh, ti terminées à la circonference d'une Ellipse, ou d'une autre section cónique, sont coupées par une troisiéme HK, les rectangles faits des parties des paralleles, comparez à ceux des parties de celle qui les coupe, sont entr'eux en même raison $tq \times qi : Hq \times qK :: ep \times ph : hp \times pK$; parce que chacun de ces rectangles a même raison au quarré de la Tangeante, qui est parallele aux lignes dont il est formé, ce qui est démontré dans les traitez des sections cóniques.

Fig. 7.

Proprietez particulieres à l'Ellipse.

LE grand usage que nous avons à faire de l'Ellipse m'engage d'ajouter ici quelques proprietez qui lui sont particulieres, & qui servent à la décrire dans certaines circonstances.

Fig. 10.

41. Si le Diametre AB d'un cercle ou demi cercle AEB, est commun à une Ellipse ou demi Ellipse, décrite sur le diametre au dedans ou au dehors du demi cercle, comme ADB ou AFB, & qu'on lui méne les ordonnées or CF, *les ordonnées au Cercle seront entr'elles comme celles de l'Ellipse*, OR : CF :: Ot : CD, & OR : Or :: CE : CF ; parce que l'Ellipse n'est qu'un cercle alongé ou rétressi, & que les quarrez des Ordonnées auront toujours le même rapport entr'eux que celui des mêmes rectangles AOB, ACB.

Fig. 10.

* *Fig. 12.*

42. Cette proprieté est encore vraïe, quand même les ordonnées ne seroient pas perpendiculaires à l'axe AB, comme sont or & CD;* car si par leurs extremitez r & D on méne des paralleles au Diametre AB, qui couperont les ordonnées au cercle CE, & oR en F & g, il se fera deux triangles semblables CPFD & ogr, qui feront voir que les ordonnées de l'Ellipse sont en même raison que celles du cercle, puisque si l'on fait CF : CE :: og : oR, les points F & g seront à la circonference d'une Ellipse ; mais CD : CF :: or : og ; donc CD : CE :: or : oR. C. q. f. d.

43. La somme des deux Axes est plus petite que celle de deux diametres conjuguez quelconques, & leur difference est plus grande que celle de ces diametres.

44. Cependant la somme des quarrez de deux diametres conju-

guez mT, $t i$ est égale à celle des quarrez des deux axes Aa, Bb; *Fig. 7.* cela est démontré dans tous les traitez des sections coniques.

Des Tangeantes des Sections Côniques.

45. SI par un point t on mène une tangeante tY, qui rencontre un axe ou diametre quelconque, prolongé en Y, & une ordonnée $t o$ à ce diametre, la partie YD de la soustangeante Yo sera égale à l'abscise Do dans la parabole; elle sera plus grande dans l'Ellipse, & plus petite dans l'hyperbole; ainsi l'arc de la section qui passera entre D & Y, si D étoit le milieu de OY, sera une hyperbole, & celui qui passera entre D & O, dans la même supposition, sera une Ellipse. Cela est démontré dans les traitez des sections coniques. *Fig. 6. 8. 5.* *Fig. 8.*

46. DANS la même Fig. 6. si une tangeante tY rencontre l'axe ED prolongé, ou un autre diametre, & que du point d'attouchement t on lui mène une ordonnée $t o$, les lignes Co, CD, CY seront continuellement proportionelles, non seulement dans l'Ellipse, mais aussi dans l'hyperbole, on aura Co : CD :: CD : CY. *Fig. 6.* *Fig. 5.*

47. SI deux lignes aT, $a t$ qui concourrent en a, touchent une section cônique quelconque aux points T & t; la ligne menée du point a par le milieu m de la ligne Tt, qui joint les points d'attouchement, est un diametre, & par l'inverse, si elle est un diametre, elle passera par m. *Fig. 13. Apollonius l. 2. p 19. & 20.*

48. SI une section cônique est touchée par deux lignes $a t$, aT [*Fig. 13*] la ligne Tt, qui passe par les deux points d'attouchement, étant prolongée vers b, si de ce point pris à volonté, l'on tire deux autres tangeantes bN, bE, elles couperont les deux précedentes en F & D, je dis que la ligne Fa sera divisée *harmoniquement*, c'est-à-dire, que les trois lignes aF, $a t$ & aD sont harmoniquement proportionelles; la premiere sera à la troisiéme, comme la différence de la premiere & de la seconde est à la différence de la seconde & de la troisiéme Fa : aD :: Ft : tD. Cette proprieté nous servira à trouver les points d'attouchement dont nous aurons besoin au deuxiéme Livre, par une méthode très-facile.

ON ne s'arrête pas ici à démontrer toutes ces véritez, qui en supposent d'autres, auxquelles il faudroit remonter; il suffit qu'elles le soient dans les Livres connus, comme sont les sections coniques d'APOLLONIUS, de M. de la HIRE & du Marquis de l'HOPITAL, pour nous servir à raisonner conséquemment dans les usages que nous devons en faire.

De quelques differences de Position des Sections Côniques dans les Cônes Scalenes.

Quoique les Cônes Scalenes ne soient pas d'une nature differente de celle des cônes droits, l'obliquité de leur axe sur le plan de la base occasionne quelque difference dans les sections, à ne considerer que leur position respective.

49. Premierement. Nous avons fait voir que la section d'un plan, oblique à l'axe du cône scalene, dont il coupe les deux côtez, pouvoit être un cercle, quoique naturellement cette section soit une Ellipse.

50. Secondement. Les sections faites par des plans paralleles à la base, qui sont des cercles dans les cônes droits, peuvent être des Ellipses dans les cônes scalenes, s'ils sont considerez comme des cônes droits sur une base Elliptique ; car si l'on suppose que la base $b e a d$ [Fig. 3.] est une Ellipse, & qu'une ligne $s a$ immobile sur son point s, parcourt vers son autre extremité a le contour de cette Ellipse, la figure qui en résultera sera un cône scalene de base Elliptique ; on peut imaginer la même generation pour un cône droit, comme si la base $B g A$ [Fig. 2.] étoit une Ellipse.

Fig. 3.

Fig. 2.

Il seroit toujours évident que toutes les sections faites par des plans paralleles à ces bases seroient des Ellipses semblables à celles de la base ; car tous les diametres possibles DF, BA d'une section par l'axe BSA, ou KI, $b a$ [Fig. 3.] seroient proportionels à ceux d'une autre section par l'axe du même cône.

Mais toutes les sections obliques dans ce cône ne seroient pas des Ellipses, car sans s'arrêter à la section souscontraire, qui n'a pas lieu dans ce cas ; puisque la base n'est pas circulaire, on pourra toujours démontrer que de tels cônes peuvent être coupez par un plan incliné à l'axe, & qui ne sera pas avec les côtez des angles égaux à ceux de la base, c'est-à-dire, des côtez du triangle par l'axe avec la base, dont la section sera un cercle, ainsi que la souscontraire ; car si l'on tire la droite $s x$ sur la surface du cône, & $n c$ dans la base au centre C, & $o m$ parallele à $n c$; puisque $om : nc :: Sm : Sc$ le diametre om sera plus petit que nc dans le rapport de $Km a b c$. Si, par exemple, $bc : cn ::$ le grand axe est au petit, le même rapport sera entre Km

& *mo*, donc K*m* sera plus grand que *mo*; or il est clair qu'en changeant l'inclinaison du plan de la section, par exemple, en *r*, on peut racourcir ce demi axe K*m* jusqu'à ce qu'il devienne égal à *mo*, comme si du point *m* pour centre & pour rayon *mo* on coupoit le côté *b* S en *r*, ce qui est possible à l'égard de plusieurs côtez diametralement opposez, puisque *m*K est plus grand que *mo*, alors les points *r* & *o* seront également éloignez du centre *m*, par conséquent les axes étant égaux entr'eux la section sera un cercle. S'il s'agissoit au contraire d'alonger le petit axe, il est visible qu'il n'y auroit qu'à incliner le plan de la section du côté de ce petit axe.

THEOREME I.

La section plane Elliptique faite dans l'intervale de deux Cônes Concentriques & semblables, comme entre les surfaces concaves & convexes d'un cône creux d'égale épaisseur, *est une couronne comprise par deux circonferences d'Ellipses, qui ne sont pas équidistantes, & qui ne peuvent être concentriques que dans les cônes scalenes, lorsque la section est perpendiculaire à l'axe.*

Soit [*Fig. 6.*] un cône F*s* G concentrique & semblable au cône BSA, dans lequel on le suppose, il est évident par la supposition, que leurs côtez BS, *s*F; AS, G*s* seront non seulement paralleles, mais équidistans dans la section du triangle par l'axe BSA. *Fig. 6.*

Il est encore clair que le plan de la section oblique DE, que nous supposons perpendiculaire au triangle par l'axe, étant également incliné à l'axe commun SX, de l'un & de l'autre côné, il fera des Ellipses semblables DRE dans le grand, & *dhe* dans le petit.

Il faut présentement faire voir que quoique les deux surfaces des cônes soient équidistantes, & leurs bases concentriques, les sections Elliptiques ne le sont pas; des points D & *e* soient tirées les perpendiculaires D*x*, *e*K, qui seront égales par la supposition.

Puisque l'angle D*ds* exterieur au triangle *dse* est plus grand que l'interieur opposé *des*, ou son égal DES, la ligne D*d*, comprise entre les deux paralleles SB, *s*F sera plus courte que la ligne *e*E comprise entre les paralleles équidistantes de ces premieres; car puisque D*x* = *e*K, faisant K*y* = *dx*, le côté *ey* sera = D*d*; or puisque l'angle *e*EK est plus petit que *ey*K, c'est-à-dire, la ligne *e*E plus oblique sur

TRAITÉ DE STEREOTOMIE L. I.ᴱᴿ PLANCHE Iʳᵉ

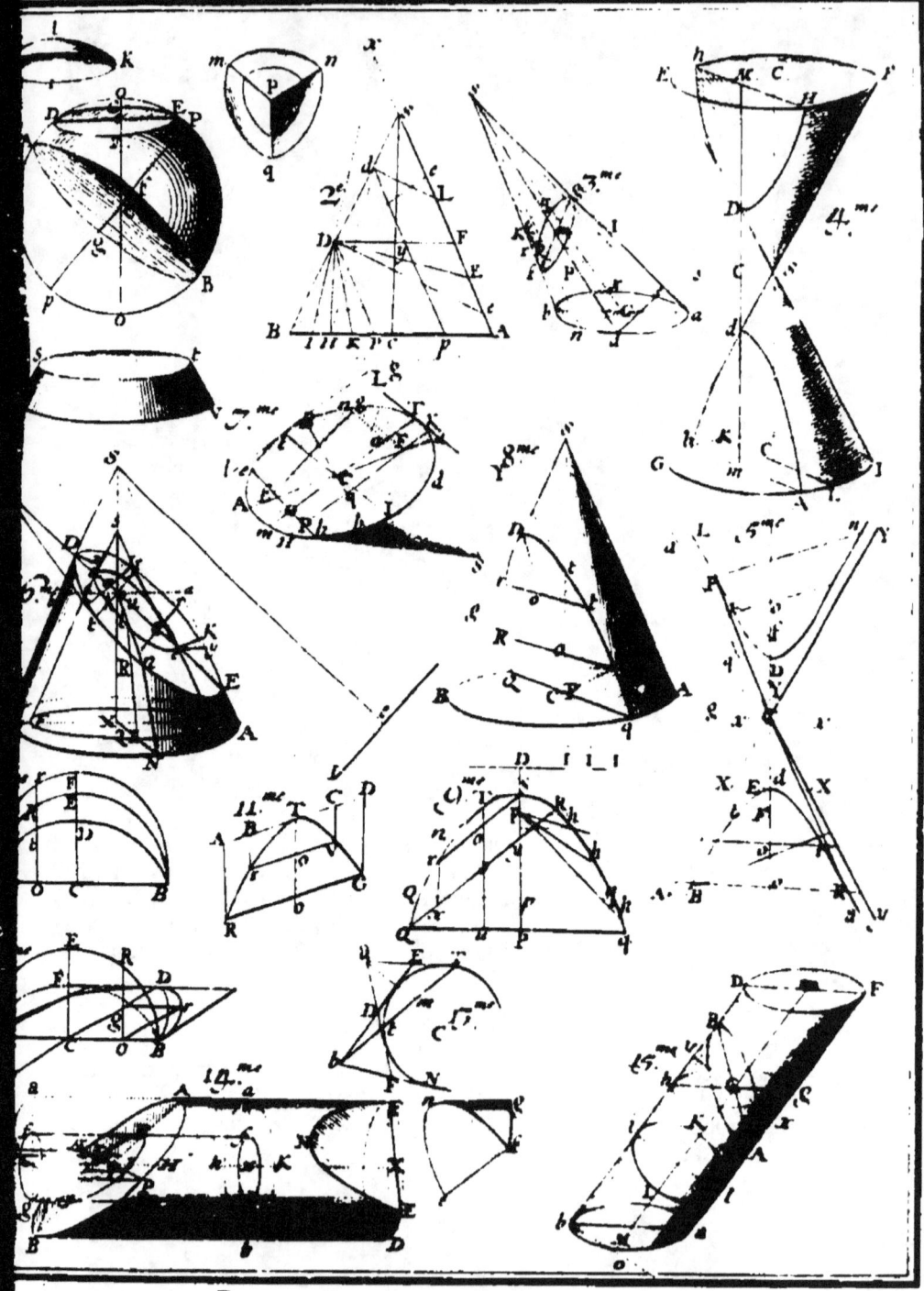

EK, elle sera plus grande que *ey*, *ce qu'il falloit démontrer* ; donc les Ellipses DRE & *dbe* s'approcheront plus vers D que vers E sur l'axe DE; par conséquent elles ne seront ni équidistantes, ni concentriques, *ce qu'il falloit* premierement *démontrer*.

Secondement. Si le cône au lieu d'être droit étoit scalène, il est clair que l'axe étant oblique à sa base circulaire sera perpendiculaire à quelques sections Elliptiques ; dans ce cas nous pouvons considerer la figure 6. differemment du cas precedent, en supposant la base BA Elliptique, & la section oblique DE circulaire [si l'on veut] ou Elliptique.

Il est clair que les distances des Ellipses de la base AB dans la section du triangle par l'axe BSA sont égales en BF & AG ; parce que le diametre commun BA est également incliné aux côtez des cônes intérieur & extérieur ; mais entre ces deux extremitez on ne peut trouver aucune partie des deux circonferences des Ellipses, qui ne soient plus ou moins éloignées. Pour le démontrer, soit un plan SNX perpendiculaire au triangle par l'axe BSA, qui coupera les Ellipses ou les cercles DRE & *dbe* suivant une ligne *ou*, qui sera perpendiculaire à ce triangle, de même que XN ; par conséquent ces deux lignes *ou*, XN seront parallèles entr'elles, donc leurs parties *ln*, LN comprises aussi entre deux parallèles SN & *sL* seront égales entr'elles ; mais l'intervale *ln* des circonferences de la section oblique n'est pas égal aux intervales D*d*, & E*e* ; puisqu'il est plus long que l'un & plus petit que l'autre ; donc l'intervale LN des deux Ellipses de la base ne sera pas égal aux distances BF, AG ; en effet la section *be* par la perpendiculaire *ou* parallelement à la base BA sera des Ellipses semblables dans l'un & l'autre cône, ausquelles l'axe *ou* est commun avec une ordonnée de la section oblique ; or les distances des deux cônes en D*d* & *bf* sont entr'elles comme DO à *bO* ; aussi le rapport de D*d* à *bf* augmente depuis le triangle par l'axe jusqu'à la section perpendiculaire au plan en Q*r*, & au contraire elle diminue depuis le point *u* jusqu'en E ; donc la distance LN sera moyenne entre celle des extrêmes BF, AG. Elle sera plus petite si DE ou BA est un grand axe, ou grande si BA est un petit axe.

De cette inégalité de distances des Ellipses concentriques à leur axe, s'ensuit nécessairement celle de tous les points d'une extremité d'un diametre à l'autre ; puisqu'elles se rapprochent & s'éloignent d'une distance proportionelle à celle des axes ; donc les Ellipses de la base, quoique concentriques, ne sont pas équidistantes, *ce qu'il falloit démontrer*.

SCOLIE

Il faut cependant remarquer, que, quoique les Ellipses concentriques semblables ne soient pas équidistantes, mesurées sur differens axes & diametres, elles le sont cependant sur les mêmes axes & sur les mêmes diametres; & même non seulement sur toutes les lignes droites qui traversent ces deux circonferences, mais encore sur celles qui ne font que toucher l'intérieure sans la couper, ce qui fournit une maniere aisée de faire une Ellipse *Asymptotique* à une autre donnée; il suffit d'en avoir un seul point, comme nous le dirons au second Livre. Je me sers de ce terme, parce que cette proprieté qui est semblable à celle de l'hyperbole à l'égard des asymptotes, a donné occasion à M. de la Hire * d'appeler les sections coniques, concentriques, & semblables *Asymptotiques*.

* Sect. con. l. 6. p. 127.

COROLLAIRE I.

On peut étendre cette proposition aux autres sections qu'aux Ellipses, si l'on veut considerer avec les Mathematiciens la parabole, comme une Ellipse dont l'axe est infiniment long, & l'hyperbole comme une Ellipse renversée, qui a ses Foyers en dehors; en effet si l'on coupe un cône creux d'égale épaisseur, de maniere que le plan coupant fasse une de ces deux sections, on remarquera visiblement, que la courbe de la surface intérieure n'est pas parallele à celle de l'extérieure.

Application à l'Usage.

Cette proposition fait voir que les arcs des arêtes de Doële & d'Extrados des faces des voutes coniques, qui sont obliques à la direction de l'axe, comme aux Trompes biaises & surbaissées à leur face, ne doivent pas être paralleles entr'eux, comme les font quelques Auteurs de la Coupe des pierres; car si l'arc de doële n'est pas plus près de l'extrados à une Imposte, qu'à l'autre du côté de l'angle le moins aigu, la voute deviendra moins épaisse du côté opposé qui est le plus long, de sorte que le côté & le piédroit le plus long & le plus chargé deviendroit le plus foible, ce qui est évidemment contre la bonne construction.

Il ne faut pas dire que cette difference est si peu considerable, qu'on lui peut préférer la simetrie extérieure de la face; car sans faire de supposition de cas extraordinaire, l'axe ED peut fort bien être perpendiculaire au côté SB, si l'angle S étoit plus ouvert, par exemple, de 60. degrez, alors le même axe feroit en E un axe de 30. degrez avec le côté SA, or dans cette fuppofition il eft clair que la voute feroit moitié moins épaiffe à l'impofte SE qu'à l'impofte SD; car les diftances des paralleles SB, *s*F, SA, *s*G font en raifon des finus des angles, que la ligne ED fait avec les côtez; mais le finus total eft double de celui de 30. degrez, donc la diftance *e*k, c'eft-à-dire l'épaiffeur de la voute vers E*i* ne fera que la moitié de D*x*, qui eft celle du côté SD. Il n'eft pas néceffaire de démontrer ce rapport qu'on apperçoit d'un coup d'œil par celui des triangles femblables EK*e*, & ESD, fi l'angle D eft fuppofé droit, & l'angle S de 60. degrez, ce qui n'eft pas de même dans la figure 6; or *e*K eft égal à la diftance des paralleles vers D & *e*E, celle des mêmes ou de leurs égales prife obliquement fur la ligne ED; donc, &c.

En fecond lieu, ce problème fait voir, que lorfqu'un ceintre eft Elliptique on ne peut lui faire un ceintre parallele qui foit auffi Elliptique, de forte que s'il s'agit, par exemple, d'un Bandeau ou d'une Archivolte, & que l'on faffe les deux arêtes de doële & d'intrados Elliptiques, il fera inégalement large, & s'il eft par-tout également large les deux arêtes ne feront pas exactement Elliptiques, ce qui eft furprenant & incroyable aux Ouvriers, & aux gens qui n'ont point de Theorie.

THEOREME II.

Pl. 2.   *Une Section Conique donnée peut être celle d'une infinité de Cônes differens.*

Fig. 16. Soit [*Fig.* 16. 17. & 18.] une fection cónique DAC, dont AB eft
17. & 18. un diametre, auquel la ligne CD eft une ordonnée, divifée en deux également en M, on lui menera par ce point une perpendiculaire FE, de longueur prife à volonté fur un plan incliné à celui de la fection cónique donnée, d'une telle inclinaifon que l'on voudra (ce qu'on ne peut repréfenter dans ces figures qu'en perfpective) fur cette ligne FE comme diametre, on décrira un cercle FDEC, dont la ligne DE fera une corde commune à l'ordonnée de la fection cónique: fi par les points EABD on tire les lignes ES, FS, qui fe rencontreront en S, je dis que le fommet S fera celui d'un cóne, qui aura pour bafe, ou ce qui eft la même chofe, pour fection parallele à la bafe, le cercle FDEC, & pour autre fection la fection donnée DAC, ce qui eft clair par la conftruction & par la generation du cóne, fuppofant qu'une ligne SB, immobile fur fon point S, parcourt la circonference du cercle DFCE; puifque par la même conftruction cette ligne paffera par les deux points communs DE, & par les extremités des diametres AB, EF des deux fections le cercle & l'Ellipfe; or puifque le diametre du

DE STEREOTOMIE. Liv. I.

tre du cercle FE peut être varié de longueur, & que l'on peut même changer la position de son centre en l'approchant ou l'éloignant du point M, il est visible que le point S changera aussi de position, puisqu'elle dépend de celle des extremitez de ce diametre, par exemple, si au lieu du terme E on en prenoit un autre plus en dehors en K ou en L, *Fig.* 17. le point S tomberoit en x ou en y, & de même si l'on rapprochoit ou éloignoit l'autre terme F, le point S tomberoit plus haut ou plus bas ; donc on peut faire passer une infinité de surface de cónes differens par la circonference de la section cónique donnée, *ce qu'il falloit démontrer.*

COROLLAIRE.

DE-LA il suit que si une ligne AS, immobile sur le point S, pris à *Fig.* 19. volonté, se meut au tour d'une section conique ouverte, comme la parabole ou l'hyperbole, il se formera une pyramide mixte, qui sera toujours une portion de cóne, & par conséquent dont les sections qui ne seront pas paralleles à la base ouverte donnée, pourront être connuës en cherchant la base du cóne, dont cette pyramide mixte est une partie, de la maniere que nous venons de le dire.

Ou bien sans achever le cóne, ni connoître le cercle de la base, on peut les connoître par la comparaison des parties des soustangeantes, qui sont au dessus & au dehors du cóne [par l'article 45.]

Soit, par exemple, la base donnée ARP une parabole, si l'on suppose la pyramide ARPS coupée par un autre plan incliné à cette base, dont l'intersection soit AP°. & qui coupe le côté SR en H, on menera pas un point quelconque de la base, comme T, une tangente TN, qui rencontrera l'axe MR de la base prolongé en N, & ayant tiré NS, on imaginera un plan TNS, qui touchera la pyramide suivant la ligne TS menée du point d'attouchement de la base au sommet S, laquelle coupera la courbe AHP en u, par où on menera dans le plan incliné une ligne ux parallele à AP, & un autre uy tangeante à la même courbe, qui rencontrera en y l'axe My, qui est dans le même plan que MN ; si la longueur Hy est plus petite que Hx, c'est une marque que la section qu'on veut connoître est une hyperbole ; si au contraire elle étoit plus grande, comme LE à l'égard de Ed, ce seroit une Ellipse, & si elle étoit égale, comme on suppose mR & RN, qui ne le sont cependant pas dans la figure, par exemple, dI & In, ce seroit une parabole, ce qu'il est plus facile d'appercevoir en examinant, si les plans nd & NM sont paralleles entr'eux.

Tome I.   D

Application à l'usage.

CETTE proposition fait voir que l'on peut appliquer à toute sorte de voutes coniques tel centre de face qu'on jugera à propos, avec telle position ou inclinaison de l'axe qu'on jugera convenable à la voute qu'on se propose de faire, par exemple, qu'on peut faire une Trompe de niveau ou rampante, dont le ceintre de face soit surhaussé ou surbaissé de telle mesure qu'on voudra, & connoitre dans quelle situation sa doële sera circulaire.

SECONDEMENT, elle fait connoître les changemens qui arriveroient, si le ceintre de face étoit d'une section ouverte, par exemple, parabolique, comme il l'est en effet dans les *Trompes sur le coin* à plomb, dont l'axe est de niveau; ainsi supposant que le mur soit en talud, la courbe se changera en hyperbole, & s'il étoit en surplomb elle deviendroit une Ellipse; cependant l'Architecte est le maitre de choisir pour ceintre de face la courbe qu'il voudra.

DE même si le ceintre de face d'une Trompe conique à pans à plomb, qui est ordinairement une hyperbole, lorsque l'axe est de niveau, est changé par un talud, il ne changera pas de genre de courbe, mais il deviendra seulement une hyperbole differente de celle qui étoit le ceintre à plomb.

EN un mot ce Theoréme fait connoitre la nature de tous les changemens que peuvent causer les differens contours des ceintres de face des Trompes, & ceux de leurs *Trompillons*, qui peuvent ne leur être pas paralleles, & tous ceux qui proviennent des inclinaisons à l'horison, & declinaison de la perpendiculaire sur la face, ce qui comprend toutes les trompes biaises & rampantes, ascendentes ou descendentes, & les joints de Tête; de sorte qu'on peut dire que ce Theoréme est le fondement de toutes les voutes coniques. Passons aux cylindriques.

CHAPITRE III.

Des Sections des Cylindres coupez par des Plans.

58. ON divise les cylindres comme les cônes, en *Droits* & *Scalenes*.

ILs sont appellez *Droits*, lorsque leur axe est droit, c'est-à-dire, perpendiculaire à leur base, comme le cylindre BDFa est droit sur la ponctuée Ba [Fig. 14.] parce que son axe XC est perpendiculaire sur Ba. Fig. 14.

56. Ils sont appellez *Scalenes*, lorsque leur axe mM [Fig. 15.] est Fig. 15. oblique sur la base ba ou DE du cylindre bDEa.

Cette différence de position d'axe à l'égard de la base, en peut faire dans la position des sections du cylindre, comme elle en fait dans celles du cône.

57. La section d'un cylindre coupé par une surface plane ne peut varier que de trois manieres.

I.° Lorsque le plan coupant passe au long de l'axe ou parallelement à l'axe, la section est un *Parallelograme* rectangle, si le cylindre est droit, & obliquangle, s'il est scalene, ou il peut aussi être rectangle, si la section est perpendiculaire au plan passant par Da.

58. 2.° Lorsque le plan coupant est parallele à la base Ba comme ab, la section est un *Cercle*; parce qu'on suppose toujours un cylindre de base circulaire, & que la section parallele lui doit être semblable & Fig. 14. égale, à cause que tous les côtez du cylindre étant paralleles à l'axe, les diametres seront tous égaux.

59. 3.° Lorsque la section est oblique, comme BA, elle est toujours une Ellipse dans le cylindre droit, quelle que puisse être l'obliquité du plan coupant à l'égard de l'axe; mais dans le cylindre scalene, la section, quoiqu'oblique, peut être un cercle, lorsque le plan coupant [Fig. 15.] étant perpendiculaire au parallelograme, par l'axe bDEa, fait avec les côtez des angles égaux à ceux de la base, mais en sens Fig. 15. contraire, c'est-à-dire, que l'angle DBA soit égal à l'angle baE, ou (ce qui est la même chose) BAE égal aDba; car si par le point C, milieu de BA, on mene hg parallele à ba, & que par le même point on tire yx perpendiculaire aux côtez bD, aE, on aura deux triangles égaux CxA & Cxg; parce qu'ils sont rectangles en x, & qu'ils ont les angles en A & g égaux (*par la suppoſition*) & le côté Cx commun; donc les côtez CA, Cg seront égaux entr'eux, de même que leurs opposez au sommet bC & CB, donc les diametres hg & BA sont égaux au diametre ba de la base circulaire, & les plans qui passent par ces lignes étant perpendiculaires à celui du parallelograme par l'axe, les sections seront égales; par conséquent celle par BA sera un cercle, & tout au contraire yx perpendiculaire aux côtez sera une Ellipse, dont yx sera le petit axe, de même que toute autre section oblique, qui ne sera ni parallele à la base, ni *souscoutraire* comme BA.

D ij

COROLLAIRE.

D'où il fuit que [de même que dans le cône] les sections Elliptiques peuvent varier infiniment, selon l'angle plus ou moins aigu, ou obtus, que le plan coupant fait avec l'axe du cylindre, enforte qu'elles s'alongent ou se racourcissent, depuis la position perpendiculaire à l'axe, jusqu'à ce qu'il lui devienne parallele.

61. Ou il faut remarquer, qu'il n'y a aucune différence de ces Ellipses à celles du cône, ce qui surprend ceux qui n'ont pas fait une étude de cette matiere; il leur semble que l'Ellipse cylindrique est uniforme à ses deux extremitez, mais que la partie de celle du cône, qui est plus près du sommet, doit être plus aiguë que celle qui est vers la base ; on voit cette erreur exécutée dans une pratique des *Institutions Geometriques d'Albert Duret*, où la courbe fait un jaret à chaque extremité de son axe; nous en montrerons la fausseté lorsque nous ferons voir, que la même Ellipse peut être une section commune au cône & au cylindre. On en sentira facilement la verité dès-à present, si on se rappelle ce que nous avons dit [*Art.* 37.] que les ordonnées à un axe, qui sont également éloignées du centre de l'Ellipse, sont toujours égales entr'elles, non seulement dans le cône, mais encore dans le cylindre; puisque leurs quarrez sont entr'eux en raison des rectangles des abscisses, qu'on suppose égales, proprieté essentielle à l'Ellipse.

Institutionum Geometricar. l. 4. fol. t. Arnhemia 1606. Art. 37.

62. La seule différence qu'il y a dans ces sections c'est, que l'axe du cylindre passe par le centre de l'Ellipse cylindrique, & que l'axe du cône droit ne passe pas par celle de la conique, mais plus ou moins près, suivant qu'elle est plus ou moins oblique, comme on le voit à la Fig. 6. où l'axe du cône coupe celui de l'Ellipse en *o*, la raison en est bien sensible dans le cône droit, où l'axe du cône XS divise l'angle du sommet BSA en deux également, il ne peut diviser de même une ligne terminée à ses côtez, qui ne lui est pas perpendiculaire, comme DE, dans le triangle par l'axe; puisque n'étant pas parallele à BA, ses parties D*o* & *o*E, ne sont pas proportionelles à BX & XA; mais cette différence ne fait rien à la figure de l'Ellipse. Toutes les sections que l'on peut faire dans le cylindre reviennent aux trois dont nous avons parlé, quoiqu'elles ne soient pas entieres; car la section NFE, qui ne coupe le cylindre [*Fig.* 14.] qu'en partie, est une portion d'Ellipse, qui seroit entiere, si le cylindre avoit été coupé entierement, comme il le seroit étant prolongé.

Fig. 14.

63. Cette section incomplete retranche un solide en *fg*, qu'on

appelle un *Onglet*, à cause de sa ressemblance avec l'ongle d'un doigt.

Application à l'usage.

La connoissance des sections du cylindre est la base de celles des differences des ceintres des faces de berceaux, & des courbes de leurs joints de tête ; je ne parle point de ceux de lit, qui sont des sections presque toujours rectilignes.

Les Berceaux, dont les *Arcs-droits* sont circulaires, sont de vraies portions de *Cylindres Droits*, & ceux qui sont surmontez ou surbaissez sont des portions de cylindres scalenes, ce que l'on peut démontrer de la même maniere que nous avons fait pour les cônes de base Elliptique ; car si le petit axe de l'Ellipse, faite par la section perpendiculaire au parallelograme par l'axe du cylindre, ne peut atteindre à la circonference d'un cercle, qui aura pour diametre la perpendiculaire il, sur les côtés bB, aE, il est visible qu'en inclinant ce plan vers L ou K, le diametre LK peut être alongé, au point qu'il devienne égal à il, ainsi quoique la base ba, oblique à l'axe Mm, ou bo perpendiculaire à cet axe, soit supposé Elliptique, si étroite que l'on voudra, la section $iLlK$ pourra être un cercle, & le cylindre sera scalene dans un sens different de ce qu'il est ici. Fig. 15.

Il peut arriver, & il arrive en effet, comme nous le dirons au Livre 4. par quelque raison de construction, qu'un Architecte juge à propos de faire le ceintre de l'arc droit d'un berceau en Courbe hyperbolique ou parabolique, alors il ne s'agit plus de considerer la voute comme une portion de cylindre proprement dit, mais d'un Cylindroïde, dont nous allons examiner les sections.

THEOREME III.

La Section plane des Especes de Cylindres, qui ont pour Base une Parabole ou une Hyperbole, est une Section Conique de même espece. PLANC. 2.

Si l'on suppose qu'une ligne Aa (*Fig.* 20.) se meut parallelement à elle-même autour d'une section conique ouverte, elle formera par ce mouvement une espece de cylindre, que nous appellerons un *Cylindroïde*; parce qu'il ressemble au cylindre ordinaire, qui a pour base un arc de cercle ou d'Ellipse. Fig. 20.

Soit le cylindre AadDBb, qui a pour base une courbe ADB, que je suppose ici une parabole, je dis que s'il est coupé par un plan parallele ou oblique à sa base ADB, la section sera encore une parabole.

Si le plan coupant est parallele à la base, la proposition est évidente.

S'il ne l'est pas, supposons qu'il soit incliné comme en Ld, & qu'il coupe celui de la base prolongée suivant la ligne MK, à laquelle soient menez deux plans paralleles Ab, Fe, qui coupent les precedens en ABHI & FE, fe perpendiculairement à celui de la base MO, & parallelement à MK.

A cause des paralleles SC, dD, perpendiculaires au plan de la base, on aura les triangles semblables LCc, LGg, LDd dans le plan de l'axe CD de la parabole, & Cs du cylindre, & à cause que MK (par la construction) est parallele à AB & FE, elle le sera aussi à HI & fe; donc HI est parallele à AB, & fe à FE, & AI & Fe sont des parallelogrames; puisque Aa, Bb, Ff, Ee, qui sont les côtez du cylindre, sont paralleles entr'elles; donc AH = BI, & Ff = Ee de même que HI = AB, & FE = fe; par conséquent LD:Ld :: LG:Lg :: LC:Lc, & en divisant CD:cd :: GD:gd; mais par la supposition que la base ADB soit une parabole, on aura $\overline{CB}^2 : \overline{GE}^2 ::$ CD : GD :: cd : gd, & puisque CB = cI ou AB = HI, & FE = fe & ou sa moitié GE = ge, on aura $\overline{cI}^2 : \overline{ge}^2 :: cd : gd$, c'est-à-dire, les quarrez des ordonnées en même raison que les abscises; donc HdI est une parabole, si ADB en est une, *ce qu'il falloit démontrer.*

On peut démontrer la même chose de l'hyperbole, si la base ADB est hyperbolique, ou de l'Ellipse, si elle étoit portion d'une Ellipse, avec cette difference, que dans cette derniere la section pourroit devenir un cercle, comme nous l'avons dit des cylindres scalenes; car faisant abstraction de ce cas, les ordonnées correspondantes CB, cI seront toujours égales entr'elles, de même que GE, ge, & les abscises DC, dc, DG, dg auront toujours le même rapport dans la base & dans la section oblique, ce qui est clair en les considerant comme des parties des côtez du triangle LdD, coupé par des paralleles cC, gG, dD; par conséquent les abscises restant de la longueur de leurs diametres seront encore en même raison; donc il y aura même rapport des rectangles de leurs parties aux quarrez des ordonnées.

Application à l'usage.

On voit par cette proposition quelles doivent être les courbes des ceintres de face, ou les joints de Doële des Berceaux Biais ou Rampans, ou en Talud, dont les arcs-droits ne sont pas circulaires, mais de quelqu'autre des sections coniques, qui les rendent surhaussez ou surbaissez en portion de parabole, d'hyperbole ou d'Ellipse; car quoique nous ayons mis les Berceaux Elliptiques au rang des cylindres ordinaires, mais scalenes, ils peuvent être compris dans cette proposition, qui montre plus generalement, pourquoi la section oblique & la base sont de même espece.

Et pour donner un exemple particulier de pratique, cette proposition fait voir, que les arêtes des joints de Lit de cette espece de voute, en saillie hors du mur, qu'on appelle *Trompe en Tour ronde, érigée sur une ligne droite*, dont l'arc droit est hyperbolique, comme il le doit être à celles qui portent les cabinets de l'Hôtel de la Feüillade, sur la ruë des Bons Enfans, auprès de la Place de Victoire, à Paris, sont toutes des arcs d'hyperboles differentes, plus ou moins, alongées, selon qu'elles s'approchent ou s'éloignent du milieu.

En second lieu, elle fait voir que la projection d'une section conique quelconque, inclinée au plan de la base horisontale ou verticale est encore une Courbe de même espece ; parce qu'on peut imaginer que les lignes perpendiculaires à ce plan passant par tous les points du contour de la courbe, forment un cylindre ou cylindroïde, dont la base est la Courbe de projection, & la courbe projettée peut être considerée comme la section oblique de ce cylindre.

THEOREME IV.

La Section d'un Cylindre creux, dont l'épaisseur est par-tout égale, coupé par un plan qui n'est pas parallele à sa base, est une Couronne d'Ellipse, comprise par deux Ellipses semblables & concentriques, mais non pas équidistantes, excepté la section souscontraire dans les cylindres scalenes, où elle est une Couronne de Cercle. PLANC. 2.

Soit [*Fig. 14.*] une portion de cylindre *a a b* B, creuse d'une cavité F *f* G *g*, qui est une espace cylindrique concentrique, & semblable à ce cylindre sur l'axe commun C *x*, auquel la section plane AHB est oblique, je dis que les Ellipses AHB & FIG, formées par cette section à la surface interieure & exterieure de ce cylindre creux, ne sont pas équidistantes, quoiqu'il soit par-tout également épais. Fig. 14.

DÉMONSTRATION.

Si l'on coupe un plan passant par l'axe du cylindre *a ab* B, il se formera à l'intersection des surfaces des triangles semblables AB*a*, FB*f*, dont les lignes *a*A & *f*F sont paralleles par la supposition, que les surfaces exterieure & interieure sont équidistantes ; donc B*a* : BA : : B*f* : BF, & en divisant : : *af* : *a*F ; mais B*a* côté d'un angle droit, B*a*A est plus petit que BA, qui est l'hypotenuse ; donc *fa*, distance des deux surfaces à la base droite est plus petite que FA, distance des mêmes à la section oblique, *ce qu'il falloit* premierement *démontrer*.

PRESENTEMENT nous pouvons démontrer, que l'intervale de ces mêmes surfaces, coupées par un plan perpendiculaire au premier, ou si l'on veut, au triangle *a*BA, & par l'axe *c*C, sera égal, dans la section oblique AB, à celui de la base droite *a*B, par la seule raison que l'intersection MP du plan est perpendiculaire à l'axe C*c*, comme le Rayon de la base *ca* est perpendiculaire au même axe, & comme le rayon *cp* de la même base, lequel est parallele à CP.

POUR le concevoir plus distinctement, soit *m* MP *p* le second plan perpendiculaire au parallelograme par l'axe *a ab*B, ce qu'il faut imaginer dans la figure, où il ne l'est qu'en perspective ; parce qu'en projection ce plan ne doit être représenté que par une ligne droite ; or puisqu'il passe par l'axe, il fera deux parallelogrames, un à la surface interieure *l*LO*o*, l'autre à l'exterieure *m*MP*p*, dont les côtez seront paralleles entr'eux, & équidistans d'un côté & d'autre par la supposition ; donc PO est égal à *po*, mais *po* est aussi égal à *fa* ; donc PO est égal à *fa*, c'est-à-dire, que l'intervale des deux Ellipses AHB & FOG au petit axe, est le même que celui de la vraïe épaisseur du cylindre ; mais hors de cet axe il s'alonge continuellement jusqu'au grand axe AB, où cet intervale FA est le plus grand ; donc les intervales des deux Ellipses sont inégaux, quoique les surfaces soient équidistantes entr'elles, *ce qu'il falloit démontrer*.

COROLLAIRE.

DE-LA il suit que la portion du grand axe, qui est entre les deux Ellipses, peut autant varier, à l'égard de celle du petit axe, qui marque la vraïe épaisseur du cylindre, qu'une ligne tirée obliquement entre deux paralleles à l'égard de la perpendiculaire ; ainsi supposant que l'angle d'inclinaison AB*a*, de la section oblique à l'axe *c*C, soit de 60 degrez, la distance FA sera double de l'épaisseur *fa*, comme GB de B*g*.

DE STEREOTOMIE. Liv. I.

Ce que nous venons de démontrer dans le cylindre Droit est encore vrai dans le scalene, comme il est aisé de l'appercevoir en supposant, que la courbe BMAP est un cercle, qui soit la base du cylindre scalene, alors la courbe B *m* a *p* sera une Ellipse; la seule différence qui en résulte, est un changement de position dans les axes de la section inclinée à la base; car la ligne *m p* devient alors le grand axe, parce qu'elle est égale au diametre du cercle MP, égal par la supposition à BA, lequel est plus grand que Ba, comme l'hypotenuse d'un triangle rectangle AaB à l'égard de son côté Ba.

Application à l'usage.

Par le moyen de cette proposition nous ferons voir au quatriéme Livre, qu'on ne peut faire deux ceintres Elliptiques de doële & d'extrados, qui soient équidistans à la Face d'une voute biaise, qu'on veut faire d'égale épaisseur, sans la rendre inégale à l'Arc-droit. Elle fait aussi voir les inégalitez qui résultent à l'épaisseur des voutes biaises, lorsque leurs ceintres de face sont faits d'Ovales, composées de portions de cercles concentriques; enfin elle servira à montrer la fausseté de l'ancien trait des voutes sphéroïdes sur un plan Elliptique.

CHAPITRE IV.
Des Sections Planes de quelques Corps régulierement irréguliers.

On peut imaginer une infinité de corps formez par des révolutions de lignes courbes, autour de leurs axes, ou de leurs tangentes, ou par le mouvement de quelques surfaces mues de différentes manieres; mais nous nous bornons à ceux dont on voit des exemples dans les parties des voutes usuelles, qui se réduisent à trois ou quatre especes.

66. *La premiere*, est de ceux qui sont formez par la révolution des Ellipses, qu'on appelle sphéroïdes; si la révolution se fait sur le petit axe, le corps qui en résulte sera appellé *Sphéroide Applati*, tels sont à peu près les Oignons, les Pomes & quelques Citroüilles. Si la révolution se fait sur le grand axe AX, nous l'appellons *Sphéroide oblong*, tels sont les Melons, & plusieurs autres fruits, & particulierement les œufs. Fig. 21.

Fig. 22.
23.

67. *La seconde espece*, est de ceux qui sont formez par la révolution d'une section conique ouverte, Parabole, ou Hyperbole, tournant sur son axe, on l'appelle *Conoïde*, tels sont les corps ASB, aux figures 22. & 23.

La troisiéme espece, moins réguliere, est celle des corps appellez *Ellipsoïdes*, qui ne sont formez par la révolution d'aucune Ellipse, constante sur un de ses axes, mais par la révolution d'une Ellipse sur un axe constant, dont l'autre varie de longueur; suivant le contour d'une autre Ellipse, qui est perpendiculaire à la premiere, ou si l'on veut en prendre une autre idée, c'est une suite d'Ellipses perpendiculaires à un axe, laquelle diminuë suivant le contour de deux autres Ellipses, qui se croisent sur cet axe commun, c'est ce que j'appelle *Ellipsoïde*, & qui est appellé en Architecture, *Voute Spherique surhaussée ou surbaissée sur un plan ovale*.

Fig. 24.

La quatriéme espece, est celle des corps formez par la révolution d'une section conique fermée, cercle ou Ellipse, autour de sa tangente, ou autour d'un autre cercle ou d'une Ellipse, au plan duquel celui de l'Ellipse ou du cercle generateur est toujours perpendiculaire. Dans le premier cas le corps s'appelle *Anneau fermé*, & dans le second simplement *Anneau*, telles sont les *Voutes sur le Noyau*.

Fig. 25.

La cinquieme espece, est celle des corps formez par le mouvement d'un cercle ou d'une Ellipse tournant autour d'une Hélice ou ligne en vis, ensorte que son plan soit dirigé à l'axe de l'Hélice, ou perpendiculaire à sa Tangente. J'appelle ce corps *Hélicoïde*, tels sont les vis & colomnes torses, & en fait de voute, les *Berceaux tournans & rampans, & vis St. Giles*.

THEOREME V.

La Section d'un Spheroïde & d'un Conoïde régulier, coupé par un Plan perpendiculaire à son Axe, est un cercle, & s'il lui est parallele ou oblique elle est une Ellipse.

Fig. 21.
22. & 23.

La prémiere partie de ce Theoréme est évidente, car puisque le spheroïde ou conoïde est supposé formé par la révolution d'une demie Ellipse ABX, ou d'une section conique ouverte ASB (*Fig.* 22. & 23.) immobile sur un de ses Axes, chaque ordonnée à cet axe, comme CB, Kg, (*Fig.* 21.) ou CB, gT (*Fig.* 22. & 23.) décrira par sa révolution un cercle dont elle est le rayon, & comme on peut appliquer une ordonnée à chaque point de l'axe, il suit que toutes les sections, faites par des plans qui lui sont perpendiculaires, sont des cercles dans les sphéroïdes, alongez ou applatis, & dans les conoïdes.

Quant à la seconde partie de ce Theoréme, touchant les sections paralleles & obliques à l'axe, elle est démontrée dans la 15. proposition des Conoïdes & Sphéroïdes d'Archimede.

Premierement. Il n'est pas difficile à comprendre, que les sections paralleles à l'axe sont des courbes semblables à la Generatrice. Il n'est pas tout à fait si clair que les obliques sont des Ellipses; nous allons comprendre l'un & l'autre cas dans une démonstration différente de celle d'Archimede.

Soit l'Ellipse ADXB la section du sphéroïde par son axe AX, laquelle est la même que l'Ellipse generatrice : si l'on suppose deux plans paralleles entr'eux BD, gh, & perpendiculaires à l'axe AX, & au plan passant par cet axe, leurs sections dans le sphéroïde seront des cercles représentez en perspective par les courbes BLD, gmh, de même que celle du plan passant par l'axe perpendiculaire au plan BADX, sera une Ellipse représentée par la courbe ALX, laquelle aura deux ordonnées CL, Km communes aux cercles BLD, gmh. Enfin si l'on coupe le sphéroïde par un plan incliné à l'axe AX, comme en EF, & perpendiculaire au plan BADX, la courbe de la section représentée par EmnF aura aussi deux ordonnées communes aux sections circulaires, sçavoir In, Km, il faut démontrer que les quarrez de ces ordonnées sont entr'eux, comme les rectangles EI $\times$ IF & EK $\times$ KF.

Par une proprieté dont nous avons parlé (Article 40) les lignes paralleles menées dans une section conique, & coupées par une troisiéme perpendiculairement ou obliquement, sont des parties d'abscisses, dont les rectangles sont proportionels, BI $\times$ ID : EI $\times$ IF :: gK $\times$ Kh : EK $\times$ KF ; mais à cause des cercles des sections perpendiculaires à l'axe, BI $\times$ ID $= \overline{In}^2$ & gK $\times$ K$h = \overline{Km}^2$; donc EI $\times$ IF : EK $\times$ KF :: $\overline{In}^2 : \overline{Km}^2$; c'est-à-dire, que les quarrez des ordonnées sont entr'eux comme les rectangles des abscisses ; donc la courbe EmnF est une Ellipse, *ce qu'il falloit démontrer.*

COROLLAIRE.

D'où il suit, que si le plan coupant est parallele à l'axe, la section sera une Ellipse semblable à la generatrice.

Et que si deux plans inclinez à l'axe sont paralleles entr'eux, leurs sections seront des Ellipses semblables, ce qui s'étend aussi aux cônoïdes Paraboliques ou Hyperboliques, ce que nous allons démontrer par une autre maniere, qui est celle d'Archimede.

Fig. 22. 23.

Soit (*Fig.* 22.) la courbe ASB la section d'un conoïde parabolique, coupé par un plan passant par son axe SC & DF, la section d'un plan perpendiculaire au précedent, soit menée PT, parallele à DF, & tangente à la parabole au point T, duquel soit mené Tg, ordonnée à l'axe SC, & parallele à AB, & par S la ligne S*i*; soit enfin E*x* perpendiculaire à DF, qui sera aussi dans le plan du cercle A*x*B base Droite du conoïde, & par conséquent une ordonnée commune à cette base & à la courbe D*x*F. Par la propriété du cercle $\overline{Ex}^2 =$ AE × EB; or *DE × EF : AE × EB :: $\overline{TI} : Ig$, & TI = IP, par ce que par la propriété de la parabole $gS = SP^*$; donc DE × EF : $\overline{Ex}^2$ :: IP : IS; donc $\overline{Ex}^2$: DE × EF :: $\overline{SI} : IP^2$, & parce que les triangles FD*b*, PIS sont semblables, on démontrera de même que les quarrés des autres ordonnées au diametre DF, auront toujours un même rapport aux rectangles des abscisses, que le quarré D*b* au quarré DF, dont la section sera toujours une Ellipse.

Voyez la Hire, Prop. 29. l. 3.

Art. 45.

Il est visible que DF est le grand diametre, & que le petit sera égal à D*b*.

Fig. 23.

Secondement. Pour la section oblique du conoïde Hyperbolique, tout étant disposé comme à la figure précedente, (*Fig.* 23.) AE × EB : DE × EF :: $\overline{SI} : \overline{IT}$, or $\overline{Ex}^2$: DE × EF :: $\overline{SI} : \overline{IT}$, qui est une propriété de l'Ellipse. On démontrera de même que les quarrés des autres ordonnées à ce diametre auront un pareil rapport à leurs abscisses, comme $\overline{SI} : \overline{IT}$; or SI est plus petit que IT, puisque PI est plus petit que IT par la propriété de l'hyperbole, donc la section faite par DF est une Ellipse, dont le grand diametre est DF.

Art. 45.

Corollaire.

De-là il suit, que la section plane d'un sphéroïde creux, d'égale épaisseur, est une Couronne comprise dans la circonference de deux Ellipses semblables & concentriques; mais non pas équidistantes, comme nous l'avons dit des sections du cylindre & de quelques-unes du cône; ce qui nous servira au quatriéme Livre à montrer l'erreur du trait des voutes sphériques, suivant les Auteurs de la Coupe des pierres.

DE STEREOTOMIE. Liv. I.

La seconde espece de corps régulierement irréguliers que nous avons à connoître pour la pratique des voutes, sont les *Annulaires*, qui sont des cylindres pliez sur leurs axes, ordinairement en portion circulaire, ensorte que les axes & les côtez sont des arcs de cercles concentriques.

THEOREME VI.

La Section d'un Corps Cylindrique Annulaire, dont l'Axe est courbe, en forme de circonference de Cercle, & qui est coupé par un Plan, perpendiculaire à celui qui passe par l'Axe courbe, est une Ovale du quatriéme Ordre.

Soit le corps cylindique HD*h*, fait par la révolution du petit cercle *Fig. 23.* GHI, élevé perpendiculairement sur le plan du grand cercle IDi, dont le centre est C, autour duquel s'est fait la révolution du petit cercle GHI, ensorte que le diametre GI ait toujours été dirigé au centre C; si l'on suppose ce corps coupé par le plan ALBO perpendiculairement au plan IDi, dont la commune section soit AB, il se formera à la surface du cylindre annulaire une courbe ALBOA, qui sera une ovale du quatriéme ordre.

Par un point quelconque N de la commune section AB, considerée comme l'axe de la courbe, soit tiré du centre C le rayon CMK, qui coupe en M le cercle *g*FG, concentrique à *i*DI, & sur sa partie MK=GI ou *gi*, soit élevé un plan perpendiculaire au plan IDi, qui coupera celui qui passe par AB, & dont la commune section sera NL perpendiculaire à l'axe AB de la courbe cherchée ALB.

Soit donc le rayon C*i*, ou son égal CD que l'on suppose mené perpendiculairement à AB =a, le diametre du petit cercle GI ou *gi* ou MK=b, AE=c ou AB=$2c$, l'abscisse AN=x, l'ordonnée NL ou NO=y, on aura par la nature du cercle CE=$\sqrt{aa-cc}$ & EN =$c-x$; donc CN=$\sqrt{aa-2cx+xx}$, & KN=$a-\sqrt{aa-2cx+xx}$, MN=KM−KN=$b-a+\sqrt{aa-2cx+xx}$; mais par la nature du cercle le rectangle KN × MN = NL^2; ainsi multipliant KN × MN, & égalant le produit à yy, on trouvera $ab - 2aa + 2cx - xx + \overline{2a-b}\sqrt{aa-2cx+xx} = yy$. Pour abreger la réduction, soit nommé $2a-b=e=$ Ig ou *i*G, ce qui étant substitué, on aura cette equation $-ae+2cx-xx+e\sqrt{aa-2cx+xx}=yy$, ou bien en transposant pour mettre tous les rationels d'un côté $xx-2cx+ae+yy=e\sqrt{aa-2cx+xx}$; pour en ôter l'Asymmetrie, il faut

quarrer les deux membres de l'équation, ce qui donnera $x^4 - 4cx^3$
$+ 2aexx + 2yyxx + 4ccxx - 4acex - 4cyyx + 2aeyy + y^4 =$
$- 2ccex + eexx$, réduisant cette équation à o. selon l'ordre des dimensions de x suivant la coutume on aura :

$$\begin{array}{l} x^4 - 4cx^3 + 2aexx - 4acex + y^4 \\ \quad\quad\quad\quad - ee \quad + 2cee + 2aeyy \\ \quad\quad\quad\quad + 4cc \quad - 4cyy \\ \quad\quad\quad\quad + 2yy \end{array} = 0$$

Laquelle équation exprime la nature de la courbe ALB de la maniere la plus simple, dans son état de generalité ; ainsi c'est une courbe du quatriéme ordre ; parce que les co-ordonnées x & y montent à la quatriéme dimension ; mais il y a des cas particuliers où elle devient plus simple, par exemple :

Si la section AB passe par le centre, il est visible que la courbe ALB se partage en deux cercles ibg & IHG, dont l'équation est $xx + ex + yy = 0$. Aussi dans ce cas notre équation trouvée se
$\quad\quad -2a$
laisse diviser par ce diviseur $xx - 2ax + 2ae$, & le quotient donnera ladite équation $xx + ex + yy = 0$, pour le cercle ibg ou
$\quad\quad\quad\quad\quad\quad\quad -2a$
IHG, comme il doit arriver, si l'on prend IG égal à tout le grand diametre Ii, c'est-à-dire, si Ig ou e est égal o, auquel cas le corps Annulaire HDb devient une sphère, ensorte que la courbe de la section ALB en sera un cercle mineur. Notre équation la doit marquer en effet, si vous y omettez les termes où se trouve la lettre e; puisque $e = 0$, l'équation generale se change en celle-ci.

$$x^4 - 4cx^3 + 4ccxx - 4cyyx + y^4 = 0$$
$$\quad\quad\quad\quad\quad\quad + 2yy$$

Dont on peut tirer la racine quarrée $xx - 2cx + yy = 0$; or il est clair que cette équation particuliere est pour le cercle, dont le diametre est $2c = AB$, qui marque évidemment, que la section ALB dégenere en cercle.

Ce sont là tous les cas possibles où la courbe en question puisse devenir d'un ordre inferieur que du quatriéme.

La troisiéme espece, de corps régulierement irréguliers, dont nous

DE STEREOTOMIE. Liv. I.   39

avons befoin de connoître les fections, & celle des *Cylindriques Hélicoïdes* (en termes d'Architecture) des voutes en *vis*.

Nous appellons *Cylindre Hélicoïde* un corps cylindrique, qui, au lieu de tourner dans un plan autour d'un centre, tourne en s'élevant autour d'un axe, comme le Lierre ou plutôt le Liferon, s'éleve en embraffant un arbre, d'où vient le mot *d'Hélice*, ufité en Architecture, tiré du Grec *Helifo*, *circumvolvo*.   Tel eft le corps E G M g D, (Fig. 25.)

Fig. 25.

Corollaire I.

De cette définition on peut conclure, que la fection de ce corps, coupé par un plan parallele à fon axe, ne fera pas d'une efpece differente de celle du corps Annulaire dont nous venons de parler, fi la bafe ou projection de l'Hélice eft un cercle; car toutes les diftances de l'axe à ce corps, mefurées horifontalement feront égales à celle de la fection de l'anneau à fon centre, & toutes les fections verticales par l'axe feront des cercles égaux, comme celles de l'anneau, coupé par un plan paffant par le centre C, (Fig. 24.) & perpendiculairement au plan *i* D I, fuppofant l'un & l'autre corps cylindrique d'égale groffeur; il n'y aura donc de difference, que celle du changement de hauteur de toutes ces fections circulaires, qui s'élevent comme par degré les unes audeffus des autres, au long d'un axe incliné au plan de la bafe.

Corollaire II.

D'où il fuit que pour connoître & tracer la fection de l'Hélice, il faut commencer par tracer celle de l'anneau fuppofé fur fa bafe, & coupé à même diftance du centre, que l'Hélice l'eft de fon axe, & donner à l'axe de l'Hélice l'inclinaifon qu'il doit avoir, laquelle fe trouve par la hauteur de la ligne *ab* (Fig. 25.) Nous ne nous arrêtons pas ici à la defcription de l'une & de l'autre courbe, que nous donnerons au fecond Livre; il fuffit d'expofer aux yeux leur rapport par la figure 26.

Application à l'ufage.

74. Cette propofition fait connoître quelle eft la courbure du ceintre d'une interruption de voute fur le noyau par un mur ou une faillie droite, comme pourroit être la Tour quarrée d'un clocher, au chevet d'une Ellipfe, ainfi voutée à fon bas côté; mais il fert principalement à trouver la Cherche droite, qui doit guider la cour-

TRAITE'

bure de la doële d'une voûte fur le noyau, ou d'une vis St. Giles perpendiculairement au rayon, venant du centre de la courbure de l'axe & des côtez, comme on en a befoin pour l'appareil, ce que nous ferons voir dans le quatriéme Livre, où il s'agit de l'appareil; nous croyons n'avoir pas befoin de nous étendre davantage fur les changemens qui peuvent arriver à ces Courbes, par ceux qu'on peut faire aux ceintres des cercles generateurs IHG, foit en les furhauffant foit en les furbaiffant, ou à la courbure de l'axe, laquelle au lieu d'être circulaire pourroit être Elliptique ; parce que nous pourvoirons dans la pratique à l'exécution de toutes ces variations ; nous ne pouflerons pas plus loin la Theorie des fections planes, croyant en avoir dit affez pour les befoins de la Coupe des Pierres ; c'eft pourquoi nous pafferons à la feconde Partie de ce premier Livre où nous tâcherons de connoître les Sections, que nous appellor.. *Solides* ; parce qu'elles font faites par la pénetration des Corps.

Page 41. Planche 2.

SECONDE PARTIE
DU PREMIER LIVRE

Des Sections faites à la surface des Corps par la pénétration d'autres Corps.

Es Sections Planes dont nous venons de parler ne conviennent qu'aux ceintres des voutes simples, qui n'ont qu'une surface principale uniforme, & terminée par des plans; mais dans les voutes composées, qui sont contiguës & liées avec d'autres, se fait à leurs rencontres des angles & des courbes, qui les divisent par des sections tantôt planes tantôt *Solides*, je veux dire, qui ne peuvent être formées que par la pénétration des solides, lesquelles ne sont pas dans une surface plane; ces dernieres sont presque les plus ordinaires, & parce que nous ne pouvons les connoître sans les rapporter à des corps réguliers, dont les voutes sont des imitations parfaites, nous allons examiner les sections solides des Sphères, Cônes & Cylindres, qui se pénètrent mutuellement.

Premierement. Les sections faites à la surface d'une Sphère, pénétrée par une autre Sphère, par un Cylindre, ou par un Cône.

Secondement. Celles des Cylindres par d'autres Cylindres, & par des Cônes.

Troisièmement. Des Cônes par d'autres Cônes, situez différemment entr'eux.

Nous avons touché légerement les sections planes de ces corps, parce qu'on ne manque pas de livres qui en traitent amplement; nous nous sommes contentez d'en dire ce qui étoit indispensablement nécessaire à notre sujet; mais parce qu'il n'en est pas de même de leurs sections *Solides*, c'est-à-dire, qui sont faites par la pénétration mutuelle des mêmes corps, nous en étendrons un peu davantage la Theorie.

En effet, si peu d'Auteurs en ont traité, qu'elles n'ont pas même de noms particuliers; le P. Coursier dans un Opuscule Latin, qu'il semble avoir fait pour l'Optique, est le premier que je sçache, qui en ait parlé: il les appelle *Curvitega*, c'est-à-dire, qui couvrent des surfaces courbes; mais comme cette expression n'est pas uniquement propre à nos sections, puisqu'une surface plane en peut couvrir une courbe, comme un cercle couvre un segment de sphère, un parallelograme, celui d'un cylindre; j'ai cru que j'étois en droit de leur donner d'autres noms, pour éviter les Périphrases & les équivoques; je les tire du mot Latin *Imbrex*, qui signifie une tuile creuse, à laquelle on peut assez bien les comparer, ou du moins la surface qu'elles renferment; il auroit été plus naturel de les comparer au cylindre, si je n'avois craint la confusion des idées, ayant aussi égard à la facilité de la composition des mots tirez d'*imbrex*. M. Clairaut le Fils, de l'Academie des Sciences, nous a donné un excellent traité des *Courbes à double courbure* en general, qui comprend celles dont il est ici question, parmi plusieurs autres de differentes especes, dont il découvre les proprietez par l'Analyse avec beaucoup d'art & de netteté; cet Ouvrage est d'autant plus digne d'admiration, qu'il a été la production d'un Jeune Homme de seize ans. Mais comme notre Stereotomie n'est qu'un traité de Geometrie lineaire, j'ai cru que je devois donner une Theorie de même nature que les Problémes de pratique, ausquels elle doit servir d'introduction; c'est pourquoi j'ai suivi une méthode tout-à-fait differente, croyant qu'elle deviendra plus utile aux gens qui se mêlent d'Architecture; c'est ce que je vais expliquer.

De la nature des Sections Solides par la pénétration mutuelle des Sphères, Cônes & Cylindres.

Definition I.

Planc. 3. 75. SI par les extremitez ST, du diametre d'un cercle SATB
Fig. 27. (*Fig. 27.*) on fait passer une ligne courbe plane S*c*T, dont l'axe soit C*c*, suivant laquelle les ordonnées à ce diametre ST s'abaissent ou s'elevent parallelement à celles mêmes d'un mouvement uniforme, ensorte que leur milieu soit toujours dans le plan ST*c*, la courbe S*a*T*b*, qui terminera la surface creuse, qu'elles auront formé par cette arrangement, s'appellera un *Cicloïmbre*, par abreviation de l'expression Latine, *Circulus imbricatus*, cercle en façon de tuile creuse.

Pour se former une idée nette de ce changement de position des ordonnées, il n'y a qu'à se représenter un cercle tracé sur la tran-

DE STEREOTOMIE. Liv. I.

che d'un livre dans la preſſe, lorſque le Relieur l'a coupée d'une ſection plane; ſi enſuite il la renfonce vers le milieu, comme il arrive lorſqu'il donne de l'arrondiſſement au dos, ce cercle qui étoit plan devient un Cicloïmbre; parce que chaque feüille ſe reculant de ſuite, plus ou moins, ſelon qu'elle eſt près du milieu ou des extremitez de la tranche, forme l'eſpace d'une ſurface creuſe en façon de cylindrique, dont le contour n'eſt plus un cercle comme auparavant, mais une *Courbe à double courbure*, ſçavoir une autour du centre, & une en profondeur ou éloignement du plan paſſant par les extremitez du diametre ST.

COROLLAIRE I.

De cette generation il ſuit, 1.° que quoique la ſurface creuſe ou convexe du cicloïmbre ſoit plus grande que celle du cercle plan generateur, elle ne contient pas plus d'ordonnées, puiſque le nombre des feüilles, dans l'exemple de la tranche du livre, n'a pas augmenté en ſe reculant ou en s'avançant au-delà de ce plan, depuis les extremitez ST, ce que l'on voit clairement dans la figure, par les paralleles qu'on a mené d'un côté aux lignes Aa, Cc, & de l'autre par les paralleles au diametre AB, qu'on ſuppoſe perpendiculaire au plan STc. On voit ſeulement que ſuppoſant une ligne ct parallele & égale à CT, diviſée en parties égales, les lignes paralleles à la ligne Cc, paſſant par ces diviſions, coupent la partie cT en parties inégales, quand même on les ſuppoſeroit infiniment petites.

Ce que nous diſons de l'axe courbe cT, auquel toutes les ordonnées ſont appliquées, eſt encore vrai à l'égard du Contour à double courbure adT, quoiqu'il ſoit plus grand que l'axe & le contour du cercle generateur ATBS, qui eſt ici repreſenté en perſpective, où l'on apperçoit une petite notion des merveilles de la Geometrie de l'infini.

COROLLAIRE II.

Il ſuit en ſecond lieu que les diametres, c'eſt-à-dire, les lignes droites, menées d'un des points du contour de la courbe à double courbure à ſon oppoſé, paſſant par l'axe Cc, hors de la ſurface cylindrique, compriſe par cette courbe, ſont égaux entr'eux, comme les diametres du cercle generateur. Ainſi gd eſt égal à GD, ab à AB, &c. parce que les points G & D, A & B étant mûs parallelement à l'axe Cc à diſtances égales, il eſt clair que GDdg eſt un parallelograme; par conſéquent gd ſera égal à GD.

F ij

Ou il faut remarquer que si la courbe S*c*T n'étoit pas uniforme, mais à differentes inflexions, ces diametres pourroient être inégaux, & alors la courbe ne seroit plus un cicloïmbre; parce que c'est de l'égalité de ses diametres que vient l'Analogie du nom.

COROLLAIRE III.

On peut remarquer que de tous les diametres du cicloïmbre, il n'y en a qu'un, sçavoir *ab*, qui soit dans la surface cylindrique, comprise par son contour, lequel est celui qui passe par le sommet *c*, de la courbe S*c*T, perpendiculairement au plan de cette courbe; tous les autres sont hors de cette surface.

COROLLAIRE IV.

De ce que nous venons de dire, il suit que l'axe C*c* de la courbe, que j'appelle axe de *profondeur* S*c*T, coupe en deux également tous les diametres de la courbe du contour du cicloïmbre, plus ou moins loin de la surface cylindrique, selon qu'ils sont plus ou moins obliques au plan de la courbe S*c*T.

COROLLAIRE V.

Il est visible que si au lieu d'une seule courbe S*c*T, on en supposoit encore une seconde plus haut ou plus bas, audessus ou audessous du diametre ST, du même cercle generateur, il se formeroit deux cicloïmbres differens, qui auroient une profondeur inégale, mais dont le contour seroit à la surface du même cylindre, qui auroit pour base le cercle generateur ATBS; puisque tous les points de ces contours doivent être issus d'un de ceux du cercle generateur, mû parallelement à l'axe C*c* de la courbe de profondeur S*c*T.

DEFINITION II.

Fig. 28.   76. Si au lieu d'un cercle generateur on suppose une Ellipse BDLE, dont les ordonnées ED, GH s'écartent ou se rapprochent, de la même maniere que nous l'avons dit du cicloïmbre, non pas toujours perpendiculairement à un axe BL de cette Ellipse, mais aussi obliquement suivant un angle quelconque, comme BC*c* ou LC*c*, à peu près comme une chaîne lâche penduë aux extremitez d'un bâton incliné à l'horison, la surface formée par l'arrangement de ces ordonnées, suivant une courbe semblable, sera terminée par un contour courbe, que nous appellons une *Ellipsimbre*, par abréviation de l'expression Latine *Ellipsis imbricata*.

La nécessité de donner des noms à des courbes, qui n'en avoient point, s'étend aussi aux lignes qui leur font essentielles; nous en considerons quatre principales, qui méritent d'avoir un nom propre; parce que nous les nommerons souvent dans ce premier Livre.

Definition III.

77. Le diametre du cercle generateur, ou l'axe de l'Ellipse plane generatrice, qui passe par les points S & T, ou B, L, où la courbe touche le plan du cercle ou de l'Ellipse, s'appellera *Axe soustendant*; Fig. 27. la ligne courbe S*c*T, ou B*c*L, qui est dans le même plan que cet axe, 28. qui coupe la section en deux parties égales, comme S*c*T, ou B*c*L, s'appellera *Axe courbe*; la ligne correspondante au diametre perpendiculaire à l'axe soustendant, qui est le petit ou le grand axe de l'Ellipse, s'appellera *l'Axe droit*; parce que quoique droit, il sera tout à la surface de la section concave; tel est *ab* (*Fig.* 27.) & *de* (*Fig* 28.) La ligne C*c* qui est le plus au chemin que parcourt le centre C, dans l'abbaissement du diametre AB, ou DE en *ab*, ou *de*, s'appellera *l'Axe de profondeur*, qui passera toujours par les deux centres de la section plane, & de la section courbe à double courbure par son contour.

Les lignes qui passeront par cet axe, & se termineront à la circonference de la section, s'appelleront *Diametres*.

Corollaire.

78. Puisque l'axe de profondeur C*c* peut n'être pas perpendiculaire à l'axe soustendant BL, il suit que le diametre droit *dc* de la section, peut n'être pas au milieu de l'axe courbe B*c*L, puisque le point *c*, centre de la section, correspondant au centre C de l'Ellipse generatrice, est évidemment plus près du point L que du point B; cependant le nombre des ordonnées de *c* en L, sera toujours égal au nombre de celles qui sont possibles de B en *c*; puisqu'il ne peut y avoir un plus grand nombre de paralleles à C*c*, de B en C, que de C en L, ces deux distances étant supposées égales; l'exemple de notre tranche de livre, dont on arrondit le creux inégalement, peut servir à en concevoir la vérité; puisque le nombre des feuilles n'augmente ni diminue dans tous les changemens de concavité ou de convexité que l'on peut faire à la courbure de cette tranche.

Definition IV.

79. Si au lieu de supposer, que les ordonnées de l'Ellipse plane gene-

ratrice d'une section solide, s'en éloignent, d'un mouvement inégal, mais uniforme dans les parties correspondantes, & sans changer de grandeur; on suppose au contraire qu'en s'éloignant, elles se ralongent ou se racourcissent proportionellement à leur distance de l'Ellipse plane, prise sur des plans convergens, qui ont tous une commune section, cette figure aussi concave comme une tuile creuse, aura pour circonference une courbe, que nous appellerons *Ellipsoïdimbre*, c'est-à-dire, qui imite en quelque chose l'Ellipsimbre.

COROLLAIRE

80. Il suit de cette définition, que l'axe droit *de* ne sera plus égal à l'axe correspondant DE de l'Ellipse plane generatrice, qui est conjugué à celui qui est l'axe soustendant de l'axe courbe de la section; mais qu'il sera plus grand ou plus petit, plus grand s'il est du côté opposé à la commune section des plans convergens, & plus petit s'il est du même côté, ce que nous expliquerons plus nettement dans les sections faites par la pénetration des cônes.

DÉFINITION V.

81. LORSQU'UNE courbe sera composée de deux portions des courbes nommées ci-devant, soit Cicloïmbre, soit Ellipsimbre, soit Ellipsoïdimbre, elle sera dite *Composée* de ces courbes.

ENFIN on appellera de semblables noms toutes les courbes, lesquelles, suivant de pareilles loix, seront issuës de figures planes paraboliques ou hyperboliques, dont les ordonnées à leurs axes s'écarteront d'une maniere uniforme de leur sommet d'un côté seulement; car puisque ces figures sont ouvertes, les sections courbes ne les toucheront qu'en un point, & non pas en deux, comme les précedentes.

CHAPITRE V.

Des Sections solides des Sphères, & premierement, de leurs Variations.

LES sections des sphères peuvent varier de plusieurs manieres.

1.° PAR la pénetration des Sphères entr'elles.

2.° Avec les Cylindres.

3.° Avec les Cônes.

La section commune à la surface de deux sphères, qui se pénetrent, ne peut varier, elle ne peut être que la circonference d'un cercle; sur quoi l'on peut remarquer, que les sections faites par la pénetration des solides, peuvent en certains cas, être aussi des sections planes.

Les sections faites à la surface de la sphère, pénetrée par un cylindre, peuvent varier de quatre manieres.

1.° Lorsque l'axe du cylindre passe par le centre de la sphère, dans la supposition du cylindre Droit.

2.° Dans le même cas, dans la supposition du cylindre scalene.

3.° Lorsque l'axe du cylindre ne passe pas par le centre de la sphère, & que cependant le cylindre y entre de toute sa circonference.

4°. Lorsque le cylindre n'entre dans la sphère qu'en partie, à l'égard de sa circonference.

Enfin les sections faites à la surface de la sphère, par la pénetration du cône, peuvent varier d'autant de manieres que par le cylindre, suivant les mêmes circonstances de position rélative du centre de la sphère, à l'égard de l'axe du cône, de celle de l'axe du cône sur sa base, & de la profondeur de la pénetration.

THEOREME VII.

La Courbe qui résulte de la Section faite par la rencontre des surfaces de deux Sphères, qui se pénetrent, est la circonference d'un Cercle.

Soient les sphères ABD, BFD qui se pénetrent, de quelque grandeur qu'elles soient l'une à l'égard de l'autre, dont les centres sont en C & E, soit aussi la section telle qu'elle puisse être représentée par la courbe BHD, qui doit passer par les points B & D, communs aux deux sphères; puisqu'ils sont à l'intersection de deux cercles majeurs qui sont dans le même plan, passant par les deux centres C & E, (*Fig.* 29. 30. 31.) le diametre de cette section sera la ligne BD, qui passera par ces points B & D communs aux deux surfaces, lequel par la differente position des sphères, passera ou entre les deux sphères, comme à la fig. 29. ou par un des centres, comme à la fig. 30. ou au dehors des deux centres, comme à la fig. 31; de quelque façon que ce soit, la démonstration sera toujours la même.

Fig. 29. 30. 31.

AYANT tiré une ligne CE par les centres C & E, & pris à volonté sur la courbe de la section un point H, on tirera des centres C & c, (*Fig.* 31.) des lignes CH, ch, & des points G & g, (*Fig.* 29. & 31.) ou E, (*Fig.* 30.) où les lignes passant par les centres, coupent les diametres BD & bd, des lignes au même point H, comme GH, EH ou g h.

IL est évident par la définition de la sphère, que les lignes CB, CH, CD sont égales entr'elles, étant des rayons de la sphère ABD, de même que EB, EH, ED, (*Fig.* 29. & 30.) & eb, eh, ed, (*Fig.* 31.) il est encore évident, que les lignes BD sont coupées également & perpendiculairement en G, par la ligne qui passe par les centres C & E; donc les triangles CBE, CHE, CDE, qui ont le côté CE commun, sont égaux en tout, de même que les triangles CBG, CHG, CDG rectangles en G, qui ont le côté CG commun, & les hypotenuses CB, CH, CD égales entr'elles; donc les côtez GB, GH, GD seront aussi égaux entr'eux; puisqu'ils sont d'ailleurs les perpendiculaires abaissées des sommets des triangles CBE, CHE, CDE; donc (par la 4. du 11. d'Eucl.) ces trois lignes sont dans un même plan, & les rayons d'un cercle, dont les points B H D sont à la circonference qui est la commune section des deux sphères, *ce qu'il falloit démontrer.*

Fig. 30. LA même démonstration est plus simple dans la fig. 30. où les points E & G sont confondus.

Application à l'usage.

86. ON connoît par cette proposition, que le ceintre d'une voute sphérique, qui en rencontre une autre qu'elle coupe, est un cercle, par exemple, une niche qui est audessus de l'imposte d'une voute sphérique, fait avec elle à l'arête *d'Enfourchement* un demi cercle parfait, supposé que l'une & l'autre de ces voutes ne soit ni surhaussée ni surbaissée, & que l'Imposte d'une Calote de dôme, renfoncée en cû-de four, audessus d'une voute sphérique, est encore un cercle, aussi bien que celle de la premiere voute.

THEOREME VIII.

La Section faite par la rencontre des Surfaces d'une Sphère & d'un Cylindre Droit, dont l'axe passe par le centre de la Sphère, est un Cercle.

Fig. 32. SOIT la courbe AIBO, la section faite par la rencontre des surfaces de la sphère ABDE, & du cylindre LNGF, dont l'axe MH passe par
le

le centre C de la sphère. Si du point I, pris à volonté à la circonference de cette section, on tire au centre C la ligne IC, & que du milieu K de la ligne AB, qui est supposée passer par les points A & B, communs à la surface de la sphère, & à celle du cylindre, on méne la ligne IK, on verra, comme dans la proposition précedente, que les triangles AKC, IKC, BKC rectangles en K, qui ont le côté CK commun, & les côtez AC, CI, CB égaux, étant rayons de la même sphère, les côtez AK, IK, BK seront aussi égaux entr'eux, & dans un même plan, donc ils seront les rayons d'un cercle, dont les points AIB sont à sa circonference ; mais la ligne CK étant par la supposition une partie de l'axe du cylindre, FLNG sera aussi perpendiculaire au même plan; donc la section commune à la sphère ABDE, & au cylindre LNGF, sera un cercle formé par la rencontre des surfaces de ces deux corps, *ce qu'il falloit démontrer.*

Application à l'usage.

87. On voit par cette proposition quel doit être le centre de la rencontre des voutes sphériques avec les Berceaux Droits, dont les axes passent par le centre de la sphère, tel est le Pui d'une cyterne voutée en cû-de-four, comme il y en a un à Phalsbourg, telle est la fenêtre à la Clef de la voute du Panthéon à Rome, telles sont les Impostes de Lanternes sur les dômes dans la plûpart des Eglises modernes, les rencontres des Nefs en berceau avec les Chevets circulaires, voutez en quart de sphère, ou d'une plus grande portion, si le diametre du sanctuaire est plus grand que celui du berceau de la nef ; supposé que l'une & l'autre de ces voutes ne soit ni surhaussée ni surbaissée, & que la nef ne soit point biaise sur le Chevet, quoique la direction de son axe, c'est-à-dire, de son milieu, passe par le centre de la portion de voute sphérique; car pour peu qu'il y ait de biais, la section n'est plus un cercle, comme nous allons le demontrer.

THEOREME IX

La Section faite par la rencontre des Surfaces d'une Sphère & d'un Cylindre Scalene, dont l'Axe passe par le Centre de la Sphère, est une Ellipse.

Soit la sphère ABIH, pénetrée par le cylindre scalene KLGF, *(Fig. 33.)* dont l'axe Xx passe par le centre C de la sphère, si l'on suppose un plan passant par cet axe, il fera deux sections differentes, sçavoir le parallelograme KLGF dans le cylindre, & le cercle SDE dans la sphère, lequel sera grand ou majeur, parce qu'il passe par le centre C, & dont les points A & B, où se coupent ces deux figures, sont com-

Fig. 33.

muns aux deux surfaces de la sphère & du cylindre, de même que les points I & H de la section opposée, qui sont sur les côtez du parallelograme, & à la circonference du cercle en même tems, & tous autres points que ces quatre ne pourront être que sur une des surfaces des deux solides; car s'ils sont sur celle du cylindre, ils seront au dedans de la sphère, & s'ils sont sur celle de la sphère, ils seront hors du cylindre, puisque les arcs ADH & BEI sont au dehors des côtez AH & BI. Si l'on imagine un second plan perpendiculaire au premier, & qui passe par les points A & B, il coupera ces deux corps differemment du premier, & sera deux sections differentes, sçavoir un cercle AeBl, représenté ici en racourci de perspective, dont le diametre sera AB & qui ne sera plus un grand cercle, mais un cercle mineur, parce qu'il ne passe pas par le centre C de la sphère. L'autre section dans le cylindre sera une Ellipse AdBk, dont AB sera le petit axe; parce que la section perpendiculaire à l'axe d'un cylindre scalene est une Ellipse, & que le diametre KL du cercle de la base KMLN, incliné au côté LG est plus grand que AB, qui lui est perpendiculaire; en effet si on lui menoit une parallele Ar par A, elle seroit l'hypotenuse du triangle rectangle, dont AB seroit une jambe, or toute section qui n'est pas parallele à la base, & qui n'est pas souscontraire est une Ellipse.

Présentement puisque le plan passant par AB fait deux sections differentes, il est évident que ni l'une ni l'autre ne peut être commune aux deux surfaces; en effet l'Ellipse du cylindre étant circonscrite au cercle de la sphère, avec lequel elle n'a de commun que les deux points A & B, est toute hors de la sphère & le cercle de la sphère est tout au dehors du cylindre, donc la section commune sera une autre courbe, qui sera hors de ce plan, & qui n'aura de commun avec les deux planes, que les points A & B, cette courbe passera donc au dessus ou au dessous du plan, coupant ces deux corps par AB. Dans cet exemple elle passera du côté du centre C de la sphère, comme AfB; parce que le diametre MN = fi est plus grand que AB. Il faut à présent faire voir le rapport qu'elle a avec l'Ellipse AdB, pour démontrer qu'elle est une Ellipsimbre, telle que nous l'avons défini ci-devant. Pour y parvenir il faut encore une préparation.

Quoique nous ayons déja supposé deux plans coupans la sphère & le cylindre, l'un par l'axe Xx, l'autre par les points A & B perpendiculairement au premier; il convient encore d'en imaginer au moins deux autres paralleles entr'eux, & perpendiculaires aux premiers, sçavoir encore un par l'axe & le diametre MN de la base, & l'autre par l'ordonnée OPQ; cette multiplicité de plans est un peu embarassante pour le Lecteur, mais elle est inévitable pour la démonstration des proprietez de la courbe que nous examinons, on peut s'aider l'imagination par des reliefs de papier ou de carton; il sera bon encore de se rappeller ici le onziéme & douziéme Livre d'Euclide; parce que tout cet ouvrage ne roule que sur les sections & rencontres des plans; on sentira la conséquence de cet avertissement dans la suite, où quelque attention qu'on ait eu à rendre les figures intelligibles, on ne se flatte pas d'avoir pû représenter bien sensiblement en saillie ce qui est à plat sur le papier, c'est à l'imagination du Lecteur à relever les objets, & les détacher du plan où ils sont, pour les considerer où ils doivent être.

Soient donc deux plans paralleles à l'axe du cylindre, passant par les ordonnées MN, OQ, les sections de ces plans dans la sphère seront des cercles, dont fSi & tsb sont des arcs, & des parallelogrames dans le cylindre, dont $MdkN$ & $uOQZ$ sont des portions; parce que Md & Nk sont paralleles, étant les côtez du cylindre, & MN & dk aussi paralleles entr'elles; parce que les plans KML de la base, & AdB de la section par AB, sont perpendiculaires au même plan AKLB, passant par l'axe Xb; or puisque la ligne MN est perpendiculaire à l'axe CX, c'est-à-dire au rayon CS prolongé, elle est parallele à la tangente qui passeroit par S de l'arc de cercle fSi, & les lignes Mm & Nn étant paralleles à cet axe, & également éloignées de part & d'autre, les lignes $Mf Ni$ rencontreront cet arc en des points f & i, équidistans de M & N ; (par l'Art. 39.) donc la ligne fi sera parallele à MN & à dk; donc $df = ki$, & $dk = fi$, c'est-à-dire, que l'ordonnée dk dans l'Ellipse AdB est égale à l'ordonnée de la section commune aux deux surfaces, qui passent par f & par i. On démontrera de la même maniere que l'ordonnée uz est égale à l'ordonnée tb de la section solide, qui passe par t; donc toutes les ordonnées à l'axe courbe AbB, de la section solide, sont égales à toutes celles de l'Ellipse à l'axe AB; donc la section est une Ellipsimbre, *Ce qu'il falloit démontrer.*

COROLLAIRE I.

88. Puisque le plan MN, par l'axe Xx du cylindre coupe perpendiculairement l'axe soutendant AB de la section, il suit que la plus grande ordonnée de l'Ellipse plane, qui est ici dk, s'abaisse perpendiculairement à AB en fi, qui est *l'Axe droit* de la courbe, & par conséquent que cet axe est équidistant des extremitez de l'axe soutendant AB, ce qui n'arrive dans aucun cas, que dans celui des cylindres scalenes.

COROLLAIRE II.

89. En second lieu il suit que la plus grande profondeur, ou distance de l'Ellipsimbre à l'Ellipse plane, est à l'axe droit fi; parce que la

plus grande différence de du diametre el du cercle de la sphère AeBl, & de l'axe dk de l'Ellipse AdBk, est dans le plan de l'axe droit fi; or puisque de ou Lk est la plus grande distance, qu'il puisse y avoir de la circonference du cercle à l'Ellipse, la distance df ou iK sera aussi la plus grande qu'il puisse y avoir du plan AdBk à la courbe AfBi; & parce que cette difference des ordonnées du cercle à celles de l'Ellipse, au même diametre AB, diminuë continuellement, il suit que la profondeur de l'Ellipsimbre diminuë aussi depuis f jusqu'à B, où elle rejoint le cercle de la sphère AeBl.

Corollaire III.

90. Pour trouver cette profondeur sur l'axe courbe de l'Ellipsimbre, qui est dans le plan de l'axe soustendant AB, il n'y a qu'à décrire les sections que font les plans passant par les ordonnées parallelement à l'axe du cylindre, lesquelles sont des cercles de la sphère, dont les centres sont tous sur la ligne DE, perpendiculaire à l'axe Xx du cylindre par le centre C, & dont les lignes CS & WS en exprimeront les rayons; pour avoir les distances des côtez du cylindre, au plan passant par son axe & par AB, il faut faire à part (*Fig.* 34.) l'Ellipse aebE, sur les axes donnez, sçavoir, ab égal à AB de la fig. 33. & Ee égal au diametre KL de la base du cylindre scalene, dans laquelle on inscrira le cercle adbD, qui sera égal à celui de la section de la sphère par AB de la Fig. 33. Cette préparation étant faite on tirera à part une ligne cs, (*Fig.* 36.) sur laquelle prenant cs égal à CS de la Fig. 33. pour rayon, on décrira un arc indéfini SF, ensuite portant la distance sg de la fig. 33. en sg de la fig. 36. on élevera sur ce point une perpendiculaire gd, sur laquelle prenant ge égal au demi diametre du cercle adbD, c'est-à-dire à Ag de la Fig. 33. on aura le point e, où la section plane coupe la sphère; mais parce que ce point est au dedans du cylindre, il faut porter en dehors la distance DE de la fig. 34. qui est la difference du demi diametre du cercle & de l'axe de l'Ellipse. Si par ce point d on mène une parallele à cs, elle coupera l'arc fs au point f, qui sera commun au côté du cylindre df, & au cercle de la sphère sef; & par consequent à la circonference de l'Ellipsimbre; donc la ligne df sera la profondeur de cette courbe, au milieu à son axe droit, laquelle distance sera égale à celle de l'axe courbe à l'axe soustendant, dont l'un passe par g & l'autre par b; puisque les ordonnées dg de l'Ellipse, & fb de l'Ellipsimbre, sont paralleles & égales.

Fig. 33. 34. 35. 36.
Il ne sera pas difficile de trouver cette profondeur pour tous les autres points de l'axe courbe; car si l'on porte la distance CW, de la Fig. 33. en cY de la Fig. 35. on aura la distance des plans, qui

passent par MN & OQ de la fig. 33. & si l'on mene *uu* parallele à *eE*, fig. 34. on aura les ordonnées Y*u* de l'Ellipse, & Y*x* du cercle, & en W*s*, Fig. 33. le rayon du cercle de la sphère, avec lequel faisant (*Fig.* 35.) l'arc *sT*, & la fléche *ys*, égale à *ys* de la fig. 33. on menera par le point *y* la perpendiculaire *yu*, qu'on fera égale à Y*u* de la fig. 34. si par le point *u* on mene *uT* parallele à W*s* cette ligne, qui representé le côté du cylindre, coupera l'arc *sT* au point T, qui sera commun à la sphère & au cylindre, par conséquent à la circonférence de l'Ellipsimbre, la distance *uT* sera celle des ordonnées *uy* de l'Ellipse, & T*u* de l'Ellipsimbre que l'on cherchoit ; ce qui n'a pas besoin de démonstration, puisque cette figure est une exacte représentation de la section faite dans la sphère & dans le cylindre, par le plan OQ*bs* parallele à son axe & au diametre de la base MN passant par l'axe XC, dont une partie est représentée ici (*Fig.* 36.) par la ligne CS rayon de la sphère, & WP qui lui est parallele par W*s*, partie de W*p*, de même que *df* de la fig. 36. represente une portion du côté du cylindre M*f*, & T*u* celle du côté O*s* de la fig. 33.

Application à l'usage.

91. CE Théoréme fait voir que lorsqu'une voute en berceau biaise & en plein ceintre dans son Arc de face, rencontre une voute sphérique, dont le centre est dans l'alignement de l'axe du berceau, l'arête qui se forme à la jonction de ces deux voutes ne peut être en plein ceintre, ni dans un même plan Elliptique surhaussé ou surbaissé, mais une Courbe dont les Aplombs s'écartent de la ligne droite, menée d'une imposte à l'autre. Ainsi supposant qu'une nef d'Ellipse soit un peu biaise sur le Chevet circulaire du chœur, vouté en cul-de-four, c'est-à-dire, en portion de sphère, ou seulement dont l'Arc-Droit soit surhaussé ou surbaissé, comme il arrive très-souvent, la rencontre de ces voutes est une Ellipsimbre. L'Architecte qui n'a point de Theorie se trouve embarassé en pareil cas, pour éviter une espece de difformité de cette Courbe, à laquelle il ne s'attendoit pas ; l'avantage de celui qui a des Principes, est de connoître du premier coup d'œil, ce qui doit résulter de son dessein, ce qui le met en état d'y remedier, ou par la saillie de quelque Arc-doubleau, ou par quelque industrieuse correction des ceintres.

TRAITÉ
THEOREME X.

La Section faite par la rencontre des Surfaces d'une Sphère & d'un Cylindre Droit, qui la pénétre de toute sa circonference, & dont l'Axe ne passe pas par le centre de la Sphère, est une Ellipsimbre.

Fig. 38.

Soit la sphère ABTD, pénétrée par le cylindre LNDF, dont l'axe M*m* ne passe pas par le centre C de la sphère ; si l'on suppose un plan passant par ce centre & par l'axe M*m*, ce plan fera deux sections différentes, sçavoir, un cercle ASD dans la sphère, lequel sera majeur, & un parallelograme LNDF dans le cylindre, lesquelles deux sections se couperont aux quatre points ABDE, qui seront par conséquent, communs aux deux surfaces de la sphère & du cylindre, & à la circonference des courbes opposées, formées par la pénétration du cylindre à son entrée & à sa sortie de la sphère. Nous nous contenterons d'en examiner une, parce que l'autre lui sera parfaitement égale.

Fig. 38.

Si on suppose encore, comme au Theoréme précedent, un second plan perpendiculaire au premier & passant par les points A & B, il est évident qu'il fera deux nouvelles sections, sçavoir, un cercle dans la sphère, représenté dans la fig. 38. par la courbe A*f*BF, dont le diametre sera AB, & une Ellipse dans le cylindre représentée par A*g*BG, dont AB est le grand axe ; parce que le cylindre est coupé obliquement suivant cette ligne, par la supposition, & dont le petit axe sera la ligne G*g*, ou son égale KL, qui est le diametre de la base du cylindre LNDF, d'où suivent les mêmes preuves qu'on a déduites au Theoréme précedent, que la section commune aux deux surfaces des corps ne peuvent être ni cercle ni Ellipse ; puisque l'un étant inscrit dans l'autre, ces figures n'ont que deux points communs A & B, qui peuvent être à la rencontre de deux surfaces, & qu'enfin la section qui leur est commune est une Courbe à double courbure, qui n'est pas dans un plan, & qui n'aura de commun avec les deux sections planes ci-devant, que les mêmes points A & B. La seule différence qu'il y a du cas du Theoréme précedent à celui-ci, est que la ligne droite AB, qui passe par ces points communs, est le petit axe, & qu'ici elle est le grand axe, de sorte que l'Ellipse est toute au dedans du cercle de la sphère dans ce cas, & tout au dehors dans le précedent.

D'où il suit que l'axe courbe de la section solide, qui est une Ellipsimbre dans l'un & l'autre cas, s'approche du centre de la sphère dans le premier, & s'en éloigne dans le second.

Au reste les ordonnées à l'axe courbe de la section seront toujours

DE STEREOTOMIE. Liv. I.

égales à celles de l'Ellipse, appliquée à son grand axe AB, comme nous l'avons démontré à l'égard du petit, à la proposition précedente, ce qui pourroit suffire pour l'établissement de la preuve de l'énoncé de celle-ci.

CEPENDANT comme il importe de bien concevoir la nature & les proprietez de cette Courbe, qui est la clef de toutes celles qui se forment par la pénétration des corps, nous en allons reprendre l'explication pour la rendre plus intelligible, en la présentant sous une autre face, par une figure plus distincte, où, pour éviter la confusion des lignes, on ne représente qu'une moitié des corps qui se pénetrent, parce qu'il est très-aisé de conclure pour l'autre moitié.

SOIT (*Fig.* 40.) KLeRQE la représentation en perspective de la section *Fig.* 40. faite par un plan, passant par l'axe du cylindre jusqu'au diametre RQ de la sphere, perpendiculairement au plan passant par le même axe, & les points A & B, de sorte que C^{a}M de la fig. 38. est la même que C^{a}M de la fig. 40. le demi cercle QSR, sera la section que ce plan fait dans la sphere, & le parallelograme K l celle de ce même plan dans le cylindre. Soit un autre plan parallele à celui-ci, passant par Tt, qr, qui fait aussi deux sections de même nature, sçavoir un demi cercle qsr, & un parallelograme Ttuv. Il est évident que les intersections des cotez de ces parallelogrames avec les demi-cercles seront des points communs aux deux surfaces de la sphere & du cylindre, tels sont les points Ee, Li, par lesquels le contour de la section solide doit nécessairement passer de même que par les points A & B; la courbe EiBIe sera donc à la rencontre des surfaces, depuis son axe droit Ee, correspondant du diametre de la base du cylindre KL jusqu'au point B, où elle va toucher la section plane de l'Ellipse, passant par AB, que nous représentons ici par la Courbe AGBg. Cela supposé:

PUISQUE le diametre KL de la base du cylindre est perpendiculaire à l'axe C^{a}M, que l'on suppose droit, & que les moitiez de ce diametre KM & ML sont égales, les lignes KE & Le menées de leurs extremitez parallelement à cet axe, seront égales entr'elles (par l'Art. 39.) donc Ee sera parallele & égale à KL; mais parce que par la supposition, le plan AGBg est perpendiculaire au plan MNnC^a passant par l'axe du cylindre M, C^a, & par la ligne AB, les angles GcM & gcM sont droits; donc Gg est parallele à KL, & par conséquent à Ee; mais aussi à cause des paralleles Kk, Ll, qui sont les cotez du cylindre, Eg est un parallelograme; donc Ee & Gg sont deux lignes égales: & par la même raison Hh & iI le seront aussi; or Gg & Hh sont des ordonnées de l'Ellipse plane au grand axe AB; & Ee, Ii, des ordonnées de la section solide à son axe courbe DxB, partie de tout l'axe ADxB; donc les ordonnées de cette section sont égales à celles de l'Ellipse AGBg passant par les points communs A & B; donc cette courbe est du nombre de celles que nous avons appellé *Ellipsombre*, *ce qu'il falloit démontrer*.

92. Il reste à faire voir, que l'axe courbe ADxB, qui est dans le même plan que le soustendant AB, lequel est le grand axe de l'Ellipse AGBg, s'en éloigne & s'en approche dans le rapport des sinus verses des arcs de cercle de la sphère, dont les ordonnées de l'Ellipse & de l'Ellipsombre sont les sinus droits dans les sections circulaires de la sphère, faites par les plans passant par ces ordonnées parallelement à l'axe du cylindre MC'.

Car si du centre C' on méne les rayons C'E & C'e, aux extremitez de l'ordonnée Ee, qui est la corde de l'arc ESe, on verra clairement que ses moitiez ED, eD sont les sinus droits des moitiez de cet arc, dont DS est la fléche ou sinus verse; de même si du centre O du demi cercle qsr on menoit des lignes au point i & I, de la corde iI autre ordonnée à la section, on reconnoîtroit que sa plus grande profondeur dans le cercle, qui est xs, seroit la fléche de cette corde, & le sinus verse de sa moitié $i x$ ou Ix, ce qui est clairement exprimé dans les deux figures 35. & 36. en bS & xs, comme nous l'avons expliqué au Theoréme précedent.

Il en sera de même de toutes les ordonnées possibles entre les points A & D, & D & B, dont les profondeurs diminuëront depuis l'axe droit Ee, jusqu'à ces points A & B où elles se réduiront à rien; parce que les ordonnées du cercle AFBf de la sphère, & de l'Ellipse AGBS, dont la difference cause celle de la profondeur de la section, deviennent égales à o. en ces points.

Corollaire

93. D'où il suit que l'Ellipsombre ne fait que toucher les sections planes, circulaire & Elliptique; parce que ces deux dernieres se touchent seulement & ne se coupent point, & que dès le moment qu'il commence à y avoir de la difference entre les ordonnées à leurs diametres communs, dès ce moment aussi il commence à y avoir quelque profondeur ou distance des sections planes à la solide, dont l'axe courbe commence à s'éloigner du soustendant. Donc la circonference courbe de l'Ellipsombre ne fait que toucher les circonferences des sections planes du cylindre & de la sphère.

94. Nous avons donné au Théorême précedent la maniere de trouver les sinus verses, qui sont la profondeur de l'axe courbe, par le moyen du compas; mais si l'on vouloit, pour une plus parfaite operation, les trouver par le calcul, il ne seroit pas difficile. Il faut ôter du quarré du rayon du cercle de la section de la sphère C^sS ou os, le quarré de l'ordonnée ED ou ix, & il restera le quarré de C^sD ou de $\cdot c$, dont la racine quarrée étant ôtée du rayon C^sS ou os, il restera le sinus verse DS ou xs pour la profondeur de l'axe courbe ADxB dans la sphère.

Et si l'on veut trouver la difference des profondeurs des ordonnées de la section plane & de la solide, il ne s'agit que de faire encore une operation, qui est d'ôter du rayon C^sS ou C^sF le quarré de l'ordonnée cF du cercle de la section plane, AF Bf restera le quarré de C^sc, dont la racine étant ôtée du rayon, restera cS, dont ôtant Ds trouvé ci-devant, restera cD, difference de la profondeur de la section plane dans la sphère, & de la section solide, laquelle est la distance des deux ordonnées correspondantes dans l'Ellipsimbre & dans l'Ellipse plane, *ce qu'il falloit trouver*.

95. Nous avons dit dans le cas du Théorême précedent, que la plus grande distance de l'Ellipse plane à l'Ellipsimbre, qui est à l'axe droit, étoit au milieu de la section solide, à distance égale des points A & B, il n'en est pas de même dans celui-ci; car 1.° l'axe droit n'est pas à égale distance des points A & B. 2.° ce n'est pas à l'axe droit que la section solide est le plus éloignée de la section plane.

Que l'axe droit Ee ne soit pas équidistant des points A & B cela est évident : puisque l'axe du cylindre étant incliné à l'axe soutendant AB, l'angle DcB est aigu, & DcA est obtus; donc le point D, qui est le centre de l'Ellipsimbre, est plus près de B que de A.

Secondement. Pour prouver que le point D n'est pas le plus éloigné de la section plane, qui passe par AB, soit fait à part (*Fig.* 39.) l'arc de cercle majeur aTb égal au segment, que la ligne AB retranche d'un grand cercle de la sphère, dont le milieu de la corde est en C, par où on fera passer une ligne Ce, qui sera avec ab l'angle bCe égal à celui de l'inclinaison de l'axe du cylindre sur la ligne AB, égal à l'angle LAB. (*Fig.* 38.) Soit aussi aLdb l'axe courbe de la section solide, & ab le grand axe de la section plane Elliptique, la plus grande ordonnée à cet axe, qui est le petit axe, correspond à celle qui passeroit par D de l'Ellipsimbre, qui tient lieu de centre de cette courbe; il faut prouver qu'il peut y avoir un autre point, par exemple, L, qui

Fig. 39.

Fig. 38.

58   TRAITE'

soit plus éloigné de a*b* que le point D. Pour cela, si du point C on fait CT perpendiculaire sur a*b*, & que du point T, où elle coupe l'arc a T*b*, on mene une tangente T*e* à cet arc, que du même point T on abaisse TL*f* parallele à DC, le point L, où elle coupera l'axe courbe, sera le plus éloigné de l'axe soutenant a*b*; car les lignes *e*C, T*f*, qui sont entre les mêmes paralleles a*b*, T*e*, sont égales entr'elles, & parce que SC n'est que partie de *e*C, elle sera plus petite que T*f*; or S*d* représente le sinus verse de l'arc, dont l'axe droit qui passe par D est la corde dans le cercle, qui est la section de la sphère par l'axe du cylindre perpendiculairement au cercle a S*b*, & LT représente le sinus verse, ou la fléche, dont la double ordonnée, qui passe par le point L, est la corde, laquelle étant égale à celle qui passe par le point *f* de l'Ellipse plane peut être très-petite; de-là on peut conclure, que son sinus verse peut être plus petit que *d*S, qui est dans un plus grand cercle que celui qui passe par L*f*, lequel est plus loin du centre C de la sphère; (*Fig. 34.*) mais quand nous supposerions ces sinus verses égaux, il sera toujours évident qu'ôtant des deux lignes inégales SC, T*f* des quantitez égales S*d*, TL, la partie L*f* restera plus grande que *dc*, qui est plus petite que T*f*; donc la distance oblique L*f* étant plus grande que *d*C, la distance perpendiculaire L*x* sera aussi plus grande que *dy*, *ce qu'il falloit démontrer*; car les triangles L*fx* & CD*y* seront semblables.

COROLLAIRE I.

96. D'où il suit que plus la ligne AB est inclinée à l'axe CS, plus il doit y avoir d'irrégularité dans l'écartement des ordonnées de l'Ellipsimbre de celle de l'Ellipse plane, comme aussi dans la distance de ces ordonnées entr'elles sur leur axe courbe a*d*b, comme on voit à la figure 41. puisque les intervales A 2, 2 3, 3*d* sont très inégaux, mesurez sur cette courbe A*d*B, quoiqu'ils soient égaux étant mesurez sur la droite AB en *p q c*, ou sur une perpendiculaire à leur direction, comme en *m n o* ; puisque ces ordonnées à l'axe courbe aux points 2, 3, *d*, 4, 5 sont émanées de celles de l'Ellipse plane, aux points *p q* C, &c. ou de la base du cylindre aux points *m n o*.

Fig. 41.

COROLLAIRE II.

97. D'où il suit encore que les ordonnées à l'axe courbe de l'Ellipsimbre ne sont pas en plus grand nombre, que celles de l'Ellipse plane de part & d'autre du centre C ou D; mais qu'elles sont plus pressées d'un côté que de l'autre.

DE STEREOTOMIE Liv. I.

Remarque sur la différence des cas qui peuvent arriver dans les Cylindres Scalenes.

98. Nous avons supposé dans l'énoncé de ce Theoréme, que le cylindre, qui pénétre la sphére, fût droit, parce que s'il étoit scalene, il pourroit arriver que la section commune aux deux surfaces seroit un *Cercle*, & non pas une Ellipsimbre, comme on peut le connoitre par la figure 37. car si du centre H, de la base AB du cylindre scalene ABDE, on abaisse une ligne HC perpendiculaire au plan de cette base, & que du point C, pris sur cette ligne à volonté, & de l'intervale CA ou CB pour rayon, on décrive un cercle GABDE, il pourra être un des majeurs d'une sphére, qui auroit pour centre C; or si l'on prolonge les côtez du cylindre ABFE vers D, il est évident que ce cercle coupera les côtez du cylindre en DE de la même maniere qu'en AB, de sorte que l'angle EDB sera égal à l'angle ABD. *Fig.* 37.

Pour en sentir la vérité il n'y a qu'à mener CG perpendiculaire sur les côtez du cylindre jusqu'à la circonference du cercle en G, alors on reconnoîtra que les arcs GA, GE égaux entr'eux, * étant ôtez des arcs GD, GB, aussi égaux entr'eux par la même raison, les restes AB & ED seront égaux, de même que leurs cordes, qui sont les diametres de la base du cylindre, donc la section ED sera égale à la base EF; égale par la supposition de la base AB, parce qu'elle est souscontraire, * l'angle EDB étant égal à ABD, puisque tous les deux sont appuyez sur le même arc AGE; donc ED est un cercle, *ce qu'il falloit démontrer.* *Eucl. L. 3. p. 3. & 28.* *Art. 49.*

Le même raisonnement sert aussi à prouver que les sections opposées AB, ED (*Fig.* 38.) sont égales entr'elles; puisque leurs grands axes AB, ED sont égaux, & que les petits axes sont égaux à ceux de la base du cylindre. *Fig.* 38.

COROLLAIRE III.

99. Il suit aussi, que plus les axes AB, ED seront inclinez à l'axe M*n* du cylindre, plus les sections opposées se rapprocheront, & qu'enfin si le côté du cylindre *ll*, *ff* devient tangent à la sphére, les sections opposées *a*T, *d*T se toucheront au point T, & si ce côté du cylindre est hors de la sphére, ces sections se croisent également, & se mutilent réciproquement, comme nous l'expliquerons au Theoréme suivant.

Application à l'usage.

100. Cette proposition sert à faire connoitre qu'elle est la Cour-

be de l'arête d'E͏̈ ͏ourchemer ͏͏des lunettes en berceau, pratiquées pour des fenêtres, ou p͏͏ ͏͏: la ͏͏͏͏ ͏͏͏͏ ͏͏: ou pour la décoration dans une voute sphèrique; car c͏͏s lunettes ͏͏͏ ͏nt ordinairement ou au dessus de l'imposte de la voute ͏͏͏hérique, ou inclinées en Abajour ou Rampantes, ce sont des moit͏͏͏ de cylindre ou des cylindres entiers, dont l'axe ne passe pas par le centre de la sphère, & qui doivent être censées faire le ͏͏me͏me effet, que si un cylindre entier entroit dans la sphère de toute sa circonférence, comme si la fenêtre étoit un œil-de-bœuf, comme sont ceux des quatre petits dômes de St. Pierre de Rome, dont la direction ne tend pas au centre de la voute, mais au dessous, parce que l'Abajour est fort incliné. Il n'y a d'autre changement que l'addition d'une moitié de contour de même nature.

THEOREME XL

La Section faite par la pénétration d'un Cylindre, qui n'entre dans la Sphère que d'une partie de sa circonférence, est une Ellipsumbre Composée.

Fig. 42. Soit la sphère BVbp, dont le centre est C, pénétrée par le cylindre YLND, qui n'entre qu'en partie de sa circonférence dans la sphère, ensorte que la partie RP de son diametre RT (lequel étant prolongé passe par le centre de la sphère) en reste dehors.

Ayant supposé comme dans les Theorémes précedens, un plan qui passe par le centre C, & l'axe Mn du cylindre, dont la section sera un parallelograme YLND, & celle dans la sphère un cercle majeur BVbp, on reconnoitra que les points B & b sont communs aux deux surfaces du cylindre & de la sphère; puisqu'ils sont la rencontre du côté du cylindre & du cercle majeur de la sphère, & que le point P, qui est commun aux deux diametres RT du cylindre, & PV de la sphère, ne l'est pas aux surfaces, puisqu'il est dans le cylindre de la profondeur RP, qui est la moindre, & que l'ordonnée Pp au diametre PV, qui passeroit par ce point, seroit toute hors de la sphère étant une tangente; donc elle ne pourroit être commune aux deux sections, qui seroient faites par un plan perpendiculaire au premier, & passer par RV, lequel plan en feroit deux circulaires, sçavoir RST dans le cylindre, & PBV dans la sphère, qu'il faut imaginer en l'air, & non pas comme le représente la figure, sur le plan passant par l'axe du cylindre & le centre de la sphère; mais parce que l'intersection des deux cercles RST du cylindre, & PSV de la sphère, se fait en P, il suit que ce point S est à la circonference des deux surfaces, d'où ayant mené l'ordonnée Sq au diametre RT, on voit que sa partie PT est commune à ceux des deux corps, sçavoir RT, PV.

DE STEREOTOMIE. Liv. I. 61

Présentement si le cylindre YLND étoit scalene, & que la section par q & B, c'est-à-dire, EqB fût un cercle, elle auroit pour son égale & souscontraire F$q b$, auxquelles qS seroit une ordonnée commune aux deux sections des plans, coupant le cylindre par EB & Fb, & aux deux cercles eB & fb, que ces mêmes plans seroient dans la sphère, de sorte qu'il est visible que ces deux sections planes, quoique de même espece, ne pourroient être communes aux deux surfaces; puisque ce sont deux cercles de differens diametres, qui se touchent aux points B & b, dont le plus petit, qui a pour diametre eB, seroit tout entierement dans le cylindre, & que le grand EB seroit dans toute sa circonference hors de la sphère.

La difference sera plus grande, si le cylindre est Droit; parce que la section EB dans le cylindre est une Ellipse, & que eB dans la sphère un cercle fait par le même plan perpendiculaire à celui qui passe par l'axe du cylindre & par la sphère; il en est de même de la section faite par le plan Fb, passant par q & b, l'ordonnée commune qS retranchera une partie de ces sections planes, depuis q vers E, & depuis le même point q vers F, tant de l'Ellipse, que du cercle fait par chaque plan coupant les deux corps, qui est hors de la sphère: mais parce que la section commune à leurs surfaces ne peut être en même tems un cercle & une Ellipse, il suit qu'elle ne peut être dans le plan EB ni Fb, quoiqu'elle y ait un point B ou b; donc elle s'en éloignera en se courbant vers la circonference du cercle de la sphère, ensorte que les ordonnées à l'axe courbe quB deviennent communes au cylindre en ux de la base FxK, & au cercle de la sphère $2xZy$; donc elle sera une Ellipsimbre de même nature, que celle du Theorême précedent sur chaque côté EB & Fb, mais imparfaite, & mutilée par l'ordonnée commune qS où elles se rencontrent, & font un angle, de sorte que la section totale, depuis B en b par q est Composée de deux parties d'Ellipsimbre, *ce qu'il falloit démontrer.*

Pour rendre cette explication sensible nous supposerons un cylindre scalene ML Nm, plus petit que le précedent, dont le côté Mm coupe la sphère aux points 2 & 4, & que la section faite par un plan passant par 4 B, & un autre par 2b, est un cercle parallele à sa base, ou en section souscontraire; il est évident que le même cercle sera aussi la section plane de la sphère de chaque côté en 4 B & 2b, donc le section courbe commune b5B sera la rencontre de deux portions de cercles égales, qui ont une ordonnée commune au point 5, laquelle est l'intersection de deux plans, qui feroient une figure semblable à celle qui est représentée à la figure 43. en A ou en B, selon que le point 5. s'approchera d'un côté du cylindre ou de l'autre; car

Fig. 43.

62   TRAITÉ

Fig. 38.   si ce point de l'intersection des plans se faisoit à la tangente,
Fig. 43.   comme en T, (*Fig.* 38.) les deux arcs de cercles aboutiroient l'un à l'autre, & l'angle B (*Fig.* 43.) tomberoit sur le point *t*; mais à mesure que le point *s* rentrera, le point B, qui est la rencontre des deux arcs, s'éloignera de *t*.

Fig. 42.   La même chose arrivera aux portions d'Ellipsimbre, lorsque le cylindre est une partie hors de la sphère, alors ces deux courbes feront une inflexion au milieu en angle saillant, tel est l'angle curviligne 9 Z' 10, quand la sphère passera au-delà de l'axe du cylindre, comme en P; mais si l'axe du cylindre passe au dehors de la sphère, alors la section composée, fait un angle rectangle, comme on voit dans la figure A; (*Fig.* 43.) la raison en est bien sensible, si l'on fait attention, que jusqu'à l'axe du cylindre la section monte dans la raison des ordonnées à la base R S T, & au contraire, que depuis l'axe elle baisse dans la même raison jusqu'au point R, auquel elle se joint, lorsque le côté YD est tangent à la sphère, comme nous l'avons dit du point T. (*Fig.* 38.)

Corollaire.

101. D'où il suit que pour trouver les points de l'Ellipsimbre composé, il ne s'agit que de trouver les ordonnées communes aux sections circulaires de la sphère & du cylindre, & pour cela il faut leur trouver des diametres en partie communs, ce qui se fait en menant autant de perpendiculaires que l'on voudra à l'axe M*n* du cylindre, qui coupent le cylindre & la sphère, comme F*y*, RV, *dff*, dont les parties 2 K, 1 T, *gh*, sont communes aux diametres du cylindre FK & 2*y* de la sphère, RT, PV; *dh*, *gff*; si sur chacun de ces diametres on éleve des demi-cercles F*x*K, 2*y*7, PST, PBV, *dib*, *gGff* leurs intersections *x*, S, *i* seront des points à la circonference de la Courbe, & les perpendiculaires menées de ces points aux diametres communs, qui les couperont en *u*, *q* & 7, donneront les points de l'axe courbe, & seront des ordonnées communes, lesquelles étant portées de W en Y, de C en Z', & de H en *h'*, marqueront sur un plan, qui auroit pour base la ligne 9, 10, des points, par lesquels faisant passer une courbe 9 Y Z' 5 10, on aura une expression du contour de l'Ellipsimbre composée, ce que nous expliquerons plus au long dans les Problémes du Livre suivant.

Il sera encore vrai dans le cas de ce Theorême, comme dans le précedent, que les profondeurs de la section solide dans la sphère seront dans la même raison des sinus verses, dont les ordonnées seront les sinus droits, comme on le voit en 2*u*, P*q*, *g*7.

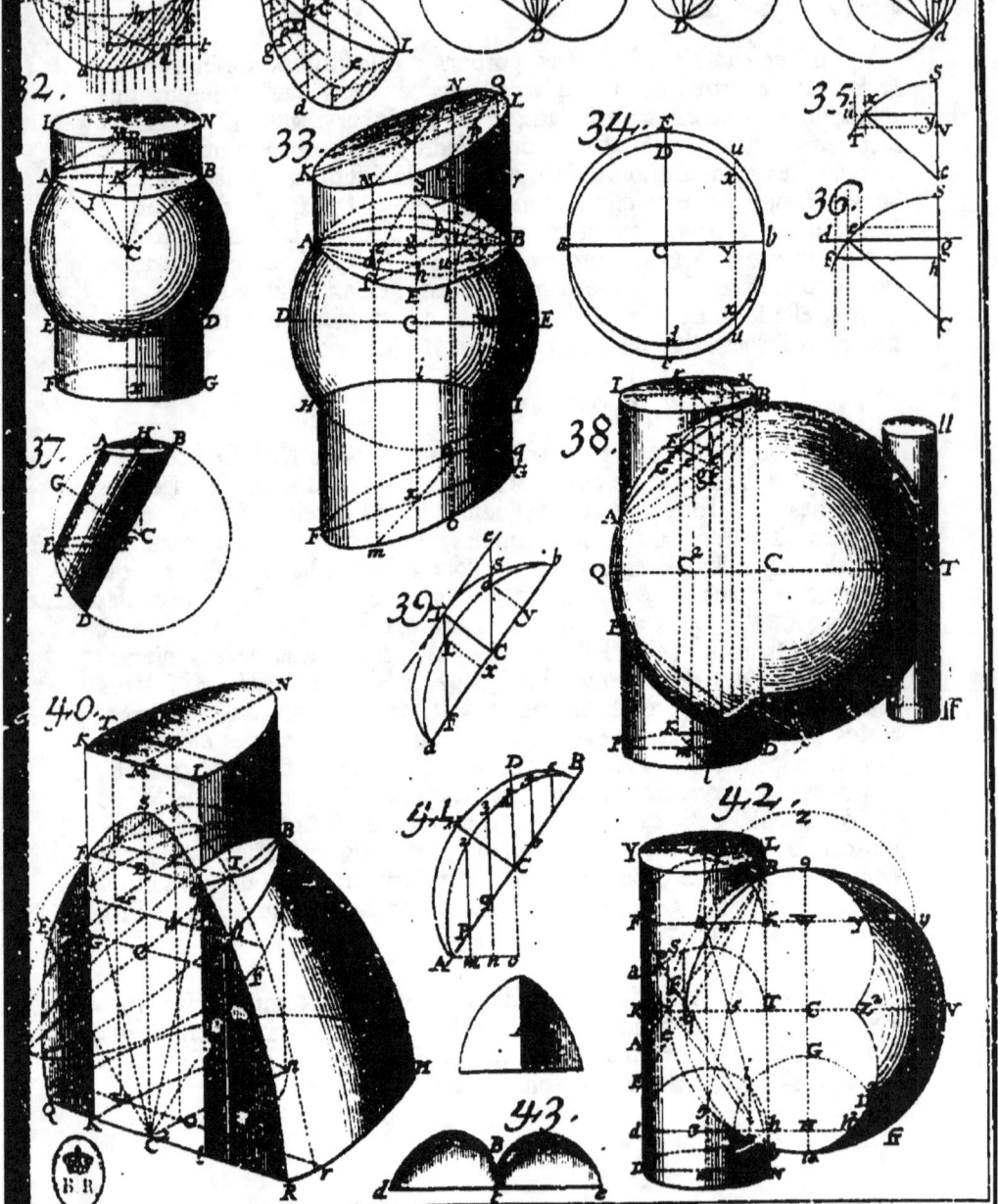

Si le côté LN du cylindre passe par le centre C de la sphère, & que son demi diametre ML ne soit pas plus petit que le rayon CS de la sphère, il sera aisé de décrire l'Ellipsimbre composée avec un compas, dont on mettra une pointe sur ce côté, par exemple, en T, l'autre point le décrira.

La raison en est claire, car le rayon CS ne peut tourner au tour d'un point fixe qu'en parcourant la surface d'une sphère par l'autre extrémité mobile.

Application à l'usage.

102. Cette proposition fait voir quelle est la courbe de l'arête d'Enfourchement, qui se forme à la rencontre de la surface d'une Tour ronde, qui entre en partie dans une voute sphérique, comme pourroit être un escalier à vis dans un dôme ou un pui, sur le bord d'une citerne voutée en cû-de-four, ou d'une Tour verticale, dans laquelle sont des renfoncemens en niche sphérique, comme sont les trois du dôme du Val de Grace, l'un sur le Baldaquin, & les deux autres en Croix sur le Chœur & la Chapelle opposée, qu'on appelle Niche en tour creuse, ou encore d'une voute sphérique, établie sur quatre portions d'arc-de-Cloitre, ou qui rachete un berceau. Où l'on doit remarquer, que si la voute sphérique n'avançoit pas jusqu'à la clef, il se feroit un angle en *Surplomb* contraire à la solidité; parce que les *Contreclefs* poufferoient à vuide.

De la rencontre des Surfaces des Sphères avec celles des Cônes.

THEOREME XII.

La Section faite par la rencontre des Surfaces d'une Sphère & d'un Cône Droit, dont l'Axe passe par le Centre de la Sphère est un Cercle.

Soit la sphère ABED pénétrée par le cône SLN, dont l'axe SM Fig. 44. passe par le centre C; soit aussi la courbe DKE, la section faite par la rencontre de leurs surfaces, sur laquelle ayant pris à volonté un point K, on menera du sommet S la ligne KS, qui sera à la surface du cône; puisque le point K est supposé commun à sa surface, aussi bien qu'à celle de la sphère. Si par les points D, K, E on méne des lignes au centre de la sphère C, comme DC, KC, EC, & que du même centre C on tire des perpendiculaires CF, CG, CH aux côtez du cône SD, SK, SE, on reconnoîtra que les triangles FCS, HCS, GCS sont égaux en tout; puisqu'ils ont le côté SC commun, qu'ils sont rectangles en F, G, H, & qu'ils ont les angles en S égaux entr'eux, qui sont ceux de l'axe du cône avec les côtez; donc les parties de ces côtez SF, SG, SH sont égales; de même les autres triangles FCD, GCK, & HCE sont aussi égaux en tout, car ils sont rectangles par la construction, ils ont les côtez DC, KC, EC égaux, puisqu'ils sont rayons de la même sphère, & les côtez FC, CH, CG, comme nous venons de le démontrer, aussi égaux entr'eux; donc les côtez DF, KG, HE le seront aussi, lesquels étant ajoûtez aux lignes égales SF, SG, SH, on aura SD = SK = SE ; par conséquent les triangles SDI, SKI, SEI seront égaux entr'eux, puisqu'ils sont rectangles en I, qu'ils ont les angles en S égaux, & le côté SI commun; or les côtez ID, IK, IE étant égaux, & la ligne SI leur étant perpendiculaire, ils sont tous dans le même plan, * & par conséquent à la circonférence d'un cercle, dont le centre est en I; mais par la supposition, les points D, K, E sont à la surface de la sphère, & à celle du cône dans l'intersection faite par leur pénétration, donc la section d'un cône droit, qui pénètre la sphère, & dont l'axe passe par son centre, est un Cercle, *ce qu'il falloit démontrer.*

* *Eucl, l. 11.*
p. 5.

On démontrera la même chose de la section opposée AB, vers le sommet du cône, qui est évidemment toujours plus petite que celle qui se fait vers la base.

Application à l'usage.

103. CETTE proposition fait voir, quelle est la courbe de l'enfourchement d'une Trompe, d'une *Lunette ébrasée*, ou voute en canonière droite, qui rachete une voute sphérique, lorsque leurs impostes sont de niveau, & leur direction tendant au centre de la voute sphérique.

SI la trompe ou la lunette étoit biaise, quoique la direction de leur milieu tendît au centre de la sphère, la courbe ne seroit plus un cercle, de même que si la direction ne tendoit pas au centre, comme on va le démontrer.

THEOREME

DE STEREOTOMIE. Liv. I.

THEOREME XIII.

La Section faite par la rencontre des Surfaces d'une Sphère & d'un Cône Scalene, dont l'Axe passe par le Centre de la Sphère, est une ELLIPSOIDIMBRE, *ou un cercle si elle est souscontraire.*

SOIT une sphère abBA (*Fig.* 45.) dont le centre est C, par lequel passe l'axe SX du cône scalene SDE, qui la pénetre, il est clair, comme dans la proposition précédente, que si l'on suppose ces deux corps coupez par un plan, passant par l'axe SX du cône, les quatre points a, b, B, A seront communs à la surface du cône, & à celle de la sphère; puisqu'ils sont l'intersection d'un cercle majeur de la sphère, & du triangle par l'axe du cône.

Fig. 45

SI l'on suppose encore un plan perpendiculaire au premier, & passant par A & B, il sera deux sections differentes, sçavoir un cercle dans la sphère, que nous représentons ici par AKB, & dans le cône scalene (la section AB n'étant pas souscontraire) une Ellipse que nous représentons ici par ALB, lesquelles sections n'ayant de communs, que les points A & B, ne pourront être ni l'une ni l'autre commune aux deux surfaces; donc la section solide passera au dehors des deux plans, avec lesquels elle doit cependant avoir les deux points A & B communs.

SOIT menée bi parallele à la base DE par le point M, intersection de l'axe SX & de la ligne AB, il est évident que bi sera le diametre d'un cercle, dont la moitié Mb, portée en ML perpendiculairement sur AB, sera une ordonnée commune à l'Ellipse sur l'axe AB.

DE même si l'on mene de parallele à DE par le point m, milieu de l'axe soutendant AB, & qu'on prenne une moyenne proportionelle entre dm & me, cette ligne que nous supposons ici égale à mL sera aussi une ordonnée de l'Ellipse, qui sera égale à la moitié du grand axe de la section Elliptique du cône, puisqu'elle l'est sur le milieu m, & qu'elle est plus grande que mr, rayon de cercle fait sur le diametre AB plus petit que de.

SOIT de plus menée par le point m la ligne Sm, du sommet du cône S, qui coupera le cercle abBA en H & I; sur HI, comme diametre, on décrira le demi cercle HfI, qui sera une section de la sphère perpendiculaire au cercle majeur ABba, puis sur la m... HI on élevera au point m la perpendiculaire mg égale à mL; ... point g on mene au sommet S la ligne gS, elle coupera le cercle HfI ... la sphère au point f, qui sera commun aux deux surfaces, par conséquent à la section, puisque Sg est un côté du cône, qu'il faut se représenter

Tome I.   I

en l'air perpendiculairement au plan ASB. A présent si du point f on mene fy parallele à Sm, à cause des triangles semblables gfy & gSm, on aura Sm : mg :: fy : yg, c'est-à-dire, que la distance Sm du sommet du cône à l'ordonnée de l'Ellipse plane, qui en est la section par AB, sera à cette ordonnée, comme la distance de l'Ellipse à la section solide, prise sur un plan passant par le sommet du cône, est à la différence gy des ordonnées gm, fx de l'Ellipse plane, & de la section solide AxB, ce qui est suivant notre définition 4.* la proprieté de *l'Ellipsoïdimbre*; mais parce qu'on peut trouver autant de points f que l'on voudra, qui donneront toujours une pareille analogie, quoique leur distance fy soit plus ou moins grande, il suit que la courbe est une Ellipsoïdimbre, *ce qu'il falloit démontrer.*

* Art. 79.

COROLLAIRE I.

104. D'où il suit que si par le point f on mene fx parallele à gm, & qui coupe la ligne Sm au point x, ce point sera celui de la profondeur de l'axe courbe dans la sphère au-delà du point m, correspondant dans la section plane AB, & parce que les points m & M, & tout autre pris à volonté, produira suivant la même construction differens points f, plus près de y, on aura autant de points x que l'on voudra, sur differentes lignes Sm ou SM, venant du sommet S du cône sur l'axe soutendant AB, & par conséquent donneront la courbure de l'axe AxB.

COROLLAIRE II.

105. Il suit encore que lorsque AB est le petit axe de l'Ellipse plane de la section du cône, la section solide s'approchera du côté du sommet S dans la grande section AB, & s'en éloignera dans la petite opposée ab, & au contraire, si AB est le grand axe de l'Ellipse, comme nous le verrons dans le Theoréme suivant, qui servira d'explication à celui-ci.

THEOREME XIV.

La Section faite par la rencontre des Surfaces d'une Sphère & d'un Cône, qui la pénetre de toute sa circonference, & dont l'Axe ne passe pas par le Centre de la Sphère, est une Ellipsoïdimbre. Si le Cône est Scalene elle peut être un Cercle.

Fig. 46.

Soit la sphère AabB (Fig. 46.) pénetrée par le cône DSE, dont l'axe SX ne passe pas par le centre C de la sphère, soit aussi dans les mêmes circonstances qu'au Theoreme précedent la ligne AB, par laquelle paſſe le plan perpendiculaire au triangle par l'axe, coupant les deux corps, dans leſquels il fait différentes ſections, ſçavoir une Ellipſe ALB dans le cône, qu'il coupe obliquement, & un cercle AKB dans la ſphère; il ſera clair pour peu qu'on donne d'attention à cette figure, où on a mis les mêmes lettres qu'à la précedente, qu'il s'agit de la même ſection; car ni le cercle de la ſphère, ni l'Ellipſe du cône, qui n'ont que deux points communs A & B, ne peuvent être la rencontre des deux ſurfaces, qu'en ces deux points; par conſéquent la courbe faite par leur interſection, s'écartera de leur plan, & y reviendra aux points A & B par où elle doit paſſer.

Pour reconnoitre en quels points de la ſphère entre les deux A & B, cette Courbe doit paſſer, il faut ſuppoſer des plans perpendiculaires à celui qui paſſe par ASB, que nous ne pouvons repréſenter ici qu'en les couchant ſur le même plan, & ſur la ligne droite de leur interſection. Soit, par exemple, un de ces plans paſſant par SI, la moitié de la ſection de ce plan coupant la ſphère, ſera le demi cercle HuI, qu'il faut imaginer en l'air, & parce que ſon diametre HI coupe AB en m, l'ordonnée mP à ce diametre ſera en partie commune à l'ordonnée de l'Ellipſe à l'axe AB; mais elle excedera, parce que le cercle AKB de la ſphère eſt circonſcrit à l'Ellipſe ALB du cône; pour trouver donc où ſe termine cette partie commune, c'eſt-à-dire, la longueur de l'ordonnée de l'Ellipſe, paſſant par le point m, on ſçait qu'il n'y a qu'à prendre une moyenne proportionelle entre dm & me, puiſque de eſt le diametre du cercle, fait par la ſection du cône parallelement à ſa baſe, lequel a une ordonnée, commune avec l'Ellipſe de la ſection oblique AB au point m.

Soit mr l'ordonnée de l'Ellipſe égale à mR, la ligne Sr paſſant par le ſommet du cône, & le point r qui eſt à ſa circonference, ſera le côté du cône; mais à cauſe que ce point r eſt dans la ſphère, il faut prolonger Sr juſqu'à ce qu'il rencontre ſon cercle HuI au point y, lequel ſera commun au cône & à la ſphère, & ſi par ce point y on mene yx juſqu'à la rencontre de l'interſection des plans perpendiculaires en SI, le point x ſera un de ceux de l'axe courbe de la ſection ſolide. Or ſi l'on fait comme dans le Theorême précedent rg parallele à SI, à cauſe des triangles ſemblables Smr, Sxy, rgy, on aura $Sm : mr :: rg : gy$. C'eſt-à-dire, que la diſtance du ſommet du cône à l'ordonnée de l'Ellipſe plane, ſera à cette même ordonnée, comme la diſtance de la ſection ſolide à l'Ellipſe plane, meſurée ſur un plan paſſant par le ſommet S, eſt à la différence des ordonnées de la ſection ſolide, & de la ſection plane du cône; & parce qu'on peut imaginer autant de plans que l'on voudra, perpendiculaires au plan ASB, comme

68 TRAITÉ

So, au lieu de Sm, & qu'on aura toujours la même Analogie à l'égard des ordonnées de l'Ellipse, & de la section solide, il suit par notre quatriéme définition * qu'elle est une Ellipsoïdimbre, *ce qu'il falloit démontrer.*

*Art. 79.

Fig. 47.

Pour une plus ample explication, qui pourroit être un peu difficile aux commençans, nous avons jugé à propos de répeter la fig. 46. en façon de perspective, au nombre 47. mais dans un sens différent, ce qui fait qu'on ne peut représenter les cercles que par des Ellipses.

Soit APBp le cercle de la section plane de la sphére par la ligne AB, lequel est perpendiculaire au triangle par l'axe ESF ; soit aussi ARBr l'Ellipse de la section oblique du cône, qui passe par les mêmes points A & B ; puisque la section solide n'est pas dans ce plan, elle passe par dessous, comme dans la partie AhyB. Nous n'en avons pas représenté davantage pour éviter la confusion des lignes. Si l'on mene des ordonnées à l'axe AB, comme Pp, Qq, qui coupent l'axe AB en M & o, & que par ces points on mene des lignes du sommet, comme Sx, Sz, & d'autres par les extremitez des ordonnées de l'Ellipse, comme SyE, SYF, SVh, SuH ; ces lignes qui seront des côtez du cône, rencontreront la surface de la sphére en quelque point, comme en y, Y, h & H, par lesquels on menera des parallèles aux ordonnées de l'Ellipse yY, hH, lesquelles seront les ordonnées de la section solide ; enfin si par les points r, R, V, u, de l'Ellipse on mene des parallèles aux lignes Sx, Sz, sçavoir rt, RT, Vi, uI, on reconnoitra comme dans la démonstration précedente, que les triangles yrt, ySM, rSM seront semblables, de même que hVi, hSz, VSo ; donc SM : Mr :: rt : ty, & SO : OV :: Vi : ih ; dont la courbe BybA est une portion d'Ellipsoïdimbre, *comme il a été démontré ci-dessus.*

106. On voit qu'ici les ordonnées de la courbe solide excédent celles de l'Ellipse ; le contraire arrive à la section opposée ab, vers le sommet, où les ordonnées de la courbe sont plus petites que celles de l'Ellipse plane de la proposition précedente, où l'on a vû le contraire dans l'une & l'autre section, comme nous l'avons remarqué ; la petitesse de la figure ne nous a pas permis de trouver celle qui est près du sommet ; mais pour peu d'attention qu'on y donne la chose est claire, & ne mérite pas une plus longue explication ; puisqu'il est évident que la section solide sera toujours plus grande ou plus petite que l'Ellipse plane ; parce que les côtez du cône étant essentiellement convergens, ne peuvent passer par l'extrémité de deux ordonnées parallèles & égales.

107. Il faut remarquer que l'excès, ou le défaut des ordonnées de

DE STEREOTOMIE. Liv. I.   69

la section solide sur la section plane Elliptique, n'est pas proportionel d'une ordonnée à une autre, entre l'axe droit yY, & le point A ou B; mais qu'il augmente à mesure que l'ordonnée approche de l'axe droit yY, & diminue en tirant vers A ou B; parce que le sommet du cône S étant commun à tous les triangles formez par la section des plans, qui le coupent par ces ordonnées, ces plans sont inclinez entr'eux; or si Mr étoit a xy, comme OV à zh, Sx seroit à SM comme Sz seroit à SO; donc xz seroit parallele à MO, ce qui est contre ce que nous avons démontré ci-devant; puisque l'axe courbe BxzA doit passer par A & B, & s'éloigner du plan de la section plane passant par AB; donc Mr n'est pas à ty comme OV est à ih; & par conséquent les ordonnées de l'Ellipsoïdimbre ne seront pas en même raison entr'elles, que celles de l'Ellipse, comme dans l'*Ellipsimbre*; d'où vient que nous l'appellons *Ellipsoïdimbre*, c'est-à-dire, qui imite seulement en quelque chose l'Ellipsimbre; en effet cette courbe a un rapport essentiel avec l'Ellipse dans les ordonnées, prises dans la section triangulaire d'un plan, qui passe par le sommet du cône & l'ordonnée de l'Ellipse quelconque, dont l'excès ou le défaut est proportionné à l'éloignement des deux sections mesuré sur le même plan de la section triangulaire, & non pas à la distance absoluë, qui seroit prise sur deux plans paralleles passant par les mêmes ordonnées.

Corollaire I.

108. Il n'est pas moins facile dans cette proposition que dans la précedente, de trouver autant de points que l'on voudra de l'axe courbe de l'Ellipsoïdimbre, ce qui donne un moyen commode d'en faire la projection, comme nous le dirons en son lieu; car (*Fig.* 46.) si l'on veut avoir les points x & z de l'axe courbe correspondans aux points m & o, ayant mené par ces points des lignes de, hi paralleles à la base DE, & par ces mêmes points des lignes SmI, SoQ, qui couperont le cercle majeur de la sphère en H & I, q & Q, on décrira sur ces lignes, comme diametres, des demi-cercles, comme HuI, auquel on menera par le point m, mP perpendiculaire à HI, ensuite ayant pris sur mP la longueur mr égale à la moyenne proportionelle entre dm & me; du sommet S on menera par le point trouvé r la ligne Sry, qui coupera le demi cercle HuI au point y, par lequel menant yx parallele à mP, le point x où elle coupera la ligne SI, sera celui que l'on cherche; car le cercle HuI est une section de la sphère par un plan, qui passe par le sommet S, & le point r, qui est à la circonference de l'Ellipse de la section oblique du cône, donne le côté du cône Sy, qui coupe le cercle en y; donc ce point est commun aux deux surfaces; & parce que ce plan est perpendiculaire à celui qui passe par

Fig. 46.

ASB, lequel est aussi perpendiculaire à celui qui passe par AB, l'intersection de ces trois plans sera une ligne perpendiculaire au plan S*mx*, sur lequel doit être mesurée la distance du point *m* au point *x* par une parallele à l'ordonnée de l'Ellipse plane, & qui passe par le point*y*; donc *x* est un point de l'axe courbe, correspondant au point *m*, ce qu'il falloit trouver.

Fig. 47.

109. Si l'on veut trouver cette distance par une Analogie, connoissant la distance du sommet à l'Ellipse sur le côté du cône, en divisant le rectangle P*rp* par *rb*, on aura *ry*; parce que la proprieté du cercle P*r* × *rp* = *br* × *ry*; & alors à cause des triangles semblables S*mr* & *rty* ou (*Fig.* 46.) *rgy* on aura S*r* : *ry* :: S*m* : *rt* ou *rg*.

COROLLAIRE II.

110. Il faut remarquer que l'axe du cône ne passe pas ordinairement par le centre de l'Ellipsoïdimbre, parce qu'il ne passe pas par celui de l'Ellipse plane; car l'axe du cône SX divise en deux également l'angle du sommet DSE du triangle par l'axe; donc, par la huitiéme du sixiéme d'Euclide, AS : AB :: AO : OB; or AS est plus petit que SB; donc AO est plus petit que OB; mais le centre de l'Ellipsoïdimbre doit se trouver au point correspondant à G, milieu de AB, dans une ligne menée du point S par G, donc le point *z*, où l'axe du cône coupe l'axe courbe de l'Ellipsoïdimbre, n'est pas le centre de cette courbe, *ce qu'il falloit démontrer.*

Fig. 48.

111. Nous avons excepté dans l'énoncé de ce Theoréme, touchant la pénétration du cône dans le sphère, le cas qui peut arriver, si le cône est scalene, lorsque la section plane faite par la ligne a*b* (*Fig.* 48.) est souscontraire; parce qu'alors étant un cercle dans le cône comme dans la sphère, elle peut être commune à la surface des deux corps, non seulement dans une section comme a*b*, mais encore dans son opposée *ef*, c'est-à-dire, dans l'immersion & dans l'émersion du cône dans la sphère, sans que l'axe de l'un passe par le centre de l'autre; car puisque le rectangle *fs* × *bs* = *es* × a*s*, *es* : *sf* :: *sb* : *sa*, & si l'on mene *fh* parallele à *ba*, les triangles *fsb*, *fse* seront semblables, & l'on aura *bs* : *sa* :: *fs* : *sh* :: *es* : *sf*; donc les angles *sfb*, *sef* seront égaux, c'est-à-dire, que la section *ef* sera souscontraire de la section a*b*, *ce qu'il falloit démontrer.*

COROLLAIRE III.

112. Plus le côté *sf* s'éloigne du centre C, & plus les sections opposées a*b* & *ef* se rapprocheront, de sorte que s'il devient tangent à la

sphère, comme s'il paſſoit par le point T, les ſections a T & Te ſe toucheront en ce point T; & ſi le côté SK eſt hors de la ſphère, alors il ſe formera une ſection compoſée de deux Courbes, qui ne ſeront plus des arcs de Cercles ; parce qu'ils ne pourront être communs à la ſphère & au cône, qui eſt en partie dehors ; mais de deux portions d'Ellipſoïdimbre, comme nous l'allons expliquer ci-après.

Application à l'Uſage.

113. Ces deux Theorêmes font voir quelle eſt la Courbe de l'enfourchement d'une trompe ou lunette Ebraſée, ou voute en canoniere, qui rachete une voute ſphérique de biais, ſoit parce que la direction de leur milieu ne tend pas au centre de la voute ſphérique, ſoit que, lorſqu'elle y tend, elle ſoit ſurhauſſée ou ſurbaiſſée dans ſon ceintre primitif, qui tient lieu d'arc-droit.

THEOREME XV.

La Section faite par la rencontre des ſurfaces de la Sphère & d'un Cône, dont l'Axe ne paſſe pas par le Centre de cette Sphère, & qui ne la pénetre pas de toute ſa Circonference, eſt une Courbe compoſée de deux portions d'Ellipſoïdimbre, ou d'autres Courbes de même nature, appartenant au Cercle, à la Parabole ou à l'Hyperbole.

Soit la ſphère aTe (*Fig.* 49.) pénetrée par le cône SGL, en partie ſeulement, enſorte que le côté SG ſoit hors de la ſphère. Soit menée du point S une tangente ST, qui touche le cercle majeur aTe au point T; ſi l'on ſuppoſe les deux points a & e communs aux ſurfaces des deux corps, & des lignes aTb, eTf menées de ces points à celui d'attouchement T, qu'on peut conſiderer comme les ſections de deux plans perpendiculaires au plan du triangle par l'axe, paſſant par le centre de la ſphère, les parties de ces lignes qui ſont dans la ſphère, comme aT, eT, ſeront les diametres des cercles des ſections de la ſphère, & les lignes ef, ab ſeront les grands axes des Ellipſes faites par les ſections obliques du cône; or ces cercles & ces Ellipſes n'ont rien de commun que les points a & e, donc ni les unes ni les autres de ces figures ne peuvent être les ſections communes aux ſurfaces de ces corps; donc les ſections ſolides ne ſeront pas dans leurs plans ef & ab, & ne pourront avoir deux points communs avec chaque ſection plane ; puiſque les points f & b ſont hors de la ſphère, & les parties de l'Ellipſe, qui ſe croiſent au point T, & qui ſont hors de la ſphère, ſont mutilées par le plan qui paſſeroit par la tangente T, perpendiculairement au plan aTe, lequel en retranche les parties Tf & Tb, & la jonction de ces

Fig. 49.

plans a pour interſection l'ordonnée commune, qui paſſe par le point T; mais comme ces Ellipſes ne ſont pas communes aux ſurfaces des deux corps, donc la ſection eſt une Ellipſoïdimbre par le Theorême précedent, il ſuit qu'on aura deux portions de cette eſpece de Courbe, correſpondantes aux deux portions d'Ellipſe, ce que nous appellons une *Ellipſoïdimbre compoſée*.

114. Il faut remarquer que puiſque les ſections ſolides s'écartent des plans des ſections planes, l'ordonnée commune aux deux portions d'Ellipſoïdimbre, ne ſera pas au point T, mais en quelqu'autre comme x; parce que l'une edf paſſe au deſſus de fe, & l'autre agb paſſe au deſſous de ab, comme nous l'avons dit des cas où la ſection Elliptique du cône eſt au dehors de la ſection circulaire de la ſphère.

Corollaire I.

115. D'où il ſuit que l'Ellipſoïdimbre compoſée ſera toujours un angle d'inflexion; non pas à ſon milieu comme l'Ellipſimbre compoſée, mais plus près d'un des points communs a ou e que de l'autre; parce que les ſections oppoſées étant eſſentiellement inégales à cauſe de la diminution du cône vers ſon ſommet, la partie de la Courbe qui en eſt plus près, comme ax, ſera plus petite que celle qui eſt vers la baſe, comme ex, ainſi qu'il eſt repréſenté dans la figure 49. par les courbes eiX & Xba.

Fig. 49.

Secondement, que cette inflexion ſera un angle ſaillant, ſi les ſections oppoſées ſe croiſent au-delà du centre de la ſphère, & un angle rentrant, ſi elles ſe croiſent en-deça, comme nous l'avons dit des Ellipſimbres compoſées; de ſorte que ſi la tangente SH étoit le côté du cône, l'angle d'inflexion ſeroit le plus ſaillant & le plus aigu qu'il puiſſe être, puiſque les axes ne peuvent ſe croiſer plus loin des points a & e, & cet angle diminuëra à meſure que le point x ſe rapprochera de la ligne ae.

Nous donnerons dans la ſuite la maniere de tracer cette Courbe compoſée, ſoit par la projection ſur un plan, comme nous l'avons déja indiquée par celle de tracer l'Ellipſimbre compoſée, ſoit en effet dans ſon contour naturel ſur un cône ou ſur une ſphère.

Corollaire II.

116. Quoique nous ayons parlé dans cette propoſition de la ſection qui produit l'Ellipſoïdimbre, nous n'avons pas prétendu qu'il n'en puiſſe arriver d'autres cas, où elle ne produit pas la même figure. Le cône en

ne en effet peut être situé de bien des façons à l'égard de la sphère, qu'il ne pénetre qu'en partie, ce que l'on pourra connoître par la combinaison des differentes situations des côtez de son triangle par l'axe, & de l'inclinaison des axes des sections planes, qu'on suppose toujours passer par les points communs aux côtez de ce triangle, & aux cercles majeurs de la sphère, coupée par le même plan, qui forme le triangle par l'axe du cône, & enfin par le point d'attouchement de la ligne menée du sommet du cône tangente au cercle majeur de la sphère.

117. PREMIEREMENT, puisqu'un des côtez du cône doit couper la sphère en deux points, & que sa base, où un second plan passant par un point commun aux deux surfaces, & par le point d'attouchement d'une ligne menée du sommet, doit couper les côtez du cône, il suit que dans toutes ces sections composées de portions de Courbes, il y en aura toujours une rélative au cercle ou à l'Ellipse ; mais parce qu'un des deux plans, que nous supposons comme l'origine de ces sections, peut être situé de maniere qu'il ne coupe le cône que d'un côté, la section qui en résultera appartiendra à la parabole ou à l'hyperbole, & sera une courbe, à laquelle nous pouvons donner le nom de Paraboloïdimbre ou d'Hyperboloïdimbre, c'est-à-dire, que dans toutes ces sections, il sera toujours vrai que les ordonnées à leur axe courbe, qui est dans le plan de l'axe droit de la section plane & du sommet du cône, auront un excès ou un défaut sur les ordonnées de la section plane correspondantes, rélativement à leur distance dans un plan passant par le sommet du cône & par les deux ordonnées ; de sorte que connoissant cette distance on pourra toujours connoître la difference des ordonnées de la section plane & de la solide par cette analogie, comme la distance du sommet du cône à l'ordonnée de la section plane :

EST à la longueur de la même ordonnée ;

AINSI la profondeur ou distance de l'ordonnée de la section solide à celle de la plane, prise dans un plan passant par le sommet du cône :

EST à la difference des deux ordonnées, c'est-à-dire, à l'excès ou défaut de l'ordonnée de la section plane.

IL est clair que par le moyen de cette difference, ajoutée à l'ordonnée de la section plane, connuë par les sections coniques, ou retranchée de cette ordonnée, on aura un point du contour de la section solide, telle qu'elle puisse être, Ellipsoïdimbre, Paraboloïdimbre, ou Hyperboloïdimbre.

74 **TRAITÉ**

Nous avons représenté dans les cinq figures suivantes les differentes combinaisons de ces sections composées.

Fig. 50. Dans la 1.re figure où les points *a* & *e* sont communs à la sphère & au cône, & le point T celui d'attouchement de la tangente menée du sommet S du cône au cercle majeur de la sphère *e a* T ; le plan
Fig. 51. passant par *e*T perpendiculairement à la tangente ST, fait pour section un cercle dans la sphère & un dans le cône, dont *ef* est le diametre, & l'autre plan passant par les points *a* & T fait une Ellipse dans le cône, dont le grand axe est a *b*.

Fig. 54. Dans la figure 2.e le plan passant par les points *e* & T fait un cercle dans le cône, dont EF est le diametre, & l'autre plan passant par A & T fait une parabole dans le cône; parce que A*b* est supposé parallele à SG.

Fig. 50. Dans la figure 3.e le plan *e*T fait une Ellipse dans le cône, dont le grand axe est *ef*, & le plan aT fait une parabole, dont l'axe est a*b*.

Fig. 52. Dans la figure 4.e le plan ET fait un cercle dans le cône, dont le diametre est EF, & le plan aT, qui rencontre le côté du cône SF, prolongé vers *z*, fait une hyperbole, dont a *z* est l'axe déterminé, & le point a son sommet.

Fig. 53. Dans la figure 5.e le plan ET, qui coupe les deux côtez du cône SE & S*f* fait une Ellipse, dont E*f* est le grand axe, & le plan AT, qui rencontre le côté *f*S, prolongé en *y*, fait une hyperbole, dont l'axe déterminé est A*y*, supposant toujours la ligne ST tangente au cercle majeur de la sphère EAT.

Application à l'usage.

118. Ce Theoréme ne paroit pas d'une grande utilité pour la pratique; on ne l'a mis ici que pour la perfection de la doctrine, il sert seulement à faire connoître quelle seroit la courbe de l'arête d'enfourchement d'une Trompe ou voute en canoniere, qui rachéteroit par le côté une voute sphérique, ce qui ne pourroit arriver que dans une construction bizarre.

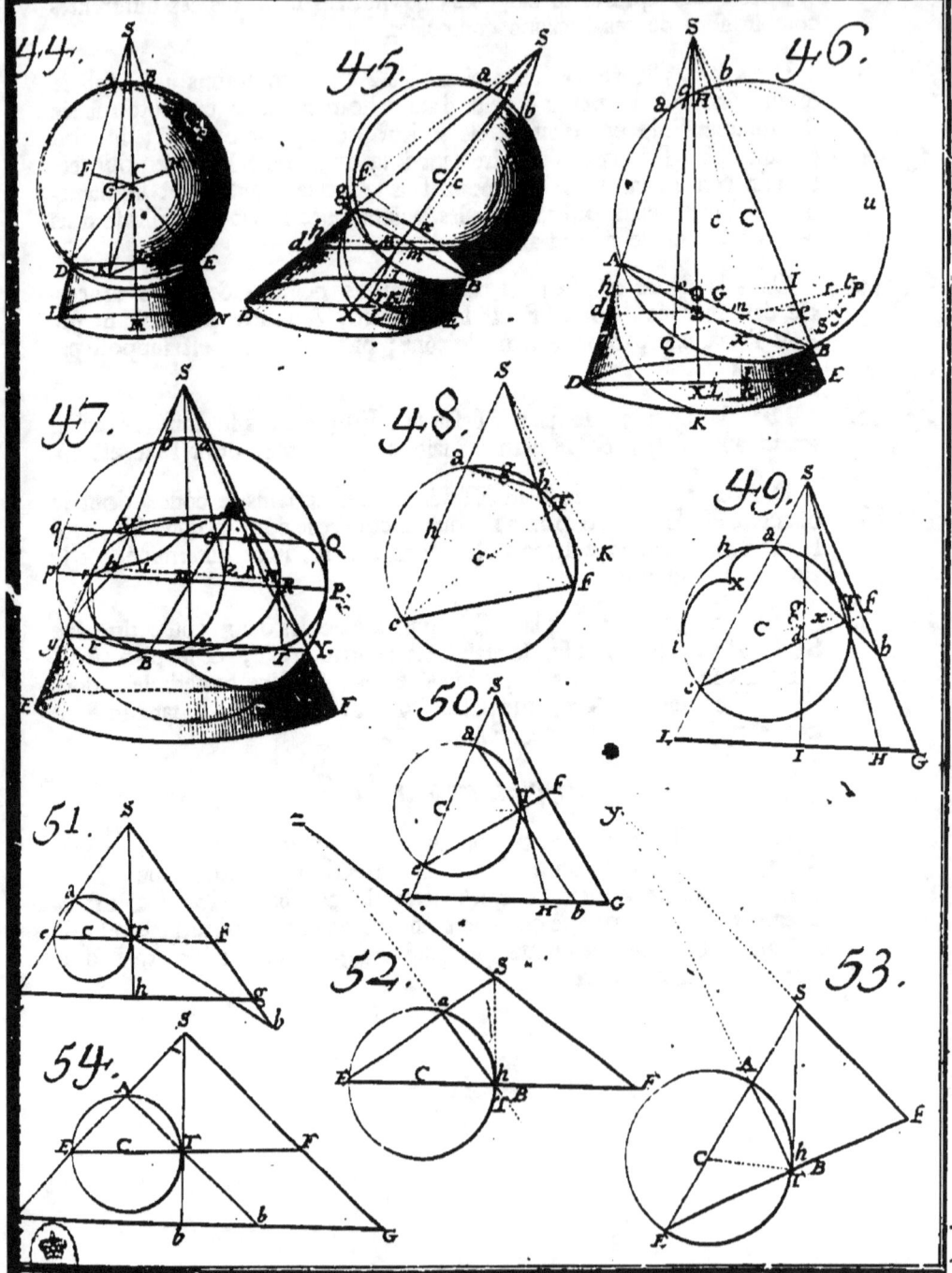

CHAPITRE VI.

Des Sections faites par la pénétration des Cylindres entr'eux & avec les Cônes.

THEOREME XVI.

La Section faite par la pénétration des Cylindres de même nature, égaux ou inégaux, dont les Axes sont égaux en longueur, & parallèles entr'eux, est un Parallelograme.

LA démonstration de cette proposition est trop facile pour s'y arrêter; car puisque la section d'un cylindre, faite par un plan passant parallelement à son axe, est un parallelograme (*Fig.* 55.) ceux qui passeront par des cordes égales de leurs bases & dans une même longueur, seront égaux; or on voit que la ligne A B, qui joint les points A & B de l'intersection des cercles des deux bases, est une corde commune aux deux cercles, donc le parallelograme, qui aura pour côtez cette corde & une égale longueur d'axe, sera commun aux deux cylindres. *Fig.* 55.

Application à l'usage.

119. CETTE proposition fait voir pourquoi les voutes Gotiques, qu'on appelle en *Tiers-point*, font un angle rentrant à la Clef, qui se continuë en ligne droite, comme une division marquée entre les deux côtez, & les pendentifs de celles qui se croisent, parce que leurs Ceintres sont composez de deux arcs de cercle CA, Ac, qui sont les parties des bases de deux cylindres, dont les axes sont autant éloignez que les centres C & c de ces arcs, qui le sont ordinairement de la longueur de leur rayon CA; ainsi la rencontre AD de ces portions de cylindre est un des côtez du parallelograme de leur intersection totale s'ils étoient entiers. *Fig.* 55.

DANS l'Appareil des angles des murs on trouve aussi fréquemment des cylindres qui se pénétrent dans la même circonstance, comme on en voit à l'ancien Temple de la Galluce, & à l'Eglise de la *Sapience* à Rome, dont les plans sont des arcs de cercle inscrits dans un Cercle entier, de sorte que les murs sont des portions de cylindre, qui se croisent parallelement à leurs axes; mais cet Appareil n'a point de difficulté.

K ij

TRAITE
THEOREME XVII.

La Section faite par la rencontre des Surfaces de deux Cylindres égaux ou inégaux, dont les Axes se coupent perpendiculairement ou obliquement, & qui ont un Diametre égal & semblablement posé sur un Plan passant par leurs Axes, est une Ellipse ; & si l'un des Cylindres est Droit & l'autre Scalene, ou tous les deux Scalenes & de Bases égales, elle peut être un cercle.

Fig. 56.   *Premierement.* Soient deux cylindres AF, FD (*Fig. 56.*) égaux, entr'eux la diagonale menée par la rencontre de leurs côtez est également inclinée sur les uns comme sur les autres ; donc le plan passant par cette diagonale, & perpendiculairement à celui qui passe par leurs axes, coupera les deux cylindres d'une obliquité égale ; par conséquent fera une Ellipse commune à tous les deux.

Fig. W.   *Secondement.* Si les deux cylindres sont inégaux, comme KE & EN,
& 57. (*Fig. W. & 57.*) ou il y en aura un droit qt, & un scalene, ou ils seront tous deux scalenes, comme KE : EN (*Fig. W.*) dans ce cas il est clair que la diagonale BE, menée par la rencontre de leurs côtez KB, LE & BN, ME peut être le diametre du cercle de la base d'un cylindre scalene, & par conséquent de l'autre, qui a ce cercle aussi pour base, soit qu'il soit droit 'comme qt, ou scalene comme KE, de sorte qu'il peut être commun aux deux cylindres qui se rencontrent.

Fig. W.   *Troisièmement.* Si la rencontre des cylindres inégaux ne se fait pas à leur base, il est évident que le plan passant par la diagonale BE, (*Fig.* W.) menée par les angles de rencontre de leurs côtez KB, LE & BN, EM, & perpendiculairement au plan passant par les axes ac & CP fera une Ellipse égale dans chaque cylindre, car l'axe BE de l'Ellipse est commun aux deux, & l'axe conjugué xX est supposé aussi égal & semblablement posé ; donc la section fera une Ellipse commune aux deux cylindres; puisqu'elle est équivalente à deux égales, *ce qu'il falloit démontrer.*

120. Il en sera de même des sections des cylindres inégaux, ayant un diametre égal, lorsqu'au lieu de se rencontrer simplement par leur
Fig. 58. extrémité, ils se croisent comme à la figure 58. & se pénetrent réciproquement ; car la section EB sera commune aux quatre cylindres LEBK, gEBf, hBEi, nBEm, & la section AD sera commune aux quatre cylindres bDAi, LDAk & fADg, mADn, qui aboutissent les uns aux autres, comme dans le cas précedent ; donc BE & AD sont deux Ellipses. Mais si les cylindres sont inégaux, & qu'ils n'ayent pas un diametre égal & semblablement posé, leur section commune ne sera plus une figure plane, comme nous le démontrerons au Theorème suivant.

DE STEREOTOMIE. Liv. I.

Application à l'usage.

121. CETTE proposition est des plus nécessaires pour la connoissance des courbes des *Enfourchemens* des voutes les plus usuelles, qui sont les Berceaux; elle fait voir que lorsqu'ils sont de même hauteur, quelle que puisse être leur largeur, leur ceintre d'enfourchement, est toujours une Ellipse, soit qu'ils aboutissent l'un à l'autre, perpendiculairement ou obliquement, & alors l'angle de leur rencontre est moitié rentrant vers l'angle saillant de leurs côtez, comme depuis C en B, ce que l'on appelle alors partie de voute en *Arc de Cloitre*, & moitié saillant vers l'angle rentrant des côtez, comme de C en E, ce qu'on appelle partie de *Voute d'Arête*. Soit que les deux berceaux se croisent, & alors ils sont tous saillans, & font ce que l'on appelle proprement *Voute d'Arête*. Fig. W.

Fig. 58.

CETTE observation est nécessaire pour faire connoitre la fausseté du Trait du ceintre surhaussé des voutes d'arêtes, Berlongues dans le Livre de la Coupe des Bois du Sr. Blanchard, qu'il fait en Tiers-point non seulement dans la figure de la planche 17. mais encore dans le discours, car il dit *Page 68. que leurs élévations.... tendent au centre supposé 18. de sa Planche 27.*

THEOREME XVIII.

La Section faite par la rencontre des Surfaces de deux Cylindres Droits inégaux, dont les Axes se coupent perpendiculairement, est un Cicloimbre.

SOIT le cylindre ABED, dont l'axe FG est perpendiculaire à l'axe CO d'un autre cylindre plus petit HILK, & dont la base est le cercle HMIN, ayant supposé un plan qui passe par les deux axes, si l'on en suppose d'autres qui lui soient perpendiculaires & à l'axe FG, ces plans qui seront paralleles entr'eux feront deux sections differentes chacun, sçavoir un parallelograme MNQR, dans le cylindre superieur HILK, qu'ils couperont par l'axe, ou parallelement à son axe, & un cercle QSRT dans le cylindre inferieur ABED, qu'ils couperont perpendiculairement à son axe, lesquelles deux sections se rencontreront en deux points opposez RQ, rq, qui seront par conséquent communs à la surface des deux cylindres, & à la circonference de la Courbe, qui est formée par l'intersection des deux surfaces, aussi bien que les points K & L, qui sont à l'intersection des deux parallelogrames, formez par la section du premier plan, passant par les deux axes des cylindres; de sorte que cette courbe passera nécessairement par les points KRrL d'un côté, & KQqL de l'autre, & si l'on joint les points opposez par des lignes QR, qr, ces lignes seront perpendiculaires au plan passant par les deux axes des cylindres, qui les coupe en deux également

Fig. 59.

78 TRAITÉ

aux points P & p, par où passe l'axe courbe de la section solide KP*p*L ; or il est aisé de voir que ces ordonnées sont paralleles & égales à celles de la base du cylindre MN, *nun* ; puisque cette base HMIN est perpendiculaire au plan passant par les axes, aussi bien que QR & *qr*, qu'elles sont entre mêmes paralleles QM, RN, ou *qm*, *rn* qui sont les côtez du cylindre, étant dans le même plan MR, ou *mr* passant par l'axe OP, ou parallelement à cet axe, & s'il restoit quelque doute sur l'égalité des côtez MQ, NR ; pour établir le parallelisme de MN & QR, il n'y a qu'à se rappeller l'article 39. où l'on a fait voir que MN étant parallele à la tangente du cercle QSR par S, & les points M & N étant également éloignez du point O, qui est dans le diametre TS prolongé, les paralleles à ce diametre MQ & NR, terminées à la circonference du cercle, seront égales entr'elles ; donc les ordonnées QR & *qr* sont égales aux correspondantes de la base du cylindre dans les mêmes plans MN & *mn*. On prouvera la même chose de toutes les ordonnées possibles. Donc la section creuse KLRQ est celle que nous avons appellée un *Cicloimbre*, par la premiere définition, *ce qu'il falloit démontrer*.

Art. 39.

Art. 75.

Il n'est pas nécessaire d'ajouter que les ordonnées de cette section solide ne sont pas dans un même plan, puisqu'il est évident qu'elles s'éloignent de celui qui passeroit par l'axe soustendant KL, à mesure qu'elles s'éloignent de ces deux points, jusqu'au milieu QR, qui répond au diametre MN, perpendiculaire au plan passant par les axes des cylindres ; or il est aisé de faire voir dans quelle raison elles s'éloignent ou se rapprochent de l'axe soustendant KL ; car puisque toutes les sections faites dans le cylindre AE, par les plans passans par les ordonnées de la base HMIN au diametre HI, parallelement à l'axe OP, sont des cercles égaux à celui de la base AD ; il suit que les ordonnées de la section solide, qui sont égales à celle de la base HMIN, sont autant de cordes inscrites dans un cercle égal à la base du cylindre AE, qu'on a mis en suite en a*d* par les lignes ponctuées PP², *pp*² P² ; de sorte que la profondeur de ces cordes dans le cercle est mesurée par la longueur de leurs fléches a P², a*p*² égales à SP, *sp*, qui font voir de combien la Courbe s'éloigne du plan, qui passeroit par l'axe KL soustendant de l'axe courbe KP*p*L, à mesure qu'elle approche du milieu de ces deux points communs KL ; de sorte qu'elles augmentent continuellement en longueur dans la raison de celle des ordonnées de la base HMIN, & de profondeur dans le rapport des fléches des doubles ordonnées, inscrites dans la base du cylindre AE ; ou si l'on veut prendre les ordonnées pour des sinus droits, leur profondeur sera mesurée par les sinus verses, ce qui montre évidemment que toutes les doubles ordonnées prises ensemble forment une surface courbe, en façon de tuile creuse, plus ou moins profonde selon la grandeur rélative des deux cylindres, qui se pénetrent perpendiculairement; de sorte que s'ils sont égaux la section est la plus profonde qu'elle peut être; parce qu'alors la plus grande ordonnée du milieu, que nous appellons l'axe droit, passera par l'axe du cylindre AE, c'est-à-dire, par le centre C^2 du cercle aR^2dQ^2, & alors la section change de nature, & devient plane comme au Theoréme précedent, se divisant en deux parties, qui font un angle rentrant KCL.

122. Il reste à démontrer que tous les diametres de cette section solide son égaux, c'est-à-dire, toutes les lignes, qui, passant par l'axe de profondeur SP, sont terminées à la circonference de la courbe. Premierement il est clair que l'axe soûtendant KL = HI est aussi égal à l'axe droit QR = MN = HI; puisque ce sont les diametres du même cercle HMIN. Il en sera de même des diametres WV & Uu, qui seront entre mêmes paralleles WU & Vu, & d'une égale profondeur au dessous de KL, mais tous hors de la surface creuse, formée par les ordonnées, qui forment la circonference de la section; car ils coupent l'axe SP au dessus du centre P, par exemple, en x. Donc par la définition premiere la section sera un Cicloïmbre, *ce qu'il falloit démontrer.* Art. 75.

Corollaire I.

123. Non seulement les ordonnées au plan passant par KPL, dans lequel est l'axe courbe, sont égales aux correspondantes ordonnées au diametre HI, mais encore celles qui seroient perpendiculaires au plan passant par QSR, dans lequel est l'axe droit, seroient égales aux paralleles à l'axe HI, correspondantes dans un plan parallele à l'axe OP, lesquelles renfermeroient une portion cylindrique, terminée par la courbe KRLQ.

Lorsque nous avons dit que tous les diametres du cicloïmbre sont égaux, nous n'avons entendu parler que des lignes droites, menées d'un point de la courbe à son opposé en passant par l'axe de profondeur SP; car si l'on voûloit appeller diametres les lignes courbes, qui passent à la surface du cylindre par le point S, & les points opposez de la circonference du cicloïmbre, on s'apperçoit bien que de tels diametres seroient tous inégaux en longueur & en courbure, le plus grand est l'arc de cercle QSR, dont l'axe droit QR est la corde, & les autres seroient des portions d'Ellipse, toujours moins concaves à mesure qu'elles s'éloigneroient de cet arc de cercle, & qu'elles approcheroient de l'axe soûtendant KL, où l'arc Elliptique se change en ligne droite, dans la supposition qu'elles passent toutes par le milieu S; & parce que tous ces arcs inégalement courbes, auroient pour corde des diametres droits, égaux entr'eux; il suit que ces courbes seroient toutes inégales en longueur dévelopée, c'est-à-dire, rectifiée.

COROLLAIRE II.

124. D'où il suit que le cicloïmbre, considéré comme une portion de la surface du cylindre, étenduë en surface plane, seroit une Ovale, dont le grand axe seroit QSR, & le petit KL.

COROLLAIRE III.

125. Il suit encore que plus le cylindre HL sera petit à l'égard du cylindre AE, moins la section solide sera creuse; & au contraire, plus le cylindre HL sera grand à l'égard du cylindre AE, plus elle sera creuse, soit qu'on la considere comme portion de la surface du cylindre, ou comme une autre surface formée par une suite d'ordonnées à l'axe courbe KPL; de sorte qu'en cas d'égalité, comme nous l'avons dit, la section solide devient égale à deux moitiez de sections planes Elliptiques, qui se rencontrent au diametre passant par l'axe FG; parce qu'alors les cotez MQ, NR du cylindre HL deviennent tangens au cylindre AE, & par conséquent ne le coupent qu'en un point chacun, qui est à l'extrémité du diametre du cylindre AE; de sorte que la profondeur sera SC, qui ne peut être plus grande; parce qu'au cas que le cylindre HL divienne encore plus grand, ce ne sera plus lui qui pénetrera, mais qui sera pénetré par le cylindre AE.

On remarque bien aussi que dans le cas d'égalité des cylindres, les plans des demi-Ellipses, qui se rencontrent en C, se coupent à angle droit; puisque les rayons KS, SL & SC sont égaux, les angles imaginez en KCS & LCS sont de 45. degrez; donc KCL sera de 90. c'est-à-dire Droit.

COROLLAIRE IV.

126. De ce que nous avons dit que la profondeur du cicloïmbre dans le cylindre, étoit mesurée par les fléches des cordes égales aux ordonnées à son axe courbe, inscrites dans la base du cylindre, on tire une maniere fort aisée de trouver autant de points que l'on voudra de son axe courbe; car ayant fait un cercle a R d Q, & lui ayant mené par le point a une tangente s a T, perpendiculaire au diametre a d, on portera sur cette tangente les ordonnées PR, & pr en aT & az, & par les points T & z on menera TR', zr' paralleles au diametre ad, qui couperont la circonference du cercle aux points R' r', par où menant

nant des parallèles à la tangente aT, on aura sur le diametre a*d*, qu'elles couperont, les fléches aP¹, a*p*², qui sont les profondeurs des points de l'axe courbe, correspondans aux ordonnées MN, *mn* de la base du cylindre HL, égales à celles du cicloïmbre.

Si l'on vouloit trouver ces profondeurs par le calcul, on se servira de la même méthode qu'on a donnée ci-devant au Theorême IX. pour trouver celle de l'Ellipsimbre, avec cette différence qu'elle est plus aisée dans celui-ci, parce que toutes les ordonnées s'inscrivent dans un même cercle, & que pour l'Ellipsimbre de ce Theorême elles devoient toutes être inscrites dans des cercles inégaux.

Il est inutile de faire remarquer que les cicloïmbres opposés sont égaux dans l'immersion d'un cylindre dans un autre, comme dans son émersion; cette vérité se fait sentir par le parallelisme des côtez de l'un & de l'autre de ces solides.

Application à l'usage.

129. Rien n'est plus ordinaire dans les voutes que la Courbe dont nous parlons, on voit presque par-tout les berceaux en plein ceintre, percez de Lunettes droites, aussi en plein ceintre, dont les impostes sont à même hauteur que la naissance de la voute, comme seroient celles de la nef du Val de Grace, si les vitraux étoient parfaitement en demi cercle. On connoît donc par cette proposition, que la courbe de l'arête de leur enfourchement est un *Cicloïmbre*. Cette courbe n'est pas moins commune dans l'Architecture militaire; car les soupiraux circulaires des souterrains en berceaux de niveau & en plein ceintre, & posez à plomb sur la clef, sont des cylindres qui en pénetrent d'autres perpendiculairement sur leur axe, tels sont encore les puits des citernes, posez au milieu des voutes, comme à Phalsbourg.

THEOREME XIX.

La Section faite par la rencontre des Surfaces de deux Cylindres inégaux, dont les Axes se coupent obliquement, & qui se pénetrent de sorte, que l'un entre dans l'autre de toute sa circonférence, est une Ellipsimbre.

La démonstration de cette proposition est si semblable à celle de la précédente, qu'on peut l'appercevoir à la seule inspection de la figure 60. Soit a*bcd* un cylindre droit, dont l'axe est *fg*, pénétré par un autre cylindre *bikl* plus petit, c'est-à-dire, d'un moindre diametre, dont l'axe *xX*, coupe l'axe *fg* obliquement en C. Ayant supposé comme dans la proposition précédente un plan qui passe par les axes de

Fig. 60.

ces lignes, il fera pour section deux parallelogrames, dont les intersections des côtez, qui se couperont en K, L, V, donneront les points K & L, communs aux deux surfaces. Si l'on suppose d'autres plans perpendiculaires à celui-ci, qui passent par l'axe xX, ou parallelement à cet axe comme my; ces plans feront deux sections differentes, sçavoir un parallelograme MY ou my, dans le cylindre hl, & une Ellipse SRT, ou srt dans le cylindre ad, dont les intersections R & r seront communes à la surface des deux cylindres, ce qui est évident. Si enfin l'on suppose un autre plan, aussi perpendiculaire au premier, mais passant par KL, ou parallelement a ab par hl, ce plan sera pour section dans le cylindre hL une Ellipse $hMIN$, dont toutes les ordonnées à l'axe hI comme NO, no seront égales à toutes les ordonnées RP, rp de la section solide, par les mêmes raisons, que nous avons expliquées fort au long dans la proposition précédente; car la ligne MN étant (par la supposition) perpendiculaire à OC, puisqu'elle est l'intersection de deux plans hNI, ONYX perpendiculaires à un troisiéme $hILK$, elle sera parallele à la tangente, qui passeroit par le point S; donc NR & MQ, qui sont paralleles, étant les côtez du cylindre, & également éloignées du diametre de l'Ellipse SRT prolongé en O, couperont cette Ellipse à des distances égales de N & M; donc RQ sera parallele à NM, elle lui sera aussi égale, puisqu'elle est entre mêmes paralleles NY, MZ. On démontre la même chose de l'ordonnée rq, donc toutes les ordonnées à l'axe courbe KPL, de la section passant par KRL, sont égales à celles de l'Ellipse plane $hMIN$, correspondantes dans des plans paralleles entr'eux, & à l'axe xX du cylindre hl; or toutes ces ordonnées PR, pr ne sont pas dans un même plan, puisqu'elles s'écartent & se raprochent de l'axe soustendant KL, auquel elles viennent se terminer à rien aux points K & L; donc leur somme forme une surface creuse, comme celle du Theoréme IX. dont le contour est une *Ellipsinubre* suivant notre définition, ce qu'il falloit démontrer.

COROLLAIRE I.

128. On doit tirer les mêmes conséquences de ce Theoréme que du précedent. 1.° Que plus le cylindre $hILK$ sera grand par rapport au cylindre $abde$, la section KRLQ, sera plus profonde; de sorte que si les deux cylindres deviennent égaux, elle changera de nature, de section solide qu'elle étoit, elle deviendra une section plane, composée de deux Ellipses, qui se rencontrent au diametre du cylindre ad passant par l'axe fg, au point C & perpendiculairement au plan ad. ou sera l'intersection des plans des deux demi-Ellipses, ce qui retombe dans le cas du Theoréme XVII. & de la figure 58. où deux cylindres

inégaux ont un diametre commun ou semblablement posé, à l'égard du plan passant par les axes des cylindres.

Et au contraire plus le cylindre *bl* sera petit à l'égard de l'autre *ad*, moins la section sera profonde ; car puisque les profondeurs de l'axe courbe sont déterminées par les fléches, dont les ordonnées de la section sont les cordes inscrites dans une commune Ellipse, qui a pour grand axe la section oblique ST, plus les ordonnées seront petites, moins elles entreront dans l'Ellipse, où les plus petites cordes sont toujours les plus éloignées du centre, de même qu'on l'a dit du Cercle.

Corollaire II.

129. Nous remarquerons aussi comme au Theoréme X. que la plus grande profondeur de l'Ellipsimbre n'est pas au milieu des points K & L ; parce que l'axe droit correspondant au petit axe MN de l'Ellipse *b*MIN est plus près de L que de K, l'angle KSP étant plus grand que l'angle LSP, d'où il suit que les ordonnées à l'axe courbe KPL, qui sont en nombre égal à celles de l'Ellipse plane *b*MIN à l'axe *b*I, seront plus pressées d'un côté que de l'autre, sçavoir de P en L, que de P en K.

130. La méthode de trouver les profondeurs de la section, c'est-à-dire, les points de son axe courbe KPL est tout-à-fait la même que celle du Theoréme précedent ; la seule difference est que l'on inscrit ici dans une Ellipse, qui est la section oblique du cylindre, les ordonnées qu'on inscrivoit dans le cercle de sa base.

Si l'on fait l'Ellipse SDTB (*Fig.* 61.) égale à la section oblique, qui a pour grand axe ST, ou S*t* de la Fig. 60. & le petit axe BD égal au diametre *bd* de la base du cylindre *ad*, (*Fig.* 60.) ensuite que l'on fasse la ligne SH, perpendiculaire sur ST grand axe, S1 = PR & S2 = *pr*, qu'enfin on mene par les points 1 & 2, les signes 1R, 2*r*, parallelles à l'axe ST, qui rencontreront l'Ellipse SRB aux points R & *r*, ces lignes 1R, 2*r*, ou leurs égales S*p*, SP, sont les profondeurs des points de l'axe courbe, correspondant aux points O & *o* de l'axe *b*I de l'Ellipse *b*M...

Fig. 61.

Dans le cicloimbre nous avons trouvé que ces lignes SP, S*p* étoient les sinus verses des sinus droits RP, *rp*, ici ce sont des abscisses du diametre ST, lesquelles sont encore en même raison que ces sinus verses ; car si l'on fait l'angle LSC (*Fig.* 62.) égal à l'angle LSC, de la Fig. 60. & S*i* perpendiculaire sur SC, & que l'on prenne sur SC les parties SP & S*p*, égales aux abscisses de la fig. 61. si par ces

Fig. 62.

points P & p, on mene PO, & po perpendiculaires à la ligne SL, les lignes SO, So seront les abscisses de bI, ; or il est clair que SP : SO :: Sp : So à cause des parallèles po PO. Si enfin l'on fait l'angle LS i, égal à l'angle IH i, & que l'on mène des points o & O les lignes of, OF, perpendiculaires sur Si, les lignes Sf, SF représenteront les abscisses du Cercle, c'est-à-dire les flèches, dont les doubles ordonnées de la section solide sont les cordes, ou les sinus verses des ordonnées considerées comme sinus droits, lesquelles sont encore en même raison ; car SO : SF :: So : Sf :: SP : Sp, *ce qu'il falloit démontrer*, c'est-à-dire, que les abscisses de l'axe ST de l'Ellipse SRTQ sont à celles de l'axe bI, de l'Ellipse bMIN, comme celles-cy sont à celles du cercle.

Application à l'usage.

131. Cette proposition fait voir quelle est la Courbe de l'enfourchement d'une lunette biaise dans un berceau, lorsque les impostes de l'une & de l'autre sont sur un même plan, ou la courbe de l'enfourchement, d'un puits ou d'un soupirail circulaire, qui rachete un berceau rampant, comme on en voit au Fort St. Jean à Marseille, & en plusieurs Forteresses.

THEOREME XX.

La Section faite par la rencontre des surfaces de deux Cylindres, dont l'un pénètre l'autre de toute sa circonference, perpendiculairement ou obliquement à ses cotez, sans que leurs Axes se rencontrent, est une Ellipsimbre.

Fig. 63.

Pour rendre la figure nécessaire à l'intelligence de la démonstration de ce Theoréme, aussi simple qu'il est possible, nous ne supposerons qu'une tranche du grand cylindre (*Fig. 63.*) faite par deux plans parallèles entr'eux, perpendiculaires à son axe, & tangens au petit cylindre HILK, que nous supposons premierement perpendiculaire aux cotez du grand cylindre, ensorte que son côté HB tombe à angle droit sur le côté V u du grand cylindre ; nous verrons cy-après qu'il peut tomber obliquement sans qu'il arrive de changement à la section solide.

Si (comme dans toutes les propositions précédentes) nous commençons par supposer un plan passant par l'axe du petit cylindre HL, & perpendiculairement à celui du grand, nous verrons qu'il fera deux sections differentes, sçavoir un parallelograme HILK dans le petit, & un Cercle DVGU dans le grand, qui se couperont aux points AB, EF, lesquels seront par conséquent communs aux deux surfaces des cylindres. Si par deux de ces points A & B, on fait passer un se-

DE STEREOTOMIE. Liv. I.

cond plan parallele à l'axe du grand cylindre, il fera aussi deux sections différentes dans ces deux corps; sçavoir un parallelograme STUV dans le grand, & une Ellipse AMBN dans le petit, qu'il coupe obliquement, dont le grand axe sera AB, & le petit MN, égal au diametre de la base HI, & les côtez du parallelograme STUV seront tangens de cette Ellipse à l'extremité de ses axes, & par conséquent au dehors du cylindre; donc il ne peut être la section commune aux deux surfaces; l'Ellipse AMBN ne peut aussi être une section commune, puisqu'elle est toute au dedans de la surface du grand cylindre, avec laquelle elle n'a de commun que les points A & B; donc la section commune faite par la rencontre des surfaces sera une courbe differente de ces deux figures avec lesquelles elle doit cependant avoir les points A & B communs, par conséquent elle ne sera pas dans un plan, mais une courbe à double courbure, cependant elle aura toutes les ordonnées à son axe courbe égales à celles de l'Ellipse, qui est la section oblique du petit cylindre par les points communs A & B.

Pour trouver les points par où cet axe courbe passe, il est plus aisé dans cette proposition que dans toutes les précedentes Ellipsimbres; puisqu'il n'est pas une courbe inconnuë, mais un arc de cercle APB, qui est portion de celui de la surface du grand cylindre, coupé par un plan perpendiculaire à son axe, & passant par les points DBAV, si le cylindre HL tombe perpendiculairement sur les côtez du grand.

Ou dans un autre cas cet arc courbe sera une portion de l'Ellipse, faite par un plan passant par l'axe du cylindre HL, & coupant obliquement le grand cylindre par les points A & B.

Soient les points RQ & rq la rencontre des deux surfaces, les ordonnées menées par ces points à la courbe de la section solide, seront donc sur la surface du grand cylindre, dont elles seront partie des côtez, telles sont ici PR, pr, lesquelles seront paralleles & égales aux correspondantes NC : no dans l'Ellipse plane AMBN sur des plans paralleles à l'axe xX; car les lignes passant par ces points NR, nr parallelement à l'axe xX sont des parties de côtez du cylindre HL; par conséquent paralleles entr'elles; mais parce que les doubles ordonnées NM, nm sont paralleles à l'axe du grand cylindre, elles le seront aussi aux côtez du même cylindre; donc RM & rm sont des parallelogrames, par conséquent $rq = nm$, & RQ = NM ; c'est-à-dire, que les ordonnées ou doubles ordonnées de la section solide, sont égales à celles de l'Ellipse plane, dont le grand axe est le soutendant de l'axe courbe BPA; donc la section est une Ellipsimbre, *ce qu'il falloit démontrer.*

COROLLAIRE I.

132. D'où il suit que cette Ellipsimbre est beaucoup plus parfaite & plus simple que celles des propositions précedentes; plus parfaite en ce que son axe courbe est une portion réguliere de Cercle ou d'Ellipse ; & plus simple en ce que ses ordonnées ne font pas une surface differente de celle du grand cylindre, comme dans les Ellipsimbres précedentes, & par conséquent le centre P de cette section se trouve à la surface du cylindre, où est aussi l'axe droit RQ, qu'il divise en deux également. Tous les autres diametres courbes, qui passeront par le centre P seront des portions d'Ellipses, dont les cordes seront les diametres droits de la section, égaux aussi à ceux de l'Ellipse plane soujacente AMBN.

Au reste cette Ellipsimbre a toutes les proprietez des autres, ses ordonnées, par exemple, sont plus serrées d'un côté que de l'autre, excepté qu'elle est encore plus simple dans les profondeurs de son axe courbe, lesquelles se trouvent naturellement en faisant d'un point donné sur l'axe soustendant a*b*, mis au bas de la fig 63. l'angle *po*a ou PCa égal à celui de l'axe αX, avec la ligne AB, & toutes les lignes paralleles à PC, ou *p o* iront se terminer à l'arc de cercle *b*PA de la base du grand cylindre, si le petit le traverse perpendiculairement à ses cotez, ou à un arc d'Ellipse *b*PA, s'il le traverse obliquement, comme à la figure 64. si l'on veut avoir les profondeurs perpendiculaires à l'axe soustendant *ba*, il sera bien aisé d'abaisser des perpendiculaires *pd*, PD sur cet axe, elles donneront ces profondeurs.

Fig. 64.

133. Il nous reste à faire voir que soit que le petit cylindre traverse le grand perpendiculairement à ses cotez, comme nous l'avons supposé (*Fig.* 63.) soit qu'il le traverse obliquement, la section sera toujours une Ellipsimbre, ce qui est assez clair de soi-même; car soit que le côté HB tombe d'une façon ou de l'autre sur VB, le plan VSTU sera toujours un parallelograme dans le grand cylindre, & une Ellipse AMBN dans le petit, la seule difference est, que la ligne AB (*Fig.* 63.) est nécessairement le grand axe de l'Ellipse, & que si le cylindre *b*L (*Fig.* 64.) est oblique sur le côté AB du grand cylindre, elle peut devenir le petit axe.

134. Nous supposons dans l'un & l'autre cas le petit cylindre Droit, s'il étoit scalene, le plan VSTU pourroit le couper de maniere que sa section ne seroit plus une Ellipse, mais un cercle, & alors la section solide ne seroit plus une Ellipsimbre, mais un cycloïmbre; parce que l'axe soustendant *ba* seroit égal à l'axe droit AB, & toutes les ordonnées de la section solide & de la plane étant paralleles & égales, les

Fig. 64.

DE STEREOTOMIE. Liv. I.

diametres droits feroient égaux entr'eux, ce qui est la propriété du *Cicloïmbre*, qui en constitue la différence avec l'Ellipsimbre où ils sont tous inégaux.

135. L'OBLIQUITÉ du petit cylindre sur les cotez du grand, occasionne encore une différence dans la maniere de trouver les profondeurs perpendiculaires de la section solide sur la section plane. Premierement, en ce qu'au lieu d'un arc de cercle pour son axe courbe, il faut trouver l'arc de l'Ellipse formée par l'obliquité du plan passant par l'axe du petit cylindre, de laquelle le grand axe sera FG, & le petit bi base du petit cylindre; mais ce n'est pas assez d'avoir trouvé cet arc ba, car les perpendiculaires pd, PD, sur la corde ba, ne sont pas perpendiculaires au plan VSTU de la fig. 63., lequel est parallele à l'axe du grand cylindre, parce que la ligne PD, & la parallele pd est encore inclinée au côté du grand cylindre dk, de sorte que pour trouver cette inclinaison il faut faire à part l'angle PDy égal à l'angle FCH ou xCH de l'axe xX avec le côté LH du grand cylindre, la perpendiculaire Py sur le côté Dy sera la profondeur que l'on cherche. *Fig. 64.*

COROLLAIRE II.

136. D'où il suit comme au Theoréme X. que plus le côté HK *Fig. 63.* du petit cylindre approchera de l'extremité D du rayon CD, perpendiculaire à l'axe xX, plus la section sera alongée, & plus les sections opposées AB, EF se rapprocheront, de sorte que si le côté HK devient tangent au cercle D VGU, les sections se toucheront au point D, & qu'enfin s'il est hors du grand cylindre, elles se tronqueront réciproquement, & la section totale sera composée de deux portions d'Ellipsimbre, comme nous l'avons dit ailleurs.

Application à l'Usage.

CETTE proposition fait connoître quelle est la Courbe des arêtes des lunettes droites ou biaises, dont la naissance est au dessus des impostes d'une voute en berceau, dans laquelle elles sont pratiquées, soit que leurs Clefs ne montent pas à la hauteur de celle du berceau, comme sont celles de la Nef du Val de Grace à Paris, & de la Chapelle de Versailles, soit que leurs Clefs soient de niveau, comme aux Traverses du Rampart de Landau à la Gorge des Tours bastionnées, ce qui est le cas du second Corollaire, où le côté du petit cylindre HK devient tangent au grand au point D; alors il se forme une voute d'arêtes difformes en ce qu'elles ne peuvent pas se bornoyer en lignes droites dans les diagonales, comme aux voutes d'arêtes, dont les clefs & les impoftes font de niveau. En effet dans celles-ci, les interfections font des Ellipfes planes, comme nous l'avons démontré au Theoreme XVII. & dans l'autre cas ce font des Ellipfimbres, c'eft-à-dire, des courbes à double courbure, qui ne peuvent être bornoyées en ligne droite, en quelque fituation que le fpectateur puiffe fe mettre.

Si au lieu de faire attention aux rencontres des furfaces concaves des deux cylindres, on confidere la convexe de l'un & la concave de l'autre, on reconnoitra la courbe de rencontre d'une Tour ronde dans un berceau, ou fi l'on veut s'arrêter à de petits ouvrages, on remarquera que c'eft celle d'un pilier rond Gotique, qui rachete un Chapiteau Octogone dans une moulure de cavet; comme on le voit ordinairement aux anciennes Eglifes entre la Nef & les bas Côtez.

On peut donner un grand nombre d'autres exemples de conftructions qui ont rapport à ce Theoreme, comme font les Abajours cylindriques, qui éclairent des berceaux, par une direction qui ne tend pas à leurs axes, comme font ceux des voutes fouterraines des tours baftionnées de Landau, lefquels font fort furbaiffez dans leur orifice, c'eft-à-dire, que ce font des cylindres fcalenes, dont les rencontres avec les cylindres droits des berceaux, font des courbes à double courbure en Ellipfimbres.

On verra au quatriéme Livre, lorfque nous donnerons les Traits des Defcentes biaifes, qui rachetent un berceau, l'ufage du petit triangle DP*y*, qui eft fous la figure 63. pour en trouver la double obliquité.

THEOREME XXI.

La Section faite par la rencontre des Surfaces de deux Cylindres, dont l'un ne pénetre l'autre que d'une partie de fa Circonference, & dont les axes ne font pas paralleles, eft une Ellipfimbre *compofée*.

Fig. 65.

Soit, comme dans la fig. 63. une tranche de cylindre *g*VN*u* (*Fig.* 65.) repréfentée en perfpective, laquelle eft pénetrée par le cylindre HL, qui n'y entre qu'en partie de fa circonference, le côté IL étant hors du grand cylindre; je dis que la fection formée par la rencontre de leurs furfaces fera compofée de deux portions d'Ellipfimbre,

Car fi l'on fuppofe un plan paffant par l'axe *x*X du petit cylindre perpendiculairement à l'axe du grand, il fera dans l'un un parallelograme, & dans l'autre un cercle, lefquels fe coupant aux points A & a marqueront que ces points font communs aux deux furfaces des cylindres,

lindres, & fi par le point D, équidiftant des points A & a, pris fur la circonference du cercle *a d*VD, on fait paffer deux plans coupans les deux cylindres par les points A & a parallelement à l'axe du grand cylindre, ils feront chacun deux fections differentes, fçavoir un parallelograme dans le grand cylindre, & une Ellipfe dans le cylindre HL, laquelle fera en partie hors du grand cylindre, & parce que ces plans fe croifent en D, leur commune interfection GH fera une ordonnée commune aux deux Ellipfes AHBG & aH*b*G; mais parce que la fection commune aux deux furfaces des cylindres, qui fe coupent, eft une Ellipfimbre, par le Theorème précedent, il fuit que chaque fection plane Elliptique correfpondra à deux portions d'Ellipfimbre, qui fe tronqueront mutuellement, comme les Ellipfes avec les ordonnées, defquelles elles ont un rapport d'égalité, dans les plans paralleles à l'axe *x*X, & perpendiculaire au plan paffant par les points ADa; donc la fection totale fera compofée de deux portions d'Ellipfimbre, *ce qu'il falloit démontrer.*

CEPENDANT puifque par la propofition précedente la fection folide peut être un cycloïmbre, dans le cas où le cylindre, qui en pénetre un plus grand, eft fcalene, il peut auffi arriver que la fection totale foit un *Ciclo-imbre compofé*.

137. QUELQUE foit la fection, fi l'on veut trouver l'ordonnée commune aux deux courbes à laquelle elles fe terminent réciproquement à leur angle d'inflexion, il n'y a qu'à mener du centre C de la fection circulaire du cylindre *d*VD*u*, la figure CF perpendiculaire fur l'axe *x*X, laquelle coupera les côtez du cylindre HL en E & F; fur EF comme diametre, ayant fait le demi-cercle ETF, on élevera du point D, fection des lignes AB, a*b*, la perpendiculaire DT ; cette ligne qu'il faut imaginer couchée fur les côtez du grand cylindre, parallelement à fon axe, fera l'ordonnée que l'on cherche ; car le point T & fon oppofé au diametre, paffant par l'axe *x*X du cylindre HL, feront à fa circonference, puifque ce cercle ETF eft égal à la bafe, & que la ligne DT eft à la furface du grand cylindre, quoique par la néceffité de joindre dans la figure les plans qu'on fuppofe perpendiculaires entr'eux, elle ne paroiffe pas dans fa fituation, qui feroit celle de DH, & fon double en GH.

COROLLAIRE.

138. ON tirera la même conféquence de la difference des inflexions du milieu de l'Ellipfimbre compofée, que dans la propofition 11. c'eft-à-dire, que plus & moins le cylindre HL entrera dans l'autre, plus l'in-

flexion sera sensible, que plus le point D approchera de l'axe, moins elle sera sensible, & que depuis le point D vers F elle sera un angle saillant, & au contraire depuis D vers E elle sera un angle rentrant.

Application à l'usage.

139. On voit par cette proposition quelle est la Courbe de l'enfourchement d'une Tour ronde, qui rachete un berceau de niveau, ou rempant; & qu'il n'est pas possible de supprimer les murs de la tour sous cet enfourchement, lorsqu'elle pénetre le berceau au-delà de la clef, parce que l'angle d'inflexion devenant saillant, les *Contreclefs* de l'arcade, qui devroient supporter la tour, pousseroient au vuide au contraire en-deça de la clef, il sera facile de faire porter la tour par une Arcade; parce que l'angle d'inflexion est rentrant, & fait l'effet d'une voute en tiers-point.

REMARQUE.

140. Il est constant que les sections des cylindres entr'eux sont les plus nécessaires à connoître; parce que les plus communes de toutes les voutes sont les berceaux circulaires, ou surhaussez ou surbaissez; or quelques soient les ceintres de leurs *Arcs-Droits*, c'est-à-dire, des sections perpendiculaires à leurs axes, tant qu'ils ne varieront que du cercle à l'Ellipse, ou d'une Ellipse à une autre plus ou moins alongée, il n'arrivera aucun changement à la nature des courbes, qui se feront par les intersections de leurs surfaces, puisque les cylindres surhaussez ou surbaissez sont de vrais cylindres, lesquels, au lieu d'être Droits, sont scalenes; de sorte qu'ils peuvent toujours être coupez, de maniere qu'ils auront pour base un cercle, comme nous l'avons dit dans les sections cylindriques, ce qu'il n'est pas inutile de répeter, afin qu'on y fasse attention dans la pratique.

Des Sections faites par la rencontre des Surfaces des Cônes & des Cylindres qui se pénetrent.

141. Il semble au premier abord, que soit que le cylindre pénetre le cône, ou que le cône pénetre le cylindre, il en doit résulter une même section à leur surface. Cependant nous y ferons voir de la différence; dans le premier cas le cône embrasse le cylindre, & dans le second le cylindre embrasse le cône; or quoiqu'un cône d'une grandeur donnée n'embrasse pas le

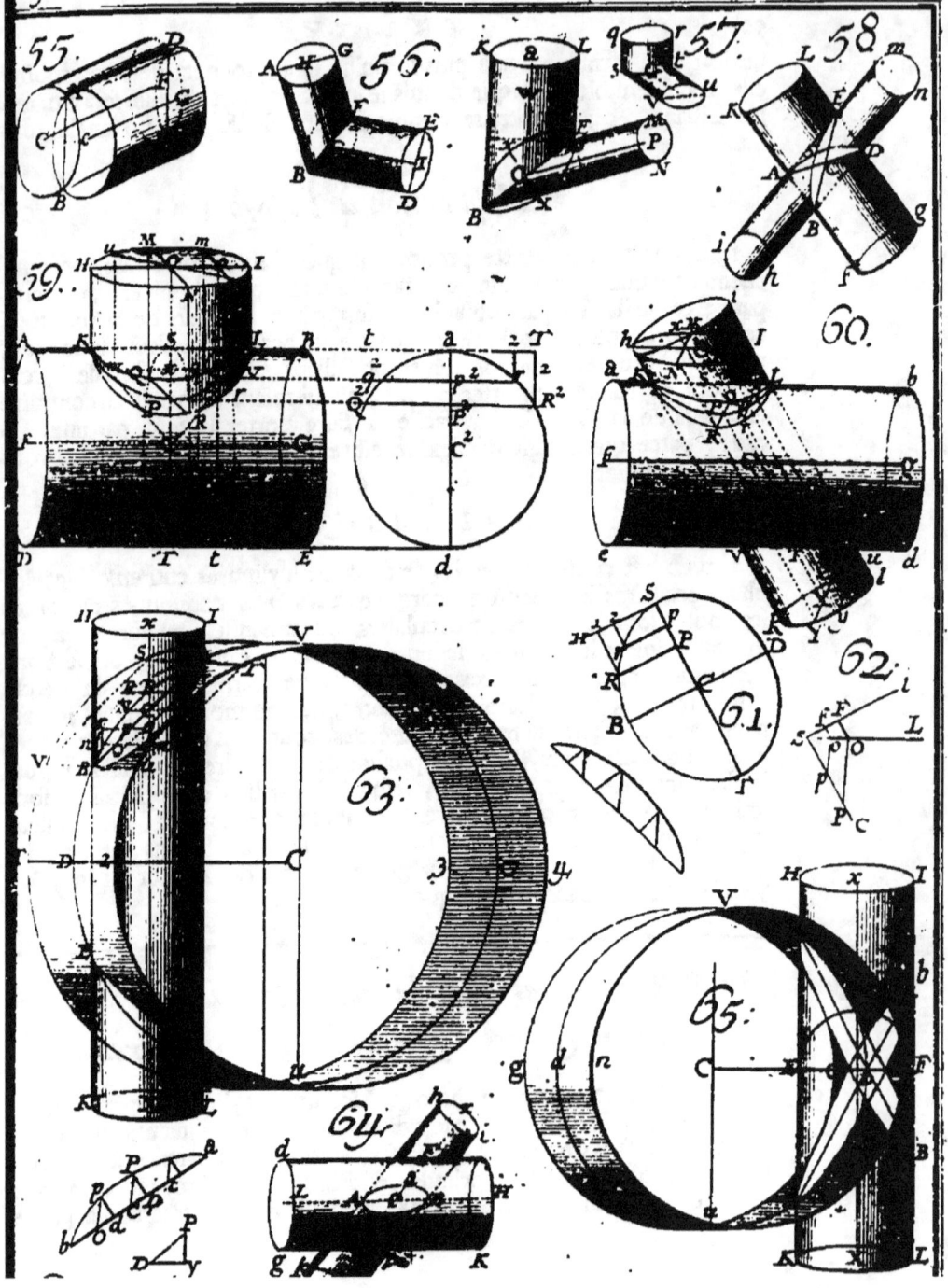

DE STEREOTOMIE. Liv. I.   91

cylindre donné ; il eſt cenſé le faire, lorſqu'étant prolongé il le peut ; ainſi les deux axes de ces corps étant paralleles, quoique le cylindre ne coupe qu'une partie du cône, il ne faut pas mettre en queſtion lequel des deux embraſſe l'autre ; car il eſt évident qu'en prolongeant les côtez du cône il s'élargira de maniere, qu'il envelopera le cylindre auſſi prolongé, & la ſection ſera toujours la même, quoiqu'avant la prolongation elle fût moindre, parce qu'elle étoit imparfaite. Il n'en eſt pas de même, lorſque les axes ſe croiſent ſans ſe rencontrer, la ſection eſt tellement mutilée, que le prolongement du cône ne peut la rendre plus complete.

THEOREME XXII.

La Section faite par la rencontre des ſurfaces d'un Cône & d'un Cylindre Droits, ou d'un Cône & d'un Cylindre Scalenes de même obliquité ſur leurs baſes, dont les Axes ſe confondent, eſt un cercle.

La démonſtration de cette propoſition eſt ſi aiſée qu'elle ſe préſente d'elle-même ; car puiſque les ſections de ces corps coupez par des plans paralleles à leurs baſes, ſont des cercles, il eſt évident que les ſections FG (*Fig. 66.*) & *fg* (*Fig. 67.*) ſont paralleles aux baſes AB, & *ab* ; car les corps étant coupez par un plan paſſant par leurs axes communs SC, KC, les triangles ADF, BEG ſeront égaux ; par conſéquent F & G équidiſtans de D & E, (*Fig. 66.*) & dans la fig. 67. à cauſe des paralleles *bd*, *ie* on aura *be* : *eg* :: *bc* : *cs*, & *ad* : *df* :: *ac* : *cs*, mais *ac* = *cb*, & *ad* = *be*, donc *eg* : *cs* :: *df* : *cs*, donc *eg* = *df*, par conſéquent *fg* eſt parallele à *ab*, & la ſection faite par un plan paſſant par les points communs *f* & *g*, qui ſera un cercle dans le cylindre, comme dans le cône, ſera commune aux deux ſurfaces, dont elle ſera l'interſection à leur rencontre. On peut démontrer la même choſe en ſuppoſant le point R à la circonférence de la ſection ; car on connoîtra (*Fig. 66.*) que les trois triangles rectangles en L, SLF, SLG, SLR, qui ont le côté SL commun, & les angles en S égaux, ſont égaux en tout, par conſéquent que les trois lignes LF, LR, LG ſont égales, & dans un même plan * & les rayons d'un même cercle ; & [*Fig. 67.*] à cauſe de l'égalité des rayons de la baſe *ca*, *cP*, *ch*, & des triangles ſemblables *acs*, F*ls* ; P*cs*, R*ls* ; *bcs*, *gls* les lignes *lf*, *lR*, *lg* ſont égales, & dans un même plan ; par conſéquent rayons d'un même cercle comme au cône, & au cylindre, *ce qu'il falloit démontrer*.

Fig. 66. & 67.

* *Eucl. l. 11. P 5.*

142. Quoique les axes du cône & du cylindre ſe confondent dans leur pénétration, ſi l'un de ces deux corps eſt Droit & l'autre ſcalene, comme ſi [*Fig. 68.*] le cylindre *au* étoit Droit ſur la baſe circulaire *de*. Fig. 68.

M ij

la section ne seroit plus un cercle, mais une autre courbe à double courbure.

Application à l'usage.

143. On voit par cette proposition que le ceintre de l'Ebrasement d'une porte étant de même nature que celui de la porte circulaire, Droit ou biais par tête, & en plein ceintre, l'arête d'enfourchement de la partie qui fait berceau avec celle qui est ébrasée, est un cercle, c'est-à-dire, une portion de cercle égale à celle de la porte, qui peut être d'une moitié ou d'un arc moindre, comme à celles qui sont simplement Bombées.

THEOREME XXIII.

La Section faite par la rencontre des Surfaces d'un Cylindre & d'un Cône, qui ne sont pas de même nature, c'est-à-dire, dont l'un est Droit & l'autre Scalene, & dont les Axes se confondent, est une Ellipsoïdimbre.

Fig. 68. Soit [Fig. 68.] le cône BSA scalene, pénétré par le cylindre Droit DE*ed*, dont l'axe *x*X est en partie commun avec l'axe SC du cône. Ayant supposé un plan passant par ces axes, qui fera deux sections différentes, sçavoir, un triangle BSA dans le cône, est un parallelograme DE*de* dans le cylindre, qui se couperont aux points *b* & *a*; on reconnoîtra que ces deux points sont communs aux deux surfaces, par conséquent à la circonference de la section. On supposera ensuite un second plan perpendiculaire au premier, passant par *ba*, lequel fera deux sections différentes, sçavoir un cercle dans le cône scalene; parce que nous avons démontré que *ba* étoit parallele à la base BA [au Theoréme précedent] & une Ellipse dans le cylindre, qu'il coupe obliquement, lesquelles figures soient représentées par leurs moitiez *bga*, demi cercle & *bfa* demi Ellipse, ayant pris un point P à volonté sur le diametre commun *ba*, on abaissera une perpendiculaire P*g*, sur ce diametre, laquelle coupant le cercle & l'Ellipse, donnera les ordonnées de l'un & de l'autre, P*g* pour le cercle, & P*f* pour l'Ellipse. Du même point P ayant mené au sommet du cône *s* la ligne PS, & sur cette ligne une perpendiculaire. PF égale à P*f*; on prendra PF égale à P*f*; par le point F qui appartient à l'Ellipse, on fera passer une parallele à *x*X pour représenter un côté du cylindre, & par les points G & S une ligne GS, qui représentera le côté du cône, & coupera celui du cylindre en *y*, ou sera un des points de la section des deux surfaces, par ce point *y* on menera une parallele *y*v à PG, & une autre *yz* à PS, cette préparation étant faite.

A cause des triangles semblables GSP & Gyz, on aura SP : PG :: yv : zG, c'est-à-dire la distance du sommet du cône à l'ordonnée de l'Ellipse, comme la profondeur ou distance de la section solide à cette ordonnée, est à la différence des ordonnées du cercle & de la section solide, donc cette section est une *Ellipsoïdimbre*, par la quatrième définition.

Et parce que y v est parallele à PG, le point v qui est dans le plan passant par les axes, & les *Points* b & a seront à l'axe courbe b v a de l'Ellipsoïdimbre. Art. 83.

Quelque point P que l'on prenne dans l'axe, on aura toujours la même construction & la même analogie; puisque le plan b a étant perpendiculaire à celui qui passe par les axes, toutes les lignes menées du sommet du cône à la ligne b a seront perpendiculaires aux ordonnées des sections de la circulaire b g a & de l'Ellipse b f a, & parce que les intervales de ces deux courbes sont toujours inégaux, les points y seront toujours inégalement éloignez du plan passant par b a, où sont les ordonnées du cercle, qui est la section conique, de sorte que le point y se rejoindra en b & en a, si les points P sont pris en b & en a.

Application à l'usage.

144. Cette proposition fait voir que si l'*Arc-Droit* d'un berceau ou d'une porte est en plein ceintre, & qu'on lui fasse une lunette ou un ébrasement en biais, aussi en plein ceintre, l'arête d'enfourchement de l'ébrasement & du berceau sera une courbe à double courbure, de sorte que les *Aplombs*, c'est-à-dire, les verticales tirez de plusieurs de ses points, ne tomberont pas sur une ligne droite. La même chose arrivera mais en sens contraire, si l'ébrasement est surhaussé ou surbaissé & le biais du berceau en plein ceintre par tête.

THEOREME XXIV.

La Section faite par la pénétration d'un Cylindre & d'un Cone, dont les Axes se coupent obliquement, peut être dans un seul cas [exposé cy-après] une Ellipse plane.

Soit [*Fig.* 69.] le triangle BSA la section d'un cône par son axe SC, Fig. 69. dont la base BA est indéfiniment prolongée vers D. Soit EL le diametre de la section Elliptique, faite par un plan perpendiculaire au triangle par l'axe SC, lequel soit prolongé jusqu'à la rencontre de la base en F; ayant mené par le sommet S la ligne SD parallele à DE, qui rencontrera la base prolongée en D, si l'on fait Dx moyenne proportionelle entre BD & AD, & qu'on la place de D en x, sur le diametre de la base, le point x donnera la position du pied d'une ligne parallele à l'axe d'un cylindre, laquelle passant par le sommet du cône S, déterminera celle des côtez par les points E & L, en lui menant les paralleles Gg, Kk, je dis que la section faite par le plan passant par EL, perpendiculaire à celui qui passera par les axes du cône & du cylindre, sera l'Ellipse ERLr, dont EL sera le grand axe, & que cette section plane sera commune aux deux corps.

Pour le démontrer, soit pris sur le grand Axe EL un point P à volonté, par lequel ayant mené bi parallele à la base BA, qui coupera le cône aux points b & a, & le cylindre aux points g & i, sur les lignes ba & gi, comme diametres, on décrira deux demi-cercles boa, goi, qui représenteront les sections faites dans le cône & dans le cylindre, par un plan passant par P perpendiculairement au triangle par l'angle BSA. Si du point P on éleve une perpendiculaire PO, qui coupe le cercle du cône en R & celui du cylindre en O.

On démontrera que cette ligne est une ordonnée commune aux deux cercles & à l'Ellipse ERLr; car dans le cône à cause des triangles semblables EPb, SDB, aPL, LAF & SAD on aura les analogies suivantes;
$$\left.\begin{array}{l}EP:Pb::SD:DB\\PL:Pa::SD:DA\end{array}\right\} \text{ donc } EP \times PL : Pb \times Pa = \overline{PR}^2 :: \overline{SD}^2 : DB \times DA.$$
Dans le cylindre à cause des triangles semblables EPg, iPL, SDx, on aura encore les analogies suivantes;
$$\left.\begin{array}{l}EP:Pg::SD:Dx\\PL:Pi::SD:Dx\end{array}\right\}$$
donc $EP \times PL : Pg \times Pi = \overline{PO}^2 :: \overline{SD}^2 : \overline{Dx}^2$, ou ce qui est la même chose à DB $\times$ DA. Donc les lignes PO & PR ont même rapport aux lignes PE, PL; donc elles sont égales & se confondent en une terminée en P & en O ou R, qui deviennent un même point; & puisqu'on peut prouver la même chose de tous les points P, pris à volonté, il suit que l'Ellipse du cylindre est la même que celle du cône; puisque les ordonnées à l'axe EL seront toujours communes. Donc la section d'un cône & d'un cylindre dont les axes se coupent obliquement, peut être une Ellipse plane, *ce qu'il falloit démontrer.*

Hors de ce cas la section faite par la pénetration de ces corps ne peut être une figure plane, comme nous le démontrerons dans la suite.

Corollaire.

145. Il suit de cette proposition qu'un cône BSA étant donné & une

Ellipse ERLr dans ce cône, il est facile de trouver le cylindre qui a pour section la même Ellipse; puisqu'ayant trouvé une troisiéme proportionelle aux lignes BD & DA, on aura sur la base du cône un point x, lequel avec le sommet S détermine la position de l'axe du cône, & les points E & L celle des côtez.

Nous donnerons l'inverse dans les Problêmes, c'est-à-dire, la maniere de trouver le cône, auquel convient l'Ellipse de la section d'un cylindre donné.

Application à l'usage.

146. CETTE proposition fait voir qu'il faut examiner quelle est la position du cylindre dans le cône, lorsque les axes se coupent obliquement, pour reconnoitre si la section est plane ou solide, comme elle est presque toujours. Et dans la pratique elle peut être appliquée à la construction d'une arriere-voussure conique ou ébrasement biais, rachétant un ceintre surhaussé ou surbaissé, dont la direction du milieu se croise avec celle de l'ébrasement.

THEOREME XXV.

La Section faite par la rencontre des surfaces d'un cône & d'un Cylindre, qui le pénetre, ensorte que les Axes de ces deux Corps se croisent, ou soient paralleles entr'eux, est une Ellipsombre.

CE Theorême renferme deux cas, & les comprendroit tous en le joignant aux précedens, s'il comprenoit celui où les axes ne se rencontrent pas sans être paralleles; mais il est si composé que nous le laissons à la recherche de quelque bon Mathematicien. Cependant quoique ce défaut rende notre Theorie un peu imparfaite, la pratique ne s'en ressentira pas: parce que nous trouverons une maniere Geometrique de trouver autant de points qu'on voudra, de la courbe de cette section, quoiqu'elle nous soit inconnuë en general, on ne perd en cela qu'une formule generale d'Algebre, qui embrasse tous les cas.

Premier cas, où les Axes se coupent perpendiculairement ou obliquement.

SOIT [*Fig.* 70.] ASB le triangle par l'axe du cône, & IGHK le parallelograme par l'axe du cylindre, ou un autre plan CDFS passant par l'axe SC du cône, & par celui du cylindre xX, ce dernier plan coupera la surface du cône suivant une ligne droite SP, suivant laquelle un troisiéme plan perpendiculaire au plan CF sera supposé couper le cylindre & toucher le cône, de sorte qu'il ne fera qu'une section dans un

Fig. 70.

96 TRAITÉ

des corps, sçavoir une Ellipse dans le cylindre, qu'il coupe obliquement en E*m*LM; dont EL sera le grand axe, lequel est dans la ligne SP à la surface du cône, auquel cette Ellipse étant tangente, sera toute au dehors.

Si par les points M & *m*, N & *n*, pris à volonté sur la circonference de cette Ellipse, on mene de lignes QM, *q*N paralleles à l'axe du cylindre *x*X, prolongées jusqu'à la rencontre de la surface du cône, aux points Y & *y*, ces points seront à la circonference de la section solide, aussi bien que les points E & L; de sorte que la ligne E*y*YL sera au contour de la section solide, & si par les mêmes points M & N, ou ceux qu'ils ont produit à la base du cylindre Q, R, *qr*, on mene des ordonnées au diametre GH, ou EL, par lesquelles on suppose des plans YR, *yr*, qui coupent le cylindre & le cône, ils feront deux sections differentes, sçavoir des parallelogrames *yr* & YR, dans le cylindre, & des cercles ou des Ellipses dans le cône, dont YTV & *ytu* feront des arcs; mais parce que les ordonnées M*m* & N*n* font tangentes à ces courbes, que les points M & *m* sont également éloignez du point d'attouchement T & *t*, de même que N & *n*, & que les lignes YM, *y*N, qui font les côtez du cylindre, sont paralleles entr'elles; il fuit que les ordonnées de la section solide YV & *yu* sont paralleles & égales aux ordonnées à l'axe EL de l'Ellipse plane EML*m*, donc la courbe EYLV est une Ellipsimbre, *ce qu'il falloit démontrer.*

Second cas, où les Axes sont paralleles entr'eux.

Fig. 71.   Soit AS*b* le triangle par l'axe du cône, & un plan SFPC passant par l'axe X*x* du cylindre GH, ce plan fera deux sections differentes, sçavoir un parallelograme GH*bg* dans le cylindre, & un triangle a SP dans le cône, dont SP sera un côté, & par conséquent à sa surface. Si l'on suppose un troisiéme plan, qui lui soit perpendiculaire & tangent au cône, suivant la même ligne SP, il fera par sa section dans le cylindre une Ellipse EML*m*, dont l'axe EL sera partie de cette ligne SP, laquelle Ellipse sera toute hors du cône, & dans le cylindre. Si enfuite on prend à la circonference des points M & N à volonté, & que par ces points on mene des paralleles à l'axe *x*X, comme MY, N*y*, elles rencontreront la surface du cône en quelques points Y & *y*, qui seront à la circonference de la section solide, puisqu'ils sont communs à la surface du cône & à celle du cylindre, dont ces lignes font les côtez; donc la ligne courbe E*y*YL est celle de la section solide.

Il reste à démontrer que les ordonnées à l'axe courbe de cette courbe seront égales à celles de l'Ellipse à l'axe EL, ce qui est facile par l'application de la démonstration précédente, dont celle-ci n'est qu'une répetirépétition; car les plans paralleles à l'axe du cylindre passant par les ordonnées de l'Ellipse plane M*m*, N*n* font un parallelograme dans le cylindre, & des hyperboles semblables dans le cône, dont les arcs YTV & *y t u* sont touchez aux points T & *t* par les ordonnées de l'Ellipse plane M*m* & N*n*, & les points M & *m*, N & *n*, également distans des points T & *t*; donc par l'Article 39. les lignes MY, *m*V coupent l'hyperbole à des distances égales de la tangente MT*m*; par conséquent les lignes YV, & *yu* sont paralleles aux lignes M*m* & N*n*, & elles leur sont égales, puisqu'elles sont entre mêmes paralleles, qui sont les côtez du cylindre MY, *m*V; donc la section est une Ellipsimbre, *ce qu'il falloit démontrer*.

147. Quant au troisiéme cas où les axes ne sont pas paralleles, & ne se coupent pas; quoique nous ne déterminions pas la figure qui résulte de la rencontre des surfaces du cône & du cylindre par un Theoréme general, nous donnerons dans les Problêmes la maniere de trouver autant de points que l'on voudra de cette courbe, en coupant le cône & le cylindre par des plans paralleles entr'eux; mais parce que l'inclinaison de ces plans peut changer quatre fois la courbe de la section du cône, & deux fois celle du cylindre, la rencontre des surfaces des deux corps sera dans l'intersection de differentes sections; quelquefois d'une parabole & d'une Ellipse, d'une hyperbole & d'un cercle, de deux Ellipses ou de deux cercles, de sorte que la combinaison de ces sections devient fort composée, d'où résulte une si grande varieté, que je laisse à quelque Sçavant l'invention d'une formule algebrique, qui donne la solution de tous les cas de cette proposition.

Corollaire.

148. Il suit de la pénetration du cylindre dans le cône, que lorsque leurs axes sont perpendiculaires entr'eux les sections opposées sont égales, & que lorsqu'ils sont obliques elles sont inégales. Celle qui est plus près du sommet du cône est la plus petite, & son opposée la plus près de la base, la plus grande; cette observation est encore vraye, lorsque les axes ne se coupent pas, & qu'ils ne sont pas paralleles.

Application à l'Usage.

149. Cette proposition fait connoître quelle est la Courbe de l'enfourchement d'une voute en canoniere, percée de lunettes en berceau, comme il peut arriver au grand Escalier du Vatican à Rome, ou cel-

le d'un Ebrafement fait au bout d'un berceau, dont la naiffance ne feroit pas de niveau avec celle du plein ceintre de l'Ebrafement.

THEOREME XXVI.

La Section faite par la pénetration d'un Cône dans un Cylindre eft une Ellipfoïdimbre.

UN cône peut pénetrer un cylindre de fix manieres.

1.° LORSQUE l'axe du cône coupe perpendiculairement celui du cylindre.

2.° LORSQU'IL le coupe obliquement.

3.° LORSQUE l'axe du cône ne rencontre pas celui du cylindre, mais qu'il tombe perpendiculairement fur fon côté, & entre dans le cylindre de toute la circonference de fon contour.

4.° LORSQUE, dans les mêmes circonftances, fon axe tombe obliquement fur les côtez du cylindre.

5.° LORSQU'IL ne pénetre le cylindre que d'une partie de fa circonference, & que fon axe tombe perpendiculairement fur le côté du cylindre.

6.° ENFIN lorfqu'il n'y a qu'une partie de fon contour qui entre dans le cylindre obliquement.

DANS tous ces cas la fection eft une Ellipfoïdimbre de même efpece, que celle dont nous avons parlé ci-devant au Theoréme XXIII.

Fig. 72. POUR le premier & fecond cas. Soit un cylindre D*d* F*f* (*Fig.* 72.) pénetré par un cône BAS, dont l'axe SC coupe celui du cylindre KX perpendiculairement ou obliquement. Si l'on fuppofe un plan paffant par ces deux axes, il coupera le cylindre fuivant une ligne droite EL, dont les points E & L feront communs aux deux furfaces, étant à l'interfection du triangle par l'axe fait dans le cône, & du parallelograme par l'axe du cylindre, à la furface duquel fera la ligne EL. Si l'on fuppofe un fecond plan tangent au cylindre fuivant la ligne EL, que nous fuppofons oblique à l'axe CS, ce plan fera dans le cône une fection Elliptique, dont EL fera le grand axe : fi enfuite l'on prend à fa circonference autant de points que l'on voudra à volonté, comme M*m*, N*n*, par lefquels on méne des lignes droites au fommet S du

DE STEREOTOMIE. Liv. I.   99

cône, ces lignes rencontreront la surface du cylindre en quelques points Y & y, lesquels seront communs aux deux surfaces, puisqu'ils sont à l'intersection des côtez du cône & du cylindre ; donc la courbe EyYL est celle de la section solide.

Si par les mêmes points M & N on tire des ordonnées à l'axe EL, elles toucheront le cylindre aux points T & t, & seront perpendiculaires aux lignes TS, tS, & les plans qui passeront par ces ordonnées seront dans le cône des triangles SMm, SNn, & des cercles ou des Ellipses dans le cylindre, dont YTV, & ytv seront des arcs, & les ordonnées YV & yu de la section solide, seront leurs cordes ; il est visible qu'à la section solide la plus près de la base, ces cordes seront plus petites que les ordonnées de l'Ellipse Mm & Nn, puisque les lignes MV, Nu, mY, ny sont convergentes, en ce qu'elles tendent toutes au sommet S ; or si l'on prend leur différence en tirant les lignes bY, HV, & yo paralleles à l'axe KX on aura des triangles semblables STm, Ybm, & Stn, yon, dans lesquels on aura les analogies suivantes ST : Tm :: Yb : bm, & St : tn :: yo : on ; c'est-à-dire, que la distance du sommet du cône à l'ordonnée de l'Ellipse plane est à cette ordonnée, comme la profondeur de la section, ou distance à l'ordonnée de l'Ellipse plane, est à la différence de cette ordonnée avec celle de la section solide ; donc * la courbe EyYL est une Ellipsoïdimbre, *ce qu'il falloit démontrer*. * Art. 79.

150. Il paroît inutile de répeter ici ce que nous avons dit de pareilles sections, que les opposées avoient leur axe courbe, tourné en sens contraire, de sorte, que si dans l'une la différence des ordonnées de la section solide & de l'Ellipse plane est un excès, dans l'autre elle sera un défaut, sans que le rapports des analogies soit changé pour cela.

On sçait encore que le même rapport de cette différence ne peut être appliqué à toutes les ordonnées, mais chacune d'entr'elles a un rapport différent à la correspondante ; car il est clair que le rapport de on à tn est bien plus petit que celui de bm à Tm, la raison est que si les axes du cône & du cylindre se coupent à angle droit, les triangles Stm, STm sont de même hauteur, ayant leurs sommets en S & leurs bases inégales, tn étant plus petit que Tm, & si les axes se coupent obliquement, ces différences de rapport subsisteront encore comme nous l'avons démontré au Theoréme XXV. ce qui comprend le second cas.

151. Dans le troisiéme cas de cette proposition, si l'axe du cône e

ne rencontre pas celui du cylindre, mais qu'il tombe perpendiculairement sur son côté, c'est-à-dire sur une ligne prise à la surface du cylindre parallele à son axe: je dis que la courbe est encore la même.

Fig. 73. Soit (*Fig. 73.*) le triangle *b*S*a*, qui pénetre le cylindre G*gd*D, dont l'axe SC ne rencontre pas celui du cylindre KX, comme on le voit par le profil, où *s*C' ne passe pas par le centre *x* du cercle 2*el*, mais qui tombe perpendiculairement sur le côté du cône, comme si ST est perpendiculaire sur HI, si l'on imagine un plan SEL, coupant l'axe du cylindre perpendiculairement à la ligne HI, les points E & L, qui sont à l'intersection des côtez du cylindre Q*q*, R*r*, & de ceux du cône SE, SL seront communs aux deux surfaces, & par conséquent à la circonference de la section solide. Si ensuite on suppose un second plan, passant par ces deux points parallelement à l'axe KX du cylindre, il fera deux sections, l'une dans le cylindre, qui sera un parallelograme QR*rq*, & une Ellipse EML*m* dans le cône, qu'il coupe obliquement, parce que l'axe SC du cône ne passe pas par le centre du cercle, qui est la section faite dans le cylindre par le plan ESL, où il faut remarquer, que dans la figure on a représenté ce plan en perspective, en sorte qu'il n'est pas perpendiculaire à HI; pour éviter la confusion des lignes, & faire voir l'arc ETL, partie de ce cercle, qui auroit été confondu en une ligne droite.

Si suivant notre méthode on mene des ordonnées M*m*, N*n* à l'axe EL de l'Ellipse, & que par les points de sa circonference MN, *mn*, qui sont dans le cylindre, on tire des lignes au sommet du cône S, ces lignes seront à sa surface & couperont celle du cylindre (au dessous de laquelle les points MN, *mn* sont enfoncez) en quelques points comme *y*Y, V & *u*, lesquels seront à la circonference de la section solide, comme il est évident, puisqu'ils sont à l'intersection des côtez du cône & de ceux du cylindre; donc la ligne qui passera par les points E*y*YLV*u* sera la courbe de la circonference de la section solide.

Maintenant pour trouver le rapport des ordonnées de cette section avec celles de l'Ellipse plane EML*m*, qui est la section oblique du cône par un plan, il n'y a qu'à mener des paralleles aux lignes SP & S*p* par les points Y & *y*, lesquelles retrancheront des ordonnées de l'Ellipse les differences M*b*, N*o* de leurs excès sur celle de la section solide Y*x*, *yz*, & donneront les analogies suivantes, à cause des triangles semblables SPM, Y*b*M & S*p*N, *yo*N, qu'on a repeté à côté de la figure, pour éviter la confusion des lignes SP : PM :: Y*b* : *b*M & S*p* : *p*N :: *yo* : *o*N; donc la courbe E*y*YL est une Ellipsoïdimbre, *ce qu'il falloit démontrer.*

REMARQUE

152. On voit ici que la différence des ordonnées de la section solide à l'Ellipse est en défaut, comme l'on a vû dans les exemples des sections précedentes, dans la partie la plus près de la base (*Fig.* 72.) ce qui semble se contrarier, puisque les sections opposées sont tournées en sens contraire ; mais il faut remarquer que dans le cas précedent les points E & L sont considerez posez suivant la longueur du cylindre, ensorte que le plan par la ligne EL est tangent, par consequent au dehors du cylindre, & de la section solide ; & qu'ici au contraire le plan passant par EL coupe le cylindre & se trouve au dedans de la section, de sorte que l'Ellipse plane à laquelle on la compare, étant différemment située, il n'est pas étonnant qu'elle donne des analogies de défaut, quoique la section soit plus près du sommet, où elle donneroit de l'excès ; si on l'avoit située comme à la figure 72. en examinant la section, qui passeroit par *eTl* du profil. Au reste les rapports sont toujours les mêmes dans chaque plan passant par les ordonnées des deux sections & le sommet du cône. La distance de ce sommet à l'ordonnée de la section plane est toujours à cette ordonnée, comme la profondeur de la section solide est à la différence des ordonnées des deux sections par excès ou par défaut.

Il est aisé de voir les différences qui peuvent arriver à ces Courbes dans les cônes scalenes, où les sections planes que nous avons consideré comme des Ellipses, peuvent être des cercles.

153. *Quatriéme cas.* Où l'axe du cône tombe obliquement sur les côtez du cylindre, il n'y aura aucune différence de section, toute celle qui en peut résulter, c'est qu'il peut arriver que les diametres EL & Mn deviennent égaux, & que la section soit une espece de cicloïmbre alteré, pour lequel nous n'avons pas fixé de nom.

154. Enfin au cinquiéme & au sixiéme cas, si l'axe du cône tombe perpendiculairement ou obliquement sur le côté du cylindre, & que le cône ne le pénétre que d'une partie de sa circonference, la section sera composée de deux portions de courbes, l'une plus grande que l'autre ; parce que celle qui approchera du sommet sera plus petite que celle qui sera plus près de la base, comme nous l'avons déja remarqué, & ces courbes seront entr'elles deux angles d'inflexion, plus ou moins rentrans, selon que la pénétration du cône dans le cylindre sera plus ou moins profonde ; car si un de ces côtez touche celui du cylindre, elles seront toutes les deux fermées & se toucheront en un point, comme nous l'avons dit de toutes les autres sections

composées, ce qui ne mérite pas de répétition, avec cette différence que celles-ci ne peuvent pas être égales, quand même les deux côtez du triangle par l'axe du cône toucheroient le cylindre. Et si enfin ces deux côtez du cône s'élargissent, de sorte qu'ils soient tous les deux hors du cylindre, la section change de nature, & retombe dans le cas du Theorême précedent, où le cône embrasse le cylindre; car il s'agit alors de considerer la pénetration du cylindre dans le cône, & non pas celle du cône dans le cylindre, dont nous avons fait la distinction au commencement de ce Chapitre.

Application à l'usage.

155. CETTE proposition fait connoître quelle est la Courbe de l'arête d'enfourchement de toutes sortes de lunettes ébrasées dans des berceaux, soit qu'elles ayent leurs naissances de niveau avec celle du berceau, & qu'elles soient Droites, comme au premier cas; soit qu'elles soient biaises comme au second; soit que leurs naissances soient au dessus ou au dessous de celle du berceau, comme dans le troisiéme & quatriéme cas, ce qui peut souvent arriver; soit enfin que la lunette fût prise en maniere d'Abajour, en partie hors du berceau, ce qui ne peut guères arriver, à moins qu'on ne voulût le faire exprès par caprice, ou au bout d'un berceau, comme on en voit aux Souterrains des nouvelles Fortifications de Manheim dans le Palatinat.

Fig. 74. La figure 74. fait voir l'effet du cône, qui embrasse le cylindre, ensorte que les deux sections se raprochent, tellement que si le cylindre s'écartoit encore un peu plus du milieu du cône, elles n'en feroient plus qu'une composée.

CHAPITRE VII.
Des Sections faites par la pénetration des Cônes entr'eux.

UN cône peut être à l'égard d'un autre cône de differente grandeur, & en differente position; d'où résultent les cas qui changent la nature des sections formées à leurs surfaces, par leur pénetration mutuelle.

LA combinaison de leur situation respective peut beaucoup plus va-

Page 103.   Planche 6.

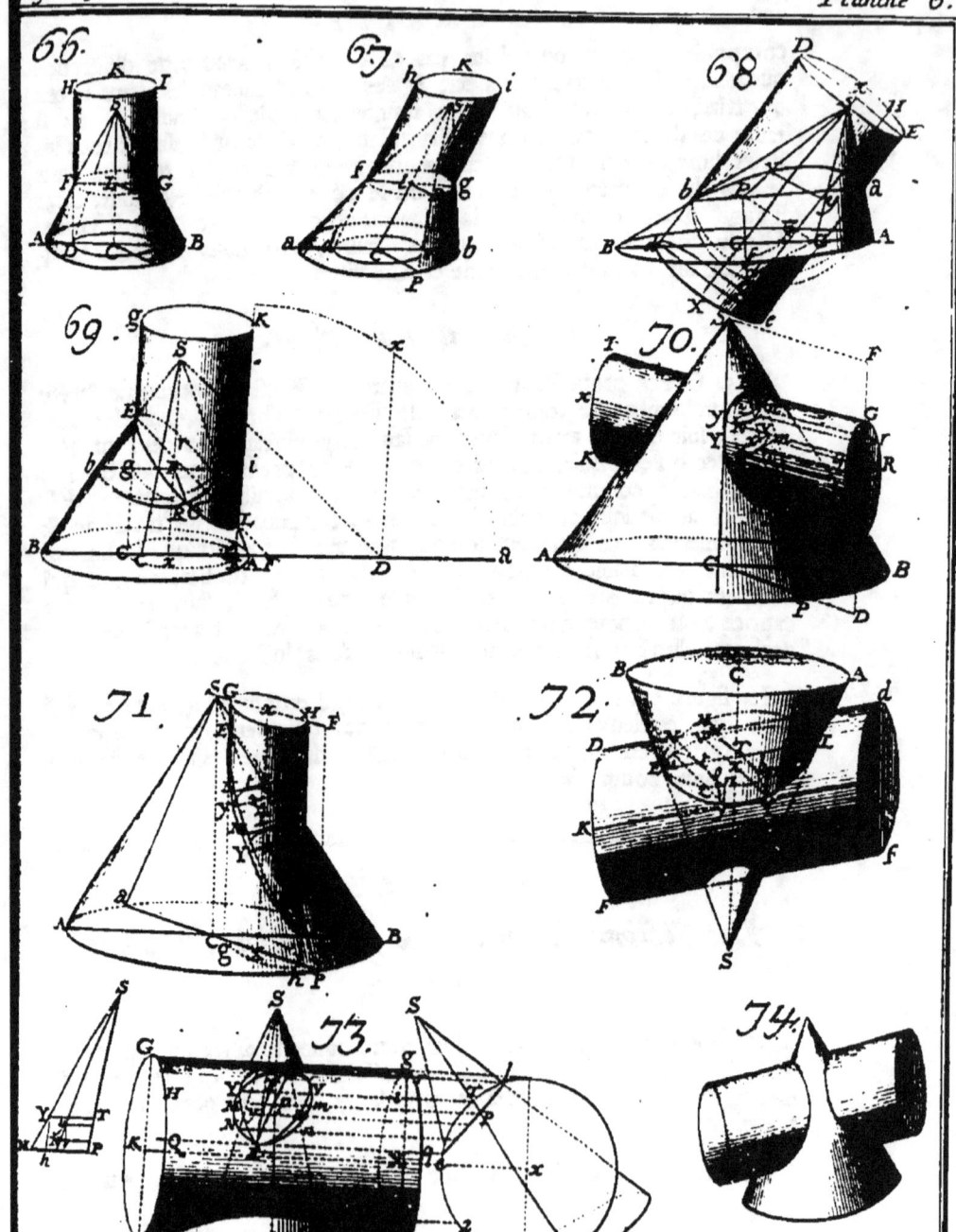

rier que celle des cylindres entr'eux, qui sont des corps plus simples, & dont les sections ne peuvent être que de trois especes; celles des cônes au contraire peuvent être de cinq especes, qui donnent neuf combinaisons, rejettant les inutiles. Je ne doute pas cependant qu'on ne puisse trouver une formule generale, qui comprendroit tous les cas des sections solides, qui peuvent se faire par la pénetration des cônes entr'eux, dans quelque situation que soient leurs axes & leurs côtez, les uns à l'égard des autres, il seroit à souhaiter que quelque Sçavant Algebriste voulût y travailler. Le célebre M. BERNOULLY de Bâle, qui a bien voulu jetter les yeux sur ce petit Ouvrage, & me donner des instructions sur la Courbe de la section de l'Anneau, m'a dit que le calcul pour la formule generale de l'intersection des cônes étoit plus long que difficile, pour moi qui le trouve au dessus de mes forces, je me contenterai de ce que la geometrie lineaire pourra nous indiquer suivant notre méthode ordinaire, de la supposition des plans coupans ces corps de differentes façons, & comparant les sections planes aux solides; & quoique je n'en approfondisse pas la Theorie, je fournirai les moyens nécessaires à la pratique pour en trouver les courbes par celui de la projection, ce qui suffit au projet de cet Ouvrage, où l'on s'est borné aux connoissances qui doivent être de quelque usage dans l'Architecture. Je puis aussi dire que les rencontres des voutes coniques entr'elles sont des cas assez rares, comme on le verra au quatriéme Livre; cependant nous ne laisserons rien à désirer de ce qui peut tomber en pratique, quoique nous ne puissions donner ici une Theorie complete sur cette matiere; quelque Sçavant pourra peut-être suppléer à ce qui manque ici à la curiosité.

THEOREME XXVII.

Les Sections faites par la pénetration de deux Cônes égaux, dont les Axes (s'ils sont Droits) ou les côtez semblables (s'ils sont Scalenes) se coupent à distances égales de leur Sommet, sont des Sections Planes.

Ce Theoréme contient sept combinaisons de position de cônes, qui se pénetrent, lorsqu'ils ont l'axe commun & qu'ils sont tournez en sens contraire.

1.° LORSQUE leurs axes se confondent, & qu'ils sont tournez en sens contraire, comme à la fig. 83. *Fig.* 83.

2.° LORSQUE les cônes sont Droits & leurs axes paralleles entr'eux. *Fig.* 75.

3.° LORSQUE leurs axes sont inclinez entr'eux, & qu'étant prolon- *Fig.* 76. gez ils se rencontrent au-delà des sommets.

104 TRAITÉ

Fig. 77.   4°. Lorsqu'étant inclinez ils se croisent au dessous des sommets, & que les côtez opposez sont paralleles entr'eux.

Fig. 78.   5°. Lorsqu'ils se croisent au dessous des sommets, & que les quatre côtez se coupent,

Fig. 79.   6°. Lorsque, les cónes étant scalenes, les côtez semblables & opposez sont paralleles entr'eux, mais tournez en sens contraire, le sommet de l'un, du côté de la base de l'autre.

Fig. 80.   7°. Lorsqu'étant aussi scalenes ils sont tournez en sens contraire, seulement à l'égard de la base, & qu'ils ont un axe commun.

Au deuxiéme & troisiéme cas la section HD est une hyperbole; au quatriéme, PR une parabole; au cinquiéme, EL, & au sixiéme, bB une Ellipse; & au septiéme, SDd un triangle isoscele.

DÉMONSTRATION.

Fig. 76. & 75. Si l'on suppose un plan passant par les axes des deux cónes il sera par la supposition deux triangles semblables & égaux ASB, asb, & si un second plan perpendiculaire à celui-ci, le coupe par le point H d'intersection des côtez SB, sa, & des axes CX, cX en X, ou parallelement aux axes, s'ils sont paralleles entr'eux comme la figure 75. il est clair qu'il retranchera des segmens de cercles égaux DEa, DEb, dans chaque base du cône; puisque les abscisses Da, Db, qui sont les fléches des arcs, sont égales par la supposition; mais aussi il retranchera des segmens de cône DHa, DHB, qui seront de même hauteur & inclinaison sur ces portions de base, puisqu'il les coupe à distances égales des sommets S & s par la supposition; donc tous les arcs de ces segmens de cône, paralleles à ceux de la base comme fG, FG, seront encore égaux entr'eux, parce qu'ils seront coupez en même raison dans chaque cône à même distance de la base; donc ils n'avanceront pas plus d'un côté que de l'autre; & par conséquent aboutiront au même plan, qui fera deux sections égales, une à droite dans un cône, & une à gauche dans l'autre, ou pour mieux dire une section équivalente à deux.

Quant à la figure de la section, il est visible qu'elle sera déterminée par la position du plan coupant perpendiculairement les triangles par les axes, comme s'il n'y avoit qu'un seul cône, puisque sa position à l'égard de l'autre est supposée égale.

Appli-

DE STEREOTOMIE. Liv. I.

Application à l'usage.

CETTE proposition, considerée 1.° au second & troisiéme cas, fait voir Fig. 75. quelles sont les arétes de rencontre des crenaux parallèles, convergens 76. & 77. & divergens, joints ensemble dans une seule ouverture intérieure, comme on en voit en plusieurs vieux Chateaux, & dans les Fortifications modernes aux Redoutes de Luxembourg & ailleurs. 2.° Au quatriéme Fig. 78. & cinquiéme cas des cónes égaux, dont les axes & les cótez se croisent, on voit quelle est la Courbe, qui se forme à l'angle rentrant des enfourchemens des voutes sphériques, fermées en polygones, à leurs diagonales dans la méthode du *Trait*, qui suppose des cónes tronquez, inscripts dans la sphère, pour y former des Panneaux de dévelopement, comme on le verra au Chapitre septiéme du quatriéme Livre, où nous ferons voir en quoi consiste l'erreur du trait du P. Deran & du P. Déchalles qui l'a suivi, & que M. de La Ruë, qui l'a connu à-peu-près n'en a pas apperçû la raison. 3.° Au 6.e cas, cette proposition fait voir quel- Fig. 79. le seroit la courbe d'aréte d'enfourchement d'une *Corne de Vache double* exactement faite, comme si ses piédroits étoient ceux d'un biais passé.

4.° Au 7.e cas elle fait voir que les Trompes coniques, que tous les Fig. 80. Auteurs de la coupe des Pierres mettent aux angles des Escaliers, suspendus à repos, sont un composé de deux cónes, qui sont un *Jarret* à la clef, en angle saillant; car la section par les points A & a, faite par un plan perpendiculaire aux deux triangles par l'axe commun SX, fait deux Ellipses, l'une AC dans le cóne scalene ASB, l'autre a c dans l'autre cóne égal Sab, lesquelles se croisent en m ou en i entre les deux axes cH & Ch, de sorte que cette section est une courbe composée, telle qu'elle est représentée en AHiba, & en projection par la droite AcmCa.

THEOREME XXVIII.

La Section faite par la pénetration des Cônes Droits inégaux, dont les Axes se confondent, ou des Cônes Scalenes inégaux, dont les Axes se confondent, & sont également inclinez à leurs Bases, est un Cercle.

LA vérité de cette proposition se présente d'elle-même, & n'a pas Fig. 81. besoin de démonstration; car les sections planes, parallèles à la base par 82. 83. les points communs EF & Dd, dd, sont des cercles communs aux & 84. deux cónes, soit que les bases soient confonduës comme aux figures 81. 82. ou parallelement éloignées comme aux figures 83. & 84.

Tome I.

THEOREME XXIX.

La Section faite par la pénétration de deux Cônes inégaux, mais semblables, dont les Axes & les Côtez sont paralleles entr'eux, est un Paraboloïdimbre.

Fig. 85.   Soit (Fig. 85.) le triangle A*s*D la section par l'axe du petit cône, & BSE celui du grand, & le point P commun aux deux surfaces des cônes. Si l'on suppose un plan qui coupe le premier A*s*D perpendiculairement, suivant le côté BS, parallele à A*s*, il touchera le grand cône, & fera dans le petit une parabole qu'on représente ici par la courbe P*r*RL, dont l'axe sera PB, auquel si l'on tire à volonté les ordonnées *or*, OR, & par le sommet *s* les droites *srz* & *s*R*y*, ces lignes, qui feront les côtez du petit cône, étant prolongées, rencontreront la surface du grand BSE en quelques points *z* & *y*, par lesquels on menera des paralleles *zx* & *y*X aux ordonnées *or* & OR, jusqu'à la rencontre des lignes *sx*, *s*X, tirées du sommet *s* par les points *o* & O, & enfin par les mêmes points *r* & R d'autres lignes *rq*, RQ, paralleles à ces mêmes lignes *sx*, *s*X, on aura des triangles semblables *rqz* & *sor*, RQ*y* & *s*OR; par conséquent les mêmes analogies à l'égard de la parabole plane, qu'on a eu dans les Theorèmes XXIII. & XXV. à l'égard de l'Ellipse, sçavoir, la distance du sommet du cône à l'ordonnée de la section plane, à cette même ordonnée, comme la distance à celle de la section, est à la différence des deux sections *so* : *or* :: *rq* : *qz*, & *s*O : OR :: RQ : Q*y*; donc la section (par la def. 4.) est un paraboloïdimbre, *ce qu'il falloit démontrer.*

THEOREME XXX.

La Section faite par la rencontre des surfaces de deux Cônes, qui se pénetrent, dont les Axes sont paralleles, & dont l'un des Côtez d'un des Triangles par l'Axe rencontre celui de l'autre [prolongé s'il le faut] est une Ellipsoïdimbre.

Fig. 86.   Soit [Fig. 86.] les triangles B*s*A & *b*Sa la section faite par un plan passant par les axes de deux cônes qui se pénetrent, dont les points E & L sont communs aux deux surfaces. Si l'on suppose un plan passant par EL perpendiculairement au premier, il touchera le cône B*s*A, & fera une Ellipse dans l'autre *b*Sa, qu'il coupe obliquement suivant la ligne EL, qui en sera le grand axe, auquel ayant mené des ordonnées *or* & OR à volonté, on tirera par le point S des lignes S*r* & SR, jusqu'à la rencontre de la surface du cône B*s*A en *z* & en *y*, ces points seront à la circonference de la section solide, laquelle sera la courbe E*zy*L; or faisant, comme au Theorème précedent *zx*, parallele à *ro*,

DE STEREOTOMIE. Liv. I.

& y X parallele à RO jusqu'à la rencontre des lignes S o, SO, tirées du sommet du cône, & prolongées vers x & X, & tirant ensuite des mêmes points r & R des lignes r q & R Q paralleles aux lignes S x & S X, on aura les mêmes Analogies à l'égard des ordonnées de l'Ellipse, qu'on a eu dans la proposition précedente à l'égard de la parabole; sçavoir, S o : o r :: r q : q z, & SO : OR : RQ : Q y; donc la section solide est une Ellipsoïdimbre, *ce qu'il falloit démontrer*.

Nous avons ajouté à l'énoncé de la proposition, que le côté d'un des triangles par l'axe d'un cône devoit couper celui de l'autre, prolongé [s'il le faut] parce qu'il peut arriver comme à la fig. 89. que le côté *Fig.* 89. s A du triangle B s A ne rencontre pas le côté S a de l'autre triangle, mais il le rencontrera si l'un & l'autre sont prolongez vers L; parce que nous supposons qu'ils soient inclinez entr'eux, & non pas paralleles; de sorte que la section sera toujours la même. La seule difference qu'il y aura avec le cas précedent, c'est qu'elle ne sera pas une Ellipsoïdimbre complete, mais mutilée, qui sera défaillante de toute la partie correspondante à A L de l'axe soustendant E L, laquelle est hors du cône.

REMARQUE

156. Il faut remarquer que, quoique le plan que l'on feroit passer par la ligne SE perpendiculairement à celui des triangles par les axes s C, S c, doive faire une hyperbole dans le cône A s B, la section ne sera pas pour cela une hyperboloïdimbre; parce que les côtez A s & a S étant divergens vers S, sont convergens vers L; de sorte qu'en prolongeant ces côtez, on revient toujours au premier cas de l'Ellipsoïdimbre.

THEOREME XXXI.

La Section faite par la rencontre des surfaces des deux Cônes, dont les Axes se coupent perpendiculairement ou obliquement, ensorte que les côtez prolongez de l'un ou de l'autre, ne se rencontrent pas au dessus & au dessous du sommet d'un d'entr'eux, est une Ellipsoïdimbre.

La démonstration de cette proposition est tellement semblable à cel- *Fig.* 87. le de la précedente, qu'on s'est contenté d'en mettre ici la figure, pour & 88. le cas où les axes se coupent perpendiculairement; & la figure 88. pour celui où ils se coupent obliquement; en coupant les cônes, qui traversent, par des plans tangens aux cônes qui sont pénetrez, comme on a fait cy-devant, il sera bien aisé de voir les rapports des ordonnées de la section solide à celle de la section plane, & parce que suivant

O ij

les conditions du Theorème, ces sections planes ne peuvent être que des Ellipses si les cônes font Droits, ou des cercles s'ils font scalenes ; il suit que la section solide sera une Ellipsoïdimbre, ou espece de cicloïmbre élargi ou resserré, c'est-à-dire une courbe, dont les ordonnées ont un excès ou un défaut sur celles du cercle.

Nous n'avons rien à ajouter à ce que nous avons dit des sections opposées ; elles sont ici comme ailleurs les mêmes, disposées en sens contraire à l'égard du sommet, & l'une toujours plus petite que l'autre.

On verra par le Theorème suivant, la raison pour laquelle nous exceptons dans l'énoncé de celui-ci, le cas où les côtez prolongez se rencontrent.

THEOREME XXXII.

La Section faite par la rencontre des surfaces de deux Cônes, dont les Axes se coupent obliquement, & dont un Côté d'un des Triangles par l'Axe rencontre les deux de l'autre Triangle, qui est dans le même Plan, ou un des côtez étant prolongé au dessus de son sommet, est une Hyperboloïdimbre dans l'un & l'autre Cône.

Fig. 91.   Soient [*Fig. 91.* les triangles BSA & DEF les sections d'un plan passant par les deux axes CS & gE, des cônes qui se pénetrent dans une position respective, où le côté DE rencontre les deux du triangle BSA, l'un SA qu'il coupe naturellement en H, l'autre BS en y, parce qu'il est prolongé au dela du point S en y ; ou bien, où le côté SA du triangle BSA rencontre les deux DE, EF du triangle DEF, sçavoir DE en H, & FE prolongé en X.

Si l'on suppose des plans perpendiculaires à celui qui passe par les axes SC, Eg, & qui coupent les cônes, l'un par HA   autre par HD, les sections qu'ils feront seront des hyperboles, dont HA & HD seront les axes, & HX, Hy les axes déterminez, & les mêmes plans qui coupent un cône seront tangens de l'autre.   Soit une moitié de ces hyperboles la courbe HR, sur laquelle ayant pris le point r à volonté, on menera l'ordonnée ro à l'axe HD, & par le même point r & le sommet S la ligne Srz, cette ligne rencontrera la surface de l'autre cône DEF en quelque point z, qui sera à la circonference de la Courbe de la section solide, qui passera par le point H, commun aux deux surfaces, & par le point z, qui leur est aussi commun, puisqu'il est la rencontre du côté du cône BSA avec la surface de l'autre DEF ; or parce que la ligne Srz, part du même point S, que la ligne SA, ces lignes s'écartent & sont divergentes, de sorte qu'on peut supposer comme

DE STEREOTOMIE. Liv. I. 109

aux Theorêmes précedens une ligne parallele à SA, & tirée du point r, jusqu'à la rencontre de la ligne zx, ce qu'on n'a pû faire bien nettement dans la figure pour éviter la confusion des lignes, mais qu'on peut bien se représenter par la figure 90. mise à côté, où bx repré- Fig. 90. sente HD, & l'on aura des triangles semblables sor, rqz; donc So ou Eo : or :: rq : qz; par conséquent la courbe qui passera par bz, sur la surface des cônes, sera une hyperboloïdimbre, *ce qu'il falloit démontrer.*

Il en sera de même à l'égard de l'autre cône, & cette section commune variera suivant la difference des grandeurs respectives des deux cônes.

THEOREME XXXIII.

La Section faite par la rencontre des surfaces de deux Cônes, dont les Axes se coupent obliquement, & dont un des Côtez des Triangles par l'Axe est parallele à un des Côtez de l'autre Triangle de la Section par l'Axe de l'autre Cône, est une Courbe équivalemment differente dans chaque Cône; sçavoir un Hyperboloïdimbre dans l'un des Cônes, & un Paraboloïdimbre dans l'autre, selon que l'un des deux Cônes surpasse ou est surpassé par l'autre, dans l'allignement de ces Côtez.

Soient [*Fig. 92.*] les triangles BSA & DEF les sections de deux cônes, coupez par un plan qui passe par leurs axes cS, CE, lesquels Fig. 92. étant prolongez vers K se coupent obliquement. Soit aussi le côté DE parallele au côté BS; il faut démontrer que la courbe Hx, qui est faite par l'intersection des surfaces de ces deux cônes, a des rapports d'excès & de défaut avec les sections planes, faites par des plans tangens aux côtez des cônes SA & DE; ce qui se fera de la même maniere qu'à la proposition précedente; car le plan tangent par DE sera une parabole dans le cône BSA, & le plan tangent en SA sera une hyperbole dans le cône DEF, dont YH est l'axe déterminé, & HI l'axe prolongé; or si l'on prend dans le contour de ces courbes differentes un point r, par lequel & par le sommet on tire une ligne Srz, qui rencontre la surface de l'autre cône en z, la courbe, qui passera par H & z sera celle de l'intersection des deux corps; mais du même point z menant au sommet E une ligne zE, cette ligne qui sera un côté du cône DEf passera à la circonference de l'hyperbole, dont HI est l'axe & son ordonnée, c'est-a-dire la perpendiculaire menée du point z au plan passant par les axes, aura un rapport d'excès ou de défaut avec cette hyperbole, qui sera proportioné à la profondeur de la section solide, c'est-à-dire à la distance du plan de l'hyperbole, mesurée dans un plan passant par les ordonnées correspondantes & le sommet du cône; donc cette section sera un paraboloïdimbre, considerée comme étant dans le cône DEF, & une hyperboloïdimbre, considerée dans le cône BSA, *ce qu'il falloit démontrer.*

Il faut ici que l'imagination aide un peu à la figure, qui ne peut bien représenter le relief.

Il nous resteroit à déterminer la courbe, qui se fait par l'intersection des surfaces des cônes, dont les axes ne se coupent pas & ne sont pas parallèles; mais sans qu'il soit besoin d'un Théorème général, nous pouvons en trouver autant de points que nous voudrons pour chaque position respective de cônes donnez; ce qui suffit à la pratique, puisque nous démontrerons que chacuns de ces points sont bien trouvez, comme on le verra au Livre suivant.

Nous n'ajouterons rien ici des sections composées de deux portions de courbes, qui se mutilent réciproquement, lorsqu'un cône n'en pénètre un autre que d'une partie de sa circonference; nous en avons assez dit aux Théorèmes XXI. & XXVII. où nous avons aussi fait remarquer que ces parties de sections sont toujours inégales; celle qui approche le plus du sommet étant toujours la plus petite.

USAGE

157. Les rencontres des voutes coniques entr'elles tombent rarement dans la pratique, nous n'en trouvons d'exemples que dans les Trompes & voutes coniques, qui rachetent une Tour ronde & en talus, dans les lunettes ébrasées d'une voute en canoniere, ou dans les crenaux qui se croisent, ce qui est de peu d'usage & de conséquence.

CHAPITRE VIII.

Des Sections faites à la surface des Sphéroïdes, pénétrez par des Sphères, Cônes ou Cylindres.

Fig. 93. & 94.

NOus avons distingué au Chapitre IV. différentes sortes de sphéroïdes, mais nous ne parlons ici que des plus réguliers, qui sont faits par la révolution d'une demi-Ellipse sur un de ses axes, sçavoir de l'*Oblong* PL*p* [*Fig.* 93.] sur le grand axe P*p*, & de l'*Applati*, sur le petit axe AL comme P*tp* [*Fig.* 94.]

Planche 7.

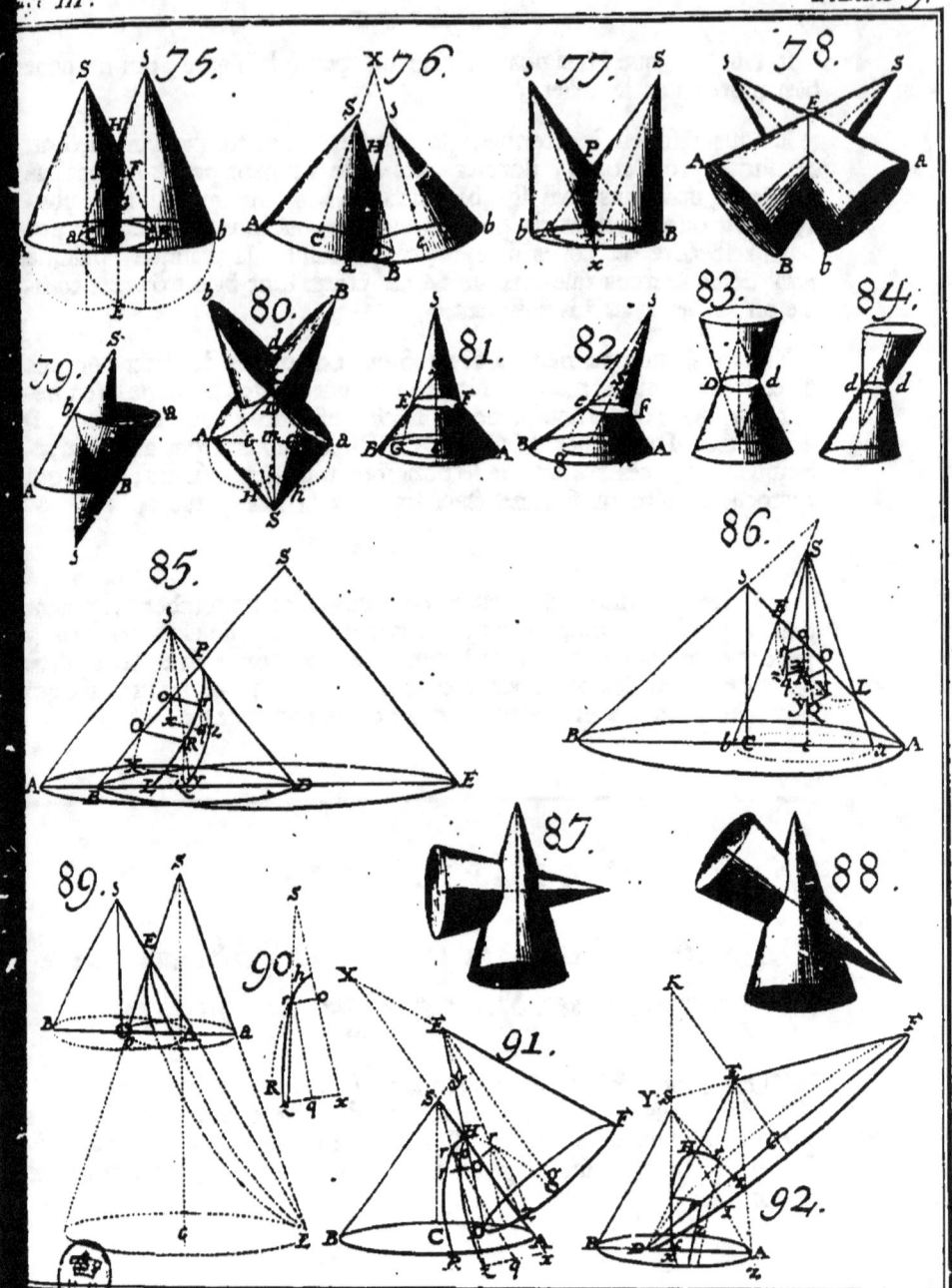

DE STEREOTOMIE. Liv. I.
THEOREME XXXIV.

La Section faite par la rencontre des Surfaces d'un Sphéroïde avec celle d'une Sphère, d'un Cylindre & d'un Cône, qui le pénétrent, ou qui en sont pénétrez, de maniere que les Axes de ces Corps se confondent, est un Cercle.

CETTE proposition est claire, si l'on fait attention à la generation de ces corps, car:

1.° POUR le sphéroïde & la sphère, puisque le sphéroïde est formé Fig. 95. par la révolution d'une demi-Ellipse DBE ou dbe sur son axe, DE ou sur le petit de, & la sphère par celle d'un demi cercle PFp, l'ordonnée MO ou mi à l'axe commun De, auquel elle est perpendiculaire, étant commune au sphéroïde & à la sphère, formera par sa révolution autour de son point M ou m, immobile, un cercle qui sera commun à la sphère & au sphéroïde, dont la circonference sera à la surface de l'un & de l'autre; par conséquent à leur intersection, *ce qu'il falloit démontrer.*

2.° LE même raisonnement s'applique naturellement à l'intersection des surfaces du sphéroïde & du cylindre Droit; [*Fig.* 96] puisque ce Fig. 96. dernier est formé par la révolution d'un parallelograme rectangle MO *im*, sur son côté M*m*; or dans la supposition que ce côté qui est l'axe du cylindre, se confond avec les axes du sphéroïde, soit Applati comme *dbe*, ou alongé comme DBE, il est visible que les côtez MO & *mi* sont des ordonnées communes, dont la révolution fait un cercle, qui sera l'intersection commune de ces deux corps.

3.° IL en sera de même de l'intersection d'un sphéroïde & d'un côneDroit, qui est formé par la révolution d'un triangle rectangle SCF ou *scf*, Fig. 97. sur son côté SC ou *sc*, qui en devient l'axe, passant par les axes des Ellipses, & 98. qui engendrent le sphéroïde, les ordonnées MO & *mi* seront les rayons des cercles, dont la circonference sera l'intersection des deux surfaces, soit que le sommet *s* du cône soit au dehors du sphéroïde ou au dedans comme KCF, (Fig. 97.) auquel cas l'ordonnée commune est *nb*, ou *ni* fig. 98.

Application à l'usage.

CETTE proposition fait voir que l'arête d'enfourchement d'une lunette en Berceau ou Ebrasée, qui rachete une voute en cû-de-four surhaussée ou surbaissée, dont les impostes sont de niveau à celle de la voute, & dont la direction, c'est-à-dire celle de leurs axes, tend au centre du cû-de-four, est une circonference de cercle, en terme de l'Art, un plein ceintre.

De même que l'arête d'enfourchement d'une niche furhauffée ou furbaiffée, ou plutôt renfoncée ou applatie par fon plan horifontal, dans une voute fphérique, avec les mêmes circonftances de direction de fon axe au centre de cette voute eft un cercle, ce qui n'eft pas rare dans les bâtimens.

THEOREME XXXV.

La Section faite par la rencontre des Surfaces d'une Sphère & d'un Sphéroïde, dont l'Axe ne paffe pas par le Centre de la Sphère, eft une espece d'Ellipfoidimbre, c'eft-à-dire, une Courbe à double Courbure, dont on peut marquer quelque rapport conftant à une Ellipfe.

SOIT une fphère ABRN, pénétrée par un fphéroïde APBp, dont l'axe Pp ne paffe pas par le centre C de la fphère. Si l'on fuppofe un plan paffant par le centre & par l'axe du fphéroïde, il fera pour fection un cercle dans la fphère & une Ellipfe dans le fphéroïde, par le Theoréme V, dont l'interfection qui eft aux points A & B marquera que ces points font communs aux deux furfaces, mais non pas les autres points de ces deux courbes, qui font l'une en dedans de la fphère, l'autre au dehors du fphéroïde, de forte que ni l'une ni l'autre de ces fections ne peut être commune à la fphère & au fphéroïde.

PRESENTEMENT fi l'on veut lui chercher quelque rapport avec d'autres courbes planes, il faut fuppofer un plan perpendiculaire au premier (comme nous avons fait jufqu'ici) paffant par les points communs A & B, lequel fera deux fections de même efpece que les précedentes, fçavoir une Ellipfe AKB dans le fphéroïde, & un cercle AMB dans la fphère ; d'où il fuit évidemment que la commune fection de ces deux furfaces eft une courbe à double courbure; puifqu'elle ne peut être en même tems cercle & Ellipfe, & cette courbe étant tournée du côté du Pôle P du fphéroïde, a des ordonnées à fon axe courbe AYB, toujours moindres que celles de l'Ellipfe plane de la fection faite par les points communs A & B dans le rapport des ordonnées à l'axe Pp du fphéroïde, qui paffe l'un par l'axe foutendant AB, l'autre par l'axe courbe AYB.

Fig. 101. ON pourroit confiderer le fphéroïde comme une infinité de petits cônes tronquez (*Fig.* 101.) faits par la fection de plufieurs plans ee, perpendiculaires à fon axe Pp, & c'eft ainfi en effet qu'on le reduit le plus fouvent pour la pratique de la Coupe des Pierres; ces cônes tronquez auroient tous leur fommet fur l'axe Pp, prolongé, par exemple, en S, & les cotez du cône fe, fe feroient tangentes au fphéroïde.

Alors

Alors on pourroit trouver la courbe de la section solide par les Analogies de celle du cône dans la sphère comme au Theoréme XIV. mais à chaque cône on auroit un nouveau sommet S, & parce que le nombre de ces cônes à la surface du sphéroïde est infini, il y auroit autant de sommets que de points dans l'axe prolongé; de sorte que la courbe de cette section n'est pas de la même espece que l'Ellipsoïdimbre, telle que nous l'avons défini.

CEPENDANT elle y a quelque rapport, la difference est que les ordonnées à l'axe de l'Ellipse, & celles à l'axe courbe de la section solide n'ont pas des excès ou des défauts les unes à l'égard des autres, en raison Arithmetique, comme les côtez du triangle, mais en raison Geometrique, comme les racines des quarrez des ordonnées des Ellipses planes, faites par des plans passant par ces ordonnées, & l'extrémité de l'axe du sphéroïde, ce que l'on va démontrer comme il suit.

AYANT supposé comme ci-devant le sphéroïde APLp [*Fig.* 101.] qui pénetre une sphère ABRN, & que les points A & B sont communs à leurs surfaces, soit AKBb l'Ellipse faite par la section d'un plan passant par AB perpendiculairement à celui qui passe par l'axe du sphéroïde & le centre C de la sphère. Soit aussi AMBm le cercle fait par la section du même plan dans la sphère.

SI par le centre C on tire une perpendiculaire CE à l'axe Pp, elle le coupera au point D, duquel pour centre & pour rayon DH ou DN, moitié de HN consideree comme corde de la sphère, ayant décrit un demi cercle HEN, il rencontrera en x la demi-Ellipse PAp du sphéroïde, & donnera ainsi un point x commun aux deux surfaces, par lequel menant une perpendiculaire xy à l'axe Pp, on aura xy pour ordonnée de la section solide; mais parce que la section plane passant par A & B coupe l'axe au point g, l'intervale gy sera la difference des profondeurs des deux sections dans la sphère, & la ligne Fg perpendiculaire à Pp sera l'ordonnée de la section circulaire de la sphère, & Gg celle de l'Ellipse dans le sphéroïde; or par la proprieté de l'Ellipse P$y \times yp$: P$g \times gp$ :: $\overline{xy}^2$: $\overline{Gg}^2$. Donc si l'on connoit la longueur des ordonnées on trouvera leur distance, & si on connoit leur distance, c'est-à-dire, la profondeur de l'axe courbe à la section plane par AB, on connoitra les longueurs des ordonnées, & par conséquent leur difference.

IL en sera de même si par le point P on fait passer un plan par les ordonnées or de la section solide, & nq de l'Ellipse plane, lesquelles sont ici exprimées en façon de perspective à l'égard du cercle

Tome I. P

AMB & de l'Ellipse AKB, qui sont représentez de même, parce que ces deux plans étant partie confondus ensemble, & ayant le diametre commun AB, seroient aussi confondus avec ce diametre, si l'on n'aidoit un peu l'imagination.

Pour voir ces ordonnées plus distinctement, il faut les considerer comme ci-devant, dans un plan perpendiculaire au premier PANR, & passant par le pole P comme PR, alors faisant un demi cercle IQR sur IR, corde de la sphère, & une demi-Ellipse PvL sur PL, comme grand axe, dont u est le centre, & sur uZ moyenne proportionelle entre xu & ut pour moitié du petit axe, l'intersection v du demi cercle IQR, & de la demi-Ellipse PvL donnera un point v de la section solide, duquel abaissant une perpendiculaire vo sur PR on aura le point o à l'axe courbe de cette section, & le point n à l'axe droit par une analogie semblable à la précédente Po × oL : Pu × nL :: $\overline{ov} : nz$.

COROLLAIRE.

158. D'où il suit qu'on peut trouver autant de points qu'on veut de l'axe courbe & leur distance à l'axe droit, sur un plan passant par le point P perpendiculairement au plan passant par l'axe Pp du sphéroïde & le centre C de la sphère; puisque nous avons démontré au Theorême V. que toutes les sections planes des sphéroïdes, lesquelles sont obliques à leurs axes sont des Ellipses, & que celles de la sphères sont des cercles, on aura toujours à l'intersection de ces deux courbes un point commun, qui sera à la circonference de la section solide.

USAGE.

159. Cette proposition fait voir quelle est la courbe de l'enfourchement d'une Niche renfoncée ou raplatie dans une voute sphérique, si les impostes ne sont pas de niveau, c'est-à-dire, que l'un des deux soit au dessus ou au dessous de l'autre, quoique chacune soit de niveau entr'elles, ou que les unes soient de niveau, & les autres rampantes; alors la Courbe de l'arête qui se fait à la rencontre des deux surfaces, est une courbe à double courbure, dont les *Aplombs* ne sont pas dans une ligne droite, comme au Theorême précedent, & cette courbe a quelque rapport avec celle que nous avons appellé Ellipsoïdimbre, parce que ces ordonnées à son axe courbe ont toujours un rapport connu avec celle de la section Elliptique ou sphéroïde, coupé par un plan passant par AB.

La même chose arrivera si les Niches, au lieu d'être renfoncées ou raplaties horifontalement, étoient furhauffées ou furbaiffées verticalement, la feule différence qu'il peut y avoir eft le changement du rapport des ordonnées, qui ont, dans un cas, un excès fur celles de l'Ellipfe, & dans l'autre un défaut, mais toujours en même proportion.

THEOREME XXXVI.

La Section faite par la rencontre des Surfaces d'un Cylindre droit & d'un Sphéroïde, dont l'Axe eft perpendiculaire à celui du Cylindre, eft un Cicloïmbre.

Soit un cylindre AB*ba*, dont l'axe *mn*, prolongé en C & *c*, eft perpendiculaire à celui d'un fphéroïde alongé P*fpg*, ou applati P*dpe*. Ayant fuppofé ces corps coupez par un plan paffant par leurs axes, & une feconde fois par un autre plan perpendiculaire au premier, & paffant par les points A & B, *a* & *b* communs aux deux furfaces du cylindre & du fphéroïde; on reconnoîtra que cette feconde fection fera un cercle dans le cylindre & une Ellipfe dans le fphéroïde, laquelle fera femblable à celle de fa fection par l'axe P*p*. La rencontre des deux furfaces n'eft donc pas dans un plan, puifque l'Ellipfe eft hors du cylindre, & le cercle au dedans du fphéroïde; cependant elle doit paffer par les points A & B ou *a* & *b*.

Fig. 99.

Supposant un troifiéme plan perpendiculaire au premier, paffant par l'axe du cylindre, ou parallelement à cet axe, il fera un cercle dans chaque fphéroïde, & un parallelograme dans le cylindre. Soit le quart d'un de ces cercles *d*H ou *gb*, & le point X ou *x*, celui où il rencontre le côté du cylindre, ce point fera commun aux deux furfaces, d'où fi l'on abaiffe la perpendiculaire XY ou *xy* fur l'axe C*c*, qui le coupera en Y ou en *y*, ce point fera un de ceux de l'axe courbe AYB ou *ayb* de la fection folide; mais parce que toutes les ordonnées à cet axe font perpendiculaires aux côtez du cylindre, & qu'elles fe terminent toutes à fa circonference, il fuit qu'elles font toutes égales & paralleles à celles de fa bafe, ce qui eft évident; donc tous les diametres droits feront auffi paralleles & égaux à ceux de la bafe du cylindre, comme nous l'avons démontré en pareil cas au Theorème XVIII. donc la fection folide eft un cicloïmbre, *ce qu'il falloit démontrer.*

La différence qu'il y a de celui qui fe fait à la rencontre des fphéroïdes différemment pofez à l'égard du grand ou petit axe, eft que le cicloïmbre, fait à la rencontre des furfaces du cylindre & du fphéroïde alongé, s'approche du grand axe en creufant, pour ainfi dire, dans ce fphéroïde, & qu'à celle du fphéroïde applati, il s'éloigne du petit axe en s'approchant de la furface, comme on le voit dans la figure 99. par les lignes AYB & *ayb*.

TRAITE'

COROLLAIRE.

160. Il est aisé de trouver autant de points que l'on voudra de l'axe courbe, en tirant par un point quelconque K de la ligne *ab* une ligne K*l* parallele à l'axe C*c*, & décrivant sur *or* & *m*A pour rayons des arcs de cercles. Si l'on fait K*s* = K*s* & *sz* parallele à C*c* pour côté du cylindre, elle coupera l'arc *tr* en *z*, par où on menera *zq* perpendiculaire à L*l*, laquelle donnera sur *or* un point *q* qui sera celui de la courbe que l'on cherche.

On appliquera ici tout ce que nous avons dit du rapport des profondeurs de la section solide au Theoréme XVIII. soit en les considerant comme les fléches des cordes inscrites dans differens cercles, ou comme les sinus verses des ordonnées prises pour des sinus droits.

THEOREME XXXVII.

La Section faite par la rencontre des Surfaces d'un Cylindre & d'un Sphéroïde, dont les Axes ne se rencontrent pas, est une espece d'Ellipsoubre. Et peut être une Ellipse dans certains cas.

Fig. 100.   Soit [*Fig.* 100] un cylindre AB*ba*, qui rencontre obliquement un sphéroïde alongé ou applati. Ayant supposé un plan passant par l'axe du cylindre, qui sera pour section un parallelograme dans ce corps, & une Ellipse dans le sphéroïde, dont les intersections *a* & *b*, A & B donnent des points communs à ces surfaces, si l'on coupe ces corps par un plan perpendiculaire au premier & passant par A & B, *a* & *b*, la section sera de deux Ellipses qui peuvent être égales, en ce cas la section faite par la rencontre des surfaces devient plane ; mais comme la difference des sphéroïdes peut donner une infinité d'Ellipses differentes, la section sera ordinairement solide à cause de l'inégalité des Ellipses du cylindre & du sphéroïde, ce qu'il est aisé d'appercevoir.

Or parce que toutes les ordonnées de cette section doivent être terminées à la surface du cylindre aussi bien qu'à celle du sphéroïde, il suit qu'elles doivent toutes avoir un rapport d'égalité avec celles de l'Ellipse plane, qui est la section oblique du cylindre suivant la ligne AB, ce que nous avons assez expliqué aux Theorémes IX & X. pour qu'il ne soit pas nécessaire d'entrer ici dans un plus grand détail. Il y a même si long-tems que nous rebattons la même démonstration, appliquée à differentes occurrences, que je crains que le Lecteur ne se trouve offensé de la défiance qu'il semble qu'on ait de sa pénetration, en entrant dans un trop grand détail.

DE STEREOTOMIE. Liv. I.

COROLLAIRE.

On peut facilement appercevoir les changemens que les cylindres scalenes cauferoient aux fections faites par la rencontre des furfaces des fphéroïdes ; puifque les fections obliques, qu'on a fuppofé Elliptiques, peuvent être circulaires, & les perpendiculaires aux axes des Ellipfes.

Application à l'ufage.

Cette propofition & la précédente font voir quelle eft la Courbe de l'arête d'enfourchement d'un berceau, qui rachete une voute fphéroïde furhauffée ou furbaiffée, ou directement ou obliquement. Ce cas n'eft pas rare dans l'Architecture, telles font les lunettes de la voute fphérique furbaiffée de la Chapelle du St. Sacrement du Val de Grace, dont les Naiffances font audeffus de celles du cû-de-four, ou hémifphéroïde applati.

THEOREME XXXVIII.

La Section faite par la rencontre des Surfaces d'un Sphéroïde & d'un Cône, dont l'Axe rencontre celui du Sphéroïde, perpendiculairement ou obliquement, eft ordinairement Courbe à double Courbure, telle qu'eft l'Ellipfoïdimbre ; mais dans certains cas elle peut être une Ellipfe Plane.

La démonftration en eft aifée; car 1.° fi l'axe du cône SC paffe hors Fig. 102. du centre C du fphéroïde, ou qu'il y paffe, mais qu'il coupe obliquement fon axe FG, comme celui du cône DsE, il eft clair dans ces deux circonftances, que le plan perpendiculaire à celui qui paffe par les axes SC du cône, & FG du fphéroïde, qu'on fuppofe auffi, (comme nous l'avons toujours fait) paffer par les points communs aux deux furfaces A & B, où a & b fera deux Ellipfes, l'une dans le cône coupé obliquement, comme en ab, l'autre dans le fphéroïde, lefquelles ne feront les mêmes que lorfque leurs deux axes feront égaux, hors de ce cas ces fections étant inégales, il eft clair que la fection folide fera une courbe à double courbure, telle que celle que nous avons appellé Ellipfoïdimbre, qui aura des excès ou des défauts fur l'Ellipfe plane du cône, dans le rapport des profondeurs de l'axe courbe. 2.° Si l'axe du cône paffe par le centre C du fphéroïde, & perpendiculairement à fon axe FG, il fe fera deux fections en AB, dont l'une fera un cercle dans le cône, & l'autre une Ellipfe dans le fphéroïde ; & par conféquent la fection folide fera une courbe à double courbure de même efpece que les précédentes, avec cette difference que les excès ou les défauts de ces ordonnées fur la section plane du cône feront comparez à un cercle & non pas à une Ellipfe.

Application à l'ufage.

Les lunettes évafées dans les voutes en cû-de-four furhauffées ou furbaiffées, ou *fur un plan Ovale*, c'eft-à-dire, un fphéroïde oblong ou applati, font le fujet de ce Theorême, qui fait voir que l'arête d'enfourchement eft à double courbure, lorfque l'axe de la lunette, c'eft-à-dire, la direction de fon milieu tend au centre. 2.° Qu'elle l'eft ordinairement fi elle eft biaife, & que cependant il peut arriver dans ce cas qu'elle foit Ellipfe plane.

Nous n'ajoutons rien ici des courbes compofées des fections des fphéroïdes, nous croyons en avoir dit affez ci-devant pour mettre le Lecteur en état d'en juger par la comparaifon des précedentes des autres corps ronds, il eft tems d'en venir aux Problêmes, qui donnent les moyens de tracer toutes fortes de fections.

Si quelqu'un eft curieux d'entrer d'une maniere plus fçavante & plus generale dans la Theorie des courbes à double courbure, il peut s'inftruire parfaitement dans le beau traité de M. Clairaut, dont nous avons parlé. Il ne faut pour l'entendre qu'une médiocre connoiffance du calcul Algebrique, tant il eft clair & méthodique dans fes démonftrations.

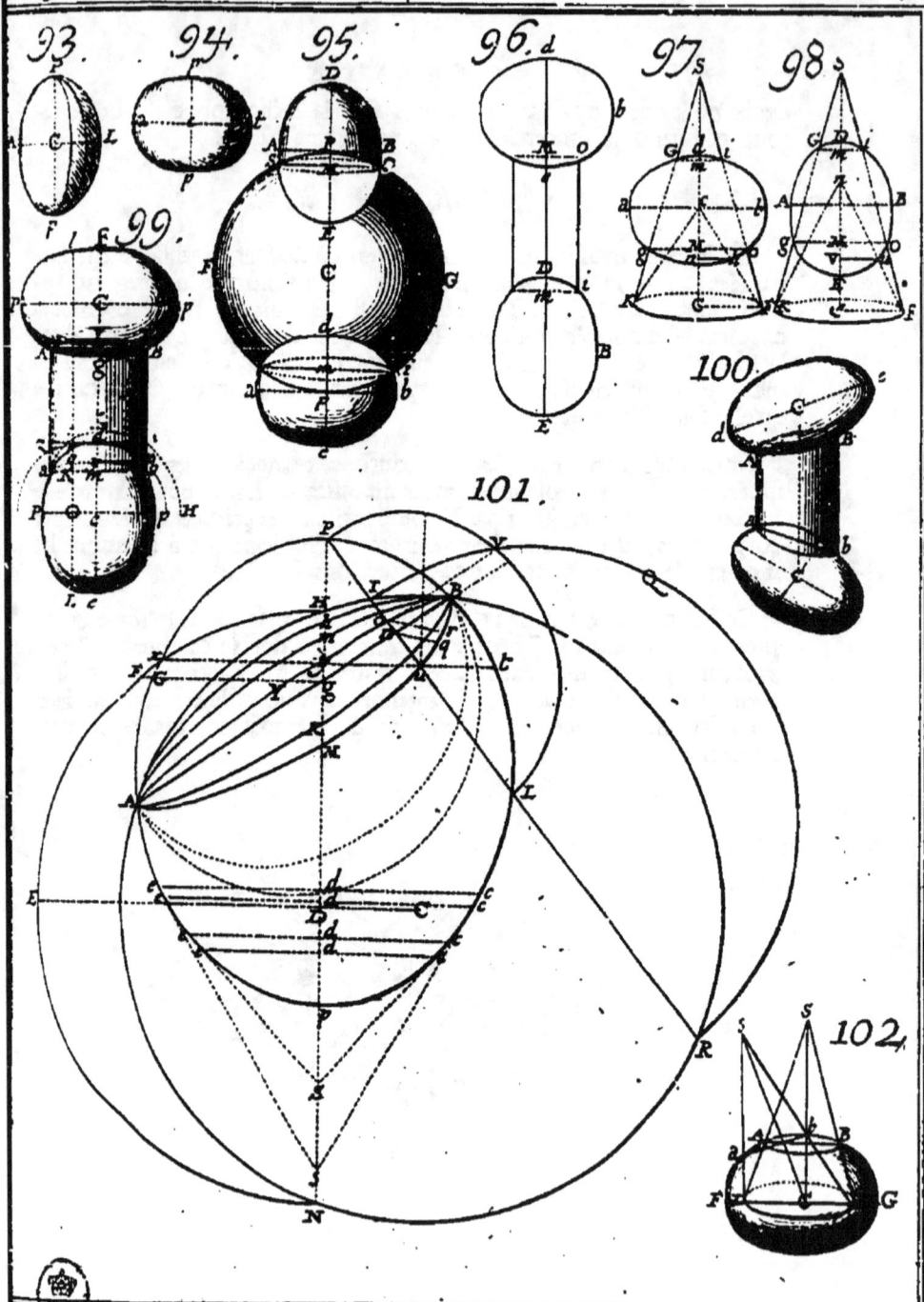

TRAITÉ
DE
STEREOTOMIE.

LIVRE SECOND.

De la Description des Lignes Courbes formées par la section des Corps.

ES Corps peuvent être coupez par des surfaces planes ou par des surfaces courbes.

Les lignes courbes formées par les sections de la premiere espece, peuvent être décrites sur des surfaces planes & sur des surfaces courbes; mais celles de la seconde espece ne peuvent être exactement décrites, que sur des surfaces courbes, si j'en excepte peu de cas. La raison est que les lignes courbes formées par l'intersection des surfaces de deux corps, peuvent être considerées comme étant sur la surface qui coupe, & sur celle qui est coupée; puisque l'intersection est commune à tous les deux;

par conséquent si on coupe une sphère, un cône ou un cylindre par une surface plane, la courbe peut être considerée comme étant sur le plan qui coupe, & sur la surface de la sphère du cône ou du cylindre, qui est coupé ; ainsi elle peut être décrite sur deux surfaces de différente espece, l'une plane, l'autre courbe, & si les surfaces qui se coupent sont toutes deux courbes, il est à présumer que la section ne convient point aux planes ; il en faut cependant excepter certains cas, où la même intersection est commune à deux surfaces courbes & à une troisiéme qui est plane ; telles sont les intersections des surfaces de deux sphères, quelquefois de deux cylindres & de deux cônes en certaines circonstances de position & de grandeur, dont nous avons parlé au Livre précedent.

PREMIERE PARTIE.

De la Description des Sections Planes sur des Plans.

LA plûpart des sections planes que nous avons pour objet dans cet Ouvrage, sont ces quatre sortes de courbes qu'on appelle les *Sections Coniques*; quoiqu'elles ne soient pas toutes particulieres au cône, puisqu'il y en a deux qui conviennent aussi à la sphère & au cylindre.

Nous en avons cependant quelqu'autres à décrire, comme la section plane de l'Anneau & la Spirale : cette derniere n'est pas proprement une section de corps ordinaire, à moins qu'on ne la considere comme celle d'un coquillage ; mais à cause qu'elles sont de peu d'usage en comparaison des autres, nous jettons toute notre attention sur les sections côniques.

LA maniere de les décrire n'est pas toujours la même, on est ordinairement assujetti dans la pratique à les faire passer par certains points ou lignes données en dedans ou en dehors, qui en changent totalement la description ; c'est ce qu'on appelle les *Données*, qu'on peut tellement varier, que la solution des Problemes nécessaires, pour résoudre tous les cas possibles, fourniroit assez de matiere pour un gros Volume ; nous nous bornons ici à ceux qui peuvent être d'usage dans l'Architecture.

CHAP.

CHAPITRE I.
De la Description du Cercle.

NOus avons peu de chose à dire du Cercle, parce que les Elemens ordinaires de la Geometrie en traitent assez au long pour la pratique des arts, & que nous supposons dans tout cet Ouvrage, que le Lecteur est initié dans cette science. Nous voulons seulement suppléer à ce qu'on n'y trouve qu'indirectement pour la solution d'un cas qui se presente assez souvent en Architecture, tant pour l'exécution des Traits des voutes, que de certains arondissemens de mur, dont le Rayon est si grand, qu'on ne trouve pas commodément une place pour le faire mouvoir sur un centre ; soit parce que le lieu du centre est embarassé, ou enfermé dans quelque bois ou bâtiment, soit parce que la longueur de ce Rayon cause de la difficulté dans l'usage du *Simbleau* ; car si on se sert de Corde, elle s'alonge & altère la régularité du Contour ; si on lui substitue une Chaine qui semble ne devoir pas s'alonger, elle a aussi ses inconveniens ; car le frotement interrompt son mouvement, lorsqu'elle est posée à plat sur une aire horisontale, ou inclinée, & fait varier son extension quelque précaution qu'on prenne, ce qui doit arriver nécessairement ; car il est démontré en Méchanique que quelque petit que soit ce Frotement, ou son poids, si elle étoit pendüe par ses extremitez, elle ne peut se mettre en ligne droite, il faut que cette Puissance du milieu, Frotement ou Pesanteur s'anéantisse, & pour que la Courbure reste toujours égale, il faut que la Puissance, ou l'effort de la main qui tire, soit toujours parfaitement égal, ce qui est moralement impossible ; de sorte qu'on ne peut s'assûrer de décrire régulierement un Arc de cercle par ce moyen ; celui de faire un Simbleau avec des perches est le plus sûr, mais il a ses incommoditez, lorsqu'il en faut ajoûter plusieurs bout-à-bout, il faut le soûtenir bien droit pour le faire mouvoir sans le plier, & supposer que le milieu n'est occupé par aucun mur ni materiaux. Il est donc fort agréable de pouvoir éviter toutes ces incommoditez par une pratique de Géometrie que voici.

PROBLEME I.

Par trois points donnez, tracer un Arc de Cercle par plusieurs autres points trouvez, ou par un mouvement continu, sans le secours du Centre.

ON ne peut à moins de trois points déterminer ni tracer un arc de Cercle, puisque par deux points donnez, on en peut faire passer une infinité de differentes grandeurs, mais ces points peuvent être donnez dans des circonstances qui occasionnent differentes manieres de le tracer: Car 1°. ou on les donne tous trois à la circonference, 2.° ou l'on n'y en donne que deux, & le troisiéme en idée pour le centre, en déterminant seulement la longueur du Rayon, sans en marquer la position à l'égard des points donnez.

Au premier cas les points peuvent être donnez à distances égales entre eux, ce qui arrive souvent en Architecture, où l'on détermine ordinairement les points des Naissances, & celui de la clef pour les voûtes, ou celui du milieu pour les arondissemens des murs; ou bien ces points sont donnez à distances inégales. Ces differentes circonstances peuvent donner occasion à differentes manieres de décrire l'arc.

Fig. 103.   Soit [*Fig.* 103.] les points ADB donnez aux deux extremitez & au milieu de l'arc qu'on doit tracer. Ayant tiré les cordes AB, AD, DB, on fera du point A pour centre & d'une ouverture de Compas prise à volonté, l'arc fK terminé en f & en K aux cordes AD & AB, puis de la même ouverture, & du point B pour centre, on décrira l'arc indéfini FE, dont le point F est sur la Corde DB; ensuite par le point A on tirera autant de lignes droites qu'on voudra avoir de points de l'arc proposé entre D & B, par exemple ici pour trois, les lignes AX, Ax, Ay qui couperont au hazard l'arc fK aux points $g h i$, ensuite on portera les parties de cet arc, prises entre f & K, sur l'arc FE en dehors de F en E; ainsi fg en FG, fh en FH, fi en FI, & par le point B & les points F G H I on tirera des lignes droites, dont les sections avec les precedentes donneront autant de points de l'arc demandé, sçavoir BI, coupant Ay, donnera le point y; BH, coupant Ah, donnera le point x, & BG, coupant Ag, le point X, on en fera de même pour l'autre côté AD.

Fig. 104.   Secondement, si le point donné D n'est pas au milieu comme à la Fig. 104. on peut trouver plusieurs points correspondans à ce point D consideré comme dans un plus grand ou plus petit arc. Du point a pour centre & pour rayon a D, ayant fait l'arc DE; du point b pour centre & de la même ouverture de compas, on fera l'arc cd égal à DE, qui donnera un quatriéme point d, puis on tirera la droite Db qui coupera cet arc en F. du point D pour centre & de la même ouverture de compas aD on fera l'arc $f3 = Fd$ qui donnera le point 3. on tirera da qui coupera l'arc $f3$ en G; du point a pour centre & de la distance $d3$. pour Rayon, on fera l'arc $g4 = G3$. qui donnera le point 4; ainsi de suite, on trouvera autant de points qu'on voudra, par lesquels avec une Regle pliante on tracera l'arc aDb, qui est celui qu'on cherche.

Demonstration.

Dans la premiere construction, où les angles DAB & ABD sont é-

DE STEREOTOMIE. Liv. II.

gaux, les lignes AX, A*x* & A*y* font des angles avec la corde AB plus petits que DAB de la quantité d'une partie de l'arc *fk*, qui en est la mesure: par exemple AX, de la quantité *fg*, de laquelle on a augmenté l'angle ABD, en tirant par le point G au dehors, la ligne BX, qui rencontre AX au point X; donc la somme des angles XAB, XBA est égale à celle des angles DAB, DBA, dont le supplement a deux droits, AXB est égal à l'angle qui est à la circonference ADB: donc (par la 21. du 3. Livre d'Euclide) le point X est à la circonference du même arc de cercle, que les points donnez ADB. ainsi des autres *x* & *y*.

DANS le deuxiéme cas il est visible qu'on a fait l'angle *bd*a = aD*b*; de même que l'angle D*bd* = *b*D 3; ad 3. = da 4. donc tous les points trouvez sont dans le même arc que les donnez aD*b*, puisque les angles faits dans chaque segment sont toûjours égaux à ceux que font les cordes des points correspondans D & *d*, *d* & 3, 3 & 4, D & 5, &c. *ce qu'il falloit faire.*

COROLLAIRE.

DE la proprieté du cercle dont nous venons de faire usage, on tire une maniere *de décrire un Arc de Cercle organiquement par un mouvement continu sans le secours du Centre & sans connoître la longueur du Rayon*, mais seulement par le moyen de trois points donnez.

CAR (*Fig.* 107.) si l'on fait avec deux regles de bois GE, EI assemblées *Fig.* 107. par le moyen d'une troisiéme FH, un angle GEI égal à l'angle ABD, dont le segment AEBD est capable, & qu'on fasse couler cet instrument entre deux cloux ou chevilles A, D, le crayon qui sera au sommet E de l'angle que font ces deux regles, tracera l'arc demandé AEBD, lequel passera par les trois points donnez ABD.

IL faut remarquer que chacune des regles EG, EI doit avoir en longueur au moins l'intervale des deux points A & D les plus éloignez, afin que le sommet E étant transporté en D, la branche EG touche & s'appuye encore au point A, qui en doit regler la direction.

AUTREMENT.

ON peut encore tracer l'arc demandé par un mouvement continu avec une autre machine, mais plus composée que la précedente. Ce sont deux rouës AB, DE de diametres inégaux, assemblées sur un essieu commun FC, sur lequel la plus grande AB est fixe, & l'autre ED est mobile, en sorte qu'on peut l'approcher ou l'éloigner de la premiere autant qu'il est besoin, & l'arrêter par quelque cheville à la distance où elle doit être ; ensuite appuyant sur l'essieu vers le milieu M on fait tourner cette espece de Train boiteux, dont les roues décrivent deux arcs de cercles concentriques, il est clair que leurs rayons sont d'autant plus longs que les diametres des roues sont moins inégaux, & qu'elles sont plus éloignées entre elles ; ensorte que si elles étoient infiniment peu differentes, leurs traces seroient des lignes droites.

Cette Machine, qui est de l'invention De Perrault, est plus ingénieuse qu'utile ; car il est moralement impossible de la faire mouvoir avec l'uniformité qu'elle demande, puisque l'experience nous fait voir qu'il est très difficile de conduire en ligne droite un Train de deux roues égales, à plus forte raison en ligne courbe deux inégales ; soit par le défaut de la direction de la main, soit par l'inégalité du frottement de l'essieu & du terrain sur lequel on la fait rouler, de sorte qu'on ne pourroit s'assûrer de la régularité de l'arc qu'on veut tracer. Quoiqu'il en soit de l'exécution, si l'on veut connoitre la longueur du Rayon que la trace de la grande roue décrit, il n'y a qu'à faire cette Analogie ; comme la différence Ad des deux Rayons des roues AC, Dc est au diametre AC de la grande, ainsi la distance Dd des deux roues est au Rayon SC du cercle ou arc que la grande décrit, d'où par l'inverse on tire l'Analogie nécessaire pour trouver la distance des deux roues, lorsque le rayon SC est donné, en faisant $CA : CS :: dA : dD$, ce qui est clair à la seule inspection de la figure, à cause des triangles semblables SCA, DdA.

Par où l'on voit qu'avec deux petites roues de 6. à 7. pouces de diametre & un petit essieu, on pourroit tracer les ceintres des plus grandes voutes, si l'exécution répondoit à la justesse du principe sur lequel la machine est fondée, mais je n'en conseille à personne l'usage, par les raisons que j'en ai dit.

Erreur du Trait de Maitre Blanchard.

Maitre Blanchard dans son traité de la Coupe des bois [page 6.] a voulu résoudre le Probleme, dont il est ici question, par un *Trait* dont il est à propos de montrer l'erreur pour en désabuser les Ouvriers, qui n'ont pas assez de connoissance pour l'appercevoir.

Supposant les trois points donnez ADB [*Fig.* 105.] il décrit un Parallelelograme $AEFB$, il tire les Cordes AD, DB, qu'il divise en un certain nombre de parties à volonté, par exemple ici en quatre, aux points b, c, d, sur lesquels il éleve autant de perpendiculaires bx, cy,

DE STEREOTOMIE. Liv. I.

*d*₂. Puis divisant le côté AE en un même nombre de parties égales aux points *e*, *f*, *g*, il tire des lignes droites au point D, qui coupent les précedentes aux points *x y z*, qu'il prétend être à la circonference du même arc de cercle où sont les trois points donnez ADB.

Il est très aisé de faire voir qu'il se trompe grossierement par la seule inspection de la figure de sa construction, faite dans un quart de cercle comme en DG, puisqu'elle donne au lieu du quart de cercle DSG une courbe DYZG, qui est considerablement au dedans ; mais il convient de justifier la figure par le raisonnement Geometrique ; il est démontré dans les Elemens d'Euclide au l. 3. prop. 14. que les lignes équidistantes du centre dans le cercle sont égales entr'elles ; par conséquent les lignes LX, *i*Z équidistantes [par la construction] du milieu K de la corde DG, c'est-à-dire, du Rayon CS, doivent être égales ; mais elles ne le sont pas, donc elles ne sont pas terminées à la circonference du cercle.

Fig. 105.

Pour voir cette inégalité d'un coup d'œil, il n'y a qu'à porter la longueur G*m* en DM, & tirer MG qui coupera LX environ au tiers de sa longueur en *x*, quoique le point X soit déja au dedans du Cercle DSG, par conséquent il s'en faut d'environ la moitié de la longueur *i z* que le point *z* parvienne au cercle en *r*.

Demonstration.

Pour le démontrer soit, [*Fig.* 105.] la ligne KY prolongée en H, à laquelle on menera par les points *o* & *m* les Paralleles *o p*, *m q*.

A cause des triangles semblables GHK & G *o p*, on aura G*o* : GH : : G*p* : GK ; mais G *o* = ¼ de GH, donc G*p* sera aussi les ¼ de GK ; par conséquent *p* K est la huitiéme partie de DG, & D*p* les ⅞ ; or à cause du triangle isoscele rectangle *o p* G, la ligne *p o* sera égale à *p*G.

Presentement pour rendre la démonstration sensible aux Ouvriers, nous supposerons chacune des huit parties soudivisée en dix, afin de faire mieux connoitre la différence des longueurs des lignes LX & *i z*.

A cause des triangles semblables DLX, D*p o*, on aura D*p* [50.] : *p o* [30.] : : DL [20.] : LX [12.] & à cause des triangles semblables D *q m*, D*i z*, on aura D*q* [70] : D*i* [60] : : *q m* = *q* G [10] : *i z* 8⁴⁄₇ ; donc les lignes LX & *i z* sont entr'elles comme 12. est à 8⁴⁄₇, c'est-à-dire, qu'elles sont considerablement inégales, par conséquent que les points X & *z* ne peuvent être à la circonference du même cercle ; on ne voit par cette démonstration que le rapport de ces lignes entr'elles ; si quelqu'un est curieux de connoitre plus precisément que par le tracé de la figure, ce-

126 TRAITE

lui qu'elles ont à celles qui parviennent jusqu'au cercle en S ou en r; on le pourra par la maniere suivante.

Tous ceux qui font un peu initiez dans l'Algebre, fçavent que l'équation primitive du cercle (nommant d le diametre, x l'abscisse, & y l'ordonnée) est $dx - xx = yy$; ainsi on cherchera le diametre en quarrant DK & KC, & tirant la racine quarrée de leur somme, qui sera égale au Rayon DC, & son double au diametre $= d$, ensuite pour avoir l'abscisse x, on ajoûtera la longueur Ki au Rayon, ou on en retranchera KL; par le moyen de ces deux grandeurs connuës, on aura $dx - xx$, dont on tirera la racine quarrée, de laquelle on ôtera la longueur CK, le reste sera la longueur ir, qui parvient au cercle en r; & par ce calcul on trouvera que le point X est au dedans du cercle d'environ une partie de trois, & z de quatre, je dis environ à cause des fractions qui restent.

Ce que nous démontrons ici dans le quart de cercle, se peut démontrer facilement de tous les arcs d'un moindre nombre de degrez; on trouvera seulement que la difference des longueurs des lignes LX & iz diminuera, mais elle subsistera toûjours; ainsi la pratique de Maitre Blanchard sera toûjours fausse pour faire un arc de cercle, elle pourroit seulement servir à faire un arc de section cônique ouverte, à laquelle il n'a pas pensé, & dont il n'est pas question.

Il nous reste à donner la solution du *second cas* de ce probleme, où l'on ne suppose que deux Points donnez à la circonference de l'arc de cercle demandé, & au lieu du troisiéme point, la longueur du Rayon indépendamment de sa position qui donneroit le centre, duquel on ne veut, ou on ne peut faire aucun usage.

Fig. 108.   Soient [*Fig.* 108.] les deux points donnez L & M, ayant tiré la ligne LM de l'un à l'autre, on aura la corde de l'arc demandé, & parce que le rayon est donné de longueur, on aura les trois côtés d'un triangle Isoscele LMC, dont on peut trouver l'angle C par la Trigonometrie, ou méchaniquement par un triangle semblable fait par le moyen d'une Echelle. La moitié de l'angle LCM sera le supplément à deux droits de l'angle LNM, nécessaire pour tracer l'arc demandé par le moyen de la description Organique, dont nous venons de parler au cas precedent, avec deux Régles qui feront l'angle LNM, dont le segment LHNM est capable.

Fig. 109.   Ou bien on cherchera [*Fig.* 109.] le point X milieu du segment A XB par le moyen de la fléche MX; pour cet effet, ayant quarré le Rayon donné AR, & la moitié AM de la corde AB, on retranche-

DE STEREOTOMIE. Liv. II. 127

ra le quarré de A M, & du restant on extraira la racine quarrée du quarré de A R pour avoir le côté M R, lequel étant retranché du Rayon A R, donnera M X pour la flèche que l'on cherche, & par conséquent le point X milieu de l'arc demandé. Par le moyen de ce point X & des deux autres A, B on tracera l'arc par plusieurs points, comme nous l'avons dit au premier cas.

On peut proposer un *troisième cas* de ce probleme, en donnant une mesure déterminée au contour de l'arc qu'on veut décrire, au lieu des deux points de ses extrémitez, & ensuite la longueur du Rayon; alors on trouvera l'angle L M N par un calcul assez simple. *Fig.* 108.

Premierement par le moyen de la longueur du Rayon, il sera aisé de trouver la circonference entiere en le doublant, & faisant l'analogie ordinaire, comme 7. à 22. ou 100, à 314; ainsi le diametre donné est à la circonference totale mesurée en pieds, pouces & lignes. Ensuite par une seconde Analogie, on trouvera le nombre de degrez que doit contenir l'arc d'une longueur donnée, en disant comme le nombre des pieds, pouces & lignes, trouvé par la premiere analogie pour la circonference entiére, est au nombre des pieds, pouces & lignes de l'arc donné en dévelopement ou rectification : ainsi 360. degrez, valeur totale de la circonference, est au nombre de degrez que vaut l'arc proposé, dont la longueur du contour est donnée, alors on aura un angle dont le supplément à deux droits, sera l'angle cherché L N M, ainsi supposant l'angle trouvé de 60. degrez, on l'ôtera de 180. valeur de deux droits ; il restera pour l'angle cherché 120. degrez, qu'on formera avec deux régles, si on veut décrire l'arc organiquement, comme nous l'avons dit au premier cas.

Démonstration du 2.e & 3.e Cas.

L'angle L N M vaut la moitié de l'arc sur lequel il est appuyé, & l'angle L d M vaut de même la moitié de l'arc L N M, donc ils valent pris ensemble la moitié du cercle, c'est-à-dire deux angles droits; & par conséquent la moitié de l'angle L C M, qui est égale à l'angle L d M, par la 20. du 3.e d'Euclide, sera le supplément à deux droits de l'angle cherché L N M. *Ce qu'il falloit faire.*

USAGE

Ce probleme est nécessaire pour l'exécution de plusieurs Traits de la coupe des Pierres, où il faut tracer des arcs de cercle, dont les centres sont extrêmement loin, par exemple pour trouver l'arc de déve-

128   TRAITÉ

lopement de la base de la Porte en Tour ronde en Talud, qui est celle d'une portion de Cône, dont le sommet qui doit être à la rencontre des côtés du Cône prolongez, c'est-à-dire les côtés de la Tour en Talud, peut être à une distance considerablement éloignée de la base; supposant, par exemple que la Tour eut seulement 15. pieds de Rayon, 30. d'hauteur, & un dixième de Talud, le sommet du Cône, qui seroit le centre du dévelopement, seroit à 150. pieds loin de la circonference; ce qui rend les préceptes du Pere DERAN & de son Sectateur M. de LA RUE impraticables, sans le secours de ce probleme.

Il est encore nécessaire pour trouver les arcs des Panneaux de Doële des premieres Assises des voutes sphériques, sphéroïdes, & sur le Noyau dans le systême de pratique qui exécute ces voutes par le dévelopement des cônes tronquez, comme nous le dirons en son lieu.

Fig. 109.   Je me sers ordinairement de la deuxiéme pratique du second cas pour faire les Arondissemens des Contrescarpes de nos Fortifications, par le moyen d'un panneau A d e B X fait d'une planche taillée, comme la partie hachée de la figure, que je mets sur le revétement, le faisant courir de piquets en piquets; mais comme le Parement est en Talud, & que cet arc de cercle augmente de Rayon à mesure que le mur s'éleve, je fais faire un panneau convexe sur le derriere qui est à plomb, pour servir à jauger l'épaisseur qui régle le contour du Parement en Talud à chaque assise; & je trouve que cette méthode conduit facilement les Ouvriers.

Si l'arc de cercle qu'on doit décrire, étoit si grand qu'on ne pût se servir du compas pour faire les angles qu'on doit prendre égaux entre eux, il faudroit se servir du *demi cercle* ou Graphométre, & de piquets d'alignement, au lieu de lignes tracées à la Régle ou au Cordeau, dont on trouveroit l'intersection par la rencontre des deux Rayons visuels des points A & B pour centre de l'Instrument. C'est ainsi que l'Architecte de la nouvelle Ville de Cau-Roube, qu'a fait bâtir le Margrave de Bade-Dourlack, auroit pû tracer les Rües concentriques au Château qui ont deux & trois cens toises de Rayon, comme je puis l'estimer à vûe d'œil.

page. 129.   Planche 9.

CHAPITRE II.
De l'Ellipse, premierement consideree comme étant faite.

PROBLEME II.

Trouver 1.° le Centre. 2.° les Diametres conjuguez 3.° les Axes 4.° les Foyers d'une Ellipse donnée.

1.° SOit l'Ellipse donnée DEIG [*Fig. 110.*] on tirera les lignes OO, oo paralleles entre elles, & terminées à la circonference de l'Ellipse. On les divisera en deux également en r & R, par où on fera passer une ligne DI qui sera un Diametre : le point C, milieu de ce diametre, sera *le Centre* que l'on cherche.

1.° Pour le Centre. Fig. 110.

2.° Si par le centre C on tire une ligne EG parallele à OO, cette ligne EG sera *un Diametre* conjugué au diametre DI ; parce qu'il est parallele aux Ordonnées o r OR & à la tangente T t, tirée par le point D du diametre DI.

2.° Pour un Diametre.

3.° Si du point C comme Centre & d'une ouverture de compas prise à volonté, on décrit un arc KH qui coupe la circonference de l'Ellipse en K & en H, & que de ces points comme centres, & d'une ouverture de compas prise aussi à volonté, on fasse une section de deux arcs de même rayon en Z, la ligne AB tirée par les points C & Z, & terminée à la circonference de l'Ellipse de part & d'autre, sera *un des Axes*, & la ligne LM, qui lui sera perpendiculaire, passant par le centre C sera *l'autre Axe*.

3.° Pour les Axes.

4.° Si l'on prend l'intervale AC avec un compas, & qu'on s'en serve comme de Rayon d'un Cercle, qui auroit L ou M pour Centre, faisant des arcs qui coupent l'Axe AB aux points F & *f*, ces points seront les *Foyers de l'Ellipse*.

4.° Pour les Foyers.

DEMONSTRATION.

PAR la définition [Art. 20.] les Diametres sont des lignes qui coupent en deux également toutes les lignes paralleles entr'elles, par consequent aussi la surface de l'Ellipse, puisqu'on peut considerer la surface comme composée d'une infinité de lignes paralleles infiniment proches.

Art. 20.

2.° Par la définition [avant l'Art. 24.] le diametre parallele à ces appellé *Conjugué*.

3.° Par la construction, les points K & H sont également éloignez du centre C, & l'on a fait AZ perpendiculaire sur la Corde qui seroit tirée de H en K, laquelle seroit une double ordonnée, qu'elle couperoit en deux également, & à angle droit, ce qui ne convient qu'à un Axe par la définition.

Art. 28. 4.° Enfin les points F & f sont les Foyers de l'Ellipse, parce que la somme des lignes FL, Lf est égale, par la construction, à la ligne AB, & si les lignes FD, Df prises ensemble lui sont aussi égales, le point D sera à la circonference de l'Ellipse. (Art. 29.)

USAGE

On trouvera dans la quatriéme Partie de ce Traité des occasions continuelles de faire usage de ce Probléme ; parce que l'Ellipse est la Courbe la plus ordinaire dans la coupe des Pierres.

PROBLEME III

Par un point donné mener une Tangente à une Ellipse donnée.

Le point donné peut être à la circonference, ou au-dehors.

Fig. 111. 1.° S'il est à la circonference, par exemple en D, [*Fig.* 111.] & que les Foyers Ff soient donnez, on menera à ce point D des lignes FD, fD qui feront un angle en D, qu'on divisera en deux également par la ligne Dn ; si par ce point D on fait TD perpendiculaire à Dn, cette ligne TD ou Tt sera la Tangente que l'on cherche.

Ou bien on fera fa = au grand Axe GA, on tirera aF qu'on divisera en deux également en t d'où tirant une ligne au point donné D, la ligne tD sera la Tangente demandée.

Fig. 111. 2.° Si on n'a pas les Foyers ; ayant trouvé le centre C [*Fig.* 111.] on menera par le point donné D le diametre DB, & un autre à volonté comme GA, par l'une des extrémitez duquel A ou G on menera AE parallele à DB, qui rencontrera l'Ellipse en E, par où l'on menera au point G la ligne EG, laquelle sera une Ordonnée au diametre DB, à laquelle si on tire une parallele par le point D, cette ligne tT sera la Tangente demandée.

3°. Si le point donné D est hors de l'Ellipse comme en d, ayant mené par le centre C la ligne dC, on fera CK perpendiculaire à C d, & égale à CL intersection de la ligne C d, & de la circonference de l'Ellipse ; ensuite ayant tiré dK, on lui fera la perpendiculaire KH, qui coupera d C prolongée en H, on portera la distance CH en C i sur la ligne C d, ensuite on menera au diametre L m une ordonnée quelconque * par la construction précédente, ce qui est aisé; car il ne s'agit que de mener une parallele à m L par un point pris à volonté, comme o P, la diviser également en deux au point q, & mener q C ou sa parallele $o r$, à laquelle on menera une parallele i K par le point i, qui rencontrera la circonference en K, la ligne menée de ce point K au point donné d hors de l'Ellipse sera la Tangente que l'on cherche.

* Voyez l'art. 36. L. 1.

Et si l'on prolonge K i en k ce point sera encore à l'attouchement d'une autre ligne menée de d en k, de sorte que du même point donné d, on peut mener deux Tangentes à l'Ellipse AEKGA, une d'un côté, l'autre de l'autre.

DEMONSTRATION.

Pour le premier cas de ce probléme, il est démontré dans les Sections Coniques que les angles F D t, & f D T sont égaux entr'eux ; si on ajoute de part & d'autre les angles F D n, & f D n égaux entr'eux par la construction ; les angles n D t & n D T seront aussi égaux entr'eux, par conséquent droits ; donc t T sera une Tangeante au point D.

Fig. 111.

Secondement. [Fig. 97.] A cause des paralleles A E, C B, G C : C A :: G S : E S ; mais A C demi diametre est égal à G C, G S = S E, laquelle est une ordonnée au diametre D B, puisqu'il la divise en deux également ; & [par la construction] D t ou t T est parallele à S E, donc D t est une Tangente de l'Ellipse au point D, *ce qu'il falloit faire.*

Troisiémement. Par la construction, on a fait CH troisiéme proportionnelle à la distance du centre C au point d, rencontre de la Tangente K d & du demi diametre C L, prolongé en d, & à ce demi diametre C L, on a fait aussi C i = CH, donc d C : CL :: CL : C i, distance du centre C à la Soustangente $i d$; donc * d K & $d k$ sont des Tangentes à l'Ellipse aux points K, ou k menées du point donné d hors de cette Courbe, *ce qu'il falloit faire.*

* Art. 46

USAGE.

Ce Probleme est nécessaire pour éviter les jarrets dans la jonction des lignes droites, avec des arcs Elliptiques, dans plusieurs circonstances d'arondissemens des parties droites contiguës aux Courbes, comme il arrive souvent dans l'Architecture; parce que l'angle fait par la rencontre d'une Courbe & de la Tangente est le plus petit qu'on puisse imaginer; donc il différe infiniment peu de la ligne droite, à la jonction de la Courbe, par conséquent la transition de la ligne droite à la Courbe devient imperceptible à la vûë.

De l'Ellipse considerée comme à faire.

PROBLEME IV.

Un Diametre quelconque & une Ordonnée à ce diametre étant ..... nez, trouver son conjugué.

Fig. 113. SOit AB [Fig. 113.] le diametre donné & ED son ordonnée, du point C milieu de AB, ayant élevé une perpendiculaire CH, on décrira le quart de Cercle HFB, on menera ensuite par le point E de la rencontre de l'ordonnée avec le diametre AB, une ligne EG parallele & égale à CH, qui coupera le cercle en F, par où & par l'extrémité D de l'ordonnée ED, ayant tiré la ligne FD, on lui menera par le point G la parallele GL, qui rencontrera ED prolongée en L. Je dis que EL sera égale au demi diametre Conjugué que l'on cherche; ainsi ayant mené par le point C la ligne IK parallele à EL, on portera du centre C de part & d'autre CK & CI égale à EL.

DÉMONSTRATION.

A cause des paralleles GL, FD, on aura EG : EL :: EF : ED, mais EG [Constr.] = CH & EL = CK, donc EF : CH :: ED : CK; c'est-à-dire, que les ordonnées au diametre AB dans le cercle sont en même raison que celles de la courbe, qui passeroit par les points K & D, ce *Art. 41. qui est une proprieté de l'Ellipse; * donc CK, ou l'on doit KI est le diametre conjugué à AB, *ce qu'il falloit trouver.*

PROBLEME V.

Les Diametres conjuguez étant donnez, trouver les Axes de l'Ellipse.

Fig. 112. SOient [Fig. 112.] les lignes AB DE données pour diametres Conjuguez d'une Ellipse à décrire, qui se coupent également en C où est son centre. Du point A extrémité du plus grand, ayant abaissé la perpendiculaire AP, on la prolongera vers G, portant la moitié CD du plus petit en AG. Puis ayant tiré GC, on la divisera en deux également, en m, d'où l'on tirera par le point A la ligne mg, qu'on fera égale à mG; si du point g on mene par le centre C la droite indéfinie gx, on aura la position du grand Axe, dont la longueur Xx sera déterminée en portant de part & d'autre du centre C la somme des lignes Cm, & mA en CX & Cx; ensuite on élevera au point C une perpendiculaire à gx, sur laquelle on portera de part & d'autre la longueur Ag de C en Y, & de C en y; la ligne yY sera le petit axe, *ce qu'il falloit trouver.*

DEMONSTRATION.

Du point C pour centre & pour rayon CX, on décrira un quart de cercle XH, & l'on menera par le point A la ligne Ko, perpendiculaire à XC qui passera à l'intersection K de l'arc de cercle HX, & de la droite CG, parce que $mA = mt = mK$ & At parallele à la même.

Par la supposition le point A qui est à l'extrêmité d'un des diametres, est à la circonference de l'Ellipse AEBD, il faut démontrer que les points X & Y sont à la même circonference, & à l'extrêmité des axes. Puisque $mg = mC$ [par la construction] mt sera égale à mA, & $tC = Ag = CY$ [par la construction] or à cause des triangles semblables CKo, Ctu, $Ko:Ao = tu::CK = CX = CH:Ct = CY$; donc (Art. 41.) le point Y est à la circonference de l'Ellipse, de même que le point X, comme il est aisé de le prouver par la même raison.   Art. 41.

Et parce que les lignes CX & CY sont perpendiculaires entr'elles, ce sont des demi-axes; donc Xx & Yy sont les axes demandez, *ce qu'il falloit démontrer.*   Art.

COROLLAIRE.

De-là on tire une maniere aisée de décrire l'Ellipse par un mouvement continu, au moyen d'un instrument composé de trois pieces, sçavoir, d'une petite branche droite Cm, d'un triangle mAP, dont l'angle m est attaché par un pivot en m à cette branche, & d'une grande régle qu'on applique sur le diametre DE, à laquelle la petite branche Cm est attachée sur le point C par un pivot, sur lequel elle peut tourner, ainsi que l'angle m du triangle à son autre extrêmité m: si l'on conduit avec la main l'angle P en droite ligne au long de la régle DE, le Crayon posé au sommet de l'angle A décrira en même tems la demie Ellipse XYx, on peut même sans remuer la régle faire passer le triangle AmP, & la branche mC de l'autre côté de la régle DE, mais sa largeur couvrira une partie qu'on ne pourra tracer, c'est pourquoi il faudra la changer de côté.   Fig. 112. Plan. 10.

134 TRAITÉ

Il faut remarquer que la ligne GP n'est pas toujours la somme desdits diametres CD, & de la perpendiculaire AP, mais qu'elle en est quelquefois la différence, lorsque la direction de la branche C*m* tombe entre les points A & P.

USAGE

Cette proposition est très utile dans plusieurs Traits de la coupe des Pierres où les Axes conjuguez sont donnez, comme aux Arcs-droits des *Descentes*, en ce qu'elle fournit les moyens de tracer les Ellipses, par le mouvement continu du Trait du Jardinier, dont nous parlerons au Problême VII.

PROBLÊME VI.

Un Axe & un point à la circonférence de l'Ellipse étant donnez, trouver l'autre Axe.

Ce Problême n'est qu'une espece de Corollaire du Problême IV. parce que les ordonnées aux Axes étant des perpendiculaires ; en donnant un Point à la circonférence, c'est comme si l'on donnoit une ordonnée à l'axe grand ou petit.

Premierement, *le grand Axe étant donné, si l'on cherche le petit.*

Fig. 114. Soit AB le grand axe [Fig. 114] & D le point donné à la circonférence de l'Ellipse, on abaissera de ce point sur AB la perpendiculaire indéfinie OF, puis du point C milieu de AB pour centre, & CB pour Rayon, on décrira un quart de cercle B*b*, qui coupera OF en R ; on portera sur OF le Rayon CB, qui donnera le point F, & la longueur OD en C*d*, parallélement à OF. Par les points R & *d*, on tirera R*y*, qui coupera l'axe donné AB en *y*.

Si de ce point *y*, on tire au point F, une ligne *y* F, elle coupera CD prolongé en X ; je dis que CX est la moitié du petit axe que l'on cherche.

Secondement, *le petit Axe étant donné, si l'on cherche le grand.*

Par le point D donné à la circonférence, on tirera sur CX la perpendiculaire D*d* ; puis du point C pour centre, & la moitié CX du petit axe donné pour Rayon, on décrira le quart de cercle XE qui coupera D*d* au point V, & la perpendiculaire AB sur le milieu C au point E, par les points E & V, on tirera E*z*, qui coupera CX prolongée au point Z ; si par les points Z & D, on tire la droite ZB,

DE STEREOTOMIE. Liv. II.

elle coupera la perpendiculaire AB au point B, je dis que CB est la moitié du grand axe que l'on cherche.

DEMONSTRATION.

Pour le premier cas, à cause des Triangles semblables $Oy R, yCd$, & yOF, yCX, on aura $yO:OR::yC:Cd$, & $yO:OF::yC:CX$, donc $OR:OF=Cb=CB::OD=Cd:CX$, donc * le point X est à la circonference de l'Ellipse, & à l'extrémité de l'axe conjugué à AB.   * Art. 41.

Pour le second cas, à cause des Triangles semblables ZCE, ZdV & ZCB, ZdD, on aura $Zd:dV::ZC:CE$, & $Zd:dD::Zc:CB$, donc $dV:dD::CE=CX:CB$, donc [par l'Art. 41.] le point B sera à l'extrémité du grand axe, *ce qu'il falloit trouver.*

USAGE.

Entre plusieurs usages de ce Probléme, on fera voir au 4.ᵉ Livre qu'il est nécessaire pour le Trait du Quartier de Vis suspendu, suivant la maniere du P. Deran, & de M. de La Rue, & pour le Trait de la Trompe sphérique dans un angle saillant.

Il pourroit aussi servir pour la diminution des Colones, si au lieu de la Conchoïde De Nicomede, qu'on y employe ordinairement, on vouloit se servir d'un arc Elliptique, le petit axe donné est le diametre de la Base; le point à la circonference, est l'extrémité du diametre sous l'Astragle du Chapiteau, éloigné du petit axe des deux tiers de la longueur de la colonne, si le renflement est au tiers.

PROBLEME VII.

Les Axes d'une Ellipse étant donnez, la décrire par plusieurs Points, ou par un mouvement continu.

Premierement, par plusieurs Points trouvez au compas [Fig. 110.] *Fig.* 110.

Ayant porté la moitié du grand axe pour Rayon, on portera une des pointes du compas en L, d'où, comme centre, on décrira des arcs qui couperont cet axe en F & ƒ pour avoir les Foyers.

De ces points F & ƒ pour centres, & d'un intervale pris à volonté pour Rayon, pourvû qu'il soit moins grand que ƒA, ou FB, on décrira des arcs de cercle en quatre endroits 1. 2. 3. 4. au dessus, & au dessous de l'axe AB, comme en 1 n, 2 n, 3 n, 4 n, puis on portera la même longueur du Rayon de, A en P, & de l'ouverture PB [reste de la longueur du grand axe] pour Rayon, on décrira des mêmes centres F & f des arcs de cercle, qui couperont les precédens aux Points 1. 2. 3. 4. qui seront à la circonference de l'Ellipse; on recommencera pareille operation avec des ouvertures de compas, plus ou moins grandes pour avoir encore quatre autres Points; & ainsi on trouvera tant de Points, & si près les uns des autres, qu'on jugera à propos, pour tracer ce contour à la main de l'un à l'autre avec assez d'exactitude, ou mieux dans le grand, avec une Régle pliante également mince, qu'on peut arrêter & courber par le moyen de quelques pointes de cloux plantées sur les points trouvez en dedans & en dehors, ou tous en dehors en appuyant de la main gauche par dedans, pendant qu'on trace de la droite.

SECONDEMENT, par un mouvement continu, on peut le faire de plusieurs façons. 1.°

Fig. 110.   PAR le moyen d'un Cordeau, on fait ce que nous venons de faire avec le Compas; on plante deux cloux aux Foyers F & f, trouvez comme nous venons de le dire; puis ayant fait une boucle au bout du Cordeau, & une autre à distance de celle-ci, parfaitement égale à la longueur du grand axe AB, on met chacune de ces boucles à un clou des Foyers, & comme le cordeau est lâche, on pousse son pli FDf pour le faire tendre, & y faire couler un crayon D, ou une pointe de quelque Outil; ainsi le même cordeau qui faisoit le pli FDf sera au milieu le pli FLf, & le crayon qui étoit en D, sera transporté en L, ce qui est si connu de tous les Ouvriers, qu'il est inutile d'expliquer. Cette construction, qu'on appelle le *Trait du Jardinier*, quoique Méchanique, donne l'Ovale Geométrique, que j'appelle toujours *Ellipse*, pour la distinguer des autres Ovales.

IL est clair que pour avoir l'Ellipse entiere, il faut faire passer le cordeau en dessous d'AB, comme au dessus.

DEMONSTRATION.

Nous avons dit à l'article 29. du premier Livre, qu'une des principales proprietez de l'Ellipse consiste dans l'égalité de la somme des deux lignes tirées des Foyers au même point de la circonference, avec la longueur du grand axe; donc la courbe tracée est la vraie Ellipse qui est une des Sections Coniques; puisque la construction par plusieurs points trouvez au compas, & le cordeau par le mouvement continu, fournissent toujours la même égalité, *ce qu'il falloit faire.*

USAGE.

DE STEREOTOMIE. Liv. II.

USAGE

Cette pratique est très aisée, mais peu exacte dans les grands Ouvrages, parce que le cordeau s'alonge, selon qu'il est plus ou moins long & tors, & que l'on pousse le crayon dans le pli avec une force plus ou moins grande; une chainette est moins sujette à cet inconvenient, mais elle a les siens; car outre qu'elle cause des Ondulations, elle est encore un peu susceptible de l'inégalité d'extension, causée par son poid, dans un plan vertical, ou par son frottement sur un Plan horisontal; de sorte qu'elle ne peut se remettre en ligne droite, suivant les loix de la Méchanique; puisque ce poid, ou ce frottement, sont une troisiéme Puissance qui fait effort contre celles des bouts, lesquelles ne peuvent, en tirant l'une contre l'autre, faire dresser la chaine, que lorsque la troisiéme est infiniment petite; c'est pourquoi nous allons proposer une autre maniere Organique qui n'a pas ces défauts.

Seconde Méthode de tracer l'Ellipse par plusieurs Points, sans le secours des Foyers seulement avec deux ouvertures de compas, ou sans compas, par le moyen d'un cercle & d'une mesure constante.

SOIENT [*Fig.* 116.] les axes donnez AB, HF: on portera la moitié Fig. 116. du petit axe CH de C en E sur le grand, & l'on divisera leur différence EB en deux également en M.

Du point C pour centre, & de l'intervale CM pour Rayon, on décrira un cercle: il nous suffit ici pour exemple d'en mettre le quart N 2 M: sur la circonference de ce cercle, on prendra à volonté autant de points qu'on en voudra pour tracer l'Ellipse avec plus ou moins d'exactitude, comme ici les Points 1, 2, 3, desquels, comme centres & toujours du même intervale CM pour Rayon, on décrira de petits arcs qui couperont l'axe AB, prolongé aux points M, g, h, d'où l'on tirera à leurs centres 1, 2, 3, des lignes 1 M, 2 g, 3 h, sur lesquelles on portera toujours la moitié de la difference des demi-Axes ME, ou MB, en 1 x, 2 x, 3 x, laquelle donnera tous les points x, x, x à la circonference de l'Ellipse demandée.

DEMONSTRATION.

Du point C pour centre, & des longueurs CA, & CH pour Rayons, on décrira deux quarts de cercles AQ b, rqH; puis par un des points trouvez comme D, on tirera les lignes rQ, & PL perpendiculaires aux axes; & enfin par le centre C, la ligne C q.

Tome I. S

A cause des parallèles rC, Pq, on aura $Cq:CQ::rP:rQ$; mais $Cq = CH$, & $CQ = Cb$; donc $CH:Cb::rP:rQ$; c'est-à-dire, que les ordonnées de l'Ellipse à l'axe AB, sont proportionelles à celles du cercle AQb au même axe, qui en est le diametre; donc [Art. 41. du premier Livre,] le point P est à la circonference de l'Ellipse, *ce qu'il falloit démontrer.*

La même organiquement par un Mouvement continu.

Fig. 118. Ayant divisé la difference Ae des deux demi-Axes CA, Cb en deux également en m, ou leur somme eB en M, on assemblera deux Régles égales chacune à la moitié MB, par le moyen d'une cheville, ou d'un clou arondi, comme Cd, dG en d, ou deux Régles d'inégale longueur, l'une D, égale à la difference Am, l'autre Ds au demi-Axe AC, puis ayant pris une troisiéme Régle de longueur égale à quatre fois Cd, ou deux fois eB, pour la 1.e construction, avec les Régles Cd, dG, ou seulement au grand Axe pour la seconde, on attachera à son milieu C, la Régle Cd, ou CD, avec un pivot; en sorte que le point C soit sur l'alignement d'un de ses côtez eG, puis on portera sur la branche dG la longueur Am, pour y poser un crayon en x, ou sur la Régle Ds en Dg, pour y poser une pointe propre à faire couler le long de la Régle AB, & le crayon en a; dans cette disposition, il ne s'agit que de faire couler le point G dans le premier cas, ou g dans le second, au long de la Régle AB, les crayons posez en x, ou en a traceront l'Ellipse qu'on demande, comme il est clair par la démonstration précedente; pour la construction par plusieurs points, puisque celle-ci est parfaitement la même réduite en Instrument.

Autre Maniere Organique, avec l'Instrument appellé Compas à Ovale.

Lorsqu'il ne s'agit que de former un quart d'Ellipse, le compas à Ovale est une simple Equerre, sur les côtez de laquelle on fait couler deux pivots attachez à certaine distance, à une Régle au bout de laquelle est un crayon pour le tracer. D'où il suit que pour une Ellipse entiere, il faut assembler quatre Equerres séparées par une coulisse, pour laisser le passage de ces pivots; supposant qu'on ne veuille tracer qu'une demi-Ellipse, il faut un Instrument composé de deux Equerres, avec une coulisse entre deux, comme on voit à la *Fig.* 117. ABCE, & afin que la branche du milieu soit ferme, on y ajoute des liens, comme mn, MN, qui empêchent qu'elle ne puisse s'incliner vers A, ni vers B.

Fig. 117.

On prend ensuite une troisiéme Régle RT, qu'on fait entrer dans

DE STEREOTOMIE. Liv. II.

trois anneaux de fer ou de cuivre quarrez H, G & K, dans lesquels on l'enfile, & afin de pouvoir les fixer où l'on veut, on y ajoute une vis.

A deux de ces anneaux faits en façon de petite Boëte, tient une queuë en forme de pivot conique, qu'on fait entrer par les bouts de la rénure CE, & dans la rénure AB, si l'on en fait une, qui n'est necessaire que pour mieux assujettir le mouvement de la Régle RT; c'est pourquoi on fait ces rénures plus larges au fond que par le haut, & les pivots étant coniques, quoiqu'ils puissent être Cylindriques. A la boëte K au lieu de pivot, on met un crayon, ou une pointe, comme on le juge à propos pour mieux tracer.

L'Instrument étant ainsi fait, il ne s'agit plus que de sçavoir déterminer la distance des pivots HG entre eux, & à l'égard du crayon K, pour tracer l'Ellipse suivant la longueur des axes donnez.

Ayant porté sur le grand Axe AB, la longueur CD de la moitié du petit, de A en F, la difference des deux demi-axes FC, sera cette distance qu'on cherche du pivot H au pivot G; & la longueur CD sera celle du pivot G au crayon K.

Les pivots & le crayon étant ainsi arrêtez par le moyen des vis, afin qu'ils ne puissent varier, il n'y a qu'à faire mouvoir la Régle RT sur ses pivots, en sorte qu'il y en ait toujours un engagé dans la rénure des coulisses AB, EC, qui sont ici à angle Droit, parce que les axes sont donnez; & à mesure que la Régle tournera sur ces deux pivots, le crayon K tracera l'Ellipse demandée.

J'ay dit que ces deux coulisses étoient à angle Droit, parce que les deux axes sont donnez; car si au lieu des axes, on avoit donné deux diametres conjuguez, elles devroient faire entr'elles d'autres angles que ces diametres, un obtus d'un côté, & un aigu de l'autre, qui seront d'autant plus aigus & obtus, que les diametres conjuguez approcheront de l'égalité; ainsi [*Fig.* 115.] ayant porté la distance CB de D en F, *Fig.* 115. on fera la coulisse inclinée à l'égard du diametre donné AB, suivant la ligne CF, ou ce qui est la même chose, suivant les angles FCB & ACF, & l'on aura le crayon en D, & les deux pivots en P & F, de sorte que si les lignes CB & DP étoient parfaitement égales, cet instrument ne pourroit plus avoir lieu.

Ou il faut remarquer que la distance DP, qui est la difference de la perpendiculaire FP, & du demi diametre CB, peut tomber entre les points D & P, si le demi diametre CB est plus petit que DP.

S ij

140   TRAITE

SECONDEMENT, qu'on peut s'épargner la peine de faire une coulisse sur AB, pourvû qu'on tienne le pivot G, *Fig.* 117. ou P, *Fig.* 115. toujours appliqué à la Régle AB.

Fig. 117.   SI l'on vouloit en même tems tracer une seconde Ellipse parallele, ou à peu près à la premiere, il n'y auroit qu'à ajouter un quatriéme anneau en X, pour y appliquer un second crayon, comme on a fait en K; mais ces deux Ellipses ne seront pas semblables; parce que leurs diametres ne seront pas proportionels, de sorte qu'elles ne peuvent pas être la section d'un berceau ou cylindre creux, de même épaisseur; la raison est que si des demi-axes CD, CB, on ôte des quantitez égales Dd, BL, les restes Cd, CL ne sont plus en même proportion, Cd n'est plus à CL, comme CD à CB; car supposant CD=2, CB=4, Dd=1, Cd sera à CL, comme 1 à 3, ce qui est tout different du rapport supposé CD: CB :: 2 : 4.

DÉMONSTRATION.

Du point C pour centre, & de l'intervale de la moitié du grand axe CB pour Rayon, on décrira le quart de cercle SB, & par le point K, on tirera sur CB la perpendiculaire Or, qui coupera le cercle au point O, & du centre C la ligne CO, qui sera parallele à HK; parce que OK est parallele à CH, & que HK=CS=SO; donc CoKH est un parallelograme. Que HK soit égal à CS, il est évident par la construction, puisque GK=AF, & GH=CF, & CS ou BC=CA, or à cause des paralleles, on aura CO : GK :: Or : Kr; mais CO=CS, & GK=CD; donc CD : CS :: rK : rO : donc [Art. 41.] la courbe DKB est une Ellipse.

Où il faut remarquer. 1.° Que les deux triangles rectangles GHC, GKr, qui sont semblables, varient continuellement par le changement de position de la Régle RT; en sorte que les côtez CH, CG, Gr, rK augmentent ou diminuent, & cependant ils ne sont jamais que la somme des quarrez de leurs hypotenuses, qui sont constantes HG, KG.

2.° Que l'intervale CH, qui est la distance du centre C à un pivot, est toujours égal à l'excès KO de l'ordonnée du cercle, sur celle de l'Ellipse.

D'où l'on peut tirer une maniere aisée de trouver autant de points que l'on voudra d'une Ellipse à peu près parallele à une autre donnée, comme d à L, en imitant ce qui a été fait avec l'instrument. Il n'y a qu'à porter l'intervale OK en CH, ou ok en Cb, pour avoir les inclinaisons de plusieurs lignes HK, bk, sur lesquelles on portera la distance donnée Dd en KX, & kx, pour mener par les points donnez & trouvez d, X, x, L l'Ellipse demandée, à peu près équidistante à DKkB donnée.

Si l'on veut qu'elle soit exactement équidistante, il faut connoitre les Foyers Ff, [*Fig.* 111.] mener de chacun une ligne au point donné D, ou tout autre pris à volonté, & diviser l'angle F Df en deux également par une ligne Dn, sur laquelle on portera du point D, la largeur du Bandeau, Archivolte, ou tout autre Ouvrage qu'on veut faire exactement de même largeur par-tout. *Fig.* 111.

Pour rendre cette operation plus facile, il n'y a qu'à prendre au contour de l'Ellipse donnée, ou toute autre courbe, plusieurs points à volonté pour centre 1. 2. 3. &c. desquels avec l'intervale donné Dd pour la largeur, on fera autant d'arcs de cercles, ausquels on menera à la main une courbe tangente attd, qui sera celle qu'on cherche. *Fig.* 117.

Mais il faut observer qu'une telle Courbe, & toute autre qui n'est pas une concentrique semblable à la courbe donnée, n'est pas convenable aux ceintres qui doivent prendre leur naissance sur un piedroit, parce qu'elle y feroit un jarret en a avec le piedroit ap, lequel sera d'autant plus sensible & choquant à la vûe, que l'intervale Dd sera grand ; car, il est visible que les perpendiculaires à la courbe 1a, & Aa se couperont en quelque point comme en a ; de sorte que tout l'arondissement de la naissance A 1, se réduit à la courbe intérieure en un seul point a, où ces deux perpendiculaires se croisent, par conséquent, puisque une partie semblable s'y trouve de moins, il s'y fera un angle avec le diametre AB, plus aigu que l'angle mixte a A 1. qui est droit à son origine A, ou infiniment peu different du droit, & égal à celui d'un piedroit perpendiculaire sur AB, donc l'angle mixte de la courbe da, avec le piedroit ap perpendiculaire sur AB, sera un angle different, qui sera d'autant plus aigu, que l'arc A 1. sera grand, par conséquent un jarret ; ce qui est insupportable en Architecture.

Corollaire.

De ce que nous venons de dire, il suit encore, que la méthode de ceux qui prennent la mesure de la largeur à l'intervale des deux courbes, sur les diametres de l'Ellipse donnée, comme l'enseigne le P. *Fig.* 111.

Alia inte-
rior Ellipsis
cum tantum
concentrica
sit et amplius
quàm intervallum
à distans ab
interiori quàm
distantia in-
ter eas secun-
dùm radios à
centro proce-
dentes.

DECHALES, Livr. 5. Prop. 21. est encore très fautive; car il est visible que si cette dist. ar ce est, par exemple, D*y*, sur D*n* ou D*x*, sur DC, le point *x* s'approche plus de la circonference que le point *y*, par conséquent l'Ellipse ne sera plus équidistante à l'exterieure AD*m*G donnée; de sorte qu'en cet endroit, le Bandeau ou Archivolte qu'on se propose de faire de même largeur, se trouvera plus étroit: or la ligne D*n*, qui divise l'angle FD*f* en deux également, ne tombe jamais sur les rayons, que lorsque le point D est à l'extremité du petit diametre ou axe; car (par la 3.e Prop. du 6.e Livre d'Euclide,) la ligne qui divise un angle d'un triangle *f*DF en deux également, coupe la base de ce triangle proportionellement aux côtez; mais les rayons ou demi-diametres coupent tous la base *f*F en deux également en C, donc ils ne divisent pas l'angle FD*f* en deux également; nous démontrerons encore d'une autre maniere la fausseté de cette pratique, au chap. VIII. du 4.e Livre.

REMARQUE.

QUOIQUE le *Compas à Ovale* soit un assez bon instrument, on peut s'en épargner la façon, & operer très juste dans les grands Ouvrages, en cherchant plusieurs points de la circonference de l'Ellipse qu'on se propose de faire, sur lesquels on appuye une régle pliante fort mince, & d'une épaisseur bien égale qu'on arrête de chant, ou avec les mains, ou avec des pointes de cloux, comme nous l'avons dit ci-devant, au long de laquelle on peut tracer un contour aussi ferme, & aussi net qu'avec aucun Instrument; voici d'autres problémes pour l'une & l'autre Methode.

PROBLEME VIII.

Les Diametres conjuguez étant donnez, tracer l'Ellipse par plusieurs Points, ou par un mouvement continu, sans connoitre les Axes ni les Foyers.

Fig. 115. SOIENT [*Fig. 115.*] les diametres conjuguez AB, ED, par le point D, extremité du plus grand, on tirera sur AB la perpendiculaire indéfinie FP, sur laquelle on portera la longueur AC, de D en F, d'où l'on tirera au centre C la ligne FC; en suite du point I pris à volonté sur CD, on menera une parallele IG à la ligne FP, & une autre IH au diametre AB. Si du point G, où IG coupe FC pour centre & pour rayon DF, ou AC, on fait un arc de cercle qui coupe IH en H & *h*; je dis que les points H & *h* sont à la circonference de l'Ellipse.

DE STEREOTOMIE. Liv. II.

DEMONSTRATION.

Soit pris CL sur AB égale à HI, & mené LH qui fera parallele à CD.

A cause des paralleles IG, PF, on aura CD : DF :: CI : IG, mais DF $=$ GH $=$ AG par la construction, & CI $=$ LH; & à cause du triangle rectangle HIG, $\overline{IG}^2 = \overline{GH}^2 - \overline{HI}^2 = \overline{CA}^2 - \overline{CL}^2 =$ au rectangle BL×LA (par la 5.e du 2.e Livre d'Euclide) donc si au lieu de CI, on met son égal LH, & au lieu de DF son égale CA, on aura $\overline{CD} : \overline{LH} :: \overline{CA} : BL : \times LA$: donc le point H est à la circonference de l'Ellipse, *ce qu'il falloit démontrer*.

COROLLAIRE.

D'où il suit qu'on peut décrire une Ellipse par un mouvement continu autour de deux axes conjuguez, sans autre instrument, qu'une Régle & une fausse Equerre, ou deux autres Régles qui fassent un angle égale à FCB, trouvé comme nous venons de l'enseigner, & une troisiéme percée, suivant les distances P, D, F, pour mettre une cheville en P, & en F, assez saillantes, pour pouvoir y appuyer les régles FC, & CB; on mettra un crayon au troisiéme trou en D, ou une pointe propre à tracer l'Ellipse; si l'on fait couler le point F, où est la cheville, le long de la régle FC, & la cheville P le long de la régle CB, le crayon D tracera le quart d'Ellipse D*b*B, & si l'on en fait de même de l'autre côté de la ligne FC, transportant la régle CB en CA, de même que la régle FP, on tracera l'autre quart d'Ellipse CHD, qui fera avec le precedent la demie Ellipse ADB, *ce qu'il falloit faire* par un mouvement continu. Pour ne pas changer la régle CB, il faut la faire longue, en sorte qu'elle excéde les points A & B de chaque côté, de la longueur de DP.

USAGE

Ce Probléme peut servir à tracer des arcs rampans, & les projections des faces Elliptiques en talud, dont on n'a ordinairement que les diametres conjuguez, pour s'épargner la peine d'en chercher les axes; mais on peut le faire par plusieurs points d'une maniere encore plus simple.

SECONDE MANIERE

Soient les diametres conjuguez AB, DE : [*Fig.* 121.] ayant mené *Fig.* 121. par le point D la ligne DT, parallele à AB, & par le point C la perpendiculaire CK, qui rencontrera DT au point K, on prolongera cette ligne vers F. Du point C pour centre, & pour rayon CK, on décrira le quart de cercle HK, & du même centre; & pour rayon le demi diametre CB, on décrira un autre quart de cercle FB, que l'on divisera en autant de parties égales ou inégales que l'on voudra, 1, 2, 3, F; il convient pour la commodité & la promptitude de l'operation qu'elles soient égales, parce qu'il faut diviser l'autre quart de cercle HK, en un même nombre de parties, & si elles étoient inégales, il faudroit qu'elles fussent proportionelles à leurs correspondantes; par chacune de ces divisions 1, 2, 3, dans l'un & l'autre quart de cercle, on menera des paralleles au diametre CB, comme aa, bb, cc, dans le quart de cercle HK: & $1L$, $2M$, $3N$, dans le quart de cercle BF; en suite par les mêmes points 1, 2, 3, du même quart de cercle FB, on menera d'autres lignes $3g$, $2h$, $1i$ paralleles à FC, par conséquent perpendiculaires à AB, lesquelles couperont ce diametre aux points g, h, i; on menera par ces points des lignes gc, hb, ia, paralleles à CD, lesquelles couperont les précedentes aa, bb, aux points a, b, c qui seront à la circonference de l'Ellipse.

Ces Points étant trouvez, il sera bien aisé de trouver ceux de l'autre côté du diametre ED; car il n'y aura qu'à porter les longueurs oa, pb, qc en oa, pb, qc, sur les mêmes lignes aa, bb, cc, de l'autre côté du diametre CD: on aura ainsi plusieurs points à la circonference de l'Ellipse, par lesquels menant une ligne courbe à la main, ou avec une régle pliante, on aura la demie Ellipse, & l'Ellipse toute entiere, si l'on veut; puisque la moitié CDB est égale à l'autre, qui passeroit par ACE, mais disposée en sens contraire.

DEMONSTRATION.

A cause des paralleles au diametre AB, & des divisions égales en nombre, & proportionelles dans les quarts de cercle HK, & FB, les rayons CK & CF sont divisez proportionellement, de même que les lignes CK & CD, le sont aussi entr'elles; donc $CD : Cq :: CF : CN$: & $CD : Cp :: CF : CM$ & $CD : Co :: CF : CL$, mais $Cq = gC$, $Cp = bb$ & $Co = ia$: & par la même raison $g3 = CN$, $h2 = CM$ & $i1 = CL$, donc $gc : bb :: g3 : h2$, c'est-à-dire, que les ordonnées au diametre du cercle, & celles au diametre de l'Ellipse sont en même raison entr'elles, *ce qu'il falloit démontrer*.

Art. 41.

PROBLEME

DE STEREOTOMIE. Liv. II.

PROBEME IX.

Alonger ou racourcir les Ellipses en telle Raison qu'on voudra, en sorte qu'elles soient toujours les Sections d'un même Cylindre.

Soit [*Fig.* 119.] le demi cercle BFE, la base d'un Cylindre quelconque ; ayant abaissé sur son diametre BE, autant de perpendiculaires que l'on voudra *o r*, *o r*, *c* F, on joindra l'axe AB, qu'on suppose donné, ou pris à volonté, au diametre BE, sous quelque angle que l'on voudra, comme ABE, & l'on achevera de former le triangle, en tirant une ligne par les extremitez A, E; ensuite par tous les points *o*, *o* & *o*, on menera des paralleles à la ligne A E, jusqu'à la rencontre de l'axe AB aux points *b*, *b*, C, par lesquels on élevera, sur AB, autant de perpendiculaires indéfinies *b i*, *b i*, CD, qu'on fera égales aux ordonnées *o r*, *o r*, CF, en sorte qu'elles soient terminées aux points *i i* D, par lesquels on fera passer une courbe à la main, ou avec une régle pliante, & l'on aura la circonference de l'Ellipse demandée; nous n'en mettons ici que la moitié pour rendre la figure plus simple, l'autre moitié étant parfaitement égale.

DEMONSTRATION.

Si l'on suppose le demi cercle EFB, relevé en E*d*B, & la demie Ellipse ADB perpendiculaires au plan du triangle ABE, toutes les perpendiculaires aux diametres EB, AB le feront à ce plan, donc les distances des sommets correspondans F, D, *r* & *i*, qui sont les mêmes que *d*D, R*i*, seront égales aux distances *bo*, C*c* du plan ABE ; puisque les lignes *o r* ou *o* R & *b i*, leur sont perpendiculaires, & que ces mêmes *o r* & *b i* sont égales entr'elles ; donc elles formeront autant de parallelogrames, comme *c*CD*d* ; donc si la figure E*d*BDAE est une moitié de Cylindre, la ligne C*c* sera son axe, & D*d*, qui lui est parallele, sera son côté ; c'est-à-dire, à la surface : il en sera de même de toute autre jonction des sommets *i* & *r* ou R, comme *b i*, R*o*, *i* R qui sera parallele, & égale à *b o*, laquelle est parallele à C*c*, donc *i* R sera parallale à l'axe C*c*, & par conséquent à la surface du Cylindre, *ce qu'il falloit démontrer.*

Que la ligne ADB soit une Ellipse, nous l'avons fait voir au Probleme precedent ; puisqu'à cause des paralleles A E, *b o*, C*c*, les lignes EB, & AB sont divisées proportionellement, & que les ordonnées à ces diametres, sont égales entr'elles, & par conséquent proportionelles à celles du cercle, par la construction ; donc la courbe ADB est une Ellipse Geometrique.

Tom. I.

Il est à propos que je rende raison, pourquoi j'ajoute ici l'épithete *Geometrique* au nom propre de l'Ellipse formée par ce problème; c'est que Daviler fameux Architecte, qui a fort bien écrit sur son Art, étoit assez peu versé en Geometrie, pour ne pas connoître l'exactitude de cette operation, s'imaginant apparemment qu'elle produisoit une courbe d'une nouvelle espece; ce qui lui a donné occasion de lâcher une absurdité, dont j'ay montré le faux au commencement, & en plusieurs endroits de cet Ouvrage, *la severité des regles de Geometrie,* (dit-il, Page 237.) *est inferieure à la pratique, comme la methode des Cherches ralongées vaut mieux que les figures Geometriques, d'autant qu'en cet Art, la pratique est preferable à la Theorie*; quelle misere d'entendre ainsi raisonner un Auteur, un Maitre de l'Art, & ce qui est encore plus singulier, en appeller au Tribunal d'un *Ouvrier*, qui n'est qu'un espece de Singe d'un Geometre, dans les traits de la coupe des Pierres, dont il parle, *le meilleur* (dit-il) *est de prendre quelque habile Ouvrier pour se conduire, parce qu'il soulage & instruit*? quelle instruction peut donner un homme qui n'agit que par mémoire, & une imitation servile de ce qu'il a vû faire à un Maitre qui souvent étoit aussi borné que lui, incapable de rendre raison de ce qu'il enseignoit à son Disciple; par conséquent susceptible d'adopter le faux; comme le vrai? n'est-ce pas choisir un Aveugle pour se conduire? car enfin remontons à ces Maitres, de qui ont-ils pû se transmettre ces preceptes que d'un Geometre? un tel raisonnement ne vaudroit pas la peine d'être relevé, s'il n'étoit trop commun parmi les Architectes, & oserois-je le dire parmi les Ingenieurs, où il n'est aussi que trop ordinaire d'entendre exalter le merite de la seule pratique; il me semble ouïr ces Chirurgiens, qui se mêlent de Médecine, décrier les Médecins tant qu'ils peuvent, fiers d'avoir fait quelques cures, par le moyen de quelques Remédes qu'ils ont tiré de cette science, & appliqué au hazard; ils avancent hardiment que la Pratique vaut mieux que toute la Theorie de la Faculté: mais revenons à notre sujet, cette digression m'entraine au delà des bornes d'une simple remarque.

COROLLAIRE.

Il est évident que si au lieu du diametre AB, on en avoit pris ou donné un plus petit, comme aB, la construction auroit été parfaitement la même; cette ligne auroit été divisée aussi proportionellement à la ligne EB, aux points *l*, *m*, *n*, & *a*; & en élevant sur ces points autant de perpendiculaires à aB, égales aux correspondantes *or*: on aura autant de points à la circonference d'une Ellipse, qui sera beaucoup plus courte que la precédente, & qui sera cependant toute à la surface du même Cylindre par la même raison.

COROLLAIRE II.

D'où il suit: 1.° Que si l'angle B*c*C est aigu ou obtus, le Cylindre en question sera scalene; de sorte qu'il pourra arriver, que si l'on prenoit un diametre égal à BE qui fît avec C*c* un angle égal à B*c*C, la section sera encore un cercle, comme par exemple E*x*.

2.° Que si au lieu du demi-cercle EFB, pris pour base d'un Cylindre scalene, on avoit le demi-cercle AGB, & que l'on prît le diametre EB pour l'axe d'une Ellipse racourcie, on trouveroit par la même construction *cf* égale à la moitié du grand axe de cette Ellipse, en portant CG en *cf*, & *b*L en *e*K; & ainsi de suite pour toutes les ordonnées.

COROLLAIRE III.

Non seulement, on peut transformer ainsi une Ellipse en un autre, plus ou moins alongée, ou une Ellipse en un cercle, qui soit la base d'un même Cylindre; mais aussi l'on peut encore transformer une portion moindre que la demie Ellipse, ou que le demi-cercle en une autre plus alongée, & plus accourcie, en telle raison que l'on voudra, sans qu'il soit necessaire d'en avoir les diametres, par le seul alongement des abscises, & la repetition des ordonnées correspondantes.

Soit [*Fig.* 120.] un Secteur, de cercle BC*e*, ou simplement un arc D*e* qu'il faut convertir en portion d'Ellipse *d*E qui soit section d'un même Cylindre, dont D*e* est portion de la base. Ayant mené par les extremitez D & *e* deux lignes droites D*a*, *e*a qui fassent entr'elles un angle droit ou quelconque en *a*; on divisera la ligne *a*D en autant de parties égales qu'on voudra, comme ici en trois, & l'on menera par les points 2, & 3. des paralleles 2*p*, 3*p* à la ligne *a e*; ensuite ayant fait à part l'angle *d* A E, égal à l'angle D *a e*, on divisera A *d* en même nombre de parties égales, ou proportionelles; si les divisions de la premiere ligne *a* D étoient inégales, & par les points 2. & 3. de division de la ligne donnée A *d*, on menera des lignes 2 P, 3 P, paralleles & égales aux precedentes, correspondantes aux mêmes divisions 2 *p*, 3 *p*; la ligne courbe qui sera menée par les points E P *p d*, sera la portion d'*Ellipse que l'on cherche*.

Pour sentir la raison de ce Corollaire, il faut achever le cercle, en trouvant le centre C de l'arc donné D*e*, & mener CB parallele à a D; qui coupera les lignes *p* 2, *p* 3 prolongées aux points *f* & *g*.

Presentement, puisque à la Figure 119. nous avons operé sur les

Fig. 120.

diametres AB, EB; on peut considerer le triangle ABE, comme une section par l'axe du Cylindre, dont le rayon CB de la Figure 120. peut representer une partie de la section de ce plan avec la base B*y*eB, & la ligne a D, celle d'un plan parallele à la section par l'axe, lequel retranche des lignes paralleles *fp*, *gp*, des parties égales *f*2, *g*3, non seulement dans le cercle de la base, mais encore dans l'Ellipse de la section; par conséquent, puisque les ordonnées de l'Ellipse doivent être égales à celles du cercle de la base du Cylindre, si l'on retranche des correspondantes, des parties égales, les restes doivent encore être égaux; mais les abscises par la construction sont proportionelles, donc l'arc E*d* de la section oblique du Cylindre correspond parfaitement à l'arc *e*D de sa base, *ce qu'il falloit faire*.

USAGE.

Ce Probléme est sans contredit le plus utile de tous ceux, dont on peut faire usage pour la coupe des Pierres; car comme la plûpart des des voutes sont des Cylindres Droits ou scalenes, & coupez obliquement par des differentes rencontres de plans ou de Cylindres égaux, ou de bases Elliptiques égales; on a continuellement besoin d'alonger ou de racourcir les courbes des ceintres; ce que les Ouvriers appellent la *Cerce ralongée*.

Quant à l'usage du second Corollaire, il est aussi fréquent en plusieurs rencontres, par exemple pour trouver les joins de téte de la Porte en Tour ronde, &c. comme on le verra au 4.ᵉ Livre.

De la Parabole.

PROBLEME X.

L'Axe d'une Parabole, & un Point à sa circonference étant donnez, la tracer par plusieurs Points, & par son Mouvement continu.

Pl. II.
Fig. 122. Soit [Fig. 122.] SO 4 l'axe donné, & D le point de la Parabole à son contour. Ayant tiré de ce point une perpendiculaire DO sur l'axe SO, on tirera la ligne SD, sur laquelle au point D, on fera la perpendiculaire D 4, qui coupera l'axe SO prolongé au point 4; la longueur O 4 sera le Paramétre de la Parabole, qu'on divisera en quatre parties égales, dont on en portera une de part & d'autre du sommet S en F, pour avoir le Foyer F, & en G sur l'axe 4S prolongé pour avoir la Directrice H*b*, laquelle est une perpendiculaire à l'axe prolongé d'un

quart du Parametre au-delà du sommet S, nous en dirons l'usage ci-
après.

On tirera ensuite autant de perpendiculaires que l'on voudra à l'axe
SO, pour avoir la même quantité de points au contour de la Courbe
comme *i*K, dont les points *i* & *i* sont pris à volonté ; ou bien on
cherchera le Parametre, en prenant au contour de la Parabole un point
K à volonté, par lequel & par le sommet S, on menera KS *a* indéfinie, puis portant en S *b* la longueur *i*K, on tirera par le point *b*
une perpendiculaire à l'axe prolongé, laquelle coupera *k a* au point *a*,
la ligne *b a* sera le Parametre qu'on cherche, dont le quart porté de S
en G, donnera la section de l'axe & de la Directrice ; ensuite ouvrant
le compas de l'intervalle G *i*, à chaque point *i* en particulier, on posera une des pointes en F, d'où comme centre, on décrira un arc
qui coupera en K chaque perpendiculaire en *i*K, pour laquelle on a
pris l'intervalle *i* G correspondant, faisant de même pour toutes les lignes, on se servira du même centre F, & par tous les points S K K D;
on tracera à la main, ou avec une Régle pliante une courbe qui sera
la parabole que l'on cherche ; on en fera de même pour l'autre côté
S C *d*.

DEMONSTRATION.

La ligne O 4. par la définition du Parametre à la premiere construction,
ou *a b* à la seconde ayant été faite troisiéme proportionelle à l'axe SO, & à
l'ordonnée OD ou *i* K, est le Parametre de la Parabole, dont le quart est la
distance du sommet S au Foyer F, & au point G par où passe la directrice.

Or la distance de cette ligne est toujours égale à celle du Foyer à
l'extremité de l'ordonnée, comme il est démontré dans les sections coniques, donc la courbe SKD est une Parabole.

Seconde Maniere par un Mouvement continu.

On prendra un cordeau égal à la distance OG, dont on atachera
un bout sur la branche EL, d'une Equerre HEL, mesurant sa longueur depuis le point E de son angle, & l'autre bout sera arrêté à un
clou au Foyer F : ensuite ayant posé la branche EL sur l'axe SO, &
l'autre branche EH sur la directrice HA, on y appliquera une régle
HR, puis appuyant avec un crayon ou une pointe sur le cordeau pour
le tenir appliqué contre la branche EL, on reculera l'Equ   le long
de la régle HR, & à mesure qu'on l'écartera de l'axe SO   urs parallelement à elle-même, le crayon coulant dans le pli du cu   eau au

point C, tracera la Parabole d'un côté de l'axe; on transportera ensuite l'Equerre pour tracer l'autre moitié du côté apofé.

Il est évident que cette operation est precifément la même que la precedente, mais executée d'une maniere Méchanique; puisque l'on aura par-tout CE = CF, comme l'on a eû G*i* = FK, ce qui est la proprieté de la Parabole.

USAGE.

La description de la Parabole n'est pas d'un fréquent Usage dans la coupe des Pierres; elle sert cependant pour tracer les arcs de face des Trompes quarrées par devant dans un angle Droit: l'axe qui est la ligne du milieu de niveau à l'imposte est donné, & la rencontre du milieu de la Trompe, avec d'à plomb au bout de cette ligne, est le point donné au contour de la Parabole.

Elle peut aussi servir à tracer un arc Rampant, dont les Piedroits sont en surplomb, dans une circonstance, dont nous parlerons dans la suite. Elle sert encore à tracer les jambages des cheminées les plus propres à réflêchir la chaleur du Feu, comme l'a démontré M. GAUGER dans la Méchanique du Feu, où il en fait voir l'avantage sur ceux qui *sont paralleles* entr'eux.

Comme cette courbe resemble si fort à la *Chainette*, que quelques Mathématiciens s'y sont mépris, comme le grand GALLILEI. & après lui M^{rs}. BLONDEL dans ses Problêmes de l'Architecture, PARENT, & le P. CASTEL dans sa Mathématique universelle; on pourroit s'en servir à tracer les Cintres des voutes, dont on fait les Voussoirs égaux. Je crois aussi avoir lû quelque part qu'un fameux Architecte se servoit de la Parabole dans les ceintres des Lunettes dans un Berceau.

Enfin on pourroit faire usage de ce Probleme pour le renflement & courbure du profil de diminution des colonnes, au lieu des deux manieres usitées, l'axe donné est le diametre de la base, l'abcisse est la difference des deux demi-diametres à la base, & sous le chapiteau; c'est-à-dire, la diminution d'un côté, le sommet est l'extremité de ce diametre; & le point à la circonference est celui de diminution du diametre superieur, c'est-à-dire, son extremité sous l'Astragale.

De l'Hyperbole.

PROBLEME X.

Le Centre, le Sommet & un point au contour de l'Hyperbole étant donnez, la décrire par plusieurs Points, & par un Mouvement continu.

Soit le centre C, le sommet S, & le point D à la circonference, la ligne CO mené du centre par le sommet S en O, sera l'axe prolongé, auquel la perpendiculaire OD sera une ordonnée. Des points S & D pour centres, & pour rayon une ouverture de compas prise à volonté; on fera des sections d'arcs en p & q, pour mener par ces points une ligne pq, laquelle étant prolongée, s'il le faut, coupera l'axe CO en V; d'où comme centre, & de l'intervale VS, ou VD; on décrira le demi-cercle SDG, qui rencontrera SO prolongée en G : ensuite ayant porté la longueur OG sur la ligne DO, prolongé en OH, on lui menera par le point S la parallele indéfinie IST; on prolongera SC en R, faisant CR = CS: on tirera RH, qui coupera IT en I; on portera la longueur SI en SK, pour avoir la ligne KR, qu'on divisera en deux également au point M, ou sera le centre d'un demi-cercle RTK, dont elle sera le diametre, & dont l'arc coupera la ligne ST en T; puis ayant divisé ST en deux également au point N, on portera la distance CN en CF; le point F sera un des Foyers de l'Hyperbole, & si on porte la distance SF en Rf, on aura l'autre Foyer.

Fig. 123.

Cette preparation étant faite, si l'on veut trouver plusieurs points de l'Hyperbole avec le compas d'une ouverture fL prise à volonté, pourvû qu'elle soit plus grande que fS, pour rayon, & du point f pour centre, on fera un arc lL; ensuite on portera le même intervale fl de R en o, par exemple, sur l'axe prolongé, & l'on prendra la difference oS de cet intervale & du premier axe RS, & de cette difference oS pour Rayon, & du Foyer F pour centre, on fera un autre arc xy, qui coupera lL au point x, lequel sera à la circonference de l'Hyperbole, on trouvera de même autant de points que l'on voudra de cette Courbe.

Seconde Maniere par un Mouvement continu.

Ayant pris une régle fE d'une longueur convenable, qui excede la plus grande distance fD du Foyer opposé f, au point donné D; on lui fera un trou au bout f pour y passer un clou, sur lequel elle sera mobile; on portera sur cette régle la longueur RS du premier axe de f en Q; ensuite on prendra un cordeau de longueur égale à QD, dont on attachera un bout à l'autre Foyer F, puis posant la régle ƒE sur Fo, on étendra le cordeau qui est lâche dans cette situation, en le tirant par un pli de F en S, le long de la régle, & en l'écartant par le bout E, l'autre restant fixe en ƒ, on appuyera sur le pli du cordeau avec un crayon ou une pointe d'outil contre la régle, en le faisant couler vers D, & l'on tracera ainsi l'Hyperbole, comme nous l'avons dit de l'Ellipse & de la Parabole.

DEMONSTRATION.

L'on a cherché une troisiéme proportionelle OG à l'abscisse OS, & à l'ordonnée OD, pour trouver par son moyen le Parametre SI, car HO=OG: SI:: RO: RS; mais aussi le Parametre est troisiéme proportionelle au premier axe RS, & au second bY, donc en cherchant une moyenne proportionelle ST entre SR & SI=SO, on aura bCY qui lui est égale; or il est démontré dans les sections coniques, que la distance du centre C au point N, milieu de ST est égale à celle de ce centre au Foyer, parce que SN est moyenne proportionelle entre F.F & SF, ou ce qui est la même chose entr ƒS & SF, comme il est évident par la construction; donc les points ƒ & F sont les Foyers; il est aussi démontré que la différence des lignes ƒD, FD tirées des foyers à un point de l'Hyperbole est égale au premier axe RS; donc l'Hyperbole est décrite par les points S & D, *ce qu'il falloit faire*.

Il est clair que la seconde operation, par un mouvement continu, est precisément la même que la premiere par plusieurs points; puisque l'on y a pris la différence FD du premier axe RS, pour en faire la distance du foyer au crayon D; ce n'est donc que la même chose faite méchaniquement avec un cordeau, au lieu d'un compas.

COROLLAIRE.

Fig. 124. Si les deux axes sont donnez, les foyers se trouvent très-facilement en élevant du point S une perpendiculaire Sd=CD, & tirant Cd qui sera la distance du centre C au foyer F, que l'on transporte en F par un arc dF sur le premier axe prolongé.

Fig. 124. Il faut remarquer que dans l'Architecture où les Cônes sont presque toujours donnez, & le point ou la position du plan de leur section dans le triangle par l'axe du Cône, les deux axes sont aussi toujours donnez; car [*Fig.* 124.] soit ADB le triangle par l'axe, & le plan coupant HSC prolongé; si l'on prolonge aussi le côté BD jusqu'à la rencontre du plan en X, la distance SX est la longueur du premier axe, lequel étant divisé en deux également en C, la ligne CD sera la moitié

du

du second axe; & si par le centre C, on tire deux lignes droites CP
& CT, paralleles aux côtez DA, DB, on aura aussi les Asymptotes,
dont on peut faire usage pour décrire l'Hyperbole par plusieurs points.
Cependant comme il peut arriver que le triangle par l'axe du Cône
ne soit pas donné; parce que l'on peut considerer les sections coniques
hors du Cône. Nous allons faire voir comment l'on peut trouver les
Asymptotes d'une Hyperbole, dont on ne connoit que le centre, le
sommet & une ordonnée; de même que dans la proposition précedente, ou seulement un diametre & une ordonnée.

Probleme XII.

*Etant donnez le Centre, le Sommet & une Ordonnée à l'Hyperbole, ou seu-
lement un premier Diametre & une Ordonnée, trouver les Asymptotes & la décrire par plusieurs Points.*

Soit [*Fig.* 125.] le centre C, le sommet S, & l'ordonnée DO, on *Fig.* 12.
aura l'intervale CS pour la moitié d'un diametre, dont le double SP
sera le diametre entier, auquel [étant prolongé] la ligne DO est une
ordonnée qui lui sera perpendiculaire, si ce diametre est un axe.

Par le point S, on menera AB parallele indéfinie à DO, & par le
point donné D, au contour de l'Hyperbole; on tirera la ligne DP qui
coupera AB en A; on fera SG égal à AS, & par le point G ayant mené GR parallele à DO, ou AB; on tirera la droite DSR qui coupera
GR au point R, la ligne GR sera le Parametre que l'on divisera en
deux également en M; on portera la longueur GM de S en b, & sur
bC, comme diametre ayant décrit un demi cercle; on menera SN
perpendiculaire à Cb, laquelle étant moyenne proportionelle entre le
demi diametre CS, & le demi Parametre GM = Sb, sera égale à la
moitié du diametre conjugué au premier SP: on portera donc la longueur SN en SB, qui est parallele à DO [par la construction] la ligne
menée du centre C par le point B, sera une Asymptote: la même distance portée de l'autre côté vers A donnera aussi le point par où doit
passer l'autre Asymptote CE; *ce qu'il falloit premierement trouver.*

Les Asymptotes étant données, il est très facile de trouver autant de
points que l'on voudra au contour de l'Hyperbole; car ayant fait Od
égal à l'ordonnée OD prolongée de part & d'autre vers r & r, on tirera à volonté les lignes qr, Qr par les points D & d, ensuite portant
les longueurs Dr, dr de q en I, & Q en i; on aura les points i & q qui
sont à l'Hyperbole; on tirera autant de ces lignes Qr qu'on voudra trouver de points i, & par ces points, & les points D, S, d, on tracera

une courb. à la main, ou avec une régle pliante, laquelle donnera le contour de *l'Hyperbole qu'on cherche.*

On voit, comme au Probléme précedent, que si on a la moitié du diametre conjugué toute l'operation est abregée; puisqu'il ne s'agit que de la porter de S en B, pour avoir le point B de l'Asymptote qu'on doit mener par le centre C donné.

La démonstration de ce Probléme dépend de quelques proprietez des sections coniques que nous ne pouvons rappeller ici; on les trouvera dans tous les Traitez des sections coniques.

La principale est que les lignes qui traversent les Hyperboles d'une Asymptote à l'autre sont coupées également par leurs diametres; & parce que les ordonnées D O & *d* O sont égales, comme dans toutes les sections coniques, les restes D *r*, & *d r*, sont aussi égaux; ce qui fait la base de l'operation.

USAGE

On rencontre assez souvent des Hyperboles, lorsqu'il s'agit de faire des voutes ou d'autres corps coniques. La description de cette courbe est nécessaire, 1.° pour faire l'Epure de la Porte en Tour ronde, & en Talud, suivant notre méthode; 2.° pour le trait de la Trompe conique à trois Pans; 3.° pour la Trompe en tour ronde érigée sur une ligne droite; 4.° pour les joins de la Corne de Vache; 5.° pour les naissances des arrieres voussures bombées; 6.° pour la nouvelle arriere voussure de Marseille; 7.° pour les lunettes ébrasées dans une voute sphérique; 8.° les arcs rampans dont les piedroits, seroient en surplomb dans certains cas; 9.° pour les joins montans des arrondissemens coniques des angles en talud; 10.° pour la solution du Probléme qui donne la maniere de tirer les joins de Tête des ceintres Elliptiques ou Hyperboliques par des points donnez hors de ces courbes; 11°. enfin le Probléme précedent peut servir si l'on veut au trait de la courbe de diminution & de renflement des colomnes, au lieu de la Conchoide de Nicomede; l'Hyperbole selon moy vaudroit mieux pour la grace du contour, parce que si on les diminuoit à la maniere des anciens dès le bas, le fust de la colomne auroit plus de grace étant portion d'Hyperboloide que de Cône tronqué; & par la nature de l'Hyperbole la partie inferieure de la colomne auroit le plus grand arrondissement qui diminueroit & le redresseroit en montant sous le chapiteau; ce qui auroit une grande analogie avec celui que la nature fait aux Arbres, & par conséquent une plus grande beauté, qui est une plus parfaite imitation de la nature.

On auroit donc pour sommet le côté de la base, pour point à la circonference de l'Hyperbole, & pour ordonnée celui de la diminution sous l'Astragale du chapiteau, & pour le centre la distance du Module, ou demi diametre de la colomne à la base porté sur la prolongation de ce diametre hors de la colomne, ce qui tombe dans le cas du Problême précedent.

De tout ce que l'on vient de dire, & de plusieurs autres endroits où nous avons parlé des sections coniques; on peut conclure que ceux qui disent comme l'Autheur Moderne de la pratique de la coupe des Pierres, que les sections coniques n'y sont pas nécessaires, n'en connoissent pas les usages.

SCHOLIE.

Par une construction semblable à celle de ce Problême, on peut décrire au dehors ou au dedans d'une section conique quelconque une courbe semblable, dont il suffit d'avoir un seul point donné.

Soit, pour exemple [*Fig.* 127.] une Ellipse donnée P T B, dans laquelle on en veut décrire une semblable par un point donné e; on tirera à volonté par ce point e une ligne 1. 2. qui coupera l'Ellipse donnée aux points 1. 2. on portera l'intervalle e 1. de 2. en f, le point f sera un second point de l'Ellipse demandée; lequel servira à en trouver un troisiéme, en menant par f une ligne aussi à volonté g 4; on portera l'intervalle 3 f, de 4. en g, où sera un troisiéme point, lequel servira à en trouver un quatriéme h, en tirant 5 g 6, & portant g 5 en 6 h, ainsi de suite.

Ce que nous disons ici pour l'Ellipse convient aussi à la Parabole & à l'Hyperbole; c'est pourquoi M. de La Hire a appellé les Figures semblables inscrites ou circonscrites à une section conique ; avec cette proprieté *Asymptotiques*, en ce que l'une peut être considerée à l'égard de l'autre, comme une Asymptote courbe , j'explique ce nom que j'adopterai quelques-fois pour éviter les périphrases, parce que j'ay trouvé un grand Mathematicien qui ne le trouvoit pas à son gré.

PROBLEME XIII.

Par cinq Points donnez qui ne soient pas en ligne droite, tracer une Section conique quelconque par un Mouvement continu, sans en connoître les Axes, les Diametres, les Centres ni les Foyers.

Fig. 126. SOIENT [*Fig. 126.*] les points donnez ABCDE, par lesquels on veut faire passer une section conique qui se trouvera suivant leur situation une Ellipse, une Parabole, ou une Hyperbole ; dans l'exemple proposé, ils conviennent à une Ellipse. Ayant tiré par deux de ces points, comme AB une ligne FG, prolongée au delà des points A & B, on tirera les lignes AC, AB, AE & BC, BD, BE : ensuite on prendra avec deux régles, ou avec l'instrument qu'on appelle Sauterelle les angles DAF, DBG, dont on appliquera le côté AD en AC, la branche AF se rangera sur Ax, de même la branche BD de l'autre angle étant portée en BE, l'autre branche BG se rangera en BX ; on en fera de même des angles BEb, BDI, & l'on aura l'intersection des côtez Eb avec Ax au point x & i, avec BY, au point Y. On tirera la ligne droite xy ; ensuite ayant fait avec les mêmes Sauterelles ou quatre régles les angles BAD, ABD mobiles sur les points A & B, comme sur des pivots, on fera croiser les deux branches de la Sauterelle tout le long de la ligne droite xy, comme par exemple en k, les deux autres branches Ag, Bf se croiseront en un point comme L, qui sera à la circonference de la section conique ; on continuera de même en promenant la croisée de K tout le long de xy ; mais lorsque les branches Bf, AG seront au dessous de B & A du côté de la ligne xy, il faudra en prolonger l'alignement par une régle appliqué au long de Ag ou de BF.

La démonstration de cette construction est un peu trop longue pour lui donner place ici : il suffira de dire qu'il est démonstré dans les Traitez des sections coniques, qu'on peut en faire passer plusieurs differentes par quatre points donnez, mais non pas par cinq ; or supposant (comme il est vrai) que ce mouvement organique ne peut produire qu'une courbe du second ordre, si les points se trouvent disposez pour une Ellipse ; il n'y en aura qu'une qui satisfasse à la proposition. On peut voir sur cela le sçavant Livre de M. *Mac-Laurin* intitulé *Geometria Organica.*

PROBLEME XV.

Deux Touchantes avec les Points d'attouchement à une Section Conique, & la Direction d'un seul Diametre étant donnez, trouver autant de Points que l'on voudra de cette Courbe, sans connoître le Centre de la Section, ni la grandeur d'aucun Diametre.

Fig. 129. SOIENT les deux touchantes données AD, DB, [*Fig. 129.*] qui

touchent la section conique cherchée aux points A & B : soit aussi la ligne
AP portion d'un diametre, dont on n'a pas la longueur, mais seulement
la position, c'est-à-dire, l'angle DAP, qu'il fait avec la touchante AD :
ayant tiré la droite AB d'un point d'attouchement à l'autre, on la divisera en deux également en F, par où on tirera la ligne droite DFC indéfinie, qui sera portion d'un diametre, sur lequel on cherche un point
de la Courbe.

On sçait que si la section est une Parabole, cette ligne DC sera parallele à AP, autre position de diametre donnée : si elle doit être une
Ellipse, les lignes AP & DC seront convergentes vers C, & si elle doit
être une Hyperbole, elles seront divergentes, & concourront hors de
la Courbe.

Par le point F, on tirera FG parallele à AP, qui coupera AD au
point G, & l'on divisera GD en deux également en I ; par le point G,
on menera GH perpendiculaire à AD, puis du point I pour centre, & de
l'intervale IA pour Rayon ; on fera un arc Hb, qui coupera GH au
point H : ensuite on menera Ad parallele à DC, on fera AK égale,
si l'on veut à GH, où l'on en prendra une partie aliquote, comme la
moitié, le tiers ou le quart, ou on la fera plus grande, & l'on fera
Ad égal à AD, ou à la même partie aliquote, que AK l'est de GH, &
l'on tirera par le point D la ligne dE, jusqu'à la rencontre de AB prolongée, s'il le faut, en E, par où on tirera EK qui coupera DC au
point x, lequel sera un de ceux de la Courbe.

Pour avoir ensuite un autre point de cette Courbe ; on menera par
le point x une ligne ab parallele à AB, & l'on fera la même operation sur les lignes Aa, & ax, & Bb, & bx qui seront deux tangentes
données, qu'on a fait ci-devant sur les deux AD, DB, & l'on aura
deux autres tangentes, dont une sera toujours une partie de AD ; & ainsi
de suite jusqu'à ce qu'on ait cinq points de la Courbe pour la tracer
par un mouvement continu par le Problême XIII. ou que les points
trouvez soient multipliez & approchez autant qu'on le souhaite, pour
la tracer exactement à la main ou à la Régle pliante.

DEMONSTRATION.

Il est démontré dans les sections coniques qu'un diametre, lequel
étant prolongé, passe par la rencontre de deux tangentes, coupe en
deux parties égales la ligne qui passe par les deux points d'attouchement ; *Voyez la Hi-*
& par conséquent toutes celles qui lui sont paralleles, & par l'inverse *rel. 2. p. 19.*
que si l'on divise une ligne qui passe par les points d'attouchement de

deux autres, en deux également, & que de leur rencontre, & par le milieu de cette ligne, on en mene une autre prolongée, elle passera par le centre de la section conique, si elle en a un; or par la construction nous avons coupé AB en deux parties égales en F; donc la ligne DFC est un diametre.

Nous avons aussi dit Article 46. que la partie de ce diametre coupée par la ligne AB, qui joint les points d'attouchement, celle qui est coupée par la courbe de la section, c'est-à-dire, le demi diametre de celles qui ont des centres, & l'intervale du centre au concours des deux tangentes sont continuellement proportionelles; donc supposant ce centre en C, qui sera dans cette proposition (si l'on veut) hors de la Figure 129. il sera toujours vrai que $CF : Cx :: Cx : CD$ & que AP & DC doivent concourir au centre de la section, si elle en a un; mais parce que on a fait HG moyenne proportionelle entre AG & GD, si l'on porte GH en AI: la ligne Ix sera parallele à AP; comme FG l'est à AP (par la construction,) presentement à cause des trois lignes CF, Cx, CD qui sont en proportion continuë, ou des trois AG, AI, AD; on aura $CF : Cx :: Fx : xD$, ou $:: AG : AI$, c'est-à-dire $:: AK : Ad$ (par la construction;) donc à cause des paralleles Ad & FD, on a $Fx : xD :: AK : Kd :: CF : Fx :: Cx : CD$; donc le point x est à la section, puisqu'il coupe FD, de maniere que Cx est une moyenne proportionelle entre CF & CD : *ce qu'il falloit démontrer.*

Nous avons dit que si CD est parallele à AP, la section sera une Parabole, alors le point G tombera en D, & AI deviendra la même que AD, d'où il suit qu'il suffit de diviser FD en deux également en x pour avoir ce point à la Parabole; ce qui se trouveroit aussi par la premiere construction, parce que AK & Kd seroient égales, & par conséquent Fx & xD qui leur sont paralleles dans le triangle ADF.

Si les lignes DC & AP concourent au dehors, la construction sera toujours la même, mais renversée, telle est l'Hyperbole à l'égard de l'Ellipse.

USAGE

Cette proposition peut servir dans l'arrondissement des angles des Figures irregulieres, par exemple pour une cage d'Escalier dans un angle aigu ou obtus, dont on prend la naissance à des points donnez par la convenance du lieu: elle peut aussi servir pour les arcs Rampans, où l'on a trois tangentes & trois points d'attouchement donnez; mais pour ceux-ci, nous donnerons le Probléme suivant.

DE STEREOTOMIE. Liv. II.

Probleme XIV.

Trois Tangentes à une Section Conique, & leur Point d'attouchement étant donnez, trouver celle des Sections qui doit les toucher, & les Lignes nécessaires pour la décrire.

Premierement, on peut facilement connoître la nature de la section conique demandée par les observations suivantes.

1.° Si deux de ces tangentes sont paralleles, comme AS, BO Fig. 130. & 131. la section ne peut être qu'un cercle ou une Ellipse; parce qu'il n'y a que ces deux qui rentrent en elles-mêmes. Elle sera un cercle si les tangentes PC, CT sont égales de même que Ti & ir, & une Ellipse, si elles sont inégales, comme PE, EF * & RS, ST, &c. *Fig. 131.*

Fig. 130. & 131.

2.° Si deux de ces tangentes, n'étant pas paralleles, concourent en X Fig. 127. du côté opposé au troisiéme point d'attouchement T donné, comme PA, RB, la section demandée sera encore une Ellipse, par la même raison, ou un cercle.

3.° Si les deux tangentes extrêmes AS, BO étant prolongées, concourent du côté du troisiéme point d'attouchement T donné; & que la tangente moyenne soit parallele à la ligne RP Fig. 128. qui passe par les points d'attouchement P & R des extrêmes, comme SO parallele à RP; il sera encore facile de connoître qu'elle est la Courbe qui satisfait à la question.

Fig. 128.

Ayant divisé RP en deux également en m, on tirera mX, qu'on divisera en deux également en T.

1.° Si la tangente moyenne SO passe par ce point T, la courbe demandée sera une Parabole.

2.° Si cette ligne passe au dessous, comme en EL, elle sera une Ellipse.

3.° Si elle passe au dessus du côté de X, comme en by, elle sera une Hyperbole.

4.° * Si la tangente moyenne SO n'est pas parallele à RP, qui passe par les deux points d'attouchement des extrêmes; on connoîtra encore facilement qu'elle est la section qui satisfait à la proposition; car ayant prolongé RP & SO, jusqu'à ce qu'elles concourent en Y, il ne s'agit que d'examiner le raport des parties des lignes SY & PX, si SY : SO :: XO : OP, la courbe sera une Parabole, si le raport de SY à YO, est

*Fig. 132.

Fig. 132.

moindre que celui de XO à OP, elle sera une Ellipse, s'il est plus grand, elle sera une Hyperbole.

Fig. 133. *Premiere solution pour la Parabole* ayant divisé RP en deux également en M, & tiré MX qui coupera SO en T; on lui menera par les points P & R, les parallèles PQ, RV jusqu'à la rencontre de SO prolongée, qui les coupera aux points V & Q; on divisera ensuite les lignes TX, PQ, RV en un même nombre de parties égales, par exemple ici en trois, à commencer le compte des divisions vers la ligne SO; les lignes menées par les points correspondans 1. & 1. 2. & 2. se couperont en des points *y* & *z*, Y & Z qui seront à la circonference de la Parabole; ainsi menant une ligne à la main, ou avec une Régle pliante par les points R*zy*TY*zp*; on aura le contour de la section qui touche les trois lignes données.

Fig. 134. 135. *Seconde solution pour l'Ellipse & l'Hyperbole*, par les points d'attouchement donnez RTP, ayant tiré les lignes RT, PT [*Fig.* 134.] on les divisera en deux également en N & *n* par où, & par les points S & O, on menera les lignes NS, *no*, lesquelles étant prolongées, se couperont au point C, où sera le centre de la section, par le moyen duquel on a déja un diametre en portant CT en C*t* sur la même ligne prolongée; ainsi la question sera réduite à celle-ci: *un diametre & une ordonnée à ce diametre étant donnée, trouver son Paramètre, & autant de points que l'on voudra de la section.*

PAR les points P & *t* ayant mené VP*t*, qui coupera SO prolongée en V; on portera VT en TD sur le diametre T*t* prolongé [*Fig.* 134.] & sur la prolongation, on menera D 3. parallele à SO, qui sera terminée au point 3. par la droite PT 3. par ce point, on menera 3. Q parallele & égale à DT, & l'on divisera les longueurs 3. Q & TV en même nombre de parties égales, par lesquelles & par le point T, on menera les lignes 1T*y*, 2T*z*, & du point *t* par les divisions de TV, les droites *ty*, *tz*, qui couperont les précédentes aux points *y* & *z*, & qu'ils seront à la circonference de l'Ellipse *Fig.* 134. ou de l'Hyperbole *Fig.* 135. si par les points *y* & *z*, on mene des parallèles *yf*, *zf* à SO, qui couperont le diametre T*t*, *Fig:* 134. ou sa prolongation *Fig.* 135. en *e* & *g*, & qu'on fasse *ef* = *ey*, *gf* = *gP*, on aura les points *t*, *f* & *f* correspondans à ceux de l'autre côté de la courbe; & on pourra la tracer à la main, ou avec une Régle pliante; *ce qu'il falloit faire.*

DEMONSTRATION.

Premierement, pour l'invention du centre de la section. Puisque les lignes RT & TP qui joignent les points d'attouchement sont divisées en deux également

DE STEREOTOMIE. Liv. II.

également en N & n, & que les lignes NS & nO passent par la rencontre * des tangentes; elles sont dans la direction des diametres, par conséquent chacune d'elles passera par le centre qui sera au point C qui leur est commun, & le point T étant à la circonference, la ligne menée par CT sera encore un diametre égal à 2. CT = Tt, par la construction; & parce que SO tangente passe par T, toute ligne comme gP qui lui sera parallele, sera une ordonnée à ce diametre; par le moyen de laquelle on a trouvé son Parametre, qui doit être une troisiéme proportionelle au premier Tt, & au second inconnu, qu'on suppose ici pour la facilité de la démonstration égal EI, *Fig.* 134.

Art. 50.
Voyez la Hi-
re L. 2. p. 19.
L'Hopital
Art. 20.

Ayant mené tI jusqu'en SO prolongée en u, & ayant fait comme dans la construction TW = Tu, W 4, parallele à SO, & tiré T 4, la ligne W 4 sera le Parametre du diametre tT; car si l'on appelle tT 2a, CI b, Tu, d, 4 W, x; à cause des triangles semblables Ttu, CtI, on aura 2a : d :: a : b, & à cause de TW = Tu, & des triangles semblables T 4 W, TIC, on aura a : d :: b : x, donc en multipliant ces deux analogies, on aura 2aa : dd :: ab : bx, & 2$aabx$ = $ddab$, & retranchant de part & d'autre ab: on aura 2ax = dd, c'est-à-dire, que le rectangle de 2a = Tt par x = 4 W, sera égal au quarré de dd = 2CI = EI, donc 4 W est le Parametre qui est égal pour toutes les Ordonnées gP, ez, ey au diametre Tt, auquel il est troisiéme proportionelle; *ce qu'il falloit démontrer.*

COROLLAIRE.

De là on tire la maniere de connoître quelle est la section qui convient aux trois tangentes données; car si les lignes qui passent par les rencontres des tangentes, & les milieux des lignes qui joignent les points d'attouchement, concourent en dedans, comme à la Figure 134. la section est une Ellipse, si elles concourent en dehors, *Fig.* 135. c'est une Hyperbole, & si elles ne concourent point, qu'elles soient paralleles, c'est une Parabole, *Fig.* 133.

Tom. I.   X

CHAPITRE III.

De la Description de quelques Courbes Usuelles dans l'Architecture.

Lesquelles ne sont pas des Sections Coniques.

PROBLEME XVI.

Tracer une Ovale du quatriéme Ordre formée par la Section plane d'un Corps Cylindrique, Annulaire, Horisontal ou Rampant, c'est-à-dire, Helicoide.

Pl. 13. Fig. 149. SOIT [planche 13. *Fig.* 149.] la moitié d'un corps Cylindrique, Annulaire *i*DIGF*gi*, dont les côtez ?DI exterieur, & *g*FG interieur, sont des cercles Concentriques au centre C, & dont l'axe courbe est dans le même plan que ces deux cercles. Soit un autre plan perpendiculaire à celui-ci qui coupe le corps Annulaire, suivant la ligne AB; il faut décrire la courbe formée à la surface de ce corps par la section du plan.

Sur *ig* diametre du corps Cylindrique ayant fait le demi cercle *ihg*, qui represente la moitié de sa base; on divisera ce diametre *ig* en autant de parties que l'on voudra avoir de points de la courbe pour sa moitié, jusqu'à une ligne CD, qui sera prise pour Rayon du cercle exterieur, & perpendiculairement sur *i*I; par les points de division 1, 2, 3, 4, on sera du même point C pour centre autant d'arcs concentriques, prenant successivement pour Rayons de ces arcs C1, C2, C3, C4, & terminant ces arcs à la ligne AB, par où passe le plan coupant, aux points KLM, par lesquels on élevera autant de perpendiculaires indéfinies sur AB, & pour en déterminer la hauteur, on élevera de même sur le diametre *ig* autant de perpendiculaires par les points 1, 2, 3, 4, lesquelles couperont le demi cercle *ihg* aux points *s*, *t*, *h*, *u*, *x*; ensuite portant les longueurs 1*s* en K*k*, 2*t* en L*l*, 3*u* en M*m*, & 4*x* en EÆ; on aura les points *klm*Æ, par lesquels on fera passer une courbe tracée à la main, ou avec une Régle pliante. On portera les Ordonnées correspondantes de l'autre côté de CD en N*n*, O*o*, P*p*, & on aura tout un côté de cette Ovale depuis son axe AB, auquel l'autre sera égal; si on a besoin de le tracer, ce que nous n'avons pas fait dans cette Figure pour ne la rendre pas trop confuse.

A l'égard du milieu où est le plus grand abaissement de l'infléxion; il sera trouvé par l'arc tangent à la ligne AB qui est ici 4E, & sa hauteur 4*x* portée en EÆ.

Planche 11.

Corollaire I.

Si le Plan coupant approche plus près du point F que la ligne AB, l'infléxion au milieu fera plus grande ; de forte que si le plan coupant passe par F, au point d'attouchement du cercle gFG, qui est le côté intérieur de l'Anneau, la courbe se divise en deux, & le point Æ tombe sur le point F; parce que le point g correspondant de la base ihg est dans le même plan que le point F, par conséquent l'ordonnée EÆ se réduit à rien. Si au contraire le plan coupant AB, toujours perpendiculaire à CD, passe par le point T milieu de FD, l'infléxion de la Courbe cessera vers son milieu où elle sera très peu courbe, & presque droite ; & au contraire à mesure que le plan AB s'aprochera de D, toujours perpendiculairement à CD, la courbe deviendra de plus en plus courbe vers son milieu, & resemblera fort à une Ellipse, ce que l'on peut facilement concevoir par la transposition des ordonnées 1z, 2t, cb, qui vont en s'élevant, & qui se rapprochent à mesure que le plan coupant s'approche de D : & parce que l'ordonnée 4x qui s'abaisse à l'égard de cb n'a plus lieu, lorsque le plan coupant passe en T, ou au delà vers D, de même que l'ordonnée 3u n'a plus lieu, lorsque le plan coupant AB est plus près de D que le point 3. de la base ihg, n'est éloignée du point i; & ainsi des autres.

Corollaire II.

Il est évident que si le corps Annulaire est fort épais à l'égard du vuide de son milieu gFG, la section sera plus sensiblement pliée dans la partie intérieure, c'est-à-dire, quand la section se fait au dedans de T, & plus arondie au delà.

A l'égard de la seconde partie de ce Problème qui concerne la Coubre faite par la section d'un corps Annulaire, dont l'axe n'est pas dans un même plan, mais élevé en Hélice tournant autour d'un axe, comme le Lierre autour d'un arbre ; nous avons dit qu'elle étoit la même que la précédente, avec cette seule différence que ses Ordonnées Kk, Ll, Mm sous la Figure 149. ne font pas un angle Droit avec leur axe ab, mais un angle aigu aKk, aLl, &c. lesquelles cependant seront toujours paralleles entr'elles, & inclinées à leur axe suivant le même angle.

Ainsi pour tracer la Courbe du corps Cylindrique, Helicloide coupé par un plan parallele à l'axe de l'Hélice ; on commencera par tracer la section d'un corps Annulaire, Horisontal, de même demi diametre de revolution CD, & de même diametre de base ig: ensuite ayant fait une ligne ab, qui represente la section du plan vertical AB, avec l'Horisontal ab on élevera au point a, une ligne aa perpendiculaire à ab, & d'une longueur *a*a, qui fera déterminée par l'élevation de l'Helice sur l'Horison au point où le plan vertical coupe le côté exterieur montant du corps cylindrique, helicoide; & de ce point a d'hauteur donnée, on tirera la ligne a*b* inclinée, qui fera l'axe de la section qu'on cherche; il ne s'agit donc plus que de diviser cet axe en même raison que l'axe AB du corps Annulaire est divisé, pour cela il n'y a qu'à en transporter les divisions des abscisses sur l'horisontale *ab*, ou (si on les met sur le même axe ED, en sorte que AB soit parallele à *ab*,) on ne fera qu'abaisser des paralleles à ED, par les divisions KLME, &c. lesquelles couperont l'axe incliné a*b*, en des points KLM*e*, &c. sur lesquels on portera les Ordonnées de la base *ibg*, aux points correspondans aux nombres 1, 2, 3, 4, comme l'on a fait ci-devant, & comme la Figure 149. le fait voir très sensiblement.

La seconde difference qu'il y a de cette Courbe à celle du corps Annulaire, est qu'elle n'est pas uniforme à chaque moitié, le long de son axe a*b*, à cause de l'obliquité de ses Ordonnées; elle est plus arondie vers a du côté de l'angle aigu, que vers *b* du côté de l'angle obtus, la raison en est claire; car quoique toutes ces Ordonnées soient paralleles, les distances de leurs sommets ne sont pas égales; car si l'on tire des lignes droites des points a & b, aux points *k* & P, quoique les côtez a K & p *b* soient égaux, de même que K*k* & P*p*; il est évident par la Geometrie Elementaire que dans les triangles p *b* P, a *k* K, qui ont deux côtez égaux qui comprennent des angles differents, la base oposée à l'angle obtus, fera plus grande que celle de l'angle aigu.

Demonstration.

Si l'on suppose un plan passant par l'axe du corps Annulaire, Cylindrique, & sur ce plan plusieurs Cylindres d'inégale grandeur, mais concentriques au centre C, & dont l'axe commun soit perpendiculaire au même plan *i*DIC; les sections de leurs surfaces coupées par ce plan feront autant de cercles Concentriques; & si l'on suppose un second plan AÆB perpendiculaire au premier, & coupant le corps Annulaire & les Cylindres, il sera dans chaque Cylindre un parallelograme, dont les côtez feront perpendiculaires au plan *i*DIC, comme K*k*, L*l*, M*m*, &c. & chacun de ces côtez aura une partie commune à l'Ordonnée du cercle, qui seroit fait par la section C*i*, CK, ou CD, d'un troisième plan coupant le corps Cylindrique, perpendiculairement à celui qui passe par son axe courbe, par le centre C, & l'origine de chaque Ordonnée K, L, M, E, &c. comme C*y*, lequel feroit pour section un demi cercle égal à *ibg*, que nous prenons pour base de ce corps; donc tous les points *k l m* Æ, &c. font au contour de la Courbe, *ce qu'il falloit faire.*

Nous avons dit au Livre I. de quel ufage étoit cette courbe dans les voutes fur le Noyau & la vis St. Giles ; on en verra l'application au Traité de ces voutes au Livre IV. voilà à peu près toutes les fections des corps, dont nous devons connoitre les Courbes.

De la Spirale.

QUOIQUE la fpirale ne foit pas une fection de ces Corps réguliers, qui font le principal objet de notre Stereotomie ; elle eft cependant une fection de ceux que la nature produit, & que l'Architecture imite en plufieurs rencontres, tels font certains coquillages, & quelques cornes d'Animaux : par cette raifon nous avons cru devoir lui donner place dans la defcription des Courbes ufuelles, pour la conftruction, & la décoration des Edifices.

IL n'y a pas de courbe dans la Geometrie qui puiffe être fujette à plus de varieté que la fpirale ; M. VARIGNON dans un Memoire inféré dans ceux de l'Académie des Sciences en a fait voir differentes generations, qui peuvent être pouffées à l'infini, nous qui n'en voulons qu'à la pratique, nous nous contenterons d'en donner les premiers Principes.

PROBLEME XVII.

Tracer la Spirale la plus fimple & la plus uniforme, qu'on appelle la Spirale d'Archimede. PLAN. 12.

Du centre C, [*Fig.* 136.] & de l'intervale CA pour Rayon pris à volonté pour celui d'une revolution entiere de la fpirale ; ayant décrit un cercle A 3, 6, 9 A, on en divifera la circonference en autant de parties qu'on voudra avoir de points au contour de la fpirale : on la divife commodement en 12. comme dans cette Figure ; parce qu'en portant fix fois le Rayon à la circonference du cercle, on n'a plus qu'à divifer en deux chaque fixiéme, & tirer les diametres A 6, 9, 3, &c. on peut multiplier cette divifion autant que l'on voudra, pour avoir la courbe plus exactement. Enfuite on divifera le Rayon CA en autant de parties qu'on a divifé la circonference, pour trouver par leur moyen fur chaque differente pofition du Rayon AC, la longueur du Rayon de la courbe, laquelle partant du point A, s'approche continuellement de fon centre C ; ou ce qui eft encore mieux, fi l'on veut la confiderer autrement, partant du centre C, s'en écarte continuellement, en tournant autour de ce centre à l'infini, fi l'on veut. Fig. 136.

Du centre C, & pour Rayon l'intervale C 1, partie de C A ; on décrira l'arc 1 *a*, lequel coupant le Rayon C*a* 1, de la premiere division de la circonference A 1, donnera le point *a* au contour de la spirale; ensuite du même centre, & d'un intervale plus petit d'une division C 2; on décrira entre les Rayons C*a* 1, C*b* 2, l'arc 2 *b*, qui donnera le point *b* sur le Rayon C*b* 2. On continuera de même pour trouver les autres points *c, d, e, f, g, h*, &c. en diminuant toujours le Rayon d'une douziéme partie, jusqu'à ce qu'on ait parcouru toute la valeur du cercle A 3 *b* 9 A, & alors on aura une revolution entiere de la spirale, qui revient au Rayon AC, d'où elle étoit partie.

Le cercle qui enferme la premiere revolution s'appelle *Cercle circonscript*, & celui qui répond à plusieurs, ou qui est au dehors ou au dedans du point A s'appelle *Cercle de revolution*, & les arcs 1 *a*, 2 *b*, 3 *c*, *Arcs de revolution*.

Corollaire I.

Il suit par cette géneration que les parties du Rayon AC, sont essentiellement proportionelles aux arcs de revolution, ou ce qui est la même chose, à ceux du cercle circonscript; de sorte que si le Rayon AC en parcourt la 24.e ou 36.e partie, ce Rayon diminuera ou augmentera pour chaque arc de revolution d'une 24.e ou 36.e partie, &c.

Corollaire II.

Il suit encore que lorsqu'on veut avoir plus d'une revolution, par exemple, une & demi, ou deux & un quart; il faut diviser le Rayon AC, que nous supposons toujours pris à volonté, en un nombre de parties convenables à ce dessein, par exemple pour une & demi, dans la supposition de la division de celle du cercle en douze; on divisera le Rayon en dix-huit parties, & pour deux & un quart en vingt-sept, & alors on aura plus d'un point de la spirale sur chaque Rayon du cercle de revolution; on tracera enfin d'un point à un autre, une ligne courbe à la main, ou avec une Régle pliante; & l'on aura la spirale qu'on demande, si on la veut réguliere; mais parce qu'on veut quelquefois en alonger ou racourcir le contour, suivant les differents effets qu'on se propose; nous dirons comment on peut le varier.

Corollaire III.

Si après avoir tracé une spirale comme en A *c f i* C, du côté droit, on retrace la même tournée du côté gauche, comme la ponctuée A *k f i* C, qui croise la précedente en *f*, partant de la même origine A, & aboutissant au même centre C; il se formera un entrelas, dont le milieu à

DE STEREOTOMIE. Liv. II. 167

la figure d'un cœur C*ifl*C, qui peut servir aux ornemens des grilles de fer contourné, & autres Ouvrages de pareille nature, qui ont été fort à la mode dans les Roses des vitraux de l'Architecture Gotique.

PROBLEME XVIII.

Alonger ou racourcir le contour de la Spirale, en telle Raison que l'on voudra.

L'on peut résoudre ce Probléme d'une infinité de manieres; car on peut faire les Rayons des arcs de revolution dans le rapport des Ordonnées de telles abscisses de courbe que l'on voudra choisir, & les arcs de revolution dans le rapport de leurs Ordonnées; ce qui rend ce Probléme très general. On peut aussi, sans varier les arcs de revolution les faire tous d'un nombre égal de Degrez, & varier seulement les Rayons de ces arcs en telle raison que l'on voudra, comme dans celle des tangentes, ou des secantes, ou des Puissances, comme des Racines, des Quarrez, des Cubes, &c. les Architectes se servent dans leur volute Ionique, du rapport des tangentes: j'en vais donner un exemple, où l'on peut augmenter l'inégalité des divisions en élevant le Rayon à diviser A C, *Fig.* 137. au dessus du point P, où est l'angle Droit du sinus total RP, par exemple en C: *Fig.* 138.

Soit donc le rayon donné A C, pour le plus grand de la spirale 137. *Fig.* 137, dont on veut que le contour se reserre plus que la spirale régulière, à 138. mesure qu'elle approche du centre C, & à laquelle on veut faire faire deux revolutions: ayant transporté ce rayon en a C, *Fig.* 138. & ayant pris à volonté le point R, en sorte qu'ayant mené à ce point une ligne C R, elle fasse avec a C, un angle obtus a *c* R, on tirera a R, & du point R pour centre & pour Rayon R C; on fera l'arc C D qui coupera D R au point D; on divisera cet arc en vingt-quatre parties pour deux revolutions, & par chaque division, & par le centre R, on tirera autant de lignes jusqu'à la rencontre de a C, qui donneront vingt-quatre divisions inégales, diminuant vers le point C; on portera ces divisions sur le Rayon A C, [*Fig.* 137.] où l'on les marquera par des chiffres, pour éviter la confusion, & on operera sur ce Rayon de la même maniere qu'au Probléme précedent; ce qui donnera une spirale, telle qu'on la voit à la Figure 137.

COROLLAIRE.

Dela on tire la maniere de faire une spirale dans une autre, pour lui servir de compagne, qui forme avec elle une côte élevée, ou un creusé en canal, comme aux volutes des Chapiteaux des colomnes de certains ordres d'Architecture; en sorte qu'elles se resserrent plus ou moins au gré de l'Architecte; quoique partant si l'on veut d'un même point D, elles viennent aboutir au même centre C par differents chemins, ainsi la spirale D i K l m n C se rapproche plus de sa compagne A 3 6 9 12 C que la spirale DEFGHC, quoique l'une & l'autre partent du même point D, & arrivent au même centre C.

Fig. 139. Soit [*Fig.* 139.] la ligne A 12, égale à la distance donnée de la premiere revolution à la seconde, & dans cet intervale un point D à volonté pris pour la naissance de la spirale interieure, que l'on placera aussi sur le Rayon AC de la Fig. 137. on fera 12 S perpendiculaire & égale à 12 A, puis on tirera SD & SA: sur s 12, on portera tous les intervales de la premiere spirale pris sur les Rayons tirez du centre C: C 2, C 4, C 6, &c. par exemple 15 3 de S en 3 à la Fig. 139. 18. 6 de s en 6, ainsi du reste; & par les points 3, 6, 9, &c. ayant mené des paralleles à A 12 qui couperont SD aux points *e f g h*, on aura les longueurs *c* 3, *f* 6, *g* 9, *h* 12 qui donneront sur les mêmes Rayons du cercle de revolution A 6 12 18 A les points E, F, G, H, des diminutions des Rayons pour la spirale interieure ou compagne de la premiere A 3 6 9 12 &c. D'où il suit qu'en élevant ou abaissant le point D, on change le contour de la spirale: presentement si aulieu de la droite SD, on avoit fait un arc de cercle ou S *c* D, S *b* D, on auroit eu une compagne de la spirale, qui auroit commencé & fini au même point que la précedente, mais qui n'auroit pas suivi la distance proportionnelle triangulaire.

On peut non seulement changer les longueurs des Rayons, mais encore le rapport des arcs de revolution; ce qui peut fournir le moyen de faire une infinité de spirales, toujours differentes; car on peut faire ce rapport égal à celui des Ordonnées d'une courbe quelconque Geometrique ou Mechanique, comme l'a imaginé M. VARIGNON, qui nous a ouvert le chemin à des variations infinies de spirales, où il s'en trouve d'un contour très agreable: je vais donner un exemple de celles qu'il appelle *Paraboliques verticocentrales*, c'est-à-dire, qui ont leur sommet au centre de la spirale, choisissant la plus simple, qui est celle qu'on tire du cercle; il sera aisé d'en faire l'application à l'Ellipse, aux autres sections coniques, ou à telle courbe qu'on voudra.

Spirale, Circulaire ou Elliptique ou Parabolique, &c.

Soit *Fig.* 140. la ligne AX prise pour l'axe d'une spirale, dont la courbe Generatrice est un quart de cercle CLR: soit AC, le plus grand Rayon de la spirale, & le point C pour son centre, la ligne AC sera prise pour l'axe de la courbe qu'on choisit pour *Generatrice*, lorsqu'elle est ici un cercle.

cercle, dont elle sera le rayon, & le point A le centre: l'axe de la spirale AX, son centre C, & la courbe Generatrice C6R étant donnez, on se déterminera au nombre de revolutions, qu'on veut qu'elle fasse, & l'on prendra une ligne constante ST, qui soit contenuë dans la plus grande Ordonnée RA de la courbe Generatrice RLC, autant de fois que l'on veut de revolutions completes ou incompletes: nous la supposerons dans cet exemple contenuë deux fois & demi dans RA, pour avoir deux tours & demi de la spirale; ensuite il faudra toujours faire cette analogie.

COMME la ligne constante ST,
EST à l'Ordonnée variable de la courbe Generatrice.
AINSI le cercle de revolution 12, 9, 6, 3,
SERA à l'arc de revolution, au premier tour, ou au cercle de revolution, plus à un arc de seconde revolution donné.

A l'arc de revolution cherché;
Si la courbe Generatrice est une Ellipse, une Parabole, ou une Hyperbole, &c. la spirale s'appellera *Elliptique*, *Parabolique ou Hyperbolique*, &c.

POUR s'épargner le calcul de cette analogie; on divisera la ligne donnée ST en autant de parties égales qu'on voudra, pour servir d'échelle propre à connoitre le rapport de cette constante avec les Ordonnées du cercle tirées par des points de l'axe AC, qui seront pris pour les termes des Rayons des arcs de revolution, comme C1*, C2*, C3*, C4*, &c. lesquels termes seront aussi ceux des abscisses de cet axe AX; supposant, dans cet exemple, la ligne ST divisée en 12. & le cercle de revolution 12, 9, 6, 3, aussi en 12, ou si l'on veut en 360. degrez, dont 30. répondront à une division de ST; on divisera l'Ordonnée AR en 30. parties égales pour deux revolutions & demi, & par ces divisions b, d, e F, &c. on menera des perpendiculaires à l'Ordonnée AR, ou ce qui est la même chose des paralleles à l'axe AC, qui couperont la courbe Generatrice ALC aux points 1, 2, 3, 4, 5, 6, par lesquels on menera des perpendiculaires à l'axe AC, qu'elles couperont aux points 1*, 2*, 3*, 4*, 5*, 6*, ensuite par chacun de ces points, & du point C pour centre; on décrira des arcs de revolution proportionez à la partie de la constante ST, par exemple, pour la premiere, l'arc 1*, 1' de 30. degrez; 2*, 2', de 60. degrez; 3*, 3', de 90. degrez; 4*, 4', de 120. degrez, & ainsi de suite: ce qui se fait facilement en divisant le cercle en 12. & augmentant d'une douziéme de sa circonference à la rencontre du Rayon, auquel elle doit se terminer; comme on le voit dans la Figure aux points 1', 2', 3', 4', 5', &c. par tous ces points trouvez, on tracera une courbe à la main, ou avec une régle pliante, & l'on aura une spirale, telle qu'on se la propose pour le nombre des revolutions: nous donnerons même le moyen de fixer les intervales des revolutions, comme on le jugera à propos.

Nous ferons remarquer auparavant qu'on peut trouver les Rayons des arcs de revolution d'une autre maniere; on transportera les divisions de la ligne ST sur Cr, perpendiculaire à CA, par exemple en 6, 7, 8, 9, 10, 11, 12, d'où tirant des paralleles à CA, qui couperont la courbe Generatrice aux points $fghiklm$; on aura des longueurs $6f, 7g, 8h, 9i, {}^{11}k, {}^{10}l, {}^{12}m$, qui seront celles des abscisses, qu'on doit prendre pour Rayons des ars de la seconde revolution BDSV, prenant celle-ci pour exemple en partie seulement; ainsi cu sera égal à CV, 90s, à CS & CD à 60d, &c. & sans prendre la peine de faire des arcs de revolution; il ne s'agit que de porter ces parties sur les Rayons qui leur conviennent, c'est-à-dire, les correspondans au nombre des divisions de la constante, plus ou moins une, ou plusieurs revolutions, comme L3r sur CA, $l3$ sur C^{11r}, k^{10} sur C^{10r}, $i9$ sur C9r, $h8$ sur C8r, &c.

Corollaire I.

D'où l'on tire le moyen de *fixer la premiere revolution de la spirale, à telle distance que l'on veut du centre* C, *sur l'axe* AC: car si l'on veut, par exemple, qu'elle commence en B, on menera par ce point B la ligne BL perpendiculaire à l'axe AC, jusqu'à ce qu'elle rencontre la courbe Generatrice en L, par où menant LS parallele à l'axe AC, qui coupera l'ordonnée RA au point S, la distance SR sera la longueur de la ligne constante qui est ici égale à ST, laquelle a toujours un certain rapport avec la circonference du cercle de revolution 12, 3, 6, 9; mais ce point B étant une fois déterminé, on n'est plus le Maître de changer les autres revolutions; elles se trouvent réglées par le rapport des parties de la constante SR trouvée avec les arcs de revolutions.

Corollaire II.

L'inverse du Corollaire précedent est claire à la seule inspection de la Figure; car si l'on veut connoître à quel point de l'axe AC se terminera la premiere revolution; il n'y a qu'à tirer par le point S, extremité de la constante ST, posée de R en S, une ligne SL parallele à l'axe, jusqu'à ce qu'elle coupe la courbe Generatrice en L, & par ce point L, mener la perpendiculaire LB au même axe, laquelle donnera le point B que l'on cherche: si la ligne ST est contenuë plusieurs fois dans AC, on trouvera de même tous les points de revolution sur l'axe.

COROLLAIRE III.

Il suit naturellement de cette construction : 1.° Que si au lieu du cercle, on avoit prit un quart d'Ellipse pour courbe Generatrice, & qu'on eut mis à la place de R A, la moitié de son grand ou de son petit axe ; on auroit alongé ou resserré la spirale : 2.° Que plus la ligne S T sera contenuë de fois dans A R, plus la spirale sera arondie, & au contraire ; par où l'on voit que cette construction, indépendamment du changement qui provient de la courbe Generatrice, qu'on peut choisir, donne une grande facilité de se contenter sur son contour plus ou moins redoublé : au lieu de poser le sommet de la courbe Generatrice au centre de la spirale ; on peut la mettre dans une situation différente ; mais alors la spirale qui en resultera, ne sera plus du nombre de celles qu'on appelle *Vertico-Centrales*, dont nous parlons : je vais donner un exemple d'un autre espece que M.' VARIGNON appelle *Cocentrales*.

Soit [*Fig.* 141.] la courbe HYP, une Hyperbole Equilatere, dont A C & C 24 sont les Asymptotes, lesquelles font un angle Droit en C, où je pose le centre de la spirale ; & par conséquent celui du cercle de revolution DEFG, que je fais d'une ouverture de compas prise à volonté, & dont je divise la circonference en tel nombre de partie que je veux avoir de points de la spirale à chaque revolution, par exemple en douze ; ensuite ayant pris aussi à volonté une ligne constante, par exemple CG, je la divise aussi en douze parties égales, c'est-à-dire, en un même nombre que la circonference du cercle de revolution, & par chacune de ses parties, je mene des paralleles à une des Asymptotes A C, que je prends pour l'axe A X de la spirale ; & parce que cette premiere parallele rencontre l'Hyperbole hors de cet axe en H ; je commence aussi ma spirale au point 1 r, éloigné de l'axe A X d'une douziéme partie de la revolution A 1 r du point 2. où la seconde division de la constante CG, donne le point 2. je fais un arc 2, 2 r de deux douziémes de la revolution, qui me donne le point 2 r, & ainsi de suite, comme aux spirales Paraboliques, Verticocentrales ; mais enfin parce que l'Hyperbole HYP, ne parvient jamais à son Asymptote CG, cette spirale ne fera que tourner autour du centre C, dont elle approchera toujours à chaque revolution, sans pouvoir jamais y arriver.

Je ne m'arrêterai pas aux differences des positions des courbes Generatrices, qui croisent l'axe de la spirale ; je dirai seulement qu'alors, il se forme deux spirales, une d'un côté, l'autre de l'autre de cet axe, lesquelles sont égales & tournées en sens contraire, comme nous l'avons dit de la spirale d'Archimede [*Fig.* 136.] si les deux parties de la courbe Generatrice sont égales ; mais si elles sont inégales, il est clair que la Figu-

Y ij

re de Cœur qui en refulte deviendra irréguliere; un côté étant plus ou moins enflé que l'autre; ce qui n'eſt d'aucun uſage pour les ornemens d'Architecture: c'eſt pourquoi je paſſe ſur les varietez infinies qui en peuvent réſulter; les exemples que je viens de donner, étant ſuffiſans pour exercer les Architectes & les Artiſtes qui ont des ornemens à tracer dans des agreables variations de contour de ſpirales.

J'AVERTIRAY ſeulement; 1.° que ſi la courbe Generatrice ſe ferme du côté de l'axe de la ſpirale, comme ſi l'on prenoit un demi cercle, ou une demie-Ellipſe, au lieu de leur quart; la ſpirale ne continueroit pas à tourner du même ſens, depuis la plus grande Ordonnée; mais elle ſe rebrouſſeroit & reviendroit en quelques façons ſur ſes pas, ayant ſa concavité tournée du même côté.

2.° QUE ſi l'on prend pour courbe Generatrice, une Hyperbole équilatere, cocentrique, c'eſt-à-dire, dont le centre ſoit le même que celui de la ſpirale; celle qui en ſera engendrée, n'aura ni commencement ni fin; c'eſt-à-dire, qu'elle commencera à une diſtance infinie de ſon centre, & n'arrivera jamais à ce centre; & cependant que lui donnant un commencement, elle coupera ſon axe après la premiere revolution; ce qui eſt une ſuite des proprietez des Aſymptotes, qui approchent à l'infini de l'Hyperbole, ſans pouvoir y arriver, comme nous venons de le dire.

3.° QUE ſi l'on prend pour courbe Generatrice une courbe Logarithmique, au lieu de l'Hyperbole, la ſpirale qui en ſera engendrée, aura un commencement, & n'aura point de fin, ou ſi elle a une fin, elle n'aura point de commencement; ſelon que l'on mettra ſon Aſymptote ſur l'axe, ou perpendiculairement à l'axe de la ſpirale.

ON peut faire la même choſe par le moyen de l'Hyperbole, en mettant le centre de la ſpirale non au centre de l'Hyperbole; mais ſur une de ſes Aſymptotes à quelque diſtance de ce centre; ce qui fournit un moyen très commode pour tracer une infinité de volutes, qu'on peut faire venir d'un point éloigné du centre & de l'axe, & les faire finir au milieu par un *Oeil* circulaire, comme font les Architectes à la volute Ionique; parce que l'on peut ſauver plus délicatement le jarret qui ſe fait à la jonction de la ſpirale & de cet *œil*, ſi elle eſt de la nature de celles qui tournent autour de leur centre, ſans y arriver; par la même raiſon, on fait auſſi plus parfaitement la jonction de la branche droite du limon, avec *la volute ou colimaçon* qui le termine au bas des Eſcaliers les plus à la mode.

ON peut encore changer toutes ſortes de ſpirales en les élargiſſant, ou reſſerrant de telle maniere que l'on voudra, par le moyen de la réduction des Quarreaux changez en Parallelogrames, & même en Trapezes; si on vouloit la resserrer d'un côté plus que de l'autre, supposant par exemple que suivant un dessein que je me propose; je trouve la spirale ALBVC trop ouverte sur son diametre 2'C8; je n'a y qu'à faire des Parallelogrames resserrez suivant cette condition, comme on voit à la Fig. 142. & *Fig. 142.* tracer sur l'original des quarrez en même nombre, ce que l'on a pas fait ici pour éviter la confusion; parce que tous les Dessinateurs sçavent réduire au quarreau du petit au grand; & qu'il n'y a ici d'autre difference, que celle de la Figure des quarreaux, qui sont quarrez dans l'Original, & oblongs dans la réduction; ce qui fait une figure dissemblable, mais cependant encore proportionelle en un sens.

USAGE.

La spirale est une courbe, dont on fait usage en Architecture en plusieurs sortes d'Ouvrages; premierement elle est très fréquente dans les ornemens de serrurerie & de sculpture; on l'employe pour les voutes des chapiteaux Ioniques & Composites en petit, & en grand dans les amortissemens de differentes pieces d'Architecture, particulierement pour les Consoles & les terminaisons des contreforts ou piliers butans qu'on éleve, pour arbouter les voutes des Nefs & des Domes des Eglises, comme on en voit en quatre differents endroits au dehors du Val de Grace à Paris, & dans toutes les Eglises Modernes, tant en Italie qu'ailleurs; les Architectes qui ont du goût pour tracer l'ornement, leur donnent des contours tâtonez en renflant ou resserrant chaque partie, selon qu'ils trouvent que l'œil est plus ou moins satisfait: s'ils avoient connoissance des secours de la Geometrie, je ne doute point qu'ils ne réussissent beaucoup mieux dans la grace du contour, lequel, étant intrinséquement régulier, se presente par toutes ses parties avec une uniformité qui ne contente pas moins l'esprit que les yeux; ce que l'on ne peut se flater de faire par le seul tâtonement.

Enfin la spirale est une courbe nécessaire pour former la basse des Enroulemens qui s'élevent en Limace, comme sont ceux que l'on fait aux extremitez des limons des Escaliers, que les Ouvriers appellent *Colimaçons*: la *Circulaire*, telle que nous venons de la donner à la Figure, convient mieux à l'évasement des premieres marches, & à la jonction du limon droit que la spirale d'Archimede, ou la volute des Architectes, comme j'en ay fait l'experience chez un de mes amis où je l'ay employée, & celle qui est Hyperbolique, Cocentrale encore mieux, nous donnerons ci-après la maniere d'en tracer les joins.

Des Arcs Rampans.

EN termes d'Architecture les lignes qui ne sont ni verticales ni horisontales, mais inclinées à l'Horison, sont appellées *Rampantes*, & les arcs dont les naissances ne sont pas de niveau entr'elles, l'une étant plus basse que l'autre, sont appellez *Arcs rampans*, tels sont les *Arcs Droits* des descentes biaises, dont les naissances du cintre de facé sont de niveau, & les arcades pratiquées au dessous des Rampes des Terrasses ou des Escaliers.

Pour expliquer géometriquement, & plus generalement la signification de ce terme à l'égard des lignes courbes; on peut dire que toutes celles dont les Ordonnées ne sont pas perpendiculaires à un diametre Vertical; lorsqu'elles sont paralleles à la ligne qui passe par les naissances de l'arc, sont des courbes Rampantes & *des Arcs Rampans*.

Il est bon de faire remarquer ici que les Aparailleurs appellent particulierement *Courbe Rampante*, celle du limon de la *Vis à jour*; mais nous ne croyons pas devoir ici nous priver d'une expression generale pour nous conformer à un langage si peu respectable.

PROBLEME.

Changer en Arc Rampant un Arc de Cercle, ou d'une Courbe quelconque.

Fig. 143.

Soit donné [Fig. 143.] l'arc de cercle AHB qu'on suppose ici un demi cercle, quoiqu'il puisse être un segment plus ou moins grand; sur le milieu C de la corde AB, on élevera une perpendiculaire indéfinie Cb, à laquelle on menera deux paralleles par les extremitez A & B; ensuite on prendra sur Cb un point c à volonté pour le sommet d'un angle Ccb, qu'on fera égal au complement de l'inclinaison qu'on veut donner à la Rampe avec une ligne de niveau bN, & l'on tirera la ligne ab, qui sera terminée par les paralleles indéfinies Aa, Bb, dont les intersections en a & b donneront les points des naissances, haute & basse de l'arc Rampant qu'on se propose de faire.

Ensuite ayant tiré à volonté plusieurs paralleles OO, ii, DF à la corde AB, qui couperont CH aux points r, G, e; on portera les abscisses Cr, CG, Ce & CH en cR, cg; cE: & cb: & par les points RgE, on menera des paralleles à ab, sur lesquelles on portera de part & d'autres les longueurs rO, Gi, eD du demi cercle qui donneront les points o, I, f, h, d, &c. par lesquels on tracera à la main, ou avec une Régle pliante le contour de l'arc rampant abb, qu'on demande.

On peut faire la même chose d'une autre maniere, en menant à volon-

page. 175.   Planche 12.

DE STEREOTOMIE. Liv. II.

té [Fig. 144.] autant de paralleles que l'on voudra à la ligne C*b*, pro- Fig. 144.
longées indéfiniment, & portant fur chacune de ces paralleles, comme
*o*R, *o*D, les longueurs O*r* & O*d* comprifes dans le fegment de cercle donné; en OR & OD, au deſſus de la ligne inclinée *ab*, & l'on aura autant
de points que l'on voudra *aRbDb* de l'arc Rampant demandé, qui eſt
comme l'on voit une portion d'Ellipfe.

Second exemple pour toute autre courbe que le cercle.

Soit [Fig. 145.] une fpirale DBHL*c* que l'on veut faire ramper en Fig. 145.
tout ou en partie; ayant pris pour axe la verticale AB, qui paſſe par le
centre de la fpirale, à laquelle les Architectes ont donné le nom de *Cathete*; on lui menera à volonté autant de perpendiculaires qu'on voudra
avoir de points de la fpirale rampante, comme AD, EH, FN, GI, &c.
que l'on prolongera juſqu'à ce qu'elles rencontrent une autre ligne *ab*, parallele à AB & diſtante à volonté, qu'elles couperont aux points *ablkb* :
enfuite on fera l'angle *bki* égal au complement de l'inclinaiſon que l'on
veut donner à la Rampe, pour déterminer la poſition d'une des Ordonnées *ki*, à laquelle on menera des paralleles indéfinies par les points
trouvez *ablk*, comme *ad*, *he*, *ln*, *co*, *kg*, fur lefquelles on portera les
longueurs des Ordonnées à l'axe AB, comme AD en *ad*, HE en *he*, LF
en *lf*, &c. fuivant leur ordre; & l'on aura les points *defgbinhmlc*, par
leſquels on tracera à la main une fpirale, qui eſt celle qu'on demande.

Troifiéme exemple pour les Figures mêlées de differentes courbes, par
exemple [Fig. 146.] un contour de Baluſtre droit, qu'on veut rendre Fig. 146.
rampant pour porter un appui de rampe d'Efcalier.

Ayant mené des perpendiculaires à l'axe AB, c'eſt-à-dire, à la ligne
du milieu du Baluſtre droit, juſqu'à la rencontre d'une parallele CD, pofée à diſtance priſe à volonté, on menera par tous les points de rencontre autant de lignes inclinées à CD, fuivant la pente de la Rampe donnée, ou déterminée par la ſituation des lieux, qui couperont une troiſiéme
parallele *ab* priſe pour l'axe du Baluſtre rampant, à diſtance priſe à volonté, en des points correfpondans aux divifions du Baluſtre droit, qui feront les milieux des diſtances des côtez du Baluſtre rampant, comme on
vient de le dire pour la fpirale dans l'exemple précedent; ce que la Fig.
146. expofe fenſiblement à la vûë.

USAGE

Ce Probléme, & particulierement les deux derniers exemples, font la
baſe de la pratique de tous les ornemens de bois, de pierre ou de fer,
que l'on met aux appuys des rampes des Efcaliers; car ayant commencé

par tracer régulierement les Baluſtres, Guillochis & Enroulemens de Rinceaux & autres deſſeins, tels qu'on les veut dans une ſituation horiſontale; on en ralonge les parties inferieures, & on racourcit les ſuperieures dans une ſi juſte proportion, que l'œil n'eſt point choqué de ce changement; & bien loin de cauſer de la difformité dans les contours des ornemens, il ſemble au contraire qu'il y ſurvient une varieté agreable à la vûë.

Il peut auſſi ſervir pour les cintres des Arcades & voutes Rampantes, lorſqu'on n'a aucune ſujetion de hauteur ou de direction de piedroit, parce qu'alors, il n'y a qu'à changer l'arc circulaire en Rampant; mais à cauſe des differences qui peuvent y ſurvenir, nous devons y pourvoir par un Problême géneral.

Des Courbes qui conviennent à ces ſortes de Voutes & d'Arcades qu'on appelle Arcs Rampans.

Nous avons parlé au Problême précedent de la tranſmutation des courbes, dont les Ordonnées ſont horiſontales en courbes inclinées à l'horiſon; il s'agit à preſent de trouver le moyen de faire paſſer une courbe par certains points donnez, qui ſont ceux des Impoſtes & des Clefs des arcs Rampans, avec cette circonſtance qu'elle ſoit touchée par les lignes droites qui paſſent par ces points, leſquelles doivent auſſi être données de poſition ou de direction.

Les lignes qui doivent toucher les arcs Rampans, ſont premierement les deux *piedroits* ou *jambages* qui portent l'arcade; leſquelles peuvent avoir trois ſituations differentes, 1.° ou verticale, lorſqu'ils ſont *à plomb*, en termes de l'Art, 2.° ou inclinées en *ſurplomb*, 3.° ou inclinées en *talud*.

Secondement, une ligne réelle ou imaginaire qui termine la hauteur de l'arc Rampant, laquelle peut auſſi être horiſontal, ou inclinée à l'horiſon.

La ſituation la plus ordinaire des piedroits eſt la verticale; cependant quelques fois pour plus de ſolidité, on leur donne du talud, & quelques fois auſſi pour mieux buter & appuyer une voute ou un mur, on les fait en ſurplomb, ce cas eſt plus rare dans la pratique que le précedent; car on ne fait plus guere d'arcs boutans, comme dans l'Architecture Gotique; les Modernes tâchent de cacher la néceſſité de ces eſpeces de contreforts par des moyens plus agreables à la vûë, comme ſont des Groupes de colomnes, ou des Conſoles renverſées.

La

DE STEREOTOMIE. Liv. II.

La situation la plus naturelle à la termination de la hauteur d'un arc rampant semble être une ligne horisontale; en effet il peut toujours l'être par une telle ligne, qui devroit être appellée la ligne de *Sommité*; cependant on appelle ainsi toute ligne donnée qui traverse les piedroits prolongez, & qui doit toucher la courbe de l'arc rampant.

Outre ces trois lignes essentielles aux arcs rampans qu'elles doivent toucher; on en considere une quatriéme, qui joint leurs points d'attouchement aux piedroits qu'elle coupe, lesquels ne sont pas de niveau par la nature de cette espece d'arc; on l'appelle *la ligne de rampe*.

Les differences de position de ces quatre lignes, sçavoir des deux piedroits, de la ligne de sommité, & de la ligne de rampe, font toute la difficulté & la varieté des cas, où il faut chercher les Courbes convenables.

Il est évident à tous ceux qui sçavent un peu de Geometrie, qu'on peut trouver une infinité de courbes qui peuvent toucher les trois premieres lignes droites dans tous les cas, ou du moins dans plusieurs de ceux qu'on peut proposer; mais on se borne en Architecture à celles des sections coniques, qui sont les plus connuës, pour éviter les difficultés que les autres entraînent avec elles, ou dans leur construction, ou dans la maniere de leur mener des tangentes, en certaines circonstances marquées.

Pour moy je trouve qu'à cette difficulté près les spirales de M. de Varignon donnent un contour de ceintre autant & plus agreable à la vûë que celui des sections coniques, qu'on peut employer pour un arc Rampant: je pourrois parler aussi de la spirale d'Archimede; mais on ne peut autant la varier, comme celles-là; or cette difficulté n'est pas petite, si l'on vouloit operer geometriquement; on peut même dire qu'elle est insurmontable; car Archimede a démontré que la sous-tangente de sa spirale étoit égale à la circonference du cercle de revolution; d'où il suit que si l'on pouvoit lui tirer une tangente, on auroit trouvé la Quadrature du cercle: cependant supposant la rectification de la circonference du cercle, qu'on connoit suffisamment pour ne pas trouver d'erreur dans la pratique; on peut mener des tangentes à cette spirale, comme nous le dirons ci-après.

On demandera, s'il est de nécessité indispensable que la courbe du ceintre de l'arc rampant touche les deux piedroits, & pourquoi.

A cela je réponds, ce que j'ay déja dit ailleurs, que puisque l'arc doit être une continuation du piedroit; il doit se faire une transition insen-

Tom. I.   Z

fible de la ligne droite du piedroit à la courbe de l'arc rampant; or l'alliance de la ligne courbe avec la droite, ne peut se faire qu'au point de l'attouchement, où l'angle qu'elles font ensemble est infiniment grand; par conséquent imperceptible à la vûë; puisqu'il differe infiniment peu de la ligne droite, l'œil ne peut être trompé que par cet artifice; toute autre jonction ailleurs qu'au point d'attouchement devient difforme, & choque la vûë: l'Architecte de la Chapelle de Versailles n'a pas senti ce défaut, lorsqu'il a fait des arcs rampans sous les arcs boutans au dessus des bas côtez, car leur jonction au grand mur est un bon pli bien marqué, c'est un ◼︎ coupé & appliqué contre ce mur sans art & sans naissance naturelle sur un piedroit, ou sur un Dosseret.

Le plus grand sujet de variation des arcs Rampans vient de la ligne de sommité, qu'il est au choix de l'Architecte d'approcher ou d'éloigner des Impostes de l'arc, & de lui donner telle direction & inclinaison qu'il juge à propos, suivant le dessein qu'il se propose; & l'égard qu'il a à la situation des Lieux, comme lorsque l'arc Rampant doit soûtenir un Palier, ou se terminer sous un Plinthe de niveau, la ligne de sommité devient horisontale; quelquesfois il convient de donner à cette ligne une direction parallele à celle de la ligne de Rampe, comme lorsque l'arc Rampant soûtient une seconde Rampe égale & parallele à la premiere, quelquesfois plus ou moins inclinée; si cette seconde Rampe ou un Plinthe ou Corniche au dessus est inclinée plus ou moins: dans ces deux derniers cas, le point d'attouchement de la ligne appellée de sommité, n'est pas au sommet de la Courbe; je veux dire à l'endroit le plus élevé, commé les Figures 148. & 150. le font voir: puisque ce point est variable, il s'agit de le trouver, lorsqu'on a déterminé la distance & l'inclinaison de la ligne de sommité.

Problem XX.

La Direction des Piedroits, la ligne de Rampe, & celle de Sommité d'un Arc Rampant étant donnez, décrire la Section Conique, qui doit lui servir de Cintre.

Ou en termes Geometriques.

Trois lignes inclinées entr'elles, qui doivent toucher une Section Conique, dont les Points d'attouchement des deux Extrêmes sont donnez, trouver celui de la moyenne, & les lignes necessaires pour décrire cette Courbe.

Fig. 147.
148. 150.
151.
Fig. 131.
132.

Soient les piedroits AR, BP [Fig. 147. 148. 150. 151.] la ligne de Rampe RP, la ligne de sommité SO: Premierement, si les piedroits AR, BP sont paralleles entr'eux, aussi bien que les lignes de Rampe RP, &

DE STEREOTOMIE. Liv. II.

de fommité SO; * il est clair que le point d'attouchement de cette der- *Fig. 147.*
niere est donné au milieu de SO au point T; parce qu'en ce cas la
section qui satisfait au Problème est une Ellipse, comme nous l'avons dit
ci-devant, & que la ligne T*t* qui passera par le milieu de RP, sera un
diametre conjugué à la ligne de Rampe, où sera le centre C; parce que
BP & SO étant des tangentes, les lignes qui leur sont parallèles, & qui
passant par le centre C sont des diametres conjuguez; cela ne souffre
point de difficulté.

DANS tous les autres cas où les lignes de Rampe & de sommité ne *Fig. 148.*
sont pas parallèles; quoique les piedroits soient parallèles entr'eux, ou 150. 134.
ne le soient pas; on trouvera le point T, où la courbe doit toucher la 151.
ligne de sommité, comme il suit.

AYANT prolongé les lignes RP & SO données jusqu'à ce qu'elles concourent en Y par le point S, on menera une parallele DE à OR, si les
piedroits ne sont pas parallèles, comme aux Figures 150. & 151. laquelle ne
sera qu'un piedroit prolongé, s'ils sont, comme à la Figure 148. paralles,
elle coupera RY en D, ensuite ayant porté DS en SE, ou Figure 148.
PS en SE; on tirera ER qui coupera SO au point T, où sera celui d'attouchement que l'on cherche.

CE point étant trouvé: 1.° il sera facile de décrire la section conique
qui doit toucher les trois lignes AO, OS, SB aux points RTP par le
Problème XIV.

2.° ON pourra aussi la décrire par le Problème XIII. parce qu'on a *Fig. 150.*
cinq points donnez; si elle est une Ellipse ou une Hyperbole, dont le
centre soit dans l'étenduë du plan où on veut la décrire; car menant
des parallèles à SO par les points donnez à la circonference P & R qui couperont le diametre T*t* en V & *x*: si on fait V*p* = PV, *u*r = *u*R, *q*C = C*u*,
& qu'on mene par *q* une parallele à SO, sur laquelle on prenne *q*n,
*q*N = *u*R, *u*r & C*t* = CT, on aura déja huit points de l'Ellipse.

3.° SUPPOSANT que le centre se trouve loin hors de l'étenduë de la
surface, sur laquelle on veut la décrire; on pourra en trouver autant de
points que l'on voudra par le Problème XV. car on a deux tangentes,
& la position d'un, & même de deux diametres S*m* & OM, qui passent par les points S & *m* & O & M, supposant PT & TR divisez en
deux également en *m* & M.

4.° ON peut par ce moyen trouver les diametres conjuguez; car puisque T*t* est donné, en faisant C*t* = CT, que son conjugué doit passer

Z ij

180 TRAITÉ

par le point C trouvé, comme au Probléme XV. & parallelement à SO, il ne s'agit plus que de trouver sa longueur de part & d'autre du point C; ce que l'on peut faire par le Probléme IV. puisqu'on a une, & même deux Ordonnées au diametre *t*T, sçavoir R*n* & P*u*, ou par un autre methode que voici.

Art. 46.   Ayant mené par le centre C une ligne FG parallele à SO; on menera aussi RK parallele à T*t*; ensuite on cherchera une moyenne proportionelle entre CK & CG, laquelle donnera C*z* pour moitié du diametre conjugué à T*t* (par l'Art. 46.) qui dit que les lignes menées du centre à la tangente, & coupées par une Ordonnée, sont divisées en raison continuellement proportionelles CK : C*z* :: C*z* : CG.

Démonstration.

Nous avons dit dans nos Préliminaires sur les sections coniques Art. 48. que les tangentes à une section conique qui se rencontrent, & qui sont terminées par d'autres lignes tirées par deux points d'attouchement, se coupent en raison Harmonique; ce que nous avons dit être démontré dans les Traitez de ces sections : or la tangente OY est coupée par la ligne RP prolongée, qui passe par deux points d'attouchement R & P, & par les tangentes RO & PS, qui passent par ces mêmes points R & P; donc on a trois points d'une division Harmonique, sçavoir O, S & Y, il reste à prouver que le quatriéme T est bien trouvé.

A cause des triangles semblables YOR, YSD, on aura YO : OS :: YS : SD = SE, & à cause des triangles semblables ORT, SET, on aura OR : SE :: OT : ST; donc par raison d'égalité YO : OS :: OT, ST, *ce qu'il falloit démontrer.*

Remarque.

Cette proposition renferme quinze Problémes que M. Blondel a donné pour trouver les Courbes des sections coniques, qui peuvent toucher toutes sortes de piedroits & de lignes de sommité en quelque position qu'ils puissent être pour former un arc Rampant; ainsi elle abrege beaucoup cette matiere.

page. 181.   Planche 23.

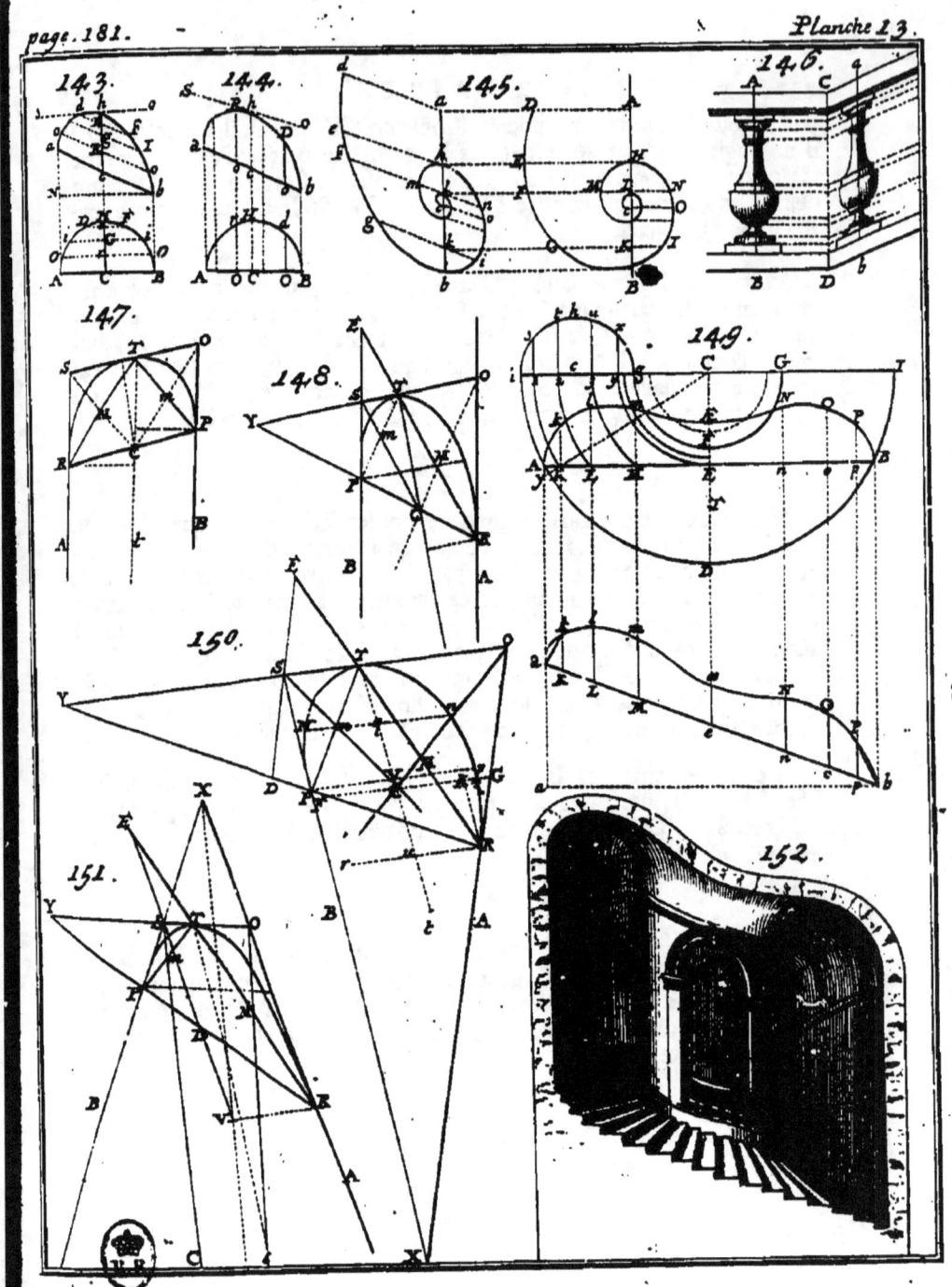

CHAPITRE IV.

De l'imitation des Courbes Régulieres par des compositions d'Arcs de Cercles.

LORSQU'ON aime la régularité, on ne se sert point de ces Courbes qui n'ont que de la ressemblance avec les régulieres, dont elles ne sont que des copies imparfaites, formées par la composition de plusieurs arcs de cercles de differents Rayons; l'original est sans contredit préferable à la copie; cependant l'ignorance des proprietez des Courbes, même les plus communes, comme sont les sections coniques & les spirales, jointe à une plus grande facilité apparente de tracer des arcs de cercles, & peut être encore celle d'en tirer les joins de tête pour les traits des voutes, ont fait chercher plusieurs moyens de les imiter par un assemblage de portions de cercles; & comme l'Ellipse est une des plus usuelles, les Dessinateurs & les Architectes se sont efforcés pendant longtemps, mais inutilement, de l'imiter parfaitement sans jarrets par 3, 4, ou 5. portions de cercles, les axes étant donnez: pour s'en convaincre, il n'y a qu'à jetter les yeux sur deux des planches du Livre de BOSSE, touchant la maniere de dessiner l'Architecture, où il a rassemblé ce qu'on avoit fait de mieux jusqu'alors : cette découverte étoit reservée à un Geometre, tel que M. PITOT de l'Academie Royale des Sciences, qui a trouvé la position de trois centres, & la longueur de deux Rayons, avec lesquels on peut l'imiter aussi parfaitement qu'il est possible, comme nous le dirons ci-après.

IL paroit aussi par les planches du Livre du P. DERAN, particulierement par celle du Chapitre XIX. que cet Auteur qui s'étoit exercé à tant de Traits, n'entendoit pas celui de l'imitation de l'Ellipse; car la difference de la juste position des centres de ses arcs Rampans est trop considerable, & les jarrets trop sensibles, pour qu'on en doive rejetter la faute sur le Graveur. Cependant ces Traits sont regardez en Architecture comme des choses remarquables: une personne versée dans cet Art me citoit pour une des raretez du nouveau Pont de Compiegne un arc surbaissé, qui avoit cinq centres; à quoi je répondis en souriant qu'il auroit été plus beau & meilleur, si au lieu de cinq centres, il n'avoit eû que deux Foyers.

Régle Generale.

TOUT l'art d'imiter les Courbes par differents arcs de cercles, consiste à poser les deux centres des arcs qui se joignent sur une même ligne droite, qui passe au point de leur jonction, afin que la perpendiculaire qu'on lui tireroit à ce point fût tangente commune, de l'une & de l'autre arc au même point; la raison est, 1.° que l'angle de l'arc avec la tangente étant infiniment petit de part & d'autre du point d'attouchement, le Rayon est presque aussi exactement perpendiculaire sur cet arc, qu'il l'est sur la tangente, à une différence près qui est infiniment petite : 2.° Que l'angle composé de ces deux presque droits sera infiniment grand, par conséquent les côtez seront dirigez en une ligne si peu différente de la ligne droite, que l'œil ne peut en appercevoir le pli; tels seroient tous ceux d'un Polygone d'une infinité de côtez infiniment petits inscrits dans le cercle.

Cependant l'œil Geometrique qui est un Juge severe, apperçoit fort bien le changement subit de la convexité & de la concavité, particulierement si les Rayons des deux arcs qui se joignent, sont considerablement differents en longueur, comme il est souvent nécessaire qu'ils le soient pour former une demi-Ellipse de trois arcs ; alors les gens les moins connoisseurs sentent bien cette irrégularité, sans en sçavoir la raison ; c'est pourquoi je ne conseille à personne d'avoir recours à cet artifice de l'ignorance ; quoique je donne ici les meilleures régles pour en cacher les défauts, je ne le fais que pour contenter ceux qui aiment à s'épargner de la peine, au préjudice d'une plus grande perfection d'ouvrage, ou lorsque la chose n'est pas assez de conséquence pour meriter plus de soin, ou pour en faciliter l'exécution aux Ouvriers qui ne sont pas capables d'une operation plus parfaite.

Probleme XXI

Deux Axes étant donnez, imiter une Ellipse par un assemblage de quatre Arcs de Cercles.

Ou ce qui est le même, imiter une demi-Ellipse par trois arcs de 60. Degrez chacun.

Pl. 14.
Fig. 153.

Soit le grand axe AB [Fig. 153.] & la moitié du petit axe CD: on portera premierement la longueur CD de cette moitié sur le grand axe en B*y*, pour avoir la différence des deux demi-axes C*y*, qu'on divisera en deux également en F, puis on portera CF en C*z*: sur *zy*, comme diametre, on fera le demi cercle ZE*y*, qui coupera CD en E, on portera la longueur ZE en ZS, & la distance CS d'un côté à l'autre, CS en C*s*: les points *s* & S seront les centres des petits arcs des extrémitez de l'Ovale, & les lignes AS & *s*B leurs Rayons; enfin des points *s* & S, comme centres, & de l'intervale *s*S, on fera le triangle équilateral ST*s*, dont le sommet T sera le troisiéme centre que l'on cherche; & les côtez

DE STEREOTOMIE. Liv. II.

de ce triangle prolongez, détermineront la jonction des grands & petits arcs en i en I, sur lesquels on prendra $Ts + sB$ pour Rayon du grand arc ; ainsi les trois arcs seront de soixante Degrez chacun, & auront des Rayons communs ; *ce qu'il falloit faire.*

DEMONSTRATION.

Soit $AC = a$, $CD = b$ & l'inconnuë $Cs = x$, par la Construction $CY = a - b$ & $CZ = \frac{1}{2}a - b$, ainsi $CE = \sqrt{\overline{a-b} \times \overline{\frac{1}{2}a-b}}$ & $ZE = \sqrt{\overline{\frac{1}{2}a-b}^2 - \overline{\frac{1}{4}a-b}^2}$, mais $CS(x) = CZ \frac{1}{2}\overline{a-b} + ZS$ ou ZE $\sqrt{\overline{\frac{1}{2}a-b}^2 - \overline{\frac{1}{4}a-b}^2}$ donc $x = \frac{1}{2}\overline{a-b} + \sqrt{\overline{\frac{1}{2}a-b}^2 - \overline{\frac{1}{4}a-b}^2}$ *ce qu'il falloit démontrer.*

PROBLEME XXII.

Imiter par deux Arcs de Cercles les portions d'Ellipses faites sur deux Diametres, qui ne sont pas des Axes conjuguez, dont l'un est terminé par deux Tangentes à ses extrémitez, & dont le Conjugué est déterminé par une troisiéme Tangente donnée de position.

On ne peut imiter avec une composition de deux arcs de cercle rassemblez, toutes sortes d'Ellipses faites sur des diametres conjuguez, qui ne sont pas des axes, & qui doivent toucher une ligne donnée de situation & de distance ; mais on peut faire en sorte que l'Ovale touchera la parallele de la troisiéme tangente donnée.

Pour connoître si le Problême peut être résolu par des arcs de cercle.

Soient [*Fig.* 154.] PD & RG deux tangentes aux points B & A, & Fig. 154. Dg une troisiéme ligne qui doit toucher l'Ovale proposée à faire ; on portera la longueur DB sur la ligne Dg en Db, & la longueur gA en $g a$, si ces deux points a & b ne tombent pas au même point, le Problême ne peut pas être résolu ; parce qu'il est démontré dans la Geometrie Elementaire, que si d'un point d ou G pris hors du cercle, on lui mene deux tangentes dB, dT, ou GA, GT, elles sont égales entre elles ; supposant donc la ligne Dg donnée, il faut pour résoudre ce Problême faire Db = DB, & $g a$ = gA, tirer Aa & Bb, le point T de leur intersection sera celui d'attouchement de la tangente dG, auquel on tirera la perpendiculaire indéfinie TC, & par les deux autres points d'attouchement A & B donnez, faisant Bc perpendiculaire sur dP, & AC perpendiculaire sur RG ; les points C & c, où ces lignes couperont TC, seront les centres des arcs de cercles qui doivent représenter l'Ellipse proposée à faire, dans le cas où elle peut en approcher le plus. Si la ligne Dg donnée de position est au dessous

D'Eucl. l. 3. pr. 37.

du point T, comme EF, il faut faire Eb=EB, & Fi=FA, tirer Bb & Ai, lesquelles étant prolongées, se couperont au point T, qui est celui de l'attouchement que l'on cherche, par lequel ayant tiré une parallele dG à la donnée Dg ou EF; on reconnoitra que la somme des lignes Bd & AG sera égale à celles des parties dT & GT.

DEMONSTRATION.

A cause des paralleles Dg & dG ou EF, DB:Db::dB:dT & gA:$g$$a$::GA:GT, mais gA=$g$$a$ (par la construction) & DB=Db, donc dT=dB, & GA=GT; donc le point T est celui de l'attouchement de la ligne DG, *ce qu'il falloit trouver*.

COROLLAIRE I.

D'où se tire la maniere de *faire toutes sortes d'arcs Rampans, avec des portions de Cercle dans quelque position que soient les Piedroits, entr'eux, paralleles, en surplomb ou en Talud, & en quelque situation que soit la ligne de sommité dG*: en voici des exemples pour les piedroits paralleles entr'eux qui sont les plus ordinaires.

Fig. 155. PREMIER cas où la ligne de sommité dG est horisontale, & les piedroits à plomb. Soit *Fig.* 155. la ligne de Rampe donnée AB, sa hauteur sur l'Horison BO étant portée sur Ob d'alignement à la ligne horisontale AO, on divisera Ab en deux également en m, d'où l'on élevera la perpendiculaire mT: puis du centre m, & pour Rayon Am, on décrira l'arc de cercle AT jusqu'à la rencontre de mT; ensuite ayant pris sur mT, la longueur $m$$c$=OB, le point c sera le centre du second arc BT, qui rencontrera le premier au point d'attouchement T, ce qu'il falloit faire pour en rendre la jonction imperceptible.

Second cas où la ligne de Rampe AB est parallele à celle de sommité dG.

Fig. 156. AYANT divisé l'horisontale AO en deux [*Fig.* 156.] également en m, & élevé en ce point la verticale mT, qui coupera la ligne de sommité dG au point T, il faut faire Ad=dT, comme nous l'avons dit au commencement de cette proposition; puis au point T faire TC perpendiculaire à dG, ou ce qui est la même chose à la parallele AB; le point C où cette perpendiculaire coupera l'horisontal AO, sera le centre du grand arc de cercle AT: puis menant Be parallele à AO, elle coupera TC au point c, où sera le centre du second arc TB, qui se joindra au grand au point d'attouchement en T, comme il est nécessaire.

Troisiéme

Troisiéme cas où la ligne de sommité D*g* [*Fig.* 157.] n'est pas parallele à la ligne de Rampe AB.

Fig. 157.

Ayant trouvé le point T, comme on l'a dit au commencement de ce Probléme; on tirera TC perpendiculaire à D*g*, & B*c* parallele à A*o*, on aura, comme au cas précedent, les points C & *c* pour les centres des deux arcs qui doivent former le Rampant ATB.

Demonstration.

On voit que dans le fond tous ces cas ne different en rien pour la construction: Car, 1.⁰ [*Fig.* 155.] puisque AO & *d*G sont paralleles entr'elles, de même que CT & A*d*; il est évident que A*d*=*d*T, & puisque C*b*=CA=CT, & O*b*=OB, BG sera égal à CO=TG, donc les deux tangentes de chacun de ces arcs AT, TB sont égales, par consequent elles conviennent au cercle, & les centres C & *c* étant sur une même ligne, la même tangente *d*G est commune aux deux arcs de differents cercles.

Les deux cas suivants sont démontrez par le Principe general qui établit la position des centres, & les mêmes conditions des tangentes, dont nous venons de parler.

Corollaire.

Dela on tire la maniere de tracer *l'Ovale pointuë*; s'il est permis d'user ici de ce mot, pour exprimer l'inégalité de son contour aux extrémitez de son grand axe; laquelle à cause de sa conformité avec le contour d'un œuf appellé en latin *Ovum*, est nommée en Architecture un *Ove*: comme c'est un ornement, dont on fait grand usage dans les Corniches, & qu'on en trouve de faux Traits dans les Livres; je vais tâcher de les corriger. Albert Duret dans sa Géometrie en donne deux faux, l'un qu'il tire du Cóne, dont le contour fait un jarret à chaque extremité du grand axe, comme il seroit facile de le démontrer, si la chose en valoit la peine; l'autre Trait qui a été suivi par quelques Auteurs, est une composition d'arcs de cercles, où il a fait encore une erreur grossiere, joignant les second & troisiéme arcs au dessus du point I en S au dehors des Rayons communs DI: 3L.

Fig. 158.

Soit donné le petit diametre AB pour la plus grande largeur de l'Ove; on le divisera en quatre parties, & ayant prolongé ce diametre de part & d'autre, de trois de ses parties faisant DA & B 2 égales à *m*B: puis du point C, milieu de AB pour centre, on décrira un cercle AHBE, dont on divisera les quarts de circonférence AE, BE en deux également aux points 3. & 4 par lesquels on menera les lignes DI, 2*i*, qu'on fera égales à DB ou 2A, en décrivant deux arcs BI, A*i* des points D & 2. pour centres; lesquels arcs étant continuez, se couperont au point *x* par où, & par le centre C, on tirera la ligne H*x*: ensuite des points 3. & 4. pour centres, & de l'intervale 3I pour Rayon, on décrira deux arcs qui se couperont en *y* sur la ligne H*x*: on divisera l'intervale E*y* en deux également en *c*, par où on tirera les lignes 3G, 4*g*, qui rencontreront ces arcs en G & *g*; enfin du point C pour centre, & *c*G ou *cg* pour Rayon, on décrira l'arc G*g*, qui achevera l'ovale en Ove.

Il est aisé de voir qu'on peut alonger ou racourcir cet Ove, en remontant ou rabaissant les centres 3. & 4. & le dernier *c*.

Les Architectes placent ordinairement cet Ove dans une Niche, dont *Bosse* régle ainsi le contour, il fait HL perpendiculaire & égale au diametre HE; il la divise en deux également en O, & la moitié OL en quatre parties égales: il divise ensuite le grand axe HF en trois également, & ce tiers en cinq, il porte une de ces cinquièmes de F en *p*, & de l'intervale S*p* tiers de FH, il décrit un arc F*z*, il ne dit pas de combien de degrez; ce qui seroit cependant nécessaire pour avoir les intervales des Rayons *q*K, *z*N, qui sont les cordes & les rayons de ces arcs.

Toute cette construction n'est qu'une fantaisie & un goût de dessein arbitraire imité apparemment des restes des Corniches antiques, où l'on voit ces Niches formées de differentes façons, en côtes relevées & divisées entr'elles par des ornemens de feüilles, & quelquesfois de Dards; ce qui n'est pas de notre sujet.

Nous avons donné ci-devant la maniere de décrire des demi-Ovales, par le moyen de trois arcs de cercle de 60. degrez chacun, supposant les axes donnez; il nous reste à montrer comment on peut les faire de tant d'arcs de cercles que l'on voudra, soit regulierement en ovale, ou irregulierement en portion d'Ove; ce qui est nécessaire pour tracer differentes sortes de *Cavets*, ou moulures creuses, & les contours de certains amortissemens qu'on appelle *Piedouches*.

Fig. 159. Soient par exemple [*Fig.* 159.] donnez plusieurs points A, 1, 2, 3, B, rangez d'une façon convenable au contour creux qu'on se propose; on prendra l'intervale A1 pour côté d'un triangle équilateral A1D, & du point D pour centre, on décrira l'arc A1: ensuite ayant tiré la corde 1, 2, & l'ayant divisée en deux également en *m*, on y élevera une perpendiculaire *me*, qui coupera 1, 2, prolongée en *e*, où sera le centre du

DE STEREOTOMIE. Liv. II.

second arc de cercle 1, 2, on tirera de même la corde 2, 3, & sur son milieu M, on élevera la perpendiculaire MC, qui coupera 2*e* prolongée au point C, où sera le centre du troisiéme arc 2, 3, ainsi de suite, on aura le dernier centre *f*.

La raison de cette pratique est claire par la seule construction, où l'on reconnoît l'application de la Régle générale, en ce qu'il y a deux centres sur la ligne droite, où se fait la jonction des arcs qui doivent se toucher, c'est-à-dire, avoir une tangente commune, comme TN, qui touche également les arcs 2, 1 & 2, 3, *ce qu'il faut faire pour éviter tous jarrets*.

COROLLAIRE.

Il suit de cet exemple, que quoique nous ayons composé des arcs Rampans de deux seuls arcs de cercles d'un nombre de degrez égaux ou inégaux; on peut encore mieux les former de tel nombre d'arcs que l'on voudra; car si l'on conçoit la Figure 159. changée de situation, & qu'on prenne les points A & *p* pour des Impostes, il est visible que la Courbe A 1 2 3 *p* peut servir pour un ceintre d'arc Rampant: mais alors elle sera moins une imitation de l'Ellipse, que de la spirale à laquelle le Problème suivant servira d'introduction.

PROBLEME XXIII.

La différence d'hauteur des Impostes A & H, & l'intervale horisontal DA des Piedroits d'un arc Rampant étant donnez, tracer un Cintre composé d'autant d'arcs de Cercles que l'on voudra inégaux en Rayons, mais égaux en nombre de Degrez, ou si l'on veut d'une partie de plus avec certaines circonstances. Fig. suiv. 160.

Soit [à la Figure au dessus du chiffre 160.] le cintre ABH qu'on se propose de faire, par exemple de cinq arcs de cercles; sur la hauteur donnée DH comme diametre, on décrira un demi cercle HID, qu'on divisera en cinq parties égales, c'est-à-dire, en cinq arcs, dont on tirera les cordes, auxquelles on menera des paralleles tangentes au cercle, pour lui circonscrire la moitié d'un décagone : ensuite ayant prolongé la ligne AD vers *n*, on portera successivement les cinq côtez de D en *n*.

On divisera *n*A en deux également en X, par où on menera X*x* parallele & égale à DH, sur laquelle comme diametre, ayant décrit un demi cercle, on lui circonscrira le même Polygone; mais tourné différemment en commençant par porter une moitié de côté en X 1, & *x* 5, sur les paralleles DA & H 5, on fera C 3 égale à O 2, distance du centre O, à un angle du Polygone, & des points 3 & 1, 3 & 5 pour centres & pour

Aa ij

Rayon le côté du Polygone, on fera des interfections d'arcs qui donneront les points 2 & 4, pour tirer par les points 2, 3, 4, 5 les côtez qu'on prolongera indéfiniment vers B, E, F, G; enfin des points 1, 2, 3, 4, 5 pour centres & pour rayons 1 A, 2 B, 3 E, 4 F, 5 G; on décrira des arcs AB, BE, EF, FG, GH qui formeront ensemble sans aucun jarret le cintre qu'on demande : si le nombre des côtez du Polygone n'est pas complet, qu'il y ait une moitié de plus, il y aura aussi un arc de cercle moindre que les autres ; ce qui arrivera toujours, lorsque les côtez feront ensemble la moitié d'un nombre impair, comme du triangle Equilateral, du Pentagone, de l'Eptagone, &c.

Il n'est pas nécessaire de rendre raison de cette construction pour le concour des arcs de cercles, qui se rencontrent au point commun d'attouchement; il suffit de dire pourquoi, on a porté les côtez du Polygone circonscrit sur la ligne AD prolongée ; c'est pour avoir l'axe Xx, & le centre C du Polygone generateur qui doit être au milieu d'une ligne composée de la donnée DA & de l'ajoutée Dn ; parce que chaque Rayon des arcs de suite diminuë de la longueur d'un côté du Polygone 12, 23, 34, &c. par conséquent tous ensemble diminuent de la quantité Dn, au dedans d'un demi cercle, qui auroit XA ou Xn pour Rayon, & feroit partie du cercle de revolution de la spirale, dont cet arc Rampant est une moitié. On voit par-là la raison de la construction de la Figure 155. où nous avons porté la hauteur OB en Ob sur AO prolongée ; parce que nous étant proposé de faire un ceintre de deux arcs de 90. degrez chacun, qui sont la moitié du cercle, le Polygone generateur en doit être le quarré, dont la hauteur OB est un côté qui doit être diminué sur la longueur du Rayon du second arc : ce que l'on verra plus clairement au Probléme suivant, qui n'est qu'une espece de Corollaire de celui-ci.

J'ay dit qu'il falloit que l'arc Rampant fit une demi-revolution, parce que j'ay supposé les piedroits à plomb paralleles entr'eux ; mais s'ils étoient en talud, il faudroit qu'il en fit plus, & en surplomb moins, par la raison que nous avons souvent repeté, que les piedroits doivent être tangens aux arcs à leurs naissances.

Probleme XXIV.

Imiter la Spirale par des portions d'Arcs de Cercle.

Suivant le Principe géneral que tous les arcs inégaux doivent se joindre à un point commun d'attouchement, pour qu'on n'en aperçoive pas la jonction ; il ne s'agit pour imiter la spirale, que d'avoir toujours deux centres de suite sur un même Rayon, il faudroit encore que ces Rayons diminuassent toujours dans une certaine proportion qui pourroit beaucoup varier, & que les angles qu'ils font entr'eux fussent égaux ou variables, aussi dans une certaine proportion, comme nous l'avons dit des spirales; ce que l'on peut bien concevoir après ce que nous avons dit de cette courbe, & l'exécuter suivant l'intention qu'on a de faire plus ou moins de revolution, en imitant la spirale réguliere : mais comme il ne s'agit pas dans cette imitation d'une si grande précision, qui ne peut convenir à une composition d'arcs de cercles; il nous suffit de donner la maniere génerale de faire ce qu'on appelle en Architecture *Volute*.

AYANT pris un point C pour centre de la spirale ou volute; [*Fig.* 160.] *Fig.* 160. on prendra ce point pour le milieu du côté d'un Polygone quelconque : nous donnons ici pour exemple l'Exagone *Fig.* 160. & 161. & on le fera de telle grandeur que l'on voudra, à l'égard du plus grand Rayon que l'on veut donner à la volute, & de l'intervalle que l'on veut occuper par les Rayons opposez, dont on peut compter la diminution par le nombre des changemens des centres de chaque arc, & la longueur des côtez du Polygone ajoûtez ensemble. Les Architectes, qui, pour terminer les revolutions vers le centre, y font un cercle qu'ils appellent *l'Oeil* de la volute, se réglent par la grandeur de cet œil, auquel ils assignent un certain nombre de parties du Module, c'est-à-dire, d'une division faite sur le diametre de la colomne, suivant leurs sistémes arbitraires.

POUR nous qui ne proposons qu'une maniere génerale, dont on peut facilement deduire les particulieres; nous dirons seulement qu'ayant fait un Polygone quelconque, *Fig.* 161. & ayant pris le milieu d'un de ses cô- *Fig.* 161. tez pour centre de la spirale; on tirera de ce point C à tous les angles & 162. du Polygone des Diagonales C 4, C 5, C 3, C 2, & ensuite s'étant fixé un nombre de revolutions, on y inscrira autant de Polygones semblables au premier, qui auront toujours un de leurs côtez commun avec le premier *b* C 1, & les côtez de ces Polygones seront encore en telle raison que l'on voudra, selon le dessein proposé que la volute se resserre plus ou moins vite.

CETTE disposition étant faite, on prolongera tous les côtez de ces Polygones d'une part seulement, & à volonté, autant à peu près qu'il convient à la longueur des Rayons, suivant le premier A C qui a été donné comme on voit dans la Figure 160. 1 2 *a*, 2 3 *b*. 3 4 *c*, 4 5 *d*, 5 G *e*, G 1 *f*, *Fig.* 160. & 1 2 *a*, qui acheve la revolution. Ensuite du centre 2, & pour Rayon 2 *a*, on fera l'arc *a b* terminé en *b* par le Rayon 2 *b b* 1; du centre 3 & de l'intervale 3 *b* pour Rayon, on décrira l'arc *b c*; du centre 4, & pour Rayon 4 *c*, on décrira l'arc *c d*, & ainsi de suite en changeant de centre à chaque arc, posant la pointe du compas sur un des angles du Polygone, & arrêtant l'autre au Rayon fait du côté de ce Poligone prolongé.

Après la premiere revolution, on continuera de même pour la seconde sur le Polygone inscrit immédiatement dans le premier, & au bout de cette seconde revolution, on continuera sur les angles du troisiéme Polygone, suivant l'ordre des chiffres de la Figure 161.

fig. Ou il faut remarquer que la seconde revolution, commençant par deux centres 6, 7 qui sont sur un Rayon commun, ne doit point faire de jarret avec la premiere; mais elle fait une sorte d'irégularité, en ce que la distance du centre 6 au centre 7, n'est pas égale à celle du centre 5 au centre 6, comme elle l'a été depuis le point 1, jusqu'au point 5, & comme elle le doit être ensuite aux intervales 8, 9, 10, 11, & 12; la même chose arrive à la troisiéme revolution; cependant les Architectes qui donnent la Geometrie à bon marché, disent comme DAVILER que la *volute de Goldman*, qui est faite sur ce principe, est *Geometrique*, quoiqu'elle ne soit qu'un cas de notre methode, dont la seule difference est que son Polygone central est un quarré, comme on voit en la Figure 162. mais en fait de volute Ionique, on n'a pas besoin d'y regarder de si près; car les Architectes n'en veulent qu'à une décoration de goût, & non pas à une grande précision.

COROLLAIRE I.

Il suit que si l'on veut *agrandir la volute* en dehors, on peut en agrandissant les Rayons, continuer les arcs de suite, en changeant de centres sur les mêmes angles des Polygones, ou sur d'autres circonscrits sur le même côté 6 C 1.

COROLLAIRE II.

Secondement que si l'on veut *faire un double trait* qui vienne aussi en se resserrant avec le premier; ayant déterminé la largeur ai sur le Rayon ca, on cherchera le côté d'un Polygone semblable au premier, qui soit en même raison que ci, ca, par cette analogie $ca : ci :: c1 : cx$ appellant x le point qui sera à l'angle du second Polygone sur le Rayon sous 2 b; la petitesse de la Figure ne nous a pas permis d'exprimer ces differences, de peur d'y jetter de la confusion: nous ne disons point comment cela se fait par les lignes; car nous supposons que nous parlons à des Lecteurs qui sçavent trouver une quatriéme proportionelle à trois lignes données, comme il est enseigné chez EUCLIDE *liv.* 6. *prop.* 12.

page.191.   Planche 14.

DE STEREOTOMIE. Liv. II. 191

REMARQUE.

On voit par la Figure 162. que la volute de Goldman que Daviler donne comme la plus convenable au Chapiteau Ionique, n'est qu'un cas de notre maniere générale d'imiter la spirale par des arcs de cercles, en prenant pour le Polygone central le quarré, au lieu des autres Polygones qui ont plus de côtez, d'où résulteroient cependant des volutes plus parfaites.

CHAPITRE IV.

De la division des Sections Coniques par des Lignes droites perpendiculaires à leurs Arcs.

ON sçait que la perpendiculaire à un arc n'est autre chose que celle qui fait des angles Droits, avec la tangente de cet arc au point d'attouchement; ainsi il faut considerer chaque point de division, comme celui d'un attouchement, y supposant une tangente réelle ou possible, à laquelle il faut tirer une perpendiculaire par le point d'attouchement donné, ou par un autre point pris hors de la Courbe; ce qui s'exécute differemment pour chacune des sections Coniques.

I.°
Pour le Cercle.

PROBLEME XXVI.

Par un Point donné, tirer une Perpendiculaire à un arc de Cercle, dont on ne connoît pas le Centre.

Il peut y avoir trois cas dans ce Probléme: 1.° où le point donné est dans l'arc; 2.° ou hors de l'arc; 3.° ou à l'extrémité de l'arc.

Si le point donné est à la circonference en D [*Fig. 163.*] on prendra de part & d'autre deux longueurs égales D *e*, D*f*; & des points *e* & *f* comme centres, & d'une ouverture de compas prise à volonté pour Rayon, on fera une intersection d'arcs en *g*, par où & par le point D, on tirera la ligne *g* D, qui est celle qu'on cherche.

SECONDEMENT si le point donné est hors de l'arc DGB, comme en *d*: du point *d* pour centre & pour Rayon un intervale pris à volonté; on tracera l'arc *bi*, qui coupera le donné AGB aux points *h* & *i*, desquels comme centres, & de la même ouverture de compas, ou de telle autre

PL. 15.
Fig. 163.

qu'on voudra pour Rayon, pourvû qu'elle foit plus grande que la moitié de la diſtance des centres b & i, on fera une interſection d'arcs en b; ſi par les points b & d, on tire une ligne bd, la partie dG ſera celle que l'on cherche.

3.° Si le point donné eſt ſur l'extremité de l'arc donné AGB en B, & qu'on ne puiſſe pas le prolonger au delà de ce point; 1.° par la maniere ordinaire, ayant porté à volonté deux longueurs égales BK, KL pour faire avec d'autres ouvertures pour Rayons, à volonté l'interſection en P, du même Rayon BP, & du point K pour centre, on fera un arc en R, & de KP pour Rayon, & du centre B, on fera une interſection en R, la ligne RB ſera la demandée; autrement on portera trois longueurs égales priſes à volonté ſur cet arc comme en K, L, m, & par le premier cas ayant fait KP & LN perpendiculaires ſur l'arc AGB, & égales entr'elles; on tirera les lignes LP, KN qui ſe couperont au point O; enſuite ayant tiré BP, & fait $Bq = KO$, par le point q, on menera KR = KN, ou BP; enfin par les points R & B, on tirera AB qui ſera la ligne que l'on cherche.

DEMONSTRATION.

Par les Elemens de Géometrie, il eſt évident que ſi l'on tire les cordes ef & hi, la perpendiculaire ſur le milieu eſt auſſi perpendiculaire aux arcs, dont elles ſont ſous-tendantes; or les deux operations ont été faites, comme ſi les cordes avoient été tirées de e en f, & de h en i, & qu'on voulut leur tirer des perpendiculaires, & les diviſer en deux; donc les lignes Dg & dG ſont perpendiculaires à l'arc AGB; de ſorte que ſi l'on prolongeoit ces lignes, elles ſe rencontreroient au centre du cercle en C.

La raiſon de la conſtruction du troiſiéme cas n'eſt pas moins claire, car les triangles LKP, KBR ont été faits égaux; mais le côté KP eſt perpendiculaire à l'arc LKB (par la conſtruction;) donc BR le ſera auſſi au même arc, *ce qu'il falloit faire.*

USAGE.

Ce Problême ſert à tracer les joins de tête de tous les ceintres circulaires des voutes, afin que les Arêtes des angles des Vouſſoirs qui les compoſent, ſoient d'égale réſiſtance; c'eſt ce que les Ouvriers appellent le *Trait quarré ſur la ligne courbe*, & *au bout de la ligne courbe*, lorſqu'il s'agit de faire le joint à une extremité, comme en BR.

Les Ouvriers ont coûtume de faire la même operation ſur les arcs qui ne ſont point circulaires, comme les ſurbaiſſez ou ſurhauſſez qui ſont des portions

portions d'Ellipses ou d'autres courbes; cependant elle ne convient qu'au cercle, & est défectueuse dans les autres courbes; l'erreur à la verité n'en est pas bien sensible, lorsque l'on ne se sert que d'une petite longueur des Rayons d'intersection, & qu'on prend une fort petite corde, ou portion d'arc dans les grandes voutes, mais dans les petites; & lorsqu'on prend un grand arc de l'Ellipse ailleurs qu'aux environs de ses axes, elle peut être fort sensible: en un mot elle est contraire à la régularité, à la simetrie, & peut nuire à la solidité, comme nous l'avons exposé.

Lemme.

La Perpendiculaire sur le milieu de la Corde d'un arc de Section Conique autre que le Cercle, & qui n'est pas un des Axes, est oblique à cet arc.

Soit [*Fig. 164.*] l'arc ADPB portion d'une Ellipse, d'une Parabole ou d'une Hyperbole, & le point D ou P, qui ne soit pas à l'extrèmité d'un des axes de la Courbe: si ayant fait $bP = Pe$, des points b & e comme centres, on fait des intersections d'arcs en g & h avec des Rayons égaux, de longeur prise à volonté, je dis que la ligne menée par ces deux points g & h, qui est perpendiculaire à la corde be, ne la sera point à son arc bPe.

Fig. 164.

Demonstration.

Une ligne n'est perpendiculaire à un arc, que lorsqu'elle l'est à sa tangente au point P où elle le rencontre; mais si Pt perpendiculaire à Ph est une tangente, la corde be qui lui est parallele, & coupée en deux également en m par la ligne Ph sera une Ordonnée, & cette ligne Ph sera un diametre; or il n'y a de diametres perpendiculaires aux Ordonnées que les axes, donc le point P est sur un axe; ce qui est contre la supposition.

Secondement il est démontré qu'on ne peut mener qu'une tangente par un point P; cependant il est clair que par cette construction, on pourroit en mener plusieurs; car si au lieu des points b & e équidistans de P, & centres des intersections g & h, on en prend deux autres aussi équidistans de Pe, comme B & r, la corde rB ne sera plus parallele à be, & par conséquent la perpendiculaire xPy ne se confondera point avec la premiere gh, mais elle la croisera, & cependant encore au même point P, rP = BP, comme bP étoit égal à PE par la construction, la raison en est fort sensible; car les arcs de l'Ellipse n'étant pas d'une courbure égale comme ceux du cercle, les cordes égales ne soustendent pas des arcs égaux, celle qui est plus près du grand axe, répond à un plus grand arc, que celle qui est près du petit axe, où la courbe se redresse & approche plus de sa corde, donc par la methode des Ouvriers, on trouve plusieurs joins de tête differemment inclinez à l'arc, & cependant il n'y en a qu'un seul de bon, qui est la perpendiculaire à la tangente au point de division du joint, donc leur methode est mauvaise ; *ce qu'il falloit démontrer.*

On auroit fait peu d'attention à la pratique des Ouvriers, si elle n'avoit été enseigné par les Auteurs qui ont écrit de la coupe des Pierres, lesquels ont dû en sentir l'irrégularité en ce qu'elle ne fait pas des angles égaux de part & d'autre du joint des Voussoirs ; de sorte que l'arête de l'un est aiguë, & l'autre obtuse, ce que nous avons cru devoir faire remarquer, avant que d'établir la vraye maniere de tirer les joins sur les arcs de toute autre section conique que le cercle.

Probeme XXVII.

Par un Point donné à la circonference d'une Section Conique, tirer une perpendiculaire à son Arc.

Il faut premierement connoitre les Foyers de la section soit Ellipse, Parabole ou Hyperbole ; & s'ils ne sont pas donnez, il faut les chercher par les Problémes II. X. & XI.

Fig. 164. Par les Foyers F & *f* des trois Figures 164. 165. 167. on tirera au point
165. 167. donné D les lignes droites FD & *f*D, qu'on prolongera en M & L,
Fig. 164. & seulement en L, *Fig. 165.* parce que la Parabole n'ayant qu'un Foyer, on tirera par le point D la ligne DM parallele à l'axe OFH, & pour l'Hyperbole, *Fig. 167.* il ne sera nécessaire de prolonger que FD en L, parce que la ligne *f*D du Foyer opposé, donnera l'angle *f*DL, dont on a besoin.

Du point D comme centre, & d'un intervale pris à volonté, on fera un arc LXM qu'on divisera en deux également en X, par où & par le point donné D, on tirera XD, qui sera la ligne qu'on cherche.

Demonstration.

Soit tirée par le point D, *t*DT perpendiculaire à DX : il est démontré
*Appollo- * dans tous les traitez * des sections coniques, que les lignes droites me-
nius l. 3. P. nées des deux Foyers à un même point de la courbe, par lequel passe une
48. & pour tangente, font des angles égaux avec cette tangente *t*T ; mais ces angles
la Par. l. 1. *f*DT & FD*t*, *Fig. 164.* sont égaux à leurs opposez au sommet *t*DL,
p. 31. TDM ; si on leur ajoûte à chacun la moitié de l'angle LDM ; les angles *t*DX & TDX, seront égaux entr'eux, donc ils seront droits ; or [par la construction] cet angle LDM est divisé en deux également, donc la ligne XD qui le divise, sera perpendiculaire à la tangente *t*T, & par conséquent à l'arc, *ce qu'il falloit démontrer.*

DE STEREOTOMIE. Liv. II. 195

La même démonstration est claire dans la Figure 167. avec cette difference qu'il n'est pas nécessaire de prolonger ƒD, mais seulement FD en L, parce que l'angle ƒDT est au dehors de l'Hyperbole, & qu'il n'y a que son égal TDF, dont un côté est dedans.

A l'égard de la Figure 165. pour la Parabole qui n'a qu'un seul Foyer F que l'on puisse déterminer; on peut suivant le sistême de la Géometrie de l'infini la considerer comme un Ellipse infiniment alongée; alors son second Foyer étant infiniment loin, la ligne NDM qui en seroit tirée au point D, seroit parallele à l'axe OT: il en resulte en effet la même égalité des angles ND*t*, FDT, comme il est prouvé par d'autres moyens; ainsi la même construction pour tirer une perpendiculaire à l'arc d'une section conique, ou plûtôt à la tangente au point d'attouchement, est la même pour toutes; exceptez pour le cercle où les deux Foyers sont reünis à son centre.

AUTREMENT.

On peut démontrer cette proposition si l'on veut admettre l'axiome que M. de ROBERVAL établit pour l'invention des tangentes que *la direction du mouvement d'un point qui décrit une ligne courbe, est la touchante de la ligne courbe en chaque position de ce point là*: or la direction des lignes tirées à un point de l'Hyperbole de chacun des Foyers tend à l'éloigner également, donc la ligne qui divise également l'angle de ces lignes est la touchante, & dans l'Ellipse l'une de ces lignes tend autant à s'éloigner, que l'autre à s'approcher du Foyer, donc la ligne qui divise leur angle est la tangente.

USAGE.

On auroit pû intituler ce Problême pour en exprimer l'application à à la pratique, *maniere de tracer les joins de tête des ceintres faits d'arcs de sections coniques*, & on en auroit indiqué tout d'un coup l'usage pour la coupe des Pierres; mais comme nous n'avons pas encore expliqué ce que c'est que *joins*, il convenoit d'énoncer la proposition en termes géneraux.

Je dirai en passant, que ce Problême est fondé sur une verité qui a fourni de merveilleuses inventions dans la Catoptrique pour refléchir la lumiere; parce que *l'angle d'incidence est égal à l'angle de refléxion*; c'est de là que j'en avois tiré la pratique que je donne pour les joins, avant que j'eusse sçû que M. BLONDEL l'avoit déja fait dans ses Problêmes d'Architecture, mais il n'a pas pourvû au cas suivant.

Bb ij

PROBLÈME XXVII

Par un Point donné hors de la circonference d'une Section Conique, lui mener une Perpendiculaire.

Ce Problême n'est pas si simple que le précedent, & se resout differemment pour la Parabole & pour les deux autres sections coniques, l'Ellipse & l'Hyperbole; c'est un Problême *de Minimis*.

1.° *Pour la Parabole* [Fig. 165.]

Fig. 165. Soit le point donné P hors de la Parabole, on en abaissera une perpendiculaire PH sur l'axe OS prolongé vers T, s'il le faut ; on fera HK égale à la moitié du parametre, c'est-à-dire, à 2FS; on divisera ensuite l'intervale KS en deux également au point *m*, où l'on fera *m*C perpendiculaire à l'axe OS, & égale au quart de HP : si du point C pour centre, & pour Rayon l'intervale CS ; on décrit un arc de cercle, il coupera la Parabole ASB au point *x*, qui est celui que l'on cherche, par lequel & par le point donné P, tirant une ligne P*x*, elle sera perpendiculaire à la Courbe, ou plûtôt à la tangente T*x* au point *x*.

Nous ne pouvons pas donner la démonstration de cette construction dans toute son étenduë; parce qu'elle suppose des propositions qu'il seroit trop long de rapeller ici & de démontrer; nous indiquerons seulement sur quoi elle est fondée : du point *x* ayant mené la tangente *x*T jusqu'à l'axe OS prolongé ; ce qui est facile à faire en portant la distance de l'Ordonnée K*x* au sommet de l'axe S, au-delà du sommet de S en T : on trouve par les proprietez de la Parabole & du cercle qu'elle coupe, que les triangles PE*x*, & *x*KT sont semblables, & leurs angles K*x*T & P*x*E égaux, ausquels ajoûtant l'angle commun T*x*E, on reconnoîtra que l'angle T*x*P est droit, *ce qu'il falloit faire*.

2.° *Pour l'Ellipse.*

Fig. 166. Soit [Fig. 166.] l'Ellipse ADB, & le point P donné hors de la circonference, par lequel il faut tirer une perpendiculaire à l'arc AD à un point inconnu *x*, qu'il faut trouver sur cet arc, lequel point soit celui d'attouchement d'une ligne *t*T, à laquelle P*x* soit perpendiculaire.

On commencera par chercher le parametre de l'axe AB, comme nous l'avons dit au Problême II, où en portant le demi axe CD en C*d* sur AB, on tirera AD, & par le point *d*, on lui menera une parallele *de*, qui donnera sur CD le point *e*, par lequel on tirera AF, qui sera coupée en F par une parallele BF menée à CD par l'extrémité B du diametre AB; la ligne BF sera le parametre, lequel sera porté de B en *f*, & de *f* en K parallelement à DC prolongée, par le point K, on tirera l'indéfinie AG: ensuite on prendra la distance CH du centre C à la perpendiculaire PH abaissée sur le diametre AB du point P donné, & on la portera de A en g sur AB, on portera Hg d'A en N sur l'axe BA prolongé en N, par où on menera MNS parallele à DC; par le point N, on menera NL parallele à PC tirée du point donné P au centre de l'Ellipse C, & terminée à la rencontre de PH prolongée en L, ce point L donnera la distance LH d'une ligne MQ, qu'il faut mener parallelement à l'axe AB, les deux lignes MS & MQ seront les Asymptotes d'un arc d'Hyperbole PXy qui coupera l'arc AD au point x, que l'on cherche pour tirer la ligne demandée Px.

On peut encore trouver la distance de la ligne MQ, en portant PH sur AC qui tombe ici en g, & tirer gG jusqu'à la rencontre menée par le point G parallelement au diametre AB de AG, la ligne MQ sera l'Asymptote.

Les Asymptotes étant données, il est aisé de trouver autant de points que l'on voudra de l'Hyperbole, qui doit donner le point x par son intersection avec l'Ellipse AD (par le Problême XII.) il n'y a qu'à tirer à volonté par le point P une ligne quelconque qui coupe les Asymptotes, par exemple, SPR en S & en R, si l'on porte PS en Ry, le point y sera un de ceux de l'Hyperbole, par lequel on tirera d'autres lignes à volonté, comme YyV, qui donneront par la même construction d'autres points de cette Courbe vers x & Z, en portant la distance yY en V, r en deça & au delà de x, & par les points PxZr, on tracera l'Hyperbole Pxry qui coupera l'Ellipse AD au point x, par où & par le point P donné, si l'on tire la droite Px qui est une corde de l'Hyperbole, cette ligne sera celle que l'on cherche, laquelle sera perpendiculaire à l'Ellipse ou plûtôt à sa tangente tT au point x.

3.º *Pour l'Hyperbole.*

Soit [*Fig.* 167.] l'axe donné RS, le centre C, la moitié du second axe CV, par le moyen duquel on trouvera CK moitié du parametre, comme on l'a dit au Problême XII ou en faisant VK perpendiculaire sur VR: par le point K, on fera Kr perpendiculaire à RS, & égale à CR, & on tirera la ligne Rr: ensuite par le point donné P, ayant mené PE parallele à Kr, on portera CE en Re, & on tirera eb parallele à Kr; on portera aussi la distance eb de C en H, par où on menera HG parallele à Kr, & par H la ligne HI parallele à CP, laquelle coupera PE au point I, par lequel on menera GIN parallele à RS; les deux lignes CG, GN, sont les Asymptotes d'une seconde Hyperbole, laquelle passant par le point donné P, doit aussi passer par le point x que l'on

Fig. 167.

cherche; la ligne droite menée de P par x satisfera à la proposition, en ce qu'elle sera perpendiculaire à l'arc de l'Hyperbole SB, ou plûtôt à sa tangente tT, au point x, *ce qu'il falloit faire.*

Introduction à la Démonstration.

La démonstration de ce Problême dépend d'une autre proposition, qui est que si l'on prend sur un axe d'Ellipse ou d'Hyperbole un point plus éloigné d'une de ses extremitez que la longueur de son demi parametre, & que la distance du centre de cette Ellipse ou Hyperbole à une Ordonnée au même axe, soit en même raison avec la distance de cette Ordonnée au point donné hors de la Courbe, que l'axe à son parametre; la ligne menée de ce point à celui de la courbe, où se termine l'Ordonnée est la plus petite de toutes celles qu'on y peut mener. Cela supposé, comme il est démontré au Livre VII. *prop.* 6. de sections coniques de M. de la Hire, soit prolongé Px en p, où cette ligne rencontre l'axe AB, & tirée dx parallele à PH, il ne s'agit que de démontrer que l'axe est au parametre, comme Cd est à dp [*Fig.* 166.]

Par le point x soit mené dxX parallele à PH, qui coupera PC en X, & par le point p, ou Px prolongée, rencontre l'axe AB, soit menée pz aussi parallele à PH: pour diminuer le nombre des signes, soit nommé l'axe AB (a) le parametre BF (b); par la construction $a:b::$ PL, LH$::$ CN$:$NH; donc (par la 5.e du 6.e d'Eucl.) les triangles NHL, PHC sont semblables, lesquels sont encore semblables aux triangles Cpz, CdX, à cause des paralleles dX & pz; donc $Cd:Cp::dX:pz$; & $Cp:Cd::pz:dX$ en divisant $Cd: Cd - Cp = dp :: dX : dX - pz = qX$, & en composant $Cd - dp = Cd - zq : zq :: dX - qX : qX :: CH - HN : HN :: a:b$; donc $Cd:pd::a:b$, donc px [par la proposition citée ci-dessus] est un *minimum*, par conséquent aussi Px, qui est par la même raison perpendiculaire à la tangente Tt, pP étant une ligne droite; *ce qu'il falloit démontrer pour l'Ellipse.*

Nous omettons la démonstration pour l'Hyperbole, elle est fondée sur le même principe, & sera facile à déduire de la précedente, en faisant attention aux Asymptotes, & à leurs proprietez; il faut seulement ajoûter, ou l'on retranche pour l'Ellipse. Le peu d'usage que nous avons à faire de cette Courbe, n'exige pas que l'on s'y arrête plus long temps.

USAGE.

Ce Problême de mener une perpendiculaire à une courbe par un point donné au dehors, ne tombe guéres dans la pratique de l'Architecture pour la coupe des Pierres; parce qu'on fait ordinairement les divisions de joins par des points pris sur les arcs des ceintres, comme il a été enseigné au Probléme précedent; cependant comme il peut arriver dans une décoration de voussoirs à Crossettes, ou pour tirer quelques Rayons sur une Ellipse, qu'on auroit besoin de ce Probléme : nous avons crû devoir le joindre au précedent pour la perfection de la Doctrine, dans laquelle on ne doit pas négliger ce qui n'est pas d'un fréquent usage, parce que les Livres sont plus utiles pour les cas extraordinaires, que pour ce qui se pratique tous les jours, dont on peut s'instruire facilement ; d'ailleurs c'est un contentement à l'esprit de sçavoir ce qu'on auroit à faire, si le cas arrivoit.

Je dois avertir d'une petite difficulté qui peut se presenter, & embarasser un Lecteur peu versé dans ces matieres; c'est que la perpendiculaire tirée par le point donné P hors de l'Ellipse sur l'axe A B, peut tomber hors de cette Ellipse sur la prolongation de l'axe; alors l'Hyperbole ne peut rencontrer l'Ellipse. Pour y remedier, au lieu d'abaisser la perpendiculaire sur un axe, il faut l'abaisser sur son conjugue, & faire la même operation.

De la division des Spirales par des Perpendiculaires à leurs Arcs.

PROBLEME XXIX.

Par un Point donné au contour de la Spirale, tirer une perpendiculaire à son Arc.

PREMIEREMENT il est évident que lorsque les spirales ne sont qu'une imitation des vrayes Courbes méchaniques par une composition d'arcs de cercles, comme sont les *Volutes* des Architectes; il n'y a pas plus de difficulté à mener des perpendiculaires à leurs arcs par des points donnez, qu'au cercle; puisque chacun d'eux a son centre different, auquel cette perpendiculaire prolongée doit aboutir.

SECONDEMENT s'il s'agit de la spirale d'ARCHIMEDE, ou des autres de VARIGNON, on ne peut donner la solution de ce Probléme, qu'en suposant la rectification de la circonference du cercle de revolution ; car ARCHIMEDE a démontré que la soustangente de sa spirale à la fin de la premiere revolution étoit égale à la circonference du cercle circonscrit; & comme nous ne pouvons faire la division proposée, que par une perpendiculaire à la tangente de la Courbe au point donné; ce Probléme est un de ceux dont la solution Geometrique sera aussi long-temps à trouver que la Quadrature du cercle.

CEPENDANT suposant le rapport du diametre du cercle à sa circonferenre, comme 7. à 22. ou 100. à 314. ce qui eſt ſuffiſant pour la pratique des arcs; il ſera aiſé de trouver les tangentes à la ſpirale d'ARCHIMEDE en tel point que l'on voudra marquer à ſon contour.

Soit [*Fig.* 168.] la ſpirale ADBPC, qui fait deux revolutions completes, la premiere de C en B, la ſeconde de B en A: ſi le point donné pour mener une perpendiculaire à cette Courbe eſt en B, à la fin de la premiere revolution; ayant tiré BC au centre C, on lui fera une perpendiculaire BG égale à la circonference du cercle qui auroit BC pour Rayon, ou à la moitié, comme dans cette Figure, à laquelle menant GT parallele & égale à BC ou à ſa moitié, ſi l'on n'a pris que la moitié de la circonference; du point T on tirera TB, qui ſera la tangente, à laquelle ſi l'on tire par le point B donné, la perpendiculaire BX, cette ligne ſera celle qu'on demande.

Si le point donné eſt en A, à la fin de la ſeconde revolution; on fera de même une perpendiculaire ſur CA, que l'on fera égale à la circonference du cercle qui a CA pour Rayon, ou a ſon tiers comme dans cette Figure, ſur laquelle faiſant *tg* parallele & égale au premier Rayon BC, ou à ſon tiers, la ligne *t*A ſera la tangente au point A, & la perpendiculaire A*x*, celle qu'on demande.

Nous prenons ici des parties aliquotes ſemblables, pour que la Figure n'occupe pas trop de place; ce qui ne change rien à la poſition des tangentes, parce qu'on ſçait que les triangles ſemblables, ont les angles oppoſez aux côtez homologues égaux.

Si le point donné eſt en P dans l'intervale de la premiere revolution, ayant tiré, comme ci-devant, PC & ſa perpendiculaire PH, on portera ſur PH la longueur de la circonference du cercle P*hi*, qui a CP pour Rayon, & faiſant HI parallele à PC & égale à BC Rayon de la revolution complete, on menera IPT, qui ſera tangente au point P, & la perpendiculaire P*x*, celle qu'on cherche.

Si le point donné étoit en *q*, entre la premiere & la ſeconde revolutio BE*q*A, on en agiroit encore de même, ne portant pour la perpendiculaire à la ſouſtangente que le premier Rayon BC.

La démonſtration de cette conſtruction qui eſt de M. PERSONIER de Roberval eſt fondée ſur un principe des mouvemens compoſez qu'on peut voir dans la premiere collection des Memoires de l'Accademie des ſciences, & ſur les 19.e & 20.e prop. des ſpirales d'ARCHIMEDE.

Ou pour abreger, il faut multiplier l'arc de revolution (*x*) par ſon
Rayon

DE STEREOTOMIE. Liv. II.

Rayon (y), & le diviser par le Rayon (a) du cercle de premiere revolution, suivant la formule de M. Varignon $\frac{xy}{a}$ pour trouver les soustangentes de cette spirale.

Présentement il faut voir comment on doit tirer les soustangentes des autres spirales d'un degré plus élevé que celle d'Archimede, comme sont les Paraboliques, Verticocentrales & les Hyperboliques Cocentrales, dont nous avons donné la construction ci-devant.

Appellant (m) le degré de cette courbe M^r. Varignon trouve pour expression générale des soustangentes de ces premieres $\frac{m x y}{a}$, c'est-à-dire, qu'il faut rectifier l'arc de revolution EN (fig. 140. Planche 12.) compris depuis l'axe AX, jusqu'au point donné N, le multiplier par son Rayon CN, & par le degré (m) de la courbe Generatrice qui est ici 2. puis diviser ce produit par le Rayon de la premiere revolution complete, & l'on aura la longueur Cx de la soustangente Cx; ainsi ayant tiré du centre C la droite CN au point donné N, on lui menera par le point C la perpendiculaire Cx égale à la longueur trouvée par le quotient de cette division, qui sera prise sur la même échelle qui aura servi à mesurer le contour de l'arc de revolution pour le rectifier, & les deux Rayons de l'arc de revolution incomplete, & de la revolution complete.

Plan. 12. Fig. 140.

Ou bien si l'on veut trouver la longueur de la soustangente sans calcul, on le peut de la maniere qui suit, avec la régle & le compas.

On portera sur le Rayon CN prolongé le double de sa longueur en Cn; & sur CH perpendiculaire à ce Rayon, la longueur CH égale à l'arc de revolution rectifié, puis ayant fait Hg parallele & égale à Cn, on portera sur la même Hg prolongée la longueur CD du Rayon de la premiere revolution complete, de g en G, laquelle revolution se compte depuis le centre C; enfin par les points G & n, on tirera la ligne Gnx qui rencontrera HC prolongée en x; la ligne menée du point x par le point donné N, sera la tangente que l'on cherche.

La raison de cette operation est facile à concevoir, supposant que l'expression Algebrique $\frac{m x y}{a}$ pour les spirales Paraboliques Verticocentrales a été démontrée par M. Varignon, comme elle l'est en effet dans les Memoires de l'Academie des Sciences; car il est clair que je construis cette équation qui est dans ce cas $\frac{2 x y}{a}$, c'est pourquoi je porte le double du Rayon CN=y en Cn pour avoir un Parrallelograme Cg=$2xy$; ensuite pour le diviser par a, c'est-à-dire, par le Rayon de la premiere revolution complete qui eſt CD, parce que la ſpirale fait deux revolutions & demi de C en A, je porte CD (a) de g en G, pour tirer Gnx qui ſeroit la Diagonale d'un rectangle fait de HG par Hx, ſuivant laquelle les complemens ſont égaux (par la 43.ᵉ du I. Livre d'Euclide,) ainſi le rectangle Hn qui eſt un de ces complemens, ſera égal à celui qu'on peut ſuppoſer de l'autre côté de cette Diagonale, lequel ayant pour un de ſes côtez gG $=$ CD $= a$, aura par conſéquent l'autre égal à Cx qu'on cherche; puiſqu'en diviſant un rectangle par une de ſes Racines, le quotient donne l'autre.

On ſera peut-être ſurpris que j'applique à l'exemple que je donne d'une ſpirale Circulaire, l'expreſſion des ſouſtangentes, des Paraboliques Verticocentrales: il ne faut pas prendre ici le nom de Parabole dans la ſignification ſeule de celle d'Apollonius, mais auſſi pour les autres de differents degrez, qui ſont tous deſignez par la lettre m, ainſi il faut remarquer que le quart de cercle dans cette ſituation eſt une eſpece de demi-Parabole; en effet ſuivant la Géometrie de l'infini, cette courbe n'eſt qu'un demi cercle infiniment alongé; puiſque dans le cercle, les quarrez des Ordonnées ſont entr'eux comme les rectangles des Abſciſſes, & dans la Parabole, dont le diametre ou plûtôt l'axe eſt infini, les abſciſſes ne different que d'une longueur finie, elles ſont cenſées égales, meſurées depuis le point de rencontre de l'Ordonnée à la partie qui s'alonge infiniment; d'où il ſuit que les quarrez des Ordonnées de la Parabole ſont comme leurs abſciſſes, donc l'expreſſion des ſouſtangentes convient au quart de cercle Verticocentral; puiſqu'elle convient de plus à d'autres Courbes, dont les abſciſſes ſont entr'elles, comme les puiſſances quelconques de leurs Ordonnées, ainſi que le démontre M. Varignon.

On a pû remarquer que j'ai pris le nombre *deux* pour la valeur de m, parce que la Parabole & le cercle ſont du ſecond degré, ſur quoi on pourroit me demander quelle eſt la Courbe parabolique du premier degré, puiſque celle-ci eſt du ſecond; à quoi je répondrai que c'eſt le triangle, s'il eſt permis de le mettre au rang des Sections coniques & des Courbes; car on peut lui trouver des abſciſſes & des ordonnées, comme je l'ay dit au I. Livre page 16. & ſous cette conſideration, on peut le regarder comme la Generatrice de la ſpirale d'Archimede, dont les arcs de revolution ſont entr'eux comme leurs Rayons; c'eſt pourquoi l'expreſſion m s'évanoüit, de ſorte que celle des ſouſtangentes ſe réduit à $\frac{xy}{a}$ qui eſt plus ſimple que la précedente, dont nous avons donné la conſtruction $\frac{2xy}{a}$, où nous avons doublé la longueur de CN, qu'il ne faut pas doubler à la ſpirale d'Archimede.

La même construction que nous avons donné pour trouver les soustangentes des Spirales paraboliques, Vertico-centrales, sert pour trouver celles des Hyperboliques Cocentrales, dont nous avons donné un exemple à la Figure 141. avec cette difference que l'expression Algebrique devenant negative, il faut operer en sens contraire, c'est-à-dire, prendre les soustangentes du côté opposé.

REMARQUE.

Il arrive assez ordinairement que les soustangentes deviennent si longues, qu'elles ne peuvent être contenuës dans la surface, sur laquelle on trace l'Epure, c'est-à-dire, le dessein de grandeur naturelle à l'ouvrage qu'on se propose; pour remedier à cet inconvenient, il faut ne prendre que le tiers ou le quart, ou toute autre partie des longueurs données, & mettre la soustangente sur le Rayon perpendiculairement, & à une distance proportionelle du centre C.

USAGE.

Le principal usage du Problême qui enseigne la maniere de mener des tangentes aux spirales est, comme nous l'avons dit, pour la coupe des joins des Volutes, Consoles, Colimaçons & autres ouvrages en spirale, qu'on peut faire de pierre de plusieurs pieces; mais il faut remarquer que le listel de la Volute étant composé de deux spirales differentes, l'une qui forme l'arête exterieure, l'autre l'interieure, la perpendiculaire à la tangente de l'une des deux, ne l'est pas à l'autre; de sorte que si le joint est en bonne coupe sur une arête, il sera en fausse coupe sur l'autre; mais comme ce mal est sans remede, à moins que de faire le joint courbe; il convient pour la plus grande régularité de tracer entre les spirales de ces deux arêtes une moyenne par les divisions de la moitié de la largeur du listel, ou de celle du Limon, s'il s'agit du Colimaçon, & mener les perpendiculaires aux tangentes sur les points de division pris sur cette spirale moyenne; ainsi la fausse coupe se divisera partie sur l'arête exterieure, partie sur l'arête interieure.

Le second usage de ce Problême est pour faire un *Oeil* circulaire au milieu de la spirale qui puisse se raccorder avec elle sans aucun jarret à la jonction de ces deux Courbes; car ayant déterminé sur la spirale un point, où l'on veut qu'elle se joigne à l'œil circulaire, il faut mener par ce point une tangente & une perpendiculaire à cette tangente par le même point, sur laquelle on prendra le Rayon du cercle qui doit former l'œil, & par ce moyen les deux courbes se joindront par une transition insensible sans aucun jarret.

D'où il suit que le centre de l'œil ne tombera pas sur le centre de la spirale, parce qu'il n'y a que le cercle dont la perpendiculaire à la tangente passe par le centre; cette proprieté ne lui étant pas commune avec la spirale.

Cette perfection de jonction des deux Courbes se trouve observée dans la Volute de Goldman, qui n'est pas pour cela une spirale Géometrique, quoiqu'en dise Daviler, mais une composition d'arcs de cercles, dont la suite des Rayons n'est pas en raison exactement uniforme, comme je le dirai en son lieu; ainsi la cathete d'une volute en spirale Geometrique ou Mechanique passant par le centre de l'œil, ne doit pas passer par celui de la spirale, ou si l'on veut qu'elle passe par le centre de la spirale, elle ne passera pas par celui de l'œil; c'est à l'Architecte à choisir l'un des deux, l'éloignement de ces deux centres peut être plus ou moins grand, suivant la grandeur ou la petitesse de l'œil de la volute, & la distance du point d'attouchement de la spirale (où se fait la jonction) de son centre, si le Rayon de l'œil est plus petit que cette distance, son centre tombera au dedans, s'il est plus grand, au dehors.

Des divisions de quelqu'autres Courbes usuelles par des Perpendiculaires à leurs Arcs.

Outre les Courbes des sections coniques & les spirales; il s'en trouve encore d'autres à diviser par des perpendiculaires à leurs arcs, dans quelques *Traits* de la coupe des Pierres; mais si rarement qu'il n'est pas fort nécessaire de s'arrêter à en chercher les tangentes.

La premiere est celle d'une espece de Cicloide, qui est la courbe dévelopente de la circonference de la face de la *Trompe érigée sur une ligne droite*, suivant le Trait du P. Deran; sur laquelle il faut tirer les joins de tête, ce qu'il fait en operant sur cette Courbe, comme sur un arc de cercle, en prenant de part & d'autre des ouvertures de compas égales, & faisant des deux distances, comme centres des arcs de cercle qui se coupent, & donnent à peu près cette perpendiculaire, & suffisamment pour qu'on n'en puisse appercevoir l'irregularité, si l'on prend de petites distances du point donné à diviser; nous donnerons un autre trait de la même Trompe, où l'on n'a pas besoin de cette operation.

La seconde est cette Courbe du quatriéme ordre, dont nous avons parlé, qui est la section d'un Anneau, ou d'une Helice: dans celle-ci on n'a pas besoin de faire des joins de tête réguliers, parce qu'elle n'est pas

page. 205.   Planche 15.

employée pour une face aparente, & quand elle le feroit, l'inclinaison des joins se trouveroit déterminée par celle de l'arc droit de la voute qui n'est qu'un demi cercle ou une demi-Ellipse.

La troisiéme seroit la chainette qu'on pourroit employer pour mettre l'équilibre entre les Voussoirs égaux; mais outre qu'au lieu de cette Courbe, on pourroit se servir de la Parabole, qui en est très peu differente; c'est que l'une & l'autre ne conviennent guére aux ceintres, si l'on a quelque égard à l'agrément de leur contour, & à celui de leur naissance à l'imposte, lorsque les piedroits sont à plomb: cependant les Curieux pourront se satisfaire sur la maniere de trouver des tangentes à la chainette, en cherchant cette solution dans les Actes de Leipsic de l'année 1691. *page* 275. ils y trouveront celle qui a été donnée par le célebre M. Bernoulli Professeur des Mathematiques à Basle, un des plus grands Hommes de notre tems: si par un hazard extraordinaire il se presentoit d'autres Courbes à diviser, on pourra s'en tirer en operant, comme sur un arc de cercle, & corrigeant à la vûë ce qui pourroit paroitre défectueux.

SECONDE PARTIE
Du Second Livre.

CHAPITRE V.

De la description des Sections des Corps qui ne doivent, ou ne peuvent être décrites que sur des Surfaces Concaves ou Convexes.

LES Sections dont nous avons parlé dans la premiere Partie de ce Livre ont été considerées, comme devant être décrites sur des surfaces planes, quoiqu'elles soient originaires des surfaces courbes : il s'agit à present de les tracer sur les surfaces qui leur sont naturelles, de même que celles qui ne peuvent être décrites sur des plans, auxquels elles ne peuvent s'adapter. Cependant, parce que les points des contours de ces dernieres ne peuvent se trouver que par le secours des lignes droites qu'on ne peut chercher sur des surfaces courbes, en ce qu'elles ne sont pas à la surface du solide, mais au dedans, comme sont les Rayons, les Ordonnées & les abscisses ; il a fallu avoir recours à une representation imparfaite & défigurée faite sur une surface plane par des paralleles abaissées sur cette surface de plusieurs points de la Courbe : ce qu'on a appellé *la projection*, du mot latin *projicere*, qui veut dire jetter, comme si tenant un corps en l'air, on jettoit ou laissoit tomber de chacun de ses points une goûte d'ancre sur un plancher, la suite de ces goûtes liées par une ligne continuë, donneroit une Figure qui seroit la projection de ce corps.

De la Projection.

Le mot de Projection a plusieurs significations, il peut s'appliquer à l'action de jetter, mais nous la refferons ici à la description d'un corps formée sur un plan par des perpendiculaires à ce plan, ou si l'on veut l'étendre encore d'avantage, par des paralleles menées des angles de ce

DE STEREOTOMIE. Liv. II.

corps ou de plusieurs points de son contour sur ce plan en quelque situation qu'il soit à son égard.

Il suffit cependant à l'usage que nous en devons faire, de considerer les lignes Verticales & les Horisontales; parce que c'est à ces deux genres de situations constantes, & que l'on peut toujours déterminer, qu'on doit rapporter les lignes inclinées à l'Horison: selon cette restriction nous pouvons dire, pour nous accommoder aux termes de l'Art, que la projection d'un corps est la trace de plusieurs *a-plombs* abaissez de leurs angles ou de leurs contours pour en faire *le plan* ou Ichnographie, ou de plusieurs lignes de niveau tirées de même de ses angles, ou de son contour sur une surface *a-plomb*, pour en faire les *Profils* ou les *Elevations*.

COROLLAIRE GENERAL.

D'où il suit que la Projection faite sur un Plan Vertical ou Horisontal, raccourcit la representation de toutes les Lignes & Surfaces qui ne sont pas paralleles au Plan sur lequel on la fait.

PLA. 16.
Fig. 169.

Car soit [*Fig.* 169.] la ligne AB, dont on fait la projection sur le plan *gh*: il est évident que si cette ligne étoit dans la situation aB parallele à ce plan, les perpendiculaires aD, BF abaissées de ses extremitez seroient aussi paralleles & égales, & par conséquent que la representation DF seroit égale à aB; mais que si l'on transporte le point a en A sans mouvoir le point B, on racourcira la representation de cette ligne de la distance qu'il y aura de la perpendiculaire aD, à AE qui est égale au sinus verse aS de l'angle aBA de l'inclinaison de la ligne AB abaissée à son extremité A au dessous de la ligne Horisontale aB, si la projection se fait par des Verticales; donc la representation EF sera plus petite que la ligne AB.

On peut démontrer cette verité d'une maniere plus simple en menant AC parallele à EF, parce qu'alors on reconnoitra que la projection d'une ligne qui n'est pas parallele au plan de description, est toujours égale au côté d'un triangle rectangle, dont la ligne objective est l'hypotenuse; d'où nous tirons la proposition suivante, qui est fondamentale pour tracer les desseins qu'on appelle les *Epures* pour la coupe des Pierres.

THEOREME

Les Projections des Lignes courbes qui sont dans un Plan perpendiculaire à un ou plusieurs autres Plans de description, sont des Lignes droites, dont les divisions faites par des paralleles menées par plusieurs Points de ces Courbes, sont toûjours en même proportion avec les Abscisses co-ordonnées.

Premierement il est clair que la projection d'une ligne courbe qui est Fig. 170.

dans un plan perpendiculaire à celui de defcription eft une ligne droite; car puifque toutes les lignes menées des points de la Courbe fur le plan de defcription, font dans le même plan; on ne doit plus confiderer que la fection des deux plans, laquelle fuivant la Geometrie Elementaire eft néceffairement une ligne droite : ainfi la projection de l'Ellipfe ABDE [*Fig.* 170.] eft la ligne *ad* dans le plan *gb*, & la ligne *be* dans le plan *gk*, l'une *ad* eft Horifontale fur le plan Horifontal, & l'autre *be* Verticale fur le plan Vertical ; & les points c^1, & C^2 de ces deux lignes font la reprefentation de trois points raffemblez en un, fçavoir, *c* qui reprefente les points B, C, E & C^2 les points A, C, D, de forte que *ca* & *cd* font les reprefentations d'un quart ou d'une moitié d'Ellipfe ; ce qui eft vifible, & à quoi il faut s'accoûtumer pour concevoir tout ce que nous dirons dans la fuite fur des Figures, où nous n'exprimeront fouvent les lignes courbes, que par des droites.

Quant à la feconde partie de ce Théoreme touchant le rapport des divifions faites par des paralleles menées de plufieurs points des Courbes ; nous n'étendrons la démonftration qu'aux fections Coniques, qui font prefque les feules dont nous avons à faire, particulierement du cercle & de l'Ellipfe.

Fig. 171. Soit une ligne *kL* ou *be* [*Fig.* 171.] coupée par des paralleles *at*, Q*s*, P*r*, le rectangle de *aT*×T*d* : *kT*×TL :: Q*c*×*cq* : *kc*×*cl*, il en eft de même des rectangles faits par les parties de la ligne *be* coupées par les Paralleles *at*, Q*s*, P*r*; donc les points T*cz*, fections de lignes tirées des points *a*QP fur la ligne *kL* donnent des divifions fur cette ligne qui font en même raport entr'elles, que celles que les mêmes points *a*QP donnent fur la ligne *be*, quoique differemment fitué à l'égard de l'arc *aP* de l'Ellipfe, au dedans de la Courbe.

Il ne fera pas difficile de faire voir que le même raport fubfiftera à l'égard des lignes qui font hors de la Courbe, par exemple de *gH*. car fi l'on mene par le point *g* une ligne *gf* parallele à *be*, il eft évident que les divifions *rs* & *st* font égales à *zn* & *nm*, mais à caufe de paralleles *at*, Q*s*, P*r*, les triangles *gt*M, *gs*N, *gr*O font femblables; donc *rs*=*zn* : *st*=*nm* :: ON : NM :: *zc* : *cT*, donc la projection des points PQ*a*, ou *pqd*, faite par des lignes paralleles entr'elles, donne toûjours des divifions qui font en même raport entr'elles, fur les plans differemment fituez à leur égard, foit au dedans, foit au dehors de la Courbe, & quelque angle que les lignes de projection faffent avec ces plans; *ce qu'il falloit démontrer.*

COROLLAIRE

DE STEREOTOMIE. Liv. II.

COROLLAIRE I.

D'où il suit que la projection faite sur des plans perpendiculaires aux paralleles de projection, n'est pas une representation plus reguliere des objets, que celle qui est faite par des lignes obliques, & que cette maniere de representer les corps est Géometrique ; puisqu'elle conserve toûjours un certain rapport des parties des Courbes projettées.

COROLLAIRE II.

DE-LA il suit que si l'on fait la projection d'un cercle par des lignes paralleles, perpendiculaires ou obliques au plan de description ; les divisions correspondantes des deux côtez de la ligne de projection qui passe par son centre, seront égales entr'elles, à cause de l'uniformité de cette Courbe : il en sera de même à l'égard de l'Ellipse, lorsque la projection se fera par des lignes perpendiculaires au plan de description.

Ce que nous disons du cercle & de l'Ellipse est encore vrai à l'égard de la Parabole & de l'Hyperbole, lorsque les lignes de projection sont paralleles à leurs axes.

On peut étendre ce Théoreme à d'autres courbes qu'aux Sections coniques, comme aux spirales, & aux Ovales faites par la section des corps Annulaires, dont nous avons parlé : en un mot la projection conserve toûjours une certaine régularité de rapport, qui est le seul moyen d'adapter à une ligne droite quelques proprietez d'une ligne courbe, & d'appliquer sur un plan les surfaces concaves ou convexes, sans confusion de leurs parties, quoiqu'elle transforme quelquefois une courbe en une autre.

THEOREME.

La Projection d'un Cercle qui n'est pas parallele à son plan de description est une Ellipse, & au contraire celle de l'Ellipse peut être un Cercle ; & celle des Ellipses, Paraboles ou Hyperboles, est une Courbe d'une même espece plus ou moins alongée.

Soit [*Fig.* 172.] le quart de cercle AEFC dans le plan AEHC, sur lequel on fait la projection de ce même quart de cercle supposé élevé sur ce plan en D, de l'intervale de l'arc DE, mesure de son angle d'inclinaison DAE, le Rayon AC demeurant immobile sur le plan. Des points D & G pris à volonté à la circonference du quart de cercle, ayant abaissé sur le même plan les perpendiculaires D*d*, G*g* qu'il faut supposer telles, quoiqu'elles ne le soient pas dans la Figure, à cause de la perspective ; si par les points *d* & *g* on tire les droites A*d*E, B*g*F perpendiculaires

Fig. 172.

Tom. I.   Dd

au Rayon AC, on aura deux triangles semblables AdD, BgG rectangles en d & g, par la construction, & dont les angles en A & B sont égaux, puisqu'ils sont celui de l'inclinaison des deux plans des quarts de cercle DAC & EAC, donc Ad : AD :: Bg : BG; mais AD = AE & BG = BF; donc AE : Ad :: BF : Bg, c'est-à-dire, que les Ordonnées de la courbe sont entr'elles comme celles du cercle; ce qui n'appartient qu'à l'Ellipse, * & *qu'il falloit démontrer*.

5. l. art. 41.

On auroit pû démontrer la même chose tout d'un coup en considerant le cercle à la surface d'un Cylindre scalene, dont la section perpendiculaire à l'axe est une Ellipse; car les lignes de projection étant multipliées à l'infini, & passant à la circonference d'un cercle formeroient la surface d'un Cylindre.

Par ce moyen on démontre tout d'un coup la seconde partie de ce Théoreme, qui dit que la projection d'une Ellipse est souvent un cercle, & ordinairement une Ellipse plus ou moins alongée; car l'Ellipse consideree à la surface du Cylindre Droit se reduit à un cercle à sa base, & si le Cylindre est coupé plus ou moins obliquement, soit qu'il soit droit ou scalene, la section est un Ellipse plus alongée ou plus racourcie.

La même démonstration sert pour la troisiéme partie, qui dit que la projection des Paraboles & Hyperboles sont des courbes de même espece, comme il a été dit au Théoreme III. qui ne different de celle qu'on veut representer par la projection, qu'en ce qu'elles sont plus ou moins alongées ou racourcies, suivant le plus ou moins d'obliquité de la section; car les lignes de projection multipliées à l'infini forment un corps cylindrique qui a pour base une Parabole ou une Hyperbole, c'est l'inverse du Théoreme III.

COROLLAIRE.

D'où il suit que plus les lignes de projection font les angles aigus, avec le plan de la Figure qu'on veut projecter, plus la Figure se resserre; de sorte que si ces lignes font un angle infiniment aigu, elles tombent dans le plan de la Figure, & la reduisent à une ligne droite, comme nous l'avons dit ci-devant.

USAGE.

L'application de cette proposition se presente tous les jours à la pratique de la coupe des Pierres & des autres ouvrages d'Architecture; car la projection, c'est-à-dire, en termes de l'art le *Plan* d'une porte, soit en plein ceintre, soit surhaussée, soit surbaissée, dans un mur en Talud, comme sont ordinairement ceux des revêtemens des Fortifications, est une Ellipse fort resserrée, suivant le plus ou le moins d'inclinaison du Talud, & celui d'un joint de lit d'une Niche spherique en Coquille est de même une Ellipse qui se resserre vers la Clef, où elle devient une ligne droite, & s'ouvre vers les Impostes, où elle devient un arc de cercle.

Ces deux propositions sont encore nécessaires pour l'intelligence des Figures suivantes, & des Traits en géneral, où l'on represente souvent les cercles & les Ellipses par des lignes droites, qui en sont la projection, ou par des Ellipses extrêmement resserrées.

De la description du Cercle sur les Surfaces concaves ou convexes de la Sphère, du Cône & du Cylindre.

PROBLEME XXX.

Par deux ou trois Points donnez sur la sierface d'une Sphère, décrire un Cercle.

ON doit considerer la surface de la sphère comme composée de deux Figures, l'une concave, l'autre convexe; cette difference n'est pas un objet pour la Théorie, où l'on n'a pas égard à l'impénetrabilité des corps; mais bien pour la pratique qui ne peut operer sur l'une comme sur l'autre.

PREMIEREMENT s'il s'agit de décrire un cercle Majeur dans la surface concave; il suffit qu'on ait deux points donnez, pourvû qu'on connoisse le diametre de la sphère, & qu'ils ne soient pas diametralement opposez; car il est clair par la géneration de la sphère (*Art.* 1.) que le diametre d'un cercle devient l'axe de la sphère, lorsqu'on le fait mouvoir autour de ce diametre; par conséquent qu'il est commun à tous les cercles qui passent par l'axe de la sphère.

SI les deux points donnez sont moins éloignez que de 180. degrez, on ne peut y faire passer qu'un cercle Majeur, mais une infinité de cercles Mineurs de differentes grandeurs; d'où il résulte que, pour ceux-ci, ce n'est pas assez de deux points donnez, il en faut trois, pour en déterminer la position & la grandeur; parce qu'il en faut chercher le diametre comme il suit.

SOIENT les trois points donnez A B E [*Fig.* 173.] dans la surface con- *Fig.* 173. cave de la sphère; on en mesurera les distances pour en faire à part, sur une muraille ou autre surface plane un triangle ABE, puis par les points B & E, on tirera aux lignes AE, AB des perpendiculaires B*d*, E*d* qui se rencontreront au point *d*, si par ce point *d* & l'opposé A, on tire une ligne A*d*, elle sera le diametre qu'on cherche.

COROLLAIRE.

Fig. 175.   DE cette méthode on tire celle de trouver le diametre d'une sphère; car si avec un cordeau de longueur arbitraire, & d'un point P pris à volonté pour Pole, on décrit un cercle sur la surface concave, en ayant trouvé le diametre par la pratique précedente, on fera un triangle Isoscele de la longueur du diametre AE pour base; & des deux longueurs du cordeau AP, EP pour côtez, lesquels on fera aux points A & E, deux perpendiculaires qui se rencontreront au point D : la ligne PD sera le diametre de la sphère qu'on cherche; cela supposé pour décrire un cercle Majeur par les deux points donnez A & B, [*Fig.* 173.] il faut tracer

Fig. 174.   à part sur une surface plane un quart de cercle, [*Fig.* 174.] ou ce qui est la même chose un triangle Rectangle Isoscele, dont les jambes a*c*, p*c* soient égales au Rayon de la sphère, l'Hypotenuse *ap* sera la corde d'un arc de 90. degrez qui servira à trouver le Pole du cercle proposé.

Fig. 173.   DES points A & B comme centres, & la corde *ap* pour Rayon, on fera une intersection de deux arcs de cercles qui se couperont en P, où sera le Pole, duquel on décrira le cercle Majeur EABF, qui est représenté ici en Perspective, c'est-à-dire, qu'on y fixera le cordeau, une perche ou un simbleau, pour tracer le cercle dans la surface concave de la sphère à peu près comme on se sert du centre sur une surface plane.

J'AY dit dans la surface concave, parce qu'il est visible qu'on ne peut pas operer de même sur la Convexe, sur laquelle au lieu de se servir de la corde *a*B pour Rayon des intersections qui donnent le Pole; il faut se servir de l'arc *a*L*p*; c'est pourquoi il faut un instrument pour y suppléer, ou un compas à pointes courbées, si la sphère est petite comme sont dans l'Artillerie les Boulets & les Bombes; mais si la sphère est grande comme une voute, au lieu d'un cordeau, il faut se servir d'un assemblage de trois pieces de bois *p*H, H*g*, *ga* assemblées à angle droit, dont la grande H*g* soit égale à la corde *pa*, & les deux autres à la fleche *f*L; & pour les entretenir en cet état, il faut les lier par des liens ou écharpes IK, *ik*, qui les empêchent de s'ouvrir ou de se fermer.

Fig. 175.   POUR trouver le Pole d'un cercle mineur, dont on a trois points donnez [*Fig.* 175.] on décrira sur une surface plane par le moyen du triangle ABE le cercle AE*d*, puis ayant divisé l'arc BE en deux également en *m*, on tirera le diametre *mt* perpendiculairement à BE, sur le milieu

DE STEREOTOMIE. Liv. II.

e, duquel on menera la perpendiculaire Xcx, puis du point m ou t, pour centre, & de l'intervale du demi diametre de la sphère pour Rayon, on décrira des arcs de cercle qui couperont la perpendiculaire Xx aux points x & X, où feront les Poles du cercle mineur ABEd que l'on cherche ; ainsi les distances Xm, ou xt feront les Rayons des interfections des arcs de cercle qu'on fera des points B & E, comme centres pour avoir le point d'un des Poles, comme nous l'avons dit sur la Figure 173.

Ou bien méchaniquement & avec une exactitude suffisante pour la pratique, on enfilera trois cordeaux égaux dans un Anneau Fig. 173. en S pour la surface convexe, & en P pour la concave, qui seront d'une longueur proportionnée à peu près à celle qu'on juge à vûë d'œil, & un peu plus longue ; on les nouëra ensemble par un bout, & on attachera les autres aux points donnez, puis faisant couler l'Anneau, en raprochant de la surface de la sphère les trois cordeaux également tendus, on parviendra exactement au Pole, où on attachera un des cordeaux pour tracer le cercle demandé sur la surface de la sphère. Cette méthode a cela de commode qu'elle peut servir sur la surface convexe, en éloignant l'Anneau au dessus du Pole autant qu'on le voudra, pour éviter le frottement du cordeau qui sert de simbleau, lequel doit être tangent à la sphère, pour n'être point plié sur la surface convexe, où ce pli, ou plûtôt cette courbure causeroit des ondulations par le frottement.

Mais si on avoit un cercle Majeur à décrire comme les socles ou les côtez d'une couverture de Dome, tels qu'on en voit à celui des Invalides ; on ne pourroit assez élever le point S pour éviter le frottement, c'est pourquoi il faut se servir du niveau ou du plomb ; si les Cherches doivent être de niveau comme les socles, ou à plomb comme les côtes, ou si de tels ornemens étoient inclinez, comme des entrelas de cercles, il faudroit avoir, au Pole, une perche perpendiculaire à la surface convexe par la pratique dont nous parlons, qui serviroit à aligner le cordeau, afin qu'en le courbant, il ne se detournât point de sa direction ; parce que pour peu qu'il se courbe à droite ou à gauche, il se racourcira & donnera de faux points du cercle proposé.

DEMONSTRATION.

Premierement il est clair qu'ayant trouvé la corde de 90. degrez de la circonference de la sphère, & l'ayant appliquée aux deux points donnez, la rencontre de deux de ces cordes égales est le Pole qui est toûjours éloigné de 90. degrez d'un grand cercle, par la 16.e proposition des Sphériques de THEODOSE. Fig. 174.

Secondement pour trouver le diametre d'un cercle, dont on a trois points donnez, nous avons élevé des perpendiculaires sur AB & AE pour avoir la position de ce diametre ; parce que (par la 31.ᵉ Prop. d'Eucl. *l.* 3.) l'angle droit est toûjours dans le demi cercle, & puisque les lignes B*d* & E*d* sont bien posées, leur rencontre se terminera au point de la circonference du cercle diametralement opposé au point A : la même construction est encore plus intelligible dans le Corollaire pour trouver le diametre de la sphére.

Troisiéuement il est démontré dans la 13.ᵉ proposition des Sphériques de Theodose, que si dans la sphére un cercle en coupe un autre en deux également & perpendiculairement, les Poles de celui qui est coupé, sont dans la circonference de celui qui le coupe, & à distances égales; or il est visible que le cercle Mineur ABE*d* est coupé en deux également par son diametre *mt*, lequel est la corde d'un cercle Majeur, dont le diametre X*x* est élevé perpendiculairement sur cette corde ; par conséquent les points X & *x* sont les Poles du cercle ABE*d*, & les lignes X*m*, X*t*, *xm* & *xt*, les distances sont de ces Poles au cercle ; car quoique les deux cercles Majeur & Mineur soient dans cette Figure sur un même plan, il faut les concevoir à angle droit l'un à l'autre ; de sorte que supposant le Mineur dans le plan du papier, le Majeur seroit élevé en l'air perpendiculairement en tournant sur la corde *mt*, qui doit être immobile.

USAGE

Ce Probléme est nécessaire aux Peintres, aux Sculpteurs en Stuc ou en Platre, & aux Marbriers qui ont des ornemens Circulaires à tracer dans la surface concave d'une voute Sphérique, ou sur la surface convexe, comme par exemple des Socles, des côtes d'arcs doubleaux, des bordures de bas relief, ou des ouvertures feintes, ou des entrelas Circulaires.

A l'égard des ouvertures vrayes ou feintes faites après coup dans une voute Sphérique ; je dirai en passant que Viviani *a trouvé le moyen de percer une voute Hemisphérique en quatre endroits pour des Fenêtres, en sorte que le reste de la voute soit géometriquement quarrable.*

Quoique cette proposition n'ait aucun rapport à notre sujet qui n'a pour but que la division des surfaces & non pas leur étenduë ; je crois qu'on ne sera pas fâché de cette petite digression : la construction de ce Probléme consiste à diviser la base de l'Hémisphère par deux diametres à angles droits, sur lesquels ont fait quatre petits demi-cercles pour bases de quatre moitiez de Cylindres droits, qui percent l'Hémisphère ; le restant des quatre ouvertures qu'ils font, est quarrable, c'est-à-dire, qu'on en peut trouver la surface géometriquement ; on a vû par nos Principes au Théoreme VII. que la Courbe que font chacun de ces demi-Cylindres étoit une Ellipsimbre ; il ne s'agiroit plus que de quarrer l'espace enfermé dans ces Ellipfimbres pour avoir la furface totale de l'Hémifphère. Mais quoique la Géometrie ne foit pas parvenuë à ce degré de perfection, elle nous fournit pour la pratique des moyens fuffifamment exacts.

PROBLEME XXXI.

Par un Point donné fur la Surface d'un Cylindre, tracer un Cercle.

SI le Cylindre eft droit, & que la bafe foit donnée, il n'y a point de difficulté; il n'y a qu'à fuivre le contour de la bafe à diftance égale prife toûjours parallelement à l'axe, foit avec une Régle ou un cordeau ou en petit, avec cet inftrument de Menufier qu'on appelle *Trufquin*; mais fi l'on n'a pas la bafe, ou parce qu'elle eft oblique ou rompuë, ou embarraffée par quelque corps qui la couvre, comme fi l'on vouloit tracer un ornement circulaire, tel qu'une bafe ou une aftragale à un Pilier Gotique en place; il faut commencer par mener plufieurs paralleles à l'axe, & tracer le cercle, s'il eft queftion d'un Cylindre Scalene, comme une Ellipfe fur un Cylindre droit, ainfi que nous le dirons ci-après; nous parlerons feulement ici du Cylindre droit.

PREMIERE maniere de tracer des paralleles à l'axe du Cylindre, *la Bafe étant donnée.*

SOIT une bafe droite ou oblique ABDE ayant aplani cette bafe, on y Fig. 177. menera deux lignes gG, fF paralleles entr'elles, qu'on divifera en deux également en M & m, par où fi l'on tire la ligne EE, fon milieu C fera l'extremité de l'axe du Cylindre: on en fera autant fur la bafe oppofée pour trouver l'autre extremité du même axe; enfuite ayant pofé une Régle HI à volonté fur cette bafe, pourvû qu'elle paffe par le pied C de l'axe, on tracera la ligne AD: pofant auffi une autre Régle KL fur la bafe oppofée, on la fera tourner fur l'extremité de l'axe, jufqu'à ce que regardant l'une par l'autre, leur direction foit parallele; en forte que celle du côté où l'on regarde couvre fi bien l'autre, que les deux lignes fuperieures ou inferieures de ces Régles fe confondent en une, ce qu'une perfonne feule peut faire en arrêtant une des Régles dans fa pofition, & tenant l'autre pour la tourner, comme il convient; pour faire en forte que le Rayon vifuel rafe les deux Régles, de maniere qu'elles ne paroiffent point fe croifer, ce qu'on appelle *bornoyer*; parce que l'on ferme ordinairement un œil, & que nous avons exprimé par des lignes qui partent d'un œil à la Figure 177. en cette fituation fi on trace des diametres fur les bafes, la ligne menée à la furface du Cylindre par l'extremité de ces diametres ainfi correfpondans, eft une parallele à l'axe du Cylindre.

LORSQUE les bafes font embarraffées comme à un Pilier en place, qui est engagé par le haut & par le bas, on est obligé d'avoir recours à des manieres méchaniques pour tracer des paralleles à l'axe.

La premiere & la plus simple, est celle de se servir du plomb pour les Cylindres posez bien verticalement comme des Piliers ronds, & s'ils sont inclinez, c'est d'appliquer de *Champ* une Régle fort large OP, & dont les côtez opposez sont bien paralleles, le long du Pilier, & la tourner de maniere qu'en regardant par dessus cette Régle, elle ne croise point la ligne tangente du Pilier; en sorte que les Rayons visuels *a*O, *a*P rasent l'un & l'autre, la surface du Pilier; la ligne tracée sur la même surface cylindrique au long du côté de la Régle qui appuye sur le Cylindre, est une parallele à l'axe.

Fig. 176. La seconde maniere qui est encore méchanique, est de tracer avec un compas d'un point C pour centre, & d'une ouverture prise à volonté une ligne courbe *dEe*, sur la surface du Cylindre, comme l'on décrit un cercle sur une surface plane; ensuite d'une ouverture de compas un peu plus grande que la premiere, mais moindre que la longueur de l'arc de Cylindre, dont elle est la corde developé, c'est-à-dire rectifié, on décrira sur du Carton un demi cercle, ou seulement un secteur de cercle qui en approche, dont on posera le centre en C, & l'ayant appliqué & plié sur la surface du Cylindre, on y en tracera le contour qui coupera celui de la Courbe précedente en deux points X & *x*, par lesquels si l'on tire une ligne droite, on aura la parallele à l'axe qu'on cherche; à laquelle il sera facile d'en tirer d'autres par des points donnez, s'il le faut. On peut faire la même chose avec un cordeau, mais moins exactement; cela supposé comme une preparation nécessaire pour tracer les cercles & les Ellipses à la surface du Cylindre.

Fig. 176. Si le Cylindre est Droit, il ne s'agit que de faire des sections perpendiculaires aux lignes paralleles à l'axe: ainsi on prendra à volonté les points *x* & X pour centres, & de tel intervale qu'on voudra pour Rayon, on fera des intersections d'arc en H & en K, & plus loin en *b* & en *k*, ou plus près en *l* & *i*, & l'on appliquera sur ces points *k*K, *li*, H*b* une Régle pliante, avec laquelle on tracera le cercle autour du Cylindre, s'il est droit; car s'il est scalene, la section perpendiculaire à l'axe sera une Ellipse, auquel cas, pour décrire un cercle par le point donné, il faut mener par ce point un contour parallele à la base, ou faisant une angle sous contraire.

Fig. 180. Pour tracer des lignes paralleles à l'axe dans la surface concave d'une portion de Cylindre, comme dans une voute [*Fig.* 180.] au lieu de prendre deux paralleles des deux côtez du centre, on les prendra toutes deux du même côté, comme *af*, *bc*; on les divisera chacune par le milieu en

M & *m*,

DE STEREOTOMIE. Liv. II. 217

M & m, & on menera par ces milieux la ligne *d*C qui sera un diametre; mais parce que le Cylindre n'est pas complet, ce diametre ne sera terminé que d'un côté en *d*, & ne l'étant pas au delà de C, on ne pourra en avoir le milieu C, qu'en répetant la même operation par deux autres lignes *i h*, *k g* qui donneront un second diametre E*c* qui coupera le premier en C, centre de la base, où passera l'axe du Cylindre. On en fera autant à la base opposée, & l'on aura l'autre extremité de cet axe, auquel il ne sera pas difficile de mener des paralleles, en tendant un cordeau d'un bout de l'axe à l'autre, & bornoyant par cette ligne deux points dans la surface concave; de sorte que cet axe soit dans le même plan, & que le cordeau les couvre à l'œil qui doit être un peu éloigné du cordeau, du côté opposé aux points que l'on veut marquer sur la surface concave, pour y tracer une parallele à l'axe du Cylindre.

DEMONSTRATION.

La premiere maniere de tracer une parallele à l'axe du Cylindre est fondée sur ce que les Ordonnées à un diametre sont coupées en deux également par ce diametre; lequel étant aussi divisé en deux également, donne le centre de la base du Cylindre, soit qu'elle soit Circulaire ou Elliptique; or quelle qu'elle soit, l'axe passe par son centre, & les deux Régles HI, KL que l'on dirige par le Rayon visuel dans le même plan passant par l'axe, donnent aussi les côtez du Parallelograme par l'axe, dont les côtez opposez sont paralleles; donc D*d* est une ligne parallele à l'axe, *ce qu'il falloit faire*. *Fig. 177.*

La seconde maniere de tracer une parallele à l'axe du Cylindre par le moyen d'une Régle d'une certaine largeur, quoique méchanique, est exacte dans son principe; car puisqu'elle est dirigée par les Rayons visuels dans un plan tangent au Cylindre, ce plan ne le touchera que suivant une ligne parallele à l'axe, & le plan de la Régle étant de largeur égale d'un bout à l'autre, sera un Parallelograme, dont un côté sera sur le plan tangent, & l'autre sur le Cylindre, toûjours également éloigné de la ligne d'attouchement; donc il lui sera parallele, & par conséquent à l'axe.

La troisième maniere, quoique méchanique est aussi exacte dans son principe; on trace sur le Cylindre deux Courbes à double courbure *d*E*e*, *m*MB de differente nature, qui ne peuvent se rencontrer qu'en quatre points, sçavoir deux de chaque côté en X*x* d'une section par l'axe AFG, celle de ces courbes qui est tracée avec le compas, a tous ses diametres passans par le centre C, courbes de courbures inégales, à la reserve de *de* qui est droit, & de contour inégalement long, qui ont cependant des *Fig. 176.*

Tom. I. Ee

souftendantes toûjours égales, lesquelles font les lignes droites, qu'on imagine paffer par les deux points du compas; & au contraire celle qui eft tracée avec un cercle plié, a tous fes diametres de contour également long, & toutes les fouftendantes inégales. Chacune de ces courbes a un diametre droit qui leur eft commun fur le côté AB, & un circulaire qui lui eft perpendiculaire, fçavoir CE dans la premiere, & CM pour la feconde ; tous les autres font Elliptiques, dont la courbure fe redreffe à mefure qu'ils approchent de AB ; de forte qu'étant tous inégaux de chaque côté, ils ne peuvent aboutir au même point, que lorfqu'ils approchent également de ce diametre droit, qui eft le côté du Cylindre, comme en X & x, donc la ligne Xx eft parallele au côté, & par conféquent a l'axe, *ce qu'il falloit faire.*

QUANT à la maniere de tracer le cercle fur la furface du Cylindre, il eft clair que l'on fuppofe que le Cylindre foit droit; parce que les points K i, g H étant chacun également éloignez des points xX, font dans un même plan perpendiculaire au côté xX du Cylindre, par conféquent à fon axe, auquel ce côté eft effentiellement parallele.

D'où il réfulte une fection parallele à la bafe, c'eft-à-dire, un cercle.

MAIS auffi il eft clair que fi le Cylindre étoit fcalene, cette fection perpendiculaire au côté feroit une Ellipfe qui ne feroit point parallele à la bafe; ainfi pour décrire un cercle à la furface d'un Cylindre fcalene, il faut en avoir la bafe, tirer des paralleles à l'axe fur la furface, c'eft-à-dire plufieurs côtez, & porter fur chacun de ces côtez la même diftance du point donné au contour de la bafe, pour avoir autant de points que l'on a de côtez: mais alors on ne peut plus fe fervir de la Régle pliante pofée de plat pour tracer le cercle, parce que la direction de fon pli fe tourne perpendiculairement au côté du Cylindre, au lieu que celle du contour du cercle le coupe obliquement d'un angle égal à celui que l'axe fait avec le plan de la bafe: mais on peut s'en fervir en la pofant de *Cant,* c'eft-à-dire, fur fon épaiffeur appliquée fur ces points trouvez; parce que l'Ellipfe eft une courbe plane, & qu'une Régle d'une largeur beaucoup plus grande que fon épaiffeur étant pliée, fe dirige facilement fur un plan; il n'en feroit pas de même s'il s'agiffoit d'une courbe à double courbure, il faudroit alors que l'épaiffeur fût égale à la largeur, afin qu'elle ne fit pas plus de refiftance à fe plier d'un côté que de l'autre.

ENFIN la derniere operation pour tirer des paralleles à l'axe dans une furface concave de portion de Cylindre, eft la même que la premiere redoublée ; parce que le centre de la fection étant dans chaque diametre, il fera dans le point de concours des deux, où ils fe croifent.

USAGE

Ce Probléme eft un des fondamentaux de la conftruction des voutes Cylindriques, parce qu'il fert à trouver l'Arc-droit des Berceaux circulaires ou Elliptiques, ou pour le ceintre entier, ou pour une petite portion, telle qu'eft un Vouffoir, pour y pofer la *Cerche*, c'eft-à-dire, le modele de la Courbe, lequel doit être prefenté perpendiculairement à une ligne parallele à l'axe ; car pour peu que cette ligne lui fût inclinée, le modele de la Courbe circulaire ou Elliptique marqueroit une concavité ou une convexité; laquelle étant continuée, fuivant la direction d'une ligne qui croiferoit la direction de l'axe, donneroit une furface differente de celle qu'on fe propofe, comme on peut l'appercevoir par la difference de la fection du plan qui pafferoit par cette Courbe.

Ce Probléme peut encore fervir à tracer fur une doele de Berceau des ornemens de Peinture ou de Stuc, comme des Arcs-doubleaux.

La maniere de faire des paralleles à l'axe, peut être employée au même ufage, par exemple à diriger une corniche dans un Berceau Rampant, dont la régularité de l'impofte feroit douteufe ; ce qu'on a fouvent lieu d'examiner à caufe du peu d'exactitude des Ouvriers dans les voutes, même les plus fimples.

Enfin ce Probléme eft néceffaire pour la conftruction de ceux qui fuivent.

Probleme XXXII.

Par un Point donné à la Surface d'un Cône, faire paffer un Cercle.

Premier cas, Lorfque le Cône eft droit, & que le fommet eft donné; il ne s'agit que de fixer un cordeau ou une Régle au fommet, & de ce point comme Pole décrire un cercle, en tournant fur la furface concave ou convexe, cela eft très fimple.

2.° Mais fi le fommet n'eft pas donné comme dans un Cône tronqué, il faut tirer fur la furface du Cône deux lignes droites, c'eft-à-dire, deux cotez, lefquels étant prolongez, fe rencontreront au fommet du Cône.

Pour tirer ces cotez, il fuffit d'appliquer une Régle bien droite fur la furface du Cône, en forte qu'elle ne laiffe point de jour entr'elle & cette furface: fi cependant le Cône tronqué étoit d'une grande circonference, on pourroit s'y tromper ; parce que la furface étant d'une convexité peu fenfible vers la bafe fur-tout, on pourroit biaifer la Régle fans s'en appercevoir ; c'eft pourquoi fi l'on veut operer exactement, il faut tirer des paralleles fur les plans des bafes oppofées, que nous fuppofons premierement paralleles entr'elles, & faire pour cette efpece de

Ee ij

Cône tronqué la même operation que nous avons faite à la Figure 177. pour trouver le côté du Cylindre; alors on sera sûr que la rencontre des côtez du Cône trouvez par ce moyen, en donnera exactement le sommet, si l'on veut s'en servir, mais on peut s'en passer; car ayant trouvé deux côtez du triangle par l'axe du Cône qui divise les deux bases en deux parties égales; on subdivisera chacune de ces parties en un même nombre de parties égales, & l'on tirera des lignes droites des unes aux autres, à la base superieure & inferieure, comme l'on voit à la Figure 186. & la distance du point donné à la surface du Cône prise de l'une des bases, & portée sur chacune de ces lignes ou côtez du Cône donnera des points, par lesquels on menera à la main une ligne courbe, qui sera le cercle demandé.

Il faut remarquer ici qu'on ne peut pas se servir pour le tracer d'une Régle pliante posée de plat, parce que la surface de la largeur s'appliquant perpendiculairement au côté du Cône, la direction de son pli donneroit une Courbe qui s'écarteroit des points marquez, pouvant être une Ellipse, une Parabole ou une Hyperbole, suivant l'ouverture de l'angle du sommet du triangle par l'axe; ce qui est clair, mais on peut s'en servir en la posant de *cant* ou de champ; on se sert encore de la Régle d'une autre maniere, on bornoye par son côté deux ou trois points, suivant lesquels on la tient appuyée d'un côté, & en l'air par l'autre, puis fermant un œil, on suit avec le crayon l'alignement de cette Régle, sans changer l'œil de place.

Si les bases opposées du Cône tronqué ne sont pas parallèles, il est clair que l'une étant circulaire, l'autre sera Elliptique, & que c'est de la circulaire qu'il faut prendre les mesures de la distance du point donné.

Mais supposant que la base circulaire est seule plane, & que la partie tronquée n'est pas aplanie, on peut encore tracer les côtez sur la surface du Cône en prenant des points à son contour équidistans d'un 3.e au milieu des deux, & de ces points comme centres, faire des intersections d'arcs, comme si on elevoit une perpendiculaire sur une surface plane, & sur les côtez ainsi trouvez, tracer le cercle par le point demandé, comme nous venons de le dire.

Troisième cas, Lorsque le Cône est scalene, quand même son sommet seroit donné, on ne peut plus s'en servir comme d'un Pole pour tracer le cercle par le point donné, ni de la distance du point donné à la surface mesurée sur un côté jusqu'à la circonference de la base; parce que le contour du cercle parallele à la base, est inégalement distant de celui de la base, quoique les plans de l'un & de l'autre soient supposez paralleles, & par conséquent équidistans.

Il faut alors [*Fig.* 179.] abaisser une perpendiculaire SP du sommet S du Cône scalene donné ASB sur le plan de sa base AB prolongé; ce qui est une operation familiere à ceux qui sçavent bien faire des Cadrans pour trouver le pied du stile, & qui est un Problême du XI. Livre d'Euclide, Prop. XI. Ceux qui ne sont pas Geometres, le font par le moyen d'un Equerre qu'ils posent d'un côté sur le plan, & appuyent l'autre au sommet S, & en la tournant sur le côté SP marquent le point P, par lequel si l'on tire une ligne par le centre C, on aura le triangle rectangle APS, & par conséquent l'obliquangle ABS, qui est la plus oblique de toutes les sections par l'axe du Cône, c'est-à-dire, qui en marque le plus long côté AS, & le plus petit BS.

Fig. 179.

Ayant décrit ce triangle sur une surface plane, & le demi cercle A 2 B moitié de la base du Cône, on le divisera en autant de parties qu'on voudra avoir de points du cercle demandé, comme ici en quatre, aux points 1, 2, 3, d'où l'on tirera des perpendiculaires sur le diametre AB, qui le couperont aux points ECG, desquels on tirera des lignes au sommet S; puis par le point donné D ou *d*, s'il est dans ce triangle ASB, on tirera une ligne D*d* parallele à AB, & s'il n'y est pas, nous verrons par la suite de l'operation ce qu'il faut faire pour tirer cette parallele.

Du point E pour centre & pour Rayon ES, on fera un arc S*b* qui coupera AB prolongée en *b*, d'où l'on tirera au point 1. la ligne 1 *b* qui sera le côté du Cône passant par le point 1. on trouvera de même les côtez 2K, & 3L qui aboutiront en *bkl*, à differens points donnez sur AB prolongée par la transposition des lignes CS & GS.

Ensuite du point E pour centre & pour Rayon E*e*, où ES coupe D*d*, on fera un arc *ef*, qui donnera sur AB le point *f*; la ligne *fx* menée parallelement à E1. donnera sur le côté 1*b* le point *x* que l'on cherche, qui est un de ceux de la circonference du cercle demandé, pris sur le côté 1*b*, dont la projection est ES dans le triangle par l'axe ASB; le Rayon C*x* donnera un point auprès de G, d'où tirant G*y* parallele à C2, on aura le point *y*, ainsi des autres.

Si le point donné D n'est pas sur les côtez du triangle par l'axe ASB, mais qu'il soit par exemple en *g*; ayant tiré par le sommet du Cône le côté S*g*, il coupera la base au point 3. d'où ayant trouvé le côté 3*l*, on portera sur ce côté la distance donnée 3z égale à 3*g* pris sur la surface du Cône; puis de z tirant z*b* perpendiculaire sur AB prolongé, la distance G*b* donnera sur GS le point *g* par où doit passer la parallele D*d*, pour trouver les points de la circonference du cercle demandé, comme nous venons de le dire.

Il n'est pas nécessaire de parler ici du cercle de la section sous-contraire, parce qu'il est aisé d'y supléer, en faisant attention qu'au lieu d'operer sur la ligne D*d* parallele à la ligne AB, il faut tracer une autre ligne NB, ou sur une de ses paralleles qui fasse avec SA un angle égal à l'angle SBA.

DEMONSTRATION.

Il est clair par la nature du Cône que l'on ne peut trouver de lignes droite à la surface, que celles qui sont menées du sommet à la circonference de sa base, que toutes ces lignes sont égales dans le Cône Droit, & inégales dans le Scalene; que lorsqu'elles sont égales, qui en a une, les a toutes; mais que lorsqu'elles sont inégales, on ne peut les trouver par la projection sur le triangle par l'axe ASB, comme on a trouvé ci-devant les côtez du Cylindre sur le Parallelograme par l'axe, parce que les lignes ES, CS, GS, sont les côtez d'un triangle rectangle, dont le côté du Cône qui leur répond, est l'hypotenuse: or il est clair qu'en transportant, par exemple, ES en E*b*, le côté E1 restant immobile à angle droit sur AB, la ligne 1*b* represente exactement le côté du Cône, & 1*x* la distance de la base à une section parallele faite par un plan perpendiculaire au triangle par l'axe ASB, & parallele à la base.

Que les angles SE1, SC2, SG3 soient droits, c'est une suite de la construction; parce que le plan du triangle par l'axe ASB passe par la ligne SP qui a été faite perpendiculaire au plan de la base AB; c'est-à-dire, du demi cercle A2B; par conséquent toutes les lignes E1, C2, G3 perpendiculaires à la commune section AP de ces deux plans sont perpendiculaires à toutes celles qui sont tirées dans le plan ASP, comme SE, SC, SG, &c.

Nous avons supposé dans ce Problême que le Cône étoit Droit, ou incliné sur une base circulaire; mais si l'on n'avoit qu'une base Elliptique, & qu'on voulût tracer un cercle sur le Cône, il faudroit chercher l'angle de l'inclinaison d'un plan coupant celui de la base, dont la section fût un cercle, pour avoir le Profil du triangle par l'axe du Cône Elliptique. Comme cette proposition n'a été donnée par aucun des Auteurs des Traitez des Sections coniques que je connoisse, & que j'y ai trouvé de grandes difficultez; j'ai eu recours au Celebre M. BERNOULLI un des premiers Mathematiciens de notre Siecle, qui a bien voulu m'en donner la solu-
» tion; il est convenu que ce Problême étoit du nombre de ceux qui,
» quand on ne s'y prend pas bien, engagent dans un calcul penible, &
» conduisent à des équations de quatre dimentions, & que la solution
» étoit une chose nouvelle.

Ce grand Homme qui a le bonheur d'avoir un Fils qui marche à grand pas sur ses traces dans les hautes Sciences, comme il a paru depuis peu par la piece de sa façon, qui a remporté le prix de l'Academie des Sciences de Paris, lui ayant parlé de ma Question; le digne Fils la résolu d'une autre maniere, dont il a bien voulu me faire part. On la verra à la suite de celle de M. son Pere, que je mets ici mot à mot, persuadé que ce qui vient des grands Hommes doit être conservé sans alteration; dans cette idée j'aurois copié en entier la Lettre qu'il m'a fait l'honneur de m'écrire, s'il n'y avoit répandu des expressions si obligantes sur mon Ouvrage, que je ne pourrois les répeter sans pecher contre la modestie: il n'en falloit pas moins pour me faire suprimer les marques de sa politesse, & celles de la bienveüillance, dont il m'honore, à laquelle je suis extrêmement sensible.

Probleme XXXIII.

Etant donné un Cône ASB, Droit sur une Base Elliptique ADB, dont AB est le petit Axe, dont le Plan doit être conçu perpendiculaire au Plan du triangle Isoscele ASB; on demande la position d'un Plan incliné sur l'Ellipse, dont la section dans le Cône soit un Cercle.

Figur. †
près de 182

1.° Par $\ldots$ le *grand côté* du Cône Elliptique la droite SD, (ou Sd) tirée du sommet S à l'extremité D du grand demi axe de l'Ellipse, dont le plan doit être consideré comme perpendiculaire au plan du triangle Isoscele ASB.

DEFINITIONS.

2.° Le *petit côté* du Cône sera SA tirée du sommet S à l'extremité A du petit axe de l'Ellipse.

Soient nommées

La hauteur ou l'axe du Cône SC $= a$
Le petit demi axe de l'Ellipse CA ou CB $= b$
Le grand demi axe de l'Ellipse CD $= c$

Le grand côté du Cône $SD = \sqrt{cc + aa} = x$, la difference du quarré de CD, & du quarré de CA, c'est-à-dire, $cc - bb = bb$, & partant $\sqrt{cc - bb} = b$, pour faire une ligne droite égale à b ou à $\sqrt{cc - bb}$, il n'y a qu'à décrire un demi cercle sur CD, & y inscrire la corde Ca égale à CA, tirant ensuite l'autre corde Da, on aura D$a = \sqrt{cc - bb} = b$: ou bien dans l'angle droit ACD, tirez une hypotenuse AF égale à CD, on aura $CF = \sqrt{cc - bb} = b$: notez que le point F sera un des Foyers de l'Ellipse.

Solution, le plan de l'Ellipse ADB étant perpendiculaire au plan du triangle ASB, je cherche la position d'une ligne droite y Y dans le trian-

gle Ifofcele ASB, laquelle paſſe par le centre C de l'Ellipſe, & ſur laquelle ſi on dreſſe un plan auſſi perpendiculaire au plan ASB, je veux que ce plan dreſſé faſſe dans le Cône par ſa ſection un cercle, dont le diametre ſera yY, & CD une Ordonnée commune à l'Ellipſe & au cercle; parce que le plan de l'Ellipſe & le plan du cercle ſe coupent dans la droite CD: il faudra donc par la proprieté du cercle que CD ſoit la moyenne proportionelle entre les deux ſegmens du diametre Cy & CY, & partant que le rectangle $Cy \times CY$ de ces deux ſegmens ſoit égal au quarré de l'Ordonnée CD; & c'eſt ce qu'il faut exécuter.

Ayant prolongé Yy juſqu'à SE perpendiculaire à SC, ſoit $SE = x$: on aura à cauſe des triangles ſemblables SyE, & AyC, $SE : AC :: Ey : yC$, & componendo $SE + AC : AC :: Ey + yC$ ou $EC : yC$, c'eſt-à-dire, $x + b : b :: \sqrt{xx + aa} : yC = \dfrac{b\sqrt{xx+aa}}{x+b}$. Pareillement à cauſe des triangles ſemblables SYE, BYC, on aura $SE : BC :: EY : CY$, & dividendo $SE - BC : BC :: EY - CY$ ou $EC : CY$, c'eſt-à-dire, $x - b : b :: \sqrt{xx+aa} : CY = \dfrac{b\sqrt{xx+aa}}{x-b}$; or le rectangle $yC \times CY$ devant être égal au quarré de CD, j'aurai d'abord cette égalité $\dfrac{b\sqrt{xx+aa}}{x+b} \cdot \dfrac{b\sqrt{xx+aa}}{x-b}$ ou $\dfrac{bb\,xx + bb\,aa}{xx - bb} = cc$, d'où on trouve par la réduction $xx = \dfrac{bb\,cc + bb\,aa}{cc - bb} = \dfrac{bb\,mm}{bb}$ par conſéquent $x = \dfrac{bm}{b}$; ce qu'il falloit trouver.

Conſtruction Geometrique.

Faites cette analogie comme b ou $\sqrt{CD^2 - AC^2}$ ou CF eſt à b ou AC, ainſi m ou SD eſt à une quatriéme; je dis que ſi vous prenez SE égale à cette quatriéme, & que vous tiriez par le centre C la droite EY, la partie yY interceptée entre les deux petits côtez SA & SB prolongée, ſera la poſition & la grandeur du diametre cherché; ſur lequel ſi on dreſſe un plan perpendiculaire au triangle ASB, la ſection de ce plan ſera dans le Cône un cercle, dont auſſi tous les autres plans paralleles à celui-ci feront par leurs ſections tout autant d'autres cercles.

Scolie.

Que ſi vous aimez mieux trouver trigonometriquement l'angle de l'inclinaiſon de la ſection, ſçavoir l'angle ACy qui eſt égal à l'angle E, vous ſçavez qu'à faire cette analogie, comme ES eſt à SC, ainſi le ſinus total eſt à la tangente de l'angle cherché ACy.

Corol-

DE STEREOTOMIE, Liv. II.

COROLLAIRE.

On en trouve maintenant tout ce que l'on veut, par exemple, Cx, ou la distance du centre de l'Ellipse au centre du cercle; car $yY = yC + CY = \frac{b\sqrt{xx+aa}}{x+b} + \frac{b\sqrt{xx+aa}}{x-b} =$ [en substituant la valeur de x] $\frac{cn}{m+b} + \frac{cn}{m-b} = \frac{2mcn}{mm-bb} =$ [en substituant la valeur de $mm-bb$ qui est $= aa+bb = nn$] $\frac{2mcn}{nn} = \frac{2mc}{n}$, donc la moitié $\frac{mc}{n} = Yx$ ou yx, & en retranchant Cy, où $\frac{cn}{m+b}$ il reste $Cx = \frac{mc}{n} - \frac{cn}{m+b} = \frac{mmc - ncc + bmc}{nm+nb}$... $=$ [en substituant pour $mm-nn$ sa valeur $cc-bb$ ou bb] $\frac{bbc+bmc}{nm+nb} = \frac{bc}{n}$: ainsi Cx sera la quatriéme proportionelle de n, b & c, c'est-à-dire, de $SA\sqrt{CD^2 - AC^2}$ & CD, ou de SA, CF & CD.

Ce que vous trouvez, (c'est toûjours M. BERNOULLI qui parle en réponse) que *le quarré de la moitié du diametre yY qu'on cherche, est égal au quarré de la moitié du grand axe CD, de la base plus au quarré de Cx*; n'est autre chose qu'une application d'une proposition du II. Livre d'EUCLIDE, qui est qu'une ligne droite comme yY étant coupée également en x, & inégalement en C, le quarré de la moitié yx est égal au rectangle des segmens inégaux $yC \times CY$ plus au quarré de l'interceptée Cx; car comme j'ai remarqué ci-dessus le rectangle $yC \times CY$ doit être égal au quarré de CD; donc on aura aussi Yx^2 ou $yx^2 = CD^2 + Cx^2$, comme vous avez trouvé; ceci est encore confirmé par ce que je viens de démontrer en dernier lieu, où j'ai trouvé $Yx = \frac{mc}{n}$, $Cx = \frac{bc}{n}$ & $CD = c$; il faut donc faire voir qu'effectivement $\frac{mmcc}{nn}$ sera $= cc + \frac{bbcc}{nn} = \frac{nncc + bbcc}{nn}$; or il est clair que $mm-nn$ étant égal $cc-bb = bb$, on aura $nn+bb = mm$ donc $\frac{nncc+bbcc}{nn}$ devient $= \frac{mmcc}{nn}$; ainsi on a $Yx^2 = \frac{mmcc}{nn}$ & aussi $CD^2 + Cx^2 = \frac{mmcc}{nn}$ par conséquent $Yx^2 = CD^2 + Cx^2$.

Vous dites, Monsieur, que vous ne connoissez pas CX, parce que l'angle ASX vous est inconnu: voilà CX trouvé, puisqu'il est égal $\frac{bc}{n}$ indépendamment de l'angle ASX, si pourtant par curiosité on veut trouver cet angle, je m'y prendrai en telle maniere.

Dans le triangle ACy, on a trouvé l'angle ACy, l'angle CAy est donné.

Tom. I. Ff

le côté AC est aussi donné: de ces trois choses données, on trouve CyA, & le côté Ay, donc dans le triangle xyS, on aura l'angle xyS, & les deux côtez xy & yS, ce qui sert à trouver l'angle xyS que l'on cherche.

Quant au côté Ay on le trouve immediatement par la premiere file milieu de des deux triangles SyE, CyA en faisant comme SE + AC est à AC, ainsi Sy + yA ou SA est à Ay, c'est-à-dire, $x + b : b :: n \frac{n \cdot b}{n + b} =$ Ay, & mettant pour x sa valeur $\frac{b \cdot n}{b}$ on aura $\frac{n \cdot b}{x + b}$ ou A$y = \frac{b \cdot n}{m + b}$ faisant donc comme $m + b$ ou SD + Cd est à b ou Cd, ainsi n ou SA est à une quatriéme: cette quatriéme sera celle à laquelle il faut prendre Ay égale, & tirant ensuite par le centre de l'Ellipse C la droite yCY, cette droite sera encore le diametre du cercle cherché; ce que j'ai voulu remarquer par occasion.

En supposant au lieu d'un Cône droit, un Cône scalene ou oblique sur une base Elliptique; on resoudra le Probléme par la même méthode, & avec la même facilité.

Autre Solution du même Probléme par M. Jean BERNOULLI le Fils.

Supposé que le point y soit le point cherché dans la ligne AS, par lequel le plan dont est question doit passer.

Ayant tiré de ce point la ligne yH perpendiculaire à la base AB du triangle ASB, & la ligne yK parallele à la même base qui joigne les deux côtez SA & SB de ce triangle, je nommerai

SA = SB (le petit côté du Cône) = d
SD [le grand côté du Cône = e
CD] le demi grand axe de l'Ellipse = a
AC = CB le demi petit axe = b
FC [la distance du Foyer F au centre C de l'Ellipse] = f
Ay] la distance de l'extremité A du petit axe au point cherché $y = x$

Ces Dénominations étant faites j'aurai

SC [l'axe du Cône] $= \sqrt{dd - bb}$ & SA [d] : SC ($\sqrt{dd - bb}$) :: Ay (x) : IC, ainsi IC $= y$H $= \frac{x\sqrt{dd-bb}}{d}$ pareillement SA [d] : AC [b] :: Sy [$d - x$] : yI on aura yI $=$ IK $=$ HC $= \frac{bd - bx}{d}$; or $\overline{y C^2} = \overline{yH} + \overline{HC}$, donc yC $\sqrt{xx - \frac{2bbx + bb}{d}}$. Pour trouver CY, je fais cette analogie yK $= 2y$I : CB :: yY : Cy, & dividendo yK $-$ CB ($\frac{bd - 2bx}{d}$) : CB [b] :: yY $-$ CY $= y$C ($\sqrt{xx - \frac{2bbx + bb}{d}}$) : CY, on trouvera CY $= \dfrac{d\sqrt{xx - \frac{2bbx + bb}{d}}}{d - 2x}$

DE STEREOTOMIE. Liv. II.

MAINTENANT puisque le cercle cherché & la base du Cône se coupent dans la ligne CD, celle-ci sera une corde du cercle; la ligne yY en sera une aussi, & même elle en sera un diametre ayant pour appliquée le demi grand axe CD, par conséquent le rectangle des segmens de ce diametre où yC × CY sera égal à $\overline{CD}^2$, c'est-à-dire $\frac{dxx - 2bbx + bbd}{d - 2x} = aa$, & en retranchant bb de part & d'autre $\frac{dxx}{d-2x} = aa - bb =$ [par la proprieté de l'Ellipse] $\overline{CF}^2 = ff$, donc $xx = -\frac{2ffx}{d} + ff$ & $x = -\frac{ff}{d} + \frac{f}{d}\sqrt{ff + dd}$ ou [en substituant pour $\sqrt{ff + dd}$ sa valeur e] $x = \frac{fe - ff}{d}$

faisant donc comme d ou SA est à f ou FC, ainsi $e - f$, ou SD — FC, est à une quatriéme, cette quatriéme sera la cherchée.

LES Corollaires qu'on pourroit tirer de cette solution, sont les mêmes que ceux de la précedente.

Pour réduire ces deux solutions à la pratique de la Régle & du compas, qui est la plus commode pour les Artistes, on operera ainsi à la première.

DU centre C & CD moitié du grand axe pour Rayon, on fera l'arc Dd qui rencontrera BA prolongé en d: si l'on tire dS, cette ligne representera le grand côté du Cône.

PAR le Foyer F & le point A, extrémité du petit axe ayant tiré l'indéfinie FA, on portera sur cette ligne la longueur du grand côté du Cône Sd, de F en e par où on menera eg parallele à AB, qui coupera CS en g: par le sommet S on menera la ligne SE parallele & égale à eg; & enfin par les points E & C on tirera EY qui coupera les côtez SA & SB prolongé en y & Y, la partie yY sera le diametre du cercle que l'on cherche; laquelle étant divisée en deux également en x, le point x en sera le centre.

SI de ce même point x par S on tire xS, cette ligne sera l'axe du Cône.

Pour la seconde solution ayant tiré une ligne Ae faisant un angle quelconque avec AS, on portera la longueur CF, distance du centre au Foyer de l'ellipse, de A en o sur Ae, & de d en n sur dS, puis faisant SV égal à Sn sur oS, on tirera par les points V & C ligne VY, qui coupera AS en y, où est le point cherché; ainsi la ligne yY sera le diametre du cercle demandé, qu'on tracera sur la surface du Cône El-

Ff ij

liptique; de la même maniere que l'Ellipfe fur le Cône droit circulaire, dont nous parlerons après celle de décrire l'Ellipfe fur le Cylindre.

USAGE.

Cette propofition fert pour les *Traits* des voutes coniques appellées Trompes, tant droites que biaifes, c'eft-à-dire, dont les bafes [qui font leurs faces] font perpendiculaires ou obliques à leurs axes ; parce que les joins de Doele & les faces des Trompillons font toûjours des cercles ou portions de cercles paralleles à cette bafe : d'ailleurs, quand même les faces ne feroient pas planes, comme font celles des Trompes fur le coin qui font angulaires, les convexes & concaves des Tours rondes & creufes, & les Ondées comme celle d'Anet ; il faut toûjours pour la facilité de l'execution fuppofer une bafe circulaire du Cône droit ou oblique, de laquelle comme d'un terme, on porte les alongemens au dehors, ou les reculemens en dedans des parties excedentes ou défaillantes des concavitez ou des convexitez des faces.

De la defcription de l'Ellipfe fur les Surfaces concaves ou convexes du Cylindre & du Cône.

Probleme XXXIV.

Le grand Axe d'une Ellipfe avec un point à la Surface du Cylindre, dont la diftance à un des Axes eft connui, y tracer l'Ellipfe.

ON peut trouver les points néceffaires pour décrire une Ellipfe fur la furface du Cylindre de deux manieres, ou fur des cercles paralleles à la bafe, ou fur des lignes droites paralleles à l'axe; comme la premiere eft la plus longue, & plus compofée dans l'operation, parce qu'outre plufieurs cercles qu'il faut décrire fur des furfaces courbes, il faut encore au moins une parallele à l'axe du Cylindre, nous lui preferons la feconde.

Fig. 176. *Fig.* 178. Si le point donné eft à une des extremitez du grand axe, par exemple en L, on fera fur une furface plane à part [*Fig.* 178.] un angle *l g a* égal à celui de l'axe du Cylindre fur la bafe, droit, fi le Cylindre eft droit & aigu ou obtus, s'il eft fcalene, fur un des côtez de cet angle comme a *g*, on portera le diametre du Cylindre, puis du point *g* comme centre, & de la longueur de l'axe de l'Ellipfe pour Rayon, on tracera un arc de cercle qui coupera le côté *a l* en *l*, la ligne *g l* fera la pofition de l'axe de l'Ellipfe dans le Parallelograme par l'axe du Cylindre ;

puis on décrira sur *ag* comme diametre le demi cercle *anopg* qu'on divisera en autant de parties égales qu'on voudra avoir de points de l'Ellipse comme ici en quatre aux points *nop*, par lesquels on menera des perpendiculaires sur *ag* qu'on prolongera jusqu'au diametre *gl*; les lignes comprises entre les diametres *ag* & *gl*, seront les distances du contour du cercle de la base à l'Ellipse demandée; on transportera sur le contour de la base du Cylindre *Fig.* 176. les divisions *a*, *n*, *o*, *p*, *g* de la Figure 178. & par ces points on tirera des paralleles à l'axe, sur lesquelles on portera les distances QR, CS, *qu* de la Figure 178. & l'on aura sur la surface du Cylindre les points L N O P G, par lesquels on tracera à la main l'Ellipse demandée.

Si le point donné est ailleurs qu'aux extremitez du grand axe, la même construction subsistera, mais elle demande une preparation pour la position du cercle qui doit representer la base du Cylindre: on décrira sur le grand axe *gl* de l'Ellipse une demi-Ellipse, ou seulement le quart d'Ellipse où le point donné P se trouve, dont on connoit, par la supposition, l'arc P*g*; puis ayant mené sur la surface du Cylindre par ce point une ligne *r*P¹ parallele à l'axe, on y portera la distance *qu* issuë de l'Ordonnée P*u*, & par le point P¹ on tracera un cercle sur la surface du Cylindre, qui representera celui de la base, & on continuera comme au cas précedent.

DEMONSTRATION.

Le grand axe de l'Ellipse doit toûjours être dans le plan du Parrallelograme par l'axe du Cylindre, parce qu'il partage l'Ellipse en deux parties égales, comme ce Parallelograme partage le Cylindre; or le triangle *lag* represente une partie du plan de ce Parallelograme, & le plan de l'Ellipse est aussi perpendiculaire à celui de la section par l'axe du Cylindre, donc les distances des points du contour de la base à ceux de l'Ellipse prise sur des paralleles à l'axe, sont égales à celles des points coréspondans des diametres de l'un & de l'autre, comme sont *uq*, *c*S, QR, puisqu'on peut supposer à chaque point *p*, *o*, *n* une section perpendiculaire au plan *gal*, suivant les lignes *pq*, O*c*, RQ qui seront aussi des Parallelogrames, où les Ordonnées de l'Ellipse *u*P & SO, RN seront des côtez paralleles, parce que les deux plans de la base & de l'Ellipse sont perpendiculaires au troisiéme *gal*, par conséquent (par la 9.ᵉ du XI. Liv. d'Eucl.) les lignes *pq* & *u*P seront égales entr'elles, de même que les distances *qu* & P*p*, non dans cette Figure 178. mais à la surface du Cylindre *Fig.* 176. ainsi des autres *c*S & *o*O, QPL & *lu*N, quoiqu'elles ne le soient pas dans la Figure, où ces deux plans ne peuvent être représenter dans leur v... situation l'un à l'égard de l'autre, parce qu'ils doivent être en l...ir p...endiculairement au plan *gal*; donc l'operation est exa...

USAGE

Ce Problême est d'un très fréquent usage dans la coupe des Pierres; car la plus grande partie des voutes sont des Berceaux souvent biais par téte, ou parce qu'ils ne sont pas Horisontaux, comme les descentes, ou parce que le mur de face est en Talud, ou parce que leur direction est oblique à ce mur par la contrainte des lieux; dans tous ces cas, on suppose une section perpendiculaire au Berceau que l'on appelle *l'arc Droit*, d'où on avance sur des parallèles à l'axe du Berceau les distances qui excedent l'arc Droit pour former une face Elliptique; ce que l'on verra plusieurs fois au IV. Livre.

PROBLEME XXXV.

Un Point étant donné à la surface du Cône, qui soit à l'extremité du grand Axe de l'Ellipse donné, ou d'une Ordonnée connuë, tracer l'Ellipse sur la surface courbe du Cône.

Lorsqu'on a le grand axe d'une Ellipse, on a toûjours sa position dans le Cylindre, en quelques points qu'on place ses deux extremitez, elle sera toûjours égale; il n'en est pas de même dans le Cône, si le point de position n'est pas déterminé, l'Ellipse que l'on peut trouver avec un grand axe donné peut varier, en ce que son petit axe peut être plus ou moins grand, & selon qu'il sera incliné à la base, l'Ellipse sera plus ou moins differente du cercle de cette base; de sorte qu'à moins qu'on n'ait le point de position de l'extremité du grand axe, il faut encore connoitre le petit, ou une Ordonnée, auquel cas on trouvera la situation du grand axe de l'Ellipse dans le triangle par l'axe du Cône.

Fig. 181.   On commencera [*Fig.* 181.] par chercher le parametre de l'axe donné EL & de l'Ordonnée connuë, comme nous l'avons dit au Problême
* Pa. 160. XIV. * ce qui est facile; on inscrira ensuite le triangle par l'axe du Cône *bSa* dans un cercle *Sab*, puis on cherchera une quatriéme proportionelle à l'axe donné, à son parametre & au côté S*a*, qui donnera sur S*a*, la longueur *a*P; par le point P on menera PD parallele à *ba*, qui coupera le cercle au point D, par où & par le point S on tirera l'indéfinie SDF, sur laquelle portant la longueur de l'axe donné de S en KF; on menera par le point K la ligne KL parallele à S*b*, & par le point L la ligne LE parallele à SK; cette ligne EL sera l'axe donné dans la position, où il doit être pour que l'Ellipse soit telle qu'on la demande

DE STEREOTOMIE. Liv. II.

à la surface du Cône, dont bSa est la section du triangle par l'axe, auquel le plan coupant le Cône doit être perpendiculaire, cette preparation étant faite.

Soit [*Fig. 183.*] le triangle par l'axe du Cône BSA, l'axe de l'Ellipse *Fig. 183.* EL & l'axe du Cône SC, du point C milieu de la base BA on décrira le demi cercle BMA, & des points E & L extremitez de l'axe de l'Ellipse ayant abaissé des lignes Ee, Ll perpendiculaires à BA, ou paralleles à l'axe SC; on divisera l'intervale el en deux également en c, & on décrira de ce point comme centre, & pour Rayon ce le demi cercle $erstl$, qui sera la projection de la moitié de l'Ellipse proposée.

On prendra ensuite sur le côté BE autant de parties égales que l'on voudra avoir de points à la circonference de l'Ellipse, par lesquelles on menera des paralleles à BA, comme $4f$, $3i$, $2d$, $1b$, oL jusqu'à la rencontre de l'axe EL, & par les points fi, db on abaissera des perpendiculaires à la base BA prolongées jusqu'au cercle esl, comme bu, dt, is, fr qui couperont sa circonference aux points r, s, t, u, par lesquels & par le centre C on tirera les lignes C$r4^b$, C$s3^b$, C$t2^b$, C$u1^b$, qui donneront sur la base du Cône les points 4^b, 3^b, 2^b, 1^b, par lesquels & par le sommet S on tirera des lignes droites sur la surface qu'on n'a pas marqué dans la Figure 183. mais bien dans la Figure 185. qui auroit dû être de grandeur égale à l'autre, si la place l'avoit permis; ces lignes serviront à trouver les points de la circonference de l'Ellipse, en portant les divisions correspondantes à leur origine, par exemple B4 sur 4S en $4r$, B3 sur 3S en $3s$, B2 sur 2S en $2t$, B1 sur 1S en $1u$, & l'on aura ainsi des points à la surface du Cône, par lesquels menant une ligne courbe à la main, on aura l'Ellipse proposée.

DEMONSTRATION.

Premierement pour la position de l'axe EL, il faut démontrer qu'il doit être à son parametre comme aS, aP.

Si l'on suppose un plan qui coupe le Cône parallelement à la base, *Fig. 181.* comme en mn, le cercle qu'il fera par cette section aura une Ordonnée GI commune avec l'Ellipse EIL, à l'intersection des deux plans du cercle & de l'Ellipse; donc $\overline{GI}^2 = nG \times Gm$ & $LG \times GE : \overline{GI}^2 :: EL$ est à son parametre; or à cause des paralleles LE & SF, qui font les triangles semblables LGn, SFa, on aura LG:Gn::SF:Fa, & EG:Gm::SF:Fb, donc $\overline{SF}^2 : Fa \times Fb :: EL$ à son parametre; or à cause du cercle SDab, FD$\times$DS $=$ F$a\times$Fb, donc l'axe EL est à son parametre::$\overline{SF}^2 : FD \times FS :: aS : SP$, ce qu'il falloit démontrer.

SECONDEMENT pour rendre raison de la maniere dont on a trouvé les points à la circonference de l'Ellipse.

Fig. 183.
Il est clair par ce que nous avons dit de la projection au Theoreme que celle de l'Ellipse E L est un cercle, ou sa moitié un demi cercle *e s l*, & que si l'on suppose des plans perpendiculaires à celui du triangle par l'axe B S A, & paralleles à cet axe S C du Cône, leurs intersections avec le plan de l'Ellipse se fera suivant les Ordonnées qui sont égales dans l'Ellipse, & dans le cercle qui est sa projection, puisqu'elles sont communes aux deux sections, dont les points *r, s, t, u* sont dans leur position Horisontale, à l'égard du point C qui represente l'axe.

Il ne reste plus qu'à déterminer leur hauteur au dessus de la base B A du Cône, laquelle doit être trouvée sur des lignes à la surface qui passent par les points *r, s, t, u*, & par le sommet S, lesquelles sont representées par la projection $Cr4^b$, $Cs3^b$, $Ct2^b$, $Cu1^b$, & parce qu'on ne peut pas avoir ces hauteurs verticalement, mais sur la surface inclinée du cône; il faut concevoir plusieurs plans paralleles à la base, & passants par les points *f o i d b*, dont les sections seront des cercles qui couperont les lignes tirées par les points de la base 4^b, M 3^b, 2^b, 1^b, en des points qui seront à la circonference de l'Ellipse, puisqu'ils coupent tous l'Ellipse en deux points, & que les lignes $4^b S$, $3^b S$, $2^b S$, $1^b S$, la coupent aussi aux points des Ordonnées marquées, donc chaque intersection des cercles & des lignes corespondantes, qui tirent, de même que les cercles, leurs origines des points *f o i d b*, sera un des points de l'Ellipse, *ce qu'il falloit trouver.*

Si le Cône est Droit, les divisions E4, 34, 42 sont égales sur tous les côtez tirez de la base du cône à son sommet S; ainsi l'on peut sans tracer les cercles porter ces intervales sur chaque côté du cône tiré des points corespondans 4^b M 3 ^{b}, 2^b, 1^b, de la base au sommet; puisque les cercles paralleles les coupent tous en parties égales.

Si le Cône est scalene les divisions ne seront plus égales, mais seulement proportionelles, & alors on ne peut se dispenser de tracer les cercles pour avoir les points de leur intersection avec les differens côtez plus ou moins inclinez, suivant l'obliquité du cône.

USAGE

Ce Problême est une introduction à la construction des Trompes coniques en talud, ou en surplomb, ou binises, dont les faces sont Elliptiques.

PROBLEME

DE STEREOTOMIE. Liv. II.

PROBLEME XXXVI.

Un Point étant donné à la surface d'un Cône pour sommet d'une Parabole, décrire cette Courbe sur la Surface concave ou convexe.

SOIT [*Fig. 184.*] le triangle ASB, la section du Cône donné, par son axe SC, & par le point donné P tracé sur une surface plane ; on menera par ce point P une ligne Pa parallele au côté SB, qui coupera la base du triangle en a. Du point C, milieu de cette base pour centre & pour Rayon CA, on décrira un demi cercle ByA qui representera la moitié de la base du Cône; ensuite ayant divisé la ligne Pa qui represente l'axe de la Parabole demandée, en autant de partie ségales ou inégales qu'on voudra avoir de points à sa circonference, comme aussi aux points q, r, s, on menera par ces points des paralleles à AB, qui couperont l'axe du Cône SC aux points o, 1', 2's, & le côté SA aux points P t u V, desquels on abaissera sur BA des perpendiculaires qui la couperont aux points PT u V; & des points qrs, d'autres perpendiculaires ou paralleles à l'axe prolongées au dessous de BA. Enfin du point C comme centre & pour Rayons les longueurs CT, Cu, CV, on décrira des arcs de cercles concentriques TQ, uR, CV qui couperont les paralleles à l'axe SCS aux points Q, R, S, la ligne courbe menée par ces points PQRSa dans le demi cercle de la base du Cône ByA sera la projection de la Parabole demandée, par le moyen de laquelle on la tracera sur la surface concave ou convexe du Cône, comme on va le dire.

SOIT [*Fig. 182.*] le Cône bSa égal à celui de la figure 184. ce qu'on n'a pû observer dans cette Planche faute de place, mais que l'on peut supposer; on menera du sommet S, par le point P donné à la surface, une ligne droite SA, sur laquelle ayant porté les distances St, Su, Sv, SA de la Figure 184. aux points 1, 2, 3, 4, on tracera par chacun de ces points un cercle par le Probléme XXXII. sur lequel on portera de part & d'autre de la ligne SA l'arc de la projection qui est correspondant à cette division, par exemple, l'arc TQ qui est le premier au dessous du sommet P de 1 en Q, l'arc uR de 2 en R, & enfin l'arc VS de la Fig. 184. en 3 S de la Fig. 182. & par les points PQRSx, ainsi trouvez d'un côté, & les équidistans de l'autre côté de la droite SA, on tracera à la main ou avec une Régle pliante, mince & large posée de cant la Parabole demandée, j'ai dit avec une Régle mince & large, parce que cette courbe, quoique décrite sur une surface convexe ou concave est plane dans son contours.

Tom. I.   Gg

Demonstration.

La raiſon de cette conſtruction eſt facile à trouver pour peu qu'on faſſe attention à la Figure 184. car premierement on coupe le Cône en pluſieurs tranches paralleles à la baſe, qui font autant de ſections circulaires de Rayons inégaux, qui ſont transportez ſur celui de la baſe CA par les perpendiculaires Pp, tT, uu, VV; de ſorte que le centre C qui repreſente en un ſeul point de projection tout l'axe SC, repreſente auſſi tous les centres de ces ſections répandus ſur cet axe $o 1^s$, $2^s s$ & toutes les paralleles à l'axe $q 1$ Q, $r 2$ R, s CS, a a repreſentent des ſections verticales des plans, qui coupent ces cercles perpendiculairement au triangle par l'axe BSA, & par les points d'interſection, où les diametres des cercles coupent l'axe de la Parabole; par conſéquent ils donnent les cordes de ces arcs circulaires par l'interſection des deux plans perpendiculaires entr'eux, & du troiſiéme Pa qui forme la Parabole par ſa ſection dans le Cône, où ſe terminent les arcs des ſections circulaires.

Les longueurs des cordes des demi-arcs TQ, uR, VS, Aa étant ainſi trouvées, il eſt clair qu'elles ont été bien tranſportées ſur le cône à la Figure 182. & dans leurs juſtes places; & par conſéquent que les points à la circonference de la Parabole ont été trouvez ſur la ſurface concave ou convexe du Cône, *ce qu'il falloit faire*.

Il eſt auſſi clair par ce que nous avons dit ci-devant de la projection des ſections coniques, & par le Theoreme III. du I. Livre, que la courbe PQRa tracée dans le plan de la baſe ByA, eſt encore une Parabole, quoique differente de celle de la ſection propoſée Pa.

Nous avons dit au Problême X. à quoi ſert la deſcription de la Parabole.

Problême XXXVII.

Le premier axe d'une Hyperbole, & un Point qui ſoit une de ſes extremitez étant donné à la ſurface du Cône, tracer cette courbe ſur la Surface concave ou convexe.

Fig. 184. Soit [*Fig.* 184.] le triangle BSA la ſection par l'axe du Cône, & par le point donné H on prolongera indéfiniment le côté AS vers K, puis du point H pour centre & pour Rayon la longueur du premier axe donné HK, on fera un arc qui coupera AS prolongé en K, ſi de ce point K par H on mene une ligne droite KY, on aura la poſition de l'axe de l'Hyperbole dans le Cône; laquelle étant donné il n'y a qu'à faire ſa projection de la même maniere qu'on a fait celle de la Parabole, ce que

DE STEREOTOMIE. Liv. II.   235

la Figure fait suffisamment voir, sans qu'il soit nécessaire d'en répéter la construction: on observera seulement, 1.° qu'elle est beaucoup abregée, lorsque l'axe KH est parallele à l'axe du Cône SC; parce que la projection *b y* est une ligne droite, qui termine tout d'un coup tous les arcs 1 E, 2 D, 3 L 2.° Que si l'axe HY panche vers S, la projection du contour aura sa concavité tournée vers B, & au contraire si cet axe panche en dehors.

Nous avons dit au Problême XII. à quoi sert la description de l'Hyperbole.

Corollaire General sur la Projection des Sections Coniques.

IL suit de la méthode dont nous venons de faire usage pour décrire les sections coniques sur le Cône, qu'on peut aussi très commodément l'employer pour *décrire sur un plan toute sorte de Section conique, le triangle par l'axe du Cône, & un axe de la section étant donné dans ce triangle.*

CAR si au lieu de prendre les arcs de la projection des tranches paralleles, qui donnent des cercles concentriques, terminez par la projection du plan qui forme la section; on prend les cordes de ces arcs rangées successivement sur un axe à angle droit, ce seront autant d'Ordonnées, par l'extremité desquelles on fera passer la courbe que l'on cherche.

Premier Exemple pour l'Ellipse.

SOIT le triangle par l'axe du Cône BSA [Fig. 183.] dans lequel l'axe Fig. 183. EL de l'Ellipse est donné; ayant divisé cet axe en autant de points que l'on voudra *b d i f*, on abaissera par ces points & par les extremitez EL des perpendiculaires à la base BA, au delà de laquelle on les prolongera en *r s t u*; ensuite sur *el* comme diametre, si l'on fait un demi cercle *e r s t u l*, il coupera toutes ces parallèles aux points *r s t u*, qui déterminent la longueur des Ordonnées qui conviennent à l'Ellipse aux points *b d i f*; ainsi ayant elevé des perpendiculaires à cet axe sur ces divisions, on portera les longueurs des Ordonnées au cercle qui est la projection de l'Ellipse sur ces perpendiculaires, sçavoir R *r* sur *f g*, D *s* sur *i h*, F *t* sur *d i*, G *u* sur *b K*, & l'on aura les points E *g h i k l*, par lesquels on tracera la demi-Ellipse à la main, ou avec une Régle pliante.

Gg ij

Second Exemple pour la Parabole.

Fig. 184. Soit le triangle par l'axe du Cône BSA [*Fig.* 184.] & l'axe de la Parabole P*a* donné dans ce triangle; ayant divisé cet axe par plusieurs plans parallelcs à la base BA, & pallans par les points pris à volonté *qrs*, on fera la projection des cercles qu'ils font dans le Cône, & la projection de la Parabole aRQP, comme nous l'avons dit ci-devant, par les paralleles *a*a, *s*S, R*r*, Q*q*, P*p*, on fera des perpendiculaires sur P*a* aux points *qrs*, ou pour éviter la confusion des lignes sur une parallele P²A, & l'on portera sur ces perpendiculaires les sinus des arcs QT, R*u*, SV, sçavoir *a*a, S3, R2, Q1, lesquels seront rangez successivement aux points correspondans de l'axe de la Parabole, comme 1Q en *q*Q², 3R en *r*R², 3S en *s*S², & C*a* en A*a*², & l'on aura les points Q², R², S², *a*², par lesquels on tracera la Parabole à la main ou avec une Régle pliante.

Troisiéme Exemple pour l'Hyperbole.

Soit *Fig.* 184. le triangle par l'axe du Cône BSA, & l'axe de l'Hyperbole donné HY, dans ce triangle; ayant divisé cet axe en autant de parties qu'on voudra par des plans qui coupent le Cône parallelement à la base, en *fgi*, & ayant fait la projection des arcs de cercle qui passent par les points *edi*, par le moyen des paralleles à l'axe SC; on tirera autant de perpendiculaires à l'axe HY donné ou à quelque autre égal, & également divisé comme *b*B, sur lesquelles on portera les sinus de demi-arcs de la projection, 1E, 2D, 3I, B*y* correspondans à chaque division; c'est-à-dire, les perpendiculaires sur B*h* tirées des points FGIB qu'on transportera en F, *f*², G, *g*², I, *i*², B, *y*², & par les points *b*, *f*², *g*², *i*², ²*y*, on tracera à la main une courbe qui sera l'Hyperbole que l'on cherche.

La *démonstration* de ces pratiques est la même que celle que nous avons donnée de la description de ces courbes, sur des surfaces concaves ou convexes; en effet il n'y a rien de changé, excepté qu'au lieu de prendre les arcs de la projection pour les porter de part & d'autre d'un côté du Cône, sur des cercles paralleles à la base, ici l'on prend les demi-cordes de ces mêmes arcs sur des lignes paralleles à cette base sur un plan.

Remarque sur cet Usage.

On peut toûjours se servir de la méthode de la projection dans l'Architecture pour la coupe des Pierres; parce que les Cônes sont or-

page 237

Planche 16.

dinairement donnez, de même que les axes des sections dans ces Cônes, & parce qu'on est toûjours obligé de faire des *Plans* & des Profils, en a aussi la projection des divisions de ces Cônes par les tranches qui sont ordinairement les rangs des Pierres : il ne s'agit que d'y reconnoître les cordes qui sont les Ordonnées & abscisses, lesquelles sont toûjours égales sur le côté du Cône, & sur l'axe de la Parabole, & dans les autres sections où elles sont inégales sur le côté du Cône, & sur l'axe, elles sont toûjours en même raison avec celles de l'axe, parce que l'un & l'autre sont divisez par des paralleles à la base du Cône ; comme cette pratique de projection est d'une très grande importance pour former ce dessein, que les Architectes appellent *l'Epure*, nous l'expliquerons plus au long au Livre suivant.

Si l'on a bien compris la maniere de tracer les sections coniques par ce moyen, il ne sera pas difficile de concevoir qu'il est applicable à toutes les autres Courbes, qui peuvent se former sur des corps Réguliers, & même Irréguliers, comme on va l'expliquer ci-après.

238   TRAITÉ

TROISIÉME PARTIE
Du Second Livre.

CHAPITRE VII.
Des Sections qui ne peuvent être décrites que sur des Surfaces courbes, & par le moyen de la Projection sur des Surfaces planes.

PROBLEME GENERAL.

Trouver tant de Points que l'on voudra du contour des Courbes faites à la Surface des Sphères, Cônes & Cylindres qui se pénétrent mutuellement.

LOrsqu'il s'agit de décrire des courbes qui sont dans une surface plane, on trouve les points de leur contour par le rapport des Ordonnées aux abscisses de leurs axes, ou de leurs Co-ordonnées; mais pour celles qui ne sont pas dans un plan, ce rapport ne suffit pas, parce que leurs axes ou diametres, n'étant pas des lignes droites, les abscisses ne sont pas droites; ce sont des courbes auxquelles il faut mener d'autres Ordonnées à une ligne droite, qui est comme leur soustendante, pour en trouver la courbure par differentes distances de la corde à l'arc; de sorte que le rapport de deux lignes connuës ne peut suffire, puisque de quelque façon qu'un plan coupe la Sphère, le Cône ou le Cylindre, il ne produira qu'une section conique ou un Parallelograme; & si l'on suppose un second plan perpendiculaire ou incliné à ce premier, leur commune section sera bien une droite, dans laquelle il doit se trouver un point de la section solide; mais cette ligne n'en détermine pas la position, il faut avoir recours à un troisiéme plan qui coupe les deux premiers dans certaines circonstances, pour déterminer ce point sur la ligne où l'on sçait qu'il doit être; tels sont les points du contour de ces courbes à double courbure, que j'appelle ici des sections *solides*, parce qu'elles proviennent de la section d'un solide coupé ou pénétré par un autre solide, & non pas par un plan, comme les sections coniques.

Dans le nombre des trois plans qu'il faut supposer pour trouver les points de ces courbes, il y en a toûjours un donné, qui fait une section conique, dont l'axe est la souftendante de la courbe à double courbure, que nous pouvons appeller *Imbriquée*, parce qu'elle est faite en contour de tuile creuse, ou qui est tangent à un des sommets de cette courbe, pour les distinguer des autres courbes à double courbure, qui ont plus d'une inflexion.

Le second plan doit être parallele au premier, pour y trouver les Ordonnées à l'axe courbe de la section solide, & les comparer à celles de la section conique, qui leur correspondent.

Enfin le troisiéme plan doit couper les deux précedens par les Ordonnées de la section conique & de la solide *Imbriquée*, pour en trouver les distances, ou par des perpendiculaires, ou par des lignes inclinées d'une inclinaison connuë.

Si l'on entend bien ce principe, on verra que tous les Problêmes proposez à résoudre, n'en sont qu'une application, suivant la différence des cas.

On reconnoîtra aussi que cette méthode toute simple qu'elle est, est très Geometrique, & la clef de tous les Traits des Enfourchemens des voutes, qui font presque toute la difficulté de l'Art de la coupe des Pierres.

Il ne s'agit donc, 1.° que de couper les solides qui se pénetrent par des plans paralleles entr'eux, comme par tranches, qui sont toûjours des sections semblables dans chaque corps, mais differentes de l'un à l'autre.

Secondement, de reconnoître dans chacune de ses tranches la partie commune aux deux corps; car si l'on trace sur un plan les deux sections differentes, dans leur distance respective, on verra qu'elles se coupent en deux points de leur contour, qui sont communs aux deux surfaces de ces corps.

Troisiémement, de suivre, je vieux dire lier par des traits les points communs aux deux surfaces, passant de l'un à l'autre sur les surfaces courbes mêmes, pour avoir la courbe naturelle, ou sur une surface plane, pour en avoir l'imitation produite par la projection, comme nous l'avons expliqué ci-devant.

Or puisque suivant la Geometrie de l'infini, on peut considerer les solides comme composez d'une infinité de tranches paralleles infiniment minces, dans lesquelles les Ordonnées & les abscisses des sections planes, augmentent ou diminuent dans un rapport connu ; on peut déterminer une infinité de points au contours des Courbes à double courbure, qui ne sont pas applicables sur une surface plane, ou les aplatir, pour ainsi dire, en les réduisant par la projection à des courbes planes, sans y faire d'autre changement, que d'en suprimer la troisième dimention ; ce qui est nécessaire pour y parvenir par gradation, comme l'on fera dans tous les Problèmes suivans.

On peut rendre la méthode de trouver plusieurs points des courbes à double courbure plus ou moins aisée, suivant la situation que l'on donne aux plans qui coupent les corps en tranches parallèles ; lorsque les axes des Cônes & des Cylindres qui se pénètrent, sont parallèles entr'eux, la situation la plus commode des tranches, est d'être perpendiculaires à ces axes, parce qu'alors les points communs ne sont que les intersections de différens cercles : si les axes de ces corps se coupent à angle Droit, la situation des tranches doit être parallèle à l'un des deux pour avoir un cercle, & un Parallelograme, ou une Hyperbole & un cercle, ou obliquement pour avoir deux Ellipses qui se coupent ; tout cela deviendra plus sensible par les exemples des Problèmes suivans.

Du Cicloïmbre.

PROBLEME XXXVIII.

Tracer un Cicloïmbre sur deux Cylindres inégaux, qui se pénétrent à angle Droit.

PLA. 17.
Fig. 187.

SOIT [*Fig.* 187.] le Cylindre OL*ab* pénétré par un plus petit T*s*, *u*V, c'est-à-dire, d'un plus petit diametre, dont l'axe *x*X tombe perpendiculairement sur celui du grand C*c* : il faut tracer la courbe qui se fait à l'intersection des deux surfaces sur l'un ou l'autre de ces deux Cylindres. Pour y parvenir, il faut commencer par faire la préparation suivante.

AYANT fait à part sur un plan un quart de cercle CAB, dont le Rayon CA soit égal à celui du gros Cylindre ; sur le Rayon CB prolongé, & du point B pour centre, on décrira un autre quart de cercle DEB, dont le Rayon DB sera égal à celui du petit Cylindre, & parallele à AC : on divisera l'arc DE en autant de parties égales qu'on voudra, par exemple, en 4 aux points 1, 2, 3, par lesquels on menera hors du quart de cercle DE, des paralleles à AC, & d'autres paralleles à CE comme 1*i*, 2*h*, 3*g*, D*d*, jusqu'à la rencontre de l'arc A*d*B en *d*, *g*, *h*, *i*, par où on menera d'autres paralleles à AC indéfinies. Sur DB prolongée, on prendra *ob* pour une partie du côté du gros Cylindre, & plus grande que le diametre du petit, on la divisera en deux également au point *m*, duquel on

portera

portera de part & d'autre les distances DI, DH, DG, DF en *nit*, *m1*, *m2*, *m3*, & par tous ces points *m*, 3, 2, 1, *t*, on tirera des perpendiculaires à *ob*, sur chacune desquelles on portera successivement & dans l'ordre des divisions correspondantes de part & d'autre du point *m*, les divisions du Rayon CB, ou leurs égales, qui sont les distances de la tangente DB à l'arc A*d*B, sçavoir D*d* en *m*F, 6*g* en 3*q*, 5*h* en 2*r*, 4*i* en 1*s*, & de même de l'autre côté de *m* tirant vers le point *u*, & l'on aura la projection d'une moitié de la courbe solide, qui se fait par l'intersection des surfaces des deux cylindres, laquelle projection n'est pas absolument nécessaire, mais très utile pour se conduire dans la description de la courbe sur les surfaces convexes ou concaves des cylindres, comme on le verra au IV. Livre.

CETTE préparation étant faite, si l'on veut décrire le Cicloïmbre, 1.° *sur le grand Cylindre*.

AYANT tracé une parallele à son axe, comme *ob*, on portera les distances *m*3, *m*2, *m*1, *mt* d'un côté d'un point *m* pris à volonté, & autant de l'autre vers *u*, & par les points *m*, 3, 2, 1, *t*, &c. on tracera autant de cercles paralleles entr'eux, & perpendiculaires au côté *ob*, sur lesquels on portera, suivant l'ordre des divisions correspondantes de l'arc A B de part & d'autre du point *m*, les arcs de cercle, B*d* sur le cercle représenté ici par la ligne droite *m*F, B*g* sur l'arc 3*q*, B*h* sur 2*r* & B*i* sur 1*s*; ce que l'on voit plus distinctement dans la Figure 188. où ces arcs sont dessinez en perspective avec des lettres semblables à celles de la Figure 187. sur l'arc A*d*B representé par l'arc *a*KB, B*g* par *b*G, B*h* par *b*H & B*i* par l'arc *b*I ; ce qui donnera sur les arcs de cercles paralleles, tracez sur le gros cylindre, les points K, G, H, I, *t*, par lesquels on tracera à la main une courbe qui sera le cicloïmbre proposé ; on en fera de même pour les autres quarts de cette courbe qui sont tous égaux entr'eux, & au quart qui en paroît dans la Figure 188.

OU il faut remarquer que la courbe *t* F *u*, qu'on a tracée dans la Figure 187. est celle de l'axe courbe du Cicloïmbre, représenté dans la Figure 188. par la ligne courbe *t*Y, qui passe par le milieu des cordes de tous les arcs retranchez du gros cylindre.

SECONDEMENT, si l'on veut tracer le cicloïmbre *sur le petit Cylindre*, on décrira sur la surface un cercle, dont la projection [*Fig.* 187.] est la ligne droite *tmu*, & ayant divisé sa circonference en parties égales à celles de l'arc DE, du quart de cercle DEB ; on menera par les points de cette division autant de paralleles à son axe, lesquelles seront perpendiculaires au cercle, si le cylindre est Droit, comme nous le supposons, & sur chacune de ces paralleles representées [*Fig.* 188.] par les lignes *b*K, *g*G,

242   TRAITE

*b*H, 1*i*, T*t*, on portera les longueurs D*d*, 6*g*, 5*h*, 4*i*, de la Figure 187. suivant leur ordre, & depuis le cercle tracé *tmu*, qui est leur terme commun, lesquelles longueurs raportées quatre fois de suite, donneront les points par où passe le Cicloïmbre sur le petit cylindre, par lesquels on tracera la courbe à la main, *ce qu'il falloit faire*.

DEMONSTRATION.

La raison de cette operation se déduit facilement de notre Probléme general; car si l'on suppose le grand cylindre coupé par plusieurs tranches paralleles entr'elles, & perpendiculaires à son axe, ces tranches seront toutes renfermées entre deux cercles; mais le même plan qui coupe chaque tranche du grand, étant aussi supposé couper le petit cylindre parallelement à son axe, fera des tranches comprises entre deux Parallelogrames inégaux, dont l'un sera plus large que l'autre; de sorte qu'on a une suite de cercles égaux coupez par des Parallelogrames inégaux, dont les rapports des côtez sont exprimez par les lignes tangentes BD, B6, B5, B4, par lesquelles les autres côtez qui traversent ceux-ci à angle Droit, sont exprimez par les lignes D*d*, 6*g*, 5*h*, 4*i*, dont les plus éloignez du point B, qui est sur l'axe du petit cylindre, sont coupez plus loin de la tangente DB par l'arc A*d*B, suivant l'ordre des sinus verses des arcs B*d*, B*g*, B*h*, B*i*, comme nous l'avons dit au Theoreme XVIII. *ce qu'il falloit faire*.

USAGE.

Ce Probléme est la base de la pratique des Traits de la coupe des Pierres, où il s'agit de trouver les arêtes des enfourchemens des Berceaux inégaux qui se croisent à angle Droit, dont nous avons fait un petit détail à l'application du Theoreme cité.

On peut même y comprendre ceux qui se croisent obliquement, dont la difference du Trait n'est qu'une modification de cette pratique, comme on le va voir au Probléme suivant.

PROBLEME XXXIX.

Tracer une Ellipsimbre formée par la section d'une Sphère penetrée par un Cylindre, dont l'Axe ne passe pas par le centre de la Sphère.

Fig. 189.   Soit [Fig. 189.] une sphère ou une portion de sphère ARB*t*, dont le centre est C, pénetrée par un cylindre DEFG, qui entre dans la sphère de tout son contour; on la divisera suivant le Probléme general par tranches paralleles entr'elles, & perpendiculaires à l'axe du cylindre, par des lignes droites 1*t*, 2*s*, 3*t*, qui representeront les plans coupans ces deux corps, lesquels feront toûjours pour sections deux cercles, dont on aura les Rayons sur ces lignes; si on les considere comme les intersections d'un plan passant par l'axe du cylindre, & de ces plans qui lui sont perpendiculaires; on prendra donc le Rayon du cylindre D X, & des points f, e, d, intersections de l'axe X x du cylindre, & des perpendiculaires à cet axe 1 f, 2 e, 3 d prises à volonté, & en aussi grands nombres que l'on voudra avoir de points pour centres, on décrira des arcs ou des demi-cercles 1, 4, o; 2, 5, p; 3, 6, q, & des points X, h, g, i pour centres pris au milieu des cordes de la sphère R r, S s, T t, on décrira d'autres demi-cercles, qui couperont les précedens aux points 4, 5, 6, par lesquels on abaissera des perpendiculaires sur les lignes 1 r, 2 s, 3 t, qui les couperont aux points n, m, l, lesquels donneront la projection des points de la Courbe à double courbure, que j'appelle Ellipsimbre, par lesquels on tracera la ligne A, l, m, n, B, qui sera son axe courbe.

Cette préparation étant faite, 1.° si l'on veut tracer l'Ellipsimbre sur le cylindre; après avoir tracé une parallele à son axe, par exemple A D, on portera sur cette ligne les intervales des divisions qui ont été prises à volonté A 3, A 2, A 1, par lesquelles on tracera autant de cercles paralleles entr'eux, & perpendiculaires à l'axe du cylindre, que nous supposons Droit; ensuite on portera de part & d'autre de la ligne A D tracée à la surface du cylindre, les arcs des cercles déterminez par l'intersection de ceux de la sphère; sçavoir l'arc 1, 4 sur le premier cercle, l'arc 2, 5 sur le second, & 3, 6 sur le troisiéme, & par les points A, 6, 5, 4, B, on tracera à la main une moitié de l'Ellipsimbre, & l'autre de l'autre côté également, ce que la Figure 189. ne peut exprimer, parce que les demi-cercles 1, 4, o; 2, 5, p; 3, 6, q doivent être relevez par l'imagination en l'air, perpendiculairement au plan de la section par l'axe du cylindre, & qu'ils ne representent encore qu'une moitié de la courbe, l'autre étant de l'autre côté de la ligne A D sur le cylindre.

Secondement, si l'on veut tracer l'Ellipsimbre sur la surface de la sphère; au lieu de la ligne A D que nous avons prise pour milieu des arcs, dont la Figure nous donne les moitiez, on tracera sur la sphère un cercle majeur * passant par les points A & B, sur lequel on portera les intervales des divisions faites par les paralleles 1 r, 2 s, 3 t qui sont les arcs A T, A S, A R, A B, par lesquels on décrira autant de cercles paralleles entr'eux, & perpendiculaires au majeur, & l'on portera de part & d'autre de ce cercle majeur les arcs des cercles mineurs déterminez par l'intersection des demi-cercles du cylindre, qui sont dans les plans correspondans. ainsi l'on portera sur le premier l'arc R 4, sur le second l'arc S 5, sur le troisième l'arc T 6, & l'on aura sur la surface de la sphère les points A, 6, 5, 4, B, par lesquels

* Prop. XXX.

on tracera à la main une courbe qui sera l'Ellipsimbre proposée: on en fera autant de l'autre côté de l'arc ARB, sur la surface de la sphère, pour l'autre moitié de l'Ellipsimbre.

On peut encore tracer cette courbe sur le cylindre & sur la sphère d'une autre maniere.

Premierement, sur le cylindre on peut tracer une Ellipse par les points A & B [par le Probl. XXXVI.] & ayant pris sur cette Ellipse les arcs correspondans aux parties de l'axe Az, AY, de la projection on fera passer par les points z & Y des paralleles à l'axe du cylindre, sur lesquelles on portera les longueurs Zl, Ym de la projection, lesquelles donneront les points l, m & n qui seront à la circonference de l'Ellipsimbre, mais cette maniere est plus longue. On traceroit de même sur la sphère un cercle majeur AB, d'où, comme terme, on porteroit les arcs correspondans aux longueurs lZ, mY, pour avoir les points l, m & n; mais cette maniere qui seroit plus longue, seroit moins correcte dans l'exécution: on ne la propose ici que comme une idée des differens moyens qu'on peut employer pour parvenir à la même fin.

Demonstration.

La raison de la premiere construction est toûjours fondée sur le Theoreme general de la division des corps en tranches parallels, par le moyen desquelles on a plusieurs intersections des cercles inégaux de la sphère & du cylindre, dans lesquelles sont les points de la rencontre des deux surfaces, & par conséquent de l'Ellipsimbre, car quoique l'on ait tracé ces differens cercles sur le plan de la Figure, qui est celui qui passe par l'axe du cylindre, il faut les redresser par l'imagination perpendiculairement à ce plan; ce qui ne change rien à leur distance relative au plan tangent supposé sur la ligne AD du cylindre, puisque les lignes 4n, 5m, 6l lui sont paralleles, comme elles le sont aussi à l'axe de la sphère CP: & puisque la courbe doit toûjours avoir des points communs aux deux surfaces, il suit qu'elle passera par les intersections des courbes formées par le plan qui coupe les deux corps, *ce qu'il falloit trouver*.

On parviendra aussi à la même description, si au lieu de faire les tranches perpendiculaires à l'axe du cylindre, on les lui fait paralleles, alors les points de la courbe se trouveront à l'intention de cercles de la sphère, & des Parallelogrames du cylindre, c'est toûjours le même principe differemment appliqué.

Si le cylindre n'étoit pas Droit, mais scalene, il arriveroit du changement pour les Figures des sections, car supposant les tranches perpendiculaires à son axe, elles seroient circulaires dans la sphère, & Elliptiques

DE STEREOTOMIE. Liv. II.

dans le Cylindre, & elles n'y feroient circulaires, que lorfque les tranches feroient obliques à l'axe, & paralleles à la bafe, ou bien faifant une fection fous-contraire; ce qu'il eft aifé de fe reprefenter & de concevoir fans le fecours d'une Figure: cependant pour aider l'imagination, on peut s'exercer fur une boule & un cylindre en relief coupé, c'eft-à-dire, taillé avec de la craye, ou autre matiere tendre.

L'USAGE de ce Problème eft indiqué au Theoreme X. pour les enfourchemens des Lunettes pratiquées dans une Voute fphérique.

PROBLEME XL.

Les diametres des deux Cylindres inégaux qui fe pénetrent, & l'inclinaifon de leurs Axes qui fe rencontrent étant donnez, tracer l'Ellipfimbre formée par la rencontre de leurs Surfaces.

LA conftruction de ce Problème eft fi femblable à celle du penultiéme, que la feule infpection de la Figure 190. en fera voir la difference, qui ne confifte que dans la préparation, ou au lieu de deux quarts de cercles, il faut faire deux quarts d'Ellipfes, au lieu de les placer à angle droit fur le côté du grand cylindre, il faut donner à leurs axes l'inclinaifon qu'ils doivent avoir fur ce côté.

SOIT cependant pour une plus ample explication [*Fig.* 190.] la moitié du grand cylindre QB pénetré par un plus petit T m, dont l'axe X x fait avec l'axe cC du grand, l'angle X$x c$; on prendra la ligne BC pour moitié du grand axe d'une Ellipfe, & le Rayon eC du demi diametre du grand cylindre pour moitié du petit axe, on décrira fur un plan à part le quart d'Ellipfe NDE, dont le centre fera C; enfuite ayant prolongé la moitié du grand axe CN jufqu'en M, en forte que NM foit égale à hm, prife pour moitié du grand axe d'un autre quart d'Ellipfe; on prendra pour moitié du petit axe la ligne NH égale au demi diametre de la bafe TV du petit Cylindre, & l'on décrira le quart d'Ellipfe H2 1 M; enfuite ayant tiré par H la ligne DL parallele à CM, on divifera le quart d'Ellipfe HM en autant de parties égales qu'on voudra; par exemple, ici en trois, aux points 2. & 1. par lefquelles on menera 1G, 2F, paralleles à CM, & ML, 1K, 2I, paralleles à HN: cette préparation étant faite, on divifera la circonference du petit cylindre Tm en quatre, & le quart en autant de parties égales que celui de l'Ellipfe HM, par exemple, ici en douze, puifque le quart HM eft divifé en trois: 1.° Si l'on veut avoir la projection de cette divifion fur la ligne Am, on fera $hi =$ HI, $hk =$ HK, & $hm =$ HL, ou NM: enfuite on menera par ces points $h, i, k,$ des paralleles à l'axe Xx du petit cylindre, prolongées au delà des points $h, i, k,$ fur lefquelles on portera les diftances de la tangente

Fig. 190.

HN au quart d'Ellipſe EDN, ſçavoir, HD en bd, PF en pf, & if; OG en og, & Kg, & par les points A, g, f, d, f, g, m, on tracera la Courbe qui repreſente l'axe courbé de l'Ellipſimbre, ou la projection de ſon contour.

2.° PRESENTEMENT ſi l'on veut tracer l'Ellipſimbre ſur le petit cylindre t & m, on tracera une Ellipſe ſur la ſurface, dont la circonference coupera les paralleles Rg, Sf, Ld, &c. aux points o, p, b, i, K, de chacun deſquels comme d'un terme, on portera les diſtances Hd en bd, pF en if & pf, OG en og & en Kg, & ainſi de même de l'autre côté du cylindre, & par les points trouvez ſur les paralleles à l'axe du cylindre, on tracera à la main la courbe qui ſera l'Ellipſimbre propoſée.

3.° Si l'on veut tracer cette courbe ſur le grand cylindre QB, ayant tracé une ligne AB parallele à ſon axe Cc, on prendra à volonté un point b pour celui du milieu, de la ſection duquel on portera de part & d'autre les diſtances HI, HK, HL, pour avoir ſur cette ligne Am les points o, p, b, i, K, par leſquels on tracera par le Problême XXXVI. autant d'Ellipſes paralleles entr'elles, ſuivant l'inclinaiſon donnée Abd; enſuite on portera de part & d'autre de la ligne Am ſur chacune de ces Ellipſes, les arcs correſpondans du quart d'Ellipſe EDN, ſçavoir, ND ſur bd, NF ſur pf & if, NG ſur og & Kg, & par les points g, f, d, f, g, qui terminent les arcs des Ellipſes tracées ſur le cylindre, on fera paſſer une ligne courbe de chaque côté de la ligne Am, qui ſera l'Ellipſimbre propoſée.

DEMONSTRATION.

La raiſon de cette conſtruction eſt toûjours déduite du même Problême general que les précedentes. On coupe les deux corps par tranches paralleles qui ſont dans le petit Cylindre des Parallelogrames, parce que les plans coupans, ſont paralleles à ſon axe, & dans le grand cylindre les ſections des mêmes plans ſont des Ellipſes; or parce que toutes ces Ellipſes ſont égales, elles ſont repreſentées par le quart d'Ellipſe EDN, qui a été fait dans la préparation; & parce que tous les Parallelogrames ſont inégaux, on a exprimé la moitié de leurs côtez par les lignes HI, HK, HL qui ſont les diſtances des points 1, 2, H, par leſquels paſſent les plans qui coupent le petit cylindre; car ſi l'on releve par la penſée le quart d'Ellipſe H2 1M à angle aigu ſur le plan de l'Ellipſe EDN, en ſorte que les demi-axes CN & NM faſſent un angle égal à l'angle x, b, m, c'eſt-à-dire, dans la Figure, que NM ſoit poſée ſur NA; il eſt clair que la projection de la ligne HN ſe réduira à un point N, placé au milieu du petit cylindre, comme eſt le point b, la projection du point 2 ſe fera ſur NA à une diſtance égale à HI qui eſt, par la construction, bi pour un côté, & bp pour l'autre, & tout le quart d'Ellipse M 1 2 H sera dans un plan tangent au grand Cylindre QB, suivant la ligne bm, partie de son côté Am, & les intervales des divisions H, 2, 1, M à l'Ellipse qui est la section du même plan dans le Cylindre, seront exprimez par les lignes HD, pF, oG, qui sont perpendiculaires à la tangente HN, & paralleles à l'axe NC, lesquelles distances sont entr'elles comme les sinus verses, ou les fleches du double des arcs DN, FN, GN, lesquelles sont encore entr'elles comme les sinus verses des arcs de cercle correspondans à la base du Cylindre, comme nous l'avons démontré ailleurs; ce que nous avons representé à la Figure 191. qui est la vûë de la précedente par le bout du gros Cylindre, comme il sera facile de reconnoitre par les mêmes Lettres placées aux points correspondans, mais doubles, parce qu'elle fait voir les deux côtez, & par consequent les Parallelogrames des sections du petit Cylindre; mais par la construction les longueurs de ces fleches, ou ce qui est la même chose, des longueurs qui leur sont égales, ont été portées de b en d, de i en f, &c. donc la courbe $t dm$ est l'axe courbe de l'Ellipsimbre, & marque sa profondeur dans le Cylindre QB, & parce que l'on a porté les intervales des arcs de l'Ellipse DE, qui est égale à toutes les autres sections, paralleles sur chacune des sections correspondantes; on aura la rencontre des Parallelogrames du petit Cylindre avec les Ellipses du grand, où sont les points communs à leurs deux surfaces; donc ils sont à la circonference de l'Ellipsimbre, & cette Courbe passera par tous ceux qui ont été ainsi déterminez, *ce qu'il falloit faire.*

L'usage de ce Problême a été indiqué au Theoreme XIX. il sert pour les enfourchemens des Berceaux, ou parties de Berceaux surhaussez ou surbaissez, ou qui sont biais, c'est-à-dire, inclinez entr'eux, supposant que leurs axes se rencontrent.

Probleme XLI.

Les Diametres de deux Cylindres qui se pénetrent de toute leur circonference sans que leurs Axes se rencontrent, & l'inclinaison de leurs côtez entr'eux, étant donnée, tracer l'Ellipsimbre formée par la rencontre de leurs Surfaces.

La Figure 192. est faite pour mettre sous les yeux la différence de ce Problême avec le précedent, qui ne consiste qu'en ce que les axes des Cylindres ne se rencontrent pas, & la Figure 193. pour la construction.

Fig. 192. 193.

On peut distinguer deux cas dans cette proposition; le premier, lorsque le petit Cylindre tombe perpendiculairement sur le côté du grand, c'est-à-dire, sur des lignes paralleles à son axe; le second, lorsque les lignes paralleles à l'axe du petit Cylindre, tombent obliquement sur celles qui font aussi parallelles à l'axe du grand Cylindre. Si leurs côtez font perpendiculaires entr'eux, on fera pour la préparation des quarts de cercles ou demi-cercles égaux à leurs bases, comme on a fait au Probléme XXXVIII. pour le Cicloïmbre, & si leurs côtez sont obliques, on fera pour la préparation des demi-Ellipses & quarts d'Ellipses, comme à la Figure 193.

Soit E a b D un quart d'Ellipse de la section oblique d'un plan coupant le Cylindre DEGF, parallelement à l'axe du petit Cylindre qui pénetrent le grand, comme on voit à la Figure 192. soit aussi K H b la moitié de l'Ellipse faite dans le petit Cylindre par la section d'un plan tangent au grand; on divisera à volonté sa circonference aux points 1, 2, 3, 4, & par ces divisions on menera des parallelles à l'axe H x, qui coupe le quart d'Ellipse du grand Cylindre en m & x, plus ou moins loin du centre C, par où passe l'axe du grand Cylindre: supposant que la position du petit dans le grand Cylindre est donnée en a b G F, ces lignes 1 O, 2 N, m M, 3 n, 4 o, étant prolongées vers le quart d'Ellipse E a b D, le rencontreront aux points 1, 2, m, 3, 4; on menera aussi par le point H la ligne H d, parallele au diametre K b, de même que 3 e & 4 f, qui rencontrent le côté du Cylindre G b prolongé en d aux points e & f, cette préparation étant faite.

Fig. 194. Pour décrire l'Ellipsimbre sur la surface du grand Cylindre DEGF, on commencera par tirer une ligne d d parallele à son axe par le Probléme XXXI. sur laquelle ayant pris le point M pour le milieu de la section, on prendra de part & d'autre de ce point, sur la ligne d d, les distances b f de la Figure 193. de la préparation que l'on portera en M f, b e que l'on portera en M e, & b d que l'on portera en M d, aussi de part & d'autre du point M: ensuite on fera passer par tous ces points des Ellipses qu'on tracera sur la surface du grand Cylindre, suivant l'angle de l'inclinaison du côté du petit Cylindre sur le grand, par exemple, I K L [*Fig.* 192.] ou des cercles, si le petit Cylindre tombe à angle Droit sur les côtez du grand.

Sur chacun de ces cercles ou Ellipses, on portera de part & d'autre de la ligne d d, les arcs de cercles ou d'Ellipse déterminez par les paralleles à l'axe du petit Cylindre, qui passent par les divisions de la section Elliptique, sçavoir m a de la Fig. de la préparation sur M A, & m b sur M B, l'arc m 1 en f 1 d'un côté & de l'autre du milieu M, & l'arc m 4 sur f 4 aussi de part & d'autre; enfin l'arc m 2 sur e 2, & m 3 sur e 3, & par les points d, 3, 4, B, 4, 3, d, 2, 1, A, 1, 2, on fera passer une courbe qui sera l'Ellipsimbre proposée sur la surface du gros Cylindre.

Pour tracer cette courbe sur le petit Cylindre, on fera la même chose qu'au

DE STEREOTOMIE. Liv. II.

qu'au Problême précedent; ce qu'il est inutile de répeter, la seule difficulté qu'il y aura, c'est qu'ici les deux côtez de la Courbe n'étant pas égaux, le quart du petit Cylindre ne suffit pas pour donner les points des quatre parts, comme aux Figures 187. & 190. il faut avoir toutes les distances d'une moitié de la courbe à la tangente Kb: ainsi ayant décrit une Ellipse autour du petit Cylindre, telle que la seroit la section d'un plan tangent au grand, on la divisera en deux depuis le point d'attouchement representé dans la préparation par le point b, & ayant divisé sa demi-circonference en parties égales à celles de la demi-Ellipse bHK, sçavoir b4, 43, 3H, &c. on menera par chacune de ses divisions des paralleles à l'axe du petit Cylindre, sur lesquelles on portera succesivement d'un côté & d'autre les distances de la tangente Kb à l'arc de l'Ellipse ab; sçavoir, o4, n3, Mm, n2, o1, Ka, lesquelles donneront des points par lesquels on tracera l'Ellipsimbre proposée.

Si l'on vouloit avoir la projection de cette courbe sur un plan, au lieu des arcs que l'on a tracé dans la Figure 194. en maniere de perspective sur le grand Cylindre, il faudroit en prendre les cordes ou demi-cordes & la construction, à cela près, seroit toûjours la même.

Demonstration.

Cette construction émane du même principe que les précedentes. On suppose les deux Cylindres coupez en tranches par des plans paralleles entr'eux, & à l'axe du petit Cylindre, dans lequel ils font pour section des Parallelogrames, dont les intervales sont marquez par ceux des lignes 4f, 3e, Hd qui dépendent de la division qu'on a voulu faire du contour du petit Cylindre, pris sur un cercle, s'il est perpendiculaire au côté du grand, ou sur une Ellipse, s'il est oblique, comme dans le cas present, parce qu'on suppose ce petit Cylindre coupé par un plan tangent au grand, afin d'avoir un terme d'où l'on puisse compter de combien chaque ligne parallele à l'axe s'avance au dessous de ce plan, pour atteindre à la surface du grand Cylindre; c'est-à-dire, à la Courbe que ce plan fait dans ce grand Cylindre; or cette courbe est un cercle, lorsque le petit Cylindre est perpendiculaire au côté du grand, & une Ellipse, lorsqu'il lui est oblique, & parce que tous les plans des tranches sont paralleles, toutes les Ellipses qu'ils font sont aussi égales entr'elles, de sorte que dans la préparation, on fait servir une Ellipse pour toutes, ainsi l'Ellipse Eab represente celle qui est faite par le plan passant par les points 2 3 e, par 1 4f & Kb; or dans chaque intersection des Parallelogrames du petit Cylindre & des Ellipses du grand, il n'y a que deux points communs, sçavoir, ab pour celle du milieu, 1, 4, pour l'intersection de la tranche suivante, & 2, 3, pour la troisiéme, lesquelles étant espacées

Tom. I. Ii

de part & d'autre de la ligne AB, donnent le points du contour de l'Ellipſimbre, *qu'il falloit trouver*.

L'usage de ce Probléme a été indiqué au Théoreme XX.

PROBLEME XLII.

La poſition d'un Cylindre dans un Cône qu'il pénetre, étant donnée, décrire l'Ellipſimbre formée par la rencontre de leurs Surfaces.

Fig. 195.

Ce Probléme comprend pluſieurs cas qui peuvent tous ſe réſoudre de la même maniere; car 1.° ou les axes du Cylindre & du Cône ſont paralleles entr'eux, 2.° ou ils ſe coupent, 3.° ou perpendiculairement ou obliquement, 4.° ou ils ne ſont pas paralleles, & ne ſe coupent pas, 5.° & alors l'axe du Cylindre eſt perpendiculaire au plan paſſant par l'axe du Cône, 6.° ou il lui eſt incliné, 7.° ou il n'entre pas totalement dans ce plan, lorſqu'il lui eſt perpendiculaire, 8.° ou il n'y entre pas auſſi, lorſqu'il lui eſt incliné.

Tous ces differens cas ſe peuvent réſoudre par la même pratique qui a été expliquée au Probléme général, en coupant le Cône & le Cylindre en pluſieurs tranches par des plans paralleles entr'eux, dont la ſituation à l'égard des axes du Cône & du Cylindre eſt arbitraire : il y a cependant en cela du choix pour la commodité de l'exécution; car il convient de les ſituer de maniere qu'ils donnent toûjours les ſections les plus ſimples, nous les avons mis dans la Figure 195. perpendiculairement à l'axe du Cône, pour avoir l'interſection de deux cercles, l'un dans le Cône, l'autre dans le Cylindre, lorſque les axes SC & Xx ſont paralleles entr'eux; ſi l'on avoit diſpoſé les tranches parallelement aux axes, on auroit eu pour interſection celle d'un Parallelograme, & d'une Hyperbole qui eſt moins facile à tracer que le cercle.

Si les axes ſont inclinez entr'eux comme SC & Qq, le plan yG coupant les deux corps, donnera dans le Cône un cercle, & dans le Cylindre une Ellipſe, dont yK ſera la moitié du grand axe, & le diametre de la baſe du Cylindre le petit axe; ainſi il ne s'agit que de décrire cette Ellipſe, & la couper par un cercle qui ait pour Rayon 1*i*, & parce que toutes les Ellipſes qui ſeront faites par les ſections des autres plans paralleles à *yy* ſont égales; on peut ne décrire qu'une Ellipſe, & la couper par les cercles inégaux, qui ſeront les ſections des plans paralleles dans le Cône, en mettant leurs centres dans la diſtance où ils doivent être de celui de l'Ellipſe; par ce moyen on aura une ſuite d'arcs de cercles & d'Ellipſes, leſquels étant tranſportez ſur les ſurfaces du Cône & du Cylindre, comme nous l'avons dit aux Problémes précedens, donneront autant de points à la circonference de l'Ellipſimbre, qu'on voudra mul-

DE STEREOTOMIE. Liv. II.

tiplier le nombre des tranches par des sections paralleles, cela est clair après les exemples des Problèmes précedens ; cependant pour ne pas devenir obscur en voulant être concis, nous en ferons l'application à la pratique.

Soient, pour le premier cas où les axes sont paralleles, les plans yG, Yn *Fig.* 195. paralleles entr'eux, & perpendiculaires aux axes SC du Cône, & Xx du Cylindre ; du point I pour centre & pour Rayon 1 i, on décrira un quart de cercle 1 di, & du point H pour centre, & pour Rayon le demi diametre HG du Cylindre, on décrira un autre quart de cercle qui coupera le précedent au point Z, duquel si on abaisse une perpendiculaire sur yG, on aura le point ς pour projection du point Z, & un de ceux de l'axe courbe $b\varsigma a$ de l'Ellipsimbre ; on trouvera de même un autre point f de cet axe par l'intersection des deux cercles oem du Cône, & Nzn du Cylindre ; cette préparation étant faite.

Pour tracer l'Ellipsimbre sur le Cône, ayant tiré du sommet S une ligne à sa base, qu'on prendra pour le milieu de l'Ellipsimbre, on placera sur cette ligne les points ba de ses deux extremitez dans leur distance du sommet S, & ensuite les points i & m, par lesquels on fera passer deux cercles, sur lesquels on portera de part & d'autre de la ligne droite les arcs iZ & mz, qui donneront les points z & Z, par lesquels on fera passer à la main la courbe qui sera l'Ellipsimbre demandée ; on n'a pas fait de Figure pour cette transposition des arcs trouvez, parce qu'elle est à peu près la même qu'à la Figure 184 ou 185. de la Planche 16.

Pour le second cas où l'axe du Cylindre tombe obliquement sur celui du Cône, on agira de même qu'au précedent, excepté que sur le Cylindre AVTB, où il se fait des Ellipses par la section oblique des plans yG, Yn, on tracera des Ellipses égales qui auront pour grand axe la ligne yy ou YY, & pour petit axe le demi diametre de la base VT du Cylindre ; ainsi le point P, qui est à la rencontre des deux surfaces se trouvera par l'intersection du cercle du Cône, dont 1 I sera le Rayon, & de l'Ellipse yPy ; de même que le point O par l'intersection du cercle du Cône qui a pour Rayon 2 L, & de l'Ellipse YOY.

Si des points O & P, on abaisse les perpendiculaires O o & P p sur les lignes yG, Yn, on aura les points p & o, qui seront la projection des rencontres des surfaces O & P, & sur l'axe courbe de l'Ellipsimbre, qui sera courbe BpoA ; cette préparation étant faite.

Si l'on veut tracer l'Ellipsimbre sur le Cône, on tirera par son sommet une ligne droite, sur laquelle ayant placé les points B & A sommets de la courbe, on y marquera aussi les points I & L, par où on fera passer des cercles, sur lesquels on prendra de part & d'autre de la droite du milieu les arcs IP, LO, & l'on aura les points P & O, par lesquels & par le point A & B on tracera à la main l'Ellipsimbre demandée, comme au cas précedent.

Pour tracer la même courbe sur le Cylindre, on commencera par tracer IN parallèle à son axe, sur laquelle on portera les points *b* & *a* pour les extremitez de la courbe, & les points *g* & N dans leur distance à ces points; on fera passer par les points *g*, N & *a* des cercles parallèles à sa base pour le premier cas, & des Ellipses pour le second cas, & l'on portera sur ces cercles les arcs *g z*, N Z pour le premier, & *y* P & Y O pour le second, pour les points a ou A on prendra la demi-circonference pour avoir les points *b z*, Z *a* d'un côté de la parallèle à l'axe, & autant de l'autre, ou B*p* O A d'un côté, & de même de l'autre de la ligne qui passe par le sommet du Cône & le milieu de la section; par ces points ainsi trouvez on tracera l'Ellipsimbre demandée.

Mais si le Cylindre étoit perpendiculaire au plan du triangle par l'axe du Cône, on ne pourroit plus faire usage de la même construction, parce que les plans coupans le Cône perpendiculairement à son axe, couperoient le Cylindre parallelement à son axe, & y feroient pour section des Parallelogrames, dont les côtez ne détermineroient point la rencontre des deux surfaces, alors il faut avoir recours aux tangentes des sections du Cône.

Fig. 196. Soit donc [*Fig. 196.*] le Cylindre D O *p d* qui est perpendiculaire à l'axe S C du Cône, lequel est coupé par un plan passant par l'axe X *m* du Cylindre, & S C du Cône; on coupera l'un & l'autre de ces corps par des lignes H *n*, F *m*, I N qui donneront sur l'axe S *c* les points *n*, *m*, N, desquels comme centres & pour Rayons *ng*, *m* M, N *k*, on décrira des arcs de cercle *gy*, M *z*, K *x*, ausquels on tirera les tangentes *gh*, M *f*, *ki* égales aux Ordonnées de la base du Cylindre G H, X F, K I, & par les points *h*, *f*, *i*, on menera des paralleles à l'axe du Cylindre, jusqu'à la rencontre des arcs comme *by*, *fz*, *ix*, lesquelles serviront à tracer la courbe, comme nous le dirons ci-après.

Fig. 199. Ayant tracé sur le Cylindre une Ellipse par les points donnez E & L par le Problême XXXIV. comme *e, h, f, i l, Fig.* 199. on menera par les points *b f i* donnez à la circonference de cette Ellipse des paralleles à son axe G*y*, F *z*, I *x*, sur lesquelles on portera les longueurs trouvées *by*, *fz*, *ix*, qui donneront sur ces paralleles les points *y*, *z* & *x*, par lesquels & par les points *e* & *l* on tracera à la main une courbe, qui sera celle qu'on demande.

Si l'on veut tracer la même Ellipsimbre sur le Cône, dont le triangle

DE STEREOTOMIE. Liv. II.

SBA de la Figure 196. est la section par l'axe, on operera comme aux cas précedens; ainsi supposant celui de la Figure 197. qui est plus petit faute de place dans la Planche, égal à celui de la Figure 196. on commencera par tirer du sommet S à la base une ligne droite quelconque SB, sur laquelle on portera les distances SE, S*g*, SM, S*k*, SL de la Figure 196. & ayant tracé sur la surface de ce Cône des cercles passans par les points *g*, *m*, *k*, on prendra de part & d'autre de ces points, les arcs *gy*, M*z*, *kx*, de la Figure 196. qu'on portera de part & d'autre de la ligne SB, & l'on aura des points *eyzxlxzye*, par lesquels on tracera à la main la courbe proposée, supposant comme je viens de le dire, un rapport entre les Figures 196. & 197. qu'on n'a pû observer faute de place; mais comme il ne s'agit ici que d'une explication, on peut supposer égales des Figures inégales.

Fig. 197.

Lorsque le Cylindre qui penetre le Cône est perpendiculaire à son triangle par l'axe, & que les axes ne se rencontrent pas, les tangentes aux arcs de cercle des sections faites par les plans coupans les Cônes par tranches paralleles, ne sont pas égales de part & d'autre des côtez du Cylindre prolongez comme dans le cas précedent; c'est pourquoi il faut disposer la Figure comme à celle de 200.

Fig. 200.

Ayant placé le centre C de la base du Cylindre, par lequel passe l'axe qui tombe perpendiculairement au triangle BSA par l'axe du Cône; on décrira de ce centre un cercle *or*DRO que l'on coupera aussi bien que le Cône par des plans paralleles entr'eux, & à l'axe du Cylindre & perpendiculaires à celui du Cône, lesquels plans sont representez par les lignes 1, 4, 2, 5, 3, 6, qui coupent le cercle de la base du Cylindre aux points *or*, *d*D, OR, par lesquels on tirera à ces lignes des perpendiculaires indéfinies *o*T, RG, *d*E, DF; ensuite ayant décrit des demi-cercles 1*b*4, 2F5, 3G6, on leur menera des tangentes L*b*, EF, TG paralleles à leurs diametres 14, 25, 36, lesquelles détermineront les longueurs des côtez du Cylindre hors du Cône, pour les paralleles à l'axe qui passent par les points *od*O, *r*DR; ainsi le côté du Cylindre qui passe par le point *d* sort du Cône de la longueur *y*E, celui qui passe par le point O sort du Cône de l'intervale *x*T, & ainsi des autres; & parce que les points G & F sont très près du point d'attouchement des tangentes, ils sortent très peu du Cône.

Presentement pour tracer cette courbe sur le Cylindre, on operera de même qu'à la Figure 199. excepté qu'en celle-là nous avons supposé les distances de l'Ellipse qui coupe le Cylindre égales, de part & d'autre de son axe, & qu'ici elles sont inégales.

Pour tracer la même courbe sur le Cône, on suivra aussi la même méthode qu'à la Figure 197. excepté que l'on ne portera pas les mesures des arcs parallèles sur les deux côtez de la ligne SB, mais tous d'un côté.

Ou bien on tracera sur le Cône une Hyperbole HY tangente au cercle de la base du Cylindre, pour servir de terme, d'où on mesurera les arcs qui coupent les côtez du Cylindre; car les points de la courbe seront toûjours dans l'intersection des cercles des tranches du Cône parallèles à la base, & des côtez du Cylindre parallèles à son axe.

La même operation sert pour les cas où le Cylindre n'entre dans le Cône que d'une partie de la circonferance, comme on le voit dans la *Fig. 200.* même Figure 200. au cercle Dg6.

Secondement, si au lieu de faire les tranches parallèles par des plans perpendiculaires à l'axe du Cône, on veut les faire parallèles à l'axe du Cylindre, la solution du Problème sera également Geometrique, mais un peu plus difficile; parce qu'au lieu de cercles dans le Cône, on aura pour section des Ellipses, des Paraboles ou des Hyperboles, suivant l'inclinaison de l'axe du Cylindre à celui du Cône; mais aussi on n'aura dans le Cylindre que des Parallelogrames.

Afin qu'on puisse choisir la maniere qui convient le mieux, nous allons donner un exemple de la courbe formée par la pénétration d'un Cylindre à l'axe du Cône.

Fig. 201. Soit [*Fig. 201.*] le triangle par l'axe du Cône bSa, l'axe de ce Cône SC, celui du cylindre Xc qui le rencontre, ou qui ne le rencontre pas, supposons premierement qu'il le rencontre; la section plane de ce Cylindre par un plan perpendiculaire à celui qui passe par son axe, & suivant la rencontre avec l'axe SC, sera une Ellipse, dont EL sera le grand axe, & le petit axe sera le diametre DF de la base du cylindre. Soit la moitié de cette Ellipse EdL que l'on traversera par autant de lignes droites parallèles que l'on voudra avoir de doubles points de la courbe comme 4: 1, 5, 2, 6, 3, qui couperont l'axe aux points o, c, O, par lesquels on menera des parallèles à l'axe du Cylindre jusqu'à la rencontre du côté Sb du Cône, comme Og, cI, oH; chacune de ces lignes sera une partie de l'axe de la courbe qui sera faite dans le Cône par la section d'un plan parallèle à l'axe du Cylindre, & les points g, I, H en seront les sommets; dans l'exemple present ces courbes seront des Ellipses, parce que les lignes gO, IC, Ho prolongées, rencontreront en dedans les deux côtez du Cône Sb & Sa prolongez, mais si le Cylindre avoit été incliné suivant la ligne Ee parallèle à SA, ces courbes seroient des Paraboles. Quelles que puissent être ces sections, elles seront toûjours semblables entr'elles, quoique inégales; on a donc l'axe & le sommet de ces sections, & l'on a

DE STEREOTOMIE. Liv. II.

aussi deux points à leur contour que donne une double Ordonnée 4, 1, 5, 2, 6, 3, car à cause de l'uniformité du Cône on peut concevoir le côté SO du Cône en l'air sur le côté SC dans un plan perpendiculaire au plan SCa, comme on le voit représenté en perspective dans la Figure 198. mais parce qu'on ne peut pas faire cette préparation sur le solide, on décrira ces courbes sur le plan du triangle bSa, en portant [les lon]gueurs des axes Og, cI, oH sur l'axe SC en OG, cC & oK, & [par] les points 4GI, 5C2, 6K3, on décrira les Ellipses ou les Paraboles, ou Hyperboles que les plans des tranches font dans le Cône, & par les points R dr des Ordonnées de la demi-Ellipse EdL, on menera des parallèles à l'axe SC jusqu'à la rencontre des courbes 4Gi, 5C2, 6K3, aux points p, q, v.

Cette préparation étant faite, on pourra tracer l'Ellipsimbre sur le Cône, en traçant une ligne SB [Fig. 198.] de son sommet S à la base *Fig. 198.* pour servir de milieu à la courbe, sur laquelle ayant porté les longueurs Se, Sg, SI, SH, Sl de la Figure 201. & sur les côtez Sb, Sa de la Figure 198. des longueurs égales à S4, S1, S5, S2, S6, S3: on tracera sur la surface du Cône les Ellipses, Paraboles ou Hyperboles qui doivent passer par ces trois points, sur lesquelles on portera de part & d'autre de la ligne SB, les arcs Ku, Cq, Gp, lesquels donneront les points par lesquels & les deux sommets e & L, on tracera à la main l'Ellipsimbre demandée.

Pour tracer la même courbe sur le Cylindre, il faut ajoûter à la préparation des tangentes à ces arcs, comme KT pour avoir la distance de ces tangentes aux arcs des courbes formées par les plans des tranches sur les côtez du Cône, & alors on s'en servira pour décrire l'Ellipsimbre sur le Cylindre, comme on a fait à la Figure 197. il faut encore remarquer ici que les Figures 201. 198. n'ont pas été faites d'une grandeur rélative, quoiqu'on les suppose telles, faute de place dans la Planche.

Si l'axe du Cylindre ne rencontroit pas celui du Cône, comme à la Figure 200. mais que l'Ellipse faite par le plan du triangle par l'axe coupant le Cylindre fut à côté, il faut en prolonger les Ordonnées jusqu'à l'axe & chercher les sommets des sections, & transporter la ligne du milieu à côté de celle qui passe par les sommets des sections coniques de la quantité dont elle doit être éloignée du plan passant par l'axe de l'Ellipse, qui fera dans le Cône une Hyperbole, prenant cet intervale sur l'arc de la section conique qui coupe cette Hyperbole; ce qui n'est pas difficile à concevoir par les exemples que nous avons donnez pour trouver les points des Ellipsimbres sur les arcs des sections coniques formées par les tranches parallèles à l'axe du Cylindre: de sorte que la préparation peut servir à tracer les sections solides, où le Cylindre n'entre pas dans le Cône de toute sa circonference.

DEMONSTRATION.

Le même principe qui a servi de base aux démonstrations des Problêmes précedens, s'applique si naturellement à celui-ci qu'il ne demande qu'une médiocre attention.

PREMIEREMENT pour la Figure 196. il faut se representer que les lignes gb, Mf, ki qui sont dans le plan du triangle BSA lui doivent être perpendiculaires, de même que les lignes GH, XF, KI qui sont les Ordonnées au diametre Dd de la base du Cylindre, & les correspondantes que l'on a fait égales, doivent aussi être censées paralleles, & dans le même plan que les arcs de cercle gy, Mz, kx; de sorte que si l'on imagine des lignes paralleles à l'axe Xn du Cylindre passant par les points hfi qui sont à la surface, ces lignes qui en seront des côtez, rencontreront les arcs en certains points, comme y, z, x, qui seront ceux de l'immersion du côté du Cylindre dans le Cône, par conséquent communs aux deux surfaces, & à la circonference de la courbe formée par leur intersection, donc les arcs gy, Mz, kx sont la mesure de la distance des points de l'Ellipsimbre à son axe droit EL, sur la surface du Cône.

MAIS parce qu'on ne peut pas prendre les mêmes mesures dans le cylindre, lorsqu'on veut tracer la même courbe à la surface, on a recours à la supposition d'un plan tangent au Cône, & perpendiculaire à celui qui passe par l'axe du cylindre, & le côté EL du Cône, lequel plan tangent fait dans le cylindre une Ellipse, parce qu'il le coupe obliquement suivant la ligne EL, qui est inclinée à l'axe Xm: or cette Ellipse est toute hors du Cône, & les lignes gb, Mf, Ki sont des Ordonnées à son axe EL, puisqu'elles lui sont supposées perpendiculaires, & qu'elles ont été faites égales à celle du cercle de la base du cylindre; donc la distance des extremitez de ces Ordonnées aux arcs de cercle du Cône, prises sur des paralleles à l'axe du cylindre, donne exactement les points d'immersion des côtez passant par les points hfi de la circonference de l'Ellipse plane, tangente au Cône; donc ces distances ont dû être portées, comme il a été dit à la Figure 199. pour avoir les points de l'Ellipsimbre *qu'il falloit décrire*.

CE que nous pouvons ajouter touchant les pratiques indiquées par les Figures 200. & 201. ne sera qu'une plus ample explication de la premiere: il faut toûjours se representer que par le moyen des plans paralleles coupant la base du cylindre & le Cône en même tems, on s'est donné des points à la surface du cylindre, comme o, r, D, &c. *Figure 200. &*

page 257

Planche 17.

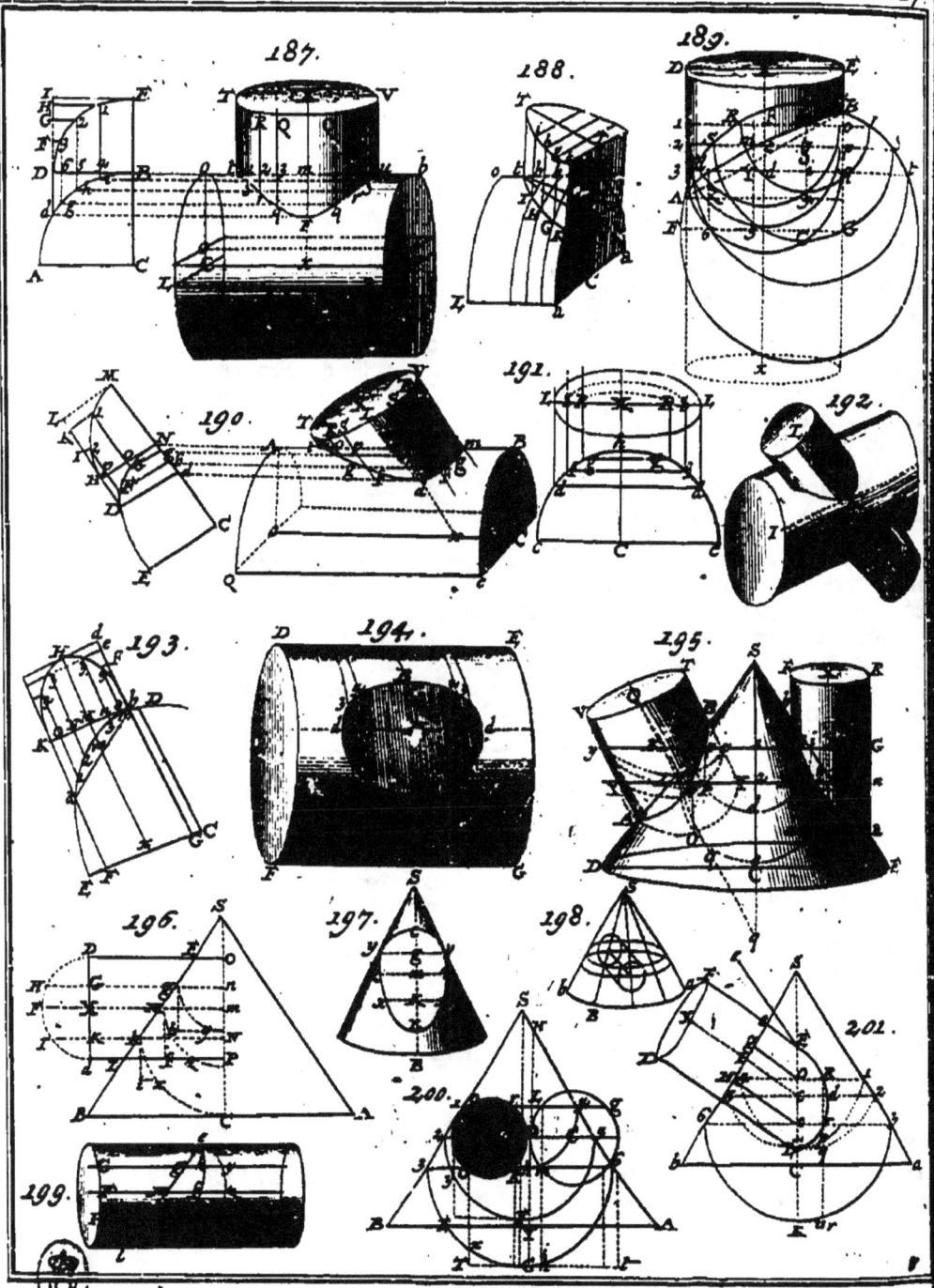

200. & R *dr* Figure 201. par lesquels on doit faire passer des parallèles à l'axe du cylindre pour avoir des côtez marquez à la surface; & parce que ces côtez dans la supposition de la Figure 200. sont perpendiculaires au plan du triangle par l'axe, ils n'y sont exprimez suivant les Régles de la projection que par un point; il faut donc les coucher sur le même plan de ce triangle, aussi bien que les arcs des sections circulaires du cône, qui n'y sont exprimées suivant les mêmes Régles de la projection 1:4, 2:5, 3:6, & par ce moyen on trouve les intersections de ces arcs avec les côtez du cylindre, lesquelles donnent des points communs aux deux surfaces; c'est-à-dire, des points de la Courbe que l'on doit tracer; & par conséquent on est obligé de supposer des plans tangens au cône, comme nous venons de le dire, il faut tirer des tangentes à chacun des arcs des sections du cône, lesquelles seront toutes dans le même plan qui est supposé couper le cylindre & faire une Ellipse.

La derniere pratique a été suffisamment expliquée par la construction, & par ce qui a été dit ci-devant.

L'usage de ce Problème a été indiqué au Theoreme XXVI. il se présente assez souvent dans les Fortifications où les murs sont presque toûjours en Talud, & où il y a des arondissemens, qui sont par conséquent des portions de cônes tronquez, dont les sommets sont quelquefois en bas, comme aux arondissemens des Contrescarpes, & des flancs concaves, & quelquefois en haut, comme aux Tours en Talud, & arondissemens des Orillons; dans l'Architecture civile, il est plus rare.

Des Ellipsimbres composées.

PROBLEME XLIII.

Tracer une Ellipsimbre composée, formée par la pénetration d'une Sphère & d'un Cylindre, dont la circonference n'entre qu'en partie dans la Sphère.

CE Problême se résoudra comme tous les précedens par notre méthode generale, en traçant des perpendiculaires à l'axe du cylindre [*Fig.* 202.] qui traversent aussi la sphère, par lesquelles on suppose autant de plans parallèles entr'eux, & perpendiculaires au plan passant par l'axe du cylindre, & le centre de la sphère, dont les sections seront des cercles dans l'un & l'autre de ces corps.

PLA. 18.
Fig. 202.

Soit donc la sphère AB*kb*A pénetrée par le cylindre DEGF, dont l'axe est XX. par lequel, & par le centre C de la sphère, ces deux corps sont coupez par un même plan: on menera par le centre C un diametre PC*p* parallele à cet axe, & ayant tiré à ces deux lignes autant de perpendiculaires qu'on voudra a1, b2, d3, e4, &c. des points a b d e, &c. pour centres & pour Rayons ab, bi, dk, &c. on décrira autant d'arcs de cercles (les quarts suffisent) & des points o, p, q, r, &c. pris sur l'axe du cylindre pour centres, & pour Rayons les demi-diametres de la base o1, p2; on tracera autant d'autres arcs de cercle jusqu'à la rencontre des precedens faits dans la sphère sur les mêmes diametres prolongez. Les points de leurs intersections x & x seront communs aux deux surfaces, & si de ces points on abaisse des perpendiculaires aux mêmes diametres, on aura leur projection sur le plan passant par l'axe du cylindre & le centre de la sphère, sur lequel ils donneront autant de points de l'axe courbe de la section P y y y p.

Cette préparation étant faite, on s'en servira pour tracer l'Ellipsimbre composée, comme on a fait pour les Ellipsimbres simples, en traçant autant de cercles sur la sphère & sur le cylindre, commençant à compter la mesure des arcs bx, ix, Kx, depuis un cercle majeur, dans lequel seront les deux Poles P & p de tous ces arcs; & sur le cylindre par tracer un côté EG ou DF, d'où l'on mesurera à droite & à gauche les arcs 1x, 2x, 3x, 4x, ou leur supplément, comme il conviendra le mieux, parce qu'il est toûjours plus commode de prendre & de porter les mesures des arcs qui sont au dessous de 90. degrez, que ceux qui sont plus grands, à cause de la rondeur du cylindre.

La démonstration de ce Probléme est trop semblable à celle des precedens pour s'y arrêter; chaque arc de cercle qu'on a fait ici, dans le plan du Papier, qui est celui qui passe par l'axe du cylindre, & le centre de la sphère, peut être relevé à angle Droit sur ce plan sur les lignes qui en sont les diametres ou les Rayons, sans qu'il arrive aucun changement à leur intersection x, & à leur projection y, qui est dans le même plan, & dans celui de l'arc.

L'usage de ce Probléme a aussi été indiqué au Theoreme XI. il est inutile d'en répeter l'explication.

Probléme XLIV.

Tracer une Ellipsimbre composée, formée par la pénetration de deux Cylindres, dont la circonference de l'un n'entre qu'en partie dans l'autre.

Il y a deux cas dans ce Probléme, qui n'en changent point la construction; car les cylindres se coupent à angles Droits, ou obliquement, de quelque façon qu'ils se croisent, il faut toûjours supposer qu'ils sont coupez par des plans tangens à chacun des cylindres qui les coupent ré-

DE STEREOTOMIE. Liv. II.

ciproquement, & perpendiculairement aux plans paſſans par chacun de leurs axes; de ſorte que ſi les cylindres ſe croiſent à angle Droit, les ſections de ces plans tangens à un des cylindres ſeront dans l'autre des cercles, & s'ils ſe traverſent obliquement, les ſections faites par les mêmes plans ſeront des Ellipſes dans l'un & l'autre cylindre; cela ſuppoſé, nous choiſiſſons à la Figure 203. le cas où ils ſont perpendiculaires pour plus grande facilité. *Fig.* 203.

Soit le cylindre YLNI vû par la baſe repreſenté par le cercle AE*a*B, lequel eſt pénétré par un autre cylindre *d*A*a*D, qui n'entre pas dans le premier de toute la circonference; en ſorte qu'il reſte une partie FB de ſon diametre au dehors, laquelle répond au double de l'arc D*g* de la baſe D*ga*, étenduë ici par ſuppoſition ſur le plan du Parallelograme DA paſſant par ſon axe *ll*.

Ayant tiré un diametre A*a* ſur la baſe du premier cylindre BAE*a*, lequel eſt ici confondu avec le côté du ſecond, quoiqu'il puiſſe paſſer entre C & B, ou entre C & E; on tirera ſur une des extremitez de ce diametre la perpendiculaire *d*A, ou *a*D qui repreſentera le plan tangent au grand cylindre, & le diametre de la baſe du petit, ſur lequel on tracera le demi cercle D*ma* qui repreſentera la moitié de cette baſe, laquelle doit cependant être à angle Droit ſur le plan du Parallelograme *d*A*a*D, mais dont le changement de ſituation n'en fait aucun aux interſections des lignes qu'on en doit tirer.

On diviſera enſuite l'une des deux baſes des cylindres, en parties égales ou inégales; nous diviſerons, par exemple ici, l'arc du demi cercle *a*BA, ou ſeulement le quart du cercle BA en parties égales, ou inégales B*r*, *rq*, *qp*, *pn*, *n*A, & par ces points *npqr*, on tirera des paralleles à l'axe *ll* du cylindre DA prolongées juſqu'à l'arc de la baſe *dm*A, ou D*ma*, qu'elles rencontreront aux points *g*K*mo*.

Cette préparation étant faite, ſi l'on veut tracer l'Ellipſimbre ſur le grand cylindre YN, on commencera par faire à ſa ſurface un cercle parallele à ſa baſe, n'importe où, ſi les cylindres ſe coupent à angle Droit, ou une Ellipſe, ſuivant l'obliquité de la direction des côtez du ſecond cylindre qui le pénetre. On tranſportera ſur ce cercle les diviſions B*r*, B*q*, B*p*, B*n*, en *b*R, *b*Q, *b*P, *b*N de part & d'autre du point *b*, qui a été pris à volonté à la ſurface du cylindre, ſi la ſection eſt un cercle, ou un point correſpondant au point B, s'il eſt une Ellipſe; & par les points *b*RQPN*a* on menera autant de paralleles à l'axe du grand cylindre; puis ayant tracé un cercle pour le milieu de la ſection, ſi on ne l'a pas fait du premier coup, on portera ſur ces paralleles à l'axe toutes les Ordonnées de la baſe du petit cylindre de part & d'autre du cercle pris pour le milieu, comme ici a *a* suivant l'ordre de leur position à l'égard du point B milieu de la division; ainsi on portera l'Ordonnée *cf* provenant du point B en *cf* sur le gros cylindre de part & d'autre du point *c*, *gh* quatre fois en *gh*, sur les deux paralleles R*b*, R*b*; on continuera de même en portant *i*K deux fois sur chaque parallele QK de part & d'autre des points *i* & *i*, & ainsi de suite; & l'on aura les points *o*, *m*, K, *h*, *f*, *b*, K, &c. par lesquels on tracera à la main l'Ellipsimbre demandée.

Si l'on veut tracer la même courbe sur le cylindre DA; on tracera un cercle à la surface par un point pris à volonté, ou une Ellipse, si les deux cylindres se coupent obliquement, on divisera la circonference de ce cercle en parties égales à celles de la base *dm*A, au haut de la Figure, en portant de suite les arcs *df*, *fb*, *b*K, K*m*, *mo*, & recommençant à l'autre demi cercle; & par tous ces points de divisions ayant tracé autant de paralleles à l'axe du cylindre, on portera de part & d'autre du cercle pris pour le milieu les longueurs des demi-cordes 1*r*, 2*q*, 3*p*, 4*n*, qui donneront des points *r*, *q*, *p*, *n*, par lesquels on tracera la courbe qui est l'Ellipsimbre demandée, laquelle sera égale à la précedente, quoique sur un cylindre different.

Demonstration.

Pour démontrer ce Probléme, il suffit de representer les differens effets des sections des plans qui coupent les deux cylindres par tranches, suivant notre principe general; car si l'on imagine les deux cylindres coupez par des plans paralleles entr'eux, & à un des deux axes, il est évident qu'ils feront des Parallelogrames dans celui où les tranches sont paralleles à son axe, & des cercles dans l'autre, si les cylindres se pénetrent à angle Droit, ou des Ellipses égales s'ils se coupent obliquement; mais comme l'on peut supposer les sections des plans successivement paralleles aux deux axes, on aura des Parallelogrames & des cercles dans chaque cylindre qui donneront par differends moyens les mêmes points de la courbe, ce que nous avons fait dans cette construction pour abreger; car nous pouvions également diviser le second cylindre DA en cercles paralleles à *d*A, & prendre sur chacun, à commencer du côté *d*D, les arcs correspondans à chacun de ces cercles, rassemblez sur la base *dm*A, c'est-à-dire, qu'au cercle du milieu passant par F & B, on auroit porté deux fois l'arc *df*, ensuite aux deux Collateraux deux fois l'arc *db*, & ainsi de suite; mais comme l'usage des lignes droites est plus commode & plus exact dans l'exécution, que celui des courbes tracées sur des surfaces courbes, on a choisi les unes preferablement aux autres, puisque l'une & l'autre maniere doit également donner les points du contour de l'Ellipsimbre, *qu'il falloit trouver.*

USAGE.

Nous avons fait remarquer au Theoreme XXI. que l'usage de cette courbe étoit assez fréquent dans les ceintres des Voutes, parce que la plûpart sont cylindriques, & que souvent une Voute n'est percée que par une portion de cylindre, comme il arrive aux abajours & aux descentes de Cave.

Des Ellipsoïdimbres.

PROBLEME XLV.

Tracer une Ellipsoïdimbre formée par la pénetration de la Sphère & du Cône, dont l'axe ne passe pas par le centre de la Sphère.

LA solution de ce Problême étant toûjours la même, c'est-à-dire, fondée sur le même principe; il ne s'agit que de tracer des lignes paralleles entr'elles sur le plan qui passe par l'axe du Cône, & le centre de la sphère, & qui soient perpendiculaires à cet axe, lesquelles seront les diametres des cercles, que les plans passans par ces lignes perpendiculairement au triangle par l'axe du Cône, feroient dans le Cône & dans la sphère; les intersections des cercles du Cône avec ceux de la sphère, qui sont sur le même plan, donneront les points de la Courbe sur les surfaces des deux corps, auxquelles ils seront communs, & les perpendiculaires abaissées des points d'intersection des arcs sur leurs diametres communs donneront leur projection; & les points de l'axe courbe de l'Ellipsoïdimbre; la Figure 204. fait voir que c'est ainsi qu'on a tracé l'axe courbe A d B Fig. 204. par une pratique tout-à-fait semblable aux précedentes, sans qu'il soit nécessaire d'y ajoûter une plus longue explication, qui ne pourroit être utile qu'à ceux qui liroient ce Problême, sans avoir lû auparavant quelques-uns des précedens; il suffit de dire en leur faveur que le point y est trouvé par l'intersection des arcs de cercle dEx & gfx, ayant abaissé du point x la perpendiculaire xy sur le diametre commun Ef des arcs faits, l'un du centre d pris sur le diametre de la sphère ID, & l'autre du centre g pris sur l'axe du Cône Sb.

Quand nous disons que les plans qui forment les tranches des deux corps doivent être perpendiculaires à l'axe du Cône, on conçoit bien que ce n'est que pour plus de commodité dans l'exécution, comme nous en avons déja prévenu le Lecteur ci-devant, parce qu'alors toutes les sections dans le Cône étant des cercles, sont les Figures les plus simples & les plus faciles à décrire; car rien n'empêche qu'on ne fasse les tranches paralleles à l'axe; mais alors leurs plans formeroient des Hyperboles, dans le Cône; de sorte que les points de l'Ellipsoïdimbre seroient à l'intersection de différentes Hyperboles, avec différents cercles, j'entends de différentes grandeurs; car les Hyperboles seroient toûjours semblables, étant formées par des plans parallèles entr'eux. Rien n'empêcheroit, de même qu'on ne fit les tranches inclinées à l'axe du Cône, mais alors les points de la courbe pourroient être à l'intersection des cercles de la sphère, & des trois autres sections coniques, Ellipses, Paraboles ou Hyperboles, suivant l'inclinaison des plans coupans à l'égard de l'axe du Cône; car le centre de la sphère étant donné dans le triangle par l'axe du Cône, on parviendroit toûjours au même but, mais par des voyes plus embarrassantes; ce qu'il faut éviter.

L'USAGE de ce Problème est indiqué au Theoreme XIV. pour les enfourchemens des Lunettes ebrasées, ou voutes en Canonieres, qui rachetent une Voute sphérique, ou d'une Trompe conique qui rachete un Cul-de-four.

PROBLEME XLVI.

Décrire une Ellipsoïdimbre formée par la pénétration du Cône dans le Cylindre, à la rencontre de leurs Surfaces.

SOIT [*Fig.* 205.] le cercle KBAi, qui represente la base du cylindre, & le triangle SDd, celui qui est la section du Cône par son axe SC, lequel passe, ou ne passe pas par le centre X de la base du cylindre: les intersections de ce cercle avec le triangle donnent les points communs aux deux surfaces du Cône & du cylindre; sçavoir, deux points dans son immersion AB, & deux sans son émersion iK, lesquels sont par conséquent à l'Ellipsoïdimbre.

ON divisera l'arc BA en autant de parties égales ou inégales que l'on voudra, par lesquelles on tirera des perpendiculaires à l'axe SC du Cône, comme g 1, e o 2 ou $e m$ 3, & des points g & e pour centres & pour Rayon la partie qui est comprise dans le Cône g 1, e 2 ou e 3, on décrira des arcs de cercle 1 R, 2n, 3x, & par les points $n o m$ des divisions, on menera des parallèles à l'axe SC jusqu'à la rencontre de ces arcs, qu'elles couperont aux points R, n, x, lesquels seront au contour de la courbe; si l'on suppose ces arcs relevez en l'air perpendiculairement au triangle par l'axe sur leurs diametres.

POUR faire usage de cette préparation dans la description de l'Ellipsoïdimbre sur le cylindre, on tracera un cercle à sa surface, pour servir de milieu à la Courbe, par exemple GH, sur lequel ayant transporté les divisions de l'arc BA, à commencer d'un point Q pris pour le point C de la préparation, on portera Co & Cp, en Qo & Qp, Cn en Qn, & Cm

DE STEREOTOMIE. Liv. II. 263

en Qm, & par les points $nopm$ on menera des paralleles à l'axe du cylindre, fur lefquelles à commencer du cercle GH, on portera de part & d'autre de ce cercle les Ordonnées des arcs 1 R, 2 u, 3 x, qui font nR en rn, ou en ou, mx en mx, & par les points rux, &c. trouvez à la furface du cylindre, on tracera à la main une courbe qui fera l'Ellipfoïdimbre propofée.

SECONDEMENT, fi on veut tracer la même courbe fur le cône, on tirera du fommet S deux côtez à fa furface diametralement oppofez, comme S D S d; on prendra fur chacun d'eux, les diftances SB, SA, & SK Si, fi l'on veut tracer la petite fection, & fur le côté SD ayant porté les intervales B 1, B 2, on tracera par les points 1. & 2. des cercles paralleles à la bafe, fur lefquels on portera de part & d'autre de ce côté, les arcs 1 R, 2 u, & dans l'autre côté auffi de part & d'autre l'arc 3 x, & par les points Rux, on tracera fur le cône à la main, ou avec une Régle ou Baguette ronde & pliante, la courbe qui fera l'Ellipfoïdimbre demandée.

SI l'axe du cône étoit incliné au côté du cylindre, il eft clair qu'au lieu de cercles, il faudroit tracer des Ellipfes.

LA Figure fait voir auffi d'un coup d'œil, comment on doit faire la projection de cette courbe, en tirant par les points donnez nom des paralleles à l'axe du cône, lefquelles étant traverfées par une perpendiculaire GH fur le même plan, fi l'on porte de part & d'autre de cette ligne fur chaque parallele l'Ordonnée correfpondante du cercle fait par chaque tranche, on aura les points T, r, u, x, t, &c. par lefquelles menant une courbe, on aura la projection de l'Ellipfoïdimbre demandée.

LA démonftration de ce Probléme eft facile à apercevoir, fi l'on fe prefente les arcs 1 R, 2 u, 3 x élevez perpendiculairement fur leurs diametres, & fur le plan du triangle par l'axe du cône; car alors les Ordonnées n R, ou mx repréfentent les côtez du cylindre qui paffent par les points R, u, x, de la furface du cône, où font leurs interfections; & par conféquent les points communs aux deux furfaces, qui font au contour de l'Ellipfoïdimbre; *ce qu'il falloit trouver.*

Nous avons indiqué au Theoreme XXVI. l'ufage de cette courbe, nos *Embrafures* dans les Tours, ou dans les *Flancs concaves* fans Talud, ou des Portes ebrafées dans les murs arondie par leurs plans fans Talud, font des portions de cônes qui pénetrent des cylindres.

TRAITÉ

PROBLEME XLVII.

Décrire une Ellipsoïdimbre formée par l'interſection des Surfaces de deux Cônes, dont les Axes ſe coupent.

CETTE courbe ſe décritra par notre méthode generale, en coupant les deux cônes par des plans paralleles entr'eux, & perpendiculaires à l'axe de l'un des deux; la courbe ſera à l'interſection des cercles & des Ellipſes, dont on a les centres & les diametres ou Rayons, & les axes des Ellipſes que l'on trouvera dans le plan qui paſſera par les deux axes; la Fig. 207. Figure 207. & ce que nous avons dit tant de fois en pareilles conſtructions ſuffiſent pour mettre cette pratique ſous les yeux.

L'USAGE de ce Problême eſt principalement pour les Embraſures ou Portes ebraſées en Tour creuſe ou ronde, & en Talud, ſuppoſant quelles ſoient Droites, c'eſt-à-dire, que leur axe ou ligne de direction, ſoit perpendiculaire à la tangente du mur arondi, ou à la corde qui eſt le diametre de la Porte ou Embraſure; ſi la direction eſt rampante, ce ſont deux cônes dont les axes ſe coupent obliquement.

Des Ellipſoïdimbres compoſées.

PROBLEME XLVIII.

Tracer une Ellipſoïdimbre compoſée ſur les Surfaces du Cône & de la Sphère, qui ſe pénetrent.

LA ſolution de ce Problême n'a rien de particulier, que la maniere de trouver les axes droits des deux parties des courbes qui ſe croiſent pour n'en faire qu'une des deux; ce qui détermine leurs points d'inflexions dans le plan paſſant par l'interſection de ces deux axes, perpendiculairement à celui qui paſſe par l'axe du cône.

Fig. 206. SOIT la Figure 206. la ſection d'un cône par ſon axe, & d'une ſphère par ſon centre; ſi l'on tire du ſommet S une tangente STD au cercle de la ſphère PTH, les lignes tirées des points E & H, où la ſphère coupe le cône au point d'attouchement T, ſeront celles que l'on cherche, & le point *y*, projection du point *x*, interſection des arcs T*x* de la ſphère fait du centre F, & G*x* du cône du centre *m*, ſera celui de l'inflexion formée par la rencontre de deux portions d'Ellipſoïdimbre de la partie ſuperieure & de l'inferieure du cône; les autres points ſe trouveront à l'ordinaire par l'interſection des arcs de la ſphère, dont les centres ſont ſur ſon diametre P*p* parallele à l'axe du cône, & des arcs des ſections du cône, dont les centres ſont ſur ſon axe S*m*.

Application

Application des Pratiques précedentes aux Courbes quelconques formées par les intersections des Cylindres, & les Cônes.

Puisque l'on connoît que les sections des sphères, sphèroïdes, cônes & cylindres faites par des plans, sont toujours du nombre de celles qu'on appelle coniques qui ne sortent jamais du second degré, & que lorsqu'ils sont paralleles, elles sont toujours semblables: quelque puisse être la section de ces corps qui se pénetrent, soit à l'égard de leurs axes, ou de leurs côtez, on trouvera toujours sur chaque tranche l'intersection de deux de ces courbes, qui donnera deux points de la courbe plane ou à double courbure, qui se forme par la rencontre des deux surfaces; ce qui suffit pour suppléer dans la pratique à ce qui peut manquer à notre Theorie, concernant les Paraboloïdimbres, Hyperboloïdimbres ou autres possibles, comme on voit aux Figures 207. & 208.

Fig. 207. 208.

De la description des Helices & Limaces.

QUOIQUE les Helices ne soient pas du nombre de ces Courbes qui sont produites par la section des corps, ausquelles nous nous sommes bornez; elles sont si usuelles en Architecture, qu'on a besoin très souvent de les tracer.

Le mot d'*Helice* vient du Grec *Heliso*, c'est-à-dire, *circumvolvo*, je tourne autour; quelques Mathematiciens ont appliqué ce nom à la spirale, qui est une courbe plane, c'est-à-dire, décrite sur un plan; mais la plûpart l'ont reservé pour celles qui s'élevent au dessus d'un plan en tournant autour d'un corps, comme le Lierre, les Liserons & les *Convolvulus*, autour d'un Arbre. Pour moi qui tâche d'éviter les periphrases, j'en resserre la signification à celles qui tournent autour d'un corps cylindrique sans s'approcher de leur axe, pour les distinguer de celles qui en approchent, que j'appelle *Limaces*, en quoi je la distingue encore d'une autre courbe qui est dans un plan, que l'on appelle le *Limaçon de M. Pascal*, laquelle est une espece de spirale.

Je divise encore les Helices en régulieres & irrégulieres, les régulieres sont celles qui montent autour d'un corps cylindrique d'un mouvement uniforme, comme sont les Vis, dont l'intervale de chaque révolution qu'on appelle le *Pas de la Vis* est toujours égal; les irrégulieres sont celles, dont les Pas de chaque révolution, augmentent ou diminuent suivant une certaine proportion que l'on s'est fixé.

PROBLEME XLIX.

Tracer une Helice sur un Corps Cylindrique.

Fig. 209. Pour décrire cette courbe, on tracera un cercle autour du cylindre, s'il est droit sur une base circulaire, ou une Ellipse s'il est scalene, mais droit sur une base Elliptique, & l'on en divisera la circonference en autant de parties égales qu'on voudra, comme Figure 209. en sept pour la moitié qui paroit, c'est-à-dire, 14. pour le circuit entier; & par ces divisions on menera autant de paralleles à l'axe du cylindre; ensuite on réglera l'intervale des révolutions à volonté, & l'on en divisera un comme OA ou son égal BD en autant de parties égales qu'on a divisé la circonference de la base du cylindre (dans l'exemple présent en 14. parties,) & l'on en portera sur chaque parallele à l'axe une de plus qu'à la précedente. Ainsi commençant à rien au point o, on portera une de ces divisions sur la parallele ag au point 1, sur la seconde bh deux, au point 2, sur la troisiéme ci trois, au point 3, & ainsi de suite jusqu'à ce qu'on soit parvenu à la moitié au point 7. alors on retournera vers le point A en faisant la méme augmentation, & continuant ainsi jusqu'au sommet du cylindre.

Si l'Helice est irréguliere, que les divisions de D à B soient dans le rapport des tangentes ou des sécantes, ou d'autres progressions; la construction sera toujours la méme, & la méme proportion regnera entre les Pas de la Vis, qu'on a fait regner dans l'intervale d'un seul.

COROLLAIRE.

D'où il suit que si deux Helices de bases differentes, c'est-à-dire, de differens diametres, font un méme nombre de révolutions autour d'un axe commun, les intervales des Pas auront plus grande raison à leur base plus elles feront petites, & au contraire plus petite raison à l'égard des plus grandes; c'est-à-dire, que les Pas de la Vis, quoiqu'également distans, feront plus inclinez, & les autres plus couchez.

USAGE.

Ce Problême sert à plusieurs Ouvrages. Premierement à tracer les grandes Vis, les Colomnes torses, les naissances des Voutes tournantes & rampantes, comme la Vis St. Giles, & les joints de Doele des mémes Vis, les limons tournans, que les Apareilleurs appellent *la Courbe rampante*, le dessous des marches tournantes des Vis, les appuis des Fenétres & Balustres dans les Tours rondes ou creuses, &c. comme nous l'expliquerons au IV. Livre.

Des Limaces.

Les Limaces sont, comme nous l'avons dit, des Helices qui s'approchent continuellement de leur axe. Or elles peuvent en approcher en telle raison qu'on voudra faire regner entre les lignes droites tirées des points de la courbe perpendiculairement à leur axe ; ainsi on peut décrire cette courbe sur tous les corps coniques, sphériques ou conoïdes & sphéroïdes, ellipsoïdes, paraboloïdes, ou hyperboloïdes, ou tout autre corps formé par la révolution de quelque courbe sur son axe ; nous donnons ici pour exemple le Cône & la sphère, *Fig.* 210. 211.

Fig. 210. 211.

On peut encore faire regner une certaine progression entre les intervales de chaque révolution de cette courbe, ou les faire égaux suivant le dessein qu'on se propose.

PROBLEME L.

Tracer une Limace sur un Cône ou sur une Sphère, ou Sphéroïde.

On divisera la base du Cône [*Fig.* 210.] ou la base circulaire ou Elliptique d'une Hemisphère ou Hemisphéroïde en autant de parties égales que l'on voudra, par lesquels on tirera autant de lignes droites au sommet du Cône, ou autant de cercles ou Ellipses au Pole P de la sphère ou du sphéroïde. Ensuite on divisera le côté du Cône en un même nombre de parties, si l'on ne veut qu'une révolution, ou si l'on en veut plusieurs en un plus grand nombre, comme du double, triple ou quatruple, & l'on fera ces parties égales si l'on veut, ou diminuant suivant un certain rapport, par exemple pour le Cône, on peut les faire diminuer suivant le rapport des paralleles à la base d'un triangle Isoscele formé par deux des côtez du Cône, & par la premiere division prise à volonté, & pour l'Hemisphère, par les arcs paralleles à la base d'un triangle sphérique, comme cdP [*Fig.* 211.] dont la base cd sera prise à volonté pour le premier intervale ; ce qui donnera une échelle de divisions inégales, qu'on portera sur chaque ligne du Cône tendant au sommet, comme sur aS (*Fig.* 210.) une division, sur bS deux, sur cS trois, & ainsi de suite.

Fig. 210. 211.

Pour la sphère, on portera sur les cercles tendant au Pole les mesures suivies de même avec leur augmentation d'une partie sur chacune.

TRAITÉ

USAGE

Il n'est pas sans exemple que l'on ait fait des édifices en Limaces. On a gravé une Estampe du projet d'une Chapelle pour le milieu du Louvre, dont le sommet se terminoit en Limace; on croit que la Tour de Babel étoit de même, comme on le voit dans le Traité qu'en a fait le P. *Kirker*, le Chevalier *Borromini* a fait ainsi le Chapiteau qui couronne toute la voute de l'Eglise de Saint Leon de la Sapience à Rome; mais sans avoir recours à l'application de ce Problême dans les Edifices en grand, on la peut trouver assez souvent dans le petit, pour de certains Ornemens de volutes saillantes ou rentrantes. La nature nous donne des merveilleux exemples des varietez de cette courbe dans une infinité de Coquillages de Mer & de Terre; j'en ai vû au Chily de Coniques gravez de Canelures à côtes entre chaque *pas*, ou intervale de l'Helice, qui diminuoient de longueur, de largeur & de profondeur dans une merveilleuse proportion jusqu'à la pointe, où elles devenoient imperceptibles à la vûë; ce que le plus habile Artisan aidé des secours de la Geometrie auroit bien de la peine d'imiter.

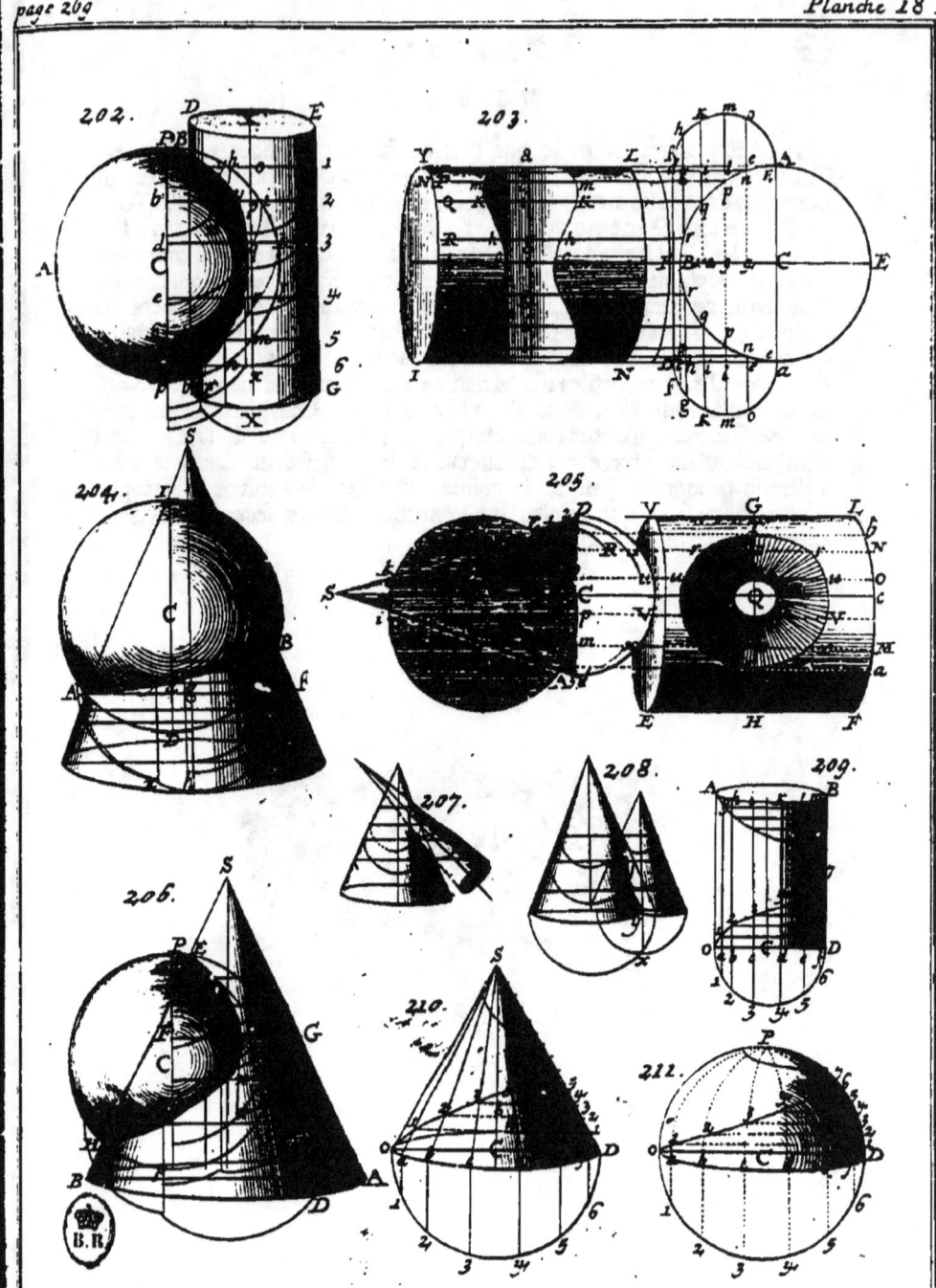

TRAITÉ
DE
STEREOTOMIE.

LIVRE TROISIE'ME.
De la description des Divisions des Solides.

DANS les deux Livres précedens nous n'avons eu pour objet que la Figure des lignes & des surfaces formées par les sections des corps, & l'art de les décrire. Presentement nous embrassons l'espace compris entre une, deux ou plusieurs sections; c'est-à-dire, les parties solides qui résultent de la division des corps coupez par des surfaces planes ou courbes; & nous nous proposons de chercher les moyens de les representer sur un plan autant exactement qu'il est possible, afin de trouver les longueurs de leurs côtez, & leurs angles plans & solides, tant rectilignes, que mixtes.

Pour m'expliquer en termes de l'Art, il s'agit ici de cette espece de *Dessein* que les Architectes appellent le *Trait* & *l'Epure*, dans lequel consiste toute la difficulté de la coupe des Pierres.

Je vais tâcher d'éclaircir cette matiere, & d'en donner les principes en la réduisant à un petit nombre de Régles appuyées de leurs raisons, & dont l'application sera d'autant plus facile, que le lecteur est déja pleinement instruit de la maniere de décrire toutes les especes de Courbes qui peuvent y être mélées.

On sçait qu'il est impossible de representer exactement un solide sur une surface plane, non seulement celui qui en a de courbes; mais encore celui qui n'est compris que par des planes, puisqu'elle ne peut jamais en representer qu'une, & un solide en a au moins quatre; ordinairement dans l'usage de l'Architecture six, & quelquefois davantage. On a donc été obligé de considerer les solides dans les differentes relations & situations de leurs parties, par le moyen desquelles on parvient à les representer à differentes reprises.

Tantot, pour connoitre la distance horisontale de leurs angles, on les a supposé comme aplatis sur un plan horisontal; tantôt, pour connoitre leurs hauteurs, on les a conçû comme aplatis sur un plan vertical; quelquefois pour connoitre d'un coup d'œil toutes leurs surfaces, & en voir le rapport, on les a rangé de suite sur une surface plane. Enfin pour sçavoir quels sont les angles que ces surfaces font entr'elles, on en a mesuré les angles mixtes, curvilignes & rectilignes par le moyen des cordes des côtez courbes, ou avec des instrumens; jusqu'ici on a rien imaginé de mieux.

On peut donc réduire tout l'Art de tracer une *Epure* à quatre sortes de descriptions, la premiere a pour objet les mesures horisontales; on l'appelle en termes d'Architecture le *Plan*, en langage de Mathematique *l'Ichnographie*, ou la *projection horisontale*. Nous sommes obligez d'adopter ce dernier pour éviter les équivoques dans les raisonnemens Geometriques, où le mot de *Plan* signifie en general une surface plane quelconque. Secondement, pour éviter les manieres de parler qui renferment une espece de contradiction, comme de dire *le plan d'un point*, ou *d'une ligne* pour signifier sa projection. Troisiémement, pour éviter la Cacophonie, lorsqu'il faudra dire *le plan d'un plan*, au lieu de sa projection.

La seconde espece de description des solides a pour objet les mesures verticales; on l'appelle dans le langage des Sciences *Ortographie*, & en termes d'Architectures elles a differens noms. Celle qui represente les faces des Edifices, ou de leurs parties s'appelle *Elevation*: celle qui en fait voir les dedans, suivant une section faite par leur largeur s'appelle *Profil*, & celle qui represente aussi les dedans, suivant leurs longueurs s'appelle *Coupe* & Profil.

La troisiéme espece de description des solides qui fait partie du dessein de l'Epure, a pour objet l'étenduë des surfaces; on l'appelle en termes de l'Art le *Développement*, parce qu'elle rassemble & étend sur une surface plane, celles dont le solide est comme enveloppé; celle-ci n'a pas de nom particulier usité dans les Livres; mais puisque les precedentes en ont qui sont dérivez du Grec, rien n'empêche qu'on l'appelle avec feu M. de LAGNY de l'Académie des Sciences l'*Epipedrographie*. *Memoires de l'Acad. 1727.*

LA quatriéme espece de description necessaire à l'Epure a pour objet les ouvertures des angles rectilignes, curvilignes & mixtes, formez par les termes des surfaces planes & courbes, & par l'inclinaison qu'elles ont entr'elles. Celle-ci n'a pas de nom propre, on l'appelle la maniere de trouver les *Biveaux*, quelques-uns Beuveaux ou Bevaux, mais plûtôt suivant l'étimologie du latin *Bivium* les *Biveaux*; on peut avec le même M. de LAGNY l'appeller la *Goniographie*: ces quatre especes de desseins sont essentiels à l'Epure, & les seules necessaires; car quoiqu'il y ait une cinquiéme maniere de representer les solides par la *Scenographie*, c'est-à-dire, la Perspective, on n'en peut tirer aucun secours pour la coupe des Pierres, parce qu'elle change les mesures des solides representez, en diminuant les parties qui s'éloignent du devant du tableau.

De l'Arangement des Desseins dans l'Epure.

LA confusion que l'on trouve dans les desseins des Livres qui traitent de la coupe des Pierres, vient souvent de la multiplicité des especes de representations que l'on rassemble dans la même Épure; car souvent on y joint le plan au Profil, quelquefois encore à l'élévation, & l'on mêle les uns avec les autres sans divisions; ce qui demande une grande attention pour démêler ce qui appartient à chacune; en effet souvent la même ligne fait partie du plan & de l'élévation, & sert encore au Profil.

SOUVENT les objets verticaux sont renversez, comme si au lieu de monter ils tomboient du haut en bas; quelquefois ils sont placez de côté, quoiqu'ils doivent être verticaux; souvent on fait des lignes & des arcs de cercles inutiles à la construction, qui ne servent qu'à indiquer les alignemens, les égalitez des lignes transposées, ou l'ouverture de leurs angles: il arrive aussi suivant les circonstances, que pour analiser une projection, on se sert pour plus de commodité & abreger l'operation, d'un angle Droit qu'on a trouvé fait, quoique pour un sujet different. Ce double employ de lignes trouble l'attention des Lecteurs, ou exige une fatigante contention d'esprit pour démêler ces differentes considerations.

LA necessité de rassembler plusieurs objets dans une petite Planche rend cet embarras presque inévitable; d'autant plus qu'il a son utilité pour indiquer plus sensiblement leurs rapports.

Malgré les soins qu'on a pris pour éviter la confusion, il est bon d'avertir le Lecteur qu'il ne doit compter de connexité nécessaire entre les lignes des desseins, que celle qui est annoncée ou indiquée par le dessein qu'on y a joint, dans lequel on aura soin de dire que cette ligne qui étoit de l'élévation ou du *Plan* doit être considerée par une autre supposition, comme étant du Profil; mais lorsqu'on aura omis cet avertissement, & qu'il sera question de Profil, il faut abandonner l'idée qu'on attachoit à une ligne, comme faisant partie du plan, & prendre celle qui convient au Profil dont on a parlé.

Quoiqu'il soit plus naturel de mettre chaque espece de dessein à part; il est cependant vrai que cette simplicité d'objet indique moins sensiblement les rapports des lignes, & que l'on trouve en cela moins de commodité qu'à rassembler, & même quelquefois à mêler les *Plan*, *Profil* & *Elevation*: on tiendra cependant pour arbitraire l'arangement de leurs situations, les uns auprès des autres, ou dans les autres, au dessus, au dessous, ou à côté; pourvû que les parties en soient distinctement décrites.

CHAPITRE I.

De la Projection en General.

NOUS avons déja expliqué dans la seconde partie du II. Livre, ce que nous entendons par le mot de Projection; il suffit de répeter ici que c'est la description d'un corps faite par des lignes perpendiculaires à un plan tirées de chacun des angles & divisions réelles ou imaginaires de ce corps, telle est la trace de la goutiere d'un comble qui décrit la Figure de son contour sur la Terre.

On conçoit aisément suivant cette définition, que le même corps posé de differentes manieres donne differentes Figures de projection; ainsi un dez posé à plat sur une de ses surfaces, *Fig.* 212. aura pour projection le quarré, sur lequel il est appuyé, parce que les perpendiculaires tirées des quatre angles solides qui sont hors du plan de description, sont les mêmes que celles qui sont à la jonction des quarrez perpendiculaires entr'eux; mais si le dez est supposé n'être appuyé que sur un de ses angles, les perpendiculaires tirées des six sommets des autres angles formeront sur ce plan le contour d'une exagone qui sera régulier, si le huitiéme angle se trouve dans la même perpendiculaire au plan que le premier, comme on voit, *Fig.* 223.

D'où il suit: 1.° que pour faire la Projection d'un corps, il ne suffit pas

pas d'en concevoir parfaitement la Figure; mais il faut connoître ou déterminer la position de ses angles; parce que la variation de cette position change les mesures des distances horisontales ou verticales, que l'on cherche dans ce genre de dessein; car les perpendiculaires tirées des angles solides s'approchent ou s'éloignent, suivant l'inclinaison des surfaces des solides, & se confondent quelquefois; de sorte que deux points differens ne sont representez que par un seul sur le plan de description.

2.° Qu'une seule projection verticale ou horisontale ne suffit pas pour exprimer sur un plan la Figure, ou la situation d'un solide à l'égard de ce plan; mais qu'elles sont necessaires toutes les deux; 1.° parce que les mêmes corps en differentes positions peuvent avoir la même projection; ainsi une Piramide quadrilatere droite, ou un Cône droit, par exemple, *Fig.* 215. 218. appuyée sur son sommet, lorsque son axe est perpendiculaire au plan de description, a pour projection un quarré, & le Cône un cercle, comme s'il étoit appuyé sur sa base, *Fig.* 214. 217.

2.° Parce que les corps differens peuvent avoir la même projection; ainsi un Cône, un Cylindre, une Vis & une Sphère donnent également un cercle pour projection, *Fig.* 216. 217. 218. 219. 220. de même qu'un Cube, un Parallelepipede & une Piramide quadrangulaire donnent aussi un quarré pour projection, *Fig.* 212. 213. 214. 215. un Anneau & un Helice ont également chacun une Couronne de cercle ou d'Ellipse pour projection, *Fig.* 221. 222. ou, si nous prenons des exemples dans l'Architecture, nous trouverons que le *Plan* d'une voute sur le Noyau & celui d'une Vis Saint Giles de mêmes diametres ne different en rien; celui d'une voute en plein ceintre Droit surmontée & surbaissée ou inclinée en descente, donnent aussi le même Parallelograme dans leur projection, ainsi que les Voutes cylindriques & les sphériques donnent le même *Profil*.

3.° Parce que des corps ronds ont des projections rectilignes égales ou semblables à celles des corps terminez par des surfaces planes, ainsi [*Fig.* 224.] un Cône couché, a pour projection un triangle rectiligne, de même qu'une Piramide, *Fig.* 225. & un cylindre ou une vis donne un Parallelograme, aussi bien qu'un prime rectiligne, *Fig.* 226. 227. 228. & même un mixte [*Fig.* 229.]

4.° Parce que la projection change souvent la nature des choses, la projection d'une ligne perpendiculaire au plan de description n'est qu'un point; celle d'un plan en pareille situation n'est qu'une ligne; celle d'une ligne courbe qui seroit dans ce plan devient une ligne droite, ou si elle est inclinée à ce plan, elle peut changer d'espece, comme nous l'avons dit au Livre précedent, de cercle, elle peut devenir Ellipse, ou d'Ellipse, elle peut devenir un cercle.

Tom. I. Mm

5.° Enfin, parce que de la projection des solides, il en résulte quelquefois des Figures si differentes de celles de leurs surfaces, qu'on ne peut les prévoir qu'avec une grande attention, comme nous l'avons fait remarquer de celle du Cube posé sur un de ses angles, lorsque le diametre qui passe par les opposez, est perpendiculaire au plan de description, sa projection est un Éxagone régulier ; pour qu'on n'en doute pas, je vais en donner la démonstration.

Fig. 223. Soit [Fig. 223.] le Cube AE posé sur son angle B ; en sorte que sa diagonale SB soit perpendiculaire au plan PL : ayant divisé les trois surfaces quarrées qui comprennent l'angle solide S par des diagonales, comme le quarré ASDG par la diagonale AD ; à cause de l'égalité des quarrez, ces diagonales seront égales entr'elles, & formeront un triangle équilateral parallele au plan de description ; parce que ce triangle est la base d'une Piramide triangulaire droite, dont l'axe, qui est partie du diametre, est perpendiculaire au plan de description (par la supposition ;) donc la projection de ce triangle sera aussi un triangle égal à la base de cette Piramide. La même chose arrivera à l'égard des trois autres surfaces du Cube, qui comprennent l'angle solide opposé B, dont les divisions des quarrez par des diagonales retrancheront une Piramide égale à la précedente, mais renversée & tournée differemment, en sorte que les angles de l'une seront au devant des faces de l'autre, & à distances égales ; puisque par la supposition les côtez & leurs inclinaisons sont égaux ; ces deux triangles équilateraux donneront donc la position de six des angles du Cube, & les deux autres qui sont aux extremitez du diametre, réunis par la projection dans un même point, tomberont au milieu des deux triangles équilateraux, & seront le centre de l'éxagone, donc la projection du Cube ainsi posé, est un éxagone régulier.

Pour faire connoître les angles élevez, & ceux de la projection, on a marqué les uns & les autres des mêmes lettres differenciées par des Majuscules.

Il suit de ces remarques, que pour sçavoir si un solide est contenu dans un autre, par exemple, un Tetraedre dans un Cube, ou un autre solide dans un Parallelepipede, tels que sont ordinairement les quartiers de Pierres de taille ; il faut faire autant de projections de ce solide, que le Parallelepipede a de surfaces qui ne sont pas répetées dans leurs opposées, c'est-à-dire, trois, parce qu'il en a six, & appliquer chacune de ses projections à la face qui lui convient, pour sçavoir si elle n'excede point.

Dans l'Architecture ces projections ne se font que sur des plans horisontaux & verticaux, parce qu'on ne s'y conduit que par l'*Aplomb* & le *Niveau*. Ainsi des trois, il y en a toujours une horisontale, qui est appellée le *Plan*, & deux verticales, dont l'une est *le Profil*, pour ce qui est vû de côté, & la troisiéme est *l'Elevation*, pour ce qui est vû de face; mais parce qu'un solide peut être compris par des surfaces inégales de tous côtez; le cas peut arriver qu'on ait besoin de six projections, sçavoir de deux horisontales, & de quatre verticales, c'est-à-dire, une pour chaque face du Parallelepipede, dans lequel on doit former le solide.

CHAPITRE II.
De l'Ichnographie, ou Projection Horisontale,
En Termes de l'Art
DU PLAN.

DANS le dessein que nous avons de conduire le Lecteur par des principes generaux à la connoissance des proprietez particulieres des sections des corps, pour trouver les modeles des parties qui composent differentes especes de Voutes; il auroit suffit de ne faire mention que de celles des sphères, Cônes & Cylindres, comme nous avons fait jusqu'à present, mais à cause que ce III. Livre est une préparation à la pratique de la coupe des Pierres, il nous a semblé à propos d'entrer dans le détail de l'Architecture, & d'en parler le langage, dont nous avons joint ici une explication, à laquelle on pourra avoir recours pour en entendre les termes usitez; mais comme elle n'est pas assez ample pour donner une parfaite intelligence des rélations des ceintres, nous commencerons par y suppléer.

Des differences Respectives des Ceintres.

ON sçait que les differentes sections des corps ronds, tels que sont les voutes, produisent differentes lignes à leur surface, courbes ou droites; lesquelles ont chacune un nom pour les désigner; les sections transversales & *Continuës*, sont souvent appellées *Ceintres*, les parties de ces sections interrompuës par la liaison des voussoirs s'appellent, *joins de Doele*. Les sections longitudinales s'appellent *joins de Lit*, celles-ci sont droites dans les Cônes & Cylindres, & courbes dans les Sphères, & les Anneaux & Helices; les parties de ces sections qui sont dans l'épaisseur de la voute, s'appellent *joins de tête*.

Les intervales ou divisions des joins de Lit doivent être continuez avec une certaine régularité, tantôt en lignes droites parallèles, quelquefois en se rapprochant avec une certaine uniformité, comme concourant à un point fort éloigné; souvent en lignes courbes parallèles, ou concourant à un même point, comme aux Voutes sphériques.

Lorsque les joins de Lit sont parallèles entr'eux, comme aux Voutes cylindriques, il est clair que les ceintres circulaires & elliptiques qui les traversent, doivent être divisez en un même nombre de parties proportionelles; de sorte que si deux ceintres ne sont pas parallèles entr'eux, dans les voutes en Berceau, l'un étant circulaire, l'autre sera necessairement Elliptique, ou tous les deux seront Elliptiques, & les divisions de l'un déterminent necessairement celles de l'autre pour la quantité & la grandeur des *voussoirs*, qui sont les Pierres qui la composent. Cette dépendance respective oblige l'Architecte à se déterminer sur la Courbe qu'il veut former à une face de la voute, plûtôt qu'à l'autre, ou à celle qui résulte de la section d'un plan perpendiculaire à son axe; celui de ces ceintres, auquel il fait le plus d'attention, & qu'il choisit pour faire la division la plus régulière de ses voussoirs, s'appelle le *Ceintre primitif*, l'autre dont la courbure & les divisions dépendent de la suite des joins de Lit, & de la difference de position à l'égard de celui-ci, s'appelle *Ceintre secondaire*.

Fig. 230. Le Ceintre primitif est quelquefois réel comme en ABD [Fig. 230.] où l'on suppose une face biaise, qui doit paroître & subsister; ou simplement imaginaire & supposé comme *im a*, Fig. 231. où l'on suppose un plan tangent à une Tour, dans laquelle on veut faire une Porte, dont le ceintre réel qui ne peut être décrit sur une surface plane, ne peut servir à régler les divisions des voussoirs; de sorte qu'on est obligé ou de les développer pour l'étendre sur une surface plane, & alors il devient primitif, ou de supposer un ceintre dans un plan tangent à la Tour qui est un primitif supposé; parce qu'il ne doit pas subsister, ne servant qu'à déterminer les divisions du réel, qui est le *secondaire*.

Mais si l'on développe le ceintre réel R m D sur un plan, pour en faire le ceintre primitif, comme lorsqu'on veut que les têtes des voussoirs soient égales, le même ceintre considéré comme appliqué à la surface courbe de la Tour, est un secondaire, soit que la surface soit convexe, comme à la Figure 231. soit qu'elle soit concave, comme à la Figure 232. où le ceintre ASD est supposé comme primitif, pour régler les divisions du réel AMD dans le dessein de l'Epure seulement. Où il faut remarquer que soit que ce ceintre primitif soit pris sur la corde de l'arc concave d'une Tour, ou sur un plan tangent à la Tour parallele à cette corde, il n'en résulte aucun changement au Fig. 231. ceintre réel *im a*, Fig. 231. ou AMD, Fig. 232. & que ce ceintre pri-
Fig. 232. mitif supposé, est le même que celui de l'arc Droit; de sorte qu'on peut dire alors que l'arc Droit est le ceintre primitif; mais si la division se fait sur un développement, il devient le secondaire, en ce que ses divisions en dépendent, & deviennent inégales, lorsque celles du développé sont égales.

Si le Ceintre primitif supposé, n'étoit pas dans un plan parallele à la corde RD qui est perpendiculaire à la direction de la porte, comme L*b* qui lui est incliné, alors il y auroit trois ceintres à considerer, dont les divisions seroient toutes inégales; sçavoir, 1.° celles du ceintre primitif imaginaire; 2.° du ceintre réel à la surface de la Tour; 3.° & du ceintre de l'arc Droit dans l'épaisseur de la Tour, & chacun de ces ceintres seroit d'une courbure differente; sçavoir, circulaire ou elliptique, & ellipsimbre: il faut expliquer ce que nous entendons par l'arc Droit.

De l'Arc Droit.

Le ceintre qui est la section d'un plan coupant l'axe d'une voute en Berceau à angle Droit s'appelle *l'arc Droit*, tel est l'arc RED [*Fig.* 230.] ou ROI, *Fig.* 235. & 237. ou ABD, *Fig.* 239. ce genre de ceintres peut être *primitif*, ou *secondaire*, suivant l'attention principale que l'on a aux faces, ou à l'interieur d'une voute. Dans les Figures 230. & 235. il semble être naturellement le secondaire, si l'on a principalement en vûe la regularité du ceintre de face apparente ABD. Dans la Figure 239. il est primitif, si ABD est la face apparente, parce qu'elle est perpendiculaire à la direction du Berceau.

D'où il suit, 1.° que l'arc Droit n'est à plomb que dans les voutes Horisontales, & qu'il est en talud & surplomb dans les inclinées, comme R*oi*, *Fig.* 235.

Secondement, qu'il n'est jamais parallele aux arcs de faces biaises à la direction des Berceaux, soit qu'ils soient de niveau, ou en descente, comme on voit aux Figures 230. & 235. où l'arc RED, R*oi* n'est pas parallele à ABD.

Troisie'mement, que l'arc Droit de toutes les voutes biaises & en descente n'est pas d'une courbure ni d'une largeur, ou hauteur égale à celle de l'arc de face, ainsi *Fig.* 230. supposant l'arc de face circulaire, l'arc Droit RED sera surmonté elliptique, dont le petit axe RD sera plus court que le diametre AD; & au contraire (à la Figure 235.) si ABD est circulaire R*oi* sera elliptique surbaissé, dont le demi axe O*c* sera plus petit que le Rayon BC.

Quatrie'mement, qu'il ne peut y avoir d'arc Droit, proprement dit, dans une voute conique, comme dans les Trompes, [*Fig.* 236.] parce que la surface de sa Doele ne peut être à angle Droit sur aucun plan, que suivant une ligne tirée de sa base au sommet du Cône, dont les cotez sont convergens.

Fig. 236.

278 TRAITÉ

CEPENDANT le P. DERAN appelle *arcs Droits* les *Biveaux*, c'est-à-dire, les angles de la doele & des lits.

QUELQUES-UNS ont aussi appellé arc Droit le ceintre primitif perpendiculaire à l'axe du Cône, parce qu'on s'en sert comme de l'arc Droit pour la division des voussoirs.

IL semble par ce que je viens de dire qu'il n'y a point d'arc Droit dans les voutes courbes par leur projection horisontale; mais si l'on fait attention que l'angle que fait un Rayon avec sa tangente est réputé Droit, ou infiniment peu different du Droit, on reconnoîtra facilement qu'ils sont les arcs Droits des Voutes sphériques, sphéroïdes & annulaires.

Fig. 233. 1.° QUE tout cercle Majeur d'une sphère ABD, *Fig. 233.* est un arc Droit.

2.° QUE dans les sphéroïdes il y en a deux; sçavoir, asb qui est perpendiculaire à l'axe qui passe par les Poles du premier, perpendiculairement au plan de la base, ou projection du sphéroïde, comme $Pbpa$, *Fig. 234.* [*Fig. 234.*] & le second sera PSp.

Fig. 238. 3.° QUE l'arc Droit d'une voute *Annulaire* est celui dont le diametre tend au centre de l'anneau s'il est circulaire, comme Ri, *Fig. 238.* lequel est perpendiculaire à la tangente TN, & au plan de la projection ADFE, soit que la voute soit horisontale, comme la *voute sur le noyau*, ou qu'elle soit inclinée à l'horison, comme la vis St. Giles.

SI l'Anneau est Elliptique, comme la voute sur un noyau Ovale, son arc Droit sera la section Verticale, perpendiculaire à la tangente au point de division de l'Ellipse qui est la projection d'un joint de lit; il en sera de même pour la vis St. Giles sur un plan Ovale; alors la direction du diametre de l'arc Droit ne tend plus au centre du noyau.

USAGE

ON connoîtra dans la suite que l'arc Droit est indispensablement nécessaire pour trouver les Biveaux & faire les panneaux, c'est lui seul qui détermine les angles mixtes des doeles & des joins, & qui sert à faire les développemens des surfaces courbes des Cylindres; parce qu'étant perpendiculaire à toutes les parallèles à l'axe, dont le nombre infini forme la surface des Berceaux, il donne seul les mesures des largeurs de ces surfaces, & par conséquent les intervales des joins de lit, qui sont parallèles à l'axe du Cylindre: il en est de même à l'égard des Cylindres pliez sur leurs axes d'une courbe Circulaire ou Elliptique, comme dans les voutes sur le noyau.

REGLES DU DESSEIN DE L'EPURE.

I.

Du PLAN, ou de la Projection Horisontale.

Dans toutes les voutes où l'arc Droit & l'arc de face sont inégaux, il faut commencer par *se déterminer au choix d'un des deux pour en faire le ceintre Primitif*.

La Simetrie, la beauté ou la solidité étant les motifs de ce choix, il ne sera pas difficile de sçavoir lequel il convient de choisir. Lorsqu'une face est apparente, il en faut faire le ceintre Primitif, afin que les Têtes des voussoirs soient égales, & que leurs joins soient dirigez suivant les perpendiculaires à leurs tangentes aux points de division, si le ceintre est Circulaire, Elliptique ou de quelqu'autre courbe; mais si les Faces sont cachées, comme lorsqu'une voute est terminée par deux murs, il est plus commode de prendre l'arc Droit pour le Primitif; car il faut remarquer que si l'un est Circulaire & l'autre Elliptique, celui qui sera pris pour Primitif réglera les joins de l'autre en fausse Coupe, à moins que l'on ne fasse les lits Gauches, parce que les joins de tête du Circulaire tendent à l'axe du Berceau, & les joins de tête du ceintre Elliptique ne tendent pas au centre de l'Ellipse par où passe l'axe du Cylindre; de sorte que les lits changeroient d'inclinaison insensiblement, ce qui donneroit un lit Gauche, & que l'on doit éviter dans la pratique, à cause de la difficulté de l'exécution.

Remarque sur le choix du Ceintre Primitif aux Voutes extradossées.

Un Architecte est assez le Maître de choisir pour ceintre Primitif l'Arc de face, ou l'arc Droit, lorsqu'une voute n'est pas extradossée; mais lorsqu'elle l'est, il ne convient pas toujours qu'il choisisse l'arc de face; car s'il s'agit d'un Berceau ou d'une voute Conique biaise, dont l'arc de face soit Circulaire, il est évident par le Theoreme II. du I. Livre que l'épaisseur deviendra plus grande à la clef qu'aux impostes; de sorte que les voussoirs y deviendront plus pesans qu'aux impostes, ce qui est contre la bonne construction, & cependant qu'aucun Auteur de la coupe des Pierres n'a remarqué; il convient donc alors de choisir l'arc Droit pour centre Primitif, le faisant Circulaire, ou si l'on veut un peu surmonté,

TRAITÉ

SECONDE REGLE.

Diviser le Ceintre Primitif en autant de parties égales qu'on veut avoir de rangs de Pierres ou Voussoirs, & regulierement en nombre impair.

CETTE operation consideree geometriquement, est presque toujours impossible, parce qu'elle dépend de la trisection de l'angle qu'on n'a pas encore trouvée; mais cette précision est inutile dans les Arts, il suffit de chercher ces divisions en tâtonnant, d'autant plus qu'elles sont arbitraires; puisqu'on peut faire sans difformité des voutes de Pierres d'une largeur inégale, pourvû que chaque rang soit exactement parallele, & que la difference des largeurs soit peu sensible.

Nous ajoûtons que les divisions doivent être en *nombre impair*, afin qu'il ne se trouve point de joint au milieu du ceintre; mais une Pierre également appuyée sur les deux côtez de la voute qu'elle doit fermer dans l'exécution, on l'appelle pour cette raison *la Clef*, nom qui n'est pas affecté à une seule Pierre, mais au rang de voussoirs qui est le plus élevé: ce n'est pas qu'un joint sur le milieu d'un ceintre tirât beaucoup à conséquence pour la solidité; mais il choqueroit la vûë & la bonne ordonnance.

IL en faut cependant excepter les pans des voutes sphériques établies sur un quarré; on doit leur tracer un joint au milieu dans l'Epure seulement, mais non pas dans l'exécution, parce que ce joint n'est que l'angle d'un voussoir qui fait enfourchement, dont les branches se réünissent à cette ligne du sommet; c'est pourquoi on divise le nombre des voussoirs de chaque côté en parties égales.

PAR la même raison de Simetrie, il ne convient pas de diviser le côté d'un ceintre depuis la clef jusqu'à l'imposte en plus grand nombre de voussoirs que l'autre, à moins que les impostes ne soient pas de niveau entr'elles, comme dans les arcs Rampans, ou que la quantité des voussoirs soit assez grande de chaque côté, pour qu'on ne s'apperçoive pas d'un rang de plus ou de moins; c'est pourquoi les arcs Rampans peuvent être divisez en nombre pair.

La raison pour laquelle il faut commencer par la division du ceintre Primitif, est qu'il faut avoir la projection Horisontale des joins de lit de chaque Rang de voussoir, qu'on ne peut tailler qu'après en avoir déterminé les largeurs par le nombre qu'en doit contenir le contour du ceintre, & que lorsque les voutes sont biaises, ces largeurs de tête deviennent inégales, soit dans les arcs de face, soit dans les arcs Droits qui ne sont pas paralleles entr'eux; de sorte qu'il faut prévoir ce que la largeur

d'une

d'une tête biaise doit donner à l'arc Droit, ou ce que celle de l'arc Droit donnera d'augmentation à l'arc de face biaise.

TROISIE'ME REGLE.

Diviser les Arcs exterieur & interieur du Ceintre Primitif, qui comprennent l'épaisseur de la Voute en parties proportionnelles par des perpendiculaires à ces Arcs, aux points de leurs Divisions, pour régler l'inclinaison des joins de Tête.

Nous avons donné au I. Livre, Problêmes 26. 27. & 28. la maniere de tirer ces lignes, qu'on appelle les *joins de Tête*, comme 11, 22, 33. 44, *Fig.* 237. 238. 39. & 40. non seulement pour les ceintres circulaires, mais aussi pour toutes sortes de courbes des sections Coniques, & nous avons fait voir que la pratique des Ouvriers n'est pas exacte pour d'autre Courbe que pour le cercle.

Sur quoî il y a trois choses à remarquer. La premiere, que l'on doit tirer les joins de Tête perpendiculairement aux tangentes des Courbes des ceintres aux points de leur division dans les arcs de Face seulement, où l'on a la liberté de les incliner comme l'on veut; mais non pas aux ceintres Elliptiques des arcs Droits, lorsqu'ils sont secondaires, parce que les Lits des voussoirs ne seroient pas continuez dans un même plan, comme nous l'avons dit ci-devant.

La deuxiéme, que lorsque le ceintre primitif est circulaire, les joins du secondaire Elliptique, doivent être tirez au centre de l'Ellipse, plûtôt que perpendiculairement à la tangente sur la division, parce que les plans des lits doivent tous s'entrecouper dans l'axe du Berceau Cylindrique, comme on l'enseignera au IV. Livre de differentes manieres.

La troisiéme, qu'aux arcs de face Elliptique, il faut se contenter de faire les joins de tête perpendiculaires aux arêtes de Doele, parce qu'on ne peut les faire en même tems perpendiculaires à celle de l'extrados d'une Ellipse concentrique semblable, que par le moyen d'une Courbe qui ne convient ni au joint de Tête ni au Lit, qu'il faut affecter de faire toûjours plan. La raison est que les arcs des Ellipses Asymptotiques, c'est-à-dire, concentriques & semblables ne sont pas paralleles, comme ceux de deux cercles, par conséquent la perpendiculaire à la tangente de l'une ne peut se réunir avec celle de l'arc proportionel de l'autre.

La premiere raison sur laquelle est fondée cette division proportionelle de l'arc exterieur & de l'interieur, qui comprennent l'épaisseur de la voute, concerne la solidité, parce que les têtes des voussoirs deviennent par cette construction, en forme de coin, plus large du côté exterieur que de l'interieur, la circonference de l'un étant plus grande que celle de l'autre, les parties aliquotes en font auſſi plus grandes; de ſorte que la Pierre ne peut paſſer par l'ouverture inferieure de l'intervale de deux vouſſoirs, qui eſt plus étroit à la Doele qu'à l'Extrados; ainſi étant preſſée par ſa peſanteur contre les vouſſoirs Collateraux, qui ſe ſervent mutuellement d'appui les uns aux autres, elle eſt ſoutenuë en l'air par la réſiſtance des derniers appuis, qui ſont les Piedroits, leſquels doivent avoir aſſez de force pour contrebalancer l'effort que ces vouſſoirs ou eſpeces de coin font pour les écarter.

Nous avons encore deux autres raiſons de cette conſtruction; la premiere concerne la Simetrie, afin de conſerver toûjours une inclinaiſon uniforme des joins de tête ſur la courbe du Ceintre; car quand même les parties de l'arc exterieur & de l'interieur ne ſeroient pas proportionelles, la voute n'en ſubſiſteroit pas moins, pourvû que celles de l'interieur ſoient toujours plus petites que celles de l'exterieur, il n'en reſulteroit d'inconvénient que de la difformité, & une inégale impulſion des vouſſoirs contre leurs Collateraux.

La ſeconde raiſon eſt pour une plus grande ſolidité, parce que les plans qui paſſent par les joins de tête, qu'on appelle les lits, étant perpendiculaires à la tangente de l'arc au point de ſa diviſion, font avec la Doele de part & d'autre le plus grand angle qu'ils puiſſent faire, qui eſt le Droit, ou infiniment peu different du Droit; car ſi on le faiſoit obtus d'un côté, il rendroit l'autre aigu.

Or il importe que les réſiſtances des *Arêtes*, c'eſt-à-dire, des angles des Pierres, ſoient égales pour porter également la charge, car il eſt clair que la plus forte ſeroit caſſer la plus foible, comme l'expérience le fait voir aux platebandes, où l'on eſt forcé d'en agir autrement; ce que nous ferons remarquer au Livre ſuivant, en donnant les moyens d'y remedier.

QUATRIÈME REGLE.

Abaiſſer des Perpendiculaires de chacun des Points de diviſion de l'Arc exterieur & de l'interieur ſur le Diametre commun prolongé, où il le faut, pour en avoir la projection ſur une ligne droite.

Fig. 237. 238. & 239.

Soit [Fig. 237. 238. & 239.] les arcs ABD exterieur, & *abd* interieur diviſez en parties proportionelles A1, 1.2, 3.4, & *a*1, &c. par les lignes 1.1, 2.2, 3.3, 4.4, on abaiſſera ſur le diametre commun *ad*, & ſur ſon prolongement AD des perpendiculaires de chaque point de diviſion 1. 2. 3. 4. leſquelles pour l'arc exterieur ſeroient 1E, 2F, 3G, 4H, & pour l'interieur 1*e*, 2*f*, 3*g*, 4*h*, pour avoir les projections des diviſions de l'arc exterieur aux points EFGH, & de l'interieur aux points *efgh*.

Les perpendiculaires, dont il est ici question, sont ordinairement en œuvre des verticales, c'est-à-dire, en termes de l'art des à-Plombs, & lorsque le diametre du Ceintre n'est pas horisontal, comme il arrive aux arcs Rampans, au lieu du diametre on substituera une ligne horisontale, jusqu'à laquelle on prolongera ces perpendiculaires au dessous du diametre incliné.

La raison de cette operation est qu'elle fournit une maniere commode de trouver l'inclinaison de chaque Corde des arcs du ceintre divisé en voussoirs, en ce que chacune de ces Cordes devient l'Hypotenuse d'un triangle rectangle, dont la projection donne la longueur de la jambe horisontale *a e* pour le premier de l'interieur *a e 1*, *Fig. 239*. & *ef* ou son égale 1 K pour le second triangle 1 K 2; de sorte qu'il ne reste plus qu'à trouver la hauteur de l'autre jambe du triangle rectangle *e 1* ou K 2, pour avoir les deux extremitez de l'arc ou de sa Corde, *a* & 1, ou 1 & 2, pour avoir sa position à l'égard de l'horison; ce que la difference des perpendiculaires sur le diametre donne facilement, en retranchant de la hauteur 2 *f*, la premiere hauteur *e 1*.

Il est visible que ces differences de hauteurs où ces hauteurs à l'Imposte *a* sont les Sinus Droits de l'inclinaison des Cordes des divisions des ceintres, & les lignes horisontales trouvées par la projection *a e*, *ef* sont leur sinus de Complément.

Or avant que de creuser les arcs dans la Pierre, on commence toujours par en trouver les Cordes par plusieurs raisons, qu'on verra dans la suite. Cette pratique est la fondamentale de toutes les projections, on la trouvera repetée à chaque Trait de la coupe des Pierres au IV. Livre; *c'est pourquoi il est bon d'y faire attention*.

Il faut remarquer que quoique les lignes qui font la projection des arcs soient verticales dans l'execution, il n'importe dans le dessein de l'Epure en quelle situation on les trace, pourvû qu'elles soient toujours perpendiculaires à une ligne supposée horisontale.

Cet avertissement n'est pas inutile pour les Commençans qui trouvent étrange, que dans l'Epure on place les ceintres quelquefois dans une situation renversée, ou pour la commodité de l'arangement de la Figure, à laquelle on joint le plus souvent les parties contiguës, ou pour éviter la confusion des lignes qui se croisent; ou pour accommoder à la place du papier, ou du mur sur lequel on fait le Trait.

L'Imagination doit redresser les plans couchez sur d'autres plans, avec lesquels ils doivent faire des angles Droits, aigus ou obtus; or en quelque situation que l'on les suppose, les perpendiculaires à leur commune intersection donneront toujours les mêmes points de projection des arcs; ainsi, *Fig.* 239. si l'on suppose les arcs BD, MD & *bd*, *pd* égaux entr'eux, & également divisez aux points 3. 4. *o* & *n*, il est évident que les perpendiculaires tirées à leur intersection commune CD, donneront les mêmes points de projection *g* & *b* pour les points *o* & *n*, comme pour les points 3 & 4; ainsi dans les Traits, on trouvera des ceintres placez indifferemment en tout sens, suivant la commodité de la Figure & du Papier.

CINQUIEME REGLE.

Mener par les Points de projection des divisions des Ceintres, des Lignes droites ou courbes, comme il convient à la direction des joins de Lit de chaque espece de Voute, qui en expriment la projection.

Fig. 237. 238. Soit [*Fig.* 237. & 238.] la ligne *ad*, le diametre d'un ceintre sur lequel on a trouvé par la projection les points *e*, *f*, *g*, *b*, qui expriment les divisions des joins 1, 2, 3, 4, si la voute est Cylindrique comme à la Figure 237. pour trouver la direction des joins de lit, & la tracer, il ne s'agit que de mener des paralleles à l'axe, ou aux côtez du Berceau par les points *e*, *f*, *g*, *b*, comme *ek*, *fl*, *gm*, *bn*, & si le Berceau n'est pas droit, mais tournant comme une voute sur le Noyau circulaire, *Fig.* 238. aulieu de lignes droites, on tirera des arcs de Cercles concentriques à ses côtez, ou des arcs d'Ellipses, si cette voute tourne en Ellipse, & l'on aura la direction des joins de lit, comme *ekp*, *flq*, *gmr*, *bns*.

Fig. 233. Si la voute est sphérique, comme à la Figure 233. du point C pour centre, il faut décrire autant de cercles concentriques par les points de projection des joins, on aura de même la direction de ces joins, qui est encore parallele aux Piedroits de la voute.

Fig. 240. Enfin si la voute est Conique, comme à la Figure 240. ayant trouvé la projection des divisions du ceintre primitif AMB aux points FDNO, on tirera par ces points & par le sommet interieur du Cône S les lignes *s*F, *s*D, *s*N, *s*O, qui seront les directions des joins de lit.

Par où l'on voit, que dez qu'on a la projection des divisions du Ceintre primitif, on a aussi la direction des joins de lit exprimée sur le plan Horisontal.

Il faut seulement excepter de cette remarque les voutes sphériques, ou sphéroïdes, dont les joins de lit sont dirigez à des Poles horisontaux; parce que leurs projections sont des Ellipses qui se croisent aux Poles, comme les sommets de deux Cônes égaux tournez en sens contraire sur un axe commun, qu'on pourroit inscrire dans le sphéroïde.

La *raison* de cette operation est que les voussoirs doivent être couchez, suivant leur plus grande longueur dans une situation horisontale, ou qui en approche autant qu'il est possible, pour leur donner une meilleure assiete ; or lorsqu'ils sont rangez suivant la direction d'un Berceau horisontal, où ils sont toujours horisontaux dans un sens, ils s'appuïent totalement sur leurs lits, mais dans les voutes inclinez, ils s'appuïent sur leurs Têtes, quelquefois autant que sur leurs Lits.

Secondement, on prolonge la direction des joins de lit dans la longueur, ou dans le circuit de la voute, afin de leur donner la grace d'une Simetrie de lignes droites ou courbes paralleles aux Impostes, lesquelles font une espece d'ornement dans les Voutes sphériques, & si on s'écarte de cette disposition en inclinant les joins, c'est encore pour en faire un ornement plus singulier par un arrangement d'arcs.

On pourroit observer une pareille Simetrie à l'égard des joins montans, qu'on appelle joins de Doele qui les traversent ; comme je l'ai vû exécuté au Pont d'Avignon sur le Rône, dans la partie qui subsistoit sur le petit bras de la Riviere. Mais il en résulte deux inconveniens, l'un pour la construction, en ce que l'on n'a pas la liberté d'y employer des Pierres de longueurs inégales, l'autre pour la solidité, parce que les parties ne sont pas liées ensemble ; de sorte que dans l'exemple que je viens de citer, le quart, la moitié & même les deux tiers du Pont pouvoient tomber sans entrainer le reste, ce que l'Architecte avoit peut être fait à dessein.

Il peut encore arriver qu'une partie de voute s'afaisse davantage en ôtant les ceintres que les voisines, dont l'appareil a pû être mieux exécuté, & faire ainsi des inégalitez dans la Doele ; enfin l'usage est de prolonger par une suite réguliere les joins de Lit, & non pas ceux de Doele, qui ne doivent faire aucune suite, que lorsqu'on veut affecter de la déliaison.

Les lignes de la projection des joins de lit, quoique simples dans l'Epure, sont la representation de trois lignes de la voute ; sçavoir, de l'intervale vuide qui reste entre deux voussoirs, que l'on remplit quelquefois de Mortier ; & des deux angles ou arêtes de ces deux voussoirs, qui se touchent à la surface de la Doele ; c'est pourquoi on les appelle en termes de l'art *le Plan des arêtes des joins de Lit*, diction impropre qu'on ne peut adopter, puisqu'on ne peut dire le plan d'une ligne, mais bien la *projection* d'une ligne.

L'on verra au Livre suivant de quel usage sont les projections des joins de lit ; nous dirons seulement à l'égard des voutes Cylindriques, qu'elles servent à couper proportionellement les diametres des differens ceintres, sur lesquels élevant des perpendiculaires égales à celles qui tombent des divisions du ceintre primitif, on trouve les hauteurs & les divisions des joins de chaque ceintre ; ainsi, *Fig.* 239. à cause des paralleles *ap*, *ee*, *ff*, &c. les diametres *ad* & *pq* sont divisez proportionellement de même que *pq* & *rs*; de sorte que le diametre *ad*, projection de l'arc primitif *abd*, est divisé proportionellement au diametre *rs*, & parce que les hauteurs du Berceau sont supposées égales par-tout en faisant *yt*, *zu* égales à *e1*, *f2*, on aura les divisions du troisième ceintre ; ce qui sera expliqué plus au long dans la suite.

Si après avoir fait la projection des joins de Lit de la Doele ou Intrados, on en fait autant pour ceux de l'Extrados ; on trouvera les points des divisions des ceintres exterieurs, lesquels étant joins par une ligne aux interieurs, donneront l'inclinaison des plans des lits. Mais pour ne pas multiplier les lignes, on ne tire ces projections que dans le besoin ; nous les omettons presque toujours dans cet Ouvrage, pour éviter la confusion dans les Traits de l'Épure, où elles causent un embarras qui n'est pas un petit obstacle à l'intelligence des Traits de la coupe des Pierres.

Pour faire la projection des joins de lit des voutes Coniques, dont les sommets sont loin, ou seulement hors de l'étenduë de la surface, sur laquelle on la veut tracer, il ne suffit pas d'avoir la projection des joins d'un ceintre primitif, il en faut un second ; parce que ces lignes n'étant pas parallèles entr'elles, doivent tendre à un point qui est le sommet du Cône, & si le second ceintre n'étoit pas parallele ou semblable au primitif, on pourroit être embarassé pour aligner ces joins, dont il n'y a qu'un seul point donné par la projection sur le diametre du ceintre primitif; voici un moyen aisé de le faire.

PROBLEME I.

Par un Point donné auprès de deux Lignes convergentes, en mener une troisième qui tende au même sommet de l'Angle qu'elles feroient, si elles étoient prolongées.

Fig. 241. 242. Soient *Fig.* 241. 242. les lignes AB & CE inclinées entr'elles, & le point D entre les deux, ou au dehors ; on tirera à volonté par ce point la ligne DAC, *Fig.* 242. ou ADC, *Fig.* 241. qui coupe les deux lignes données en A & en C ; on lui menera ensuite une parallele BE, à telle distance qu'on voudra, & les diagonales AE, BC par les points où cette parallele coupe les lignes données. Du point D par H, section des diagonales, on tirera DG, & transportant la grandeur GE, de B en X, on tirera DX qui sera la ligne cherchée.

DEMONSTRATION.

A cause des triangles semblables ADH, EGH, on a AD : EG : : AH : EH, & les triangles semblables ACH, EBH donnent AH : EH : : AC : BE, donc aussi AD : EG ou BX : : AC : BE; *ce qu'il falloit faire.*

SIXIÈME REGLE.

Les Lits des Voutes Cylindriques & Coniques doivent être, autant qu'il est possible, des Surfaces planes.

La raison est que la surface plane étant la plus simple, est par conséquent la plus facile à exécuter, & la plus propre à s'adapter sur une semblable; en sorte que l'intervale des joins devienne le moindre qu'il est possible dans l'exécution; On éprouve en effet que lorsque les surfaces sont courbes aux lits & aux joins, elles sont rarement assez bien exécutées dans leur concavité ou convexité pour que l'une s'ajuste bien dans l'autre; on est toujours obligé d'y retoucher, & de les presenter souvent plusieurs fois avant que l'une & l'autre surface s'ajustent bien ensemble; c'est par cette raison, que plutôt que de faire des lits gauches, on aime mieux les faire en fausse coupe, comme dans les Descentes biaises, & dans ce Trait qu'on appelle *La Corne de Vache*, où l'on tire les joins du centre du petit ceintre, lequel-étant excentrique au grand, ne peut avoir pour joint la même ligne; puisque le Rayon du petit ne peut pas être perpendiculaire aux arcs du grand, dont les Rayons partent d'un autre point.

On pourroit cependant excepter certaines voutes irrégulieres, comme des Berceaux Elliptiques par un bout, & Circulaires par l'autre, dont les faces sont apparentes; parce qu'outre la difformité qui en résulteroit sur chaque face, où les joins de tête seroient en fausse coupe, les lits plans pourroient couper les Doeles à angles trop aigus, qui seroient sujets à faire casser les arêtes des voussoirs en les taillant, en les posant, ou à la seule charge.

SEPTIEME REGLE.

Les Lits des Voutes sphériques ou sphéroïdes sont des Surfaces Courbes.

La raison est qu'ils sont ....nez par la révolution des joins de tête *e*1, *f*2, *g*3, autour de leur ..re BC, auquel ils sont inclinez; d'où il suit *Fig.* 233. qu'ils sont alternativement concaves & convexes pour s'adapter les uns dans les autres, comme des Cornets.

REMARQUE

Les Lits des Voutes Cylindriques, Sphériques & Coniques régulieres sont des Surfaces qui ont toujours deux côtez paralleles, soit qu'elles soient planes, ou qu'elles soient courbes.

La raison est que les voutes sont ordinairement d'une même épaisseur; or comme les Lits s'étendent du dedans au dehors, ils sont terminez d'un côté par la Doele, & de l'autre par l'Extrados, qui sont paralleles au moins horisontalement.

Et quoique la voute ne soit pas extradossée d'une égale épaisseur, si elle est Cylindrique, & qu'elle s'épaississe vers les Reins, suivant la Courbe que M. PARENT a trouvé pour balancer la poussée par l'augmentation d'épaisseur des voussoirs, dont on parlera au IV. Livre; il seroit encore vrai que les lits auroient deux côtez paralleles entr'eux, parce que cette épaisseur coupée suivant la direction de la voute, seroit toujours la même à chaque lit, la difference ne tombant que sur les surfaces des joins de Doele, ou de tête, & non pas sur les lits où la Puissance qui résiste au poid, doit toujours être égale à égale distance du point d'appuy.

HUITIE'ME REGLE.

Pour connoître si l'on peut prendre des mesures sur une Projection, il faut examiner si l'Objet qui est projetté, étoit parallele au Plan de description.

Nous avons donné la raison de cette Régle, lorsque nous avons démontré que la projection faite par des lignes perpendiculaires à un plan, racourcissoit toujours l'objet projetté, qui n'étoit pas parallele à ce plan; parce que sa longueur étoit l'Hypotenuse d'un triangle rectangle, dont la projection n'est que le côté. C'est par cette raison, que pour avoir les mesures des voussoirs des Descentes biaises, il en faut faire deux projections, l'une horisontale qui donne des mesures trop courtes, & l'autre suivant la Rampe sur un plan qui lui soit supposé parallele. Ainsi l'on verra dans le IV. Livre, que quoique la maniere de tracer une voute en Descente biaise rachetant un Berceau par Equarrissement, soit la même que celle de tracer une Porte biaise en surplomb, il faut mesurer le biais de la Porte sur le plan de niveau, & celui de la Descente sur le plan incliné, appellé *plan suivant la Rampe*, parce que le plan de niveau est trop court; ce qui fait voir la necessité de faire un Profil des Rampes, ou ce qui est la même chose, leur projection sur un plan vertical, pour faire ensuite une nouvelle projection sur un plan incliné, par le moyen duquel on puisse trouver les mesures des voussoirs, dont les joins de lit sont paralleles à la Rampe.

page 289.   Planche 19.

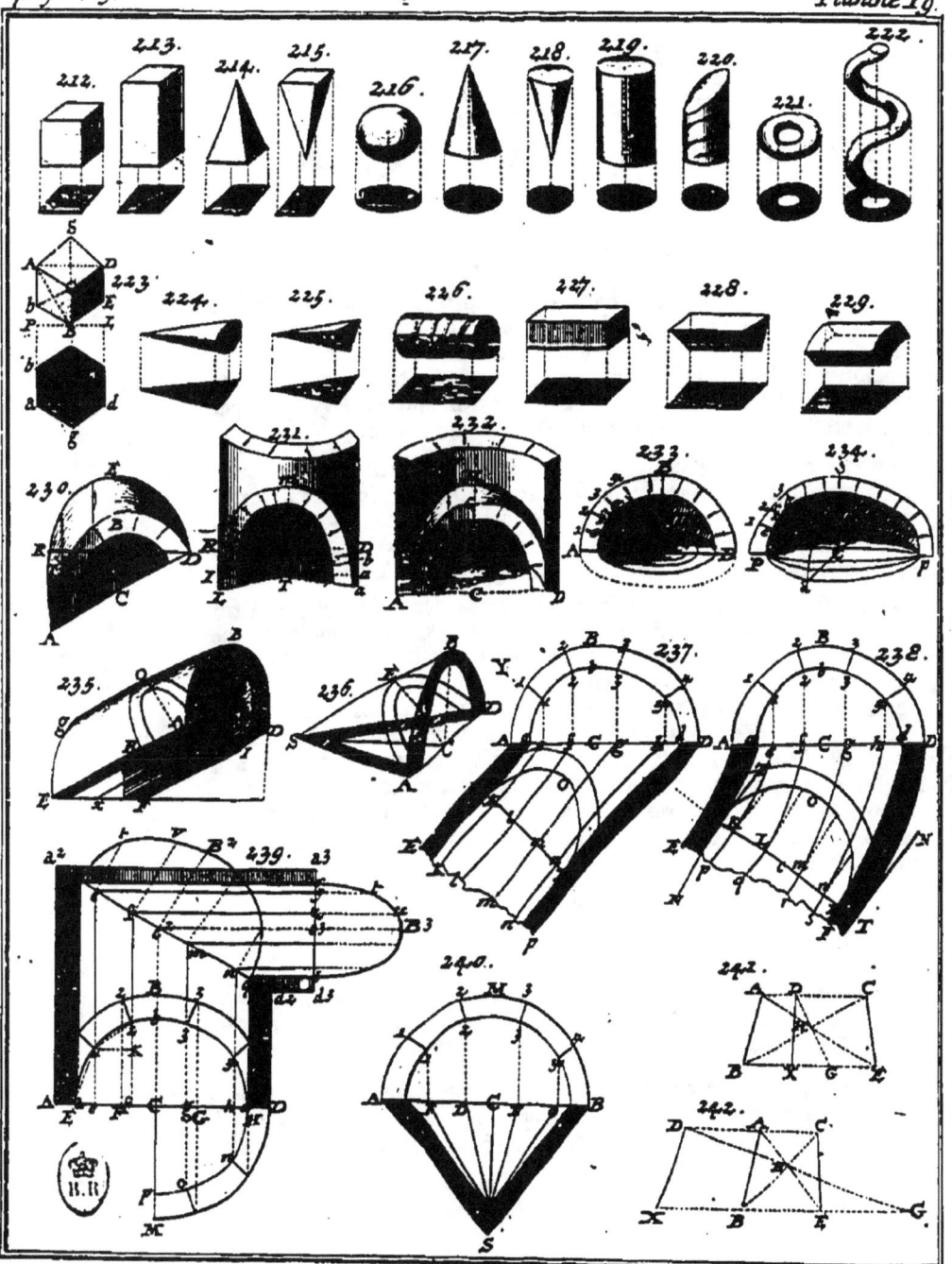

CHAPITRE III.

De l'Ortographie, ou de la Projection sur un Plan Vertical.

I.
DU PROFIL.

ON ne peut trouver par le moyen de la projection horisontale, ou *Plan* ichnographique, que des mesures horisontales, comme nous venons de le dire; mais parce qu'on a aussi besoin des mesures verticales, & quelquefois des projections sur un plan incliné, qu'il faut rapporter à un plan vertical, cette maniere de dessein qu'on appelle *Profil*, n'est pas moins necessaire que la precédente qu'on appelle *le Plan*.

La projection verticale change de nom, suivant la situation dans laquelle on represente les Objets; s'ils sont representez par le côté, suivant leur profondeur, on l'appelle *Profil*: s'ils sont representez dans leur interieur, suivant une longueur parallele à leur surface qu'on suppose ôtée, on l'appelle *Coupe*; & s'ils sont vûs en face, on l'appelle *Elevation*.

CETTE difference qui ne consiste que dans la dénomination, n'en fait aucune dans la maniere de faire les representations. C'est toujours une projection sur un plan vertical, & à bien prendre la chose, c'est encore la même que pour faire la projection horisontale; car il n'y a qu'à supposer une position de plan vertical, au lieu d'un plan horisontal, & mener sur ce plan des lignes horisontales, au lieu de verticales, par les angles ou divisions de l'objet. S'il ne s'agissoit ici d'introduire le lecteur dans les principes d'un Art, dont il faut lui donner des idées distinctes, nous aurions confondu le Plan, le Profil & l'Elevation sous le même nom de *Projection*; car les Régles qui en constituent la différence, ne sont purement qu'accidentelles.

PREMIERE REGLE

Pour les Voutes Cylindriques.

Un Ceintre supposé en situation Verticale étant donné, il faut mener par tous les Points de sa division en Voussoirs des Lignes horisontales, jusqu'à la rencontre d'une Ligne verticale ou supposée telle, pour en faire le Profil.

CETTE Régle ne differe de la quatriéme du chapitre precédent, qu'en ce Fig. 243. que ces lignes ne sont pas menées sur le diametre horisontal, mais sur une ligne qui lui est perpendiculaire, comme A E, [*Fig.* 243.] sur le Rayon C A, sur laquelle on a mené les paralleles à l'horison B E, 4f, 3g, 2h, 1i, pour avoir les hauteurs des points 4, 3, 2, 1, rassemblées sur cette ligne AE.

On pouvoit au lieu des horisontales BE, 4*f*, 3*g*, &c. abaisser des perpendiculaires 4*p*, 3*q*, 2*r*, 1*s*, comme l'on a fait ci-devant pour la projection horisontale, & transporter avec le compas la longueur de chacune de ces lignes sur AE, à commencer du point A; sçavoir, *p*4 en A*f*, *q*3 en A*g*, &c. & l'on auroit eu les mêmes points E*fgh*; mais il convient pour la pratique de les chercher par des perpendiculaires sur AE, parce qu'elles en font connoître les origines, & le point de division qu'on a voulu representer; ce qui empêche la confusion, d'autant plus que chaque point de la ligne AE en represente toujours deux, lorsque les ceintres sont également divisez dans chacune de leurs moitiez; comme ils le sont ordinairement, ou doivent l'être pour plus de régularité; ce qui fait que dans nos Figures de Profil, 243. & 244. nous ne mettons qu'un quart de cercle, qui est une moitié de ceintre, au lieu du demi cercle qui fait un ceintre tout entier; où l'on peut remarquer qu'il est indifferent de placer la verticale du Profil hors du cercle, comme AE à la Figure 243. ou dans le cercle, comme *b*R à la Figure 245.

La raison pour laquelle on rassemble ainsi toutes les hauteurs des divisions d'un ceintre sur une seule ligne, est premierement pour faire voir l'effet d'une voute vûe de côté, où les directions des joins de lit se resserrent à mesure qu'ils approchent du sommet, quoiqu'en effet, ils soient distribuez autour du ceintre à distances égales.

Secondement, pour changer la direction de ces joins, lorsque les Berceaux sont inclinez, comme à la Fig. 245. où se rencontrent sous quelque angle que ce soit, comme on voit à la Fig. 244. ce qui détermine les hauteurs inégales des Berceaux de même largeur, qui sont inclinez entr'eux.

Troisie'mement, pour trouver les hauteurs des divisions des ceintres des Faces inclinées à l'horison; car en les supposant sur un plan vertical, comme CBA, *Fig.* 244. & les rassemblant sur une ligne aussi verticale CB; il ne s'agit plus que d'incliner cette ligne, comme en C*b*, dans la situation où elle doit être à l'égard de l'horison, c'est-à-dire, suivant son Talud, & par des arcs de cercle B*b*, *fn*, *gm*, &c. on aura toutes les hauteurs de ces divisions *bv*, *nx*, *mt*, *lx*, *ky*, lesqu'elles sont differentes des premieres BC, 4*p*, 3*q*, 2*r*, 1*s* qui étoient plus grandes.

SECONDE REGLE.

Mener des paralleles à la direction des Voutes en Berceau, par les Points de leur projection sur une Ligne verticale, pour y marquer les joins de Lit, & lorsque ces paralleles rencontrent une Ligne de jonction de deux Berceaux, reproduire ces mêmes Lignes parallelement à la direction du second Berceau, & ainsi d'un troisiéme.

DE STEREOTOMIE. Liv. III.

CETTE Régle se comprendra facilement par l'exemple de la Fig. 245. Fig. 244. où l'on a représenté une Descente $bnpR$, & à la Figure 244. une autre & 245. HD, qui aboutit à deux Berceaux horisontaux $EDCb$ dans le bas, & HG, c^3, b^3 dans le haut.

AYANT trouvé par la Régle precédente les divisions de la ligne Cb, égales à CB, on tirera par les points trouvez nm, lk, les paralleles nx, $my, lY, k2$, jusqu'à la rencontre de la ligne ED, qui represente le plan de l'Ellipse commune aux deux Cylindres $EDCb$ & HD, & par les points x, y, Y, z, on tirera autant de paralleles à la ligne EH ou DG, qui donneront les intervales des joins de lit du second Berceau plus resserrez jusqu'à la seconde ligne HG, d'où on les reproduira parallelement à Hb^3, direction du troisiéme Berceau, où ils le seront encore plus ; on continueroit de même pour les directions des Lits d'un quatriéme, s'il y en avoit.

LA raison de cette operation, est que les joins de Lit doivent être continuez en ligne droite, parallelement à la direction des Piedroits des voutes, & à leurs Impostes : c'est pourquoi ils sont representez par des lignes paralleles dans le *Profil*, comme nous l'avons dit du *Plan*; la seule difference est que les paralleles de la Projection horisontale se resserrent vers les Impostes, & que dans le Profil, elles se resserrent vers la Clef, & les intervales de ces paralleles mesurez perpendiculairement, sont les sinus Droits de l'inclinaison des Cordes des arcs de chaque vousoir, comme les intervales des paralleles de la Projection horisontale, sont les sinus de leurs Complémens; de sorte qu'ayant trouvé les uns & les autres par ces deux sortes de Projection, on a les deux jambes du triangle rectangle, dont l'hypotenuse est la Corde de l'arc du ceintre, que comprennent les divisions de chaque voussoir; par conséquent on a la position de cette Corde à l'égard de l'horison, & l'angle qu'elle doit faire avec la Corde de l'arc suivant, soit qu'il soit portion de Cercle ou d'Ellipse.

TROISIEME REGLE.

Transporter toutes les Perpendiculaires tirées des divisions du Ceintre primitif au Rayon vertical, sur le demi diametre de chaque Berceau, pour avoir la Courbe des Ceintres secondaires, tant des arcs Droits, que des inclinez.

SOIT *Fig.* 241. le quart de cercle CBA, moitié du Ceintre primitif *Fig.* 244. divisé à sa circonference aux points 1, 2, 3, 4, ayant tiré par ces points des perpendiculaires à son demi diametre vertical, comme $1i, 2h, 3g$, $4f$, on les transportera sur tous les differens demi-diametres des Berceaux. 1.° Comme l'incliné en Talud Cb, 2.° le vertical bv, qui est l'Arc Droit. 3.° L'INCLINE' de rencontre FD.

4.° Le perpendiculaire à la direction c^2, b^2, qui est l'arc Droit de la descente HD.

5.° L'incliné de rencontre HG.

6.° Le vertical de sortie c^3, b^3, qui est aussi un arc Droit, en un mot par-tout où l'on voudra avoir le changement des ceintres que donnent les differentes sections des plans passans par ces demi-diametres. Ainsi pour former le ceintre de l'arc Droit du Berceau Rampant HD ; ayant tiré à volonté la perpendiculaire b^2, c^2, qui coupera les paralleles originaires des points 1, 2, 3, 4, aux points d, d, d, on portera sur chacune de ces paralleles les longueurs correspondantes au ceintre Primitif AB, des Ordonnées 1i, 2h, 3g, 4f, en d1, d2, d3, d4, & l'on aura l'arc Droit surbaissé b^2, a^2, on transportera aussi les mêmes Ordonnées perpendiculairement sur les divisions de la ligne HG, pour avoir l'arc de rencontre H3, ig, enfin sur la ligne c^3, b^3, comme le marquent les mêmes chiffres pour avoir le dernier ceintre de face superieure b^3, a^3. On observera la même construction à l'égard de la ligne DE, si l'on vouloit avoir le ceintre de rencontre des differens Berceaux, avec cette seule difference, qu'au lieu des lignes obliques qui les coupent au Profil, il faut leur mener des perpendiculaires sur chacune des divisions, que donnent ces lignes, comme on voit en Gg, u1, v2, v3 ; ce qu'on n'a pas fait dans cette Figure, pour éviter la confusion.

La raison de cette operation, est que les largeurs des Berceaux étant par-tout égales, leur difference ne peut être que dans les hauteurs. Quoique les Berceaux soient inclinez à l'horison, les Ordonnées paralleles au plan qui passe par les Impostes seront des horisontales, & par consequent égales à celles qui étoient paralleles au Rayon AC, lesquelles déterminent les largeurs, & coupent les demi-diametres, qui sont dans des plans verticaux en parties proportionelles, telles que doivent l'être les abcisses des Ellipses.

Si les Berceaux étoient Rampans suivant les Impostes, alors la ligne AC deviendroit inclinée au Rayon vertical CB, & toutes les autres Ordonnées lui seroient paralleles.

Sur quoi il est aisé de remarquer qu'il n'est pas indifferent de prendre pour ceintre Primitif une face couchée en Talud, comme Cb, ou sa hauteur verticale bv, qui est l'arc Droit du Berceau horisontal ; puisque si l'un est en plein ceintre, l'autre sera surbaissé ou surmonté ; c'est à l'Architecte à voir ce qui convient le mieux à son dessein.

Des Profils des Berceaux à double Obliquité.

Tous les Profils dont nous venons de parler, ne supposent qu'une

DE STEREOTOMIE. Liv. III.

obliquité, ou de direction, à l'égard du plan vertical, comme les Descentes; ou d'inclinaison de face, comme les Taluds; mais il en est d'autres qu'on ne peut exprimer dans les Profils, sans racourcir ou les faces ou les axes; de sorte qu'on ne peut plus y prendre de mesure, telles sont les obliquitez du Biais simple, du Biais & du Talud joint ensemble, ou de la Descente & du Biais; parce qu'alors si le plan de description est parallele à une des directions, il ne l'est pas à l'autre.

On verra dans le IV. Livre la maniere de faire les Profils de ces differentes especes de voutes obliques, & de suppléer par le Plan horisontal, & des seconds Profils aux racourcissement qui se trouvent dans les parties du premier, qui n'y peuvent être dans leurs mesures.

Comme nous ne donnons ici que les Régles generales, nous n'entrerons point dans le détail de toutes les differentes compositions d'obliquité; mais nous ferons voir comment on peut les réduire en une seule.

Problême II.

Réduire toutes les differentes Obliquitez de biais, de Talud & biais, de biais & descente, de descente, Talud & biais, en une seule, pour ne faire qu'un Profil, qui exprime toutes ces Obliquitez, & conserve les mesures que l'on y doit prendre.

Ce Problême qui est le principe secret & misterieux de la methode de Desargues, sera détaillé au IV. Livre pour toutes sortes de Berceaux en particulier, où nous expliquerons ce qu'il a caché sous des noms impropres, qu'on trouve dans le Livre de Bosse.

Premierement, il est clair que toutes les obliquitez qui ne sont pas de directions differentes, peuvent se réduire à une seule; ainsi [Fig. 244] dans une descente HD, le Talud HG ou le surplomb ED étant perpendiculaires au plan vertical passant par l'axe du Cylindre DG, peuvent être exprimez dans le même Profil differemment situé, sans aucun changement; car si je prends DG pour une horisontale, quoiqu'elle soit inclinée, il n'en résultera d'autre changement que celui de nom; sçavoir que HG que j'avois appellé Talud à l'égard de l'horison G *a*, ou CD, s'appellera surplomb à l'égard d'un horison DG, & qu'au contraire DE qui étoit en surplomb deviendra un Talud. Ainsi j'ai déja réduit deux obliquitez de descente & Talud en une seule de surplomb, & celle de descente & surplomb en une de Talud.

Fig. 244. & 245.

Secondement, [Fig. 245.] je puis changer une obliquité simple en une autre obliquité connuë sous un nom different; si par exemple je considere le demi Berceau R *b np*, comme incliné à l'horison OR, je puis le confiderer aufli comme horifontal fur Rp, mais biais à l'égard d'une ligne de face Rb confiderée comme étant dans le plan de fuppofition horifontal bRp, au lieu que dans la premiere fuppofition, elle étoit verticale dans le même plan confideré en fituation verticale, fans qu'il en réfulte d'autre changement, que celui du *niveau* en *à plomb*; la feule difference qui en réfulte, eft la tranfpofition de la Clef au lieu où étoit l'Impofte, & la divifion des vouffoirs qu'on commencera à une extremité d'un Rayon, au lieu de la commencer à l'autre, fi l'arc de face eft circulaire, mais s'il étoit furbaiffé ou furhauffé, il en réfulteroit une tranfpofition d'axe du grand au lieu du petit, & du petit au lieu du grand; ce qui arrivera à l'arc Droit, fi l'arc de face eft circulaire.

Au refte il eft clair que cet arc Droit n'eft pas fufceptible d'aucun autre changement, quand même on augmenteroit ou diminueroit le talud, le biais, la defcente ou le furplomb.

Si cependant les obliquitez des faces font doubles de differentes directions, comme de Biais & Talud tout enfemble, ou defcente & de Biais; alors on ne peut pas les réunir en une par la feule tranfpofition du niveau en à plomb; il faut chercher la pofition du diametre de plus grande obliquité, qui eft celui de la fection d'un plan paffant par l'axe perpendiculairement à la face du Berceau.

Fig. au deffus de 247.

Soit AB [dans la Fig. au deffus du chiffre 247.] le Diametre horifontal d'un Berceau, dont la direction horifontale de fon Piedroit eft AG, & celle de fon axe qui lui eft parallele eft CX, faifant avec AB l'angle aigu XCA, foit auffi l'inclinaifon de fa face en Talud, fuivant un angle donné SCT, ou fon Complément TCB, du point C pour centre & CA pour Rayon, ayant décrit un cercle ASBK, qui coupera CT en T, on tirera de ce point T une parallele à ACB, & du point A une perpendiculaire Ax à l'axe donné CE, qui coupera Tt en t, fi par ce point t & le centre C, on tire une ligne DI, on aura l'obliquité fimple tC, compofée des deux PC du Biais, & tP du Talud, laquelle fera la projection d'un plan paffant par l'axe perpendiculairement à la face, & par conféquent celle d'une partie de l'axe fur le diametre de la plus grande obliquité. Pour détacher ces deux lignes confondues par cette projection, on menera par le point t une perpendiculaire indéfinie tF, qui rencontrera la ligne de Talud TC prolongée en F, je dis que l'angle tCF eft celui de l'axe avec le diametre de la fection de la face coupée par un plan paffant par l'axe & perpendiculairement à cette face.

DEMONSTRATION.

Soit tirée Ax perpendiculaire à EC qui rencontrera Tt au point t.

Si l'on suppose deux Cylindres horisontaux de bases égales & de differentes directions de Biais & de Talud, que nous exprimerons par celles de leurs axes EC oblique sur AB, & SC qui lui est perpendiculaire; si l'on fait mouvoir ces deux Cylindres en sens contraire chacun autour de son axe, il est clair que le point T décrira un arc de cercle en l'air, dont la projection est la ligne T*t*, & que le point A tournant autour de l'axe XC décrira un autre arc, dont la projection est A*x*, qui rencontrera le precedent en un point en l'air, qui sera exprimé au plan horisontal par le point *t* commun aux deux diametres, & la ligne *t*C sera la projection du Rayon CT dans un plan vertical, commun aux deux bases des Cylindres; lequel Rayon est aussi commun à la base d'un troisiéme Cylindre, qui auroit pour axe DC, & pour inclinaison de sa face l'angle DCF; car si l'on fait mouvoir le diametre TCF autour de cet axe, il est clair que le point F décrira en l'air un arc, dont F*t* est la projection, par conséquent au lieu de considerer les deux Cylindres precedens, je puis ne considerer que le troisiéme, dont l'obliquité FCD sur son axe CD rassemble celle des deux autres, supposant toûjours des bases égales.

Il est visible que si l'on prolonge la perpendiculaire jusqu'à la circonference du cercle en H, & qu'on tire HC, on aura un angle DCH égal à DCF, & par conséquent que le diametre de plus grande obliquité pourra être representé en dessus en HK, ou en dessous en FT, & l'axe par HC ou DC, puisque l'angle de leur rencontre est toûjours le même en C.

Cela supposé, si l'on prend DI pour diametre de la base, il sera évident qu'il sera celui de la plus grande obliquité, puisque le plan *t*HC passe par l'axe HC, & par la perpendiculaire H*t* qui est horisontale sur une ligne DI, qui est dans un plan incliné coupé par un vertical; or cette ligne H*t* qui est le sinus droit de l'angle HCD, est la plus courte de toutes celles qu'on peut mener d'un point H de l'axe au diametre DI; par conséquent l'angle HCD est le plus petit de tous ceux que l'axe peut faire avec un des diametres de la base; *ce qu'il falloit démontrer.*

Corollaire I.

De la connoissance de cet angle, il suit qu'on peut faire le Profil d'un Berceau à double obliquité, suivant les mêmes Régles que pour ceux qui n'en ont qu'une, ou deux de même direction, réduites à une; la difference qu'il y aura, c'est qu'au lieu de prendre la base horisontale de la face donnée pour celle de la projection des divisions de son ceintre en voussoirs, on prendra le diametre trouvé DI, sur lequel on abaissera des perpendiculaires des points de ces divisions; ce qui oblige à la description d'un peu plus de la moitié de la base, ajoûtant au dessous de AB l'arc

BI = AD; ainsi pour faire la projection des Impostes A & B, on menera de ces points sur le diametre DI les perpendiculaires Aa, Bb qui donneront des points a & b, lesquels ne seront plus aux extremitez du diametre de base, comme ils étoient auparavant. Cependant il est visible que si par ces points a & b, on mene des paralleles aX, $b$$m$, à l'axe HC, on retombera dans le cas de la pratique ordinaire de la Figure 245. supposant l'angle ARp égal à l'angle DCH de celle-ci; soit qu'on réduise les deux obliquitez au simple biais, ou à la simple descente Droite.

COROLLAIRE II.

Puisque cette construction change l'angle XCA du premier Biais en HCa, celle du Piedroit AG sera transportée en aX parallelement à l'axe, & les lignes $a$$r$ & bR perpendiculaires à l'axe exprimeront, le demi diametre de l'arc Droit, passant par les joins de lit des Impostes, il en sera de même pour tous les autres joins de lit; ce qui fait voir comment on peut revenir à la même pratique de Profil qui a été expliqué à la Figure 244. où l'on a fait l'arc Droit a^2, b^2, par le moyen du demi diametre c^2, b^2, perpendiculaire à l'axe DG, divisé en ses abscisses, c'est-à-dire, qui font des distances équivalentes à des hauteurs des retombées; ce que nous expliquerons plus au long au IV. Livre.

COROLLAIRE III.

Si au lieu de considerer le diametre AB, comme horisontal dans un plan incliné, on le considere comme étant dans un plan vertical, le diametre DI sera incliné à l'horison, & si l'on veut aussi supposer DI horisontal, AB sera incliné à l'horison, & mL perpendiculaire à DI sera une verticale, laquelle sera perpendiculaire à l'axe horisontal HC, quoique tous les autres diametres possibles lui soient inclinez; d'où il suit que quelque Biaise que soit une voute, il y aura toûjours une tête de lit, où il n'y aura du tout point de Biais, & qui sera parfaitement à l'équerre.

COROLLAIRE IV.

Il suit aussi que tous les angles des têtes des lits des voussoirs compris entre m & D seront obtus, & entre m & I, ils seront aigus plus & moins, selon qu'ils approcheront des extremitez D ou I, ce qui doit s'entendre aussi des côtez opposez au dessous du diametre DI; parce que les côtez des Cylindres étant paralleles à leur axe, l'angle de chacun de ces côtez avec un diametre donné, est égale à celui que fait l'axe avec ce même diametre.

COROLLAIRE

DE STEREOTOMIE Liv. III.

COROLLAIRE V.

Puisque les angles que l'axe fait avec chacun des diametres du cercle de la base du Cylindre ou face du Berceau, sont tous inégaux; il suit qu'on peut faire une infinité de Profils differens d'un même Cylindre scalene, dans lesquels il paroîtra plus ou moins incliné; en sorte que s'il est fait par le diametre perpendiculaire à celui de plus grande obliquité, le Profil de ce Cylindre, ou ce qui est le même, d'un Berceau biais, sera le même que celui d'un Droit.

COROLLAIRE VI.

Si l'on tire aussi une perpendiculaire ns à l'axe HK, elle representera un des diametres de l'arc Droit, lequel étant supposé circulaire, la courbe de la face sera une Ellipse, dont le grand axe sera dans la plus grande obliquité DI, le petit axe en mL, qui lui est perpendiculaire: ce qui donne une facilité pour en tracer le ceintre.

COROLLAIRE VII.

Au reste de quelque Courbe que soit le ceintre de face, ou celui de l'arc Droit, la maniere de trouver le diametre de la plus grande obliquité sera toujours la même; car le demi diametre CT sera égal à FC, quoique l'on substituë une Ellipse au lieu du cercle THF, & les perpendiculaires Ts & Ax aux directions SC, EC se rencontreront toujours au même point s, si sans égard à l'arc de face, on prend sur AC une longueur égale à CF ou CT, ce qui est indépendant du ceintre de face; en effet il est clair que quand même on ne prendroit que la moitié de ces lignes, les perpendiculaires sT & As, qu'on peut considerer comme les côtez d'un Parallelograme, ne feroient que se rapprocher parallelement, & par conséquent se couperoient toujours dans la même diagonale sC; ce qui suffit pour donner l'angle DCF, de l'axe avec le diametre de plus grande obliquité qu'on cherche.

COROLLAIRE VIII.

Puisque l'inclinaison du diametre DI de plus grande obliquité, avec la ligne horisontale donnée pour base de la face AB, & l'angle de cette ligne DI, avec celle qui represente l'axe HC, sont les seules choses essentielles à la réduction de l'obliquité; il est clair que leur transposition au dessus ou au dessous de la ligne AB, ne changent rien à la construction, & qu'ainsi il importe peu que l'axe soit en HC ou en FC, pourvû que l'une & l'autre de ces lignes fassent le même angle avec la ligne DI, & qu'ainsi il importe peu de faire le Profil du Talud au dessus ou au dessous de la ligne

Tom. I. Pp

AB ; mais en ce cas il faut changer le côté de la perpendiculaire à l'axe de A en B.

Secondement, il faut obferver que le talud & le furplomb, la defcente & la montée à ouvertures d'angles égales avec l'horifontale AB, donneront toujours le même angle de l'axe HC avec le diametre DI, mais en differens fens ; de forte que les directions oppofées donneront des angles de differente nature, l'un aigu & l'autre obtus ; mais qui feront toujours les fuppléments à deux droits l'un de l'autre.

Troisie'mement, que les Profils des angles d'inclinaifon perpendiculaire à une même direction, comme la defcente & le talud, la montée & le talud doivent être rangez d'un même côté au deffous de l'horifontale AB, lorfque l'un doit être fouftrait de l'autre, & des deux côtez, lorfqu'ils doivent être ajoûtez ; fçavoir, le Talud au deffous, & la defcente au deffus, comme nous le ferons voir au IV. Livre ; parce que fi l'on retranche de l'angle de la montée celui du Talud, l'angle de la face avec l'axe qui étoit déja aigu, le devient encore plus. Et fi l'on retranche le Talud de l'angle de la defcente, qui eft équivalent à un furplomb à l'égard de l'axe confideré en fituation horifontale, & par conféquent obtus, le furplomb diminuë & approche plus du Droit ; ce fera la même chofe fi l'on ajoûte l'angle du Talud au complément du furplomb ou defcente ; cet angle qui étoit aigu avec cette addition approchera plus du droit, par conféquent l'obliquité de l'axe fur la face diminuera.

Des Profils des Voutes Coniques.

Les Profils des Trompes & autres voutes Coniques qui feroient faits fuivant les mêmes Régles que ceux des Cylindriques ou Berceaux, feroient inutiles pour la conftruction des Traits.

Fig. 247. La raifon eft que les projections des joins de Lit, n'étant pas paralleles entr'elles, ne peuvent l'être auffi à un même plan vertical ; par conféquent (par le I. Corol. du Chap. V. du II. Livre,) ces points ne peuvent y être reprefentez dans leurs juftes mefures ; ils feront tous plus courts au Profil, que dans la réalité, excepté un qui peut être dans un plan vertical. Ainfi fuppofant le Profil SbP [*Fig. 247.*] formé fur la projection SPL, il ne s'y trouvera de mefure jufte, que la longueur du milieu de la Clef Sb, dont SH eft la projection horifontale ; car il eft vifible que l'Impofte SL, ou fon égale SP, eft plus courte que fon Profil sP ; puifque SP eft l'hypotenufe d'un triangle rectangle, dont s a P eft un côté, les autres lignes Sb, So qui reprefentent les joins de Lit, feront un peu moins racourcies, à mefure qu'elles approchent du plan vertical SbP.

D'où il fuit, que puifque tous ces Profils racourciffent inégalement les joins de Lit; on ne peut en trouver toutes les valeurs raſſemblées dans un ſeul plan, comme celles des joins des Berceaux, excepté aux voutes qui ſont des portions de Cônes droits ſur une baſe Circulaire; parce qu'alors la valeur de tous les joins de Lit eſt donnée ſans le ſecours du Profil dans le ſeul plan horiſontal, ces Lits étant tous égaux à celui d'une des Impoſtes.

QUATRIEME REGLE.

Dans les Traits des Voutes Coniques Scalenes, il faut faire autant de Profils qu'il y a de joins de Lit, dont les Hauteurs ou les Projections horiſontales ſont inégales, pour en trouver la juſte valeur.

J'ENTENDS par le mot de *Scalene*, non ſeulement la voute dont la projection horiſontale ou verticale eſt un triangle ſcalene, mais auſſi celle dont le plan horiſontal eſt un triangle iſoſcele, & dont l'axe eſt Droit ſur ſa baſe, qui n'eſt pas circulaire, mais Elliptique, ou de quelqu'autre Courbe.

SOIT [*Fig.* 247.] SAB, le plan horiſontal d'une Trompe que nous conſiderons comme biaiſe, quoiqu'elle ſoit droite, pour ne pas multiplier les Figures; ſur AB, comme diametre de la baſe du Cône, qui eſt la face de la Trompe, ayant décrit la courbe de ſon ceintre, comme le demi cercle AHB ou une demi-Ellipſe, & l'ayant diviſé en ſes vouſſoirs aux points 1, 2, 3, 4; on abaiſſera des perpendiculaires de chacun ſur AB, pour en avoir la projection horiſontale aux points D, E, F, G, d'où par le ſommet S du Cône, on tirera les lignes DS, ES, FS, GS, qui ſeront les projections des joins de Lit à la Doele, dont il faut chercher la valeur par le Profil.

Fig. 247.

PUISQUE tous les joins rencontrent le plan horiſontal en S, il eſt viſible qu'ils ſont tous chacun l'hypotenuſe d'un triangle rectangle, dont on a les deux côtez donnez; ſçavoir, la hauteur des points 1, 2, 3, 4; ſur le plan horiſontal, & la diſtance de leurs projections D, E, F, G du ſommet S, dans la projection horiſontale.

AINSI on peut faire ces Profils de differentes façons qui viennent toutes à la même fin.

1.° ON peut élever aux points D, E, F, G des perpendiculaires égales aux hauteurs D1, E2, F3, G4, & tirer les hypotenuſes demandées, comme E2 en E*e*, D1 en D*d*, les lignes S*e* & S*d*, ſeront les vraies longueurs des joins de Lit.

2.° POUR abreger, & profiter des angles droits tout faits, on peut porter les projections ſur la baſe BA prolongée; par exemple, ES en

E×, & DS en DY, les lignes ×2, & Y1, feront les vraies longueurs des joins de Lit, auxquels les opposez correspondans aux points 3. & 4. feront égaux, parce que le Cône est droit; il n'en feroit pas de même s'il étoit scalene, la Trompe étant biaise.

Ces deux manieres sont bonnes en elles-mêmes, mais lorsqu'il y a beaucoup de voussoirs, elles produisent une multiplicité de lignes qui cause de la confusion; c'est pourquoi je crois qu'il convient mieux de porter tous les Profils hors du plan sur une base commune.

3.° On prendra une ligne quelconque qui passe par les sommets S hors du plan, comme SL sur laquelle on transportera par des arcs de cercle, faits du même point S pour centre, toutes les longueurs des projections SC, SF, SG, en K, L, n, où l'on élevera des perpendiculaires KH·, L 3 ƒ, n 4, les lignes 3 ƒ S, 4 S feront les Profils des joins de Lit, passant par les points 3 & 4, & H·S, celui du milieu de la Clef. Comme il est évident par la construction, qui est la même que la precédente. Cette méthode débarasse le *Plan*, & les arcs CK, FL, Gn, marquent les origines des Profils, pour qu'on ne s'y méprenne pas. Le reste de la Figure sert pour les discours suivans.

Les valeurs des joins de Lit étant trouvées, il sera facile de faire les Profils des surfaces des Lits, c'est-à-dire, des sections du Cône par des points donnez à la circonference de sa base, & par son sommet S perpendiculairement à chaque tangente menée par ces points; parce que si la base est circulaire, on a trois côtez du triangle de cette section; sçavoir, l'axe qui est commun à tous, le Rayon de la base qui est toujours le même, si elle est circulaire, & le joint de Lit trouvé; l'angle de supplément à deux droits du Rayon avec le joint de Lit, est le Profil de la tête de Lit.

Mais si la base est Elliptique ou de quelque autre courbe, alors la section du Lit prolongée ne passera plus par l'axe du Cône, mais toujours par le sommet S, & la rencontre du joint de tête avec le plan horisontal sera facile à trouver; car supposant N*e* un joint de tête perpendiculaire à la courbe ondée A *e* H, il n'y a qu'à le prolonger jusqu'à la rencontre du diametre de la face AB en E, la ligne SE sera la section qui tient lieu d'axe, E *e* celle du Rayon de la face, ainsi avec le joint de Lit, on aura le triangle de la section interieur du Cône, dont l'angle de supplément à deux droits sera le Profil de la tête du voussoir.

Où l'on voit qu'on n'a pas la même facilité qu'aux Berceaux où cet angle est toujours égal à celui d'un diametre de la base avec l'axe du Cylindre, parce que les côtez du Cône sont convergens.

DE STEREOTOMIE. Liv. III.

Nous n'avons confideré jufqu'ici qu'une feule obliquité dans le Cône; fi l'on doit avoir attention à plufieurs, comme lorfqu'une Trompe eft biaife & en Talud, il faut réduire ces deux obliquitez en une, de la même maniere que nous l'avons dit pour les Berceaux, & ayant trouvé le diametre de plus grande obliquité, & fon angle avec l'axe, on fera le Profil d'une voute à double ou triple obliquité, comme pour la fimple biaife.

PROBLEME III.

Tracer le Profil d'une Voute Conique à double ou triple obliquité de Biais, Talud & Defcente.

PUISQU'ON ne peut exprimer la longueur d'une ligne inclinée à un plan, que par fa projection fur un plan qui lui foit parallele; il eft clair qu'on ne peut faire un Profil d'un Cône fcalene que dans un plan parallele à celui qui paffant par fon axe eft perpendiculaire à la bafe, & ce Profil ne peut encore fervir qu'à trouver les mefures des trois lignes qui font dans ce plan; fçavoir, des deux côtez, le plus long & le plus court, & de l'axe du Cône; ainfi il eft inutile de vouloir entreprendre un Profil d'un Cône fcalene fur tout autre diametre, que celui de la plus grande obliquité.

Nous en avons déja dit autant pour les Profils des Cylindres fcalenes; mais à caufe que les côtez font paralleles à l'axe, l'obliquité ne leur caufe aucun changement, comme aux Cônes où ils s'alongent, & fe racourciffent continuellement de part & d'autre de la fection perpendiculaire par l'axe.

Ainsi le Probléme fe réduit à chercher cette fection.

SOIT, Planche 22. Fig. 265. le cercle AHBK, la bafe du Cône, ayant tiré par le centre C un diametre quelconque DE prolongé vers G, on portera de C en G la plus grande obliquité, comme celle du biais, & l'autre du Talud en GP perpendiculairement à GE; la ligne PB menée par le centre C fera la fection d'un plan perpendiculaire à la bafe AHBK, & paffant par l'axe du Cône, laquelle réduit les deux obliquitez de Biais & de Talud en une feule de fimple Biais PC, plus grande qu'aucune des deux autres, étant l'hypotenufe d'un triangle rectangle, dont elles font les côtez.

PLA. 22.
Fig. 265.

PRESENTEMENT on peut trouver tous les côtez du Cône fans avoir recours à aucune nouvelle projection; on élevera PX perpendiculaire fur PB, & égale à la hauteur du Cône, ou diftance perpendiculaire de la bafe au fommet. Puis ayant pris à voloñté au contour de la bafe autant de points que l'on voudra 1, 2, 3, E, 5, 6, 7, D, on prendra les intervalles de chacun de ces points au point P, & on les portera fur PB aux points 7°. 6°. 5°. 3°, & par ces points, & le sommet X, on tirera les lignes XA, X7°, X6°, X5°, X3°. XB qui seront les vraies longueurs des côtez du Cône, avec lesquels chacun en particulier, la longueur de l'axe XC, & le Rayon CA forment autant de triangles, on aura les Profils de toutes les sections du Cône, & par conséquent en prenant les supplémens des angles du côté, & du Rayon, tous les Profils des têtes des Lits.

SI l'on compare ce Profil avec celui de la projection verticale S*de*, faite sur une base *de* parallele au diametre donné DE, on reconnoîtra qu'aucune de ses lignes n'est égale, ni à la longueur ni à l'inclinaison qu'elle doit avoir sur le plan de la base; & par conséquent qu'elles sont inutiles pour y prendre aucunes mesures de Profil, ce qui est assez clair sans démonstration, puisque Ic=GC est plus petit que PC, & la hauteur PX=IS, il suit que l'angle IcS est plus grand que PCX, par conséquent le Profil de projection n'a pas assez d'obliquité.

USAGE.

CE Probléme nous servira à faire voir qu'on peut beaucoup abreger les Traits des voutes coniques biaises en descente, en surplomb ou en Talud; lorsque nous parlerons des Traits particuliers dans le IV. Livre; puisqu'on peut réduire toutes ces obliquitez differentes en apparence à une seule comme aux Berceaux, la montée peut être réduite en Talud simple, la descente en surplomb simple, la montée en Talud, à un Talud plus oblique de la quantité du Talud, la descente en Talud, à un surplomb moins oblique de la quantité du Talud, le biais en Talud ou en surplomb, à un plus grand biais, comme on le voit dans cet exemple; de sorte que toutes les obliquitez étant réduites en une, il ne reste plus qu'à voir quel angle le diametre donné DE fait avec celui de la plus grande obliquité AB, pour y rapporter les projections des points de division en voussoirs, qu'on a coûtume de faire sur le diametre donné ordinairement, horisontal ou incliné, s'il s'agissoit d'une face rampante.

SI au lieu d'une projection verticale sur le diametre DE, on avoit voulu la faire sur le diametre c6 au lieu du biais GC, on auroit eu pour toute obliquité de l'axe celle du Talud GP, qu'il auroit fallu porter de I en p sur l'horisontale dp, & tirer pS qui donne une obliquité d'axe toute differente; enfin si on avoit proposé le Profil sur le diametre HK perpendiculaire à PC, toute l'obliquité se seroit évanoüie, la ligne SI auroit représenté l'axe, alors le Profil du Cône scalene n'auroit en rien différé de celui du Cône droit.

D'où il suit que d'une infinité de Profils possibles, il n'y en a qu'un qui puisse donner les mesures des côtez, & de l'axe d'un Cône scalene.

Remarque sur les Profils en General.

Les multiplicitez des lignes qu'on trouve dans les Traits viennent principalement des Profils, or je regarde comme une maxime que

On doit éviter autant qu'il est possible l'assemblage de plusieurs Profils sur un même Plan, & particulierement les lignes inutiles qui n'indiquent que de loin, & par de longs renvoys leurs origines; c'est pourquoi lorsqu'on a un grand nombre de voussoirs dans une face, il convient mieux de mettre les Profils chacun à part, ou du moins une partie d'un côté, l'autre de l'autre, que de les mettre sur les bases de leur projection.

La raison de cette maxime est toute simple, lorsque les objets se presentent en trop grand nombre, ils partagent trop notre attention, & fatiguent l'esprit occupé à démêler ceux que nous devons choisir, ce qui arrive particulierement, lorsque les lignes de Doele & d'Extrados sont tirées, & comme mêlées; secondement, parce qu'il est aisé de se tromper & de prendre les unes pour les autres.

J'ajoute qu'il faut retrancher les lignes inutiles qui ne servent qu'à indiquer par de longs circuits les origines des Profils, parce qu'on en trouve souvent de cette espece dans les Traits des Auteurs de la coupe des Pierres, qui embroüillent extrêmement les Epures.

PLA. 20.

Je puis donner pour exemple le Profil d'une descente à la Fig. 248. Fig. 248. où le Parallelograme AE est la moitié du plan horisontal d'un Berceau avec ses projections de joins de Lit $1'N$, $2'n$ provenant des divisions 1, 2, de la moitié du ceintre de face HA; le Parallelograme be est le Profil de ce Berceau, où l'on veut situer les joins de Lit dans la distance qu'il convient. La maniere ordinaire, est de les y conduire par de longs circuits des lignes que l'on voit dans la Figure $1\,1'1'$, $22'2'$, Hab, que l'on peut supprimer sans se priver de l'indication de l'origine des Profils, comme on voit à la Figure 245. car ayant fait à l'ordinaire la projection horisontale des joins de Lit par le moyen du ceintre AHB, divisé en ses voussoirs aux points 1, 2, 3, 4, on trouvera les Profils des mêmes joins de Lit, en repetant la moitié de l'arc de face en oLb, & menant par ses divisions 1, 2 des horisontales $1D$, $2d$, qui donneront sur la ligne de Profil ARb les points d & D, par où on menera des paralleles à la Rampe Rp, lesquels seront les Profils demandez; ce qui supprime comme l'on voit beaucoup de lignes droites & d'arcs de cercles inutiles, & marque, de plus près, l'origine de chacune des lignes de Profil, sans ofusquer inutilement le Lecteur.

De l'Elevation.

Il est encore une espece d'Ortographie, c'est-à-dire, de representation des hauteurs, qu'on appelle *l'Elevation*, laquelle ne differe du Profil qu'en ce qu'elle a pour objet les parties exterieures, & apparentes au dehors, au lieu que le Profil est destiné pour exprimer les profondeurs aussi bien que les hauteurs.

Dans tous les Traits, il est de necessité indispensable de faire l'élevation de la face de la voute, dont il s'agit, pour trouver les intervales horisontaux des joins de Lit, & leur hauteur au dessus des Impostes, du moins à leurs origines sur l'arc de face; c'est là le principal usage que l'on fait de l'élevation : cependant nous ferons voir que cette espece de projection verticale d'un corps ou d'une voute quelconque, conduit à son exécution, autant que celle du *Plan* & du Profil.

Il est clair que lorsqu'on veut faire usage de cette espece de dessein, il doit être assujetti aux Loix de la projection verticale, comme le Profil; c'est-à-dire, qu'elle doit être faite sur un plan parallele à l'objet ou à la partie que l'on en veut representer.

D'ou il suit, 1.° qu'on ne peut faire d'élevation d'un corps Cylindrique, sur laquelle on puisse prendre d'autres mesures, que suivant sa longueur; parce qu'il n'y a que les côtez paralleles à son axe qui soient en ligne droite, par conséquent qui puissent être paralleles au plan de description. Quant aux parties de son contour representé en élevation, il est clair qu'elles sont toutes inégales; se racourcissant d'autant plus qu'elles s'éloignent de l'axe du Cylindre.

2.° Qu'on ne peut trouver que trois mesures sur l'élevation d'un corps Conique; sçavoir, les trois côtez du triangle par l'axe du Cône qui est parallele au plan de description, dont deux sont des côtez du Cône, & le troisiéme le diametre de sa base.

3.° Qu'on ne peut prendre qu'une seule mesure sur l'élevation d'un corps sphérique, concave ou convexe; sçavoir, le diametre du cercle parallele au plan de description.

Le peu d'utilité de ces deux dernieres especes d'elevations, nous dispense d'en donner des exemples, il suffit de celui d'un corps Cylindrique, sur lequel est tracée une ligne quelconque, que nous supposerons ici une Helice, pour montrer comme on doit faire l'élevation d'un Escalier à vis dans les desseins d'Architecture.

DE STEREOTOMIE. Liv. III.

Soit [*Fig.* 249.] la Couronne de cercle a D b d, le plan horisontal d'une Tour dans laquelle est un Escalier, il suffit d'en tracer la moitié, parce que nous la supposons également divisée de part & d'autre. Ayant divisé son contour en un certain nombre de marches, s'il s'agit d'un Escalier, ou en parties égales arbitraires, s'il s'agissoit d'une Helice tracée à la surface de ce corps, on menera par le centre C une perpendiculaire CE au diametre *ab*, qu'on prolongera autant qu'on le jugera à propos; puis sur cette ligne ayant pris à volonté un point D, on lui menera une perpendiculaire qui sera parallele à a b, & par tous les points des divisions du contours de la Couronne de cercle, on menera des paralleles à l'axe CE indéfinies. On marquera ensuite successivement chaque hauteur de marche sur cet axe CE, s'il s'agit d'un Escalier, ou les parties aliquotes d'une révolution, s'il s'agit d'une vis ou d'une colomne torse, & par toutes ces divisions on menera des paralleles à la base AB, qui rencontreront les paralleles à l'axe CE, en des points 1, 2, 3, 4, 5, 6, 7, M, &c. par lesquels on tracera à la main la Courbe D M D M b E, qui sera la representation de l'Helice sur la surface exterieure du Cylindre ou de la Tour.

Il est aisé de voir que celle de la surface interieure *e f g* du *Plan* se tracera de la même maniere. Il faut seulement observer que quoique les largeurs soient moindres, les hauteurs doivent être les mêmes pour l'Helice exterieure & interieure, parce que s'il s'agit d'Escalier, c'est la même hauteur de marche ; il en sera de même des autres Helices, qui font leur révolution en même tems ; c'est pourquoi les points D M D M E deviennent communs à l'exterieure & à l'interieure : l'élevation qui doit donner les premieres mesures du plan horisontal de l'Epure ne contenant d'autre difficulté que celle de tracer le genre de Courbe qu'on se propose pour ceintre de la voute ; nous n'avons rien à ajoûter à ce qui a été dit au II. Livre.

CHAPITRE IV.

Des moyens de faire les Plans, Profils & Elevations Des Figures irrégulieres.

IL y a deux sortes d'irrégularitez dans les voutes ; l'une consiste dans leurs contours, qui peuvent n'être ni Circulaires ni Elliptiques, mais de quelqu'autre Courbe de fantaisie, telles sont les Faces des Trompes ondées, comme cette voute Conique qu'on appelle Trompe d'Anet, Fig. 247.

306 TRAITÉ

L'AUTRE consiste dans la courbure de leurs surfaces qui ne sont ni Cylindriques, ni Coniques ni Sphériques, telles sont celles de la plûpart des Arrieres-voussures.

LE moyen le plus facile de connoître ces irrégularitez, est de les comparer à des Figures régulieres, ou par *Inscription* ou par *Circonscription*, les contours peuvent être connus par l'une & l'autre maniere; mais les surfaces irregulieres ne peuvent l'être que par le moyen de la Circonscription dans la pratique de la coupe des Pierres, où il ne s'agit que d'ôter & non pas d'ajoûter, comme dans les ouvrages de Stuc; on peut donc comparer le contour d'une Figure irréguliere à une réguliere par son excès sur la réguliere inscrite, ou par son défaut à la réguliere circonscrite.

Fig. 247. SOIT, par exemple, une Trompe ondée, [*Fig.* 247.] dont la projection horisontale est la Figure SAHB, on peut en retrancher le Cône droit SAB, en tirant la ligne AB perpendiculairement sur son axe SC, & regarder le reste de la Figure qui est hachée comme un excès de ce Cône, que l'on peut trouver en tirant du sommet S autant de lignes qu'on voudra, comme SE, SD, SC, qu'on prolongera jusqu'aux extremitez de cet excès, & l'on aura les lignes Ee, Dd, CH, qu'il faudra ajoûter en ligne droite aux premieres, soit en projection pour en avoir le Plan horisontal, soit en Profil, comme Vb, xe^2, yd^2.

AU lieu de comprendre un petit Cône dans une plus grande Figure, on peut tirer une perpendiculaire sur l'axe SH, & former un Cône droit SPL qui la renferme toute entiere; & alors ayant tiré des lignes droites SN, SO du sommet S du Cône, on en retranchera les parties eN, dO pour avoir les points e & d du contour irrégulier de la Face ondée, & autant d'autres que l'on voudra par la même maniere, en cherchant leur défaut au dedans du Cône circonscrit SLP.

L'UNE & l'autre methode peut avoir ses applications suivant les differentes circonstances; la circonscription qui donne de plus grandes mesures, peut avoir son incommodité dans les grands Ouvrages, & l'inscription pourroit être plus sujette à de petites erreurs d'exécution, mais en elles-mêmes, elles sont également correctes.

CE que nous disons ici des contours irréguliers par leurs ondulations devient plus aisé pour ceux qui sont composez de lignes droites; parce qu'il suffit de tirer des lignes par leurs angles, pour en avoir la position & le contour régulierement; c'est pourquoi on peut, pour plus grande précision, inscrire les contours ondez dans des Poligones.

LA voye de l'inscription & de la circonscription est plus commode dans les Berceaux, dont les Faces sont irrégulieres, parce qu'il ne s'agit que de tirer des lignes paralleles à leur direction, & des perpendiculaires aux extremitez des parties les plus saillantes, pour les inscrire dans des Parallelogrames.

Soit [par exemple, *Fig.* 250.] la projection horisontale d'une Porte sur le Coin AEDPB, dont la face interieure AMB est arondie ; on circonscrira à cette Figure irréguliere mixte le Parallelograme BAGI, dans lequel on tirera autant de paralleles à AG, comme gF, gF que l'on voudra avoir de points au Profil.

Fig. 250.

On formera ensuite sur GI comme diametre le demi cercle GHI pour ceintre de l'arc Droit, que ces lignes prolongées couperont aux points 1, 2, H, 3, 4.

La projection horisontale étant ainsi preparée, on fera pour le Profil un second Parallelograme $aSdi$ sur les côtez BA, IG prolongez; ensuite ayant porté les hauteurs g1, g2, DH en aS, a2, a1, on menera par ces points 1, 2, S des paralleles à la base ai, sur lesquelles on portera les excés du Parallelograme GABI sur le plan horisontal de la porte EAMBPD, ainsi on portera F 1q en 1K, F 2q en 2L, CM en Sm, & par les points mLKa, on tracera à la main une courbe qui sera le Profil de la moitié concave de la face interieure de la porte.

Pour tracer le Profil de la moitié de la face exterieure saillante, on portera, de même, l'excés GE du plan horisontal en ic du Profil, g 1p en e 1f, g 2p en e 2f, & par les points d, 1f, 2f, c on tracera à la main une courbe qui sera la moitié de la face exterieure.

Pour abreger le transport des hauteurs, on peut tracer le quart de cercle i 14, 23, db égal à GH du plan horisontal, & également divisé, & par ces divisions 14, 23 mener des paralleles à la base i a du Profil, lesquelles marquent plus sensiblement leurs origines.

La raison de cette operation de Circonscription, est que les lignes droites & les perpendiculaires sont les termes les plus simples, d'où l'on puisse commencer à mesurer les obliquitez & les sinuositez des Faces ; par ce moyen on abrege la réduction des Faces courbes en lignes droites, & en triangles rectilignes, dont il faudroit chercher en particulier les angles, les côtez, & leur situation respective.

Cette maniere est necessaire pour former les Profils qui sont des projections verticales ; mais pour lever ceux qui sont des sections des corps, on peut la rendre plus facile, & l'abreger comme nous l'allons dire.

PROBLEME IV.

Tracer sur un Plan un Contour semblable & égal à celui d'un Corps quelconque supposé coupé par ce Plan.

En termes de l'Art.

LEVER UN PROFIL.

Fig. 246.
Soit un corps quelconque, [*Fig. 246.*] dont le contour soit de telle irrégularité que l'on voudra; on donne ici pour exemple un Roson & des Moulures A B C D E, il faut imiter exactement le contour de la section qui seroit faite par ce plan, s'il le coupoit comme pourroit faire une Scie.

On placera le carton ou la planche sur laquelle on veut tracer le Profil dans la situation où l'on veut qu'il soit à l'égard du corps, dont on veut imiter le contour; par exemple, d'un Platfond sous lequel on la mettra à-plomb, ou contre un mur de Niveau; on l'arrêtera & on la tiendra ferme en cette situation, pour qu'elle ne varie pas, car l'obliquité changeroit l'imitation.

On appuyera cette planche contre les parties les plus saillantes, comme en E, ensuite ayant posé une Régle R r perpendiculairement sur un des côtez de ladite planche KL, par le moyen d'un Equerre FQG, on prendra avec le Compas ou une mesure de bois qui servira de jauge le plus grand enfoncement b B, qu'on transportera sous la partie la plus saillante E e, pour voir si la planche sera assez large pour le contenir de E en e, perpendiculairement au côté KL ou HI, que nous supposons droit, & parallele si l'on veut; puis on fera couler une branche de l'Equerre GQ sur le côté KL, en sorte qu'une partie de son épaisseur deborde assez la planche, pour qu'on puisse appuyer la Régle mobile R r contre l'autre branche de l'Equerre QF, à laquelle elle doit toujours être appliquée, & couler le long, en la poussant dans les creux, & la retirant dans les Saillies.

On presentera ainsi la Régle sous chaque enfoncement, comme en B & en D, portant toujours la même ouverture de Compas B b, ou la même jauge ou mesure de bois, de B en b, & de D en d, & l'on marquera sur la planche les points b & d, de même sous chaque Saillie A m C E, marquant les points que la mesure donnera le long de la Régle en M c & e. On continuera de même en faisant couler l'Equerre & la Régle pour avoir autant de points que l'on voudra, par lesquels on tracera à la main le contour a b c M c d e sur la planche, de laquelle si l'on retranche la partie superieure avec la Scie ou autrement; on aura le Profil que les Ouvriers appellent pour les Moulures un *Calibre*, lequel s'ajustera parfaitement aux Moulures du Platfond, suivant la même ligne AE; en sorte que si l'on vouloit y faire une cloison, il en boucheroit exactement les vuides.

On peut même par ce moyen lever les contours des enfoncemens recouverts comme en S; car tirant avec l'Equerre la perpendiculaire RS, & la portant à même distance de BR en *br*, & faisant *rs* égale à RS, on aura l'enfoncement S, ainsi des autres.

DEMONSTRATION.

Il est clair par la construction, que la Régle ne change point de situation à l'égard de la ligne KL, à laquelle elle est toujours perpendiculaire, puisqu'elle est toujours une prolongation d'un côté de l'Equerre, & que tous les points du corps sont également éloignez du contour tracé, donc les deux Courbes sont paralleles & égales, puisque leurs abscisses sont communes, & les Ordonnées sont égales par la construction.

USAGE.

Ce Probléme de pratique est d'un fréquent usage en Architecture, particulierement dans les réparations des vieux Edifices, où il faut raccorder des ornemens saillans, & renfoncez, ou des ceintres corrompus, c'est-à-dire, de courbure irréguliere, ou par faute de construction, ou par l'afaissement qui s'est fait. Faute de sçavoir user de ce moyen, les Ouvriers sont obligez de tâtoner long-tems, en presentant plusieurs fois le Profil qu'ils ont levé pour voir ce qu'il faut ôter d'un côté, & ajoûter de l'autre; en quoi ils consomment beaucoup de tems & de peine, qu'ils pourroient s'épargner par la pratique simple de ce Probléme.

De la supposition des Surfaces planes pour parvenir à l'imitation des Courbes terminées par des sections planes,
Et pour la coupe des Pierres en termes de l'Art.
Des Doeles Plates.

La raison qui nous engage à supposer des lignes droites auprès des courbes pour en connoître les sinuositez; nous oblige aussi à supposer des surfaces planes au devant des courbes, pour en connoître la concavité ou la convexité; particulierement lorsqu'elle est irréguliere, & si leur courbure est réguliere, & leur surface supposée terminée par des plans; la supposition d'une surface plane au devant de la courbe sert à faire connoître la position & la distance de ses angles.

Ainsi avant que d'entreprendre de creuser une portion de Cylindre

[par exemple] terminée par quatre ou plusieurs plans; il faut former une surface plane pour y situer les quatre angles de cette portion de Cylindre à leur distance respective; le Modele de cette Figure pour les Doeles des voussoirs s'appelle le *Panneau de Doele plate*, c'est un plan passant par la Corde de l'arc du ceintre compris dans le voussoir, lequel touche necessairement trois des angles du voussoir, & ordinairement quatre, & comme les ceintres sont divisez en plusieurs parties dans leur contour, suivant le nombre de voussoirs qui composent la voute, les Doeles sont divisées en autant de surfaces planes ou de Doeles plates qui réduisent le Cylindre en Prisme, le Cône en Piramide, & la Sphére en Polyedre.

La raison de cette supposition est, 1.° que dans des operations composées, il convient pour la facilité & la sûreté de l'exécution de commencer par des simples; ainsi avant que de creuser une surface courbe, on en doit premierement situer les bornes dans leur juste distance; ces bornes sont les angles solides des voussoirs, desquels il y en a au moins trois qui peuvent être appliquez à une surface plane, & ordinairement quatre. Il arrive de plus que si ces voussoirs sont faits pour une voute conique ou cylindrique, on peut placer sur la même surface plane les côtez opposez qui sont droits; de sorte qu'ayant formé une surface plane, ce qu'on appelle en termes de l'art *dressé au Parement*, on y peut placer une grande partie du contour d'un voussoir, qui doit y rester lors même qu'il sera achevé, il ne reste qu'à creuser celle qui est concave, laquelle est comprise dans ces bornes.

Secondement, cette supposition est necessaire pour trouver l'inclinaison des surfaces planes des joins, avec les courbes des Doeles, ou des Têtes, parce que ces inclinaisons peuvent changer à chaque voussoir, comme il est visible dans les voutes de ceintres Elliptiques surhaussez ou surbaissez, où l'angle de la Doele avec le Lit change continuellement d'ouverture; or il est plus aisé d'appliquer des Biveaux ou des Recipiangles rectilignes sur des surfaces planes, que des Biveaux d'angles mixtes, parce que ceux-là peuvent s'ouvrir & se resserrer par la construction de l'Instrument, & s'adapter à tous les angles; au lieu qu'il faut changer de modele d'angle mixte à chaque position des joins de la courbe du ceintre Elliptique.

Troisiémement, lorsque les Doeles ou autres surfaces des voussoirs sont Gauches, c'est-à-dire, dont les angles ne sont pas dans un même plan, c'est une espece de necessité de supposer une surface plane qui passe par trois de ses angles, pour trouver la position du quatriéme, ou cinquiéme s'il y en a; parce, même qu'on ne peut connoître la nature des lignes courbes, que par les proprietez des lignes droites inscrites ou circonscrites, ou ordonnées à quelque diametre, aussi on ne peut connoître les

page 312. Planche 20.

surfaces courbes, qui ne sont pas régulieres, que par leurs distances à des surfaces planes, en mesurant les longueurs des lignes perpendiculaires à ce plan, ou dont l'inclinaison est connuë, terminées à differens points de la surface courbe, à laquelle on la compare. Et parce qu'il n'y a que le seul triangle qui soit necessairement dans un plan, les surfaces de plus de trois côtez peuvent avoir leurs angles en differens plans ; puis qu'elles peuvent être divisées en triangles ; ainsi une Doele plate de quatre côtez peut être divisée en deux triangles ; celle de cinq en trois, & ainsi de suite. Or les surfaces courbes irrégulieres peuvent être coupées par plusieurs plans, de maniere que leurs angles soient dans un même plan. une tuile creuse, quoique d'une courbure Conique, s'adapte si bien sur une planche que ses quatre angles la touchent. Une portion de Cylindre, une portion de sphere, telles que sont celles des voussoirs des voutes régulieres, a la même proprieté. Il n'en est pas de même d'une portion d'Arriere-Voussure de Marseille ou de St. Antoine, &c. un voussoir posé sur une planche ne la touchera que par trois de ses angles, & le quatriéme restera en l'air. Pour connoître de combien il s'écarte de ce plan, il faut que la distance en soit mesurée par une perpendiculaire abaissée de son sommet sur cette surface plane ; donc il importe de supposer un plan pour trouver la situation des parties des surfaces irrégulieres, & les faire avec la précision necessaire.

De la supposition des Surfaces Cylindriques ou Coniques de base quelconque, pour parvenir à la description & formation des Surfaces courbes terminées par des lignes Courbes à double Courbure.

Le moyen des Doeles plates, que nous venons de proposer, est très avantageux dans la pratique de la coupe des Pierres ; soit pour former avec sûreté & facilité les voussoirs des voutes de surfaces régulieres ou gauches, soit pour le menagement des materiaux, mais il devient inutile pour la formation des surfaces courbes, Cylindriques, Coniques, Sphériques ou Gauches qui sont terminées par des lignes courbes à double courbure ; c'est pourquoi il faut avoir recours aux suppositions de surfaces Cylindriques, qui coupent la surface donnée suivant deux directions, dont la rencontre se fait à la Courbe à double courbure qu'on cherche.

Nous entendons par le mot de surface Cylindrique, non seulement celle d'un Cylindre ordinaire, qui a pour base un cercle ou une Ellipse, mais une Courbe quelconque connuë ou inconnuë, Geometrique ou Mechanique, telle que la donne la projection d'une Courbe à double courbure sur un plan horisontal ou vertical.

Il est des surfaces Gauches dont les Arêtes qui les terminent, ou celles de certaines sections qu'on y peut faire, se trouvent facilement par la seule inscription dans un Cylindre, ou un Cône, à la surface duquel cette courbe conserve une progression connuë, telle est celle de la Vis, soit qu'elle fasse ses révolutions parallelement, ou plûtôt à égale distance de son axe, ou qu'elle se resserre en Limace; ainsi supposant une Vis ordinaire, dont les révolutions sont toujours équidistantes de son axe, il est clair que le plan de la projection perpendiculaire à cet axe, est un cercle, & qu'on la peut inscrire dans un Cylindre régulier Droit, de la base duquel elle s'éleve également, ou suivant une progression connuë.

De-la on tire la pratique de faire le Profil ou Elevation de cette espece de courbe à double courbure; comme nous l'avons expliqué ci-devant en proposant pour exemple l'Elevation d'un Escalier à vis, dont le contour sur le Cylindre est une Helice tangente aux extremitez des marches.

Si le contour de la Vis n'étoit pas toujours équidistant de son axe, la construction du Profil seroit encore la même, avec cette difference que si la base du Cylindre dans lequel elle peut être inscrite, est Elliptique il faut choisir pour la ligne de base du Profil un axe, ou un diametre convenable au dessein qu'on a de trouver les points de station les plus écartez, ou les plus resserrez.

Si la Vis se resserroit en montant, au lieu de l'inscrire dans un Cylindre, il faudroit l'inscrire dans un Cône, ou dans une Sphère ou Sphéroïde, & mener toutes les lignes de division au Pole, à quoi nous ne nous arrêtons pas, parce que ce cas arrive rarement en Architecture, au lieu que celui des vis Cylindriques est d'un usage continuel, non seulement pour les Escaliers, mais encore pour les Appuis Rampans des Tours rondes, Circulaires ou Elliptiques.

La plûpart des Courbes à double courbure ne fournissent pas les mêmes facilitez pour être décrites, que la Vis, par deux raisons; l'une, c'est que le Cylindre dans lequel on peut l'inscrire, est très souvent irrégulier, c'est-à-dire, qu'il n'a pas pour base une portion de cercle ou d'Ellipse; de sorte qu'il faut commencer par chercher le contour de cette base, par le moyen de la projection. En second lieu, parce qu'ayant cette Courbe, & par conséquent la surface du cylindre qu'on peut élever au dessus, on ne peut déterminer sur le cylindre aucun point de la courbe à double courbure, parce qu'on ne connoît pas la distance des points de la base du Cylindre à ceux de la courbe qu'on cherche, comme on la connoît dans l'exemple de la Vis; de sorte qu'on est obligé de considerer cette courbe à double courbure par un autre situation perpendiculaire

diculaire à la premiere; d'en chercher la projection, & d'élever sur la Courbe qu'elle donnera pour base un second Cylindre perpendiculaire au premier, à la surface duquel cette courbe doit encore se trouver.

Or puisqu'elle est dans chacune des surfaces Cylindriques trouvées, il est évident qu'elle sera dans leur commune intersection ; ce qu'il faut remarquer comme un principe de pratique des plus importans que nous ayons à proposer, & dont on verra une application continuelle, lorsque nous parlerons des voutes composées.

Pour éclaircir cette doctrine, & la rendre sensible par un exemple, nous choisirons ici une Arriere-Voussure de St. Antoine biaise & surbaissée, qui est une surface gauche, dans laquelle nous trouverons des Courbes des sections planes, & des Courbes à double courbure très propres à donner une juste idée de la maniere de faire les Plans, Profils & Elevations de toutes sortes de surfaces les plus difficiles à representer, d'où l'on tire la maniere de les former, tant en pierre, qu'en bois.

Soit [*Fig.* 251.] le trapeze AEDB le Plan horisontal d'une voute, dont la surface est Gauche, comme celle que nous donnons pour exemple. Il faut, premierement supposer que l'on en connoit les sections planes & parallèles suivant une direction; car si l'on n'en connoit rien, on ne peut rien deviner, puisque le raisonnement n'est qu'une conséquence tirée de quelque connoissance anterieure ; ou suivant les Philosophes *precedere à noto ad ignotum.*

PLA. 21.
Fig. 251.

Supposons donc que l'on connoit les Courbes de toutes les sections parallèles à la ligne du milieu CM, ou par une convenance, ou par une détermination arbitraire, comme on les connoit en effet dans l'Arriere-Voussure de St. Antoine, puisque c'est sur leur détermination que l'on en fait le Trait. Il n'importe que ces Courbes soient portions de cercle ou d'Ellipse, ou d'autre Courbe; nous n'avons pas besoin d'en connoître la nature, pourvû qu'elles soient données, cela suffit.

Ayant mené des parallèles à la ligne du milieu CM en telle quantité qu'on le jugera à propos, pour avoir un nombre suffisant de points des Courbes que l'on cherche, on menera par les points p^1, p^2, C, p^3, p^4. &c. où ces parallèles coupent la ligne AB qu'on prend pour base du ceintre de Face, autant de perpendiculaires à cette ligne, qui couperont le ceintre de Face donné AbB aux points ^{1}, ^{2}, b, ^{3}, ^{4}, où seront les hauteurs des Profils, c'est-à-dire, des Courbes de toutes les sections planes qui passent par les lignes du plan horisontal Ep^1, np^2, MC, Np^3, &c. parallèles à CM.

Tom. I.   Rr

Si l'on mene par toutes ces hauteurs des horifontales bH, 33, 22, 11, & qu'on les faffe égales à leurs correfpondantes qui font tirées dans le plan horifontal MC = bH, Np^3 = 33, np^2 = 22, &c. on aura deux points de chacune des Courbes des fections faites par des plans paralleles entr'eux, & parce qu'on les doit fuppofer connuës ou données, comme dans l'exemple prefent, où elles font ordinairement des quarts d'Ellipfe, ou des arcs de cercle prefque tous moindres que le quart. Il fera aifé de décrire ces fections; or comme elles doivent être dans des plans perpendiculaires au plan AbB, ce qu'il eft impoffible de faire fur le papier, à moins qu'on n'y applique des pieces découpées volantes, on eft réduit à les ranger de fuite fur le même plan, comme on voit à la Figure, ou toutes d'un feul côté, ou pour éviter la confufion des lignes, partie d'un côté, par exemple vers A, partie de l'autre, vers B.

Toutes ces Courbes ainfi placées, donneront facilement la pofition de tous les points qu'on y voudra marquer, par exemple leur milieu en m. Car fi l'on mene par ces points autant d'horifontales mxy paralleles à AB, elles couperont en y, les verticales bC, $3p^3$, $2p^2$, $1p^1$, &c. qui font à l'interfection du plan vertical AbB, & des plans qui le coupent perpendiculairement fuivant ces verticales. La Courbe tracée à la main par tous les points yy, fera l'élevation de celle qui paffe par le milieu de la Doele de l'Arriere-Vouffure, quoiqu'elle en foit bien éloignée dans cette reprefentation.

Il en fera de même pour celle qu'on voudroit faire paffer au tiers, ou au quart, en travers d'une Impofte à l'autre.

Il eft encore vifible que cette méthode fert à tracer des paralleles aux Arêtes de devant AbB, ou du fond EMD; car il n'y a qu'à prendre fur les arcs des fections planes des longueurs données égales, comme $1d$, $2d$, $3d$, Hd, &c. pour le haut, & $p^1 e$, $p^2 e$, Ce, $p^3 e$, $p^4 e$, pour le bas, enfuite mener par tous les points d & e des horifontales jufqu'à l'interfection des verticales correfpondantes, qu'elles couperont aux points x, x, x, & celles menées par les points e, e, en z, z, la ligne courbe tirée par ces points x, x, x; z, z, z, fera la projection verticale; c'eft-à-dire, l'élevation des lignes paralleles aux Arêtes qui ne les feront cependant pas dans cette élevation.

La même méthode que nous employons pour trouver les points des Courbes projettez fur un plan vertical, fervira pour trouver la reprefentation des mêmes points fur le plan horifontal; il n'y a qu'à répeter toutes ces fections planes de fuite fur leurs bafes horifontales Ep^1, np^2, MC, &c. & par les points donnez d, m, e, de toutes ces Courbes leur tirer des perpendiculaires dx, my, ez, & l'on aura fur le plan horifontal ABDE d'autres Courbes xxXxx, yyYyy, zzz, qui feront en termes d'Architecture les *Plans*, c'est-à-dire, les projections horisontales des Courbes qu'on cherche; lesquelles representent des paralleles à AB, comme x, x, x, ou à ED, comme z, z, z, ou qui paffe par le milieu de la Doele, comme yyy.

Pour abreger l'operation, on raffemble toutes ces Courbes fur un Profil M*b* AB, *Fig.* 152. que l'on peut faire differemment fuivant les Courbes que l'on veut tracer; par exemple, fi l'on vouloit s'en fervir pour chercher les points d'une Courbe formée par une fection plane G*g* parallele à ED, *Fig.* 253. il faut raffembler les origines de toutes les Courbes des fections planes, que j'appellerai primitives en un feul point M; parce que fi l'on porte la longueur MK du plan horifontal, en M*k* fur la bafe MA du Profil, & qu'on lui éleve une perpendiculaire *k*L, elle coupera toutes les Courbes des fections primitives M1, M2, M3, M*b*, &c. en des points *vuu*, qui donneront les hauteurs de la Courbe plane ou fection plane de la voute fur la bafe G*g*; ainfi il n'y a plus qu'à les porter fucceffivement fuivant leur ordre en *iu*, *iu*, *iu*, pour avoir les points *u*, *u*, *u* de cette Courbe.

Fig. 252. & 253.

Si au contraire on vouloit chercher les points de la Courbe, qui feroit une fection plane parallele à AB, comme I*g*; il conviendroit de raffembler l'origine fuperieure de toutes les fections fur une même ligne verticale C*b*Q, *Fig.* 254. par la même raifon que dans l'exemple précedent; enfuite on couperoit ce Profil par la perpendiculaire R*r*, dont la diftance CR feroit égale à celle du plan horifontal CR, laquelle donneroit les points S*ss* pour les hauteurs de la Courbe.

Fig. 254.

Mais fi la fection étoit oblique à l'une & à l'autre face AB & ED, comme en *g*O; cette abreviation n'a plus lieu, il faut porter à part fur la bafe du Profil toutes les longueurs EO, *no*, M*o*, & par les points *o*, *o* du Profil élever des perpendiculaires qui couperont les Courbes correfpondantes en des points *t*, *t*, *t*, qui feront les hauteurs cherchées, qu'il faut porter fur des perpendiculaires qu'on élevera fur *g*O aux points *o* pour avoir les points *t*, *t*, *t*.

De la maniere dont nous venons de trouver les Courbes planes, & les Courbes à double courbure, qu'on peut imaginer dans une furface gauche par des fections tranfverfales, il fera aifé de tirer celle de trouver les projections de celles qu'on peut imaginer fuivant la longueur ou direction de la voute, comme celle d'une ligne parallele à l'Impofte AE, ou BD; telle feroit l'Arête de la longueur d'une traverfe de bati de menuiferie, dont l'Arriere-Vouffure feroit revêtuë.

Car fi on fait à volonté plufieurs fections planes tranfverfales, comme

AbB, ISg, &c. paralleles entr'elles, & qu'ayant pris sur les Courbes de ces sections une partie égale, comme Ad, Id, &c. on abaisse de ces points des perpendiculaires db, de sur les diametres AB & Ig, elles les couperont en des points be, &c. par lesquels on tracera à la main une Courbe qui sera la projection de l'Arête d d'une section courbe parallele à l'Imposte AE, quoique cette projection ne la soit pas.

Il suit encore de la même méthode, que l'on peut trouver non seulement des Courbes longitudinales & transversales, qu'on peut imaginer sur la surface gauche d'un côté à l'autre, ou d'une face à l'autre, mais encore des projections des Courbes à double courbure, qui rentrent en elles-mêmes, comme si l'on vouloit faire un panneau ou un ornement Circulaire ou Elliptique dans la Doële d'une Arriere-Voussure; ce que l'on exécute tous les jours depuis qu'elles sont devenuës à la mode.

Sur quoi il faut remarquer qu'il est impossible de décrire un cercle, ou une Ellipse parfaite sur une surface courbe irréguliere, mais seulement une Figure qui approchera d'autant plus du cercle ou de l'Ellipse, que la surface sur laquelle on le décrit, sera moins concave ou convexe, nous excepterons seulement les cas des surfaces sphériques, sphéroïdes, coniques, cylindriques & annulaires, où le centre de la Figure qu'on décrit, se trouve au Pole ou dans un axe. Ainsi quoiqu'on trace avec le compas une Figure semblable à un cercle sur la surface de l'Arriere-Voussure qui nous sert d'exemple, ce n'est qu'une apparence de cercle, laquelle en réalité est une Courbe à double courbure, dont on peut trouver autant de points que l'on voudra par la projection sur le plan horisontal ABDE, où elle donnera une Courbe en ovale pointuë, comme on voit Qxqz, & sur le plan vertical AbB une Courbe resserrée vers le haut, comme Qbqz.

Fig. 251. Premierement ayant déterminé la position du centre de ce cercle sur la section primitive du milieu Hm'C en m' pour l'élevation, & Mm'H pour le plan horisontal, & les longueurs égales de ses Rayons sur la même Courbe, l'un vers d, l'autre vers e; on aura les projections verticales de ces points en X & en z sur bC, & leur projection horisontale en Xz sur CM.

Ensuite on fera des sections planes, qui passent par le point Y du plan horisontal en differentes directions à volonté; on prendra sur ces Courbes des Rayons égaux, dont on cherchera les projections, comme nous l'avons dit des autres points d & e, & l'on aura ainsi autant de points que l'on voudra en projection verticale ou horisontale; c'est-à-dire, qu'on en aura en termes de l'art les *Plans* & *Profils*; ce qui suffit pour former la Figure requise en Pierre ou en Bois, comme nous le dirons au IV. Livre.

Remarques sur l'Usage.

La Régle de pratique que nous venons d'établir, toute simple qu'elle est dans son principe, étant une suite naturelle de ce que nous avons dit jusqu'à présent touchant la projection, est le *Précis de toute la science de la coupe des Pierres & des Bois*.

Dans la coupe des Pierres il convient de faire autant que l'on peut des sections planes pour la commodité de l'appareil & de l'exécution, lorsqu'on en est le Maître, comme il arrive souvent.

Mais dans la coupe des Bois, pour les revêtemens de Lambris de Menuiserie, ou pour les incrustations des Ornemens de Marbre, on ne peut éviter les Courbes à double courbure; parce que les Ornemens qui conviennent à ces sortes d'Ouvrages, consistent en bandes paralleles, ou en bordures Circulaires ou Elliptiques, ou en Courbes de contour arbitraire. Ainsi on peut regarder l'exemple que nous venons de donner pour tracer les projections des Courbes, qu'on suppose dans une voute, & particulierement dans celles dont les Doeles sont Gauches, comme le fondement & le précis de toute la science des Menuisiers & des Marbriers, dans les Ouvrages les plus difficiles qui se présentent pour les Traits de la coupe, dont ils ont besoin. Je puis même avancer que ce Problême seul, contient tout le Livre de la coupe des Bois du Sieur Blanchard, qui n'en est qu'une application à differens cas; car quoiqu'il ne tire pas les lignes de projection depuis leur origine jusqu'à leur base naturelle, horisontale ou verticale, mais seulement par des portions paralleles à ces bases, apparemment pour éviter la confusion des lignes, la pratique ne differe en rien de la nôtre, comme nous allons le montrer sensiblement.

Soit [*Fig.* 251.] une des sections planes & primitives quelconque, par exemple, I*mp'*, dont la base horisontale est la ligne droite P*fp'*, & la verticale I*pf*. Soit dans cette Courbe I*mp'* les points *d, m, e*, dont on veut avoir les projections, on menera pour celle du point *d* l'horisontale *df*, qui coupera la verticale 1*f* en *f*, la distance 1*f* est celle que les Ouvriers appellent le *gauche de la Courbe* pour l'élevation; ensuite pour avoir celle du point *m*, on menera *mo* jusqu'à l'aplomb qui tombera de *d*, que l'horisontale *mo* rencontrera en *o*, la ligne *do* sera le *Gauche* de la Courbe *dm*, de même tirant *e7* jusqu'à l'aplomb *m7*, la ligne *m7* sera le *Gauche* de la Courbe *me*, enfin *et* sera le gauche de la Courbe *ep'*, consideré seulement comme dans les précedentes projections en qualité d'élevation, c'est-à-dire, de projec... vertica..., & pour l'horisontale, ce seront les lignes fd, om, $7e$, tp^1, comme ... voit clairement. Or il est évident que toutes ces lignes étant parallele... aux lignes IP^f, & P^fp1 sont égales à toutes leurs paral... $1f, fg, g9, 9Pf$, pour l'élevation & $P^f9, 98, 8t, tp^1$, ce qui n'a ... besoin de démonstration, puisqu'elles sont terminées par des lignes paralleles; il est donc indifferent de prendre fd pour P^f9, om pour 98, $7e$ pour $8t$, sur le plan horisontal, & do pour fg, $m7$ pour $g9$, & ef pour $9P^2f$; ainsi l'on peut reconnoitre une entiere uniformité entre la méthode du Sieur BLANCHARD & celle-ci.

C'EST à celui qui fait le Trait d'une coupe de Bois ou de Pierre à éviter la confusion des lignes pour ne pas s'embrouiller; mais aussi on peut dire à la faveur des lignes entieres, qui donnent les points qu'on cherche sans transposition, qu'elles guident plus sûrement; car dans une longue operation, on est sujet à prendre une ligne pour l'autre, ou à les transporter où l'on ne doit pas; par exemple, une horisontale au Profil, ou une verticale au plan horisontal; c'est pour cette raison que nous avons cru devoir répeter les sections planes primitives au plan horisontal, & à l'élevation, pour que l'œil fut conduit dans la position des points de projection depuis leur origine.

Application à l'Usage.

LORSQU'ON a la base d'une surface Cylindrique, sur laquelle est l'Arête courbe que l'on veut former, on en applique le Panneau sur un parement, c'est-à-dire, une surface plane que l'on dresse sur le Bois ou la Pierre que l'on veut tailler, pour en tracer exactement le contour. Ensuite on abat le bois à l'Equerre sur cette base, en suivant son contour, ce qui fait une portion de cylindre Droit; lorsque cette surface Cylindrique est formée, on éleve des perpendiculaires à la base par les points qu'on a marqué dans son contour, par exemple, z, z, y de la Figure; ensuite on porte sur chacune de ces perpendiculaires la hauteur que l'on a trouvé dans l'élevation, comme p^Tz, p^Tz, Cz, p^3z, &c. qui donnent sur la surface Cylindrique des points, par lesquels on trace la Courbe de l'Arête du Bois ou de la Pierre qu'on taille; ce que l'on entendra mieux par les Traits particuliers au IV. Livre.

POUR s'épargner cette suite d'operations de tirer des perpendiculaires à la base, & d'y porter les hauteurs qui leur conviennent; soit aussi pour tracer le contour de la Courbe à double courbure plus régulierement, on fait des développemens des surfaces Cylindriques, qu'on trace sur des corps flexibles, comme du Carton ou du Fer-blanc, des lames de Plomb, & on les applique ensuite sur les surfaces qu'on veut tailler; c'est un des grands secours de l'art, dont nous allons parler.

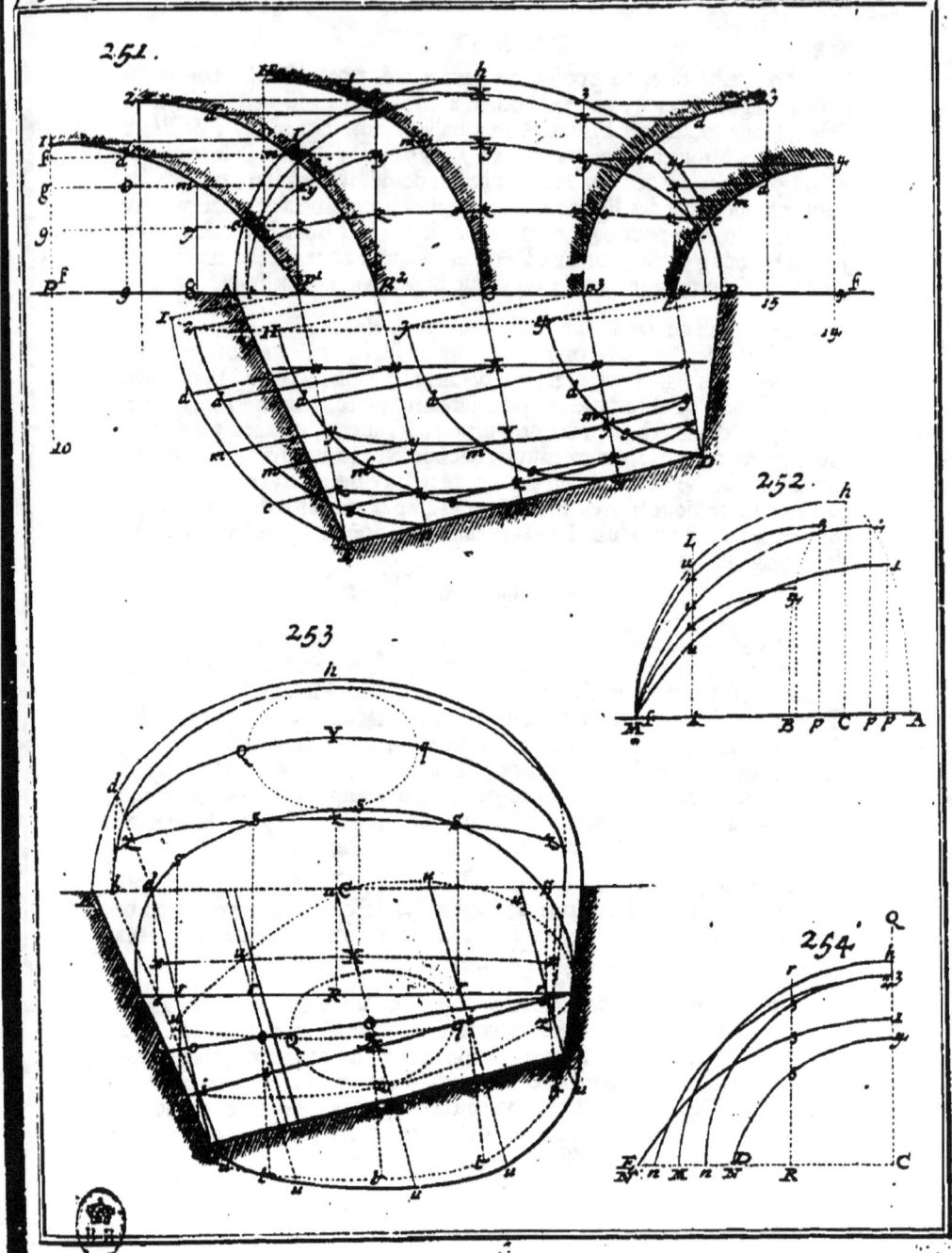

CHAPITRE III

De l'Epipedographie, ou Description des Surfaces des Solides, déployées sur des Plans,

En termes de l'Art.

DU DEVELOPPEMENT.

LES Surfaces des corps qui composent les voutes, sont presque toujours en partie planes, & en partie courbes.

Les planes sont les *Lits* & quelquefois les *Têtes* les Courbes sont toujours les Doeles, quelquefois les Têtes, & quelquefois aussi les Lits. L'art de faire le développement de toutes ces surfaces consiste à les réduire toutes en planes, même les Courbes, quoiqu'elles ne puissent le devenir sans changer de nature, & que cet artifice soit encore inconnu à la Geometrie, qui ne peut rectifier les cercles, ni les Ellipses qui sont les bases des surfaces courbes.

Nous n'avons pas besoin dans la pratique de pousser cet art à la perfection Geometrique; premierement, parce qu'avant que de creuser ou arrondir un corps, on fait, suivant la méthode des suppositions dont nous venons de parler, une surface plane, qui passe par la Corde de l'arc concave de sa base, ou par la tangente d'un arc convexe, réduisant ainsi les corps ronds en Polyedres.

Secondement, parce que, lorsqu'il s'agit de rectifier un arc de cercle ou d'Ellipse, comme il arrive quelquefois, par exemple, aux Portes en Tour Ronde aux Trompes sur une ligne Droite, & à quelques Enfourchemens, on le fait d'une maniere assez juste, quoique Méchanique, pour n'en pas sentir l'erreur dans l'operation. Il ne s'agit que de prendre avec le compas, plusieurs parties à volonté, si petites que les Cordes soient sensiblement égales aux arcs, dont elles sont les soustendantes, & ajoûter ces Cordes de suite sur une ligne Droite pour en avoir la somme.

Cependant, comme il y a une maniere Geometrique de parvenir à une précision plus parfaite que celle où l'operation peut atteindre, nous croyons devoir inserer ici le Problème que nous devons à Mr. Saurin de l'Academie Royale des Sciences, par lequel on peut approcher infiniment de la quadrature du Cercle, dont on parle tant dans le monde, laquelle dépend de la rectification de sa circonference.

320

PROBLEME V.

Trouver une suite de Lignes Droites qui approchent de plus en plus de la rectification d'un arc de Cercle donné, tant en dessus, qu'en dessous.

PLA. 22.
Fig. 255.

SOIT [Fig. 255.] l'arc donné AD, moindre que la demi-circonference ADB. Ayant fait AT perpendiculaire sur le diametre AB, on tirera la Corde BD qu'on prolongera jusqu'à la rencontre de la ligne AT en T, ensuite on divisera l'arc AD en deux également en F, & l'arc AF encore par le milieu en G, & ainsi de suite, autant que l'on voudra approcher de l'exactitude de la rectification de l'arc AD. Après quoi on tirera la Corde AF, qu'on prolongera jusqu'à ce qu'elle rencontre BT au point H, par lequel on menera HI perpendiculaire à AH : on tirera de même la Corde AG qu'on prolongera jusqu'à ce qu'elle rencontre la ligne H au point K, par lequel on menera aussi KL perpendiculaire à AK ; on peut réiterer cette operation jusqu'à ce qu'on soit parvenu à la plus petite division de l'arc donné.

Je dis que l'arc AD est plus grand que la ligne AH, & plus petit que la ligne AI, plus grand que AK, & moindre que AL, & ainsi de suite. De sorte que dans le cas présent, l'excés & le défaut de la ligne Droite sur la Courbe, est déja dans la difference des lignes AK & AL, qui sont presque sensiblement égales entr'elles, & par conséquent pourroient être prises dans la pratique pour égales à l'arc sans erreur sensible ; de sorte qu'il est presque inutile de pousser l'operation plus loin, quoiqu'on le puisse.

DEMONSTRATION.

SI l'on tire par le point D la tangente MDN, on reconnoîtra que les lignes DM, AM, MT sont égales entr'elles ; car l'angle MDT, ou son opposé au sommet NDB, qui a pour mesure la moitié de l'arc BD (par la 32. du III. Livre d'EUCLIDE) sera égal à l'angle ATB, puisque les triangles BDA, TDA sont semblables, parce qu'ils le sont au triangle TAB, avec lequel ils ont chacun un angle T & B commun, & un angle Droit en D ; par conséquent l'angle BTA sera égal à l'angle BAD ; or BAD a aussi pour mesure la moitié de l'arc BD, donc le triangle DMT étant isoscele, le côté MD sera égal à MT, & il sera aussi égal à MA, parce que MD & MA sont des tangentes aux points D & A (par la 3.e du III. Liv. d'EUCL.) donc l'arc AD qui est moindre que ces deux tangentes AM, MD, sera moindre que AT, qui est égal à leur somme.

SI l'on tire ensuite par le point F, moitié de l'arc AD la Corde BF, & qu'on la prolonge jusqu'à ce qu'elle rencontre AT en P, on prouvera

de

de même que l'arc AF est moindre que AP; or menant du centre C la ligne CE perpendiculaire à la Corde AD, elle divisera cette corde & son arc en deux également, de sorte qu'elle passera par F qui est le milieu de l'arc AD par la construction, & il se formera deux triangles semblables AFE, AHD, & APF, AIH, qui font voir que AH est double de AF, & AI double de AP, puisque AD est double de AE, donc la ligne droite AH, qui n'est égale qu'aux deux Cordes des deux moitiez de l'arc AD, sera moindre que cet arc, & la ligne AI sera plus grande que l'arc, parce qu'elle est égale à quatre tangentes de sa moitié AF, comme AI est égale aux deux tangentes du tout AM, MD. On prouvera de même que l'arc AD est plus grand que la Droite AK, qui n'est égale qu'à quatre fois la Corde de l'arc AG, quart de AD, & que AL est plus grande, parce qu'elle est égale à huit tangentes aux deux extremitez de cet arc AG, prises comme AM & MD.

Du développement des Corps compris par des Surfaces Planes.

DEVELOPPER un corps, c'est étendre sur une surface plane toutes celles, dont il est enveloppé, pour en voir d'un coup d'œil le rapport & l'étendue.

D'où il suit qu'il ne suffit pas de les aranger de suite en toute sorte d'ordre & de combinaison.

1.° PARCE QU'ON ne pourroit distinguer le rapport des côtez qui doivent être communs à deux surfaces contigues, & se réunir dans l'enveloppement.

2.° PARCE QU'ETANT rassemblez sans intervalles, lorsque la somme des angles des surfaces contigues deviendroit égale à quatre Droits, ils composeroient une surface plane, qui ne pourroit plus être pliée pour envelopper le corps d'où elles ont été tirées, sans être divisée & separée en plusieurs morceaux.

3.° Qu'ON ne pourroit connoître la plus grande longueur & largeur que l'arrangement naturel de toutes les surfaces doit occuper, par exemple, dans le développement du Cube, (*Fig.* 263. qui est une croix) la plus grande longueur du développement est de quatre quarrez de suite, & sa plus grande largeur de trois; mais si l'on mettoit deux rangs de trois quarrez de suite, ils composeroient une surface plane qui ne pourroit plus être pliée, parce que quatre angles Droits seroient rassemblez aux mêmes points *a*, *b*, *c*, *d*; or il est démontré dans les Elemens de Geometrie, (EUCL. Liv. II. pr. 21.) que la somme des angles plans qui en composent un solide, est moindre que quatre Droits.

4.° Il pourroit arriver dans l'enveloppement, que deux surfaces tomberoient l'une sur l'autre, & que l'une des deux manqueroit ailleurs, comme si l'on rangeoit celles du cube en façon d'Equerre, le dernier quarré d'une branche tomberoit sur le pénultieme de l'autre; il faut de plus examiner de combien d'angles plans est composé l'angle solide du corps qu'on veut développer, pour voir si le développement peut être replié sans division ni transposition des surfaces; ainsi pour le Tetraedre, qui est le premier corps régulier, il ne faut pas rassembler plus de trois angles des surfaces de ce corps en un point; parce que si l'on en joignoit quatre comme à la Figure 259. elles formeroient, étant pliées, un angle solide qui seroit celui de l'Octaedre.

D'où il suit que le développement du Tetraedre ne souffre que deux combinaisons, ou comme à la Figure 257. ou comme à la Figure 258. il en est de même du développement du cube, dont l'angle solide n'est composé que de trois angles plans; mais parce qu'on ne peut joindre quatre de ses surfaces ensemble, comme au Tetraedre, sans joindre aussi quatre angles égaux à quatre droits; il suit que son développement ne souffre que trois combinaisons qui forment, l'une la croix Latine comme on voit, [*Fig.* 263.] l'autre un T. Suivant ces principes le développement des corps réguliers sera très facile; car il ne s'agit que de répeter la même surface, dont il est composé, dans l'ordre qui convient à la nature de leurs angles: mais le nombre de ces corps est très petit comme l'on sçait, il n'y en a que cinq, sçavoir.

Le Tetraedre, qui est enveloppé de quatre triangles équilateraux.

Le Cube, de six quarrez égaux.

L'Octaedre, de huit triangles équilateraux.

Le Dodecaedre de douze Pentagones égaux.

Enfin l'Icosaedre de vingt triangles équilateraux; nous ne donnons point les Figures de ces développemens, elles sont faciles à faire, après ce que nous venons de dire, & d'ailleurs se trouvent dans tous les Livres de Geometrie.

Il est d'autres corps solides régulierement irréguliers formez par les sections des angles solides des réguliers coupez par des plans, qui les émoussent, ce que l'on peut faire à tous les corps réguliers & irréguliers, & qui produira differentes Figures par la section, & differens Poligones qui seront les restes de ces sections. Ainsi en coupant les angles du Tetraedre, on aura un solide enveloppé de quatre triangles, & d'autant d'Exagones réguliers, ou irréguliers si l'on veut. Le Cube coupé de même deviendra composé de six Octogones réguliers, ou irréguliers; & de huit triangles équilateraux. L'Octaedre qui deviendra composé de huit Exagones réguliers ou irréguliers & de six quarrez, &c. Et si l'on coupe encore leurs angles solides, on formera de nouvelles Figures de surfaces & de nouveaux Poligones des restes ; ce qui n'est pas d'usage pour notre sujet, mais qui sert à nous mener à la connoissance de l'impossibilité de faire un développement d'un Polyedre, qui seroit enveloppé d'une infinité de surfaces infiniment petites & differentes, tel qu'on peut se le représenter dans la sphère : car sans pousser bien loin la section qu'on pourroit appeller *l'Émoussement* des angles solides des Polyedres. si l'on émousse les angles de l'Icosaedre également par des sections planes, qui formeroient dix Pentagones réguliers & des restes quadrilateres, d'où résulte un Polyedre de trente surfaces inégales ; on trouvera déja une Figure qui approchera tellement de la sphérique, qu'on la jugera telle, lorsqu'on la regardera d'un peu loin ; en effet elle est déja propre à rouler comme une Boule.

Les solides qui nous interessent ici pour en faire le développement, se réduisent principalement aux Pyramides & aux Prismes, parce qu'ils nous conduisent à la connoissance de celui des Cônes & des Cylindres, qui sont les Figures les plus ordinaires aux voutes, que nous avons toujours pour objet dans cet Ouvrage ; d'autant plus qu'ils nous fournissent aussi les moyens de développer la surface de la sphère, quoiqu'imparfaitement, mais suffisamment pour les besoins de la pratique ; comme on l'enseignera au IV. Livre.

PROBLEME V.

Faire le Développement d'une Pyramide quelconque, Droite ou Scalene.

On suppose premierement, que le Polygone de la base est connu ; secondement, que l'on connoit la hauteur du sommet de la Pyramide sur le plan de la base, & sa projection sur ce plan.

Si la Pyramide est droite, il est évident que la projection du sommet est au centre du Polygone, qu'elle a pour base, parce qu'elle ne panche d'aucun côté, suivant sa définition.

D'où il suit qu'il n'y a de Pyramide exactement droite, que celle qui a pour base un Polygone régulier ; car si ce Polygone n'a pas tous ses côtez égaux, quoiqu'inscrit dans un cercle, la projection du sommet sera plus près d'un côté que de l'autre ; par conséquent la face qui a pour base le côté qui en approche le plus, sera plus inclinée, & celle qui en approche le moins, sera plus couchée ; c'est-à-dire, en termes de l'art que l'une aura plus, l'autre moins de Talud, ainsi elle paroitra plus pancher d'un côté que de l'autre, quoique son sommet soit à plomb sur le centre du cercle, dans lequel sa base est inscrite.

Que les côtez d'une telle base approchent plus ou moins du centre; cela est démontré dans la 15.ᵉ prop. du III. Livre d'Euclide, puisque ce sont des Cordes inégales d'un cercle.

Ce sera encore pis si la base de la Pyramide est un Polygone irrégulier, qui ne puisse être inscrit dans un cercle, parce qu'alors non seulement les faces, mais encore les Arêtes auront des Taluds inégaux; de sorte que la Pyramide panchera de tous côtez.

Cette observation fournit la raison d'une singularité qu'on fait remarquer aux Voyageurs qui passent à Soleurre en Suisse; une des Tours de l'enceinte qui est en forme de petit Bastion à cinq côtez, & couverte d'un comble en Pyramide extrêmement haute, comme les éguilles des anciens Clochers, paroit toujours pancher du côté où on la regarde; les gens qui ne sont pas Geometres attribuent cette Merveille à la grande industrie de l'Ouvrier, qui en a fait la Charpente. Je fus en effet frappé de cette apparence, mais je reconnus bientôt que c'étoit une suite necessaire de l'irrégularité & de l'imparité du Polygone de la base, où par la nature du Pentagone, un angle est diametralement opposé à une face; ce qui présente un grand Talud d'Arête contre un moindre Talud de la face, si le Spectateur est placé sur la perpendiculaire à ce diametre, & s'il s'en écarte, l'apparence du Talud d'une Arête s'alonge, & l'autre se racourcit. Revenons à notre sujet, si la Pyramide est Droite régulière, la hauteur étant donnée, il sera aisé de trouver les longueurs des Arêtes

Fig. 260. qui sont les côtez qui comprennent ses surfaces; car, [Fig. 260.] il
& 261. n'y a qu'à quarrer le Rayon cd de la base, & la hauteur CS, & tirer la racine quarrée de leur somme, on aura le côté Sd, lequel étant donné, suffit pour tous les autres qui lui sont égaux, alors le développement d'une Pyramide Droite ne consiste qu'à répeter & ranger de suite autant de triangles isosceles qu'il y a de côtez à la base, & ajoûter la surface de cette base, comme on voit à la Figure 261. qui est le développement de la Pyramide pentagone, 260.

Si la Pyramide est scalene, c'est-à-dire, oblique sur sa base, l'operation devient un peu plus composée, parce que les triangles de ses surfaces étant inégaux, il en faut chercher les côtez; & pour y parvenir, ce n'est pas assez d'avoir la hauteur du sommet sur le plan de la base, il faut encore le point de sa projection.

Fig. 262. Soit [Fig. 262.] la Pyramide triangulaire $ABCS$ donnée, s'il s'agissoit d'operer sur le solide, il faudroit abaisser du sommet S la perpendiculaire

SP sur le plan de la base prolongée, ou par le moyen de deux Equerres, ou par le Problême de la 11.e prop. du XI. Livre d'Euclide, pour avoir le point P, qui est la projection du sommet S, dans la distance où il doit être à l'égard du côté BC de la base de la Pyramide tracée sur un dessein à part. Puis ayant tiré de ce point une droite PD à volonté, on lui fera une perpendiculaire PS égale à la hauteur donnée ; ensuite du point P pour centre & des distances PA, PB, PC pour Rayons, on décrira des arcs Aa, Bb, Cc qui couperont PD aux points a, b, c, par lesquels tirant les lignes aS, bS, cS au point S, on aura les points que l'on cherche. Par le moyen de ces côtez & ceux de la base, on décrira trois triangles de suite qui formeront le développement de la Pyramide, en y ajoûtant pour quatriéme celui de la base.

DEMONSTRATION.

Puisque la ligne SP qui doit être supposée en l'air, est perpendiculaire au plan de la base ABC prolongé, elle sera perpendiculaire à toutes les lignes menées dans ce plan par le point P (par la 5.e du 11. d'Eucl.) donc les triangles APS, aPS, sont rectangles en P, mais par la construction AP = aP & PS est commun, donc l'hypotenuse AS est égale à aS, & par la même raison bS = BS & cS = CS, ce qu'il falloit faire.

Nous pouvons appliquer cette solution à toute autre Pyramide Polygone de quelque nombre de côtez que sa base puisse être, puisqu'il est évident qu'elle pourra être réduite en triangles.

COROLLAIRE.

De-la on tire la maniere de *faire le développement d'un Cône quelconque,* droit ou scalene ; car on peut le considerer comme une Pyramide, dont la base a une infinité de côtez infiniment petits ; ainsi le Cône Droit étant enveloppé d'une infinité de triangles isosceles, il est visible que son développement sera un secteur de cercle par la comparaison de celui de la Pyramide pentagone de la Fig. 261. qui l'imite déja beaucoup, quoiqu'en si petit nombre de côté Ab, bc, cd, de, ef, ce qui est connu de tout le monde.

Mais si ce Cône Droit étoit coupé par une base oblique à son axe, il est clair qu'il se formeroit une section differente du cercle, & par conséquent qu'il en résulteroit un contour de développement different du secteur.

Pareil changement arriveroit si le Cône étoit droit sur une base Elliptique, ou scalene sur une base Circulaire ; en ce cas si le Cône est scalene, les longueurs de ces côtez étant inégales, donneront pour contour de la base développée une Courbe qui sera toujours inégalement éloignée du sommet S, excepté dans les points correspondans, opposez non pas diametralement, mais suivant les perpendiculaires menées au diametre qui passe par le plus grand, & le plus petit côté du Cône; de sorte que cette courbe ne peut plus être un cercle, comme elle étoit dans le Cône Droit.

On demandera peut-être comment on peut connoître le plus long & le plus petit côté de la surface d'un Cône scalene le voici.

PROBLEME VII.

La Base, la hauteur & la projection du Sommet d'un Cône scalene étant données, déterminer le plus long & le plus petit côté de sa Surface.

Fig. 264.   SOIT [Fig. 264.] le cercle ADBR, la base du Cône dans le plan de laquelle [prolongé s'il le faut] est donné ou trouvé le point P pour la projection du sommet S, ayant mené de ce point P par le centre C de la base ADBR la ligne PC, on fera PS perpendiculaire sur PCB, & égale à la hauteur donnée; si du sommet S on mene une ligne au point A, où la ligne PB coupe le cercle de la base, je dis que SA sera le plus petit côté du Cône.

Et si du même sommet S on mene SB, où la même ligne coupe le cercle de la base, je dis que la ligne SB sera le plus long côté du Cône.

DEMONSTRATION.

Par la 8.ᵉ du III. Livre d'EUCLIDE, la ligne PA est la plus courte de toutes celles qu'on peut mener au cercle du point P; donc le triangle PSA est le plus petit de tous les rectangles, qui auront pour côté commun la hauteur PS.

Donc SA est l'hypotenuse qui approche le plus de la perpendiculaire SP, par conséquent qui est la plus courte.

Par la même proposition d'Euclid. la ligne PB étant la plus longue de toutes celles qu'on peut mener du point P à la circonference concave DB. il est clair que la ligne SB est celle qui s'éloigne le plus de la perpendiculaire SP, par conséquent qu'elle est la plus longue de toutes celles qu'on peut mener du point S à la circonference du cercle ADBR, qui est la base du Cône.

Donc SA est le plus petit côté du Cône scalene, & SB est le plus long; *ce qu'il falloit trouver.*

CELA supposé, il sera facile de faire le développement d'une moitié du Cône scalene à laquelle l'autre doit être égale, & abreger ainsi l'operation de moitié; en suivant la même pratique que nous avons donnée pour la Pyramide triangulaire.

L'on divisera le demi cercle ARB en autant de parties égales ou inégales qu'on voudra avoir de côtez du Cône, par exemple, ici en 4, aux points 1, 2. 3, & l'on menera du point P à toutes ces divisions des droites P 1, P 2, P 3, que l'on transportera par des arcs de cercles faits du point P pour centre en P 1^b, P 2^b, P 3^b; si du sommet S on mene des lignes à ces points, il est clair, par le Problême precedent que les lignes SA, S 1^b, S 2^b, S 3^b, SB sont autant de côtez du Cône, qui passent par les points donnez à la base A, 1, 2, 3, B; ainsi il ne s'agit plus que d'en faire usage pour le développement.

Ayant porté à part [*Fig. 266.*] la ligne SB de la Fig. 264. en S^d, *Fig. 266.* B^d pour premier côté d'un triangle on prendra la Corde A 1, de laquelle comme Rayon, & du point B^d pour centre, on décrira un arc à x; ensuite ayant pris la longueur S 3^b de la Fig. 264. pour Rayon, & du point S^d pour centre, on décrira un arc 3y, qui coupera le precedent au point 3, lequel est un de ceux du développement de la base.

De la même maniere on trouvera le point 2. en faisant le triangle Sd, 3, 2, sur le côté S^d 3 pour base, avec les deux autres donnez dans la Fig. 264. sçavoir, S 2^b, & la Corde 1, 2, & en continuant ainsi de suite, on formera le Polygone S^d, B^d, 3, 2, 1, a^d, Sd, qui sera le développement de la moitié de la Pyramide, Octogone inscrite dans le Cône; & si au lieu des lignes droites B^d 3, 3, 2, 2, 1, 1 a, on trace à la main une Courbe B^d ef Rg a, on aura le contour de la base du Cône, laquelle sera d'autant plus parfaite que le Polygone inscrit dans la base du Cône aura de côtez, ce qui est évident, puisqu'on aura un plus grand nombre de points. Il paroit par exemple, dans la Figure présente, qu'il auroit été nécessaire que ce Polygone au lieu de 8. eut eu seize côtez pour tracer l'arc B^d e 3, parce que la Courbure de l'arc B^d 3 est considerable à l'égard de la Corde B^d 3, & qu'il auroit été à propos qu'il eut été de 24. côtez pour tracer l'arc 3f2, pour avoir deux points dans cet arc, à cause du changement de la courbure, mais que l'Octogone suffit pour la partie 2 1, dont l'arc differe peu de la Corde, ainsi du reste, suivant le plus ou le moins d'exactitude qu'on se propose.

COROLLAIRE.

De-la on tire la maniere de *faire le développement de toutes les Courbes des sections Coniques sur la surface d'un Cône quelconque*, lorsque leurs axes sont donnez dans le triangle par l'axe, & les plus grand & plus petit côtez du Cône, supposant les plans des sections perpendiculaires à ce triangle par l'axe ASB.

Fig. 264. CAR, Fig. 264. 1.° *pour l'Ellipse*, supposant un des axes donné en Eb, & la base du Cône divisée, comme on l'a dit aux points 1, 2, 3, on menera par ces points des perpendiculaires à la ligne AB, qui la couperont aux points pCq, par lesquels & par le sommet S on menera les lignes pS, CS, qS qui couperont Eb aux points fgb, d'où menant des parallèles à AB jusqu'à la rencontre des côtez correspondans S 1^b, S 2^b, S 3^b qui les couperont aux points x, y, z, je dis que les côtez Sx, Sy, Sz seront terminez en E, x, y, z, b, à la circonférence de l'Ellipse, & que si chacun de ces côtez sont portez à la Fig. 266. sur ceux du développement du Cône, qui passent par les points B^d, 3, 2, 1, a^d, ils donneront les points b^d, x^d, y^d, z^d, E^d, par lesquels traçant à la main une ligne courbe, on aura la moitié de l'Ellipse, qui a pour un de ses axes la ligne donnée Eb *Fig. 264.*]

On en fera de même pour la description de la Courbe qui est le développement d'une Parabole ou d'une Hyperbole, dont l'axe sera donné dans le triangle par l'axe du Cône ASB.

2.° *Pour la Parabole*, soit [Fig. 264.] l'axe donné P$^b r$, lequel dans la Figure présente est coupé par quatre lignes, SB, Sq, SC, Sr, par le moyen desquelles on trouvera autant de points de la circonférence de chaque côté non compris celui du sommet P^b; or ces points doivent être répandus sur la surface du Cône développé, comme nous venons de le dire pour l'Ellipse dans l'exemple précédent sur les lignes SB, S^{d}3, S^{d}3, S^{d}2, S^{d}R; ainsi portant la longueur SP^b de la Fig. 264. en S^{d}P de la Figure 266. on aura sur S^d, B^d, le sommet P de la Parabole développée. Sx^3 porté en S^d, x^3, sur S^{d}3, donnera le point 3. provenant de la division de la base 3, à cause de la perpendiculaire 3q sur AB; de même on portera Sn en S$^d n$ sur S^{d}2, qui donnera le point u provenant du point 2. de la base, à cause de 2C perpendiculaire sur AB; de même enfin Sr en S^{d}R^d provenant du point R, à cause de Rr perpendiculaire sur AB; la Courbe P^d, x^3, nR^d sera le développement de la Parabole proposée.

3.° *Pour l'Hyperbole*, on opérera de même que pour la Parabole, mais dans la Figure présente où la demi-base du Cône n'est divisée qu'en quatre parties, & l'axe de l'Hyperbole est donné en Hr, on n'aura qu'un point à sa circonférence entre son sommet H & celui de son amplitude Rr à la base, parce que l'axe Hr n'est coupé que par la ligne pS provenant du point 1. à la circonférence de la base du Cône. De sorte qu'on n'aura que trois points pour la moitié du développement de cette Hyperbole;

bole ; sçavoir, le sommet H, en portant SH de la Figure 264 en S ^{d} h de la Fig. 266. 2.° On aura le point u en portant S v en S ^{d} u sur S ^{d}. & enfin le point R à la base comme à la Parabole où on les suppose communs, par hazard.

Nous n'ajoûterons rien ici de la description du cercle produit par une section du Cône coupé par un plan parallele à la base, parce qu'il est aisé de voir que les côtez du Cône qui le coupent, & par conséquent qui en donnent les points sur la surface conique développée, doivent être proportionels à ceux qui sont continuez jusqu'à la base du Cône S ^{d} B ^{d} : S ^{d} b :: S ^{d} a^d : S ^{d} a, & de même sur les autres côtez S ^{d} 3, S ^{d} 2, S ^{d} 1. Or ces proportions sont toutes trouvées à la Fig. 264 où la ligne ab coupe proportionellement les côtez SB, Sb, Sq, SC, S2^b, St, S1^b, SA, aux points b, m, n, o, a ; mais si le cercle provenoit d'une section sous-contraire, il tomberoit alors dans le cas du développement de l'Ellipse.

Remarque sur certains Points des Courbes développées sur le Cône.

Puisque le côté SA du Cône est le plus petit de tous ceux qu'on peut tirer du sommet S, comme nous l'avons démontré ci-devant, & que le côté SB est le plus grand ; il suit que tous les points de la demi-circonference de la base A 2 B, sont tous inégalement éloignez du sommet S ou S ^{d} de la Fig. 266. au développement de la surface du Cône, Fig. 264. & que les points B ^{d} & a^d sont comme les termes du plus grand, & du moindre éloignement de la Courbe B ^{d}, R ^{d}, a^d. D'où vient qu'on les appelle *Points de Station* ; car dès qu'elle est parvenuë en a^d, elle cesse de s'approcher de S ^{d}, & dès qu'elle est parvenuë en B ^{d}, elle cesse de s'en éloigner, & recommence à s'en approcher.

Il en sera de même pour toutes les autres sections Coniques, dont les axes Eb, P t r, Hr sont dans le triangle par l'axe ASB.

On peut encore remarquer dans la Courbe de développement de la base du Cône, qu'elle change de contour par une inflexion semblable à celle d'une S ; en sorte qu'elle passe du contour concave $a^d g$R, à l'égard du point S ^{d} au convexe R ^{d}, 2, 3, B ^{d}, le point R ^{d} qui est le terme & la jonction de ces deux contours differens, est appellé *point d'inflexion*. Lequel partage inégalement la Courbe, en sorte que la partie concave à l'égard du sommet est toujours la plus grande.

Pour trouver ce point à la base ARB [*Fig.* 264] il faut tirer du

Tom. I. Tt

point P, projection du sommet du Cône S, une tangente PR, le point d'attouchement R sera celui que l'on cherche ; ce qui fait voir que la partie A 1 R convexe à l'égard de P est toujours plus petite que R 3 B concave à l'égard de ce même point ; puisque la tangente ne pourroit toucher la base au point du milieu 2, que lorsque le point P seroit infiniment loin sur la direction B p prolongée.

Du Développement des Prismes.

Les Prismes aussi bien que les Cônes peuvent être droits ou obliques sur leurs bases.

Il est évident que le développement des Prismes Droits est un Parallelograme rectangle composé de tous ceux des surfaces, dont il est enveloppé ; puisque les parties prises ensemble sont égales à leur tout, & que les bases étant paralleles, les hauteurs sont toujours égales.

Il n'en est pas de même des Prismes scalenes, dont les côtez ne sont pas perpendiculaires au plan de leur base ; car quoiqu'ils soient compris entre deux plans paralleles, comme nous le supposons ; premierement, il suit bien de-là qu'étant paralleles entr'eux, ils sont tous égaux, mais non pas qu'ils fassent des angles égaux avec les côtez de leur base ; d'où il résulte que chaque surface, dont le Prisme est enveloppé, peut être un Parallelograme different, excepté ceux qui ont pour base les côtez du Polygone de la base du Prisme, qui sont paralleles & égaux entr'eux.

Pl. 23.
Fig. 268.
Soit [Fig. 268.] le Prisme AC, oblique sur sa base BCDE, de l'obliquité marquée par la ligne PB, distance d'une perpendiculaire HP abaissée sur le plan de la base prolongée. Ayant pris à volonté sur un de ces côtez, comme sur HB, un point d, on lui menera la perpendiculaire dK, qui coupera le côté suivant GC au point K, par lequel on tirera de même une perpendiculaire KL, & ainsi de suite, jusqu'à ce qu'ayant parcouru le contour, on soit revenu au point d.

Fig. 269.
On fera ensuite à part [Fig. 269.] une ligne droite dN^d, sur laquelle on portera de suite les longueurs dK, KL, LM, MN^d égales à celles des distances perpendiculaires des côtez du Prisme AC, & par tous les points dKLMN^d, on tirera des perpendiculaires à dN^d, comme bb, gc, id, ae, HB, sur lesquelles on portera de part & d'autre de la ligne dH^d les longueurs qui expriment les distances de cette ligne aux angles du Prisme ; ainsi prenant dH de la Fig. 268. [on la portera en db] de la Figure 269. KG en kg ; LI en li, &c. d'un côté ; & de l'autre dB en db, KC en kc, LD en ld, &c. & l'on aura les points bgiaH vers une base, & bcdeB, vers l'autre ; par lesquels menant des lignes droites

page 331

Planche 22.

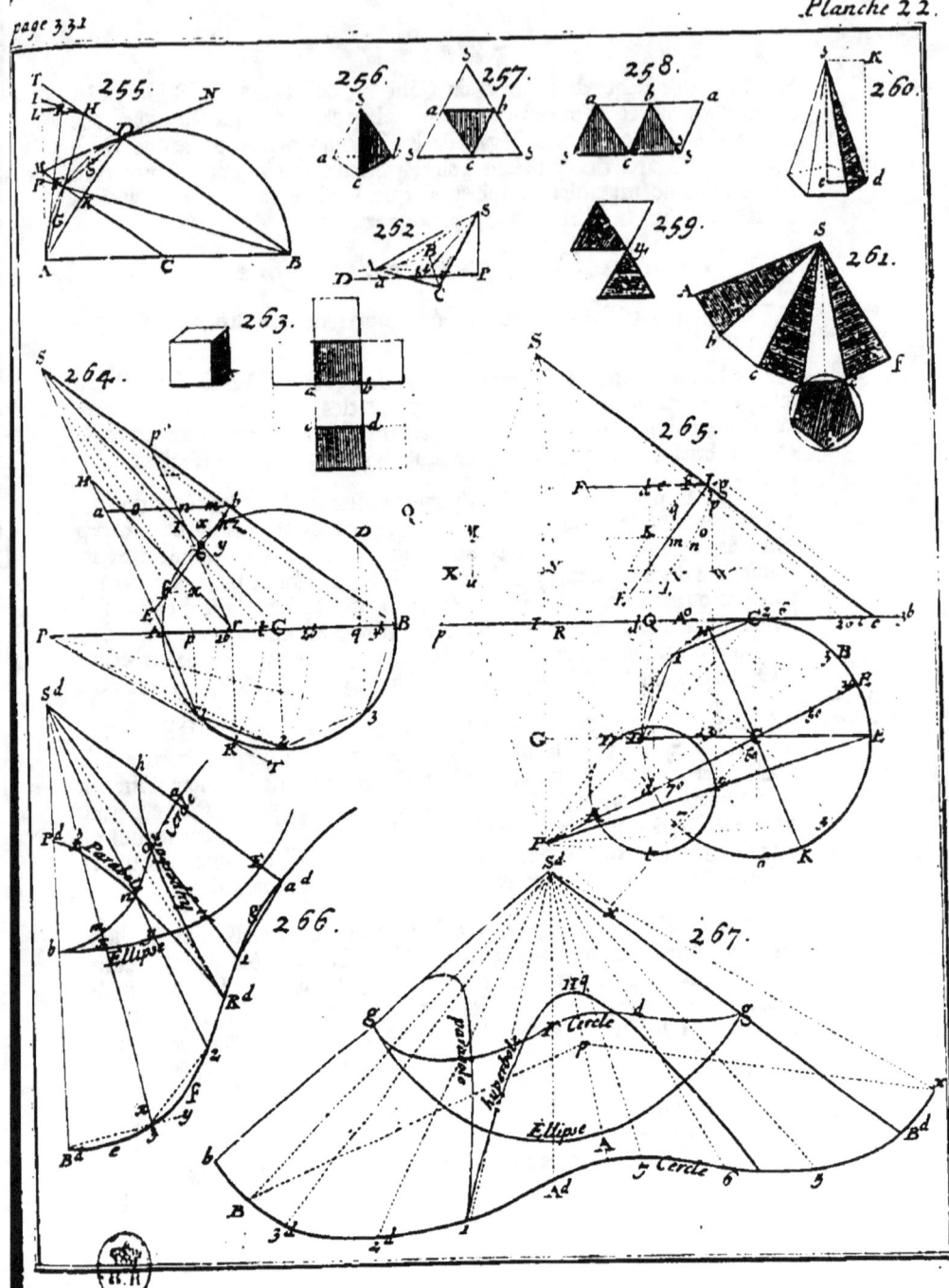

de point en point, on aura la Figure *hiag*FB*edcbb* pour le développement des côtez du Prisme, à laquelle joignant les deux bases X & Q, on aura celui de sa surface entiere, qui est ici celle d'un Parallelepipede obliquangle compris par six surfaces, qui sont autant de Parallelogrames, comme le cube l'est par six quarrez.

Il est clair que de quelques nombres de surfaces que puisse être ce Prisme, le développement se fera toujours de même; fut-il d'une infinité de côtez, ce qui le rendroit alors très semblable au Cylindre scalene, qu'on peut mettre au rang des Prismes en considerant ses surfaces comme infiniment étroites.

COROLLAIRE I.

DE-LA on tire la maniere de *faire le développement de la surface du Cylindre scalene*.

SOIT [*Fig.* 270.] le Parallelograme BAFD la section d'un Cylindre scalene par son axe, & le diametre de sa base dans la plus grande obliquité, comme on voit à la Figure 271. [quoique plus petite] le diametre BA passant par le point R de la perpendiculaire DR abaissée sur le plan de cette base. *Fig.* 270.

SUR ce diametre BA ayant fait le demi cercle B*h*A, on le divisera en tel nombre de parties qu'on voudra égales ou inégales, il n'importe, mais les égales sont plus commodes, & l'on menera par les points de division des perpendiculaires à ce diametre, comme 1*p*, 2*p*, 3*p*, 4*p*. qui le couperont aux points *p* & *p*, par lesquels on menera autant de paralleles au côté BD, comme *p*5, *p*6, *p*7, *p*8.

ENSUITE par un point E pris à volonté sur BD, on lui tirera la perpendiculaire ER qui coupe les paralleles à BD aux points *nopq*, qui sont ceux des abscisses de l'arc-Droit ou section perpendiculaire à l'axe qui est ici une Ellipse, dont ER est le petit axe, & BA le grand axe par le moyen desquels on tracera cette Courbe, dont le contour rectifié, sera le développement de celui du Cylindre scalene; mais si l'on se contente du développement des Cordes comprises entre les divisions de l'arc-Droit, on les trouvera en portant, sur les paralleles à l'axe, les hauteurs *p*1, *p*2, *p*3, *p*4 sur les paralleles correspondantes, comme *p*1 en *n*1, *p*2 en *o*K, *p*3 en *p*L, *p*4 en *qm* les longueurs E1, 1K, KL, L*m*, *m*R jointes ensemble sur une ligne droite, comme E*e* de la Figure 272. feront le développement du contour du Cylindre, qui sera d'autant plus exact, que les parties des divisions du demi cercle B*h*A seront en plus grand nombre.

PRESENTEMENT pour avoir le développement du contour des bases, *Fig.* 272.

ayant porté sur la ligne E*e*, que j'appelle la Directrice, les longueurs des Cordes R*m*LKIE, ou menera par tous ces points des perpendiculaires à la Directrice, sur lesquelles on portera les avances du Profil de la Figure 270. comme RA de ce Profil en RA de la Fig. 272. *qp* en *m*1, *pp* en L2, *op* en K3, *np* en I4, EB en *e*B, & par les points A 1 2 3 4 B, on tracera à la main une Courbe qui sera le développement du contour de la base, qu'on répetera de l'autre côté en A*b*, & de même façon au dessous en D*f*, ou bien si les bases sont paralleles, on trouvera la seconde, en portant sur toutes les paralleles à AD la même longueur AD en 1 11, 2 12, 3 13, &c. ce qu'on appelle en terme de l'art jauger.

Si enfin on ajoûte de part & d'autre les deux cercles des bases *b* 3 A, D 3 *f*, on aura le développement de la surface totale du Cylindre.

Le développement par les Cordes est plus usité dans les Traits de la coupe des Pierres, que celui du contour, parce qu'on commence par les Doeles plates, dont les Cordes sont les largeurs à l'arc-Droit.

Nous supposons ici que le Profil qui sert à faire le développement est fait sur le diametre de la plus grande obliquité de l'axe sur sa base, pour n'avoir aucun égard aux obliquitez des voutes composées de plusieurs inclinaisons de biais, descente, talud & surplomb; parce que nous avons donné la maniere de les réduire toutes à une seule, lorsque nous avons donné les Régles du Profil.

Quand nous parlons de l'obliquité de l'axe sur sa base, il est évident que nous parlons aussi de celle des côtez du Cylindre sur le même plan de la base, par un Corollaire de la 8.ᵉ du II. Livre d'Euclide, qui dit que si une ligne est perpendiculaire à un plan, toutes ses paralleles le sont, & si elle lui est inclinée, toutes les paralleles le sont d'un même angle d'inclinaison; mais comme les côtez sont coupez inégalement par un plan perpendiculaire à l'axe, il résulte que les mesures de leurs longueurs au dessous ou au dessus de ce plan, sont inégales entr'elles, mais égales à celles du Profil fait sur le diametre de plus grande obliquité, comme à la Figure 270. au dessus & au dessous de la ligne ER.

Corollaire.

D'où il suit qu'au Cylindre ni au Cône les differentes compositions d'obliquitez ne doivent rien changer au développement de leurs surfaces, mais seulement aux termes d'où on les commence. ou ausquels on les termine; par exemple, si le developpement avoit été commencé sur le côté 3, 13. les courbures A*b*F & A 4 B n'auront pas été également étendues de part & d'autre ; mais ce qui auroit été retranché de la courbure convexe 3 4 B d'un côté, auroit été ajouté de l'autre ; ce qu'il est à propos de remarquer pour sentir la raison des inégalitez que l'on trouve dans les développemens des Doeles, dans les Traits des voutes d'obliquitez composées, qu'on verra au IV. Livre.

COROLLAIRE II.

DE la maniere de faire le développement du contour des bafes des Cylindres, on tire aifément celles de tracer fur leurs furfaces développées les cercles & les Ellipfes qu'on y peut décrire ; il ne s'agit que d'avoir les diametres de ces fections (fituées comme elles doivent être) dans le Profil ou fection du Cylindre par l'axe, comme LE ou bG dans le Parallelograme BAFD ; lefquels diametres feront coupez par les paralleles à l'axe provenant des divifions du contour de la bafe 1, 2, 3, 4, comme EL aux points t, t, t, t, & les diftances tn, to, tp, tq, LR étant portées fur les perpendiculaires à la Directrice [*Fig. 272.*] aux points correfpondans en deffus ou en deffous de cette Directrice, donneront fur les cotez des points par lefquels on tracera à la main une Courbe FLI, qui fera le développement de l'Ellipfe, qui a pour diametre EL, & la Courbe $b g$H celle qui a pour diametre au Profil la ligne bG.

COROLLAIRE III.

IL fuit de la pofition des axes donnez dans la fection qui eft le Parallelograme par l'axe & par le point P, lequel eft la projection du fommet de l'axe fur une de fes bafes, que l'on connoit les points d'inflexions des Courbes, qui font les développemens des circonferences des cercles & des Ellipfes qu'on décrit à la furface du Cylindre par des fections obliques à l'axe ; car prenant pour exemple l'Ellipfe, dont le diametre eft EL, il eft vifible que la diftance RL étant la plus grande de toutes les autres qt, pt, &c. lorfque la Courbe EL fera parvenuë au point L, elle commencera à fe rapprocher de la ligne Ee, & qu'étant parvenuë en E où elle la touche, elle commencera à s'en éloigner ; il en fera de même des points A & B, h & b, comme il a été dit à l'égard des développemens des fections Coniques fur la furface du Cone développée.

Fig. 270.
& 272.

DEMONSTRATION.

LA raifon pour laquelle on prend une perpendiculaire fur les côtez d'un Prifme pour en copier les furfaces, c'eft pour en abreger l'operation ; car on fçait que pour faire une Figure femblable & égale à une autre, il n'y a que deux manieres, ou de la réduire en triangles, ou de mesurer les distances de ses angles à une ligne donnée par des perpendiculaires, ce qui est proprement & équivalemment réduire tous les triangles en rectangles; de sorte qu'un angle Droit sert pour tous. Or on peut bien mettre la premiere maniere en pratique pour les Prismes ordinaires, mais non pas pour les Prismes d'une infinité de cotez, tels que sont les Cylindres; car la largeur des Parallelogrames, & par conséquent des triangles qui en sont les moitiez, est réduite à rien; il ne reste donc de leur dimention que la longueur, & l'on ne peut considerer ces surfaces comme ayant de la largeur courbe, sans reconnoître que les Diagonales de ces Parallalogrames mixtes ne seroient plus des lignes droites, mais courbes proportionellement à la courbure de leurs bases, ce qui est évident.

Il est inutile de rendre raison pourquoi on prend une perpendiculaire à l'axe du Cylindre pour avoir le développement de son contour; car il est clair que toute autre section que ER augmentant le diametre par son obliquité, augmente aussi le contour, les circonferences des cercles & des Ellipses étant entr'elles comme leurs diametres; or de toutes les lignes qu'on peut mener entre deux paralleles, la perpendiculaire est la plus courte; donc la circonference est aussi la moindre, laquelle est la somme de l'infinité des perpendiculaires tirées aux côtez, infinis en nombre, du Prisme cylindrique.

Des Développemens composez de deux ou trois especes de Surfaces d'un corps coupé en plusieurs parties dans son épaisseur, comme sont dans les Voutes celles des Doeles & des Lits, & même des Extrados.

Les Architectes & les Auteurs de la coupe des Pierres ont coûtume de rassembler dans un même dessein de leur Epure le développement de la surface interieure de la voute, qu'ils appellent la Doele, & les sections planes qui sont les intervales de son épaisseur entre deux voussoirs qu'ils appellent les *Lits*, pour en voir d'un coup d'œil la difference & le rapport.

Ce genre de representation est un assemblage du développement de la Doele fait sans interruption, comme il convient aux surfaces Cylindriques & Coniques, & de celui de l'Extrados, qui est de même nature, mais interrompu au milieu, où il est divisé en deux parties separées; & enfin couvert en partie de celui des surfaces des Lits de chaque rang de voussoir, lesquelles sont couchées dans toute leur étenduë sur le développement de la Doele, laquelle doit être considerée en ces endroits comme double, partie en Doele, & partie en Lit, & même fi l'on veut, encore comme triple fi l'on y confidere l'Extrados, dont nous parlerons peu, parce qu'on en fait rarement ufage.

Pour rendre cette explication plus fenfible, nous donnerons pour exemple un Berceau qui ait une double obliquité, l'une de direction de face fur celle de fon axe horifontal, ce qu'on appelle biais, & l'autre d'inclinaifon de face à un plan vertical, ce qu'on appelle Talud.

Soit [*Fig. 274*.] ABFE le plan horifontal de la Doele d'un Berceau Fig. 274. biais, dont C*x* eft la ligne du milieu, c'eft-à-dire l'axe, qui eft biais à l'égard de la ligne AB, bafe de la face qui eft couchée en Talud fur cette bafe, fuivant une inclinaifon connuë ou donnée, par exemple *b*T à l'égard de *ab*, avec laquelle elle fait un angle obtus *ab*T.

Sur AB comme diametre interieur, & *ab* exterieur, on décrira deux demi-cercles *a*H*b*, A*b*B qui comprendront l'épaifleur du Berceau, aufquels on menera par les fommets H & *b* deux tangentes HT, *bt* paralleles à *ab*, qui couperont le Profil du Talud *b*T aux points T & *t*, & pour connoître combien ces points s'écartent de l'aplomb, on fera la verticale V*b* perpendiculaire à *ab*, qui coupera ces tangentes aux points V & *u*, les diftances VT, *ut* feront celles dont les fommets de la Doele & de l'Extrados s'écartent de l'aplomb aux Arêtes de la face.

Presentement pour connoître combien les *aplombs* de ces points s'éloignent de la bafe *ab*, diametre de la face, on la prolongera vers L, puis on menera par les points T & *t* des paralleles à V*b*, qui la couperont aux points L & K; les longueurs *b*L & *b*K feront les diftances que l'on cherche, & KL l'intervale horifontal des Arêtes de la Doele & de l'Extrados au milieu de la chef que l'on portera perpendiculairement fur le milieu de AB en CK & CL pour avoir les demi-axes conjuguez aux premiers *ab*, AB, par le moyen defquels on décrira (par le Problême VII. du Livre II.) les demi-Ellipfes AKB, *a*L*b* qui feront les projections des Arêtes de la face à la Doele & à l'Extrados.

Cette projection étant faite, on divifera l'arc A*b*B en tel nombre de voufloirs qu'on voudra, comme ici en cinq aux points 1. 2, 3, 4, par lefquels on tirera du centre C les joins de tête 1. 1', 2. 2', 3. 3', 4. 4', & des mêmes points des perpendiculaires à la bafe *ab* qu'on prolongera jufqu'aux demi-Ellipfes de la projection AKB, *a*l*b* qu'elles couperont aux points 11, 12, &c. 21, 22, &c. par lefquels on tirera du centre C les projections des joins de tête ^{11} ^{12}, ^{21} ^{22}, par lefquels on menera des paralleles à l'axe C*x*, ^{11}q, ^{21}q, ^{12}q, ^{22}s, les trapezes ^{12}q, ^{522}, & ^{11}q, ^{521} feront les projections des Lits, dont on veut chercher la vraye étenduë pour l'appliquer sur le développement de la Doele.

Il s'agit presentement de faire ce déve. ppement de la même maniere que nous l'avons dit pour la Figure 270. en commençant par former l'arc Droit DR, & étendant son contour D 1', 2', 3', 4' R sur Fig. 280. une Directrice dd de la Figure 280. & portant sur les divisions dD^d, 1. 2, 3, 4 R d les longueurs de la projection i^n, d^{21}; i^{12}, i^{22} d'un côté, & les restes iq, is, &c. de l'autre, ce qui donnera les quatre angles des trapezes qui sont les surfaces de chaque Lit, comme $a^d A^d$, $d E$, $e 1 QS$, $e 2 FS$, $3^d e NG$, &c. dont les deux premiers $a^d E$ & B K sont égaux en tout à ceux des Impostes de la Figure 274. marquez des Lettres aE, BN.

Si l'on joint les extremitez exterieures de ses trapezes par une ligne courbe, on aura le développement du contour de l'Arête de la Doele, & de la face, telle est la ligne A 1^d, 2^d, 4^{d}B, & la ligne EQFGHi pour le développement du contour de la Doele de la face posterieure qu'on ne suppose pas parallele à la premiere AKB qui est en Talud, mais à plomb sur la ligne dN; ce qui fait que ces contours courbes du développement sont inégaux, provenant de celui de deux Ellipses inégales.

Pour éviter la confusion de ce développement, on a coûtume de distinguer les Lits par une hachure laissant le développement de la Doele en blanc. La même Figure donnera le développement de l'Extrados si l'on joint par une ligne courbe les angles exterieurs des Lits comme aee, b^d, oo, mais non pas entierement dans ses mesures, car il reste au milieu un intervale eo qui est beaucoup plus grand que celui de la clef, parce que les Lits prennent leurs origines exterieures, partie d'un côté de la clef, partie de l'autre. Pour en faire un contour suivi, il faudroit les ranger tous de suite sur un même côté, comme on a fait à la Figure 280. en transportant le point a^d en Æ, c en e, &c. alors on auroit une courbe d'Extrados qui croiseroit celle de la Doele Æ 1^c, 2^c oob^d; ce qui n'est point usité dans les Traits, n'étant d'aucune utilité.

Nous ne nous arrêterons pas davantage à l'explication de cette espece de dessein, parce qu'on en trouvera plusieurs exemples dans la construction des Traits au IV. Livre, il suffit d'en avoir donné une bonne notion pour établir les principes de l'Epure.

Remarque sur les Développemens composez.

Les Auteurs des Traitez de la coupe des Pierres ont accoûtumé d'accompagner presque tous les Traits d'un développement des *Doeles* joints à ceux des *Lits* dans l'ordre que nous venons de l'exposer. Ce genre de dessein

deſſein n'eſt pas inutile dans les Traits en petit ſur le papier pour voir d'un coup d'œil la Figure & la grandeur des Panneaux de Lit & de Doele ; mais comme il ſeroit trop incommode & de peu d'utilité de les tracer en grand dans toute l'étenduë de l'Epure, particulierement lorſque les voutes ſont un peu grandes, on peut dire que cette pratique n'eſt pas neceſſaire pour l'exécution. Il ſuffit de ſçavoir faire les Panneaux de chacun des Lits en particulier ſans les aſſembler, ce qui cauſeroit infalliblement de la confuſion, lorſqu'il y a beaucoup de Lits plus larges que les Doeles, parce qu'ils croiſeroient les uns ſur les autres ; c'eſt pourquoi nous n'avons pas imité ces Auteurs dans notre IV. Livre, pour ne pas multiplier les lignes inutiles, & donner trop d'étenduë aux Figures des Planches, où il ne s'en trouve déja que trop qui embaraſſent & fatiguent l'attention du Lecteur.

On trouvera peut-être une difference conſiderable entre le contour de ce développement de la Figure 280. & de celui de la Figure 272. mais ſi l'on y fait attention, elle n'eſt qu'apparente, parce qu'à cauſe de la double obliquité du Berceau de la Fig. 274. le point de Station ne ſe trouve pas au milieu du développement, comme à la Figure 272. provenant du Cylindre oblique 270. où l'on n'a conſideré qu'une ſeule obliquité de *biais*; pour s'en convaincre, il faut réduire la double obliquité du Berceau 274. en une ſeule, ce que l'on peut faire comme il ſuit.

On menera par le point x extremité de l'axe, une perpendiculaire $x Y$ ſur AB, ſur laquelle on portera la diſtance du Talud VT de Y en z, ſi l'on tire du centre C la ligne Cz, elle donnera la direction de la plus grande obliquité, qui réduit celle du biais CY, & celle du Talud YZ en une ſeule CZ, ce qui eſt clair.

Pour en concevoir la raiſon, il faut ſçavoir ; 1.° Que l'axe d'un Cylindre ſcalene, de même que celui du Cône ſcalene, dont nous avons parlé, n'eſt pas incliné également à tous les diametres du cercle de ſa baſe ; 2.° Que la ſection par l'axe faite par un plan perpendiculaire à celui de la baſe, forme le Parallelograme le plus oblique ; 3.° Qu'une autre ſection perpendiculaire à celle-ci forme un Parallelograme rectangle, & par conſequent que les autres ſections ſont des Parallelogrames plus ou moins obliques, ſelon qu'ils s'approchent ou s'éloignent de ces deux premiers ; ainſi le Parallelograme ABFE n'étant pas dans un plan perpendiculaire au plan de la baſe *adb*, n'eſt pas le plus oblique de toutes les ſections par l'axe, c'eſt celui qui paſſe par Cz, où eſt le plus grand biais ; ce que l'on peut démontrer comme il ſuit. Pour éviter la confuſion des lignes dans la Figure, on tranſportera la longueur Yz en YZ, comme ſi, à talud ou plûtôt à pente égale, le Berceau étoit incliné en ſurplomb, & ayant tiré CZ, on lui menera la perpendiculaire Z8; enſuite ayant pris la longueur Cx de l'axe pour Rayon d'un arc 98, qui coupera Z8 au point 8, on tirera 8C, qui repreſentera la poſition de l'axe à l'égard d'un plan qui couperoit le Cylindre par l'axe, & le diametre 7Z, lequel repreſente, par notre ſuppoſition dans le changement de la Figure, celui qui paſſeroit par Cz. Il faut démontrer que l'angle 8CZ que fait l'axe avec ce diametre, eſt plus aigu que celui que ce même axe conſideré en Cx fait avec un autre diametre AB.

Les deux triangles CYz & CZ8 ſont tous deux rectangles, l'un en Y, l'autre en Z: ils ont tous deux une hypotenuſe égale [par la conſtruction C8=Cz] & le côté Cz plus grand que CY; donc l'autre côté Z8 ſera plus petit que xY, par conſéquent l'angle oppoſé 8CZ, ſera plus petit que xCY; *ce qu'il falloit démontrer.*

D'où il ſuit que le point de Station de la Courbe du développement qui repreſente le cercle de la baſe *adb*, ou *aHb* étant au point Z, comme nous l'avons dit de la Figure 272. les parties de cette Courbe ne ſont pas égales de part & d'autre du milieu, qui repreſente la clef, comme lorſqu'il n'y a qu'une ſeule obliquité de biais ſans Talud; mais elles pourront l'être ſi on les conſidere à égale diſtance du point de Station correſpondant au point *z*, où eſt la plus grande obliquité du Cylindre ſur ſa baſe.

Du Développement des Polyedres & de la Sphère.

Parmi les cinq Corps reguliers le Dodecaedre qui eſt compris par douze ſurfaces égales qui ſont des Pentagones, eſt le premier qui commence à approcher de la ſphère, enſuite l'Icoſaedre qui eſt compris par vingt triangles Equilateraux, eſt deja aſſez rond pour être propre à rouler comme une boule; mais on ne ſçauroit augmenter le nombre de ſes ſurfaces, & en conſerver l'égalité entr'elles; de ſorte qu'il n'eſt point de plus gros Polyedre regulier que l'on puiſſe comparer à la ſphère; mais il n'eſt pas difficile d'en faire d'irreguliers qui en approchent infiniment, car ſi l'on diviſe par la penſée un demi cercle en un Poligone d'une infinité de côté, la révolution qu'il fera ſur ſon diametre formera un ſolide, qui ſera compoſé d'une infinité de Cônes tronquez formez par la révolution des Cordes de ce demi cercle, qui ſont inclinées à ſon diametre, comme les côtez du Cône ſont inclinez à leur axe. Et ſi l'on diviſe les baſes de chacun de ces Cônes tronquez en Polygones, on aura des Pyramides tronquées inſcrites dans ces Cônes tronquez; de ſorte que leurs côtez ſeront autant de Trapezes qui viennent en ſe rétreciſſant vers les Poles, comme on voit à la Figure 276. & ſe

Fig. 276.

réduisent enfin en triangles aux deux Poles de la sphère, où les Pyramides sont entieres, comme 2 P 3.

L'ARRANGEMENT de cette suite de Trapezes qui forment une superficie de Polyedre comparable à celle de la sphère circonscrite, peut se faire de deux manieres, ou suivant les Meridiens, c'est-à-dire, les plans coupans la sphère par ses Poles, comme à la Figure 277. & alors les Trapezes de ces surfaces deviennent tous inégaux de part & d'autre de l'Equateur jusqu'au Pole P, où ils finissent par un triangle 2 p 2, & parce que cette Figure approche de celle d'un Fuseau à filer, on appelle ce développement de la sphère en *Fuseaux*. Fig. 277.

L'AUTRE maniere d'arrangement des Trapezes, dont nous faisons un plus grand usage, est suivant les paralleles à l'Equateur en forme de Zones, & alors tous les Trapezes égaux sont rangez de suite, comme à la Figure 278. où l'on suppose la circonference du parallele divisée en dix parties ; en sorte que la Zone de cercle AB étant pliée, & le Trapeze A étant joint au Trapeze B par leur côté O 1, O 1, il se forme une Pyramide peu differente d'un Cône tronqué, dont le sommet est en S [Fig. 276.] parce que le point S est la rencontre de l'axe xS du Cône, & des Cordes O 1, 5 4 prolongées, lesquelles Cordes sont les côtez du Polygone inscrit dans les quarts de cercle C o P, C 5 P, dont la révolution a formé l'Hemisphère o P 5 ; de sorte que si l'on prend la longueur S o pour Rayon, & que d'un centre x pris à volonté, on fait deux arcs de cercles concentriques o 5 O, 1 4 1 éloignez de l'intervalle de la Corde O 1 de la Fig. 276. & que l'arc o 5 O soit fait égal à la circonference du cercle, qui a pour diametre o C 5, & l'arc 1 4 1 égal à la circonference du cercle, qui a pour diametre 1 4, on aura le développement de la Pyramide tronquée o 1 4 5 en dix Trapezes égaux, rangez sur une même Zone de sphère, ou plûtôt sur une portion de Couronne de cercle, comme on voit dans la Figure 278. la même chose se fera pour le Cône tronqué 1, 2, 3, 4 inscrit dans la sphère par la révolution de la Corde 1, 2 autour de l'axe S² C, & l'on aura la portion de Couronne de cercle 1ᵃ 4 1ᵇ 2, 3, 2, laquelle étant pliée en rond, faisant joindre les Trapezes a & b formera la Zone du Cône tronqué 1, 4, 3, 2 inscrit dans la sphère. Enfin, parce que la Corde 2 P aboutit au Pole P, elle décrira un Cône, dont le sommet sera en P, & dont le développement sera le secteur 2ᵃ 3 2ᵇ, dont la circonference approchera beaucoup de celle du cercle entier, parce qu'elle doit être égale à celle du cercle qui a pour diametre 2, 3 de la Fig. 276. par où l'on voit que chacune des Couronnes de cercle doit contenir le même nombre de Trapezes, quoique leur circonference diminuë à mesure qu'on approche du Pole, parce qu'ils diminuent aussi de largeur. Fig. 278.

Remarques sur l'Usage de ce Développement.

L'on fait usage de tous ces arrangemens de développemens des Polyedres inscrits dans la sphère, soit en la réduisant simplement en Cônes tronquez, soit en subdivisant ces Cônes, & y inscrivant dans chacun une Pyramide tronquée, alors on range leurs surfaces qui sont des Trapezes sur les paralleles à l'Equateur de la sphère, comme à la Figure 278. en forme de Couronne de cercle, ou sur les Meridiens, comme à la Fig. 277. ce qui forme une Figure de Fuseaux.

L'on peut dire que ce principe est celui de la coupe de toutes les voutes sphériques faites par Panneaux.

Mais parce que les Cordes des premieres divisions en voussoirs à la naissance des voutes, comme o i donnent des lignes si peu inclinées à l'axe de la sphère, que le sommet du Cône formé par leur prolongation jusqu'à la rencontre de l'axe, est situé fort loin de sa base; il arrive que le Rayon qui sert à faire le développement du Cône tronqué devient extrémement long & incommode pour tracer un arc de cercle; j'ai pourvû à cet inconvenient par le Problême suivant.

PROBLEME VIII.

Le Diametre AB de la base d'un Cône Droit tronqué, & l'inclinaison du côté EB sur ce Diametre étant donnez, trouver autant de points que l'on voudra à la circonference de la Couronne de cercle qui en exprime le Développement, sans en avoir le centre, ou ce qui est la même chose, le sommet du Cône.

Fig. 275. Soit [Fig. 275.] AB le diametre de la base inferieure du Cône tronqué, DE celui de la superieure, qui est donné par l'inclinaison du côté BE vers l'axe SC, lequel est perpendiculaire sur le milieu du diametre donné AB; & EB, DA les côtez qui font partie de ceux du triangle par l'axe ASB, si l'on acheve le Cône en prolongeant ses côtez, CX sera une partie de l'axe CS.

Ayant pris à volonté le point F sur le côté EB, on menera FG parallele à XC, ou perpendiculaire à CB, & l'on divisera l'angle EFG en deux également par la ligne FL, à laquelle, par le point B, on menera la parallele B·Y, qui rencontrera XC prolongée en Y. Je dis que le point Y sera la circonference de la base de la Couronne de cercle qui donnera le développement du Cône tronqué.

De même ayant pris à volonté sur CB le point H, & mené par le Problême I. du III. Livre la ligne HN, laquelle étant prolongée concourre au même point S que la ligne BE; sur cette ligne HN ayant pris un point K à volonté, & mené, comme ici-devant, KI parallele à SY, on divisera de même l'angle NKI en deux également par la ligne MK, à laquelle par le point Y on menera la parallele Yy; le point y sera à la même circonference que le point Y. On trouvera en répetant une pareille operation, autant de points que l'on voudra, dont on pourra placer les correspondans entre YA, sans le secours du centre ou sommet S.

Ce que l'on dit de la base AB du Cône tronqué pourra s'appliquer à la base superieure DE du même Cône.

DEMONSTRATION.

Soient prolongez les côtez BE, AD jusqu'à ce qu'ils concourrent au point S, où sera le sommet du Cône.

A cause des paralleles FG, SY les angles GFB, YSB sont égaux entr'eux; & à cause des autres paralleles LF, YB, les alternes LFG, FGB, & XYB sont aussi égaux, de même que LFE & YBE; donc les triangles SYB, SYA sont isosceles, donc SY peut être le Rayon du même cercle, que celui qui aura pour Rayon les côtez SB & SA, donc le point Y est à la circonference du cercle, *ce qu'il falloit démontrer.*

On démontrera de la même maniere que le triangle SYy est isoscele, par conséquent que le point y, est à la circonference du même cercle, qui passera par B & par y, & qui aura pour Rayon la ligne SB ou SY; donc on pourra trouver autant de points que l'on voudra à cette circonference sans le secours du centre, *ce qu'il falloit faire.*

USAGE.

Ce Problème sert à rendre praticables quelques Traits de la coupe des Pierres, que le P. DERAN & M. de la RUE ont donné sans rémedier aux inconveniens de la Pratique; par exemple, pour faire le développement de la base d'une Porte en Tour ronde, & en Talud, parce qu'une telle Tour est un Cône tronqué, dont le sommet est très loin; car supposant qu'elle n'eût que trente pieds de diametre, & un sixième de Talud, qui est un des plus grand qu'on leur donne, si elle est à trente pieds de haut, elle ne sera rétraissie à son sommet que de dix pieds; sçavoir, cinq de chaque côté; ainsi les côtez du Trapeze par l'axe ne se rencontreront qu'à la hauteur de 90. pieds, laquelle ne sera pas encore égale à la longueur du Rayon, qui est le côté du triangle par l'axe du Cône entier, puisque cette hauteur est verticale, & que le côté est incliné à l'horison. Or une longueur de 93 pieds ou environ, demande une grande place commode pour y tracer un arc avec une corde ou une chainette, qui ne peuvent donner un contour juste, à cause de leur extension qui varie, soit en s'alongeant, lorsqu'on tire plus ou moins, soit à cause du frotement sur une étenduë de surface aussi grande, sur laquelle il y a toûjours quelques inégalitez; cette longueur étant d'ailleurs trop considerable pour faire avec une perche un compas à verge, il en faudroit joindre plusieurs bout-à-bout, & les faire soûtenir par plusieurs hommes, qui se meuvent d'un mouvement de Rayon, chacun plus ou moins vite, comme il convient à leur distance du centre.

L'autre cas où ce Probléme seroit encore très necessaire, est pour la formation des Panneaux de développement des Docles, des premieres retombées des voussoirs des Voutes sphériques, dont les divisions du ceintre de hauteur sont d'un petit nombre de degrez de son contour; c'est-à-dire où il y a un grand nombre d'assises ou rangs de voussoirs; mais alors le moyen le plus court est de les tailler par supposition de Docles plats, comme nous le dirons au IV. Livre.

Aprés avoir trouvé trois points de la circonference de la base du Cône tronqué, suivant ce Probléme on peut prendre l'angle que font les lignes menées de l'un à l'autre, & par le Probléme I. du II. Livre s'en servir pour tracer, par un mouvement continu, le segment du cercle, dans lesquels ils sont.

Du Développement des Helices.

Nous avons expliqué au II. Livre ce que nous entendons par le mot d'Helice. Il convient d'ajoûter ici qu'on peut en distinguer differentes especes, rélativement aux corps sur lesquels on peut les décrire.

Suivant ce sistème, nous appellerons Helice *Cylindrique Droite*, celle qu'on pourra décrire sur la surface d'un Cylindre Droit; *Cylindrique scalene*, celle qui sera décrite sur un Cylindre de base Elliptique, ou incliné à sa base. Helice conique ou sphérique celle, qui sera décrite sur la surface d'un Cône ou d'une sphère; nous comprendrons ces deux dernieres sous le nom de Limace, parce qu'elles approchent de plus en plus de leur axe.

Nous diviserons encore les Helices Cylindriques en régulieres & irrégulieres.

Par le mot de *Réguliere*, nous entendons la Courbe qui s'éleve au dessus de sa base d'un mouvement oblique toûjours égal, sans s'approcher ni s'éloigner de l'axe, autour duquel elle fait des révolutions égales, comme une vis de Pressoir.

DE STEREOTOMIE. Liv. III. 343

Par le mot d'irréguliere, nous entendons celle qui fait des révolutions inégales autour de son axe.

Cette inégalité de révolutions peut encore être considerée de deux manieres; 1.° En ce que la Courbe s'éloigne & s'approche de son axe, comme lorsqu'elle est à la surface d'un Cylindre de base Elliptique, ou de quelqu'autre Courbe qui rentre en elle-même; 2.° Ou en ce que l'intervale de la hauteur de ses révolutions augmente ou diminuë.

Lemme.

Le Développement d'une Helice Cylindrique réguliere sur la surface du Cylindre Droit développé, est une ligne Droite; celui des irregulieres de la seconde espece, & des Limaces, est une ligne courbe.

La premiere partie de ce Theoreme est claire par la définition; car puisque nous supposons le mouvement de l'Helice autour de son axe d'une obliquité toûjours égale sur la surface d'un Cylindre, elle n'est pas plus inclinée en un endroit au plan de la base, qu'en un autre.

Pour rendre cette verité plus sensible, on doit considerer le Cylindre comme un Prisme d'une infinité de côté, dont le développement forme un Parallelograme rectangle, si le Cylindre est droit, lequel Parallelograme est composé de tous les petits rectangles infiniment étroits, qui enveloppent le Prisme, parce que les parties prises ensemble sont égales à leur tout.

Soit, par exemple, [*Fig. 281.*] une demi-révolution d'Helice A*h* sur le Cylindre AE, dont la moitié de la base est le demi cercle A1 2B, ayant rectifié son contour en une ligne Droite AK sur le diametre BA prolongé; si l'on divise cette ligne en parties égales, par exemple, ici en trois, & la hauteur de la demi-révolution B*b*, ou son égale AI, aussi en trois parties égales, & qu'on méne par chacune de ses divisions des paralleles aux côtez AK & AI; il se formera neuf rectangles égaux entr'eux, & semblables au grand AH, qui exprime le développement de la moitié du Cylindre, dont la Diagonale est commune à celles des petits A*y*, *yx* & *x*H, lesquelles expriment chacune l'obliquité de l'Helice qui ne change point, suivant la définition. Or la Diagonale AH est une ligne Droite, par conséquent la somme ou l'addition de toutes les parties de l'Helice infiniment petites rangées sur la surface du Cylindre développé, forme une ligne Droite; *ce qu'il falloit démontrer.*

Fig. 281.

La démonstration de la seconde partie de ce Theoreme suit naturellement de la premiere; car si les révolutions se font d'un mouvement inégal en direction d'inclinaison qui augmente ou diminuë les intervales de chaque révolution, les contours & les hauteurs n'étant plus proportionels, les petits Parallelogrames ne seront plus semblables au grand AC, Fig. 282. qu'on peut considerer comme un développement de Cylindre, & par conséquent que sa Diagonale ne sera plus commune à celles des petits, infiniment petits, lesquelles faisant aussi par la supposition des angles inégaux avec la base AB, où ses parallèles 1x, 2y, 3z feront aussi des angles entr'elles, & par conséquent seront rangées en ligne courbe; *ce qu'il falloit secondement démontrer.*

COROLLAIRE I.

D'où il suit qu'autour du même Cylindre, on peut former une infinité d'Helices differentes, dont les développemens seront toûjours des lignes courbes, soit que le Cylindre soit droit ou scalene; car les révolutions peuvent augmenter ou diminuer en hauteur, suivant telle progression que l'on jugera à propos, ou laissant les hauteurs égales, on peut augmenter ou diminuer la vitesse du mouvement parallele à la base; ce qui est representé à la Fig. 282. par la difference des longueurs des Parallelogrames AK, Kl, lm, mn, &c.

COROLLAIRE II.

Secondement, que le développement d'une Helice Cylindrique scalene, quoique réguliere sera encore une ligne courbe, parce que le développement de la base du Cylindre scalene n'étant pas une ligne droite, comme celle du contour de la base du Cylindre Droit, mais une Courbe comme on voit à la Figure 272. il suit que les divisions qui donnoient des Parallelogrames sur le développement de sa surface, en tirant des parallèles à la base & à la hauteur, ne donneront pas des Figures rectilignes, mais des quadrilignes mixtes, dont les parallèles à la base seront courbes, & leurs Diagonales de même, mais un peu moins en ce qu'elles participent de la courbure parallele à la base, & de la ligne droite du côté parallele à l'axe; c'est pourquoi nous demandons pour le développement en ligne droite, que le Cylindre soit Droit sur sa base. Je n'ai point ajoûté dans l'exposé du Theoreme, que la base fut Circulaire ou Elliptique, parce que de quelque courbe qu'elle soit, il est toûjours évident que si l'axe du Cylindre est perpendiculaire au plan de la base, le développement de la surface Cylindrique sera toûjours un Parallelograme rectangle, qui pourra être divisé en une infinité d'autres semblables, comme AH de la Figure 281. par conséquent, dont la Diagonale sera le développement d'une Helice.

COROLLAIRE III.

De ce que nous venons de dire au Corollaire précedent, on tire naturellement la démonstration de la troisiéme partie du Theoreme, qui dit que les développemens des Helices en Limaces sont toûjours des lignes courbes, soient qu'elles soient coniques, conoïdes, sphériques ou sphéroïdes ; car toutes ces Figures ne pouvant être développées qu'en les prenant par parties de Cônes tronquez inscrits dans leur surface, & les développemens des Courbes quelconques tracées sur la surface du Cône développée étant necessairement des lignes courbes, comme nous l'avons démontré aux Figures 266. & 267. il est évident que toutes les espeees de Limaces qu'on y pourra décrire, étant développées sur la surface du Cône, seront des lignes courbes, parce qu'en divisant le contour du Cône développé en parties égales, & la hauteur de même, on aura au lieu de Parallelogrames mixtes, comme nous venons de le dire sur le Cône scalene, des Trapezes mixtes, dont les petites parties de l'Helice seront les Diagonales, participant de la courbure du cercle de la base développée sur le Cône, & de la Droite qui est le côté du Cône.

PROBLEME IX.

Faire le Développement d'une Helice quelconque sur une Surface Cylindrique ou Conique développée.

PREMIEREMENT, si l'Helice est cylindrique réguliere, ce développement est très facile, puisqu'il ne consiste qu'à trouver les extremitez d'une ligne Droite.

Soit [*Fig.* 281.] une Helice AbGE qui fait une révolution & demie autour du Cylindre droit DB, on rectifiera le contour du cercle de sa base, qu'on portera une fois & demi sur le diametre AB prolongé en A^2, ou ce qui est la même chose, on prendra trois fois le contour du demi cercle A 1 2B de B en A^2, & par le sommet du Cylindre E, on tirera au point A^2 la ligne Droite EA^2, qui sera le développement demandé.

Il est visible que si on n'avoit proposé que celui d'une demi-révolution, on auroit tiré $b.1$ du point b, tiers de la hauteur BE au point a, qui est à distance de B, de la longueur de l'arc A 1 2B développé.

Si on avoit demandé une révolution entiere, la ligne Fb y auroit satisfait ; d'où on peut inferer, 1.° comment on doit faire le développement de telle partie qu'on voudra ; 2.° que si l'on enveloppe le Cylindre d'un triangle isoscele comme AHG, il y tracera deux Helices qui se croiseront en h.

Secondement, si l'Helice est cylindrique irréguliere ou conique; ayant rectifié le contour de la base, auquel elle répond, on divisera la hauteur de chaque révolution en parties proportionelles à la différence qui regne de l'une à l'autre, en croissant ou en diminuant, & l'on divisera le développement du contour de la base en un même nombre de parties égales, qu'on a divisé la hauteur de révolution, que nous avons supposé inégales, puis on menera par chaque division des paralleles à la base, qui seront droites, au Cylindre Droit, & courbes au Cylindre scalene, lesquelles seront croisées par des lignes droites, paralleles à l'axe dans le Cylindre, & tendant au sommet dans le Cóne, la ligne courbe menée d'une intersection à la suivante en Diagonale sera le développement de l'Helice demandée.

La même chose se fera pour avoir le développement de l'Helice en Limace sur un cóne. Mais si la Limace comme une Loxodromie sur une sphère, étoit proposée à développer, on ne le pourroit sans interruption; parce que la sphère ne pouvant être développée que des deux manieres, dont nous avons parlé, ou comme à la Figure 277. en Fuseaux, ou comme à la Figure 278. en portions de couronnes de cercle, qui laissent des intervales entr'elles, encore plus grand que les Fuseaux; on ne pourroit avoir le développement de l'Helice en Limace, que par petites parties qui seroient les Diagonales des Trapezes mixtes formez dans differentes Zones coniques inscrites à la surface de la sphère.

Voila ce me semble les principales Régles pour faire les *Plans*, Profils, Elevations & Développemens des corps comparables aux voutes usuelles; il nous reste à faire voir de quel usage elles sont pour leur construction, c'est ce que nous allons montrer par deux Problémes Generaux.

Probleme X.

Les Elevations de deux Faces opposées dans des Plans paralleles entr'eux, étant données en projection sur un même Plan vertical, & la projection Horisontale de leurs intervales étant donnée, trouver la Figure de chaque partie de Développement des Surfaces d'une voute divisée en plusieurs Voussoirs, tant apparente, qu'interieure,

En termes de l'Art.

Une double élevation de face anterieure & posterieure, le Plan & le Profil d'une voute réguliere, étant donnez, *trouver les panneaux de Lits, de Doele, & de Tête.*

Si les faces opposées de l'entrée & de la sortie d'une voute, sont

page 247.   Planche 23.

égales & perpendiculaires à une même direction; il est évident qu'elles seront confonduës dans l'élevation qui sera réduite à un même ceintre Circulaire, Elliptique surhaussé ou surbaissé, telles sont les deux faces d'un Berceau droit, projettées sur un même Plan vertical; alors une seule élevation est équivalente à deux; sçavoir, à l'anterieure & à la posterieure, si les faces sont inégales, ou inégalement situées à l'égard du plan Horisontal, comme sont celles des descentes, dont l'une est plus haute que l'autre, ou inégalement situées à l'égard du plan vertical, comme dans les voutes biaises, ou qu'elles participent de l'un & de l'autre, comme les descentes biaises, l'élevation commune aux deux faces sera exprimée par des contours differens qui se croiseront, ou qui ne seront paralleles que dans les voutes coniques droites, quoique les Cordes de leurs arcs correspondans aux mêmes divisions puissent être parallèles, mais soit que les contours soient parallèles ou non; s'ils sont tracez par la même projection verticale sur un même Plan, ils conserveront toûjours un certain rapport de distance entr'eux, qui servira à trouver tous les côtez des surfaces planes qui terminent les parties de la voute divisée en ses voussoirs.

Pour faire voir l'étenduë, & pour ainsi dire la generalité de ce Problème, nous choisirons deux exemples de voutes coniques, l'une droite, l'autre oblique, lesquels étant bien entendus, serviront à la construction de toutes les voutes. Premierement à celle des Cylindres qui sont plus simples, & plus faciles que les coniques; secondement aux coniques, dont ils exposent toutes les difficultez, & en troisiéme lieu, aux spheriques, lesquelles doivent être réduites, ou en portions de Cônes tronquez, ou en Polyedres, qui sont plusieurs parties de Pyramides tronquées, dont nous donnons ici les exemples par la réduction des Cônes en Pyramide.

Premier exemple des Voutes Coniques droites.

Soient [*Fig.* 283.] les deux ceintres de face pris à la Doele BLD Plan. 24. exterieur, GKH interieur, que nous appellons face anterieure & posterieure, Fig. 283. réunis par la même projection sur un même plan avec leurs Extrados ALE & FKI, décris du même centre C. Ayant divisé ces ceintres en leurs voussoirs, par exemple en cinq aux points 1, 2, 3, 4, & tiré les joins de Tête par ces points du centre C, 1 : 5, 2 : 6, 3 : 7, 4 : 8, on fera la projection horisontale de la voute & de ses joins de Lit, suivant les Régles ordinaires, laquelle sera le Trapeze *afie*, dans lequel les deux Parallelogrames *afgb* & *dbie* seront les surfaces Horisontales des Piedroits à l'Imposte, dans leurs justes mesures; il n'en sera pas de même des autres lignes qui sont la projection des joins de Lit elles sefont plus courtes que ces joins, parce qu'elle est horifontale, & que ces joins font inclinez à l'horifon dans le même plan vertical.

Il faut commencer par chercher la veritable longueur des joins de Lit, parce qu'ils font les côtez communs aux portions des furfaces de la Doele, & aux furfaces des Lits. Ce qui fe fait par des Profils particuliers qu'on peut faire de differentes façons, qui donnent toûjours la même longueur, on peut choifir la plus commode.

PREMIEREMENT, on peut élever fur la projection horifontale d'un joint de Lit donnée comme $1p^1$ un plan vertical de toute la hauteur du vuide qui eft entre la projection fur le plan horifontal & le veritable joint, ainfi on élevera fur la ligne $1p^1$ au point 1 une perpendiculaire $1T$, égale à la hauteur $1s$, de l'élevation qui eft celle de la *Retombée*, & au point p^1 la perpendiculaire p^1V égale à celle de la retombée oe^1, la ligne VT fera le Profil & la veritable longueur du joint de Lit, dont $1p^1$ eft la projection.

SECONDEMENT, on peut faire le même Profil en fupprimant la hauteur de la retombée du point le plus bas, par exemple, 2 du joint de Lit, dont la projection verticale eft la ligne $2e^2$, & mettant feulement à un des bouts p^2 de la projection horifontale $2p^2$ la hauteur e^2n au deffus du point 2, qu'on portera de p^2 en $2'$ perpendiculairement à la projection horifontale donnée $p^2 2$.

TROISIE'MEMENT, on peut faire le même Profil, en tranfportant toutes les hauteurs par des lignes paralleles à la bafe AE de l'élevation, fur une ligne qui lui foit perpendiculaire comme fL, fC, que toutes les paralleles menées par les points 2 & 1 de l'élevation de la face pofterieure, & e^1, e^2 de la face anterieure, couperont en des points f^2, f^1, n qui donneront les hauteurs fuperieures & inferieures des joins de Lit, dont il fera facile de trouver les inclinaifons, en portant fur ces paralleles les projections horifontales données, par exemple, $1p^1$ en $n4^1$, & $2p^2$ en $f^1 3^2$, les lignes inclinées menées par les points $4^1, f^1, 3 2, f^2$, feront les Profils & les vraies longueurs des joins de Lit.

IL faut remarquer que fi la voute eft portion d'un Cône Droit tronqué, dont les faces anterieure & pofterieure font paralleles entr'elles, comme dans cette exemple, il eft inutile de faire des Profils pour trouver les longueurs des joins; parce qu'en ce cas ces joins font tous égaux à ceux des Impoftes, comme ici à bg ou hd; ainfi dans cette derniere conftruction de Profil, par le moyen des paralleles à la bafe AE, il fuffira de prendre la longueur gb d'un point à l'Impofte avec un compas, & des points f^1 & f^2 pour centres, faisant des arcs de cercle, qui couperont les parallèles 1 u & 2 f^1 prolongées, aux points 41, 32, on aura les mêmes longueurs, que par la manière précédente ; mais si la voute est biaise, c'est-à-dire, portion d'un Cône scalene, on ne peut les trouver que [comme on vient de le dire] en portant les longueurs de la projection horisontale sur les parallèles correspondantes.

Les longueurs des lignes inclinées aux plans des élevations des faces anterieures & posterieures étant trouvées, la résolution du Problême ne consiste qu'à faire des *triangles rectangles, dont une jambe est donnée par l'élevation, & dont l'hypotenuse trouvée, doit être adaptée à l'autre jambe inconnue* par une section d'arc de cercle qui en est le *lieu*, & qui en détermine la position ; ce qu'on concevra mieux par des exemples.

Pour former un panneau de Doele plate par exemple, du second vouſſoir, laquelle est marquée dans l'élévation par le Trapeze 1. e1. e2. 2. ayant tiré la Corde 1, 2 ; on la prolongera de part & d'autre vers y & vers z, & des points de division de la face antérieure e1 & e2, on abaissera sur cette Corde les perpendiculaires e1 y & e2 z, ensuite on transportera à part où l'on voudra la ligne y, z par exemple, ici à la Fig. 284. & ayant élevé aux points y & z deux perpendiculaires indéfinies y 21, z 22, on prendra la longueur d'un des joins de Lit, comme bg ou db ou au Profil 41, f1, ou 32, f2 ; car toutes ces lignes sont égales, parce que le Cône est Droit ; mais s'il ne l'étoit pas on prendroit la longueur de la ligne 41, f1, & du point 1 pour centre, on fera l'arc 8^{21}, qui couperoit la ligne y 21 au point 21, & ensuite la longueur de la ligne 22, f2, & du point 2 de la Fig. 284. pour centre on fera l'arc de cercle 9 22, qui coupera la perpendiculaire z 21 au point 22 ; enfin par les points trouvés, on tirera les lignes 21 1, 21 22, 22 2, & l'on aura le panneau de la seconde Doele représentée au plan horisontal par le Trapeze, 1 p^1, p^2 2, & à l'élévation par 1 e1, e2 2 ; il en faudroit faire autant pour les autres Doeles, si elles n'étoient pas égales, comme elles sont dans le cas present.

Fig. 284.

A l'égard des panneaux de Lit, puisqu'ils sont tous égaux à ceux de l'Imposte $afgb$ ou $dbie$, il est inutile de les chercher, on verra dans l'exemple suivant la manière de les trouver, lorsqu'ils sont inégaux.

Il reste à faire voir comment on peut appliquer cette méthode aux voutes, dont les faces sont inclinées aux plans verticaux, sur lesquels on doit faire l'élévation, comme par exemple, s'il s'agiſſoit d'une voute *sur le Coin* ou *dans l'angle*, dont le plan horisontal seroit amd, oMz, ou composée de deux portions droites, comme am & oM, ou de deux arcs de cercle, comme Mz & md.

TRAITE

Il faut par le Chapitre IV. de ce III. Livre circonfcrire à la Figure irréguliere du plan horifontal un Trapeze *afie*, dont les côtez oppofez *ae* & *fi* foient paralleles entr'eux, & operer comme fi la voute étoit réguliere, fuivant ce que nous venons de dire, pour trouver les panneaux réguliers des Lits & des Doeles, & retrancher de leurs côtez ce que la projection horifontale du plan irrégulier retranche des parties du régulier, fuivant la Régle que nous avons donné.

Fig. 283. & 284 Ayant donc fait le panneau de Doele de la voute Conique réguliere 21, 22, 2 1, [*Fig.* 284] pour le fecond vouffoir, on élevera des perpendiculaires fur les points *s*, *q*, *r*, *t*, où les projections des joins de Lit 1p^1, 2p^2 font coupées par celles des faces *o*M, *am*, lefquelles perpendiculaires *q*Q, *s*S, *r*R, *t*T, couperont les Profils VT & 2.2 aux points QS & RT qui donneront les excès VS, QT, 2'T, R2 des côtez du panneau de Doele réguliere fur l'infcrite irréguliere; ainfi on portera la longueur VS en S 21 de la Fig. 284 Q1 en Q1 de la même Figure, 2R en 2R, T2^e en T 22, & par les points trouvez STQR, on tirera des lignes droites ST, QR, qui formeront le Trapezoïde QSTR, lequel fera le panneau de Doele du fecond vouffoir de la voute Conique biaifé ou dans un angle, fuivant qu'elle eft défignée dans la projection horifontale de la moitié *ao*M*m*, ou P*p*M*m*.

On en feroit autant pour la voute Ebrafée, qui feroit dans une Tour ronde, dont la projection eft défignée par fa moitié MY*dm*. La feule difference qu'il y auroit, c'eft qu'au lieu des lignes droites ST, QR que nous avons tiré au panneau de Doele, *Fig.* 284. pour les faces anterieures & pofterieures; il faudroit tirer des portions de ces Courbes, qui ne font pas planes, c'eft-à-dire, qui ne peuvent être décrites dans un plan, defquelles on pourroit approcher par la circonfcription d'un Polygone dans le cercle de la projection de la Tour ronde & creufe; mais parce que nous devons donner ce Trait dans le Livre fuivant, nous ne nous étendrons pas davantage fur cette difficulté, il ne s'agit ici que de donner une méthode generale pour tous les Polyedres, fans entrer dans le développement des Corps ronds Cylindriques, Sphériques ou Coniques confiderez comme tels, mais feulement comme compris & enveloppez par un grand nombre de furfaces planes infcrites dans les Courbes convexes, ou circonfcrites aux convexes.

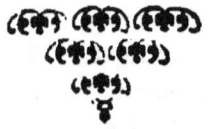

DE STEREOTOMIE. Liv. III.

Second exemple des Voutes Coniques, Scalenes à double Obliquité,

Comme en termes de l'Art.
Descente Biaise Ebrasée en Canoniere.

Soit [*Fig.* 285.] le Ceintre de face anterieure à l'Arête de la Doele GFg, & celui de la face posterieure IE9, avec leurs Extrados ABb, & HDz divisez en leurs voussoirs LR 3 4 & PS 7 8 projettez sur la même surface verticale, ce que nous pouvons supposer comme fait, & donné, suivant l'énoncé du Probléme ; mais parce que la construction de cette projection est la même que celle de la solution du Probléme, pour trouver chaque surface des Voussoirs en particulier, il est à propos de la mettre ici tout au long pour rendre la chose plus facile à comprendre ; parce que la construction tient lieu d'explication.

Soit le Trapeze $abzy$ le plan horisontal de la voute Æx la projection de son axe ou ligne du milieu Cc^z, p^1, l^1 la projection horisontale du joint de Lit LP, S^z R^z, celle du Lit RS ; nous ne prendrons que cette moitié de voute pour éviter la multiplicité des lignes dans la Figure.

On commencera par tirer du point X une perpendiculaire XC sur AÆz, & ayant porté sur la même AÆ la hauteur Æ c^z de la descente ou montée ; c'est-à-dire, de la difference du niveau de la face anterieure AÆ, & de la posterieure Hc^z, du point C pour centre & des intervales CG, CA ou XCp, Xa, on décrira les cercles concentriques GFg & ABb, l'un pour la Doele, l'autre pour l'Extrados de la face anterieure. Ensuite par le point c^z ayant mené H2 parallele à Ab, du point c^z pour centre, & pour Rayons les longueurs Æi, Æh, on décrira les deux cercles concentriques IE9, HDZ, l'un pour la Doele, l'autre pour l'Extrados de la face posterieure, laquelle sera ainsi projettée sur le même plan vertical que l'anterieure. Ensuite ayant divisé ces ceintres en nombre de voussoirs égaux, par exemple en 5 aux points LR 3 4 & PS 7 8, on joindra les points correspondans par des lignes droites, qui exprimeront sur l'élevation les joins de Lit, telles sont GI pour celui de l'Imposte LP pour le premier au dessus, & RS pour le second.

On tirera aussi à l'ordinaire les joins de tête Lm, Rt, de leur centre C, de même que Pq & ST de leur centre cz.

Cette préparation étant faite, il sera aisé de trouver tous les côtez des surfaces, qui comprennent chaque voussoir.

Premierement pour les panneaux de Tête, il n'y à point de difficulté, ils se prendront sur les élevations. Par exemple, ceux du second voussoir seront les portions de Couronnes de cercles m L R t pour la face anterieure, & q P S T pour la face posterieure.

Secondement, pour les panneaux de Lit, par exemple, pour le premier à l'Imposte marqué au plan horisontal par le Parallelograme $abiGp$, & à l'élevation par le Parallelograme AHIG, on commencera par en chercher la veritable longueur par le Profil, comme nous l'avons dit à l'exemple précedent, parce que les côtez A H & G I de l'élevation ou projection verticale sont trop courts, puisqu'ils le sont encore plus que ceux de l'horisontale $A b i G p$, laquelle est plus racourcie que la descente qu'elle represente. Pour y parvenir, on y élevera une verticale Æ E sur la base horisontale A Æ où l'on voudra. Nous faisons ici servir la ligne du milieu de la face posterieure, ensuite menant des paralleles indéfinies à cette base par les points de division des Doeles L P, R S, qui couperont la verticale aux points $1, p, 2, s$.

On portera sur les lignes provenant des joins inferieurs L R, comme L l, R r, les projections des joins de Lit; sçavoir, iGp en Æ z, p^1, l^1. en $1 l$, $S^2 R^2$ en $2 r$, & par les points trouvez z, l, r, on tirera les inclinées $z c^2$, $l p$, $r s$ qui seront les veritables longueurs des joints de Lit. Si l'on avoit un grand nombre de ces joins, on pourroit trouver tous les points des bases intermediaires, en faisant seulement Æ z égal à iG/p, & E e égal à Æ X, en tirant la ligne $z e$, elle couperoit toutes les bases aux points l & r, qui se trouveroient entre deux; ce qu'il est facile d'appercevoir par la seule inspection du plan horisontal, où elles sont comprises & terminées par deux lignes droites i Æ, G$'$ X.

Après avoir trouvé, par les Profils, les lignes inclinées qui sont égales aux joins de Lit, il ne s'agit plus que de les adapter aux triangles rectangles, dont elles doivent être les hypotenuses, pour trouver les angles qu'elles font avec les joins de Tête.

On prolongera les joins de Tête du petit ceintre du côté de ceux du grand ou au dehors comme P q en x, ou au dedans comme T S en V, & par les points m & L, t & R des divisions de la face anterieure, on tirera aux joins prolongez des perpendiculaires $m n$, L N, $t u$, R V qui formeront plusieurs rectangles, dont cette construction donnera un côté dans sa juste mesure; sçavoir, celui qui sera sur le joint de Tête prolongé, les autres deux côtez demeurant raccourcis par la projection; mais parce qu'on a déja trouvé la valeur de l'hypotenuse par le Profil, on a de quoi achever les triangles que ceux de la projection representent, comme on le verra dans les exemples.

Pour le premier joint de Lit, qui est celui de l'Imposte, on transportera

DE STEREOTOMIE. Liv. III. 353

portera la ligne *i* A ou fon égale IQ avec ces divifions H & *o* où l'on voudra, comme à la Figure 288. en *ih*, *o*Q, & l'on tirera les perpendiculaires indéfinies Q*x*, *o u* par les points *o* & Q, enfuite des points *h* & *i* pour centres, & de l'intervalle *c¹z* du Profil, on fera deux arcs de cercle qui couperont ces perpendiculaires aux points *x* & *u*, par lefquels ayant tiré les lignes droites *xh*, *ui* & *xu*, on aura le Parallelograme *xhiu* pour le premier Lit de l'Impofte, lequel eft non feulement plus grand que celui de la projection horifontale *ahi*G*p*, mais encore inégal dans fes angles qui font un peu moins aigus, comme il paroit dans cette Figure, où celui de la projection horifontale eft ponctué en *b a¹ g¹ i*.

Le fecond & le troifiéme panneau de Lit fe trouveront de même en changeant les triangles rectangles *nm*R, LNP, *tu*T, RVS, en d'autres triangles rectangles plus alongez fur les mêmes bafes *n* R, NP, *u* T, VS. Par le moyen des hypotenufes trouvées *pl*, S*r*, ainfi ayant transporté où l'on voudra la ligne P*n* avec fes divifions N*q*, comme à la Figure 286. on lui fera les perpendiculaires *n*M, NL, & des points *q* & *p* pour centres & de l'intervalle *pl*, pris au Profil, on fera des arcs de cercle en M & en L qui couperont ces perpendiculaires aux points M & L, par lefquels on fera paffer des lignes droites qui font les côtez du Parallelograme M*qp*L, lequel fera égal à la furface du fecond Lit marqué dans l'elevation par le Parallelograme raccourci *mq*PL.

La Figure 287. fait auffi voir le troifiéme Lit formé fur la bafe VS*u*T transportée pour établir deffus un Parallelograme plus alongé que celui de l'élevation *t*TSR, fuivant les mêmes Régles de décompofition de la projection.

Il ne refte plus à prefent qu'à trouver les furfaces des panneaux de Doeles plates qui doivent paffer par les Cordes des arcs des divifions des ceintres de face anterieure & pofterieure ; ce qui fe fera de la même maniere, dont on s'eft fervi pour trouver les Lits en abaiffant des perpendiculaires fur ces Cordes prolongées, s'il le faut, par les divifions du ceintre oppofé.

Par exemple, pour trouver la Doele plate du premier vouffoir marquée dans la projection horifontale par le Trapeze G*p i*, *p¹*, *l¹*, & à l'élevation par le Trapeze GIPL, ayant tiré la Corde I*p* de l'arc pofterieur I*p*, on abaiffera du point L de la divifion de l'arc anterieur fur cette Corde la perpendiculaire LK. On transportera enfuite où l'on voudra la Corde PI avec la divifion K, comme en I*kp* au deffus de la Fig. 288. & on élevera fur le point *k* la perpendiculaire indéfinie *k²l* ; enfuite du point *p* pour centre, & de l'intervalle *pl* pris au Profil, de l'autre côté on décrira un arc qui coupera la perpendiculaire *k²l* au point ²*l*. Enfuite des points ²*l*

Tom. I. Yy

& I^4 pour-centres, & de l'intervale de la Corde LG & du joint de Lit $c = z$, on fera une intersection d'arcs qui se couperont au point ^2G, duquel ayant tiré les lignes $^2G\,^2l$, $^2G\,I^4$, on aura le trapezoïde $^2G\,^2l$, $^2p\,I^4$ qui sera la surface de la Doele plate du premier vousoir, laquelle doit couvrir la portion concave du Cône G L P I, & toucher ses quatre angles.

Pour avoir la seconde Doele plate marquée au plan par p^1, S^2, R^2, l^1 & à l'élevation par le Trapeze LRSP on prolongera la Corde SP vers x, & du point R on abaissera la perpendiculaire Rx, ensuite ayant transporté à volonté la ligne Sx avec sa division P, comme à la Figure précedente, on élevera sur l'extremité x une perpendiculaire indéfinie $x\,^2r$, à laquelle on a adaptera la ligne du joint de Lit sr, prise au Profil. Avec cette ligne prise pour Rayon & du point ^{2}S pour centre on décrira un arc qui coupera $x\,^2r$ au point ^2r, duquel comme centre & de l'intervale de la Corde RL, on fera un arc de cercle $^3l\,y$; de même du point ^2p pour centre & de l'intervale du joint de Lit pris au Profil en $p\,l$, on décrira un arc de cercle qui coupera le précedent $^3l\,y$ au point ^3l, par lequel ayant tiré les lignes $^3l\,^2r$, $^3l\,^2p$, on aura le trapezoïde ^3l, ^2r, ^2s, ^2p, qui sera le panneau de Doele plate, propre à couvrir la portion concave du Cône que comprend le second voussoir, ainsi des autres.

Ou il faut observer que pour avoir les longueurs des joints de Lit de l'autre moitié de voute F E 9 g, dont la projection horisontale est Æ i o, g X, il faut faire de nouveaux Profils, parce que les lignes 23, 33; 24 34 10 gp & 29, que nous supposons être les projections des joins de Lit, sont toutes inégales, & parce que leurs hauteurs seront toûjours les mêmes que celles de l'autre moitié, si les Lits correspondans sont de niveau, il suit qu'elles seront plus inclinées, & par consequent plus courtes que celles qui leur correspondent dans l'autre moitié de la voute ; ce qui est évident par la seule inspection du plan horisontal; puisque la ligne 2 9 approchant plus de la perpendiculaire CX, que ab de l'autre Imposte, elle sera plus courte, & toutes les projections des Lits entre les deux Impostes, seront inégales, plus courtes vers y, & plus longues vers a ; ce qui n'arriroit pas à la Fig. 283. où elles sont égales, à distances égales de l'axe du Cône qui est Droit.

Il faut remarquer que si les deux ceintres de faces opposées, n'étoient pas de même nature, que l'un fut Circulaire, & l'autre Elliptique, ou l'un surbaissé, & l'autre surhaussé, l'on ne pourroit trouver une Doele plate, dont les quatre angles touchassent les quatre coins du voussoirs, qui seroit portion de ce Cône irrégulier; mais parce que nous ne traitons ici que des Figures régulieres, cette exception n'empêche pas que le Problême ne soit général, parce qu'alors la Doele plate, au lieu d'être plane quadrilatere, seroit composé de deux triangles qui seroient dans differends plans; nous donnerons au Livre suivant la maniere de remedier à ces irrégularitez.

DEMONSTRATION.

IL est visible par la construction de ce Probléme que nous réduisons toutes les surfaces planes, qui comprennent le solide appellé *voussoir*, en triangles, la plûpart rectangles, dont nous trouvons un côté sur les élevations projettées & rassemblées sur un même plan vertical, par le moyen de la perpendiculaire, que nous abaissons d'un des angles de cette surface, sur le côté opposé, prolongé, s'il le faut. Nous avons trouvé l'hypotenuse suivant les régles du profil par un autre triangle rectangle, dont la projection horisontale nous donne un côté, la hauteur de l'extrémité supérieure de la ligne inclinée donne l'autre; ayant les deux jambes d'un triangle rectangle on a facilement l'hypotenuse, qui exprime la descente; or la même est commune à un autre triangle rectangle dont nous ne connoissons qu'un côté par ce Probléme, sçavoir la distance des points de division des joints de tête correspondant dans les faces anterieure & posterieure; mais parce qu'un côté & l'hypotenuse suffisent pour trouver le troisiéme côté, dont l'angle droit détermine la position & l'hypotenuse la longueur, l'arc de cercle dont elle est le rayon est le *Lieu* du sommet de l'angle qu'il doit faire avec son hypotenuse: enfin connoissant les côtez des deux triangles rectangles, & les distances de leurs hypotenuses paralleles, nous avons formé le quadrilatere compris entre les hypotenuses, qui est ordinairement pour les lits ou un parallelograme ou un trapeze & quelquefois un trapezoïde pour les doeles plates, où l'on à vû qu'une même hypotenuse nous sert à deux triangles, dont l'un est rectangle & l'autre peut ne pas l'être; mais parce que dans celui qui n'est pas rectangle nous connoissons tous les côtez, il est bien aisé de le former.

On trouve donc les panneaux de lit par l'intervale des hypotenuses de deux triangles rectangles posez sur une même ligne de base & les panneaux de doele par une suite de deux ou trois triangles, dont le pre-premier est toujours rectangle, par la construction, de même que le second, lorsque la surface est divisée en trois triangles, comme il peut arriver.

Si nous rappellons ici nos principes de projection, nous connoîtrons que toutes les lignes qui sont paralleles à l'objet projetté sont dans leurs justes mesures; ainsi les cordes des arcs de face GL & IP, LR PS, qui sont dans des plans paralleles, ne sont ni diminuées ni augmentées, donc elles peuvent être prises sur l'Elevation; d'où il suit qu'à chaque doele on a toujours deux côtez à prendre sur l'Elevation, qui sont les cordes des arcs de têtes, & deux sur le profil, qui sont les joints de lit; mais comme ces quatres côtez peuvent faire entr'eux des angles differends, parce que la diagonale du trapeze n'est pas connuë, on abaisse une perpendiculaire LK sur le côté IP pour en déterminer la position à l'égard de son opposé LG par le moyen des deux triangles rectangles LKP & LKI, lesquels déterminant la position des points L & I donnent la diagonale LI de la doele, troisième côté du triangle LGI, que l'on ne connoissoit pas auparavant; donc la *Doele plate* est exactement trouvée ; *ce qu'il falloit faire & démontrer.*

A l'égard des panneaux *de tête* il est clair qu'ils ne sont en rien alterez ni racourcis, ni ralongez sur l'élevation.

Il ne resteroit plus qu'à trouver les panneaux de l'*Extrados*, si l'on en avoit besoin pour avoir les six surfaces du voussoir, mais il n'est pas nécessaire pour l'éxécution de les réduire à des surfaces planes ; parce que par le moyen du contour des Têtes, qui sont les arcs A*m*, H*q* donnez sur l'élevation & leurs côtez *ma*, AH aussi donnez par les panneaux de lit, on peut former les extrados convexes du premier coup, sans s'y disposer par des surfaces planes, qui ne pourroient être que des tangentes au Cône ou au Cylindre, dont les angles seroient hors du voussoir, bien loin de les y déterminer.

Ce Problême peut suffire à trouver toutes les surfaces planes des polyedres & de leurs divisions par le moyen de l'Elevation des deux faces projettées sur un même plan; il est encore une maniere plus simple où l'on peut se passer de la double projection des faces anterieures & posterieures.

Problême XI.

La Projection Horisontale d'un Polyedre & de ses Divisions étant donnée avec l'Elevation de ses Faces, trouver toutes les Surfaces dont chacune de ses parties est envelopée.

Ou en Termes de l'Art.

Le Plan & l'Elevation des Têtes étant donnez, trouver les Panneaux de Tête de Lit & de Doele Plate de toutes sortes de Voûtes.

Nous supposons dans ce Problême, comme dans le précédent, que toutes les voutes, quoique parties des corps ronds cylindriques, côniques, ou sphériques, sont réduites par les Doeles plates en Polyedres, c'est-à-dire, les Cylindres en Prismes, les Cônes en Pyramides, & les

page 357

Planche 24.

Sphères & Sphéroides en portions de Pyramides tronqées. Cela supposé tout l'art de ce Problême consiste à décomposer la projection horisontale en *réduisant toutes les Surfaces en triangles, & cherchant dans l'Elevation des Faces les hauteurs des lignes inclinées pour en trouver les véritables longueurs.*

Il n'est donc question que de trouver les hypotenuses des triangles rectangles, dont un des côtez est connu dans l'Elevation, & l'autre à la projection horisontale ou au profil des lignes projettées, soit qu'elles soient réelles ou simplement supposées pour servir de diagonales à des Parallelogrammes ou à des Trapezes ou Trapezoides, dont on ne connoît pas les angles, ce qu'on entendra mieux par les exemples.

Premiere Exemple d'un Berceau Droit ou Biais.

PLAN. 25. Fig. 290.

Soit ABFG la projection horisontale d'un Berceau biais, dont AbB est le ceintre de face divisé en ses voussoirs aux points 1, 2, 3, 4, & dont les projections des joints de lit sont les lignes I K ^1pP ^1pp LN. Pour trouver la premiere *Doele plate* dont la projection horisontale est le parallelograme AIKG, on le divisera en deux triangles par une diagonale AK ou IG, il n'importe laquelle, on transportera ensuite une de ces diagonales comme IG en Ig, pour former un triangle rectangle 1IG, l'hypotenuse 1g sera la vraye longueur de la Diagonale de la premiere doele, dont la projection horisontale est GI. Si au lieu de cette diagonale on avoit pris l'autre AK, on auroit pû transporter la longueur AK en Ik, la ligne k1 auroit été la longueur réelle de la diagonale de la doele plate, dont AK est la projection, ou bien au lieu de transporter AK en Ik on peut transporter A1 en A11 à angle droit sur AK, & tirer la ligne 11 K, qui sera celle qu'on cherche; mais il y a moins de commodité en cette maniere; parce qu'il faut faire un angle droit 11 AK, au lieu qu'en la précédente on en trouve un tout fait 1 Ig, qui est celui de l'aplomb 1I sur la base AB, qu'on est obligé de faire pour avoir la projection du point 1, & du joint de lit IK.

Une des deux diagonales de la Doele plate étant trouvée, on a la surface de cette Doele, parce qu'on a tous les côtez de chacun des triangles, par lesquels on l'a divisé par les diagonales; car la corde A1 est le côté qui est dans le plan de la face, lequel n'est point changé dans l'Elevation, & les côtez GA ou KI de la projection ne sont pas alterez dans leurs mesures; parce que le joint de lit de la voûte est parallele à IK, & que GA est celui de l'imposte; donc on a les trois côtez de chacun des triangles, qui sont les moitiez de la doele, ainsi faisant à part la ligne I' g' égale à la ligne Ig, si des points i' & g' pour centre & pour rayon des longueurs A1 & AG, on fait une interſection d'arc de cercle en *a* & en *k* de part & d'autre de la diagonale *i*' *g*², on aura les points ªa², par leſquels tirant les lignes *a g*', ª1², *k g*', *k i*² on aura un parallelograme qui ſera la ſurface de la doele plate dans toute ſon étenduë ; & avec les angles que ſont ſes cótez. On peut ſe ſervir de la ligne K11 pour rectifier l'operation ; parce qu'elle doit être égale à la diagonale *a k*.

Si au lieu de la premiere doele on avoit voulu tracer la ſeconde, on auroit de même diviſé ſa projection KI '*p* P par une diagonale I P ou K ª*p*, dont on auroit trouvé la véritable longueur en portant à angle droit ſur une de ſes extremitez la longueur *d*2, qui eſt la difference des hauteurs des diviſions des joints de lit 1 & 2, & l'hypotenuſe K'*d* auroit donné la véritable longueur de la diagonale de la ſeconde doele, ſur laquelle on auroit formé de part & d'autre deux triangles avec la corde 1 2, & le joint de lit KJ, comme à l'exemple précedent, ce qui eſt clair de ſoi-même. Ou pour s'épargner la peine de faire un angle Droit on auroit profité de celui de l'aplomb 2 *d*1 ſur la ligne 1*d*, en tranſportant la longueur de la diagonale '*p* K en *d z*, la diſtance de *z* à 2 auroit donné la même longueur *z* 2 que K'*d*. Ou encore par une maniere plus abregée, pour trouver tout d'un coup la difference de niveau des deux points 1 & 2, & profiter de l'angle Droit que fait *l'Aplomb*. 2 '*p* ſur le diametre AB, il n'y a qu'à prendre le plus petit aplomb 1I, & le tranſporter ſur le plus grand en 2V, & la longueur de la diagonale '*p*K en '*p y*, la ligne *y* V ſera celle que l'on cherche ; car il eſt viſible que les triangles *y* '*p* V & *z d* 2 ſont egaux entr'eux, de même que les triangles *z d* 2 & '*p* '*d* K ; puiſque les jambes qui comprennent l'angle Droit ſont égales, par la conſtruction.

Les Panneaux de Lit ſe feront auſſi facilement par la même méthode. Premierement celui de l'impoſte eſt tout fait dans la projection horiſontale, parce qu'il eſt de lui-même horiſontal, c'eſt le parallelograme BDEF, les autres lui ſeroient égaux ſi le Berceau étoit Droit ; mais parce qu'on le ſuppoſe biais, quoiqu'ils ſoient tous compoſez de cótez égaux, ils ſont inégaux par leurs angles, ceux qui approchent le plus de la clef ſont toujours moins obliquangles.

Soit propoſé à faire le panneaux du premier lit marqué à l'élevation par le joint de tête 4*q*, & au plan par le parallelograme NLOR, que l'on diviſera en deux triangles par une diagonale ON, laquelle repréſente celle du lit, qui eſt une ſurface inclinée à l'horiſon ; par conſéquent cette diagonale eſt plus longue que ſa projection ON. Il en faut trouver la meſure, comme nous avons fait pour la doele, en portant ſur le plus grand aplomb *q* O, qui a ſervi à faire la projection, le petit 4 L de q en Q, enſuite ayant tranſporté la longueur ON en On, on en tirera nQ qui ſera la longueur effective de la diagonale NO.

PRESENTEMENT ſi l'on porte cette longueur nQ en quelqu'endroit à part comme à la fig. 291. en n^1 o^1, & qu'on forme de part & d'autre deux triangles avec les côtez 4q & RO, on aura le parallelograme $n^1 l o^1 r$, qui ſera la ſurface du premier lit dont les angles ſont déja moins aigus que ceux de l'impoſte ; ainſi des points n^1 & o^1 pour centres, & de l'intervale NL pour rayon, on fera les arcs l7, r8, & des mêmes centres, & de l'intervale 4q on fera des arcs qui couperont les précedens aux points l & r, par leſquels tirant les lignes $n r$, $r o$, $n l$, $l o$, on aura le parallelograme $n^1 l o^1 r$, qui ſera la ſurface du lit de deſſus du premier rang de vouſſoirs, & celle du lit de deſſous du ſecond. On voit encore ici qu'au lieu de porter la longueur 4 L en qQ pour avoir la hauteur exterieure du joint de lit ſur celui de la Docle on pouvoit faire 4o perpendiculaire ſur $q o$ & ſur o4, prolongée en n^1, porter la longueur ON de la projection de o en n^1, on auroit eu l'hypotenuſe $n^1 q$ égale à nQ.

ON voit auſſi qu'au lieu de la diagonale ON on pouvoit tirer l'autre LR; & porter LR de O en r, la ligne rQ auroit donné la véritable longueur de cette diagonale, dont on pouvoit ſe ſervir comme de l'autre; il n'importe en quelque endroit qu'on faſſe ces triangles rectangles pourvû que leurs côtez ſoient des longueurs convenables ; le plus ou le moins de facilité dans la conſtruction décident des moyens. On a toujours un côté donné ſur l'Elevation, qui eſt le joint de tête 4q ou 3 : 6, & l'autre à la projection NL ou OR.

Si les Faces du Berceau n'étoient pas paralleles entr'elles, comme ſi GY en étoit une, on pourroit toujours les ſuppoſer paralleles, & après avoir fait les panneaux on en retrancheroit les longueurs 9 N d'un côté, & 10 R de l'autre, ſuivant les régles de la circonſcription, & le panneau ſeroit réduit au trapeze 9 l O 10, comme on a vû au premier exemple du Problême précedent, ce qui peut s'appliquer à une face courbe en la renfermant dans un Poligone par ſa projection horiſontale.

Second Exemple d'un Berceau en Deſcente.

LA difference qu'il y a de ce ſecond Exemple au premier conſiſte en deux choſes.

PREMIEREMENT en ce que la projection horiſontale ne fournit point de meſure des joints de lit de la voûte comme au Berceau de Niveau;

parce que ces joints étant inclinez à l'horifon, font racourcis dans la projection, où ils font représentez par une ligne horifontale; mais cette ligne fournit le moyen de trouver l'inclinée en ce qu'elle est la bafe d'un triangle rectangle, dont l'autre jambe, qui est la hauteur de la defcente, est donnée ; par conféquent il est aifé de former le triangle rectangle, qui est le profil de la defcente, & trouver fon hypotenufe, qui est la ligne inclinée que l'on cherche.

Fig. 293. Ainsi [Fig. 293.] puifque B*a*, KL & autres projections des joints de lit font trop courtes on élevera à une extrémité *a* une perpendiculaire *a* a', que l'on fera égale à la hauteur de la defcente qu'on fuppofe être ici la ligne *a*A, & du point B par a² ayant tiré B a', cette ligne fera la véritable longueur de tous les joints de lit, qu'on fuppofe dans cet exemple parallèles & égaux.

Si les projections des joints de lit n'étoient pas parallèles, comme il arrive dans les voutes coniques, dont nous avons donné des exemples au problème précédent; il est vifible qu'il faudroit faire un profil pour chacun; parce qu'ils font tous inégaux, fi le cóne est fcalene.

La feconde différence de cet exemple d'une voûte en Berceau biaife & en Defcente est, que les longueurs des diagonales font un peu plus difficiles à trouver, en ce que leur hauteur n'est pas égale, de forte qu'on ne peut tirer ces hypotenufes de même fommet fur une même bafe, comme à l'exemple précédent, d'un Berceau de niveau ; mais de deux fommets différens, & pour la commodité de l'execution, fur deux différentes lignes de bafe.

Pour concevoir la raifon de cette différence il faut faire attention que la furface de la doele d'un Berceau horifontal, étant divifée en deux triangles par deux diagonales; chacune d'elle va de bas en haut, com-
Fig. 292. me [Fig. 292.] de *n* en *b*, & de *r* en *l* à hauteur égale *lb m*; mais que fi cette furface est inclinée fuivant fes joints de lit comme à la Fig. 296. la doele IqBA, on verra que les deux diagonales BI A*q* ne font plus également inclinées à l'horifon, celle qui part du point I le plus élevé defcend plus qu'elle ne faifoit de toute la quantité de la hauteur de la defcente AB, & l'autre qui part du point A peut monter ou defcendre fuivant la différence qu'il y a entre la hauteur verticale ID de la furface, & la hauteur de la defcente AD ou être de niveau comme A*q*.

Si l'*Aplomb* de la retombée marquée à la fig. 293, par la ligne 2D est plus grande que la hauteur A*a* de la defcente du Berceau, la dia-
Fig. 294 gonale LQ [Fig. 293.] ou AL [Fig. 294] au lieu de defcendre du point
A

DE STEREOTOMIE Liv. III.

A monte encore en L de la quantité d L; donc *l'Aplomb* A2 ou son égal bL excede la descente Aa; mais si la descente Ae étoit plus grande que l'Aplomb de retombée 2A, ou son égal Fg la diagonale LQ ou Ag descendroit du point A de la différence g D de l'Aplomb de la retombée 2A & de la descente Ae.

Pour prendre une idée nette de ces différences, nommons la hauteur Aa ou Ae de la descente a, celle de la retombée 2A, b, leur différence d; il est clair que la diagonale qui partant du sommet 2 vient au bas de la descente a toujours pour unique hauteur $a + b$, ce qui est invariable; mais celle de l'autre diagonale qui part du point A sera variable suivant le raport d'a à son extremité opposée au point A; car lorsque a sera plus grand que b elle sera descendante, parce que la hauteur totale $a + b = 2b + d$ est diminuée de $b + d = a$, qui est par la supposition, plus grand que b, c'est-à-dire $a - d$; mais si a est plus petit que b, cette diagonale sera ascendante, parce que la hauteur totale $a + b$, qui est alors égale à $2a + d$ ne sera diminuée que de la hauteur a qui est moindre que b par la seconde supposition; il restera donc $a + d$ plus grand que a, cela supposé

Soit [*Fig. 293.*] le plan horisontal Ba IE du Berceau en descente, *Fig. 293.* avec la projection de ses joints de lit faite, à l'ordinaire par les aplomb abaissez des divisions de son ceintre 1, 2, 3, 4. Soit la hauteur de la Descente l'intervale Aa pour former le panneau de docle, par exemple du second voussoir 1 : 2, dont la projection horisontale est le parallograme KL'pQ, on le divisera en deux triangles par une diagonale LQ ou 'pK il n'importe, une suffit; nous n'en mettons ici deux que pour faire voir qu'il n'est pas indifferend de prendre l'une ou l'autre pour en trouver la juste longueur.

On commencera par chercher la valeur de la projection du joint de lit KL égale à Ba, qui est trop courte, & qu'on trouvera en faisant la ligne a a' perpendiculaire sur aB & égale à la hauteur Aa, la ligne Ba' sera déja un côté d'un des triangles que forment les diagonales LQ ou K'p; ensuite on cherchera la valeur de l'autre côté L'p ou son égale KQ, qui est aussi trop court, parce qu'il représente la corde 1 2 qui est inclinée à l'horison, & comme cette corde est dans sa juste mesure à l'élévation, elle sera le second côté de chacun de ces triangles. Il ne reste plus qu'à trouver le troisième qui est la valeur d'une diagonale, laquelle n'est point inclinée suivant la pente a' B, comme nous l'avons fait voir, mais l'une plus & l'autre moins; celle qui vient du point 2 plus haut que le point 1, est plus inclinée que la ligne B a', & sa hauteur est comme nous l'avons dit la somme

Tom. I.   Zz

de l'aplomb 2D & de la descente *t *p = A*t* ; il faut donc porter la hauteur 2D en I *t* pour avoir cette somme I *p*, & la longueur de la diagonale *p*K, en *p*k & tirer la ligne 1 *k* qui sera sa juste mesure.

Mais si l'on veut avoir la valeur de la diagonale LQ, qui a pour origine le point *t* projetté en L, lequel est plus bas que le point 2, il faudra porter la longueur 2D de *p* en N, pour avoir la différence N *t* de l'*Aplomb* 2D & de la descente *t *p*, & porter la longueur de la diagonale LQ de *s* en O, la ligne NO hypotenuse de ce triangle rectangle sera la valeur de la ligne LQ.

Pour s'épargner la peine de faire une ligne 1D perpendiculaire sur 2D, qui donne la différence 2D des hauteurs des points 1 & 2, il n'y a qu'à prendre avec le compas la hauteur 1L & la porter en 2N sur l'aplomb le plus long, on aura tout d'un coup la différence N *p* = 2D ; parce que l'angle L *p* 2 est Droit, 1, 2 = LN côté du même parallelograme & 1D = L *p*, donc N *p* = 2D.

Par la même construction on trouvera le panneau de lit marqué à l'élévation par le joint de Tête 3 *3, & au plan horisontal par le parallelograme *s*RS*r*, dans lequel on tirera les diagonales R*r*, ou S*s*, une des deux suffit pour le diviser en deux triangles, & on aura leur valeur par la même methode qu'on a employé pour trouver celle de la doele. On examinera quelle est celle qui vient du point le plus élevé *3, qui a donné le point S pour sa projection, d'où l'on conclura que la diagonale S*s* est la plus grande, qui doit avoir pour hauteur la somme de l'*Aplomb* *3*d*, & de la hauteur O*s* de la descente, c'est pourquoi l'on portera 3*d* en O*u*, la ligne *s u* sera la hauteur de la diagonale S*s*; ainsi en portant S*s* en SV la ligne *u*V sera sa juste mesure; pour la diagonale R*r*, il n'y a qu'à porter la hauteur *3*d* en RT pour avoir sa différence *y*T avec celle de la descente O*s*, laquelle différence est ici presqu'insensible, de sorte que la ligne R*r* est égale à la grandeur de projection, c'est-à-dire, que cette diagonale est horisontale dans le panneau de lit; par conséquent égale à la projection R*r*.

On peut ici comme à l'Article précedent trouver la différence *3*d* tout d'un coup, en portant la plus petite hauteur d'aplomb, 3 R en *3 O.

Les longueurs des diagonales, tant de la la doele que du lit, étant trouvées, on les transportera en quelqu'endroit à volonté, comme en K*t*² [*Fig.* 295.] & des points K & *t*², comme centres & pour rayons les intervales 1, 2 & B*a*², de la figure 193, on fera des intersections d'arcs de part & d'autre de la diagonale K*t*², qui donneront

Fig. 295. à gauche.

les points t^s & q, par lesquels tirant les lignes Kt^r, $t^s t^r$, qt^s, qK on aura un parallelograme égal à la surface de la doele plate.

De la même maniere ayant transporté la longueur V u en s S$^\circ$ [*Fig.* 295. *à droite.*] on prendra la longueur du joint de Tête 3 ^{a}3, & du joint de lit B^a & de ces intervalles pour rayons & des points s S$^\circ$ pour centres, on fera des intersections d'arcs en R^r & r_3, qui donneront les points R^r & r_3, par lesquels tirant les lignes r_3 S$^\circ$, $r^s s^s$, R^{r}S$^\circ$, R$r s^s$ on aura un parallelograme qui sera égal à celui de la surface du panneau de lit.

Fig. 295. *à droite.*

Troisiéme Exemple d'une Voûte en Canoniere en Descente, qui est une Conique Scalene Tronquée.

La différence de cet exemple au précedent consiste 1.° en ce que les projections des joints de lit étant toutes inégales, & plus courtes que les joints qui sont inclinez à l'horison, il faut trouver la valeur de chacune en particulier par un profil semblable à celui de l'imposte D^a a^1, en élevant une perpendiculaire à une de leurs extrémitez égale à la hauteur de la descente aa^1, au lieu que dans l'exemple précedent un seul sufisoit pour tous.

Fig. 297.

Secondement, en ce que les hauteurs des diagonales se trouvent encore differemment, quoique toujours suivant le même principe.

Soit donc [*Fig.* 297.] le plan horisontal d'une descente en canoniere DabE, avec les projections de tous ces joints de lit Ol, Pn, &c. soit Aa la hauteur de la descente, AbB le ceintre de face de la partie posterieure ébrasée; DSE celui de la face antérieure, l'un & l'autre divisé en nombre égal de voussoirs aux points 1, 2, 3, 4, desquels on a abaissé les aplomb 1L, 2N, & 1O 2P, lesquels ont donné les projections des joints de lit lO, nP suivant l'usage ordinaire, & les trapezes DalO, & OLnP pour projection des doeles. On les divisera en triangles par des diagonales nO lP [une seule suffit] & l'on en trouvera la valeur, à peu près comme dans l'exemple précedant, ayant égard à leur origine & à leur côté opposé pour trouver par le moyen de leur hauteur au dessus du plan horisontal leur inclinaison & leur longueur; ainsi pour avoir la véritable longueur de la diagonale nO, qui répond par le point n à la plus grande hauteur de l'aplomb 2n, & par le point O, à la plus petite hauteur de l'aplomb 1O de la face anterieure. On ôtera la plus petite de la plus grande, & leur difference sera la hauteur d'une des extrémitez de cette diagonale au point n. Or il n'importe de prendre cette différence en haut ou en bas; si on

Zz ij

la prend en bas en portant O1 de *n* en 10, il faudra tirer une horifontale par ce point 10 ; mais fi l'on porte O1 fur le haut du point 2 au point I la ligne *ab* fervira d'horifontale toute tracée ; de forte que fi l'on porte la longueur de la diagonale *n*O de *n* en K, & qu'on tire la ligne KI, cette ligne fera la valeur de la plus grande diagonale reprefentée au profil par la ligne 23 01, qui eft trop courte. par les raifons que nous avons donné en parlant de profils des cônes.

Fig. 298. Cette ligne KI peut fuffire pour trouver le panneau de la doele, dont la projection eft O*ln*P, On la tranfportera où l'on voudra comme à la figure 298. en ^2n 2°, puis du point ^2n pour centre & de l'intervale de la corde 1, 2 de la figure 297. pour rayon, on fera un arc de cercle *l5*, & du point 2° & pour rayon l^2O valeur du joint de lit, dont la projection eft *l*O, que l'on aura trouvé en faifant *l l*² égale à *l*L, & perpendiculaire à OI ; on aura le triangle 2° *l*L $2n$ qui fera la valeur de celui de la doele O *ln*. On trouvera de la même maniere la valeur de l'autre triangle OP*n*, en faifant du centre 2° & de l'intervale de la corde 12 du ceintre DSE l'arc 6*p*², & du point ^2n pour centre & pour rayon la valeur de P*n* que l'on n'a pas mis dans cette figure, on decrira un autre arc qui coupe le précedent en ^2p, le triangle 2° ^2p ^2n fera la valeur de celui de la projection OP*n*.

Si au lieu de prendre la diagonale *n*O on avoit voulu prendre l'autre *l*P, on auroit pris la hauteur de *l'aplomb* 2P du ceintre de face anterieure, & on l'auroit porté fur l'aplomb 1L de l'autre ceintre A*b*B qui a donné la projection du point de l'extrémité oppofée de cette diagonale, & on auroit eu le point *i* ; enfuite portant la longueur *l*P de *l* en *k*, la ligne *ik* auroit donné la valeur ou mefure, exprimée au profil par la ligne 14 *p*², qui étoit trop courte parce que c'eft un profil de cône. Si l'on porte cette longueur 2P de bas en haut de *l* en 2*p*, on aura la hauteur de l'horifontale 2P *p*² terminée au point *p*² du profil,

il faut remarquer que les longueurs des diagonales trouvées font plus grandes que celles du profil 14 *p*² &: 23 01 ; parce que n'étant pas paralleles au plan vertical de ce profil, elles y font racourcies par la projection verticale ; de forte qu'un tel profil eft inutile pour les mefures ; on ne l'a fait que pour indiquer le raport des lignes cherchées & pour en faire voir l'inclinaifon & la pofition, afin qu'on conçoive plus facilement les raifons de la conftruction.

Il n'eft pas néceffaire d'expliquer la maniere de faire le panneau de lit, on s'y prendra de la même maniere que pour la doele, en divifant la projection QR*s* en diagonales, dont on trouvera les longueurs réelles par le moyen de leur hauteur fur l'horifon à l'extrémité élevée, laquelle hauteur fera la différence de celle des retombées, par exemple, du joint de Tête 36, qui eft V*s*, fi l'on porte de *t* en *q* la longueur de la projection de la diagonale *s*Q on aura pour fa valeur la ligne V*q*, de même que *ur* eft celle de la ligne *s* R de la projection. Ces diagonales tranfportées à part comme à la fig. 299. avec les joints de Tête 3. 6, & la valeur des joints de lit *s*Q *s*R, donneront une parallelograme *t*6, R6, Q3, *s*3, qui fera le lit du joint 36, de la même maniere qu'on a trouvé celui de la doele dans l'exemple précedent de la fig. 293, avec cette feule différence, qu'il faut faire un profil pour chaque projection de joint de lit Q*s* R*s* ; parce que ces lignes étant la projection de lignes inégales une feule hypotenufe ne peut fervir pour tous les joints de lit, comme dans la fig. 293 ce que nous avons déja fait remarquer, mais que nous n'avons pas fait à la fig. 297. pour éviter la multiplicité des lignes.

Quatriéme Exemple d'une Voûte Sphérique réduite en Polyedres par des Doeles plates.

Nous avons fait voir, en parlant des Dévelopemens, que la fphère pouvoit être réduite en portions de cónes tronquez, & ces cónes en Pyramides tronquées, de forte qu'on pourroit renvoyer le Lecteur à l'exemple précedent ; puifque fi l'on fuppofe le demi cercle B *h* E [*Fig.* 300.] divifé en cinq parties aux points 1, 2, 3, 4, & qu'ayant tiré les cordes B 1, 1·2 ; 2·3 ; 3·4 ; 4 E l'on fafle mouvoir ce demi cercle autour de fon rayon C*h*, les cordes B1, 1·2 produiront par leur révolution deux cónes tronquez, dont la fection par l'axe du premier eft le trapeze B1 4E, & le trapeze 2 4 3 2 celle du fecond, & fi ces trois cónes tronquez infcripts dans la fphère font réduits en Pyramides tronquées, nous retombons dans le cas de l'exemple précedent, avec cette différence que celui-ci eft plus facile & plus fimple ; parce que ces Pyramides font droites fur leurs bafes, & que nous en fuppofons les axes en fituation verticale ; au lieu qu'au précedent nous avons fuppofé l'axe incliné à l'horifon.

Fig. 300.

Soit cependant pour une plus ample explication de la fig. 300. le demi cercle A C F S la projection d'une hémifphère, ou plûtôt d'un quart de fphère, dont les cercles concentriques BME, GNL & IOK font les projections des joints de lit de la dole réduite en portions de cónes tronquez, dans lefquels on infcrira un Polygone d'un nombre de côtés égal à celui de la quantité des voufloirs que l'on doit mettre à chaᵈ rang en faifant ces voufloirs égaux ou inégaux, il n'importe ; la

Fig. 300.

régularité de ce poligone n'est pas nécessaire ; parce qu'il doit enfin être réduit au cercle pour derniere operation.

Fig. 300. Soit, par exemple, BGNM la projection d'une doele d'un voussoir du premier rang, l'ayant divisé par la diagonale GM en deux triangles, on cherchera la véritable longueur de cette diagonale, qui est plus courte que la ligne inclinée qu'elle représente. On portera comme dans les exemples précedens la longueur GM en G*m* sur l'horisontale AF au pied de la hauteur de l'aplomb 1 G, la ligne *m*1 sera la longueur réelle dont MG est la représentation. On peut donc former un trapez *b g n m* [*Fig.* 302.] qui sera égal à celui de la Doele plate, dont la projection est BGNM [*Fig.* 300.] parce qu'on a tous les côtez des deux triangles inégaux dans lesquels il a été divisé par la diagonale GM ; car les côtez égaux BG & MN sont donnez par la corde B1 de l'élevation qu'ils représentent, & que les cordes BM & GN sont données dans la projection de leur longueur naturelle ; parce que ces cordes sont celles des cercles des joints de lit qu'on suppose horisontaux ; par consequent paralleles & égaux à ceux du plan horisontal de la projection, où ils sont rassemblez.

Fig. 300. & 302. Ayant porté la longueur de la ligne *m*1 de la fig. 300. en quelqu'endroit à part comme en *g m* [*Fig.* 302] du point *g* pour centre & de l'intervale de la corde GN de la fig. 300. on fera un arc de cercle vers *n*, & du point *m* pour centre & de l'intervale de la corde B1 de l'élevation pour rayon on fera un autre arc de cercle *n*1, qui coupera le précedent au point *n*, par lequel tirant les lignes *ng*, *nm* on aura le plus petit des deux triangles *g n m* de la division du trapeze par la diagonale MG. La même corde B1 sera le rayon d'un arc *b* 5 fait du centre *g*, & la corde MB de la fig. 300. sera le rayon d'un autre arc fait du point *m* pour centre, lequel arc coupera le précedent *b* 5 au point *b*, qui sera le sommet du second & plus grand triangle *mbg*.

On trouvera de même la surface de la Doele d'un voussoir du second rang, dont la projection horisontale est le Trapeze GION, en portant IN en I*n* sur l'horisontale AF & la hauteur de la retombée 2D en A, la ligne *in* sera la longueur réelle, dont la diagonale IN est la projection ; de sorte que le Trapeze GION deviendra plus alongé, comme on le voit à la fig. 302. en *gion*.

Par la même méthode on trouvera les surfaces des lits, que l'on pourroit aussi réduire à des trapezes rectilignes, si l'on vouloit tirer une tangente *pt* sur le milieu *t* de l'arc Q*q*, qui est la projection du joint de lit de l'extrados d'un voussoir, dont la projection seroit la portion de couronne de cercle LQqr; mais cette circonscription est inutile pour l'execution; il suffit que le panneau de lit soit rectiligne de trois côtez QL, Lr, rq, quoique son quatriéme côté qtQ soit une portion de cercle, il ne fait aucune difficulté pour l'usage de la coupe des pierres.

Ayant fait la projection du lit dont la ligne 4 14 de l'élevation représente exactement la largeur & l'inclinaison, on prendra avec le compas la longueur de l'aplomb 4L qu'on portera sur le plus grand 14 Q en 14 *u*, & l'on portera la longueur Qr de la diagonale qu'on aura tiré dans la projection de Q en V, la ligne V*u* sera sa juste longueur, laquelle étant mise à part [*Fig.* 301.] servira de base *Fig.* 301. pour former les deux triangles du trapeze qui exprime la surface du lit, dont tous les côtez sont donnez. Les côtez Q*l* & rq sont égaux au joint de Tête 4 14, le côté *lr* égal au côté Lr de la projection horisontale, & le côté Qq égal aussi à celui de la projection, soit qu'on le prenne par la corde de son arc, pour lui circonscrire l'arc; soit qu'on le prenne par sa tangente, soit qu'on le prenne par l'arc même, qu'il est aisé de tracer du premier coup, en prenant sur le côté Q*l* prolongé la longueur du rayon FC, & alors au lieu d'un trapeze rectiligne on aura un trapezoide mixte *lr*qQ.

DEMONSTRATION.

La construction de ce Probleme & les explications que nous y avons mêlé portent leur démonstration.

Premierement il est clair que toutes sortes de figures rectilignes peuvent être réduites en triangles, & que les curvilignes peuvent être réduites en rectilignes par l'inscription ou la circonscription, par le moyen de quoi on peut, du moins par aproximation, connoître leurs excès ou leur défaut; mais toujours assez exactement pour la pratique.

Secondement il n'est pas moins clair qu'en trouvant la hauteur des lignes inclinées sur un plan horisontal, sur lequel la projection les a racourcies, on ne fait que décomposer cette projection; ensorte que l'on remet les côtez & les angles du solide dans la situation où ils étoient avant qu'ils fussent projettez; & il est clair qu'on en trouve par ce moyen les justes longueurs. Or ayant les trois côtez d'un triangle il est évident qu'on a les angles de Trapeze ou de telle autre surface que l'on voudra; dont il est partie; car un de ses angles devient un de ceux de la figure quadriligne ou poligone qu'il compose ou par sa répetition, comme il arrive dans les parallelogrames, ou par sa jonction avec celui d'un autre triangle mis de suite, car le tout est égal à ses parties; donc cette méthode est applicable à toutes sortes de surfaces planes; mais comme les courbes peuvent encore être inscrites dans des Polyedres, comme nous l'avons dit de la sphère, il suit que cette méthode est universelle, & que l'ayant bien comprise on peut l'appliquer, & trouver par son moyen toutes les surfaces dont les solides sont envelopez, ce qui étoit proposé au Problême.

Remarque sur l'Usage.

Non seulement ce Problême peut servir à trouver les panneaux des Lits & des Doeles planes, mais encore ceux des Lits & des Doeles ou Têtes gauches, en inscrivant leur projection dans des triangles, comme aux vis St. Giles & aux Arrieres-Voussures; car on peut toujour faire passer une surface plane par trois points. Cependant comme la division des Doeles donne des figures quadrilignes qu'il faudroit diviser en deux, par des diagonales, pour les réduire en triangle, il arriveroit qu'il faudroit encore trouver l'inclinaison que les plans de ces deux triangles feroient entr'eux, supposant que le quadriligne soit Gauche, ce qui obligeroit à une seconde operation, qu'on peut s'épargner par des méthodes plus commodes & plus abregées, que nous donnerons au quatriéme Livre, lorsqu'il s'agira des Traits des voutes qui ont des lits ou des paremens de doele ou de Tête Gauches. Il suffit d'avoir établi une méthode generale & fondamentale. Il ne reste plus qu'à trouver les angles des plans qui terminent & enferment les solides.

CHAPITRE V.

De la Goniographie, ou Description des Angles.

En Termes de l'Art.

Des moyens de trouver les Biveaux

IL semble que lorsqu'on a la figure & la juste grandeur des surfaces, qui comprennent un solide, il est inutile de chercher les angles qu'elles font entr'elles; puisque leur assemblage dans l'ordre où elles doivent être forme un solide d'une figure déterminée, dont les angles ne peuvent varier sans le changement de quelques-unes de ses surfaces; mais il faut considerer ici que notre objet n'est pas de rassembler

Planche 25.

DE STEREOTOMIE. Liv. III.

sembler des surfaces pour en composer un solide; mais de diviser un solide en parties qui ayent leurs surfaces égales à celles qu'on a trouvé par les Régles & les Problêmes précedens, en retranchant d'une plus grosse masse tout l'excès dont elle surpasse celui qu'on se propose de faire; & parce qu'il faut abattre, tailler & creuser successivement une surface par le moyen de sa Contiguë, qui doit en déterminer la position, il suit, qu'on ne peut leur donner l'inclinaison qu'elles doivent avoir entr'elles, sans connoitre les angles de leurs plans pour approfondir plus ou moins la place du modele qu'on doit y appliquer, lequel régle les angles de leurs côtez, & pour trouver par leur situation celle d'une troisiéme, quatriéme & cinquiéme surface, dont elles sont les termes.

La seconde raison qui nous oblige à la recherche des angles des plans, c'est qu'on ne fait pas des panneaux pour toutes les surfaces qui comprennent un voussoir. On fait rarement ceux des extrados, & s'il s'agissoit d'operer par la Syntese, on ne pourroit se dispenser de les faire, lorsqu'ils sont composez de plusieurs surfaces, comme il arrive aux enfourchemens.

Nous ne croyons pas qu'il soit nécessaire d'expliquer ici ce que nous entendons par les angles des plans; la sixiéme définition du unziéme Livre d'EUCLIDE nous enseigne, que l'angle de rencontre de deux plans qui se coupent est mesuré par celui que font deux lignes droites, perpendiculaires à leur commune section, menées au même point; la raison nous fait sentir que c'est le moyen le plus simple de connoitre leur inclinaison mutuelle; cependant comme cette régle est le fondement de l'usage qu'on doit faire de ces instrumens propres à copier & transporter les angles qu'on appelle Beuveaux, ou selon moi, *Biveaux*, du Latin *Bivium*, un chemin fourchu, il ne sera pas inutile d'en faire une proposition generale, applicable aux surfaces courbes des corps réguliers, aussi bien qu'aux droites.

Où il faut remarquer qu'on ne doit pas confondre les *Angles des Plans* avec les *Angles Plans*; car quoique les angles d'inclinaisons des plans soient dans des plans qui leur soient perpendiculaires, nous entendons par le mot *d'Angle plan*, celui des côtez d'une surface plane, & par *Angle des plans*, celui de deux surfaces.

LEMME.

L'Angle d'Inclinaison de deux Surfaces quelconques, Planes ou Courbes, mesuré par des Lignes obliques à leur commune section, est plus aigu que celui qui est mesuré par des Perpendiculaires à cette commune section, menées à un même point.

PLAN. 26.
Fig. 303.

Soient deux surfaces planes ABCD, BFED, qui sont inclinées entr'elles, dont la commune section est la ligne droite BD; si d'un point *b* pris sur cette ligne on lui tire deux perpendiculaires, sçavoir *gb* dans un plan, & *ib* dans l'autre, & que d'un autre point K pris sur la même ligne, on tire aux points *g* & *i* les lignes K*g* K*i*; je dis que l'angle *gbi* est plus grand que l'angle *gKi*.

DEMONSTRATION.

A cause des angles Droits en *b*, les lignes K*i* & K*g*, qui sont les hypotenuses des triangles rectangles *ibK* & *gbK* sont plus grandes que les côtez *gb* & *bi*; donc si l'on applique sur un même plan les deux angles *gKi* & *gbi*, qui sont ici dans differens plans le sommet *b* tombera au dessous du sommet K, & si l'on tire une ligne *gi* pour base commune de ces deux triangles *gbi*, *gKi*; on reconnoîtra [par la 21. proposition du premier Livre d'EUCLIDE] que l'angle *gKi* est plus aigu que l'angle *gbi*, *ce qu'il falloit démontrer* premierement pour les sections des surfaces planes.

SECONDEMENT si les surfaces sont l'une plane l'autre courbe ou toutes deux courbes des courbures régulieres des sphères, cônes & cylindres, il sera encore vrai que les lignes courbes qui seront dans des plans perpendiculaires à la commune section, c'est-à-dire, à une tangente de la courbe formée par cette section, seront plus courbes que celles qui s'éloignent de ce point d'atouchement.

Fig. 304.

Soit pour exemple une portion de Zone de sphère K*b*GH*d*L, qui est coupée par un plan IFGK, telle qu'est la rencontre d'une doele avec son lit. Il est clair que si par le point *b* de la commune section des surfaces courbe & plane, on mene la tangente *b*T, & qu'on lui mene les perpendiculaires *ba* & *bd*, d'ont l'une *ba* soit dans le plan du Lit, & dont l'autre *bd* soit la corde de l'arc *bmd* portion de la sphère, le plan qui passera par *bmd* passera par le centre de la sphère, & si l'on prend un autre point comme E dans la section du lit & de la doele, & que l'on tire E*d*, le plan qui passera par E*d* ne passera pas le centre de la sphère. Or dans le cercle, de toutes les lignes qui sont tirées d'un point hors du centre à la circonference la plus courte & celle qui étant prolongée passe par le centre, de même dans la sphère l'arc le plus court entre deux cercles paralleles est celui du cercle majeur, dont le plan passe par le centre de la sphère, & les poles de ces cercles, c'est-à-dire, qui coupe à angle droit leurs plans.

Pour concevoir cette vérité soit prolongée la ligne droite *ab* en C, puisqu'elle est perpendiculaire à la tangente *b*T, elle passera par le centre C de la section circulaire K*b*G, & si du point *d*, que je suppose à la surface de la sphère, on tire sur la ligne *ab*C, la perpendiculaire *d*D égale à la hauteur du point *d* sur le plan FGKI de la section plane de la sphère, & du point D une ligne au point E. Il est clair [par la 15. du 3. L. d'Euclide] que la ligne D*b*, qui passe par le centre C sera plus courte que DE, qui est dans le même plan & ne passe pas par le centre. Il se formera donc deux triangles rectangles perpendiculaires au plan de la section, sçavoir *b*dD, E*d*D, qui ont pour côté commun *d*D; & puisque le côté ED est plus grand que *db* l'hypotenuse *d*E sera aussi plus grande que *db*; donc l'angle a*bd* sera plus grand que aED [par l'Article précedent] or l'arc *bmd* étant dans un plan perpendiculaire au plan FGKI, section de la sphère, & passant par son centre passera aussi par le Pole & sera portion d'un cercle majeur, laquelle sera plus petite que celle du cercle mineur E*nd*, comme nous le démontrerons au quatriéme Livre; donc l'angle mixte a*bmd* est plus grand que l'angle mixte aE*nd*, *ce qu'il falloit démontrer.*

Cette démonstration pourra s'appliquer aux autres sections coniques, où il est démontré *de maximis & minimis*, que la perpendiculaire au point d'atouchement d'une tangente est la plus courte de toutes celles qu'on peut tirer d'un point donné à son contour, par ce qu'une telle ligne est un *minimum*.

De-là on peut inferer que non seulement aux angles mixtes, mais encore aux curvilignes, formez par la rencontre de deux surfaces courbes, il faut prendre la mesure de l'ouverture des branches du Biveau perpendiculairement à la tangente commune de l'une & de l'autre.

COROLLAIRE.

Il suit de-là que l'art de former les Biveaux ou modeles des angles des surfaces qui se rencontrent, consiste à trouver une soutendente aux perpendiculaires menées sur chaque surface à la ligne droite ou courbe de leur intersection, ce qui est aisé dans les angles rentrans, mais qui ne se peut dans les angles saillans, que par le moyen de quelqu'instrument, ou en prolongeant ces perpendiculaires, par le moyen de quelques régles ou cordeaux.

L'INSTRUMENT propre à cet usage est composé de deux branches mobiles, qui sont assemblées à leur extrémité par un pivot & une charniere, dont le frotement est assez rude pour qu'elles demeurent immobiles à l'ouverture où on les a mis; on l'appelle *Sauterelle* ou *Fausse Equerre* ou *Compas d'Apareilleur*, comme on verra à la premiere Planche du quatriéme Livre; mais parce qu'on a besoin de prendre des angles mixtes ou curvilignes, & qu'avec cet instrument on ne peut prendre que les angles rectilignes, ou ceux des cordes des surfaces Curvilignes Concaves, & point du tout des Convexes, on est obligé de faire un autre instrument pour chaque angle de cette espece, qu'on appelle *Beveau* ou plûtôt *Biveau*.

COMME il y a plus de difficulté à former des angles mixtes & curvilignes que des rectilignes, qui sont aisément déterminez par la connoissance de leurs Sinus, ou de leurs soutendantes, on doit toujours commencer par les angles rectilignes des surfaces planes supposées au devant des courbes, comme sont les Doeles plates.

PROBLEME XII

Trois Angles Plans, qui forment un Angle solide étant donnez, trouver les Angles d'Inclinaison de ces Plans entr'eux.

Ou en Termes de l'Art pour la Coupe des Pierres.

Trois Panneaux étant donnez, trouver les Biveaux de leurs assemblages.

On peut résoudre Méchaniquement ce Problême, en joignant les trois angles ou panneaux donnez, ensorte qu'ils forment l'angle solide, & en prenant avec la sauterelle ou récipiangle les angles des plans, observant qu'il faut que les branches de la sauterelle soient posées suivant des lignes perpendiculaires à l'intersection des plans, si elle est en ligne droite, ou à sa tangente en un point où l'on mesure l'angle, c'est pourquoi il faut se servir d'une équerre pour en placer un côté sur l'intersection & faire servir l'autre à régler la position de la branche de la sauterelle sur chaque surface.

MAIS ces operations ne sont bonnes que pour des Ouvriers, l'esprit n'y trouve pas la même satisfaction que dans les Geometriques, ni la même sureté & commodité.

Fig. 305. & 306. SOIENT donc [*Fig.* 305.] les trois plans AB, AC, AD qu'il faut rassembler, ensorte qu'ils fassent un angle solide en A. Il faut trouver l'angle d'inclinaison du plan AD avec le plan AC, & celui du même plan AD avec le plan AB.

DE STEREOTOMIE. Liv. III.

On décrira sur une même surface plane les trois angles plans qui doivent former le solide, & on les rengera de maniere qu'ils soient contigus par les côtez AL & AK. Des points E & F pris sur les autres côtez à volonté ou à distance égale du point A, on tirera sur les côtez AL & AK, prolongez, s'il le faut, les perpendiculaires EG, FH, qu'on prolongera jusqu'à leur point de rencontre en I, duquel pour centre, & de l'intervale HF pour rayon, on tracera un arc en K, qui coupera en ce point K le côté AH prolongé; je dis que si par les points I & K on mène la ligne IK, l'angle HIK sera égal à celui de l'inclinaison des plans AC AD entr'eux.

De même que si du point I pour centre, & de l'intervale GE, on fait un arc de cercle qui coupe AG prolongée en L, & que l'on tire la ligne IL, l'angle LIG sera égal à celui de l'inclinaison mutuelle des plans AB, AD.

DEMONSTRATION.

Supposons que les plans AC AB se meuvent autour des lignes AK, AL comme des couvercles des boëtes sur leurs charnieres, jusqu'à ce que les lignes AF AE se rassemblent en une seule, qui seroit en l'air mais que nous représentons dans la figure par une ligne AM, le plan AD restant immobile, les lignes MG, MH, qui seroient perpendiculaires aux intersections AL AK seroient les mêmes qui étoient auparavant en EG & HF; soit enfin tirée la ligne ML.

Puisque la ligne LG (*Fig.* 305.) ou LG [*Fig.* 306.] est perpendiculaire à la ligne GM qui est en l'air & à GI qui est dans le plan, elle sera perpendiculaire au plan du triangle MGI [par la 4 du 11. d'Euclide] & réciproquement on démontrera de la même maniere que le plan du triangle MIH est perpendiculaire au plan AD, d'où il suit [par la 19. du 11. d'Eucl.] que la ligne MI sera perpendiculaire au plan AD, & que le triangle MIH sera rectangle en I, quoiqu'il ne le soit pas dans la figure, où l'on ne peut le représenter exactement; parce que la ligne IM est en l'air hors du plan du papier. Donc l'angle MHI est celui de l'inclinaison des plans AD AC, auquel l'angle HIK a été fait égal par la construction; car l'on a fait HI perpendiculaire sur AK pour avoir un angle droit en H, & HK = HF = IM; donc les triangles MIH supposé en l'air, & IHK sont égaux en tout, puisqu'ils sont rectangles l'un en H l'autre en I, que le côté IH est commun aux deux, & que HK est égal à IM; donc l'angle MHI est égal à l'angle HIK, c'est-à-dire, à celui de l'inclinaison des plans AD AC, *ce qu'il falloit démontrer.*

374 TRAITÉ

On démontrera de même que l'angle GIL est égal à l'angle MGI, qui est celui de l'inclinaison des plans AB, AD. Les mêmes lettres dont on a marqué les lignes de la fig. 306. font voir l'application de ce Probléme à un voussoir de voûte en berceau biaisé, répeté à la fig. 307. avec des ombres pour en mieux exprimer la figure.

Fig. 306. & 307.

Il faut remarquer qu'il peut arriver que le point I tombe hors du plan AD, ce qui ne change en rien la démonstration, comme on peut le voir dans la fig. 306.

Seconde maniere en réduisant les Plans donnez en Triangles pour en former des Pyramides.

La maniere précedente de résoudre le Probléme est la plus simple, car elle ne suppose que des angles plans donnez, quoique dans la figure on ait dessiné des parallelogrames. On a pû remarquer que nous n'avons fait attention qu'à un de leurs angles. celle-ci ne suppose rien de plus que des bases; mais elle se fait un peu differemment sans le secours des triangles rectangles, dont le sommet de l'angle Droit tombe hors des côtez des angles donnez; mais en cherchant les bases triangulaires des Pyramides. C'est pourquoi nous représentons ici quatre triangles pour les quatre surfaces qui l'envelopent.

Fig. 308. Soient les trois triangles ABC, AEC, EDC donnez, qui font autant de surfaces d'une Pyramide triangulaire, lesquelles étant jointes ensemble forment un angle solide en C. Il faut pour trouver les angles que ces plans font entr'eux, commencer par chercher le quatriéme triangle, qui est la base ou une surface de la Pyramide, lequel triangle est formé par les côtez de chacun des trois autres opposez au sommet C, tels sont dans cet exemple BA, AE, ED desquelles on formera un triangle AEb, qu'on rengera ensuite de AEC sur le même plan.

Cette préparation étant faite en façon de dévelopement, on pourra chercher les angles de tels plans qu'on voudra. Supposons premierement qu'on demande celui que les plans AEC, CED font entr'eux. On prendra un point G à volonté sur le côté commun EC, par lequel on lui tirera une perpendiculaire FH, qui coupera AE en F, & ED en H. On portera la distance EH de E en b sur le côté Eb, puis ayant tiré bF, on aura trois lignes bF, FG, GH, avec lesquelles on fera un triangle, prenant si l'on veut FG pour base. Du point F pour centre & de l'intervalle Fb pour rayon on fera un arc vers x, & du point G pour centre & GH pour rayon on en fera un autre aussi vers x, qui coupera le précedent au point x, l'angle FGx sera celui des plans AEC, CED.

Présentement si l'on veut trouver celui des plans AEC, ACB, on prendra sur le côté commun AC un point i à volonté, par lequel on menera sur AC la perpendiculaire KL. On portera la distance AK sur AB, en Ak sur Ab^i, puis on tirera kL. On formera un triangle avec les trois lignes Ki, iL Lk, l'angle $y i$K, sera celui que l'on cherche.

Il est visible que pour trouver le troisiéme angle des plans AEC, AEb^i, il faut tirer sur le côté commun AE une perpendiculaire mo, faire EM égal Em, & un triangle nmz avec les trois lignes nm no, oM l'angle $m n z$ sera le proposé.

Application à la Pratique.

Quoique les panneaux triangulaires ne soient pas fort communs dans la Coupe des pierres, il s'en trouve cependant dans les naissances des enfourchemens & aux doeles des Trompes. Mais parce que les angles trop aigus se cassent facilement on les émousse pour creuser le sommet du cône, dans une seule pierre, qui rassemble tous les angles des panneaux de doele triangulaire, que l'on réduit par ce moyen à des trapezes, mais ce qu'on ne fait pas en œuvre, on doit le faire dans l'Epure, parce qu'on retranche du panneau triangulaire ce que l'on juge à propos à chaque côté de l'angle aigu qu'on veut supprimer. L'opération en est plus simple & plus facile que si on cherchoit d'abord un trapeze.

Soit, par exemple, [*Fig.* 309.] un voussoir de trompe conique, *Fig.* 309. tel qu'on le voit dessiné avec des ombres à la figure 310. dont les panneaux de Tête T, de doele plate D, & des lits L & L sont donnés, on demande les angles qu'ils doivent faire entr'eux, afin qu'on en puisse prendre les ouvertures avec la fausse équerre, & s'en servir pour abattre la pierre qu'il faut enlever pour y appliquer les panneaux donnés.

On commencera par réduire en triangles toutes les figures des panneaux donnés, qui sont ici très-differentes ; car celui de la doele est triangulaire, ceux des lits sont des trapezes rectilignes, & celui de la tête est un trapezoide mixte.

Ayant arrangé de suite les panneaux donnés, ensorte que ceux dont on cherche les Biveaux ayent un côté commun, on les divisera en triangles par des diagonales, comme celui de tête ABDC par les lignes AD, BC, ceux de lit aCSX, BD$s x$ par les lignes aS, Bs.

PRÉSENTEMENT suppoſons qu'on demande le Biveau de lit & de doele. On prendra ſur le côté commun CS un point G à volonté, par lequel on lui tirera la perpendiculaire FH, puis du point S pour centre & de l'intervale Sa pour rayon on fera un arc aE, & du point D pour centre & de l'intervale DA pour rayon, on décrira un autre arc AE, qui coupera le précedent au point E, d'où on tirera au point S la ligne ES.

ENSUITE du même point S pour centre, & de l'intervale SF pour rayon on décrira un arc Ff, qui coupera la ligne ES au point f, duquel comme centre & de l'intervale FG, on decrira un arc vers g, & du point H pour centre & de la longueur HG pour rayon, on en décrira un autre, qui coupera le précedent au point g, les lignes gF & gH formeront l'angle du Biveau demandé fgH.

SUPPOSONS en ſecond lieu qu'on demande le Biveau de doele CDS & de tête CABD, ayant tiré par un point N, pris à volonté ſur le côté commun CD une perpendiculaire Pn, on opérera comme nous venons de faire.

Du point D pour centre & DS pour rayon on decrira un arc SO, & par le point P un autre Pq, enſuite du point A pour centre & la diagonale aS pour rayon on décrira un arc uO, qui coupera le précedent au point O, d'où l'on tirera au point D la ligne OD, qui coupera au point q l'arc Pq. Si du point q pour centre & de la longueur PN pour rayon on fait un arc vers y, & que du point n pour centre & de l'intervale Nn pour rayon on en faſſe un autre qui coupera le précedent au point y, les lignes ny & qy tirées à ce point y donneront l'ouverture de l'angle des plans de tête & de doele plate.

ENFIN ſi l'on demande le Biveau de tête & de lit, ayant aſſemblé ces deux ſurfaces ACDB & xDB ſur le joint de tête BD dans un même plan, on lui tirera par un point m, pris à volonté ſur ce côté commun la perpendiculaire IK, puis du point B pour centre & la diagonale Bs pour rayon on fera un arc se, & du point C pour centre, & de l'intervale CS pour rayon on en décrira un autre qui coupera le précedent au point e, d'où l'on tirera la ligne eB, puis du point B pour centre & de l'intervale BK où la ligne IK coupe la diagonale Bs on fera un arc Kk, qui donnera ſur Be le point k, duquel pour centre & pour rayon mK on décrira un arc vers z, & du point I pour centre & de l'intervale Im pour rayon on en tracera un autre, qui coupera le précedent au point z, où l'on menera les lignes Iz, kz, l'angle Izk ſera le Biveau de tête & de lit qu'on avoit demandé.

PRO-

DE STEREOTOMIE. Liv. III.

PROBLEME XIII.

Deux Angles rectilignes ASB, DSP *Perpendiculaires entr'eux, qui ont leur Sommet* S *commun & un côté de l'un* SP *dans le Plan de l'autre* ASB, *trouver l'Angle des deux Plans qui peuvent passer par leurs côtez* AS, DS & BS, DS.

Soit [*Fig.* 311.] le triangle ASB, dans le plan duquel est la ligne PS, section d'un autre triangle PSD, qui lui est perpendiculaire, lequel est représenté ici en racourci de perspective, parce qu'il est en l'air, sur PS ayant fait PE perpendiculaire à PS & égale à PD, & tiré SE, on fera EC perpendiculaire sur ES, qui coupera SP prolongée en C. par C on tirera FG perpendiculaire à SC, qui coupera SA prolongée en F, & SB en G. On portera la longueur CE en Ce sur SC prolongée, & l'on tirera les lignes Fe Ge. L'angle FeG est celui que l'on cherche.

Fig. 311.

DEMONSTRATION.

Par la construction, les triangles FCe, GCe qui sont dans le plan FSG sont égaux aux deux FCD & GCD, qui sont en l'air, dans un plan perpendiculaire au plan CDS [par la 4.ᵉ du 11.ᵉ d'Eucl.] à cause que GC est perpendiculaire aux deux CS, CD ou CE, & parce que la ligne CE est perpendiculaire à ES, c'est-à-dire, dans la représentation en l'air, CD à DS, elle l'est à la commune section des plans. Or puisque SC est perpendiculaire à FG & SD à DC elle l'est [par la 4.ᵉ du 11. d'Eucl. & la 11.ᵉ du 11.] à toutes celles qui sont dans le même plan passant au point D; par conséquent à DF & DG, [par la def. 6. du 11. d'Eucl.] donc l'angle FDG est celui des plans, ou son égal FeG, *ce qu'il falloit démontrer.*

Je donnerai ci-après l'usage de ce Problême.

COROLLAIRE.

De-là on tire la maniere de trouver l'angle d'un plan incliné avec un vertical, dont on a la projection sur un côté de l'angle horisontal, & la plus grande hauteur de l'incliné, ou l'angle de son intersection avec le vertical, & le côté de l'horisontal ; parce que ce cas n'est que la moitié du précedent. Je veux dire une partie, ainsi au lieu de chercher l'angle des plans FDS, GDS, on ne cherche que celui du plan GDS incliné, avec le vertical PDS, auquel cas il est visible que l'angle cherché est l'angle GeC.

Soit, par exemple, donnée la ligne OS pour section d'un plan incliné avec l'horison, la ligne O*b* pour section de ce plan avec un vertical OH*p*, dont la base O*p* est dans le même plan que OS ; on de-

Fig. 312.

mande l'angle de ce plan incliné avec le vertical. Du point H pris à volonté dans la ligne d'interfection OH on lui menera une perpendiculaire HC, qui coupera l'horifontale O*p*, prolongée en C, par où on tirera fur OC la perpendiculaire CS, qui coupera OS au point S. On portera la longueur CH en C*b*, fur OC prolongée, & l'on tirera S*b*; l'angle S*bc* eft celui que l'on cherche, comme il eft évident; par ce qui vient d'être démontré de la figure précédente, en prenant le point O de cette figure pour le point S de la précedente, & le point S de celui-ci pour le point G de l'autre.

De la fituation des Angles des Plans, à l'égard de l'Horifon.

LEMME.

Un angle rectiligne, en fituation quelconque, eft égal à la fomme, ou au fuplément à deux droits, des angles que fes côtez prolongez font avec une ligne horifontale, ou une verticale.

Fig. 313. Soient [*Fig.* 313.] deux lignes AD, DK, qui fe coupent en D, ou G*e*, *e*V, fi l'on tire par E une horifontale EO & une verticale VE, je dis que l'angle ADK eft égal à la fomme des angles AEK du côté AD prolongé & DKE.

La démonftration fe préfente à la feule infpection de la figure, où l'on voit que l'angle ADK eft extérieur à l'égard du triangle DKE; donc il eft égal aux deux intérieurs oppofez. De même que G*e*T à l'égard du triangle *e*ET.

Par la même raifon cet angle ADK eft égal au fupplément à deux droits des angles que fes côtez prolongez font avec l'horifon EO; car l'angle ADK eft égal à fon oppofé au fommet ODE, qui eft le fupplément à deux droits des angles à l'horifon E*o*D *o*ED.

COROLLAIRE.

D'où il fuit que l'angle que fait un joint de tête AD, avec une doele plate *o*D eft le fuplément à deux droits des angles, que la doele & les joints prolongez au-delà de fon fommet font avec une ligne aplomb VT, & que le même angle AD*o* de doele & de joint de tête, eft égal à la fomme de deux angles DE*o* D*o*E, que fes côtez prolongez font avec une ligne de niveau,

DE STEREOTOMIE. Liv. III.

COROLLAIRE II.

DE-LA il fuit encore que l'angle d'une doele plate avec l'horifon don- *Fig. 314.* ne facilement l'angle de cette doele avec un *aplomb*; car il n'y a qu'à lui ajouter l'angle droit *b o p*, on aura un angle obtus D *o p* égal à son alterne *o* D V de *l'aplomb* avec la doele; parce que la verticale E V est parallele à *o p*.

ET par l'inverse si l'on a l'angle *o* D E de l'aplomb avec la doele, on aura l'angle *o* D *r* = D *o n* de la doele avec l'horifon en y ajoutant l'angle droit.

Remarque sur l'Usage.

LES angles des doeles avec les *aplombs*, ou avec les lignes de niveau, par- *Fig. 315.* ticulierement ces derniers, facilitent beaucoup les operations des Traits; parce qu'un seul plan horifontal A C est équivalent à plusieurs B G, D F, E *e*, qui lui sont nécessairement parallèles.

IL n'en est pas de même des plans verticaux, qui peuvent être tournez differemment, les uns au Midi, les autres au Levant, &c. ainsi le plan horifontal dont la ligne A C est le profil, sert pour régler l'inclinaison des joints de tête & des doeles comme ses paralleles B G, D F, & y rapporter leurs parties par des *aplombs*, comme L F en *l* C, K G en *d* C, &c. Elle sert aussi à y transporter les angles des doeles des differens voussoirs avec l'horifon, comme E D F, D B G en faisant *e d* parallele à E D & *d* B parallele à D B; mais à cause que les plans verticaux *b* C, E L, &c. peuvent avoir des directions variables, nous en faisons moins d'usage que des horisontaux, comme on le verra par les pratiques suivantes.

Application des Propositions précedentes à la Construction des Voûtes, pour trouver les Biveaux des Surfaces des Voussoirs supposées Planes, comme de la Doele plate avec ses Lits, ou de la même Doele avec ses Têtes.

LE moyen le plus simple de trouver les angles d'inclinaison des plans inclinez entr'eux, est de les considerer comme coupans un plan horifontal ou un plan vertical, vrai ou supposé; parce que dans les ouvrages d'Architecture on n'a point de régle de conduite plus sûre que celle du *plomb*, qui donne la position verticale, & celle du *niveau*, qui donne l'horisontale; or nous avons démontré au Theorème précedent qu'un angle en situation quelconque étoit égal à la somme de ceux que ses côtez forment avec une ligne horifontale, ou une verticale ou à leur supplément à deux Droits, lorsque les deux côtez étoient prolongez par le sommet ; donc par le moyen de la prolongation des côtez on peut parvenir à la connoissance des angles des plans des voussoirs, & les placer dans leur situation naturelle à l'égard de l'horison ; en voici des exemples, qui fourniffent une methode generale pour les biveau de doele & de lit, & de doele & de tête.

Fig. 317. PREMIEREMENT, si une voûte est conique, comme une Trompe droite, dont l'axe est de niveau, il est visible que son plan BSA peut être pris pour un horisontal, dans lequel il y a un point S, qui est le sommet du cône, où toutes les surfaces de la Trompe, tant doeles que lits, doivent passer.

SECONDEMENT, que si la fafe BbA est circulaire, tous les plans des lits qui passent par les joints de tête 51, 62, se coupent aussi au point C, de même qu'au point S; ainsi leur intersection commune est dans l'axe, qui est l'horisontale CS.

TROISIE'MEMENT, que si la corde de la doele 21 est prolongée jusqu'à la rencontre de l'horisontale BA en O, la doele plate qui passera par cette corde & par le point S coupera le plan horisontal suivant une ligne SO.

COMME il peut arriver que la corde 21 étant peu inclinée à l'horisonthale BA donneroit un point O hors du plan du dessein, ce qui seroit incommode. Telle seroit, par exemple, 2 k plus encore b2, si le voussoir étoit étroit près de la clef, on peut, pour plus de commodité, au lieu de la section horisontale, chercher celle qui se feroit avec un plan vertical Cb sans rien changer au fond de la construction; puisque au lieu de l'angle 2 x C on auroit seulement son complement 2 z C.

ENFIN si la corde de la doele devient horisontale, comme celle de la clef 23, puisqu'elle doit passer comme toutes les autres par le sommet S, il est clair qu'en tirant par ce point S une ligne f e parallele à BA, on aura la section de cette doele avec l'horison.

J'AY dit que l'axe étoit la section commune de tous les lits avec l'horison; j'entends lorsque le cintre est circulaire; mais s'il étoit Elliptique & les joints de tête 86, 97 perpendiculaires à cette courbe 67E, leurs sections ne seroient plus réunies; parce que les joints de tête prolongez couperoient l'horisontale BA aux points zz, & comme les lits passeroient cependant encore par le point S les sections de lits avec l'horison feroient les lignes z S, z.

Planche 26.

DE STEREOTOMIE. Liv. III. 381

Présentement si l'on cherche les sections des doeles plates d'un ber- *Fig. 316.*
ceau avec l'horison, il est visible que si ce berceau est Droit sur sa
face, ce feront des perpendiculaires menées à la ligne de face, comme [*Fig.* 316.] la ligne OQ sur OC ; mais si les berceaux sont biais,
la section de chaque doele avec l'horison sera parallele au Piedroit,
telle est OE à l'égard du Piedroit AB. *Fig. 262.*

Quant au sections des lits avec l'horison, il en sera comme des
coniques, si le cintre est circulaire elles se réüniront à l'axe Cc, & si
le cintre est Elliptique, ce feront des paralleles à l'axe, comme xy,
provenant du joint L5 prolongé en x pour l'arc Elliptique b5L.

A l'égard des doeles plates des clefs, il est visible qu'elles ne peuvent couper l'horison ; puisqu'elles lui sont paralleles. Plan. 26.

Il nous reste à trouver les sections des doeles plates des Berceaux *Fig. 318.*
en descente avec l'horison, on peut le faire de deux manieres.

Premierement par le profil. Soit, par exemple, le plan horisontal de la descente, ou seulement sa moitié ACDB, son profil CHKR,
sur lequel le point F marque la hauteur du joint 1 de la doele plate 12. Ayant tiré FE, qui coupera l'horisontale OC prolongée en x,
on portera la distance Cx sur la projection horisontale de ce joint
PI, de P en S, & l'on menera par le point O la ligne OS, qui
est la section de cette doele plate avec l'horison.

Secondement, on peut faire une supposition, que le berceau, au
lieu d'être incliné, soit horisontal, que la ligne RCq est une horisontale, à l'égard de laquelle la face HC est inclinée en surplomb. Alors
il ne s'agit que de changer le cintre, par exemple, le circulaire, dont
le rayon est CH, en un Elliptique surbaissé HquT, dont le petit demi axe est qH & le grand axe le double de CH, ce qui est assez clair
après ce que nous avons dit des sections des cylindres, mais que
nous expliquerons plus au long dans le quatriéme Livre, où nous parlerons des Descentes. Voici la pratique pour tous les cas.

PROBLEME XIV.

Fig. 319. Trouver les Biveaux de toutes sortes de Voûtes sans former le Cintre de l'Arc-Droit.

Premierement ceux de Lit & de Doele.
La projection Horisontale du joint de Lit & l'Elevation de la Face étant donnée.

Premier Cas pour les Voûtes en Berceau de niveau.

Soit le parallelograme ABED, le plan horisontal d'un berceau biais, dont le cintre de face est le demi cercle AHB, & la ligne PN la projection du joint de lit passant par le point 2 de ce cintre; on cherche l'angle des plans de la doele plate, qui passe par la corde 12, & par le joint de tête 26.

On prolongera la corde 21 jusqu'à ce qu'elle rencontre l'horisontale AD au point O, par où on menera OS parallele à PN, ou ce qui est la même chose à l'axe CM, ensuite par le point P, projection du point 2, on élevera sur PN la perpendiculaire PR, qui coupera OS en R, & on la prolongera vers Q jusqu'à ce qu'elle coupe l'axe MC prolongé en Q. On prolongera aussi NP pour porter la hauteur de la retombée P2 en P 2'. on tirera du point R la ligne R 2', & du point Q la ligne Q 2' q, l'angle R 2' q sera celui du biveau que l'on cherche.

Second Cas pour les Berceaux en descente.

Fig. 318. Nous avons dit qu'on peut les considerer comme de niveau, supposant la ligne qR horisontale, au lieu de la ligne ON; cependant on peut encore les considerer comme inclinez à l'horison.

Soit le parallelograme ACDB la moitié du plan horisontal d'une descente droite, dont CHKR est le profil, A12H la moitié de l'élevation, P l la projection horisontale du joint de lit, qui passe par le joint de tête 2 6 & fL la projection verticale, ou son profil, qui coupe l'horisontale ON au point x. On portera la distance Cx sur la projection du joint de lit de P en S, puis ayant prolongé la corde de l'arc de tête 2' 1 jusqu'à ce qu'elle rencontre, au point O, l'horisontale CA prolongée. On tirera par le point S l'indéfinie SOY, qui sera la section du plan de la doele plate 2' 1 prolongée, & du plan de l'horison passant par la naissance du cintre de face en AC.

Ensuite on portera la hauteur de la retombée P2 en Pg^x, d'où l'on tirera au point S la ligne gS, à laquelle on fera la perpendiculaire gQ qui coupera SP prolongée en Q. Sur la même SP prolongée, & par ce point Q on fera une perpendiculaire Yy, qui coupera SO en Y, & l'axe DC en y. On portera la longueur Qg de Q en G par où on tirera les lignes YG & yGI, l'angle YGI est celui du biveau que l'on cherche.

Secondement pour les Voûtes Coniques.

La construction sera tout-à-fait la même que la précedente.

Soit le triangle ASB le plan horisontal d'une Trompe dont le cintre Fig. 320. de face est l'arc AbB, & la ligne PS la projection horisontale du joint de lit passant par le point 2 & l'axe CS. On prolongera la corde 21 du 2.e voussoir jusqu'à ce qu'elle rencontre l'horisontale BA prolongée en O, & l'on tirera OS, qui sera la section de la doele plate prolongée, avec le plan horisontal qui passera par AB, & le sommet S de la Trompe qu'on suppose dans le même.

On élevera ensuite au point P projection du point 2 la perpendiculaire PX égale à P2, sur la ligne PS; & ayant tiré XS, on fera au point X la perpendiculaire XQ sur XS, qui coupera SP prolongée en Q, & par ce point Q ayant fait sur la même SQ la perpendiculaire oR qui coupera SO en o, & l'axe SC en R, on portera la longueur QX en Qx, & des points o & R on tirera ox & RxV, l'angle oxV sera celui du biveau que l'on cherche, qui est celui du plan de la doele plate passant par 2 1 du second voussoir, avec celui du second lit passant par le joint de tête 2 5 de l'élevation.

Si cette voûte conique étoit en descente par son axe on trouveroit comme aux Berceaux en descente un autre point S, par le moyen du profil, qui ne seroit pas alors le sommet du cône.

Application aux Voûtes Sphériques & Sphéroides.

Suivant ce que nous avons dit en parlant du dévelopement, on peut réduire les sphères & les sphéroides en plusieurs zones de cônes tronquez, inscrits dans celles de la sphère, d'où il suit que l'on peut trouver les biveaux de ces parties coniques de la même maniere que pour les cônes entiers, les réduisant par les doeles plates en Pyramides tronquées; & par conséquent que cette methode convient aussi bien aux voûtes sphériques & sphéroides qu'aux trompes & autres voûtes coniques.

Troiſiémement, pour les Angles Saillans ou Rentrans faits par la rencontre de deux Berceaux.

Premier Cas des doeles plates égales ou inégales, qui ont leurs naiſſances de niveau entr'elles, & ſe coupent en arête ſaillante, ou en angle rentrant comme aux arcs de Cloître.

Fig. 321. Soit l'arc EAB*b* le cintre de l'arête d'enfourchement, & la ligne EC ſa projection horiſontale. Soit AB la corde de l'arête des ſeconds vouſſoirs, dont *m*M ou ſon égale *ab* eſt la projection, & les lignes a D & a *d* celles de la ſection du plan horiſontal, qu'on ſuppoſe paſſer par le point A comme au profil AG, leſquelles font l'angle horiſontal D*ad* parallele à celui des murs de piedroits de la voûte; il eſt clair que cet angle peut être pris pour la baſe d'une Pyramide tout-à-fait ſemblable à celles des exemples précedens, puiſqu'elle eſt formée par les plans de doeles & de lit; par conſéquent on peut en trouver les angles de la même maniere; & comme l'application en eſt ſi facile qu'on peut la faire de ſoi-même, je vais, pour un peu de varieté donner une autre conſtruction, qui eſt cependant la même renverſée.

Par le point B ſommet de l'arête on tirera l'horiſontale PBO parallele à EC, ſur laquelle par le point A on menera la perpendiculaire AP, qui coupera HO en P, par où on tirera ſur la corde AB la perpendiculaire PQ, dont on portera la longueur du point *b* de la projection *ab* de la corde AB en *q*, pour tirer de ce point en D & *d* les lignes *q*D, *qd* qui comprendront l'angle D*qd* du biveau que l'on cherche.

S'il s'étoit agi des premiers vouſſoirs, dont la corde de l'arête eſt la ligne EA, on auroit mené par le point A la ligne *h* G, puis par le point E la perpendiculaire E*p*, & par le point *p* la ligne *px* perpendiculaire ſur EA, laquelle differe peu en longueur de la ligne *p*A; ce qui fait voir que l'angle *mxm* differe peu à la naiſſance de l'angle *mem*.

On peut prendre ſur *h*G tout autre point que *p* ſi l'on veut, par exemple *b*, alors il faudroit abaiſſer la perpendiculaire *bi* ſur a*e* prolongée, & mener par le point *i* des paralleles *i* A, *i* K aux lignes a D, a*d*, qui couperont la perpendiculaire *mm* prolongée aux points A, & K; puis on portera *b*F, qui eſt la perpendiculaire ſur la corde EA de a en *y*, l'angle K*y*A ſera celui que l'on cherche.

Pour montrer que cette conſtruction revient à la même fin que les précedentes par la methode génerale, dont elle n'eſt qu'une modification,

DE STEREOTOMIE Liv. III.

tion, j'en ai mis la figure au deſſous, répetant les projections du même profil EAB*b*; ſçavoir *n*N=*ab*, l'angle V*nu*=D*ad*. On élevera au point N la perpendiculaire NS égale à la hauteur BG de la retombée du profil; on menera *n*S, & ST perpendiculaire à *n*S, qui coupera *nx* au point T, par où on menera la perpendiculaire *u*V, qui coupera les ſections de la doele avec l'horiſon aux points *u*, V. On portera la longueur TS en TY ou T*y* du point Y ou *y*, on tirera les lignes Y*u*, YV ou *yu*, *y*V, l'angle *u*YV ou *uy*V eſt celui du biveau que l'on cherche, par le Probléme précedent.

Quatriémement, pour les angles ſaillans ou rentrans formez par des doeles plates, dont les naiſſances ne ſont pas de niveau, mais l'une de niveau & l'autre rampante, tel eſt l'enfourchement d'un berceau de deſcente qui en rencontre un autre de niveau.

Pour réſoudre ce cas il faut chercher la ſection de la doele rampante avec le plan horiſontal, qui paſſe par la naiſſance horiſontale de l'autre.

Soit [*Fig.* 323.] le parallelograme ACDB la projection horiſontale de deux portions de doeles plates ACD, ADB, qui ſe coupent ſuivant une ligne AD, enſorte cependant que la naiſſance de l'une AC eſt de niveau, & la naiſſance AB de l'autre en deſcente ſuivant un angle donné BAG.

Fig. 323.

On élevera ſur la projection de l'arête AD la perpendiculaire DH égale à la hauteur de la retombée, qu'on ſuppoſe connuë par le profil de cette arête, & l'on tirera AH, qui repréſentera l'inclinaiſon de l'arête. Sur CD prolongée on portera la même hauteur DH en DN; du même point D on menera une perpendiculaire ſur AB prolongée, qui la coupera en F, & le profil de deſcente AG en G. On portera FG ſur FA en F*g*; enſuite par les points trouvez *g* & N, on tirera la droite *g*N qui coupera DG au point *z*, la ligne menée du point A par *z* ſera la ſection de la doele en deſcente avec l'horiſon, qui paſſe par les points A & C: il ne s'agit plus préſentement que de conſtruire le Probléme comme à l'ordinaire.

On peut encore trouver cette ſection d'une autre maniere en portant la hauteur de la retombée DH perpendiculairement ſur CD en D*h*, & faiſant l'angle D*hy* égal au complément de celui de la deſcente BAG, ou ce qui eſt la même choſe tirant *hy* parallele à AG juſqu'à ce qu'elle rencontre CD prolongée en *y*; la ligne A*y* ſera la même ſection de la doele en deſcente avec l'horiſon qui paſſe par la naiſſance de celle de niveau; ainſi on pourra conſtruire le Probléme comme les précedens.

Tom. I.   Ccc

On fera HE perpendiculaire sur AH qui coupera AD prolongée en E, par où on tirera la perpendiculaire KL, qui coupera les sections de l'horison AC, A*z*, prolongées en K & en *x*. On portera la longueur EH en EI sur AD prolongée, on tirera les lignes KI & L*x*, l'angle KI*x* est celui du biveau que l'on cherche.

DEMONSTRATION.

Toutes ces constructions se raportent si facilement au Problême précedant qu'il n'est pas nécessaire de les démontrer. Cette derniere seulement demande quelque explication. Si l'on suppose la ligne AG dans un plan vertical sous AF, il est clair que le point G tombera sous le point F. Si l'on suppose aussi DH, ou son égale DN élevée verticalement sur l'horisontal ADF, le point N tombera sur le point D au dessus de l'horison. Il est donc visible que si de ce point N on tire une ligne au point *g* posé à angle Droit avec la ligne horisontale DF, & à distance du point F égale à FG, on aura sur le plan horisontal l'expression des deux triangles semblables DN*z* au dessus de l'horison & F*gz* au dessous, qui les divise en *z*. Donc la ligne A*z* est la section de l'horison ; car si on les fait mouvoir sur FD comme sur une charniere jusqu'à ce qu'elles soient en situation verticale, la ligne N*g* exprimera la pante du plan ADB, laquelle se plonge sous l'horison, qui passe par AC au point *z*, *ce qu'il falloit trouver*.

La démonstration de la seconde maniere est encore plus simple; car puisque *bi* est parallele à AG [par la construction] les triangles rectangles AFG, *ybD* sont semblables, & à cause des paralleles AF, D*y* semblablement posées à l'égard du plan incliné ADB, quoique tournez en sens contraire, on aura FG : D*b* :: AF : D*y*, c'est-à-dire, que l'abaissement sous l'horison est à la hauteur au dessus, comme le commencement de la descente au dessous est au commencement de la montée au dessus, ce qu'exprime la ligne tirée d'un point A de l'horison à l'autre *y*, *qu'il falloit trouver*.

NB. *Cette Démonstration doit être immédiatement avant le Problême* XIII. pag. 377.

DEMONSTRATION.

Il semble qu'il y a quelque difference dans les constructions que nous venons de proposer aux figures 308. & 309. mais si l'on y fait bien attention on verra qu'elle n'est qu'apparente; ainsi la démonstration de l'une sert pour l'autre.

Fig. 308. Si l'on imagine [*Fig.* 308.] que le triangle ACE restant immobile les deux autres ABC, ECD se meuvent au tour de leurs côtez AC & CE, comme sur des charnieres jusqu'à ce que les points B & D se réunissent, ensorte que les lignes CB & CD se confondent en une, il se for-

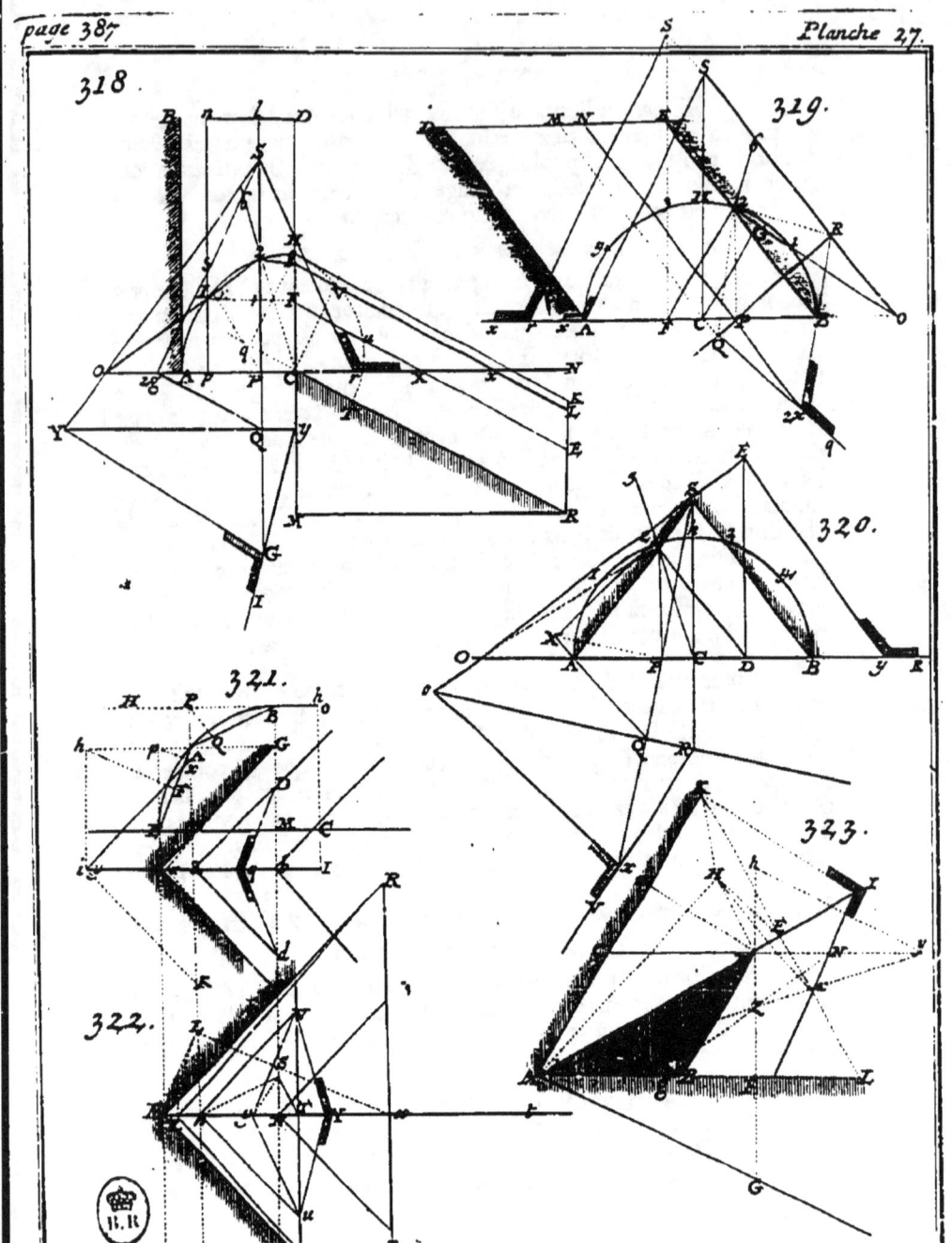

mera de ces trois triangles ou plans un angle ſolide en C, & une pyramide triangulaire fermée par un quatriéme triangle, égal à celui qu'on a marqué en AE b^t, qui a ſes trois côtez égaux à un chacun des autres triangles, avec leſquels il forme la pyramide. Or il eſt clair que par le mouvement du plan CDE ſur le côté CE la ligne droite FH ſe plie en G ſans changer de ſituation à l'égard de CE, juſqu'à ce que le plan ACB rencontre celui où elle eſt, lorſqu'ils ſe réuniſſent ſur le côté CD, alors le point H tombera ſur le côté Eb^t, où les points B & D ſe réuniſſent en b_t, & le point H en h; c'eſt pourquoi on a fait la longueur Eh égale à EH; ainſi ſuppoſant un plan qui coupe la pyramide perpendiculairement au côté CE par le point G, il coupera le triangle EAb^t par la ligne hF, qui eſt la ſoutendante de l'angle des plans AEC, DEC repréſentée par la ligne Fx ſon égale; donc l'angle FGx eſt bien trouvé par cette conſtruction, *ce qu'il falloit démontrer.*

Presentement ſi on examine la conſtruction qui donne les Biveaux d'un vouſſoir de Trompe à la fig. 309. on reconnoîtra qu'elle eſt dans le fond parfaitement la même que la précedente, quoique avec quelque petit changement; car on y a trois triangles donnez en dévelopement ſur un plan; ſçavoir aCS portion d'un panneau de lit; DCS panneau de doele plate entiere, & DCA portion du panneau de tête, leſquelles trois ſurfaces doivent dans l'exécution former un angle ſolide en C; par conſéquent il faut les plier de maniere que l'intervale ACa, que laiſſe le dévelopement, ſoit ſupprimé joignant le point A au point a, enſorte que les deux lignes CA Ca ſe confondent en une, ce qu'on ne peut faire qu'en faiſant mouvoir les triangles DCA & SCa ſur les côtez CD & CS, le panneau de doele SCD reſtant immobile; c'eſt pourquoi des points D & S pour centre on a fait mouvoir les lignes DA & Sa, leſquelles ſe rencontrant en E, prennent la ſituation des côtez d'un quatriéme triangle SED, qui ferme la pyramide formée par les trois ſurfaces données; mais dans les differentes circonſtances on change la ſituation de ce triangle à l'égard des ſurfaces données. Pour les Biveaux de doele & de lit, on le met dans la ſituation SED; pour ceux de tête & de doele, à la ſituation DOA; & pour les biveaux de tête & de lit à la ſituation CeB, où il faut remarquer qu'il a toujours un côté commun avec une de ces ſurfaces dont on cherche l'angle qu'elle fait avec ſa contiguë.

Remarque ſur l'Uſage.

On ſçait qu'il n'y a pas de maniere plus generale & plus ſimple pour trouver les angles plans des figures rectilignes, que de les diviſer en triangles, qui ſont les premiers élemens des ſurfaces, puiſqu'on ne peut enfermer un eſpace à moins de trois lignes. Par une ſemblable raiſon il n'y a pas de maniere plus generale pour connoitre les angles ſolides que font les angles plans dans des ſurfaces qui ſe rencontrent, que de réduire les Corps en Pyramides triangulaires; car les Tetraedres réguliers ou irréguliers ſont leur derniere réduction, ou ſi l'on veut leurs premiers élemens; puiſqu'on ne peut enfermer une eſpace de corps à moins de quatre ſurfaces triangulaires. Et que toute Pyramide de baſe Polygone d'un nombre de cotez au deſſus du triangle, pourra en contenir autant de triangulaires que ſa baſe contiendra de triangles; ainſi on peut dire que ce Problême eſt general pour trouver les angles des plans de tous les corps imaginables compris par des ſurfaces planes, comme on le verra par les applications que nous en ferons aux Traits des Voûtes dans le quatriéme Livre.

A l'égard des angles ſolides formez par des ſurfaces courbes, qui font entr'elles des angles curvilignes ou mixtes, qu'on ne peut meſurer immediatément, mais ſeulement par les cordes de leurs arcs, il eſt clair que la même methode doit encore avoir lieu; puiſqu'on peut faire paſſer des ſurfaces planes par ces cordes & inſcrire ou circonſcrire des Pyramides de ſurfaces planes triangulaires à des Pyramides triangulaires de ſurfaces courbes ou mixtes. C'eſt même une néceſſité; car puiſque nous ne parvenons à la connoiſſance des lignes courbes que par le ſecours des droites, nous ne parvenons auſſi à la formation des ſurfaces courbes que par la médiation des planes.

FIN DU PREMIER TOME.

EXPLICATION DES TERMES

Les plus ufitez pour la Coupe des Pierres,

Rangez par ordre Alphabetique.

A.

ABatuë, c'eſt la diſtance horiſontale de la naiſſance d'un arc à la perpendiculaire, qui tombe d'une diviſion de cet arc ou de ſon extremité ſupérieure ſur ſon diametre horiſontal. Ce terme n'eſt plus guerès en uſage; on ſe ſert de celui de *Retombée*. Voyez Retombée.

Amaigrir. Voyez Démaigrir.

Annulaires, j'appelle ainſi les voûtes dont la figure imite les anneaux en tout ou en partie, telles ſont les voûtes *ſur le noyau*. Voyez Noyau.

Anſe de Panier. Voyez Berceau & Ceintre.

Apareilleur, c'eſt le conducteur d'un bâtiment qui préſide à l'apareil, c'eſt-à-dire, aux meſures, à l'arrangement & à l'aſſortiment des pierres, qui les trace de la grandeur & figure dont elles doivent être, pour diriger les Tailleurs de pierre qui les taillent; c'eſt pourquoi il doit ſçavoir la Coupe des pierres, pour exécuter les deſſeins des Architectes dans les Bâtimens Civils, & des Ingenieurs dans les Fortifications.

Arc eſt une portion de ligne courbe à laquelle on donne differens noms ſuivant la figure & ſes uſages.

Arc-Droit eſt celui dont la corde eſt perpendiculaire au joint de lit d'une voûte, lorſque ce joint eſt droit; ou à ſa tangente au point de rencontre, lorſqu'il eſt courbe; c'eſt ainſi que l'entend le P. Deran, qui confond l'Arc-Droit avec le Biveau; mais pour mieux expliquer ce mot:

L'Arc-Droit proprement dit est la section d'une voûte perpendiculairement à son axe & à ses côtez, ou aux tangentes à ses côtez.

D'où il suit 1.° qu'il n'y a point d'Arc-Droit proprement dit aux voûtes coniques, parce qu'un plan ne peut être perpendiculaire à leurs axes & à leur côtez qui sont convergens.

2.° Qu'il y a des Arcs-Droits aux voûtes sphériques, parce que leurs tangentes sont paralleles à leurs diametres.

3.° Qu'il y a aussi des Arcs-Droits dans les Annulaires & dans les Vis où les tangentes sont perpendiculaires à leurs diametres; parce que la tangente du côté est parallele à celle de leur axe courbe dans la section perpendiculaire à cette tangente.

Arc Rampant, c'est une ligne courbe dont les deux extrémitez prises aux appuis de leurs naissances, qu'on appelle *impostes*, ne sont pas de niveau, & dont les diametres conjuguez ne sont pas à l'équerre, c'est-à-dire, dont l'aplomb de la clef est oblique à la ligne de rampe des impostes, telles sont les arcades qu'on fait sous les rampes des escaliers & des Terrasses en descente, ce qui fait que ces sortes d'arc ne peuvent jamais être d'une seule portion de cercle, mais de quelqu'autre section conique ou de spirale.

Arc de Cloitre, on appelle ainsi une voûte composée de deux, trois, quatre ou plusieurs portions de berceaux, qui se rencontrent en angle rentrant dans leur concavité, ensorte que leurs côtez forment le contour de la voûte en polygone. Tels sont, par exemple, les petites voûtes ou chapitaux des Guerites à Pans. Si les berceaux cylindriques se rencontroient au contraire en angle rentrant sur leur convexité, ou ce qui est la même chose, en angle saillant sur la concavité, la voûte changeroit de nom, elle s'appelleroit *Voûte d'Arête*.

Arc-Doubleau est un arcade en saillie sur la doele d'une voûte qu'elle traverse à angle Droit, de sorte qu'elle lui fait en cet endroit une espece de *doublure*, soit pour la renforcer, soit pour cacher quelqu'arête de rencontre, comme aux voûtes Gotiques, ou pour faire une liaison d'un pilastre ou d'une Perche à son opposée.

Lorsque ces arcs ne sont pas perpendiculaires à la direction de la voûte, mais en diagonale, on les appelle *Ogives* ou *Augives*; on n'en voit de cette espece que dans l'Architecture Gotique.

Arcade est une voûte de peu de profondeur en portion de berceau.

Arche est à-peu-près la même chose ; mais ce terme semble consacré seulement aux ponts.

Arceau est une petite arche sur un ruisseau.

Architecture, dans le mauvais jargon des Ouvriers, qui a passé depuis peu aux Architectes, signifie souvent une Moulure. Ainsi on lit dans le devis imprimez pour la construction des Bâtimens Civils du Roy à Paris *une Corniche avec ses Architectures*, pour dire avec ses Moulures.

Arête, c'est l'angle saillant que font deux surfaces droites ou courbes d'une pierre quelconque ; lorsque les surfaces concaves d'une voûte se rencontrent en angle saillant, on l'appelle *Voûte d'Arête*.

Arriere-Voussure, c'est une sorte de petite voûte, dont le nom exprime la position ; parce qu'elle ne se met que derriere l'ouverture d'une baye de porte ou de fenêtre, dans l'épaisseur du mur, au dedans de la feüillure du tableau des piedroits. Son usage est de former une fermeture en Platebande, ou en plein ceintre ou seulement bombée.

Celles qui sont en platebande à la feüillure du Linteau & en demi cercle par derriere s'appellent *Arriere voussure de S. Antoine*.

Celles au contraire qui sont en plein ceintre à la feüillure & en platebande par derriere, s'appellent *Arriere voussure de Montpelier*.

Lorsque dans la premiere espece l'arc intérieur est beaucoup moindre que le demi cercle, l'arriere voussure s'appelle *Réglée & Bombée*.

Dans le même cas pour la seconde espece il n'y a pas de nom particulier, on peut l'appeller *Bombée en avant & réglée en arriere*, par l'inverse de la précedente.

Lorsque l'arriere voussure est en plein ceintre sur le devant & seullement bombée en arriere, on l'appelle *Arriere voussure de Marseille*.

B.

Balevre du Latin *Bis labra*, qui a deux levres, est l'excedent d'une arête sur celle de la pierre contigue, c'est aussi l'éclat d'une arête qui s'est cassée, lorsque les joints sont trop serrez.

Bandeau, ornement tout uni en saillie, comme une bande plate sur le nud d'un mur, autour d'une baye de porte ou de fenêtre. Si ce Bandeau est orné de moulures il s'appelle *Chambranle*.

Bander une arcade ou une platebande, c'est arranger les voussoirs ou les claveaux sur leurs ceintres & les serrer par des coins.

Berceau par analogie au couvert qu'on a coutume de mettre sur les berceaux des enfans, est une voûte cylindrique quelconque dont la courbure peut être de differente espece; lorsqu'elle est circulaire ensorte que son contour soit un demi cercle complet on l'appelle *Plein ceintre*.

Si, supposant la largeur égale, la hauteur est moindre on l'appelle en *Anse de panier* ou *surbaissé*.

Si la hauteur excede le demi cercle, on l'appelle *Surbauffé* ou *Surmonté*.

Si ses naissances ne sont pas de niveau il s'appelle *Rampant*.

Un Berceau à l'égard de la direction de ses faces s'appelle *Droit*, lorsque la face est perpendiculaire à la direction, & *Biais* lorsqu'elle est oblique.

Beveau ou *Bevveau* ou *Buveau*, ce dernier est le terme du P. Deran, les Ouvriers qui disent Biviau ou *Biveau* conservent mieux l'étimologie du mot *Bivium*, chemin fourchu. En effet c'est le modele de l'ouverture d'un angle quelconque rectiligne, curviligne ou le plus souvent mixte, pour former l'angle d'inclinaison de deux surfaces qui se rencontrent; lorsqu'elles sont planes, on se sert pour Biveau d'une Sauterelle ou d'une fausse équerre à branches mobiles, lorsqu'une des deux surfaces est courbe ou toutes les deux, le Biveau est un instrument de bois fait exprès, en forme d'équerre stable, je veux dire, dont les branches ne s'ouvrent ni se ferment.

Nous avons dit ci-devant que le P. Deran confond souvent le *Biveau* avec l'*Arc-Droit*.

Biais, c'est l'obliquité d'une face à l'égard de la direction d'une voûte ou d'un jambage à l'égard d'un passage.

Biais passé, on appelle ainsi une voûte en berceau biaise par devant & par derriere, dont les joints de lit ne sont pas paralleles aux côtez du passage, comme dans les voûtes ordinaires biaises, mais dont la direction tend à des divisions de voussoirs inégaux, en situation inverse du devant au derriere, c'est-à-dire, de l'entrée à la sortie, de sorte que les joints de lit à la doele ne doivent pas être droits, comme les font les Auteurs de la coupe des pierres.

Bombé ou *Bombement* se dit d'un arc peu élevé au dessus de sa corde ou du moins beaucoup moindre que le demi cercle.

Lorsqu'au lieu de s'élever l'arc s'abaisse au dessous de sa corde, on l'appelle *bombé en contre-bas*, comme il arrive au platebandes mal faites.

Bornoyer ou *bornoier*, c'est regarder avec un œil en fermant l'autre, comme

comme si l'on étoit borgne, pour mieux distinguer les défauts d'allignement ou la différence de direction des côtez d'une pierre, & voir si une surface est plane, ou de combien elle est Gauche.

Branches d'Ogives, ce sont les arcs des Nervures des voûtes Gotiques, qui font saillie sur le nœud de ces voûtes dans l'intervale des croisées entre les pilliers.

Branches de voussoir. Voyez Enfourchement.

Branches de biveau ou de sauterelle sont les côtez des instrumens, le P. Deran les appelle les *doigts*, Daviler, *les bras*.

Bras de biveau. Voyez Doigt.

Buter, c'est appuyer les *Reins* d'une voûte par quelque contrefort ou arc-boutant.

C.

Calibre, dans la coupe des bois signifie un modele fait de planche, contournée suivant une ligne courbe qui doit déterminer le contour d'une surface qu'on se propose de faire. Dans les ouvrages de plâtre c'est un profil de corniche, fait avec une planche de cuivre ou de bois pour diriger les moulures en le trainant en ligne droite perpendiculairement à la direction de la Corniche, cet instrument est une espece de Cerche.

Calotte est une portion de voûte sphérique ou sphéroide qu'on fait au milieu des voûtes & plafonds pour les élever en cet endroit.

Canoniere est un vieux mot qui signifioit ce que nous appellons aujourd'hui *embrasure* à mettre du canon c'est une voûte conique. Voyez voûte en canoniere.

Carton, feüille de carton contournée suivant un profil, qui peut être sur une autre matiere, comme du fer-blanc sans changer de nom.

Ceintre ou *Cintre*, l'un & l'autre est usité & vient de la même étimologie *cinctus*, de *cingere* environner, & ou de *ceindre* & ceinture. Ce mot a deux significations, l'une pour la Charpente, l'autre pour le contour de la voûte qui a été formée sur la charpente. Dans la charpenterie il signifie ces assemblages de pieces de bois qui soutiennent les aix & dosses sur lesquels on construit une voûte avec des briques ou du moilon ou des pierres de taille, jusqu'à ce qu'étant fermée elle puisse se soutenir sans ce secours.

Si le plancher qui sert de forme à la voûte est plat la Charpenterie qui se soutient ne s'appelle plus cintre, mais *Etayement*.

EXPLICATION

Dans le langage de la coupe des pierres, il signifie le contour arondi de la partie intérieure d'une voûte pris en un endroit déterminé, ou perpendiculairement à sa direction, alors il s'appelle *l'arc - droit*, ou obliquement à l'arête d'une face biaise, alors il s'appelle *cintre de face* ou *arc de face*.

Celui de ces deux cintres qu'on a le premier en vûë pour tracer la voûte s'appelle *Cintre primitif*.

Celui qui résulte de cette premiere détermination s'appelle *Cintre secondaire*.

Par la nature des sections cylindriques dans les voûtes biaises, ces deux cintres sont de même hauteur, mais d'inégale largeur & contour, si l'un est circulaire l'autre est Elliptique, & si l'un & l'autre sont Elliptiques l'un est plus allongé que l'autre, & leurs divisions en voussoirs sont proportionelles, celles du secondaire sont assujeties à celles du primitif.

Les cintres considerez dans la figure de leur contour ont aussi differens noms, celui qui est en demi cercle complet s'appelle *plein cintre*. Celui qui étant supposé de largeur égale ne s'éleve pas à même hauteur que le demi cercle s'appelle *en anse de panier* ou *surbaissé*. Celui qui dans la même supposition s'éleve au dessus du demi cercle s'appelle *surhaussé* ou *surmonté*.

Celui qui est d'un arc de cercle beaucoup moindre que sa moitié, comme du quart ou du sixiéme s'appelle *bombé*.

Cerce ou *Cherche*, l'un & l'autre est usité, quelques-uns, parmi lesquels est Felibien, disent *cherche*, je suis leur exemple par plusieurs raisons. 1.° Pour allier les deux premiers mots les plus usitez. 2.° Pour éviter la dureté de la prononciation & l'équivoque de *cherche*. 3.° Pour conserver dans l'écriture l'étimologie de ce mot, suivant le sentiment de Daviler, qui le fait venir de l'Italien *Cerchio*. Je dis dans l'écriture, parce que dans la prononciation *Ch* se prononce comme un *K*, il faudroit dire *tcherque*, quoiqu'il en soit; c'est le modele d'un contour courbe découpé sur une planche de volice mince ou autre matiere pour diriger le relief ou la cavité d'une pierre qu'on creuse en le présentant par dehors pour voir ce qu'il faut enlever; d'où il suit que son contour doit être le contraire de celui de la pierre, sçavoir convexe pour une pierre concave, & concave pour une pierre convexe. Les *Calibres* dont nous avons parlé sont souvent des especes de *Cerches*.

Claveau du Latin *Clavis*, une clef, est un voussoir à doele plate, qu'on appelle ainsi parce qu'il se met de niveau, comme les milieux des clefs des autres voûtes, s'il s'agit d'un platfond, ou en pente de surplomb, lorsqu'il s'agit d'une platebande rampante ou d'une Trompe plate.

Clausoir du Latin *claudere* fermer est une pierre quelconque, qui acheve une voûte ou un mur en fermant & bouchant le dernier espace qui restoit vuide.

Clef par analogie à son usage de fermer une voûte, est le dernier rang de voussoirs que l'on pose au sommet de la voûte pour appuyer ceux des côtez & la bander; lorsque la clef excede le parement on l'appelle *clef saillante*; lorsqu'elle excede la hauteur d'un bandeau on l'appelle *clef passante*; lorsque la pierre qui est à l'intersection des Nervures d'une voûte Gotique s'abaisse au dessous en façon de Cul-de-lampe on l'appelle *clef pendante*. Il en est des bizarres qu'on appelle *Guimberges*.

Collet, c'est la partie la plus étroite d'une marche tournante du côté du noyau, s'il y en a un, ou sur le vuide du milieu, s'il n'y en a point.

Commissure en vieux François, usité par le P. Deran, du Latin *Commissura*, signifie un joint: il n'est plus en usage.

Compas d'Appareilleur est un instrument de fer ou de cuivre, fait à-peu-près comme un compas ordinaire, excepté que ses branches sont droites & plates, comme celles du récipiangle appellé *fausse équerre*, pour prendre l'ouverture des angles rectilignes & les transporter sur la pierre; il a de plus qu'un simple récipiangle des pointes destinées à prendre des mesures de longueur & tracer des arcs comme les autres compas.

Compas à verge est un instrument pour tracer de grands arcs de cercle qu'on ne peut faire avec les compas d'Appareilleurs. Il consiste en une longue régle qu'on fait passer au travers de deux morceaux de bois ou de fer, qu'on appelle *poupées*, qui peuvent s'approcher ou s'éloigner comme l'on veut & être fixées par le moyen des vis. Chacune de ces poupées est terminée à un bout par une pointe de fer, qui sert l'une à fixer au centre, l'autre à tracer l'arc; cet instrument vaut mieux qu'un cordeau; parce qu'il ne peut ni se ralonger ni se racourcir dès qu'il est une fois réglé à la longueur.

Compas à Ellipse ou *à Ovale*, autre instrument composé du compas à verge & de deux poupées de plus, qu'on fait mouvoir dans une coulisse pratiquée dans une figure de croix pour une Ellipse entiere, ou de T pour tracer une demi Ellipse sur des arcs donnez. Voyez sa description pag. 138. & pl. 10. fig. 17.

Contre-clef, c'est un vouſſoir joignant la clef à droite ou à gauche.

Coquille par analogie à certaines coquilles de mer, eſt une voûte en quart de ſphère ouverte, dont le pole eſt au milieu du fond ſur l'impoſte, duquel s'élevent des rangs de vouſſoir qui s'élargiſſent comme les cótez des coquilles juſqu'à la face, elle ſert à couvrir les niches.

On appelle auſſi *Coquille* le parement inferieur des marches d'un eſcalier tournant délardées ſans reſſaut ou avec des petits reſſauts. C'eſt une ſurface *Hélicoïde*.

Coude. Voyez *Jarret*.

Coupe, la coupe d'une pierre eſt la direction d'un lit ou d'un joint perpendiculaire à la ſurface droite ou courbe de la doele ou de la téte d'un vouſſoir, mais oblique au plafond dans les platebandes.

Couper ſignifie ordinairement óter d'une pierre plus qu'il ne convient à la place qu'elle doit occuper, de ſorte que c'eſt la gâter en la rendant défectueuſe ou inutile. La couper à propos c'eſt la *tailler*.

Couper du trait, c'eſt faire un modele en petit avec de la craye, ou du plâtre, du bois ou autre choſe facile à couper, pour voir la figure des vouſſoirs, & s'inſtruire dans l'application du trait de l'épure ſur la pierre par le moyen des inſtrumens, comme *cherches*, *panneau*, *biveaux* & *équerres* dont on ſe ſert en grand.

Courbe Subſtantif ſignifie une ligne courbe: il y en a deux eſpeces, les unes *planes* les autres à *double courbure*. Les courbes planes ſont celles qu'on peut exactement tracer ſur un plan, leſquelles ſe réduiſent pour l'uſage de la coupe des pierres aux ſections coniques & aux ſpirales.

Les courbes à double courbure ſont celles qu'on ne peut tracer ſur une ſurface plane qu'en racourci, par le moyen de la projection, telles ſont la plûpart des arétes les angles des enfourchemens des voûtes qui ſe rencontrent.

Couſſinet par analogie aux couſſins ſur leſquels on s'appuye pour ne pas ſe bleſſer, eſt le premier vouſſoir d'une voûte en arcade, qui a un lit de niveau, & celui de deſſus en coupe en pente, pour recevoir les ſuivans auſquels il ſert d'apui.

Corne de vache, eſpece de voûte en cône tronqué, dont la direction des lits ne paſſe pas au ſommet du cône.

Cûl-de-four ſignifie une voûte ſphérique ou ſphéroïde de quelque cintre qu'elle ſoit, ſurhauſſé ou en plein ceintre, quoique les cûs-de-four dont elle tire ſon nom ſoient très-ſurbaiſſez. L'arrangement de leurs vouſſoirs peut varier & leur donner differens noms, comme en pendentif, en plan de *voûte d'Arête*, &c.

D.

Débillarder, c'eſt pour la coupe des bois, enlever une partie en eſpece de priſme triangulaire ou approchant compriſe entre des lignes qui enferment une ſurface gauche.

Décintrer, c'eſt démonter les cintres de charpente quand la voûte eſt faite & les joints bien fichez.

Dégauchir, c'eſt former une ſurface plane en déterminant ſes extremitez par le moyen de deux régles qu'on regarde l'une par l'autre en ſerfermant un œil pour voir ſi elles ne ſe croiſent point, faiſant enſorte que l'une ainſi regardée couvre l'autre exactement, ſans quoi elles ne ſont pas dans un même plan, mais ſur une ſurface Gauche.

Délardement, c'eſt pour les pierres la même choſe que le débillardement pour le bois, il ſe dit particulierement de l'amaigriſſement que l'on fait au deſſous des marches pour former l'intrados d'une rampe ou d'une coquille d'eſcalier tournant.

Délit, c'eſt une eſpece de diviſion naturelle qui ſe trouve dans les pierres par couche, comme aux feüilles d'un livre; ainſi *poſer en délit*, c'eſt donner à une pierre une ſituation différente de celle qu'elle avoit dans la carriere d'où on l'a tirée. C'eſt une mal façon de poſer les clavaux ou vouſſoirs autrement que de lit en join, comme ſi l'on chargeoit un livre ſur la tranche il eſt évident que le poids feroit effort pour écarter les feüilles, au lieu qu'il les appuye les unes ſur les autres lorſqu'on le charge ſur la joüe.

Il y a des pierres ſi maſſives qu'elles n'ont ni lit ni délit, tels ſont la plûpart des marbres, qu'on peut poſer comme l'on veut.

Démaigrir ou *amaigrir* une pierre, c'eſt en ôter pour rendre l'angle que font deux ſurfaces, plus aigus ou moins obtus.

Dérobement, c'eſt la maniere de tailler une pierre ſans le ſecours des panneaux par le moyen des hauteurs & profondeurs qui déterminent les bornes de ce qu'il en faut retrancher, comme ſi l'on dépoüilloit la figure imaginée de ce qui la couvre. C'eſt dans ce ſens qu'on dit derober des feves. Le P. Dechalles n'a pas connu l'origine de ce mot lorſqu'il l'a traduit *per ſuffurationem*, il falloit dire, *per ſpoliationem*.

Deſcente, on appelle ainſi toutes les voûtes inclinées à l'horiſon.

EXPLICATION

Dévelopement, c'est l'extenſion des ſurfaces qui envelopent un vouſſoir ou une voûte, dont les parties contiguës ſont rangées de ſuite ſur une ſurface plane. Le dévelopement dans une épure ordinaire eſt l'extenſion de la doele, ſur les diviſions de laquelle on ajoûte les figures des panneaux de lit.

Quelques Ouvriers peu inſtruits, comme Blanchard dans ſon traité de la coupe des bois entendent par le mot de dévelopement la ligne courbe, & quelquefois l'angle naturel, qui eſt repreſenté en racourci dans la projection.

Ainſi il dit qu'*un tel angle* eſt le *dévelopement d'une* telle *ligne* qui en eſt le profil ou la projection horiſontale.

Doele ou *Douelle* du Latin *Dolium* un tonneau, ſignifie le parement interieur d'une voûte ou d'un vouſſoir creux, comme la doele d'un tonneau ; on l'appelle auſſi *intrados*.

La ſurface plane qui paſſe par la corde de l'arc d'une doele s'appelle *Doele plate*, c'eſt une préparation à la formation d'une doele concave.

Doigt de biveau ſignifie ſelon le P. Deran une de ſes branches [page 15.] Daviler l'appelle *Bras*, & moi branche.

Dreſſer une pierre, c'eſt l'équarrir ou la diſpoſer à recevoir le trait.

Droit, par un D majuſcule ſignifie perpendiculaire, qui eſt opoſé au biais. Ainſi on dit un arc Droit, quoique cet arc ſoit courbe, parce qu'on veut dire que ſon plan eſt perpendiculaire à la direction d'un berceau. On dit une porte Droite ou un berceau Droit, une deſcente Droite pour ſignifier que ſa direction n'eſt pas oblique à ſon entrée horiſontalement.

E.

Ebraſement ſignifie l'élargiſſement des côtez ou jambages d'une porte ou d'une voûte, tels ſont les bayes des fenêtres & abajours qui s'é-s'élargiſſent en dedans.

Ebaſſe, c'eſt une régle de bois un peu large, dont les Apareilleurs ſe ſervent pour y marquer les lignes de hauteur de retombée & d'épaiſſeur dont ils ont beſoin pour les porter commodément dans le chantier, où ils voyent les pierres qui leur conviennent & peuvent en donner les meſures.

Elevation, c'eſt la repréſentation d'un corps deſſiné ſuivant ſes meſures verticales & horiſontales exterieurement apparentes ſans égard à la profondeur.

DES TERMES.

Enfourchement, c'est l'angle formé par la rencontre de deux doeles de voûtes qui se rencontrent, où les voussoirs qui les lient ont deux Branches comme une fourche, dont l'une est dans une voûte & l'autre dans la contiguë.

Entrecoupe, intervale vuide de deux voûtes qui sont l'une sur l'autre, ensorte que la doele de la superieure prend naissance sur l'extrados de l'inferieure, qui est quelquefois ouverte comme au dome des invalides à Paris, où la calote se détache des côtez de la tour du dome.

On fait souvent des entrecoupes pour suppléer à la charpente d'un dome, en élevant une voûte pour la décoration exterieure, au dessus de la premiere qui paroîtroit trop écrasée au dehors, comme à S. Pierre de Rome & en plusieurs Eglises d'Italie.

Epure, apparemment du verbe *épurer* mettre au net, est le dessein d'une voûte tracé sur une muraille ou sur un plancher, de la grandeur dont elle doit être exécutée, pour y prendre les mesures nécessaires à la construction des voussoirs.

Un pareil dessein pour la charpente change de nom, il s'appelle *Etelon*.

Equarrir une pierre ou une piece des bois, c'est lui faire des surfaces à l'équerre l'une à l'autre.

Equarrissement, tailler par équarrissement est une maniere de tailler les pierres sans le secours des *panneaux* les ayant seulement préparées en les équarrissant, à y appliquer les mesures des hauteurs & des profondeurs qu'on a trouvé dans le dessein de l'épure pour chaque voussoir; on l'appelle aussi *par dérobement* comme nous l'avons dit à ce mot.

Etayement, plancher pour soutenir les voûtes en *platfond*, il tient lieu du cintre dans les voûtes concaves.

Extrados du Latin *extra* dehors, c'est la surface extérieure d'une voûte, lorsqu'elle est réguliere comme *l'intrados*, soit qu'elle lui soit parallele ou non. La plûpart des voûtes des ponts antiques étoient *extradossez* d'égale épaisseur.

F.

Fausse Coupe, c'est la direction d'un joint de tête oblique à l'arc du cintre, auquel il doit être perpendiculaire pour être en bonne coupe dans les voutes concaves.

Mais si la voûte est plate comme aux *platebandes* ce doit être tout le contraire, la bonne coupe doit être oblique au platfond, pour que les clavaux soient faits plus larges par le haut que par le bas; car si les joints sont perpendiculaires à la platebande les clavaux deviennent d'une égale épaisseur. Alors ils sont en *fausse coupe*, parce qu'ils ne peuvent se soutenir que par le moyen des barres de fer qu'on leur donne pour support, ou par une bonne coupe cachée sous la face au dedans à quelques pouces d'épaisseur, comme on en voit aux portes du vieux Louvre à Paris.

Fausse équerre s'entent ordinairement du compas d'Apareilleur, quoi qu'il signifie en general un récipiangle, c'est-à-dire, un instrument propre à mesurer l'ouverture d'un angle, ceux de bois s'appellent *Sauterelle*.

Fermer une voûte, c'est y mettre le dernier rang de voussoirs, qu'on appelle collectivement *la clef* par la même metaphore; le dernier voussoir s'appelle *Clausoir* du Latin *claudere* fermer.

Formeret. Voyez *Nerf*, il signifie aussi quelquefois le cintre de la jonction d'une voûte, à un mur, chez DERAN, page 440.

Foulée, c'est un giron de marche, ainsi appellé parce que c'est la partie qu'on foule aux pieds.

G.

Gauche signifie toute surface qui n'a pas quatre angles dans un même plan, ensorte qu'étant regardée en profil, les cotez opposez se croisent, telle est une portion de la surface d'une vis & de la plûpart des arrieres voussures. Ce terme est de tous les Arts tant de maçonnerie que de Charpenterie & menuiserie; dans celui-ci Blanchard l'applique aussi à la ligne courbe à double courbure, qui est sur une surface.

Gras signifie un excès d'épaisseur de pierre ou de bois ou d'ouverture d'angle plus grand qu'il n'est nécessaire pour le lieu où la pierre ou bien le morceau de bois doit être placé, le défaut opposé s'appelle *maigre*.

H.

Helice du Grec *Eliso* circumvolvo, est une ligne courbe qui tourne autour d'un arc en s'élevant, comme la vis autour de son noyau.

I.

Jarret, imperfection d'une direction de ligne ou surface, qui fait une sinuosité ou un angle. Le jarret faillant s'appelle *coude*, le rentrant s'appelle s'appelle *Pli*. Une ligne droite fait un jarret avec une ligne courbe, lorsque leur jonction ne se fait pas au point d'atouchement.

Jauger, c'est appliquer une mesure d'épaisseur ou de largeur vers les bouts d'une pierre pour en faire les arêtes ou les surfaces opposées parallèles. Jauger une pierre signifie souvent la même chose que la *retourner*. Voyez *retourner*.

Imposte du Latin *impositum* mis dessus, est le rang ou plutôt le lit de pierre sur lequel on établit la naissance de la voûte ou le *Coussinet*. Imposte signifie aussi cet ornement de moulures qui couronne un Piedroit sous la naissance d'une Arcade, lequel sert de base à un autre ornement cintré, appellé *Archivolte*.

Intrados. Voyez *Doele*.

Join a différentes significations, c'est 1.° l'intervale plein ou vuide qui reste entre deux pierres contiguës; dans ce sens on dit *petit join*, *grand join*. 2.° Il se prend pour la ligne de division des cintres en voussoirs; ainsi on dit *join en coupe*, *join quarré*, *join de Tête*, *join de Lit*, *join de Doele*. Où il faut remarquer que quoique les joins de Lits soient des divisions longitudinales de la doele, on n'entend par *joins de Doele* que les joins transversaux. 3.° Le mot de join signifie aussi quelquefois la surface d'une pierre inclinée & cachée dans une voûte, mais alors au lieu de dire *join en lit*, il faut dire *Lit en join*.

L.

Layer du Latin *lævigare* polir, c'est tailler la pierre avec une espece de hache bretelée, c'est-à-dire dentée en façon de scie qu'on appelle *laye*, laquelle rend la surface unie quoique rayée de petits sillons uniformes qui lui donnent une apparence agréable.

Lierne, c'est une des nervures des voûtes Gotiques, qui lie le nerf appellé *Tierceron* avec celui de la Diagonale qu'on appelle *Ogive*.

Ligne, ce mot en Architecture a plusieurs significations, pour notre sujet elles se réduisent à la verticale appellée *aplomb*, à l'horisontale de *niveau* & à l'inclinée en *Talud*.

Limon du Latin *limus* tourné de travers, signifie la pierre ou piece de bois qui termine & soutient les marches d'une rampe, sur laquelle on pose une balustrade de pierre ou de fer pour servir d'apui à ceux qui montent, cette piece est droite dans les rampes droites & gauches par ses surfaces, supérieure & inférieure dans les parties d'escaliers tournantes.

Lit, par analogie au lit sur lequel on se couche, se dit 1.° de la situation naturelle de la pierre dans la carriere. 2.° De la surface sur laquelle on pose une pierre, soit activement soit passivement; celle sur laquelle elle s'appuye s'appelle *lit de dessous*; celle sur laquelle une autre pierre s'appuye s'appelle *lit de dessus*; lorsque ces surfaces sont inclinées à l'horifon, comme dans les vouffoirs & clavaux, on les appelle *lit en joint*.

Lunette, portion de voûte percée dans une autre dans laquelle elle forme une espece de figure de Croiffant de Lune, d'où elle tire son nom.

M.

Maigre, par analogie à la maigreur des animaux, se dit des pierres dont les angles font plus aigus ou moins obtus qu'ils ne doivent être, de sorte qu'elles n'occupent pas entierement la place à laquelle elles sont deftinées.

Marche signifie un degré, sa partie horisontale s'appelle *Giron* de l'Italien *girare* tourner ; parce que la plûpart des anciens escaliers étoient tournans, la partie verticale en parement s'appelle contremarche, lorsque le giron est d'inégale largeur la partie la plus étroite s'appelle le *Collet*, & la plus large la *queuë*.

N.

Nerf ou *Nervure*, par analogie aux nerfs des animaux, est une arcade de pierre en saillie sur le nud des voûtes Gotiques pour en appuyer & orner les angles saillans par des moulures & fortifier les pendendentifs, comme les nerfs font la force des animaux. Un des plus beaux morceaux que j'aye vû en ce genre est la voûte de l'Eglise de *Velen* ou *Bethleem* à Lisbone, où les nervures sont de marbre travaillées, entrelaffées & exécutées avec beaucoup d'art. On donne differens noms aux nervures par rapport à leur situation.

Les nerfs qui traverfent une voûte diagonalement s'appellent croisées *d'Ogives*, ceux qui la traverfent perpendiculairement s'appellent *Arcs doubleaux*, ceux qui la traverfent obliquement entre les arcs doubleaux & les ogives s'appellent *liernes* & *tiercerons*, ceux qui en suivent la direction en traverfant d'un pilier à l'autre s'appellent *Formerest*.

Noyau, c'est le milieu d'un escalier à vis ou d'une voûte tournante de niveau qu'on appelle pour cela voûte *sur le noyau*, ou tournante & de plus rampante qu'on appelle *vis St. Giles*; le noyau suit ordinairement la figure du lieu dans lequel il est, si c'est dans une tour ronde, il est un pilier rond, il est quarré si la tour est quarrée.

O.

Ogive ou *Augive* signifie chez le P. DERAN les voûtes Gotiques en *tiers point*. Ce mot, selon ma conjecture, vient de l'Allemand *Aug* qui signifie l'œil ; parce que les arcs des cercles des cintres de voûtes Gotiques font des angles curvilignes semblables à ceux des coins de l'œil ; quoique dans une position differente.

Daviler refferre la signification de ce terme aux croisées d'ogives, mais mal à propos ; car anciennement on difoit indifferemment voûte d'*Ogive*, voûte *Moderne* ou en *tierspoint*.

P.

Panache, c'eſt une voûte en ſaillie ouverte par devant comme les trompes, élevée ſur un, ou deux angles rentrans pour porter en l'air une portion de Tour creuſe; c'eſt ainſi que les Domes des Egliſes modernes ſont portez ſur quatre Panaches élevez ſur les angles de la croiſée de la Nef avec les Bras de la croix.

Lorſque le Panache eſt établi ſur un ſeul angle ſa figure eſt ordinairement un triangle ſphérique terminé par trois arcs, dont deux ſont verticaux en quart de cercle ou d'Ellipſe & le troiſiéme horiſontal qui ſert de baſe à la Tour.

Lorſque le panache eſt ſur un Pan coupé, c'eſt une ſurface concave quadrilatere irreguliere.

Ce nom peut venir du Latin *pandatio* & de *pandare* qui ſignifie chez Vitruve [L 6. Chap. 11.] courber ſous le fais.

On ne doit pas confondre avec Daviler les noms de Panache & de pendentif, ce ſont des choſes differentes. Voyez *pendentif*.

Panneau, de la même étimologie *pando*, eſt le modele d'une des ſurfaces d'un vouſſoir taillé ſur du bois, du carton ou autre matiere mince, pour être appliqué ſur la pierre, & ſervir à tracer le contour d'un *Lit*, d'une *Doele* ou d'une *Tête*; c'eſt leur uſage qui leur donne les noms de *Panneau de lit*, &c.

Panneau flexible eſt celui qui eſt fait ſur du carton, du fer-blanc, ou avec une lame de plomb pour pouvoir être plié & appliqué ſur une ſurface concave ou convexe, cylindrique ou conique.

Parallele en un ridicule jargon d'Ouvrier ſignifie quelquefois *dans un même plan*; ainſi Blanchard dans ſon traité de la coupe des bois, imprimé à Paris en 1726. dit qu'une *courbe eſt parallele à une perpendiculaire droite, à une horiſontale, & à un angle* voyez pag. 73. & par-tout ailleurs où il eſt queſtion de la même expreſſion.

Parement ſurface apparente.

Pendant petit vouſſoir des voûtes Gotiques ſans coupe, fait à l'équerre.

Pendentif eſpece de panache qui eſt le quart d'une demi croiſée de voûte Gotique, compris entre l'ogive & le formeret.

Plan ſelon les Geometres ſignifie une ſurface plane infiniment prolongée, ſi l'on veut, c'eſt dans ce ſens qu'on dit que des baſes des corps ſéparez ſont dans un même plan. Lorſque l'on dit qu'une telle ligne eſt dans le plan horiſontal ou dans un plan vertical, c'eſt la même choſe que de dire dans le langage des arts de *niveau* ou *aplomb*.

Ce qui n'eſt ni de niveau ni aplomb ſera dit *incliné à l'horiſon*, & en terme de l'art, en talud, ou en glacis, ou en deſcente.

Plan en terme d'Architecture ſignifie la projection d'un corps ſur une

EXPLICATION

surface horisontale & quelquefois sur une surface inclinée, alors il s'appelle *plan suivant la rampe*.

On l'appelle *Plan Geometral* ou *Ichnographie*, lorsqu'il n'exprime que les distances horisontales, & *plan relevé*, lorsqu'on y ajoute une élevation pour mieux exprimer ce qu'on veut représenter sans s'embarasser des mesures de hauteur.

Le plan horisontal que nous appellons toujours projection horisontale par les raisons que nous en avons donné au troisiéme Livre, est le premier dessein nécessaire pour la coupe des pierres.

Platebande, c'est pour la coupe des pierres une voûte droite & plane, de niveau ou rampante, qui sert de linteau & de fermeture à une porte, à une fenêtre ou à toute autre baye, comme d'architrave sur les entrecolonnemens. Les pierres qui en sont les parties s'aplent *Clavaux* & non pas voussoirs comme aux autres voûtes. La longueur de la platebande entre ses piedroits s'appelle *portée*, c'est le genre de voûte qui a le plus de poussée, c'est-à-dire, qui fait le plus d'effort pour renverser ses piedroits; parce que les pierres y sont dans la situation la plus forcée.

Plmée selon le P. DERAND par corruption de *plombé* est une ligne tirée à plomb.

Plumée est une excavation faite dans la pierre, au marteau ou avec le ciseau, suivant une cherche ou une régle en quelque position qu'elle soit aplomb ou de niveau ou inclinée. Ce nom vient apparemment de la ressemblance de la découverte que l'on fait de la peau d'un oyseau en ôtant la plume.

Porte, c'est une baye qui prend le nom 1.° du mur dans lequel elle est percée, comme *Porte en Tour ronde*, si elle est convexe; *Porte en Tour creuse*, si elle est concave. 2.° De l'endroit où elle est placée, dans un angle rentrant, c'est une *Porte dans l'Angle*, dans un saillant, c'est une *Porte sur le Coin*. 3.° De la direction, comme *Porte Droite*, qui est perpendiculaire à sa direction, *Biaise* si elle lui est oblique, *Ebrasée*, si les piedroits s'ouvrent en dehors, comme aux Eglises Gotiques de Notre-Dame de Paris, de Reins, &c.

Portée, intervale de deux piedroits dans une platebande.

Poussée, c'est l'effort que fait une voûte pour écarter ses piedroits, lequel est d'autant plus grand que la courbure approche de la ligne droite; ainsi le cintre en anse de panier surbaissé, pousse plus que le plein cintre; celui-ci plus que le surbaissé; celui-ci plus que le *tiers points* Gotique, c'est sans doute par cette raison que les anciennes Eglises sont la plûpart en tiers point, cette construction d'ailleurs donnant la facilité d'employer de très-petits vouſſoirs, qui coutoient peu de tranſport.

Q.

Quarrément ſignifie à angle droit, a l'équerre.

Quartier a pluſieurs ſignifications. Il ſe prend pour une pierre de taille d'une certaine groſſeur. Il ſignifie auſſi le quart du tour d'un eſcalier, alors on ajoute *Quartier tournant*. Si cette partie eſt arondie & ſaillante hors d'un mur, on l'appelle *Quartier de vis ſuſpenduë*, qui n'eſt ſoutenuë en l'air que par l'artifice de la coupe des pierres.

R.

Racordement ſe dit de la réunion de deux ſurfaces pour qu'elles paroiſſent continuës, ou que leur jonction [ſi elles font un angle entr'elles] faſſe une arête en ligne droite, ou d'une courbure de cintre réguliere & uniforme, on dit pour le verbe *racorder*.

Ragréer, c'eſt enlever avec les outils convenables les boſſes ou balevres qui ſe trouvent dans les paremens & dans les joints, pour les rendre unis, propres & agréables à la vûë.

Ralongée ſe dit d'une ligne courbe à laquelle on donne plus d'extenſion ſur un diametre ou une corde qu'elle n'en avoit, ſans changer ſa profondeur. On dit *Cherche ralongée*.

Rampant. Voyez *Arc rampant*.

Rampe, inclinaiſon à l'horiſon d'une ligne ou d'une ſurface droite ou courbe; avec degrez; ou ſans degrez.

Reculement ſe dit ordinairement de la diſtance d'une ligne verticale à une ligne inclinée, comme de l'aplomb au talud, ou de l'écartement d'une ligne courbe à l'égard de la tangente, comme à une porte en Tour ronde ou creuſe à l'égard de ſa corde ou d'une parallele.

Reins de voûte, c'eſt la partie vuide ou pleine qui eſt entre la moitié d'un arc & ſon piedroit, depuis la naiſſance juſques vers le ſommet. Les reins des voûtes Gotiques ſont vuides.

Rementé, terme peu uſité qui vient de l'Italien *Rementato*, ce n'eſt ſelon d'Aviler qu'une ſorte d'arriere vouſſure; mais ſa propre ſignification eſt notre *bombé* d'un grand arc de cercle moindre que la moitié, comme il eſt clairement expliqué au premier Livre de Palladio Ch. 24. à REMENATO *che coſa chiamano i volti che ſono di portione di Cerchio*

EXPLICATION

non arrivano à semi-circolo, & preuve qu'il ne l'entend pas seulement d'une arriere voussure, c'est qu'il l'applique à la partie d'une voûte spherique sur un quarré, laquelle est au dessus des pendentifs.

Renfondrement, terme de menuiserie suivant Blanchard, au lieu de renfoncement.

Repere du Latin *reperire* retrouver, c'est une marque que l'on fait sur une pierre pour reconnoitre une division ou un trait dont on a besoin pour tailler. Ainsi on dit *repairer* au lieu de marquer un point ou une ligne.

Reprendre, c'est refaire une partie de voussoir qui excede l'étenduë qu'elle doit avoir.

Retombée, c'est la même ligne qu'on appelloit anciennement *abatuë*, dont nous avons parlé, c'est l'intervale du niveau entre la naissance inferieure d'un arc, & l'aplomb abaissé de son extrémité supérieure.

On appelle *premieres Retombées* les voussoirs de la naissance d'une voûte, qui ont des lits si peu inclinez qu'ils ne glissent pas & se soutiennent les uns sur les autres sans le secours des ceintres de Charpente; tels sont les 5. ou 6. premieres assietes des voussoirs des Arcades d'un grand diametre, quelquefois plus.

Retondre une pierre, c'est enlever une legere épaisseur dans toute une surface pour la perfectioner, c'est une espece de ragrément.

Retour d'équerre, c'est un angle Droit, on dit se *retourner d'équerre* pour faire une ligne ou une surface perpendiculaire à une autre.

Retourner une pierre, c'est la jauger ou lui faire une surface parallele ou à-peu-près à un lit ou à un parement donné.

S.

Sauterelle, instrument composé de deux régles de bois assemblées par un bout comme la tête d'un compas pour être mobiles, & propres à prendre l'ouverture de toutes sortes d'angles rectilignes droits, aigus ou obtus. C'est un récipiangle pour transporter sur la pierre ou sur le bois l'angle d'une encognure ou d'un trait de l'épure, plus usité dans la coupe des bois que dans celle des pierres, ou l'on se sert pour la même fin du compas d'Appareilleur, qui est une espece de sauterelle à laquelle on a ajouté des pointes pour servir de fausse équerre & de compas suivant les occurrences.

Simbleau ou plutôt *Cingleau* par corruption du Latin *Cingulum*, un cordon, est le cordeau qui sert à tracer les arcs de cercle d'une étenduë plus grande que les branches des plus grands compas, soit à branches soit à verges. Les meilleurs singleaux sont des chainettes qui ne sont pas sujettes à s'alonger comme les cordes.

On appelle aussi simbleau une perche immobile par un de ses bouts qui sert à tracer un grand arc de cercle.

Singliots sont les deux foyers d'une Ellipse où l'on attache les bouts d'un cordeau égal au grand axe pour tracer cette courbe par le mouve-mouvement continu, qu'on appelle le *Trait ou Jardinier*.

Somier, par analogie au sommet, c'est la premiere pierre d'une plate-bande qui porte à plein au sommet du piedroit où elle forme le pre-mier lit en joint, & l'apui de la butée des clavaux de chaque côté, pour les tenir suspendus sur le vuide de la baye, d'où ils ne peuvent s'échaper qu'en écartant les somiers. La coupe ou inclinaison de leur lit en joint sur l'horison est ordinairement de 60. degrez; parce qu'on a coutume de la tirer du sommet d'un triangle équilateral.

Surbaisser, c'est n'élever une courbure de cintre qu'au dessous du demi cercle, c'est-à-dire, faire un cintre Elliptique, ou en ovale dont le grand axe soit horisontal.

Surhausser, c'est au contraire élever le cintre au dessus du demi cercle, ou faire une ovale dont le grand axe soit aplomb par le milieu de la clef.

Surplomber, c'est faire pencher une ligne ou une surface à angle aigu avec l'horison.

T.

Taluder, c'est au contraire faire un angle obtus avec l'horison.

Talud, *Talus* ou *Talut*, le premier paroit plus naturel, si l'on doit dire taluder suivant l'usage, car on ne dit jamais *taluser*, & quoique Da-viler dise *taluter*, je ne l'entend point dire parmi les Artistes; M. Gautier, Directeur des ponts & chaussées, écrit comme nous *talud* dans ses Traitez des Ponts & des Chemins, ce mot vient du Latin *Talus*, qui signifie le talon.

C'est l'inclinaison d'une ligne ou d'une surface au-delà de l'aplomb en angle obtus, tout au plus jusqu'à l'angle de 135. degrez; car dès que la surface est plus inclinée, cette inclinaison s'appelle en *Glacis*.

Tambour est une pierre ronde en portion de cylindre qui est une partie de fust de colonne ou de pilier, qu'on n'a pû faire d'une piece faute de pier-re assez grande. Ce mot vient de la figure de la Quaisse dont on se sert dans les Troupes pour faire le bruit du signal de marche, d'assemblée ou d'autre manœuvre, parce qu'on l'appelloit anciennement Tambour, au lieu qu'aujourd'hui ce nom a passé à l'homme qui frape deſſus pour en tirer le ſon.

Tas de charge, c'eſt une ſaillie de pierres dont les lits, avançant les uns ſur les autres, font l'effet d'une voûte de ſorte qu'il faut des pierres longues pour balancer la partie qui eſt ſans apui ; mais ce genre d'ouvrage n'eſt bon qu'en petit ou ſeulement pour les premieres pierres de la naiſſance d'une voûte.

Taſſer ſe dit de l'afaiſſement d'une voûte, dont la charge fait diminuer la hauteur & reſſerrer les joints.

Taſté, ligne taſtée eſt celle qu'on trace à la main pour voir l'effet d'une courbure.

Tierceron, c'eſt un nerf des voûtes d'ogives, ſituée entre le formeret ou Arc-Doubleau & celui d'ogive en diagonale.

Tour ronde ne ſignifie pas toujours une tour mais tout parement convexe de mur cylindrique ou conique, *Tour creuſe* eſt le concave.

Tracer à la main, c'eſt déterminer à vûë d'œil le contour d'une ligne courbe, ou en ſuivant pluſieurs points donnez par intervale, ou en corrigeant ſeulement par le goût du deſſein une ligne courbe, qui ne ſatisfait pas la vûë, comme une doucine compoſée d'arcs de cercles mal aſſemblez, doit être encore tracée à la main.

Lorſqu'on a pluſieurs points donnez pour une ligne courbe il convient mieux de ſe ſervir d'une régle pliante que de tracer à la main, le contour en eſt plus net.

Trainer, c'eſt faire méchaniquement une ligne parallele à une autre ligne donnée droite ou courbe, en trainant le compas ouvert de l'intervale requis d'une ligne à l'autre, de maniere qu'une de ſes pointes parcoure la ligne donnée, & que l'autre pointe ou plutôt la ligne qu'on peut imaginer paſſer par ces deux points, ſoit toujours perpendiculaire ou également inclinée à la ligne donnée, ou à ſa tangente ſi elle eſt courbe. Les Menuiſiers au lieu de compas ſe ſervent pour cette opération d'un inſtrument qu'ils appellent *Truſquin*.

Trait à l'égard de la coupe des pierres ſignifie en general tout deſſein qui conduit aux moyens néceſſaires pour parvenir à la formation d'une voûte, ſoit plan, profil, élevation ou dévelopement. Ce terme eſt plus étendu que celui d'épuré, en ce qu'il s'entend du deſſein en petit & en grand, au lieu que l'épure ne ſignifie que celui de grandeur naturelle ſans réduction.

On dit *couper du trait* pour exprimer l'étude que l'on fait avec de la craye, du platre ou autre matiere facile à couper, qu'on taille en petits vouſſoirs

vouſſoirs de la même maniere que ſi on exécutoit une voûte en grand, pour apprendre à joindre la theorie à la pratique, & concevoir plus facilement l'effet des Traits dont on s'eſt ſervi, ſoit auſſi pour ſentir le plus ou le moins de commodité des differentes manieres qu'on a inventé en ſe ſervant des panneaux ou en taillant par équarriſſement.

Trait quarré, c'eſt ſuivant le langage des Ouvriers la maniere de faire une perpendiculaire à une ligne donnée. Si cette ligne eſt courbe comme un cercle ou une Ellipſe la perpendiculaire à ſa tangente s'appelle *trait quarré ſur la ligne* Courbe, & *au bout de la ligne courbe* lorſqu'elle l'eſt à une de ſes extrémitez.

Trompe, c'eſt ordinairement une voûte de la figure d'une moitié de cône qui ſe préſente par ſa baſe, comme le *Pavillon* d'une trompette ou Cor-de-chaſſe, qui eſt cette eſpece d'entonnoir par où ſort le bruit du ſon, & parcequ'anciennement cet inſtrument s'appelloit Trompe, on a donné le même nom à la voûte qui en imite une partie, cette étimologie eſt naturelle & montre la puérilité de l'imagination de ceux qui diſent avec Daviler, que ce nom vient de ce que la voûte trompe & ſurprend ceux qui la regardent ſans connoiſſance de l'artifice de ſon appareil.

On appelle auſſi du même nom des petites voûtes en portion de ſphère qu'on fait aux angles ſaillans pour en émouſſer le pied & ſoutenir le haut en l'air. Alors on les appelle *Trompe en Niche*.

Il y a differentes ſortes de trompes, dont les noms viennent ou de leurs ſituations ou de leurs figures.

A l'égard de la figure il en eſt, comme je viens de dire, de coniques & de ſphériques.

La conique Droite s'appelle *trompe fondamentale*, chez le P. DERAN.

La ſphérique s'appelle *Trompe en niche*.

Lorſque la face de l'une ou de l'autre eſt convexe on l'appelle *Trompe en tour Ronde*, ſi elle eſt concave *Trompe en tour creuſe*, ſi la face eſt briſée en pluſieurs ſuperficies planes on l'appelle *Trompe à pan*, ſi les impoſtes ſont d'inégale hauteur on l'appelle *Trompe rampante*, ſi la face eſt ondée & les impoſtes rampantes on l'appelle *Trompe d'Anet*.

A l'égard de la ſituation, ſi elle eſt dans un angle ſaillant, on l'appelle *Trompe ſur le coin*, ſi elle eſt dans un angle rentrant, *Trompe dans l'Angle*.

Trompillon, c'eſt la naiſſance du milieu d'une trompe, qui eſt au ſommet du cône dans les coniques, ou au pole de la ſphère dans les ſphériques, c'eſt une pierre d'une ſeule piece, qu'on eſt forcé de faire ainſi pour occuper la place de pluſieurs extrémitez de vouſſoirs en pointe, qui ſeroient tellement aigus qu'on ne pourroit les tailler & les poſer ſans riſque de les caſſer.

On appelle auſſi *Trompillons* les petites trompes faites de pluſieurs pieces ſous les quartiers tournans de certains eſcaliers.

V.

Vis d'escalier, c'est un arrangement de Marches de degrez au tour d'un pilier qu'on appelle le *noyau* de la vis, quelquefois le noyau de la vis est suprimé, les marches alors ne font soutenuës que par leur queuë dans le mur de la Tour, & en partie sur celles qui sont de suite dès le bas, alors on l'appelle *vis à jour*.

Si l'escalier à vis dans une tour ronde est voûté en berceau tournant & rampant, on l'appelle *Vis St. Giles ronde*.

Si la tour est quarrée, le noyau étant aussi quarré, chaque côté étant voûté en berceau irrégulier d'une figure en quelque façon torse, on l'appelle *vis St. Giles quarrée*.

Voussoir, c'est une pierre qui fait partie d'une voûte concave de quelque figure qu'elle soit, cylindrique, conique, sphérique ou annulaire, son étimologie vient apparamment du mot Latin *volutus* tourné en rond.

Les voussoirs qui forment la naissance d'une voûte s'appellent *Coussinets*, ceux qui sont à son sommet s'appellent *Clefs*.

Lorsqu'ils sont terminez en haut par une partie qui déborde leur queuë on les appelle *voussoirs à Crossettes*.

Lorsqu'ils se divisent en deux parties pour lier deux voûtes, qui font un angle saillant ou rentrant, on les appelle *voussoirs à branches*.

Lorsqu'un voussoir est suivi d'un autre en continuation, on l'appelle *voussoir sans fin*, tels sont ceux des arches du pont royal à Paris.

Voussure signifie toute sorte de courbure en voûte, mais particulierement ces portions de voûte qui servent de base aux plafonds à la mode.

Les voussures qui sont au dedans d'une baye de porte ou de fenêtre derriere la fermeture s'appellent *Arrieres-voussures*, il en est de differente figure comme nous l'avons dit à ce mot.

Voûte du Latin *Volutum* tourné en rond, signifie toute sorte de couverture de maçonnerie ou de pierre de taille qui se soutient en l'air entre ses piedroits, par l'arrangement & la figure des parties qui la composent.

Les voûtes propres à couvrir de grands apartemens s'appellent *Maîtresses voûtes* pour les distinguer de celles qui ne peuvent servir qu'à couvrir de petites parties, comme les trompes, les arrieres voussures & les niches.

Quoique les voûtes puissent être variées d'une infinité de façons, on peut les réduire en sept ou huit especes, sçavoir en planes, cylindriques, coniques, sphériques, annulaires, hélicoïdes, mixtes & irrégulieres. C'est dans cet ordre qu'on les a rangé dans le Livre suivant, où l'on donne la maniere de les faire.

TABLE DES TITRES
DU PREMIER TOME.

DISCOURS PRELIMINAIRES.

Pages.

1°. Sur l'utilité de la Theorie dans les Arts rélatifs à l'Architecture. j
2°. L'exposition du sujet dont il s'agit. vij
3°. De l'origine de la Coupe des pierres, & de l'usage qu'on en doit faire. xj

LIVRE I.

De la figure des sections des corps coupez par des plans, ou pénetrez par des solides. Pourquoi la connoissance en est nécessaire dans l'Architecture. 1
De la figure des voûtes en géneral rapportée à celle des corps réguliers. 4
Des variations accidentelles aux voûtes comparées à celles des sections des corps.

PREMIERE PARTIE

Des Sections des Corps coupez par des Plans.
Des Sections de la Sphère. 8
CHAP. I. Des Sections des Cônes coupez par des Plans. 10
CHAP. II. Définitions des points & des lignes remarquables dans les sections coniques. 13
Exposition de quelques proprietez des lignes menées au dedans & dehors des sections coniques, des abscisses & des ordonnées. 13
Proprietez particulieres à l'Ellipse. 18
Des tangentes des sections coniques. 19
De quelques differences de position des sections coniques dans les cônes scalenes. 20
Theoreme I. La section plane Elliptique faite dans l'intervale de deux cônes concentriques & semblables, comme entre les surfaces concaves & convexes d'un cône creux d'égale épaisseur

Fff ij

est une couronne comprise par deux circonferences d'Ellipses qui ne sont pas équidistantes & qui ne peuvent être concentriques que dans les cônes scalènes, lorsque la section est perpendiculaire à l'axe. 21

Theor. II. Une section conique donnée peut être celle d'une infinité de cônes differens. 24

CHAP. III. *Des sections des cylindres coupez par des plans.* 26

Theor. III. La section plane des espèces de cylindres qui ont pour base une parabole ou une hyperbole est une section conique de même espece. 29

Theor. IV. La section d'un cylindre creux dont l'épaisseur est par-tout égale, coupé par un plan qui n'est pas parallele à sa base, est une couronne d'Ellipse comprise par deux Ellipses semblables & concentriques, mais non pas équidistantes, excepté la section souscontraire dans les cylindres scalenes, où elle est une couronne de cercle. 31

CHAP. IV. *Des sections planes de quelques corps régulierement irréguliers.* 33

Theor. V. La section d'un sphéroide & d'un conoide régulier, coupé par un plan perpendiculaire à son axe, est un cercle, & s'il lui est parallele ou oblique elle est une Ellipse. 34

Theor. VI. La section d'un corps cylindrique annulaire dont l'axe est courbe en forme de circonference de cercle, & qui est coupée par un plan perpendiculaire à celui qui passe par l'axe courbe, est une Ovale du quatriéme ordre 37

SECONDE PARTIE DU PREMIER LIVRE.

Des sections faites à la surface des corps par la pénétration d'autres corps. 41

De la nature des sections solides par la pénétration mutuelle des sphères, cônes & cylindres.

CHAP. V. *Des sections solides des sphères*, & premierement de leurs variations. 46

Theor. VII. La courbe qui résulte de la section faite par la rencontre des surfaces de deux sphères, qui se pénetrent, est la circonference d'un cercle. 47

Notez qu'il y a faute au titre du Livre. Theor. VIII. La section faite par la rencontre des surfaces d'une sphere & d'un Cylindre Droit, dont l'axe passe par le centre de la sphère, est un cercle. 48

Theor. IX. La section faite par la rencontre d'une sphère & d'un cylindre scalene, dont l'axe passe par le centre de la sphère, est une *Ellipsimbre. 49

THEOR. X. La section faite par la rencontre des surfaces d'une sphère & d'un cylindre Droit, qui la pénetre de toute sa circonference, & dont l'axe ne passe pas par le centre de la sphère est une Ellipsimbre. 54

Remarque sur la difference des cas qui peuvent arriver dans les cylindres scalenes. 59

THEOR. XI. La section faite par la pénetration d'un cylindre, qui n'entre dans la sphère que d'une partie de sa circonference, est une Ellipsimbre composée. 60

De la rencontre des Surfaces des Sphères avec celle des Cônes

THEOR. XII. La section faite par la rencontre des surfaces d'une sphère & d'un cône Droit, dont l'axe passe par le centre de la sphère, est un cercle. 63

THEOR. XIII. La section faite par la rencontre des surfaces d'une sphère & d'un cône scalene, dont l'axe passe par le centre de la sphère, est une Ellipsoidimbre, ou un cercle si elle est souscontraire. 65

THEOR. XIV. La section faite par la rencontre des surfaces d'une sphère & d'un cône qui la pénetre de toute sa circonference, & dont l'axe ne passe pas par le centre de la sphère, est une Ellipsoidimbre. Si le cône est scalene elle peut être un cercle. 66

THEOR. XV. La section faite par la rencontre des surfaces de la sphère & d'un cône, dont l'axe ne passe pas par le centre de cette sphère, & qui ne la pénetre pas de toute sa circonference, est une courbe composée de deux portions d'Ellipsoidimbres ou d'autres courbes de même nature, appartenant au cercle, à la Parabole ou à l'hyperbole. 71

CHAP. VI. *Des sections faites par la pénetration des cylindres entr'eux & avec les cônes.*

THEOR. XVI. La section faite par la pénetration des cylindres de même nature, égaux ou inégaux, dont les axes sont égaux en longueur & paralleles entr'eux est un parallelograme, *ibid.*

THEOR. XVII. La section faite par la rencontre des surfaces de deux cylindres égaux ou inégaux, dont les axes se coupent perpendiculairement ou obliquement, & qui ont un diametre égal & semblablement posé sur un plan par leurs axes, est une Ellipse, & si l'un des cylindres est droit & l'autre scalene, ou tous les deux scalenes & de bases égales elle peut être un cercle. 76

THEOR. XVIII. La section faite par la rencontre des surfaces de deux cylindres Droits inégaux, dont les axes se coupent perpendiculairement, est un cicloïdimbre. 77

THEOR. XIX. La section faite par la rencontre des surfaces de deux cylindres inégaux, dont les axes se coupent obliquement & qui se pénetrent, de sorte que l'un entre dans l'autre de toute sa circonference, est une Ellipsimbre. 81

THEOR. XX. La section faite par la rencontre des surfaces de deux cylindres, dont l'un pénetre l'autre de toute sa circonference perpendiculairement ou obliquement à ses cotez sans que leurs axes se rencontrent, est une Ellipsoïdimbre. 84

THEOR. XXI. La section faite pas la rencontre des surfaces de deux cylindres, dont l'un ne pénetre l'autre que d'une partie de sa circonference, & dont les axes ne sont pas paralleles, est une Ellipsimbre composée. 88

Des sections faites par la rencontre des surfaces des Cônes & des Cylindres qui se pénetrent.

THEOR. XXII. La section faite par la rencontre des surfaces d'un cône & d'un cylindre Droit ou d'un cône & d'un cylindre scalene de même obliquité sur leurs bases dont les axes se confondent, est un cercle. 91

THEOR. XXIII. La section faite par la rencontre des surfaces d'un cylindre & d'un cône qui ne sont pas de même nature, c'est-à-dire, dont l'un est Droit & l'autre scalene, & dont les axes se confondent, est une Ellipsoïdimbre. 92

THEOR. XXIV. La section faite par la pénetration d'un cylindre & d'un cône, dont les axes se coupent obliquement peut être dans un seul cas une Ellipse plane. 94

THEOR. XXV. La section faite par la rencontre des surfaces d'un cône & d'un cylindre qui se pénetrent, ensorte que les axes de ces deux corps se croisent ou soient paralleles entr'eux, est une Ellipsimbre. 95

THEOR. XXVI. La section faite par la pénetration d'un cône dans un cylindre est une ellipsoïdimbre. 98

CHAP. VII *Des sections faites par la pénetration des cônes entr'eux.* 102

THEOR. XXVII. Les sections faites par la pénetration de deux cônes inégaux [s'ils sont Droits] où les cotez semblables [s'ils sont scalenes] se coupent à distances égales de leurs sommet, sont des sections planes 103

THEOR. XXVIII. La section faite par la pénetration des

DES TITRES.

cônes droits inégaux, dont les axes se confondent, ou des cônes scalenes inégaux, dont les axes se confondent & sont également inclinez à leurs bases, est un cercle. 105

THEOR. XXIX. La section faite par la pénetration de deux cônes inégaux, mais semblables, dont les axes & les côtez sont paralleles entr'eux est un paraboloidimbre 106

THEOR. XXX. La section faite par la rencontre des surfaces de deux cônes qui se pénetrent, dont les axes sont paralleles & dont les côtez d'un des triangles par l'axe rencontrent celui de l'autre [prolongé s'il le faut] est une Ellipsoidimbre. *ibid.*

THEOR. XXXI. La section faite par la rencontre des surfaces de deux cônes, dont les axes se coupent perpendiculairement ou obliquement, ensorte que les côtez prolongez de l'un ou de l'autre ne se rencontrent pas au dessus & au dessous du sommet d'un d'entr'eux, est une Ellipsoidimbre. 107

THEOR. XXXII. La section faite par la rencontre des surfaces de deux cônes dont les axes se coupent obliquement, & dont un côté d'un des triangles par l'axe rencontre les deux de l'autre triangle, qui est dans le même plan où un des côtez étant prolongé au dessus de son sommet est une hyperboloidimbre dans l'un & l'autre cône. 108

THEOR. XXXIII. La section faite par la rencontre des surfaces de deux cônes, dont les axes se coupent obliquement & dont un des côtez des triangles par l'axe est parallele à un des côtez de l'autre triangle de la section par l'axe de l'autre cône est une courbe équivalemment différente dans chaque cône, sçavoir une hyperboloidimbre dans l'un des cônes & un paraboloidimbre dans l'autre, selon que l'un des deux cônes surpasse ou est surpassé par l'autre dans l'allignement de ces côtez. 109

CHAP. VIII. *Des sections faites à la surface des Sphéroides pénetrez par des Sphéres, Cônes ou Cylindres.*

THEOR. XXXIV. La section faite par la rencontre des surfaces d'une sphéroide avec celle d'une sphère, d'un cylindre & d'un cône, qui le pénetrent ou qui en sont pénetrez, de maniere que les axes de ces corps se confondent, est un cercle. 111

THEOR. XXXV. La section faite par la rencontre d'une sphère & d'un sphéroide, dont l'axe ne passe pas par le centre de la sphère est une espece d'Ellipsoidimbre, c'est-

TABLE

à-dire, une courbe à double courbure, dont on peut marquer quelque raport constant à une Ellipse. 112

THEOR. XXXVI. La section faite par la rencontre des surfaces d'un cylindre Droit & d'un sphéroide, dont l'axe est perpendiculaire à celui d'un cylindre est un cycloimbre. 115

THEOR. XXXVII. La section faite par la rencontre des surfaces d'un cylindre & d'un sphéroide, dont les axes ne se rencontrent pas, est une espece d'Ellipsimbre, & peut être une Ellipse dans certains cas. 116

THEOR. XXXVIII. La section faite par la rencontre des surfaces d'une sphéroide & d'un cône, dont l'axe rencontre celui du sphéroide perpendiculairement ou obliquement, est ordinairement une courbe à double courbure telle qu'est l'Ellipsoidimbre; mais dans certains cas elle peut être une Ellipse plane. 117

LIVRE SECOND.

De la description des Lignes courbes formées par la section des Corps. 119

PREMIERE PARTIE.

De la Description des Sections planes sur des Plans. 120

De la description du Cercle. 121

CHAP. I.

PROBLEME I. Par trois points donnez tracer un arc de cercle par plusieurs autres points trouvez sans le secours du centre. 121

CHAP. II

De l'Ellipse premierement considerée comme étant faite.

PROBL. II. Trouver 1°. le centre. 2°. Les diametres conjuguez. 3°. Les axes. 4°. Les foyers d'une Ellipse donnée. 129

PROB. III. Par un point donné mener une tangente à une Ellipse donnée. 130

De l'Ellipse consideree comme à faire.

PROBL. IV. un diametre quelconque & une ordonnée à ce diametre étant donné trouver son conjugué. 132

PROBL. V. Les diametres conjuguez étant donnez trouver les axes de l'Ellipse. ibid.

PROBL. VI. Un axe & un point à la circonference de l'Ellipse étant donnez trouver l'autre axe. 134

PROBL. VII. Les axes d'une Ellipse étant donnez, la décrire par plusieurs points ou par un mouvement continu. 135

PROBL. VIII.

DES TITRES.

PROB. VIII. Les diametres conjuguez étant donnez tracer l'Ellipse par plusieurs points ou par un mouvement continu sans connoître les axes ni les foyers. 142

PROB. IX. Alonger ou racourcir les Ellipses en telle raison qu'on voudra, ensorte qu'elles soient toujours les sections d'un même cylindre. 145

De la Parabole.

PROB. X. L'axe d'une parabole & un point à sa circonference étant donnez, la tracer par plusieurs points & par un mouvement continu. 148

De l'Hyperbole.

Notez qu'il y a faute au titre, X au lieu de XI.

PROB. XI. Le centre, le sommet & un point au contour de l'hyperbole étant donnez la décrire par plusieurs points & par un mouvement continu. 151

PROB. XII. Etant donnez le centre, le sommet & une ordonnée à l'hyperbole, ou seulement un premier diametre & une ordonnée, trouver les asymptotes & la décrire par plusieurs points. 152

PROB. XIII. Par cinq points donnez qui ne soient pas en ligne droite tracer une section conique quelconque par un mouvement continu, sans en connoître les axes, les diametres, les centres ni les foyers. 156

NB. XV. au lieu de XIV.

PROB. XIV. Deux touchantes avec les points d'atouchement à une section conique & la direction d'un seul diametre étant donnez, trouver autant de points que l'on voudra de cette courbe sans connoitre le centre de la section, ni la grandeur d'aucun diametre. ibid.

NB. XIV. au lieu de XV.

PROB. XV. Trois tangentes à une section conique & leur point d'atouchement étant donnez trouver celle des sections qui doit les toucher, & les lignes nécessaires pour la décrire. 159

CHAP. III. *De la Description de quelques Courbes usuelles dans l'Architecture, lesquelles ne sont pas des Sections Coniques.*

PROB. XVI. Tracer une ovale du quatriéme ordre formée par la section plane d'un corps cylindrique, annulaire, horisontal ou rampant, c'est-à-dire, hélicoide. 162

De la Spirale.

PROB. XVII. Tracer la spirale la plus simple & la plus uniforme, qu'on appelle la spirale d'Archimede. 165

PROBL. XVIII. Alonger ou racourcir le contour de la spirale en telle raison que l'on voudra. 167

TABLE

Des Arcs Rampans.

PROBL. XIX. Changer en Arc rampant un arc de cercle ou d'une courbe quelconque. *(Faute, le Chiffre omis.)* 174

Des Courbes qui conviennent à ces fortes de Voûtes & d'Arcades qu'on appelle, Arcs Rampans. 176

PROBL. XX. La direction des piedroits, la ligne de rampe & celle de fommité d'un arc rampant étant donnez décrire la fection conique qui doit lui fervir de ceintre. 178.

CHAP. IV. De l'Imitation des Courbes régulieres par des compositions d'Arcs de Cercles. 181

PROBL. XXI. Deux axes étant donnez imiter une Ellipfe par un affemblage de quatre arcs de cercles. 182

PROBL. XXII. Imiter par deux arcs de cercles les portions d'Ellipfes faites fur deux diametres qui ne font pas des axes conjuguez, dont l'un eft terminé par deux tangentes à fes extrémitez, & dont le conjugué eft déterminé par une troifiéme tangente donnée de pofition. 183

PROBL. XXIII. La difference de hauteur des impoftes & l'intervale horifontal des piedroits d'un arc rampant étant donnez tracer un ceintre compofé d'autant d'arcs de cercles que l'on voudra inégaux en rayons, mais égaux en nombre de degrez, ou fi l'on veut d'une partie de plus avec certaines circonftances. *(* Faute)* 187

PROBL. XXIV. Imiter la fpirale par des portions d'arcs de cercles. *(IV. au lieu de V.)* 188

* CHAP. V. De la Divifion des Sections coniques par des lignes droites perpendiculaires à leurs arcs. 1.° Pour le cercle. 191

PROBL. XXV. Par un point donné tirer une perpendiculaire à un arc de cercle dont on ne connoit pas le centre. *(Faute XXVI.)* ibid.

LEMME. La perpendiculaire fur le milieu de la corde d'un arc de fection conique, autre que le cercle, & qui n'eft pas un des axes, eft oblique à cet arc. *(au lieu de XXV.)* 193

PROBL. XXVI. Par un point donné à la circonference d'une fection conique, tirer une perpendiculaire à fon arc. *(Suite de Faute.)* 194

PROBL. XXVII. Par un point donné hors de la circonference d'une fection conique lui mener une perpendiculaire. *(Suite.)* 196

Pour les Spirales.

PROBL. XXVIII. Par un point donné au contour de la fpirale tirer une perpendiculaire à fon arc. *(Suite.)* 199

Des Divifions de quelqu'autres Courbes ufuelles par des perpendiculaires à leurs arcs. 204

SECONDE PARTIE DU SECOND LIVRE.

*CHAP. VI. *Faute V.* De la Description des Sections des Corps, qui ne doivent ou ne peuvent être décrites que sur des Surfaces Concaves ou Convexes, & de la Projection.

THEOREME. Les projections des lignes courbes qui sont dans un plan perpendiculaire à un ou plusieurs autres plans de description sont des lignes droites, dont les divisions faites par des paralleles menées par plusieurs points de ces courbes sont toujours en même proportion avec les abscisses coordonnées. 207

THEOR. La projection d'un cercle qui n'est pas parallele à son plan de description est une Ellipse, & au contraire celle de l'Ellipse peut être un cercle, & celle des Ellipses, paraboles ou hyperboles est une courbe d'une même espece plus ou moins alongée. 209

De la Description du Cercle sur les surfaces concaves ou convexes de la Sphère, du Cône & du Cylindre.

Suite. PROBL. XXIX. Par deux points donnez sur la surface d'une sphère décrire un cercle. 211

PROBL. XXX. Par un point donné sur la surface d'un cylindre tracer un cercle. 215

PROBL. XXXI. Par un point donné à la surface d'un cône faire passer un cercle. 219

PROBL. XXXII. Etant donné un cône Droit sur une base Elliptique trouver la position d'un plan incliné sur l'Ellipse, dont la section dans le cône soit un cercle. 223

De la description de l'Ellipse sur le Cylindre & le Cône.

PROBL. XXXIII. Le grand axe d'une Ellipse avec un point à la surface du cylindre, dont la distance à un des axes est connuë, étant donnez y tracer une Ellipse. 228

PROBL. XXXIV. Un point étant donné à la surface du cône qui soit à l'extremité du grand axe de l'Ellipse donné, ou d'une ordonnée connuë, tracer l'Ellipse sur la surface courbe du cône. 230

PROBL. XXXV. Un point étant donné à la surface d'un cône pour sommet d'une parabole, décrire cette Courbe sur la surface concave ou convexe. 233

PROBL. XXXVI. Le premier axe d'une hyperbole & un point qui soit une de ces extremitez étant donné à la

TABLE

surface du cône tracer cette Courbe sur la surface conca- ve ou convexe. 234

TROISIEME PARTIE DU SECOND LIVRE.

CHAP. VII. *Des Sections qui ne peuvent être décrites que sur des Surfaces courbes & par le moyen de la projection sur des surfaces planes.* 238

PROBL. GENER. trouver tant de points que l'on voudra du contour des Courbes à double courbure, faites à la surface des sphères, cônes & cylindres qui se pénetrent ...utuellement. *ibid.*

Suite de PROBL. XXXVII. Tracer un cicloimbre sur deux cylin-
fuite. dres inégaux, qui se pénetrent à angle droit. 240

PROBL. XXXVIII. Tracer une Ellipsimbre formée par la section d'une sphère, pénetrée par un cylindre, dont l'axe ne passe pas par le centre de la sphère. 242

PROBL. XXXIX. Les diametres des deux cylindres inégaux qui se pénetrent, & l'inclinaison de leurs axes qui se rencontrent étant donnez tracer l'Ellipsimbre formée par la rencontre de leurs surfaces. 245

PROBL. XL. Les diametres de deux cylindres qui se pénetrent de toute leur circonference sans que leurs axes se rencontrent, & l'inclinaison de leurs côtez entr'eux étant donnée, tracer l'Ellipsimbre formée par la rencontre de leurs surfaces. 247

PROBL. XLI. La position d'un cylindre dans un cône qu'il pénetre étant donnée, décrire l'Ellipsimbre formée par la rencontre de leurs surfaces. 250

Des Ellipsimbres composées.

PROBL. XLII. Tracer une Ellipsimbre composée, formée par la pénetration d'une sphère & d'un cylindre, dont la circonference n'entre qu'en partie dans la sphère. 257

PROBL. XLIII. Tracer une Ellipsimbre composée, formée par la pénetration de deux cylindres, dont la circonference de l'un n'entre qu'en partie dans l'autre. 258

Des Ellipsoïdimbres.

PROBL. XLIV. Tracer une Ellipsoïdimbre formée par la pénetration de la sphère & du cône, dont l'axe ne passe pas par le centre de la sphère. 261

PROBL. XLV. Décrire une Ellipsoïdimbre formée par la pénetration du cône dans le cylindre, à la rencontre de leurs surfaces. 262

PROBL. XLVI. Décrire une Ellipsoïdimbre formée par l'in-

DES MATIERES.

terfection des surfaces de deux cônes, dont les axes se coupent. 264
PROBL. XLVII. Tracer une Ellipsoïdimbre composée sur les surfaces du cône & de la sphère qui se pénetrent. 264

De la Description des Helices & Limaces.

PROBL. XLVIII. Tracer une helice sur un corps cylindrique. 266
PROBL. XLIX. Tracer une limace sur un cône ou sur une sphère ou sphéroïde. 267

LIVRE TROISIEME.

CHAP. I. *De la description de la Division des Solides,* 269
CHAP. II. De l'arrangement des desseins dans l'épure. 271
De la projection en general. 272
De l'Ichnographie ou du Plan. 275
Des differences respectives des ceintres. ibid.
De l'Arc-Droit. 277
Régles du Dessein de l'épure. 279
Remarque sur le choix du ceintre primitif. ibid.
2.ᵉ Régle du *Plan*. 280
3.ᵉ Régle. 281
4.ᵉ Régle. 282
5.ᵉ Régle. 284
PROBL. I. Par un point donné auprès de deux lignes convergentes, en mener une troisiéme qui tende au même sommet de l'angle qu'elles feroient si elles étoient prolongées. 286
6.ᵉ Régle. 287
7.ᵉ Régle. ibid.
8.ᵉ Régle. 288
CHAP. III. *De l'Ortographie,* 1°. *Du Profil.* 289
Premiere régle pour les voûtes cylindriques. ibid.
2.ᵉ Régle. 290
3.ᵉ Régle. 291
Des profils des berceaux à double obliquité. 292
PROBL. II. Réduire toutes les differentes obliquitez de biais, de talud & biais, de biais & descente, de descente, talud & biais, en une seule, pour ne faire qu'un profil qui exprime toutes ces obliquitez & conserve les mesures que l'on y doit prendre. 293
Des profils des voûtes coniques. 298
Quatriéme régle. 299
PROBL. III. Tracer le profil d'une voûte conique à dou-

TABLE.

		Pag.
	ble ou triple obliquité de biais, talud & descente.	301
	Remarque sur les profils en general.	303
	De l'élevation.	304
CHAP. IV.	Des moyens de faire les plans, profils & élevations des figures irrégulieres.	305
	PROBL. IV. Tracer sur un plan un contour égal à une section d'un corps quelconque, *ou en Termes de l'Art*, lever un profil.	308
	De la supposition des surfaces planes, *en termes de l'Art*, des Doeles plates.	309
	De la supposition des surfaces cylindriques, de base quelconque, pour parvenir à la formation des surfaces terminées par des courbes à double courbure.	311
CHAP. V.	De l'épipedographie, *en termes de l'Art*, du dévelopement.	319.
Faute III.	PROBL. V. Trouver une suite de lignes droites qui approchent de plus en plus de la rectification d'un arc de cercle donné tant en dessus qu'en dessous.	320
	Du dévelopement des corps compris par des surfaces planes.	321
Faute V.	PROBL. VI. Faire le dévelopement d'une pyramide quelconque droite ou scalene.	325
	PROBL. VII. La base, la hauteur & la projection du sommet d'un cône scalene étant données, déterminer le plus long & le plus petit côté de sa surface.	326
	Remarques sur certains points des courbes dévelopées sur le cône.	
	Du dévelopement des Prismes.	330
	COROL. Faire le dévelopement du cylindre scalene.	331
	Des dévelopemens composez de deux ou trois especes de surfaces d'un corps coupé en plusieurs parties dans son épaisseur, comme sont dans les voûtes celles des Doeles, des lits, & même des extrados.	334
	Remarque sur les dévelopemens composez.	336
	Du dévelopement des Polyedres & de la sphére.	338
	Remarques sur l'usage des dévelopemens.	340
	PROBL. VIII. Le diamétre de la base d'un cône Droit tronqué, & l'inclinaison d'un côté sur ce diametre étant donnez, trouver autant de points que l'on voudra à la circonference de la couronne de cercle, qui en exprime le dévelopement sans en avoir le centre, ou ce qui est la même chose le sommet du cône.	ibid.
	Du dévelopement des hélices.	342
	LEMME. Le dévelopement d'une hélice cylindrique régu-	

DES TITRES.

lière sur la surface du cylindre Droit, dévelopé, est une ligne droite, celui des irrégulieres de la seconde espece & des Limaces est une ligne courbe. 343

PROBL. IX. Faire le dévelopememt d'une helice quelconque sur une surface cylindrique ou conique dévelopée. 345

PROBL. X. Les élevations de deux faces opposées dans des plans paralleles entr'eux étant données en projection sur un même plan vertical, & la projection horisontale de leurs intervales étant donnée, trouver la figure de chaque partie de dévelopement des surfaces d'une voûte divisée en plusieurs voussoirs tant apparente qu'intérieure. 346

Premier exemple, des voûtes coniques Droites. 347

2.ᶜ Exemple, des voûtes coniques scalenes à double obliquité, telles sont les descentes biaises ébrasées. 351

PROBL. XI. La projection horisontale d'un polyedre & de ses divisions étant donnée avec l'élevation de ses faces, trouver toutes les surfaces dont chacune de ces parties est envelopée. 356

Premier exemple d'un berceau Droit ou biais. 357

2.ᶜ Exemple d'un berceau en descente. 359

3.ᶜ Exemple d'une voûte en canoniere en descente. 363

4.ᶜ Exemple d'une voûte sphérique réduite en polyedre par les doeles plates. 365

CHAP. V. De la *Goniographie* ou description des angles, *en termes de l'Art*, des moyens de trouver les biveaux. 368

LEMME. L'angle d'inclinaison de deux surfaces quelconques, planes ou courbes, mesuré par des lignes obliques à leur commune section, est plus aigu que celui qui est mesuré par des perpendiculaires à cette commune section, menées à un même point. 170

PROBL. XII. Trois angles plans, qui forment un angle solide étant donnez, trouver les angles d'inclinaison de ces plans entr'eux. *ou en termes de l'Art pour la Coupe des Pierres*, trois panneaux étant donnez trouver les biveaux de leurs assemblages. 372

Seconde maniere en réduisant les plans donnez en triangles pour en former des pyramides. 374

PROBL. XIII. Deux angles rectilignes perpendiculaires entr'eux, qui ont leur sommet commun & un côté de l'un dans le plan de l'autre, trouver l'angle des deux plans qui peuvent passer par leurs côtez. 377

De la situation des angles des plans, *à l'égard de l'horison*. 378

TABLE DES TITRES:

Pages.

Lemme. Un angle rectiligne en situation quelconque, est égal à la somme ou au supplément à deux droits, des angles que ses côtez prolongez font avec une ligne horisontale ou une verticale. 378

Probl. XIV. Trouver les biveaux de toutes sortes de voûtes sans former le ceintre de l'Arc-Droit. 382
Premierement, ceux de lit & de doele. *ibid.*
Premier cas, *pour les voûtes en berceau de niveau.* *ibid.*
Second cas *pour les berceaux en descente.* *ibid.*
Secondement pour les voûtes coniques. 383
Troisiémement pour les angles saillans ou rentrans faits par la rencontre de deux berceaux. 384

F I N.